SOCIAL VENTURE

소셜벤처 창업하기

비상하라 소셜벤처의 꿈

INSTRODUCTION

소셜벤처를 배우기에 앞서

영화 '아름다운 세상을 위하여' 중 한 장면

영화 '아름다운 세상을 위하여'를 본 적이 있는가? 이 영화는 캐서린 라이언 하이디의 「열두 살 소년의 아름다운 제안, 트레버(원제: Pay it Forward)」라는 베스트셀러 소설을 원작으로 한 영화이다. 영화는 미국 캘리포니아 소도시에서 미혼모인 어머니와 살고 있는 따듯한 마음을 가진 열두 살의 소년, 트레버가 세상을 바꾸는 이야기로 시작된다. 고작 열두 살의 나이밖에 되지 않았던 이 소년에게 무슨 일이 있었던 것일까?

초등학교의 한 수업에서 선생님이 학생들에게 "세상을 바꿀 아이디어와 그것을 행동으로 옮길 방법을 생각해봐(Think of an idea to change our world – and put it into ACTION!)"라는 질문을 던진다. 이 때 트레버는 세상을 바꿀 그림 하나를 그린다. 한 사람이 세 사람을 도와주면 그 세 사람이 다시 다른 세 사람을 도와주고, 그 선행이 끊임없이 반복되고 퍼져나가면서 세상은 기하급수적으로 살기 좋은 곳으로 바뀔 수 있다는 피라미드 형태의 그림이다. 트레비는 이 아이디어를 실천으로 옮기기 위해 한 사람, 즉 자기 자신이 앞장서서 젤, 루벤, 그리고 그린버그 부인이라는 세 사람을 돕기 시작한다.

트레비가 제안한 아이디어는 우리가 흔히 알고 있는 피라미드형 판매방식과 비슷해 보인다. 그렇다면 과연 이 아이디어가 단순히 상업적인 물건을 판매하는 활동뿐만 아니라, 영화 속 트레비가 생각해 낸 것처럼 실제로 우리가 사는 세상을 더 가치 있고 좋은 곳으로 바꾸는 데에도 적용이 가능한 것일까?

전 세계적으로 유명한 사회적 혁신가인 재클린 노보그라츠(Jacqueline Novogratz)가 설립한 아큐먼 펀드(Acuman Fund)는 '임팩트 인베스팅(impact investing)'의 선두주자라 할 수 있는 기관이다. 임팩트 인베스팅은 사회적 목적을 이루면서도 자선행사나 기부 등의 원조 공여가 아니라, 지속가능한 투자를 통해 경제적인 소득을 거두는 새로운 투자 방식을 말한다. 재클린은

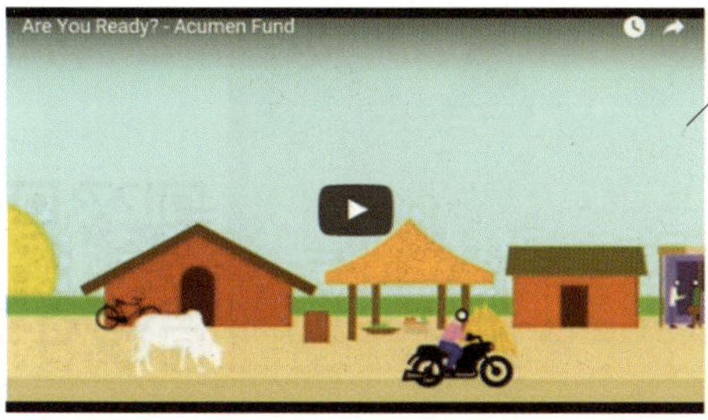

아큐먼 펀드
소개 영상

동영상 보기

사회적 문제를 해결하는 기업에 투자함으로써 좋은 세상을 만드는 기업들의 영향력을 나비효과처럼 넓혀 나가는 아이디어를 생각해 냈다. 그리고 아큐먼 펀드를 설립하여 자신이 믿는 가치와 아이디어를 행동으로 옮겼다. 즉, 영화에 나온 트레비의 아이디어를 실천하고 있는 기업들이 곳곳에 존재하고, 아큐먼 펀드는 이러한 기업들이 더 큰 영향력을 발휘할 수 있도록 투자하고 있다고 할 수 있다.

이처럼 세상을 긍정적으로 변화시킬 수 있는 아이디어를 생각해 내고 그 아이디어를 현실에서 실행하고 있는 기업이 바로 우리가 배울 '소셜벤처(social venture)' 이다. 그리고 이 소셜벤처를 설립하고 이끌어나가는 주체가 ' 소셜벤처 창업가(social venture entrepreneur)' 인 것이다.

최근 들어 우리는 국내뿐만 아니라 전 세계적으로도 쉽게 해결하기 어려운 다양한 사회적 문제들로 인해 많은 사람들이 어려움을 겪는 모습을 많이 접하고 있다. 실업과 고용의 문제부터 글로벌 금융위기, 자연재해, 전쟁, 분열, 빈곤, 기아, 건강, 안전, 인권, 교육, 그리고 환경까지 우리가 듣고, 보고, 또한 겪고 있는 문제들은 사회 곳곳의 다양한 영역에서 일어난다. 하지만 이러한 사회적 문제들을 국가나 정부가 모두 해결해 나가기에는 한계가 있다. 즉, 국가나 정부의 손이 닿지 않는 곳에서 발생하는 문제들에 대한 새로운 해결책이 필요함은 너무나도 명백한 사실이다.

이와 같은 상황에서 소셜벤처는 사회적 문제를 혁신적으로 풀어나가는 해결사이면서도 동시에 국가와 지역의 성장을 이끄는 경제활동의 주체로서 핵심적인 역할을 수행하고 있다. 사회적 문제 해결에 높은 관심과 가치를 두고 있는 소셜벤처 창업가가 기업을 설립하고, 이 소셜벤처가 지속성장하여 수익을 창출하고 문제들을 성공적으로 해결해 나간다면? 그러한 소셜벤처의 활동들은 트레비가 예상한 것처럼 선순환 고리를 만들어 기하급수적으로 세상을 변화시킬 수 있다. 소셜벤처가 더 큰 이익을 창출할수록 소셜벤처 창업가가 사업을 확대하고자 하는 의지는 더욱 커질 것이고, 사업이 확대되면 문제 해결에 참여하는 사람들은 더 많아지게 되니, 결과적으로 소셜벤처가 해결해 나가는 사회적 문제의 범위는 더욱 커질 것이기 때문이다.

하지만 좋은 일을 수행하는 소셜벤처라 하더라도, 누구나 기본적으로 알고 있듯 창업이라는 것은 항상 어느 정도의 위험을 수반한다. 특히 소셜벤처는 기존에 누군가가 해결해오지 못했던 어떤 사회적 문제를 새로운 아이디어를 가지고 풀어나가고자 하기 때문에, 불확실한 시장, 가격과 비용, 인프라, 기술, 예측할 수 없는 경쟁자들까지 어느 정도의 위험을 안고 출발하게 된다. 이로 인해 사회적 목적과 경제적 이익, 이 '두 마리 토끼' 를 모두 잡아야 하는 소셜벤처가 성공

영화 '아름다운 세상을 위하여' 관련 동영상 "Pay it Forward – Are you ready to do the world a favour?"

동영상 보기

하여 세상을 바꿀 수 있는 선순환 구조를 구축하기란 생각만큼 그리 쉬운 일이 아닐 수도 있다. 결국 우리는 소셜벤처 창업을 계획할 때 생각했던 아이디어와 기회를 성공으로 이끌어 나갈 수 있는 만만의 준비를 갖추지 않으면 안 될 것이다.

따라서 본 교재를 첫 걸음으로 삼아 소셜벤처에 대한 기본적인 개념부터 소셜벤처 창업 준비와 실행, 그리고 소셜벤처를 성장시켜나가기까지의 전 과정을 이해하고, 각 과정마다 필요한 지식과 스킬을 체계적으로 쌓아 보도록 하자. 소셜벤처에 대한 용어가 익숙하지 않은 사람도 있을 것이다. 하지만 우리나라를 포함한 많은 국가들의 정부, 각 기관과 기업들, 그리고 개인 모두가 소셜벤처에 대한 많은 관심과 적극적인 지원을 아끼지 않고 있음은 주지해야 할 사실이다.

이제부터 우리는 세상을 아름답게 변화시킬 예비 소셜벤처 창업가로서 필요한 지식을 습득하고 역량을 충분히 갖추기만 하면 된다. 다음 장부터 본격적으로 소셜벤처 창업의 세계로 여정을 떠나보자.

소셜벤처 학습내용 개요

소셜벤처 창업하기

Part 01.
소셜벤처창업
이해하기

- 01 사회적 경제와 소셜벤처의 이해
- 02 소셜벤처 트렌드
- 03 소셜벤처 핵심요소

Part 02.
소셜벤처창업
준비하기

- 04 소셜벤처 창업 프로세스와 기회탐색
- 05 디자인씽킹의 이해와 프로세스
- 06 소셜벤처 비즈니스 모델과 사업타당성 분석
- 07 소셜벤처 사업계획서
- 08 소셜벤처 성과와 사회적 가치 측정

Part 03.
소셜벤처창업
실행하기

- 09 소셜벤처 팀 빌딩
- 10 소셜벤처 창업자금 및 재무관리
- 11 소셜벤처 마케팅

Part 04.
소셜벤처창업
성장하기

- 12 소셜벤처 창업의 지속가능성장

Contents of SOCIAL VENTURE

소셜벤처 이해하기 PART 01

소셜벤처 준비하기 PART 02

PART 03 소셜벤처 실행하기

PART 04 소셜벤처 성장하기

SOCIAL
VENTURE

SOCIAL VENTURE PART 01

소셜벤처 이해하기

"2015년 세계에서 가장 혁신적인 기업 1위로 선정된
소셜벤처 와비파커는 수백 년간 독과점을 이뤘던 안경 판매시장을
한순간에 뒤바꿔 놓은 혁신을 통해 오늘도 고객이 안경을 구매하면
같은 안경을 기부하고 있다."

소셜벤처기업 와비파커 (Warby Parker)

01
사회적 경제와 소셜벤처의 이해

학습 목표

1. 사회적 경제의 개념과 사회적 경제가 발생하게 된 배경을 이해한다.
2. 사회적 경제를 구성하는 대표적인 경제활동조직의 유형들과 사회적 경제가 수행하는 주요 역할들을 파악한다.
3. 소셜벤처의 개념이 출현하게 된 배경을 살펴보고, 소셜벤처를 일반 벤처기업과 구별 지을 수 있는 차이점은 무엇이 있는지 알아본다.
4. 소셜벤처 관점에서 사회적 가치와 혁신이 의미하는 바를 파악한다.
5. 소셜벤처가 사회적 가치를 창출하고 있는 활동 영역들은 어떠한 분야가 있는지 살펴본다.
6. 소셜벤처 창업가의 특성을 학습하고 일반 창업가와 다른 차별점은 무엇이 있는지 생각해본다.

시작하기

폐차 시트로 만든 가방의 반란

모어댄

모어댄은 폐자동차에서 수거한 가죽시트와 에어백 등을 이용해 가방과 지갑 같은 패션용품을 만드는 업사이클링(Up-cycling) 사회적기업이다. 연 매출 4억원 돌파를 눈앞에 두고 있다. 이 회사가 생산한 제품은 '컨티뉴(Continew)' 란 브랜드로 판매된다.

최이현 대표 (이미지 출처: 중앙선데이)

폐차 시트로 만든 가방은 어떻게 만들었을까?

그가 사업을 시작한 계기는 우연에 가깝다. 최 대표는 영국 유학 시절 타고 다니던 차가 폐차당할 정도의 사고를 경험한 일이 있다. 아꼈던 차라 가죽시트를 뜯어 왔는데 패션을 공부하는 친구들이 그에게 가죽으로 소파를 만들 것을 권유한 게 그 시작이다. 그는 "그 일을 계기로 자동차 강국인 우리나라에서는 자동차 시트용 가죽을 재활용하는 일이 얼마든지 가능할 것 같다는 생각이 들어 2015년 6월 창업을 했다"고 말했다.

현재 그가 만드는 제품은 가방과 지갑류 등 51가지. 내년에는 재활용 가죽으로 신발류까지 만들겠다는 포부다. 주재료인 가죽은 폐차장 등에서 얻는다. 폐차장 역시 기존에는 가죽을 별도의 비용을 내고 처분했던 터여서 재료를 얻는 데는 문제가 없다.

재료는 무료이지만 컨티뉴 가방 가격은 20만원에 이른다. 제품 중 '엘카' 란 모델은 지금 주문해도 40일가량 뒤에야 받을 수 있다. 그만큼 주문이 밀려서다. 모어댄은 사회적기업이지만 제품력은 업계 최고라고 자부한다. 다른 사회적기업들에는 가장 약점으로 꼽히는 부분이다. 모어댄은 자체 공장을 갖고 있지 않다. 대신 전량 명품 업계의 가방 장인이 만든다. 최 대표는 "주문자상표부착생산(OEM) 방식으로 명품 가방을 만드는 장인들에게 우리 제품의 생산을 맡겼다" 며 "품을 많이 들이는 만큼 경쟁업체 가방보다 원가가 2배 이상 든다"고 말했다. 그가 가방 장인에게 제품 생산을 맡긴 건 역설적으로 원재료인 가죽이 무료여서다. 최 대표는 "폐차 가죽으로 대충 만들었다는 소릴 듣고 싶지 않았다"고 말했다.

폐차 가죽으로 만드는 만큼 꼼꼼한 세척 등은 기본이다.

컨티뉴 제품 (이미지 출처: wecontinew.co.kr)

가장 공을 들이는 부분이기도 하다. 가죽에 배어 있는 담배 냄새나 방향제 냄새를 제거하기 위해 물 세척은 기본이다. 가죽이 상하지 않도록 자체 개발한 세제를 사용한다. 세제 개발에만 1년 반의 시간이 들었다. 세척 이후 특수코팅 등 여러 단계를 거친다. 이렇게 가방용 가죽을 만드는 데만 4개월가량의 시간을 쏟는다.

덕분에 모어댄 제품은 반품이 거의 없다. 제품에 불만이 있는 소비자에게는 무조건 교환해 주는 것을 원칙으로 한다. 최 대표는 "한 번은 구입한 지 1년쯤 된 가방을 수선해 달라고 보내 주신 분이 있었는데 오히려 오랫동안 잘 사용해 주셔서 감사하다는 기분이 들더라"며 "당연히 무료로 애프터서비스(AS)를 해 드렸다"고 소개했다.

최 대표는 무리한 판매 목표를 세우지 않는다는 걸 원칙으로 삼고 있다. 모어댄 제품은 자체 인터넷 홈페이지와 경기도의 스타필드 고양, 교보문고 핫트랙스 등에서 판매된다. 종종 추가로 점포를 내라는 제안을 받지만 아직은 시기상조란 생각이다. 여기엔 사업 초기 경험이 작용했다. 모어댄이 처음 제품을 선보인 건 지난해 2월. 당시 시장 반응을 보기 위해 가방 100개와 지갑 500개를 내놓았다가 4일 만에 완판됐다. '재활용되지 않는 가죽 자원을 활용한 가방' 이란 콘셉트가 제대로 먹힌 덕분이다.

하지만 그는 여세를 몰아 생산량을 키우기보다는 7개월 동안 제품 생산을 중단하고 내실을 다졌다. 자금력이나 생산력이 완전히 다져지지 않은 상태에서 무리하게 생산 규모를 확대하는 일은 되레 독이 될 거란 생각에서였다. 그래서 본격적인 제품 출시는 같은 해 9월부터 이뤄졌다.

최 대표는 또 "쓴소리를 듣는 일을 피하지 않으려 한다"고 말했다. 제품 출시 초기인 만큼 적극적으로 소비자들의 의견을 반영해야 살아남을 수 있다는 생각에서다. 그래서 그는 매장을 찾는 소비자를 대상으로 설문조사를 할 뿐 아니라 온라인 설문조사업체 등을 통해 제품에 대한 소비자들의 목소리를 꾸준히 파악한다.

모어댄의 내년도 매출은 올해보다 2배 이상 늘어날 것으로 보인다. 하지만 그의 목표는 국내 시장만이 아니다. 최 대표는 "회사를 세울 때 전 세계 어디를 가든 우리 제품을 가진 사람을 만났으면 좋겠다는 생각을 갖고 시작했다"며 "가죽 폐기물로 인한 고민이 우리만의 문제가 아닌 만큼 한곳에서 많이 파는 것 못지않게 전 세계에서 사랑받는 브랜드로 키워 내고 싶다"고 했다.

출처: 중앙선데이(17.12.17), 폐차 시트로 만든 가방의 반란, https://news.joins.com/article/22210452, 내용 참고하여 재구성.

생각해 보기

01 많은 사람들이 소셜벤처를 일반 벤처기업과 전혀 다르거나 단순히 남을 돕는 기업으로 다소 협소하게 생각하는 경우가 있다. 모어댄 사례를 볼 때 소셜벤처가 일반 벤처기업과 유사한 점과 다른 점은 무엇인지 생각하고 토론해보자.

02 최이현 대표는 패션을 공부하는 친구들이 그에게 가죽으로 소파를 만들 것을 권유하며 모어댄을 시작하게 되었다. 사회적기업의 경쟁력을 갖추기 위해 매장을 찾는 소비자들의 쓴소리를 피하지 않고, 온라인 설문조사업체 등을 통해 제품에 대한 소비자들의 목소리를 꾸준히 파악하며 소비자의 만족도를 끌어내고 있다. 그의 활동들을 살펴보고 소셜벤처 창업가로서 그가 가진 남다른 특성과 역량은 어떤 것이 있는지 생각해 보자.

1.1 사회적 경제의 이해

1) 사회적 경제란?

세계는 2~3% 대의 저성장과 환경파괴, 국지별 전쟁 등으로 인해 몸살을 앓고 있다. 이 가운데 한국인들의 삶의 만족도는 최근 OECD 보고에 따르면 100점 만점에 58점, OECD 34개국 중 27위, 경제적 행복도는 100점 만점에 44.6점, 20~30대는 주택문제, 40대는 자녀양육과 보육, 50대 이상은 노후준비 부족에 걱정이 태산인 것으로 나타났다. 바야흐로 고성장 시대를 뒤로 하고 저출산ㆍ고령화에 고용 없는 성장이 지속되고, 고용과 노후불안이 심화하는 가운데 사회적 안전망과 복지 시스템은 취약해 국민들의 스트레스가 높은 상황인 것이다.

세계로 시야를 넓혀보자.

"2005년 세계에서 가장 부유한 20인의 자산은 사하라 이남에 살고 있는 주민 7억1천9백만명의 수입보다 많다(FAO보고서)."

"절대빈곤을 퇴치하기 위해 개최한 새천년 개발 목표 회의의 비용은 5백억 달러로,전 세계 수입의 0.2%에 달한다(세계은행)."

"선진국의 국민들이 애완동물 사료로 한 달에 지출하는 비용은 10억 달러 이상이다. 하지만 다른 대륙의 8억5천2백만의 사람들은 만성적 기아에 시달리고 있다(WHO SOFI통계)"

"유럽 지역에서만 화장품과 세면도구의 구입을 위해 일주일에 10억 달러 이상을 지출하는 반면, 세계 30억의 사람들은 기본적인 위생용품도 구하지 못하고 있다(유로모니터통계)[1]"

우리나라를 비롯해서 전 세계적인 문제의 공통점은 소득불균형에 따른 빈곤확산, 가진 자의 약자에 대한 착취, 소외계층에 대한 무관심, '금수저, 흙수저' 라는 논란을 일으키고 있는 가난의 대물림, 환경파괴에 따른 삶의 질 저하 등으로 나타나고 있다.

이와 같은 현상은 시장경제에서는 피할 수 없는 당연한 결과라 할 수 있지만, 각 나라마다 정부차원에서 문제 해결을 위해 많은 노력을 하고 있다. 하지만 구조적으로 뿌리 깊은 시장경제의 문제 해결을 정부의 노력만으로 해결하기에는 한계가 있다. 이에 따라 시장경제의 문제를 해결하고 사회적 가치를 실현하며 경제를 발전시키고자 하는 사회적 경제가 생겨나게 되었고, 민간

1) 출처 : http://paretoop.tistory.com/70

차원에서 다양한 소셜벤처 활동이 확산되고 있다.

지금부터 사회적 경제가 의미하는 바는 무엇일지 그 개념부터 살펴보기로 하자.

(1) 사회적 경제의 개념

'사회적 경제(social economy)' 는 사회적 가치의 실현이라는 목적을 달성하기 위해 다양한 주체들의 생산과 소비가 이루어지는 경제시스템을 의미한다(GSEF, 2013; 김성기, 2014).

사회적 경제에 대한 개념은 시대별 그리고 국가별로 다양하게 정의되고 있다. 프랑스 학자인 드프루니(Defourny, 2006)는 사회적 경제를 '이윤창출보다 구성원이나 공공에 대한 공헌을 목적으로 하며, 경영의 자율성, 민주적 의사결정, 수익배분에 있어서는 자본보다는 사람과 노동을 중시하는 원칙을 따르는 협동조합, 상호공제조합, 그리고 민간단체에 의해 수행되는 경제활동' 으로 정의하였다.

EU(2012)는 사회적 경제가 '공동의 욕구를 가진 사람들에 의해, 그리고 그들을 위해 만들어진 기업들로 구성된 이해당사자 경제(stakeholder economy)의 일부' 를 뜻하며, 사회적 경제에는 협동조합, 상호공제조합, 민간단체, 그리고 재단이 중요한 행위자로 포함된다고 하였다.

OECD(1999)는 사회적 경제가 '국가와 시장 사이에 존재하며 사회적 요소와 경제적 요소를 가진 조직들' 을 의미한다고 하였다. 여기에서 사회적 측면으로 강조되는 부분은 (a) 시민들의 주도권에 의해 만들어지고, (b) 참여자의 민주적 의사결정에 의해 운영 되며, (c) 참여자의 의사결정은 자본 비율에 따라 이루어지지 않고, (d) 이익을 구성원 모두에게 배분하지 않고, (e) 이익 극대화 행위를 하지 않으며, (f) 지역사회 혹은 특정 집단 이익을 명백히 추구한다는 점이다. 경제적 측면에서는 (a) 재화와 서비스를 직접적으로 생산 및 판매하고, (b) 높은 수준의 자율성 및 참여와 탈퇴의 권한을 보유하며, (c) 구성원들이 실질적인 재정적 결정을 하고, (d) 최소한의 임금노동자를 고용한다는 점 등이 강조된다.

이처럼 사회적 경제의 개념에 대해 여러 의견들이 존재하지만, 각각의 정의들을 종합해 보면 다음과 같은 공통점을 파악할 수 있다[2]. 첫째, 정부나 시장이 아닌 민간 영역에서 자주적 · 자립적으로 참여한다는 점, 둘째, 민주적 의사결정구조를 갖고 있다는 점, 셋째, 공동체의 보편적인 이익을 실현하고자 한다는 점, 넷째, 경제에 참여하는 주체들의 협동, 연대, 그리고 신뢰가 필수적이라는 점, 마지막으로 경제적 목표와 사회적 목표를 동시에 추구한다는 점이다. 그리고 이러한 특징들을 갖고 있는 조직들을 사회적 경제를 구성하는 공동체로 보고 있다.

즉, 우리가 주변에서 한번쯤은 들어보았을 마을기업, 자활기업, 협동조합, 사회적기업, 그리

2) 새로운사회를여는연구원(2013). "사회적 경제 생태계 육성 전략 마련을 위한 기초조사: 해외 사례를 중심으로"

고 공정무역 등이 바로 사회적 경제를 구성하는 대표적인 공동체 유형이다. 그리고 이와 같은 조직들이 주 무대가 되어 다양한 활동을 펼치는 곳이 곧 사회적 경제라고 이해할 수 있다.

(2) 사회적 경제의 발생 배경

사회적 경제라는 용어를 처음 들어본 사람도 있겠지만, 반대로 시장 경제와 공공 경제라는 개념은 그간 학교에서 경제학이나 역사와 관련된 내용을 학습하면서 많이 접해봤을 것이다. 간략히 말하면 시장 경제는 이익 창출을 목적으로 하는 일반적인 영리 기업들이, 공공 경제는 정부로 대표되는 공공 부문이 주체가 되는 경제활동영역을 뜻한다. 여기에서 시장 경제의 기본 원리는 경쟁을 통해서 효율성을 추구하는 것인 반면, 공공 경제는 재분배를 통해 평등을 추구하는 원리를 기반으로 하며 주로 시장 실패 부분을 국가가 어떻게 보완할 것인지에 중점을 둔다.

사회적 경제는 이와 같은 시장 경제나 공공 경제가 해결하지 못한 자본주의의 한계점에 대응하기 위해 출현하게 되었다. 따라서 사회적 경제는 두 경제 영역과는 다른 제3의 경제영역으로 여겨진다([그림 1-1] 참고).

그림 1-1 시장경제 · 공공경제 · 사회적 경제의 영역

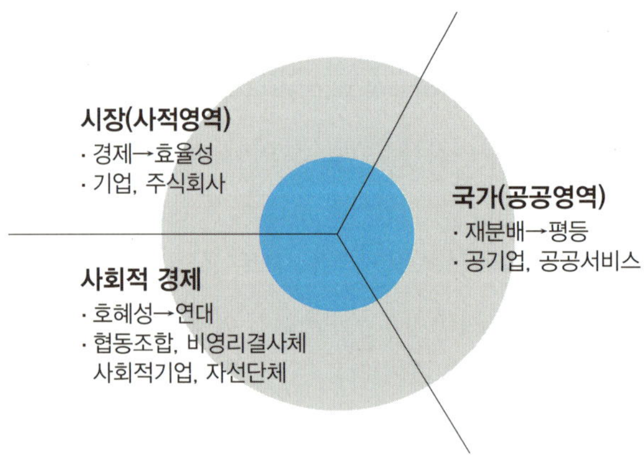

그렇다면 시장 경제와 공공 경제가 해결해 오지 못한 부분은 과연 어떤 것이고, 그 대안적 관점으로 사회적 경제가 출현하게 된 배경은 무엇일까?

사회적 경제는 2000년대 후반 미국발 글로벌 금융위기로 많은 국가들이 경제 침체기를 겪은 이후, 최근 들어 정부와 시장 실패에 대응하는 개념으로 전 세계적인 관심을 받고 있다. 그런데 사실 사회적 경제는 앞서 살펴본 바와 같이 각 나라와 시대별로 정의가 다양하게 이루어져 온 만큼 오랜 역사를 갖는 경제 영역이다. 즉, 우리가 사회적 경제의 개념을 제대로 이해하기 위해

서는 과거의 시점으로 거슬러 올라가 그 역사적 배경을 살펴볼 필요가 있다.

다음에서 사회적 경제가 어떻게 발생하였고, 언제 우리나라에 본격적으로 소개되기 시작하였으며, 최근 들어 다시금 재조명 받고 있는 이유는 과연 무엇인지 알아보도록 하자.

① 사회적 경제의 역사적 배경

사회적 경제라는 개념은 자본주의 초기 시대였던 1800년대 후반, 프랑스에서 최초로 등장하였다. 자본주의가 막 도입된 시작한 그 때, 도시에서는 노동 계급이 대거로 증가하게 되었는데 생산수단의 소유자인 자본가와 자본에 예속된 노동자 사이에서 계급적 대립이 발생되면서 노동자들은 상당히 열악한 생활 여건에 처해 있었다. 사람의 기본적인 욕구인 음식부터 임금, 교육, 보건 등의 조건들이 제대로 충족되지 않는 상황에서 이들은 자신들이 처한 문제를 해결하기 위해 스스로 협동조합이나 상호공제조합과 같은 조직을 만들기 시작했다[3].

이처럼 노동자들이 조직을 구성함으로써 자본주의의 도입에 따른 문제를 해결한 것이 사회적 경제 개념의 시초가 되었다. 그 당시 샤를 지드(Charels Gide)라는 경제 사상가는 '시장경제를 더 사회적이고 공평한 체제로 전환한 대안적 경제' 로서 사회적 경제를 제시했다. 유사한 맥락에서 사회주의자인 생시몽(Saint Simon)과 푸리에(Fourier)는 '사회 · 경제적 목적을 지닌 협동조합을 정치적 도구로 삼아서 자유주의 시장경제를 새로운 사회경제체제로 대체해야 한다' 고 주장하기도 하였다.

1901년에는 프랑스에서 협동조합 및 상호공제조합과 같은 조직 유형을 법적으로 인정하였고, 이는 유럽 전체로 확산되었다. 1940년대에는 유럽 사회가 전쟁을 거치고 복지 국가를 건설하는 과정 속에서 사회적 경제를 국가 주도 사업으로 흡수하였다. 이후 1970년대에 들어 유럽의 복지국가들이 경기 침체와 실업 문제로 위기를 겪게 되면서, 시장 경제와 공공 경제가 해결하지 못했던 사회서비스와 일자리 창출을 담당하기 위한 대안으로 사회적 경제가 다시 대두되었다.

1980년에 들어서 시민운동이 활발해짐에 따라 세계 각국에서 사회적 경제가 활성화되었으며, 동시대에 미국에서는 사회적기업이라는 용어를 사회적 경제의 대치 개념으로 사용하기 시작했다. 그리고 최근 2000년대 후반, 글로벌 금융위기에 따른 금융 자본주의의 한계가 지적되면서 다시금 전 세계적으로 사회적 경제가 주목받게 되었고, 결과적으로 EU에서 '사회적 경제에 관한 결의' 를 채택함으로써 전 세계적인 위기 상황을 타개하는 새로운 경제적 · 사회적 모델로 사회적 경제를 공식화하였다. 다음 [표 1-1]은 89%의 찬성으로 채택된 EU의 결의문이다. 지금까지 살펴본 역사적 흐름들을 종합해 보면, 사회적 경제는 처음 출현하게 된 시점부터 현 시

3) 김정원(2009). "한국 사회적 경제의 과제와 전망: 대안성과 공공성을 중심으로 – 기조 발제: 한국 사회적경제의 재조직화를 위하여". 2009 한국사회포럼 기획토론.; 새로운사회를여는연구원(2013). "사회적 경제 생태계 육성 전략 마련을 위한 기초조사: 해외 사례를 중심으로"; 허준영(2013). "사회적경제 공동체 지원체계 진단". 안전행정부.

표 1-1 사회적 경제에 관한 결의문(EU)

사회경제에 관한 2009년 2월 19일 유럽 의회 결의문
(European Parliament resolution of 19 February 2009 on Social Economy)

1. 유럽 경제에서 사회경제는 사람을 우선에 놓는 민주적 가치를 가진 경제의 하나로서 지속가능한 발전과 사회적, 환경적, 기술적 혁신을 지원하면서 다음과 같은 중요한 역할을 한다. 수익성과 연대의 조화를 이루고, 양질의 일자리를 창출하고, 사회적 · 경제적 · 지역적 결합을 강화하고, 사회적 자본을 생산하고, 시민들의 활동을 촉진한다.
2. 사회경제는 산업민주주의와 경제 민주주의 강화에 있어서 상징적으로나 실질적으로 모두 중요하다.
3. 사회경제가 잠재력을 최대한 발휘하여 발전할 수 있으려면 사회경제 관련 기관의 특수성과 풍부한 다양성을 인정하면서 적절한 정치적, 입법적, 경영적 조건을 마련해야 한다.
4. 사회경제 기업은 일반기업처럼 똑같은 경쟁의 규칙을 적용받아서는 안 된다. 사회경제 기업이 일반기업과 동등한 경쟁을 하기 위해서는 그들의 특수한 가치를 인정하는 속에서 법적 보호를 받아야 한다.
5. 현재 경제에는 주주의 감시나 규제기관의 통제로부터 벗어나 있는 기업이 존재하며, 이들로 인해 금융시장은 투기에 노출되어 있다. 사회경제 기업은 금융시장이 투기에 노출되는 것을 막아준다는 점에 중요하다.

출처: 새로운사회를여는연구원(2013). "사회적 경제 생태계 육성 전략 마련을 위한 기초조사: 해외 사례를 중심으로" p.8-9.

점까지 전 세계적으로 겪은 수차례의 경제 위기에 대응하는 역할을 수행하며 그 필요성과 중요성이 거듭 강조되어 왔다. 즉, 이윤 창출이 최우선 목표인 자본주의 체제가 위기에 빠졌을 때마다 위기 상황을 극복하기 위한 모색으로 사회적 경제 활성화가 제시되어 왔고, 정부와 시장이라는 경제 주체가 해결하지 못하는 부분을 민간 영역이라는 제3의 경제 주체가 사회적 경제 영역 속에서 활동하며 대안적인 역할을 해온 것이다.

② 우리나라의 사회적 경제 대두 배경

협동조합이나 상호공제조합 등 유럽에서 처음 출현한 사회적 경제 공동체와 같이 우리나라에도 사회적 경제로 분류할 수 있는 조직들의 활동은 오래 전부터 있어왔다. 하지만 국내에서 사회적 경제라는 개념이 본격적으로 논의되기 시작한 것은 1997년 외환위기 이후로, 유럽에 비해 그 역사가 오래된 것은 아니다.

우리나라는 외환위기 때 사회적 경제의 필요성에 대한 인식이 크게 대두되었는데, 이 시점은 우리나라 신자유주의(neoliberalism)의 기원으로 소급되곤 한다. 신자유주의는 작은 정부, 노동시장의 유연화, 자유시장경제의 중시, 규제완화, FTA의 중시 등으로 대표된다. 즉, 삶의 모든 영역에 시장적 가치를 강조하는 신자유주의 질서가 확대되면서 우리나라는 빈곤과 실업 문제가 더욱 심화되었으며, 이로 인해 사회적 경제의 역할이 필요하게 되었다[4].

4) 새로운사회를여는연구원(2013). "사회적 경제 생태계 육성 전략 마련을 위한 기초조사: 해외 사례를 중심으로" 허준영(2013); "사회적경제 공동체 지원체계 진단". 안전행정부; Wikipedia(신자유주의)

그림 1-2 사회적 경제의 발생 배경

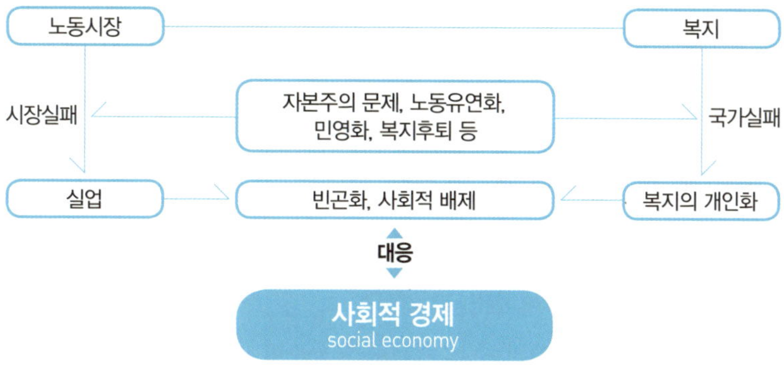

출처: 장원봉(2006). "사회적 경제의 이론과 실제". 도서출판 나눔의 집.

결국 1990년대 초반에 들어 우리나라 사회적 경제의 시초라 볼 수 있는 소규모 노동자협동조합이 빈민 지역을 중심으로 출현했고, 1996년에는 정부 주도로 다섯 곳의 '자활지원센터' 가 설립되었다. 2000년대 이후에는 지역 활성화 측면이 강조된 '신(新) 사회적 경제(new social economy)' 가 논의되면서 정부가 사회적 경제 공동체를 지원하는 정책들을 더욱 주도적으로 추진하였다. 그리고 다른 국가들과 마찬가지로 2000년대 후반 글로벌 금융위기로 인해 협동조합과 같은 사회적 경제가 다시 주목받기 시작하였다.

그 과정 속에서 사회적 경제와 관련한 법규들이 제정되었으며 정부의 지원 정책은 더욱 가시화되었다. 2003년 정부가 '사회적 일자리 사업' 을 시행하면서 '사회적' 이라는 용어를 사용하기 시작하여 2007년에는 「사회적기업법」을 제정하였다. 2010년부터 마을기업 육성사업을 시작, 2011년에 「협동조합기본법」을 제정하고 현재까지 고용노동부, 안전행정부, 기획재정부 등의 정부부처와 지자체가 사회적 경제 공동체를 지원하는 다양한 사업들을 추진해 오고 있다.

이처럼 우리나라의 사회적 경제는 외환위기를 본격적인 기점으로 하여 신자유주의에 따른 빈곤, 사회적 배제 등의 사회적 문제에 대응하는 개념으로 그 필요성이 부각되어 왔으며, 복지와 일자리 문제를 해결하기 위해 정부 주도로 하여금 발전해 왔다고 볼 수 있다(장원봉, 2006; [그림 1-2] 참고).

(3) 사회적 경제의 주요 주체

사회적 경제의 영역 속에서 활동하는 공동체의 유형은 각국의 사회 · 경제적 상황에 따라 다양한 형태와 특성을 띤다. 예를 들어 유럽의 경우, 이탈리아를 중심으로 협동조합이나 협회의 형태를 취한 사회적 경제 공동체가 상당수를 이룬다. 이에 따라 이해관계자들의 민주적 의사결정 참여와 공동체의 민주적 운영이 강조된다.

반면, 영국이나 미국은 시민단체, 사회복지재단, 재단 등이 중심이 되어 사회적 경제를 구성하므로, 유럽의 민주적 운영과는 다소 다르게 혁신적인 사회적기업가에 의한 경영을 중시 한다[5].

우리나라는 사회적 경제를 구성하는 공동체 유형으로 협동조합, 마을기업, 자활기업, 그리고 사회적기업이 대표적이며([그림 1-3] 참고), 주로 정부 주도로 성장해오고 있다.

이처럼 사회적 경제에서 주체로 활동한다고 하여 모든 공동체가 국가별로 같은 유형을 보이는 것은 아니다. 하지만 이들이 모두 자본주의 체제의 한계에 따른 문제점을 해결해 나가면서 사회적 가치를 창출하는 주역들이라는 점은 동일하다.

본 서에서는 우리나라 사회적 경제의 주요 주체로 협동조합, 마을기업, 자활기업, 그리고 사회적기업의 네 가지 조직 유형에 대해 그 개념과 특성을 간략히 살펴보도록 한다.

그림 1-3 우리나라 사회적 경제의 대표적인 공동체 유형

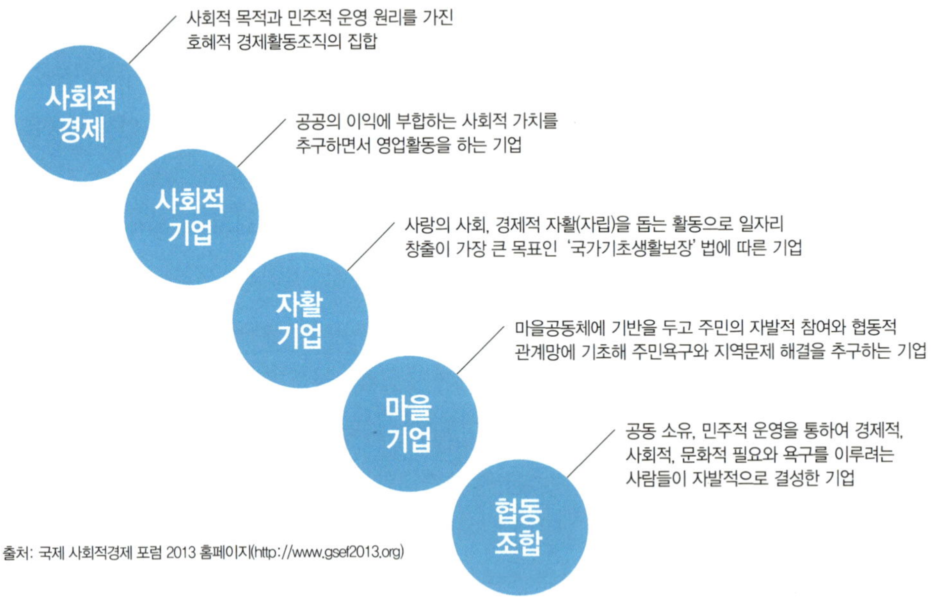

출처: 국제 사회적경제 포럼 2013 홈페이지(http://www.gsef2013.org)

① 협동조합

'협동조합'은 소비자, 소상인, 소생산자 등의 경제적 약자들이 스스로 힘을 모아 조합을 만들고, 민주적으로 함께 운영하며, 이들이 조합원이 되어 조합의 사업을 이용함으로써 서로의 생활

5) 새로운사회를여는연구원(2013). "사회적 경제 생태계 육성 전략 마련을 위한 기초조사: 해외 사례를 중심으로"

을 지키고 개선해가는 조직 유형이다. 즉, 자본의 결합을 기본으로 하는 주식회사와 달리 협동조합은 인적 결합을 바탕으로 하고 있다.

따라서 협동조합은 조합원들이 제한된 지역에 한정되어 생활하면서 조합원 자신들을 위한 서비스를 개선해 나가고 창출되는 잉여금은 조합원에게 재환원하는 것을 원칙으로 한다(국제 사회적경제 포럼, 2013).

국제협동조합연맹(ICA)은 1995년 9월 영국 맨체스터에 개최된 100주년 기념총회에서 '협동조합 본질에 관한 ICA 선언' 을 채택하고, 협동조합에 대한 정의와 가치를 다음과 같이 제시하고 있다.

"협동조합은 공동으로 소유되고 민주적으로 운영되는 사업체를 통하여 공통의 경제적 · 사회적 필요와 욕구를 충족시키고자 하는 사람들이 자발적으로 결성한 자율적인 조직이다."

② 마을기업

'마을기업' 은 마을 주민의 자발적인 참여와 협동적 관계망에 기초하여 이들의 욕구 충족과 지역 문제를 해결하고, 마을 공동체의 가치와 철학을 실현하는 마을 단위의 기업을 의미한다. 마을기업은 민주적 운영과 협동조합 원리에 기초를 두고 있으며, 주민들이 안정적인 소득과 일자리를 창출하기 위해 주도적으로 지역에 특성화된 자연자원, 인적자원, 가공제품 문화 등 유무형의 각종 자원을 활용하는 조직이다.

마을기업의 3대 특성

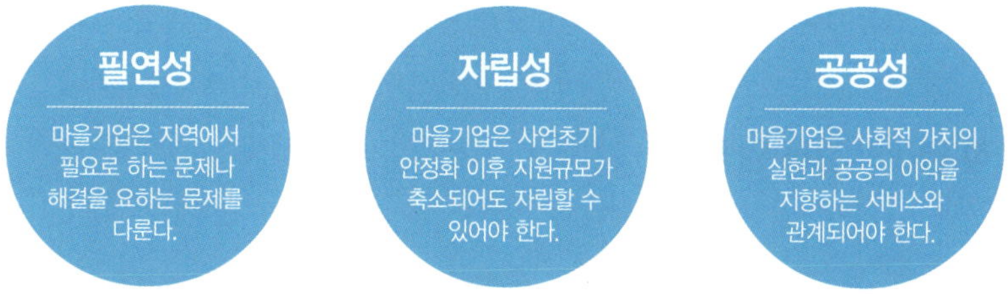

출처: 국제 사회적경제 포럼 2013 홈페이지(http://www.gsef2013.org)

③ 자활기업(자활공동체)

'자활공동체' 라고도 불리는 '자활기업' 은 자활근로사업단을 통해 근로여건과 의지가 충분하게 높아진 취약계층이 참여하는 형태의 공동창업 모델을 뜻한다. 즉, 일정 조건을 충족하는 1인 이상의 저소득층이 빈곤을 해소하기 위하여 상호 협력하여 조합 또는 공동사업자의 형태로 자활사업을 운영하는 기업으로, 사회적기업의 모태가 되었다(GSEF, 2013). 자활기업에는 보장기관으로부터 인정을 받은 인정 자활기업과 그렇지 않은 미인정 자활기업이 있다.

④ 사회적기업

'사회적기업(social enterprise)'은 「사회적기업 육성법」에 따라 ' 취약계층에게 사회서비스 또는 일자리를 제공하여 지역주민의 삶의 질을 높이는 등의 사회적 목적을 추구하면서 재화 및 서비스의 생산 · 판매 등 영업활동을 하는 기업으로서 고용노동부 장관의 인증을 받은 기관 '으로 정의된다. 즉, 사회적기업은 영리기업과 비영리기업의 중간 형태로서 사회적 목적을 우선적으로 추구하면서 재화 · 서비스의 생산 · 판매 등 영업활동을 수행하는 조직 유형으로, 기업의 소유주나 주주를 위해 이윤 극대화를 목표로 하는 일반 영리기업과 차이점이 있다.

이 조직 유형은 2007년 해당 법이 제정되면서 '사회적기업'이라는 명칭을 사용하기 위해서는 해당 법규에서 규정한 '사회적 목적 추구'와 '영업 활동'의 조건을 충족시키고 고용노동부로부터 일정 절차에 따른 '인증'을 받아야 한다는 점이 특징이다. 또한, 사회적기업의 최소한의 요건을 충족한 기업들은 예비 사회적기업 지정제를 통해 별도로 '예비 사회적기업'으로 지정받는다.

이와 같은 제도적 장치에도 불구하고 현재 사회적 경제의 조직들이 활동하는 실제 현장에서는 공식적으로 (예비)사회적기업을 인증 받은 기업뿐만 아니라 사회적기업과 목적과 운영 원리가 유사한 비인증 기업들을 사회적기업으로 통용하여 부르고 있다. 다만, 법규에 근거하여 지원 정책을 펼칠 때 창업기업, (예비)사회적기업 등으로 구분하고 있을 뿐, 용어가 혼재되어 사용되고 있는 실정이다. 따라서 사회적기업의 개념과 특성을 정확히 이해하기 위해서는 관련 법규 내용과 사회적기업 인증제라는 시스템을 잘 알아두는 것이 중요하다.

(4) 사회적 경제의 활동 영역

시장 경제와 공공 경제가 해결하지 못하는 사회적 문제(social problem)에 대한 대안적 역할을 수행하는 사회적 경제. 그 속에서 활동하는 마을기업, 자활기업, 협동조합, 그리고 사회적기업 등의 각 공동체들은 사회적 문제들을 해결함으로써 사회적 가치(social value)를 창출해 나가고 있다.

그렇다면 사회적 경제가 다루는 사회적 문제들은 어떠한 것들이 있을까? 다시 말하면, 사회적 경제 공동체들이 사회적 가치를 창출하는 활동 영역은 어떤 부문들이 있을까? 사회적 문제는 사회 구성원들에 해가 되고 개선될 필요가 있다고 사회 내의 한 집단이 생각하는 어떤 상황(Mooney et al., 2007)을 의미한다. 사회적 문제는 장소와 시간, 그리고 집단에 따라 사회적 문제로 여겨질 수도 아닐 수도 있기 때문에 이를 규정한다는 것은 그리 쉬운 작업은 아니다. 하지만 일반적으로 생각하기에 사회적 문제는 초기 사회적 경제 개념이 출현했던 당시 유럽 사회의 빈곤 문제와 같이, 우리의 눈을 불편하게 하는 사회 현상[6]들로 볼 수 있으며, 이 문제가 해결됨으로써 사회적 가치가 창출될 수 있는 영역이 된다.

사회적 경제의 활동 영역을 살펴보기 위해 먼저 전 세계 사회적기업가들의 지침이 되고 있는 아쇼카 재단(Ashoka Foundation)이 선정하는 아쇼카 펠로우(Ashoka Fellow)의 활동 분야들을 알아보도록 하자.

아쇼카 재단은 사회적기업가(social entrepreneur)라는 용어를 최초로 사용한 빌 드레이튼(Bill Draton)이 1981년에 설립한 재단으로 모두가 '체인지 메이커(change maker)'가 되는 사회를 만들기 위해 기업이 아닌 사람, 즉 아쇼카 펠로우에 투자를 하고 있다. 아쇼카 재단이 설립 이래 지금까지 배출한 아쇼카 펠로우는 전 세계 70여 개국에 있는 3,000여 명에 달한다. 이들이 글로벌 네트워크가 되어 사회적 가치를 창출하며 혁신을 이루어나가고 있는 분야는 다음 [그림 1-4]처럼 환경, 언론, 인권, 주거, 양성평등부터 디지털 및 기술, 농업 및 기술, 경제개발, 위생, 그리고 고용과 시민참여까지 다양한 영역에 걸쳐 있다.

그림 1-4 아쇼카 펠로우(Ashoka Fellow)의 다양한 활동 영역

아쇼카 펠로우가 활동하는 영역 이외에도 사회적 경제 공동체들이 사회적 가치를 창출할 수 있는 영역은 너무나도 다양하고 넓은 범위에 있다.

UN은 최근 세계 유엔 회원국들이 향후 15년 동안 추진해야 할 17개의 공동 목표를 '지속가능발전목표(Sustainable Development Goals; SDGs)'로 명명하여 발표하였다. 지속가능발전목표는 에너지 · 식량 · 금융 · 기후변화 등 모든 국가가 직면한 문제를 다루고 있다. 또한, 경제성장 위주에서 경제 · 사회 · 환경의 균형 있는 발전, 즉 지속가능발전을 추구함으로써 빈곤 문제의 해결책을 찾고자 한다. 이 17개의 지속가능발전목표는 우리 사회가 직면하고 해결해야 할

6) 박철현(2010). "사회문제론: 이론, 실태, 지구적 시각". 박영사.

주제로, 향후 15년 동안은 우리나라를 포함한 전 세계의 많은 국가들에 큰 화두가 될 전망이다([그림 1-5] 참고).

그림 1-5 UN의 지속가능발전목표(SDGs)

출처: UN-Sustainable Development Knowledge Platform 홈페이지 참고하여 재구성.

아쇼카 펠로우가 체인지 메이커로 활동하고 있는 다양한 영역과 UN에서 선정하여 발표한 지속가능발전목표를 되짚어 보자. 과거의 역사 속에서도 그러했지만, 앞으로도 사회적 경제가 중요한 역할을 수행할 활동 영역들이 비단 국내뿐만 아니라 전 세계적으로도 넓게 퍼져있다고 느껴지지 않는가?

읽어 보기

지속가능발전목표(SDGs)와 **사회적경제와의 연계**

SDGs는 사회적 경제에도 중요한 접점을 가진다. 사회적 가치를 실현하는 동시에 경제적 이익을 추구하는 사회적 경제 특징은 거의 모든 영역에서 17개 SDGs 목표와 연계된다. SDGs를 달성함에 있어 사회적 경제로 일컬어지는 개발 방식은 중요한 수단이 될 수 있음을 보여준다.

SDGs의 토대가 된 2015년 이후의 개발의제에 대한 유엔 사무총장 종합 보고서의 이름은 '존엄으로 가는 길 2030: 빈곤을 종식하며 모든 삶을 변혁하고 지구를 보호하는 길'이다. 이 보고서는 SDGs가 지향하는 목표로 '그 누구도 소외되지 않는(No one is left behind) 발전'의 실현을 적고 있다. 과연 가능할까? 분명한 사실은 행동하면 세상은 바뀐다는 것. 지금 이 순간에도 수많은 이들이 더 나은 세상을 위해 행동하고 있다.

사회적경제의 특징	연계된 지속가능개발 목표(SDGs)
공정한 고용 창출, 경제적 자원에 대한 권리 증진, 사회서비스에 대한 접근성 강화 민주주의적 참여	Goal 1. 모든 국가에서 모든 형태의 빈곤 종식 Goal 5. 성평등 달성 및 여성·여아의 역량 강화 Goal 10. 국가내·국가간 불평등 완화 Goal 16. 지속가능발전을 위한 평화적이고 포괄적인 사회 증진과 모두 가 접근할 수 있는 사법제도, 모든 수준에서 효과적·책무성 있는·포용적인 제도 구축
생산자 조합화, 도시 농업, 공정무역, 대안적 먹거리 네트워크	Goal 2. 기아의 종식, 식량안보 확보, 영양상태 개선 및 지속가능농업 증진
보건, 노인 케어, 육아, 장애인 케어, 교육, 훈련	Goal 3. 모든 사람의 건강한 삶을 보장하고 웰빙(well-being)을 증진 Goal 4. 모든 사람을 위한 포용적이고 형평성 있는 양질 교육 보장 및 평생교육 기회 증진
여성의 활발한 참여를 통한 임파워먼트	Goal 7. 모두에게 지속가능한 에너지 보장 Goal 8. 지속적·포괄적·지속가능한 경제성장 및 생산적 완전고용과 양질의 일자리 증진 Goal 9. 건실한 인프라 구축, 포용적이고 지속가능한 산업화 진흥 및 혁신 Goal 10. 국가내·국가간 불평등 완화
사회적, 에너지, 금융 인프라 그리고 고용	Goal 7. 모두에게 지속가능한 에너지 보장 Goal 8. 지속적·포괄적·지속가능한 경제성장 및 생산적 완전고용과 양질의 일자리 증진 Goal 9. 건실한 인프라 구축, 포용적이고 지속가능한 산업화 진흥 및 혁신 Goal 10. 국가내·국가간 불평등 완화
도시 마을 재생과 참여적 거버넌스	Goal 6. 모두를 위한 식수와 위생시설 접근성 및 지속가능한 관리 확립 Goal 11. 포용적인·안전한·회복력 있는·지속가능한 도시와 거주지 조성
지속 가능한 농업과 자연자원 관리	Goal 14. 지속가능발전을 위한 해양·바다·해양자원 보존과 지속가능한 사용 Goal 15. 육지생태계 보호와 복구 및 지속가능한 수준에서의 사용 증진 및 산림의 지속가능한 관리, 사막화 대처, 토지황폐화 중단 및 회복 및 생물다양성 손실 중단
리싸이클링, 리유즈	Goal 7. 모두에게 지속가능한 에너지 보장 Goal 12. 지속가능한 소비 및 생산 패턴 확립 Goal 13. 기후변화와 그 영향을 대처하는 긴급 조치 시행
비공식 부분의 공식화, 시장 경제의 접점	Goal 17. 이행수단 강화 및 지속가능발전을 위한 글로벌 파트너십 재활성화

(사회적경제와 SDGs 17개 목표와의 연계, 출처: 유엔 이일청 연구조정관)

출처: Benefit(2017.03.14.). "지속가능한 발전목표(SDGs), 이렇게 만들어졌다." 재구성

(5) 사회적 경제의 역할과 한계

① 사회적 경제의 역할

앞서 살펴본 사회적 경제를 주 무대로 활동하고 있는 조직들은 다양한 가치 창출 분야에서 우리 사회가 직면하고 있는 일자리 문제, 소외계층을 위한 사회서비스 확충, 지역 불균형 및 사회적 배제 등의 여러 가지 문제들을 해결하는 역할들을 수행하고 있다. 사회적 경제 속에서 이들이 기여하고 있는 주요 역할들을 하나씩 살펴보도록 하자.

그림 1-6 사회적 경제의 주요 역할

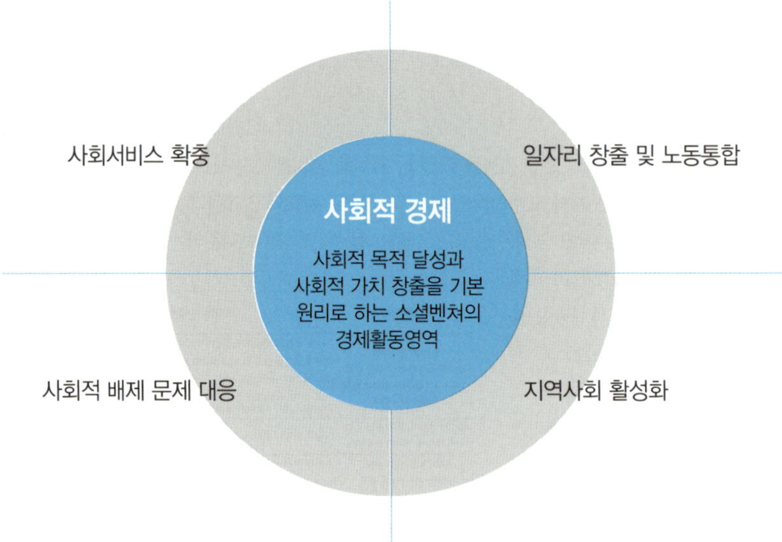

<u>일자리 창출과 취약계층의 노동통합</u>

최근 우리나라에서 해결이 시급한 큰 고민거리 중 하나를 꼽자면 '고용 없는 저성장' 시대에 직면해 있다는 점을 들 수 있다. 줄어들지 않는 청년 실업 역시 그 일환 중 하나이다.

전통적으로 고용 창출의 주체는 국가와 시장으로 여겨진다. 하지만 국가가 부족한 일자리 부문을 채우기 위해 재정 정책을 대규모로 마련하는 것은 제한적이기도 한데다, 이윤 극대화를 주 목적으로 하는 기업 중심의 시장경제 역시 완전 고용은 이상적인 지향점일 뿐 불완전 고용이 일반적이기 마련이다.

이러한 상황에서 사회적 경제는 일자리를 창출할 뿐만 아니라 취약계층을 노동시장으로 통합함으로써 고용 없는 저성장이라는 문제 해결에 기여한다. 사회적 경제 속에서 활동하는 공동체들은 사회적 미션 달성을 기본 바탕으로 설립되는 조직이기 때문에 보람되고 좋은 일자리를 창출한다. 또한, 고용창출, 직업훈련, 직업경험, 근로유인 그리고 소득보존 등을 목적으로 한 다양한 프로그램들을 진행하여 청소년과 장기실업가, 그리고 근로빈곤층 등과 같은 취약계층을 노동시장으로 통합하는 역할을 맡고 있다.

<u>사회서비스 확충</u>

사회적 경제는 정부와 지자체 등 공공 부문과 시장이 모두 해결할 수 없는 사회적 욕구를 충족시키기 위해 사회서비스를 제공한다. 사회서비스는 협의의 개념으로 사회복지사업을 의미한다.

사회적 경제는 사회서비스 확충을 위해 지역사회의 공동체들과 파트너십을 구축하고, 이 파트너십을 통해 새로운 공공서비스 수요를 충족시키며 공공 서비스를 혁신해 나간다.

지역사회 활성화

지역의 불균등한 발전 역시 우리 사회가 해결해야 할 중요 아젠다 중 하나이다. 사회적 경제는 다소 발전 속도가 느린 지역사회의 구성원들과 협력하여 지역경제를 다시 살리기 위해 다양한 활동을 수행하고 있다. 예를 들어 폐광지역을 재건하려는 노력의 일환으로 관광사업, 운송사업, 주택사업 등의 지역사회 협동조합을 구축한 경우가 대표적 사례라 할 수 있다.

사회적 경제가 낙후된 지역경제를 재 활성화하는 역할만 수행하는 것은 아니다. 지역사회를 발전시키는데 중요한 의제가 되는 환경, 문화, 교육, 보건 등의 부문에서 지역사회를 통합하고 사회적 투자를 촉진시킴으로써 지역경제의 발전에 기여하기도 한다.

사회적 배제에 대한 대응

'사회적 배제(social exclusion)' 는 사람들이 건강한 생활, 안정된 일자리, 적절한 수준의 교육 혹은 사회적 네트워크의 참여 등으로부터 점차 벗어나는 과정을 의미한다. 최근 우리나라에서 더욱 심화되고 있는 사회적 양극화는 사회적 배제의 가장 대표적인 집단적 현상 중 하나이다.

오늘날 우리 사회에서는 각종 사회적 배제에 직면해 있는 집단들이 다양하게 존재하고 있다. 이와 같은 상황에 대응하는 사회적 경제의 역할은 그것이 가지는 가장 포괄적인 역할이 된다. 즉, 일자리 창출과 노동통합, 사회서비스 확충, 지역사회 개발 등의 역할들을 포괄하는 것은 사회적 배제를 극복하는데 있어서 사회적 경제가 가지는 가장 중요한 역할이라고 할 수 있다.

② 사회적 경제의 한계

지금까지 학습한 사회적 경제가 가지는 주요 역할들을 살펴보면, 사회적 경제가 시장 경제와 공공 경제와 더불어 우리 사회의 한 축을 지탱해주는 충분한 기능을 하고 있음을 알 수 있다. 특히, 경제 위기에 사회적 경제의 역할은 그 빛을 더 발해 오곤 했다.

하지만 우리나라의 사회적 경제는 정부 주도로 복지와 일자리 문제를 해소하기 위한 정책적 개념으로 도입된 측면이 크다보니 일부 문제점도 따라오게 되었다. 즉, 정부를 중심으로 사회적 경제를 구성하는 공동체들이 성장을 지속해 온 것에 따른 문제점이다. 이로 인해 사회적 혁신의 추구와 시장 경제의 대안적 역할이라는 본래 사회적 경제의 의미가 흐려졌다고 여겨지기도 한다[7].

예를 들어 정부에서는 고용노동부가 인증한 사회적기업에 인건비와 4대 보험료와 같은 재정적 지원과 법인세 및 소득세 감면, 경영서비스 등을 지원한다. 마을기업 육성사업 역시 정부가 선정된 마을기업에 기업 당 최장 2년 동안 8천만 원의 사업비와 경영서비스를 제공하는 방식으

7) 새로운사회를여는연구원(2013). "사회적 경제 생태계 육성 전략 마련을 위한 기초조사: 해외 사례를 중심으로"

로 시행하고 있다. 이처럼 사회적 경제를 구성하는 조직들이 정부의 지원 위주로 운영되다보니, 단기적으로는 성장하여 기업 수가 양적으로 늘어나고 일자리 역시 창출하는데 기여해 왔지만 장기적인 측면에서 자생력을 갖추지 못한 조직들도 많이 나타나게 되었다. 즉, 일반적인 벤처기업과 같이 정부의 직접적인 지원 없이도 사업 규모의 확장과 지속성장이 가능한 역량이 부족한 조직들이 많아 이들이 사회적 경제의 발전을 충분히 지탱해 주지 못한 것이다.

게다가 「사회적기업 육성법」을 제정하면서 법규상에 규정된 조건을 충족하여 사회적기업으로 인증받기까지의 절차가 까다로워, 예비 창업가들이 사회적 목적이나 혁신적인 사회적 문제 해결 아이디어를 가지고 있음에도 불구하고 창업에 도전하기 어려워하는 경우를 심심찮게 볼 수 있다. 공식적으로 인증 받은 기업들을 위주로 지원 혜택을 받게 된다는 점 역시 이들에게는 큰 진입장벽이다.

최근 들어서는 과거 유럽 사회의 빈곤과 계급 차이에 따른 탄압 문제에 대비하여 사회적 문제의 범위와 영역이 환경, 가족, 여성, 노인 등의 다양한 문제들로 확산되면서, 기존의 사회적 경제 공동체보다도 조금 더 창의적이고 혁신적인 접근법으로 사회적 문제를 해결해 나가면서도 새로운 가치를 창출하는 조직 형태에 대한 요구가 커지기 시작했다.

이에 따라 직접적인 자금 지원 없이도 장기적으로 성장하고 규모를 확장해 나가면서 혁신적인 접근방법으로 사회적 영향력(social impact)을 이루어 나가는 새로운 형태의 모델이 필요하게 되었다. 즉, 기존의 사회적 가치를 창출하는 사회적 경제 공동체들의 역할과 일반적인 영리 벤처기업들의 지속가능성, 그리고 혁신성이 결합된 모델이 필요하게 된 것이다.

소셜벤처는 이와 같은 배경에서 출현하게 되었다([그림 1-7] 참고). 다음에서 소셜벤처의 기본 개념을 살펴보고, 기존의 사회적 경제를 구성하는 다른 조직 유형의 공동체들, 그리고 일반 벤처기업과 비교하여 소셜벤처는 어떠한 차별적인 특징이 있는지 차례대로 학습해 보도록 하자.

그림 1-7 소셜벤처의 출현 배경

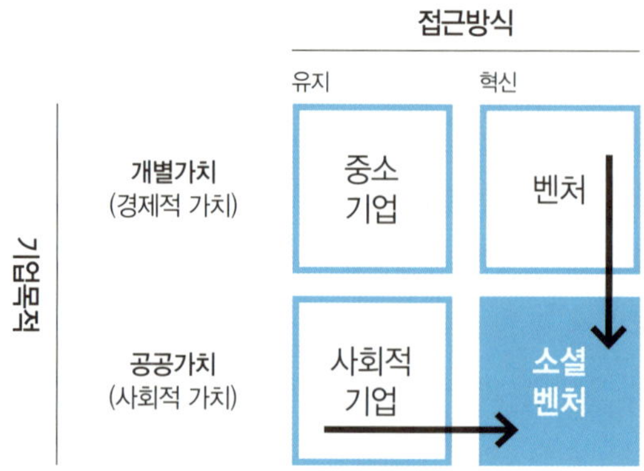

출처: 이민화(2015). "창조경제의 소망, Social Venture". 창조경제연구회 제13회 포럼 자료 참고하여 재구성

1.2 소셜벤처와 소셜벤처 창업가의 이해

1) 소셜벤처란?

(1) 소셜벤처의 개념

'소셜벤처(social venture)' 는 각 나라마다 그리고 기관마다 다양하게 정의하고 있다. 우리나라에서 소셜벤처라는 용어는 고용노동부가 주최한 2009년 '제1회 소셜벤처 경연대회' 를 통해 공식적으로 사용되기 시작하였다. 이 소셜벤처 경연대회를 주관한 기관이자 국내의 소셜벤처 관련 지원을 담당하고 있는 한국사회적기업진흥원(2014)은 소셜벤처를 '창의적이고 도전적인 벤처 정신으로 사회문제의 솔루션을 제공하는 혁신적인 기업 모델' 로 정의하고 있다. 즉, 소셜벤처란 기존의 일반적인 벤처기업과 같이 기술 · 경영 혁신 등의 모험적인 방법으로 경영 활동을 수행하는 기업 형태에 사회적 가치를 추구하는 기업 형태를 결합한 조직이다.

한국기술교육대학(2014) 연구에서는 소셜벤처를 사회적기업과 벤처의 특성을 함께 가진 조직으로 파악하고, '사회문제를 혁신적이고 지속가능한 경제적 모델을 활용하여 해결하는 기업' 으로 정의하였다. 즉, 소셜벤처는 사회적기업의 특성과 일반적인 벤처기업의 특성이 결합된 기업을 뜻한다.

미국의 사회적기업 컨설팅 업체인 버추벤처스(Virtue Ventures, 2005)는 소셜벤처를 '사회적 문제 또는 시장 실패를 완화하거나 줄이기 위해 사회적 목적과 경제 원리, 혁신성에 기반한 운영을 통해 사회적 가치를 생산해 내는 비즈니스 벤처' 로 정의한다.

영국의 사회혁신단체인 영파운데이션(Young Foundation, 2011)은 소셜벤처를 '사회적 문제를 다루지만 경제적인 수익을 창출하면서 지속가능한 기업으로, 현재의 아이디어를 확장하여 사회적 영향력을 확대하거나 조직의 성장을 목표를 달성하고자 하는 조직' 으로 정의하였다.

최근 우리나라에서는 ICT를 적극적으로 활용한 스타트업 중에 사회적 미션 달성을 주요 목적으로 하는 기업을 소셜벤처라고 지칭하기도 한다(한국기술교육대학, 2014). 이에 따르면 소셜벤처는 기술적 혁신성과 사회적 영향력을 모두 갖춘 기업이라 볼 수 있다.

각각의 정의들을 종합하면 소셜벤처는 기존의 사회적 경제 공동체들이 사회적 미션 달성 및 사회적 문제 해결을 통해 창출하는 사회적 영향력과 일반 벤처기업의 주요 특성인 지속가능성과 혁신성을 동시에 갖추고 있는 기업을 의미한다([그림 1-8] 참고). 즉, 소셜벤처는 (a) 사회적 가치 창출과 경제적 가치 창출을 동시에 추구하는 기업, (b) 혁신 또는 혁신적인 접근방법으로 사회적 문제를 해결하는 기업, (c) 사업의 확장 또는 지속가능한 성장을 위한 접근방법, 즉 비즈니스 접근법을 활용하는 기업으로 요약할 수 있다[8].

이러한 점에서 상기와 같은 소셜벤처의 특성들을 갖춘다면 고용노동부가 지정하는 인증 (예비)사회적기업도 소셜벤처에 포함될 수 있으며, 주로 벤처기업의 형태를 띠는 경우 역시 소셜벤처에 포함된다. 따라서 소셜벤처는 벤처기업과 같이 경제적 이익을 창출하면서도 고용노동부의 인증 여부와 상관없이 다양한 형태와 방식으로 혁신적이며 도전적으로 사업을 할 수 있는 장점을 모두 갖고 있다.

그림 1-8 소셜벤처와 사회적기업, 벤처확인기업

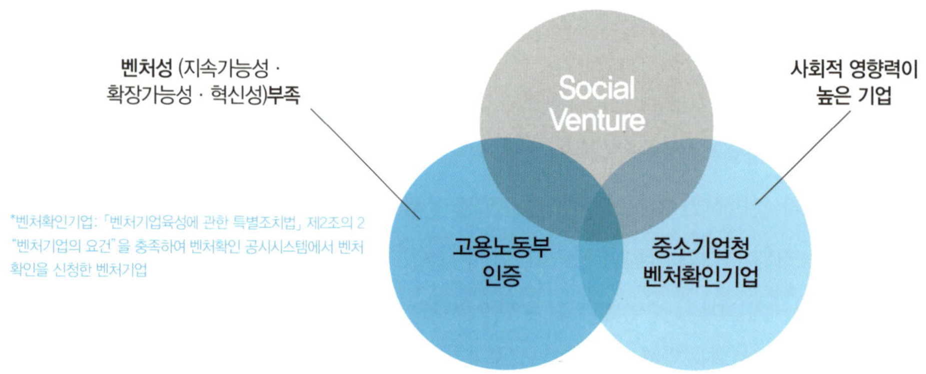

출처: 이민화(2015). "창조경제의 소망, Social Venture". 창조경제연구회 제13회 포럼 자료 참고하여 재구성.

(2) 소셜벤처의 특징

① 사회적 가치와 경제적 가치의 동시 추구

지금까지 살펴본 바와 같이 소셜벤처는 기존의 사회적 경제 공동체의 특성과 일반 벤처기업의 특성을 공통적으로 보유하고 있는 조직 유형이다. 그렇다면 이 세 가지 조직 유형을 구별 짓는 차별적인 요인은 과연 무엇일까?

가장 핵심적인 구분 기준은 바로 기업의 목적이 사회적 가치 창출에 있는가 또는 영리 추구를 통한 이윤 창출에 있는가의 여부이다. 기업은 기본적으로 존립을 위해 자사와 관계되어 있는

8) 배종태 · 라준영(2012). "제3세대 기업가정신과 소셜벤처 육성방안"

이해관계자들에게 창출하는 가치를 전달해야 하는 책무가 있다. 일반적인 벤처기업들은 그들이 창출하는 가치를 기업의 소유주 또는 주주들에게 경제적 이익의 형태로 돌려준다. 이와 달리 전통적 비영리기업은 사회적 가치를 창출하여 공동체 구성원이나 지역 사회에 기여해야 하지만 경제적 이익을 내야하는 의무는 없다. 즉, 일반 벤처기업은 경제적 이익 극대화가, 기존의 사회적 경제 공동체는 사회적 가치 창출이 사업의 최종 목적이다([표 1-2] 참고).

소셜벤처는 사회적 가치와 경제적 가치를 동시에 추구한다는 점이 가장 큰 특징이다. 사회적 가치 창출뿐만 아니라 경제적 이익을 낸다는 것은 사실상 기업을 설립, 유지, 그리고 성장시켜 나는데 중요한 핵심 요소가 되기 때문이다. 따라서 소셜벤처는 창출하는 잉여를 조직의 성장과 사회적 목적을 달성하기 위한 활동을 수행하고 확대하는데 재투자하며, 주주뿐만 아니라 구성원이나 지역사회 공동체 등 다양한 이해관계자들에게 이익이 되는 방향으로 사용한다.

표 1-2 소셜벤처와 기존 사회적 경제 공동체 · 일반 벤처기업의 차이

구 분	기존 사회적 경제 공동체	소셜벤처	일반 벤처기업
개념	사회적 가치 실현을 위해 협력과 호혜를 바탕으로 설립된 인증 (예비)사회적기업, 협동조합, 마을기업, 자활기업 등의 조직	사회문제를 해결할 혁신적인 아이디어를 사업화하기 위해 설립된 신생기업	기술 혁신 아이디어를 사업화하기 위해 설립된 신생기업
특징	사회적 영향력(social impact)이 예상되며 주로 정부 주도로 성장	높은 위험 부담을 감수하지만 성공할 경우 높은 사회적 가치와 기대 이익 예상	높은 위험 부담을 감수하지만 성공할 경우 높은 기대 이익 예상
기업의 목적	사회적 가치 창출	사회적 가치 + 경제적 가치 동시 추구	경제적 가치 창출

출처: 한국사회적기업진흥원(2014). "새로운 세상을 만드는 평범한 사람들의 특별한 이야기: 2014 소셜벤처 우수사례집"; 배종태 · 라준영(2012). "제3세대 기업가정신과 소셜벤처 육성방안" 자료 참고하여 재구성.

요약하면 소셜벤처는 사회적 가치와 경제적 가치를 동시에 창출하기 위해 영업활동을 수행하는 조직이며, 다만 추구하는 가치의 비중을 어디에 더 많은 가중치를 두느냐에 따라 [그림 1-9]와 같이 비즈니스 모델이 달라질 수 있다. 단, 소셜벤처 영역의 구분이므로 대기업을 통해 배출된 소셜벤처 또는 벤처기업은 논의에서 고려하지만, 대기업 자체는 제외하고 이해하도록 하자.

그림 1-9 추구 가치에 따른 소셜벤처의 영역

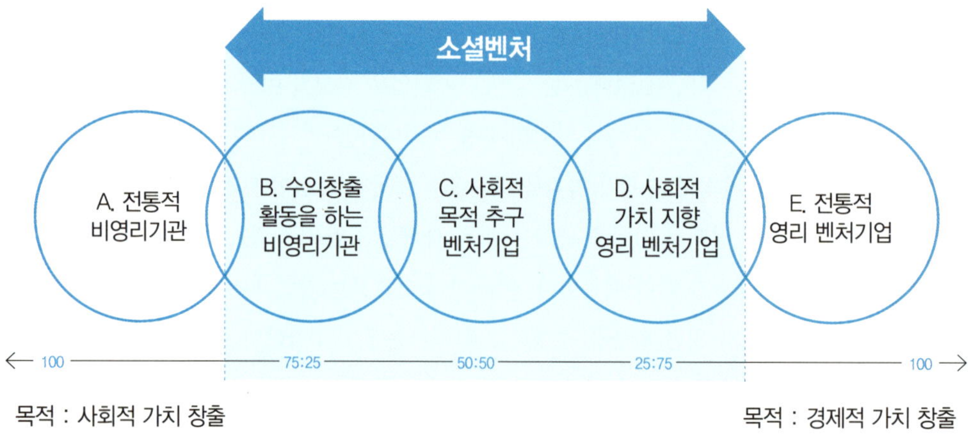

- ◆ A. 전통적 비영리기관: 사회적 목적 달성이 최우선 목표인 비영리기관으로 자선, 기부금 또는 정부지원 등으로부터 순수 자금을 조달하는 조직
- ◆ B. 수익창출 활동을 하는 비영리기관: 사회적 목적 달성을 우선으로 수행하는 비영리기관이지만 시장으로부터 경제적 수익이 창출한 추가적인 매출원을 보유하고 있는 조직
- ◆ C. 사회적 목적 추구 벤처기업: 사회적 목적과 시장에서의 경제적 이익 창출 목적을 모두 보유한 벤처기업으로 자생력이 있으며, 수익을 조직의 성장과 사회적 목적 달성을 위해 재투자함
- ◆ D. 사회적 가치 지향 영리 벤처기업: 영리 추구를 우선 목적으로 하는 벤처기업이지만 사회적 가치 창출 역시 지향하는 조직
- ◆ E. 전통적 영리 벤처기업: 순수 영리 추구 벤처기업으로 주주들의 이윤 극대화를 위해 운영되며 창출한 이익은 주주들에게 경제적 이익의 형태로 돌아감. 이 중에서는 사회책임투자(Socially Responsible Investment; SRI) 관점에서 사회적 책임이나 사회공헌 활동을 수행함으로써 사회적 가치를 지향하는 조직이 포함됨

출처: The Young Foundation, J. Kingston Venturesome, CAF Venturesome, EVPA 자료 참고하여 재구성.

[그림 1-9]에서 소셜벤처는 음영 부분에 해당하는 경제적 가치 창출보다 사회적 가치 창출을 주 목적으로 설립되어 수익창출 활동을 하는 비영리기관(B), 두 개 가치를 강조하는 비중이 대동소이한 사회적 목적 추구 벤처기업(C), 그리고 경제적 가치를 창출하면서도 사회적 가치를 창출하고자 하는 사회적 가치 지향 영리 벤처기업(D)의 영역에 걸쳐있다.

하지만 기업들마다 운영의 목적이나 방식, 지향점이 명확하지 않거나 수시로 달라질 수가 있어 소셜벤처의 영역을 두부 모 자르듯 구분하기는 어렵다. 다만, 소셜벤처를 비영리기관 또는 영리 벤처기업과 극단적으로 다른 유형으로 여기기보다는 앞서 살펴보았듯이 '사회적 가치와 경제적 가치를 동시에 창출하면서 혁신적이고 비즈니스적인 접근법으로 사회적 목적을 달성하는 벤처기업 '이라는 기본 개념 속에서 이해하는 것이 바람직하다.

나눔 실천하는 반값생리대
'29Days' 써볼래요?

일명 반값생리대 '29Days' (이미지출처 : 머니투데이)

"광고 하지 않아도 써보신 분들이 먼저 입소문을 내주세요. 마케팅 비용을 줄이는 대신 소비자와 소통하고 고객의 필요한 부분을 먼저 알아가기 위해 노력하고 있습니다. 소비자가 셀프 홍보대사가 돼 주세요." (29일의 홍도겸 대표)

주식회사 '29일' 은 여성용품을 판매하며 여러 사회문제들 중에서도 여성의 위생건강과 문화증진을 위해 활동하고 있는 예비사회적기업이다.

"왜 남자가 여성용품을? 이라는 질문을 참 많이 받아요." 외국에서 공부하면서 느낀 생리에 대한 인식은 한국과 많이 달랐다. "한국의 여성들은 왜 생리휴가를 쓰지 못할까, 생리대를 남자가 사면 왜 부끄러운가, 생리대는 검정봉투에 숨겨야만 할까?"라는 의문이 들었다. 이런 질문에서 시작한 29일은 일명 반값생리대 '29Days' 를 만들었다.

◆ 크라우드 펀딩으로 시작한 반값 생리대

회사의 이름은 여성의 생리주기를 의미한다. 홍 대표는 처음 남자 2명이서 일을 시작했다. 남자 둘이서 좋은 생리대를 만들기 쉽지 않았다. 많은 설문조사와 인터뷰를 진행했고 고객의 필요한 점, 불편한 점을 알아가기 위해 노력했다.

출시 전 서울권내 대학교와 여대 등 300여명이 넘는 설문조사를 3~4차례 진행하며 인터뷰와 설문조사만 총 2,000여건을 진행했다. 여성 대상의 대면인터뷰에 홍 대표가 나서면 남자라서 껄끄러워 하는 사람이 많았다. 하지만 진정성을 갖고 부담 없는 이야기부터 시작하니 마음을 열고 솔직한 이야기를 들을 수 있었다. 기존에 생리대를 사용하며 불편했던 점, 고쳐졌으면 하는 점을 듣고 제품에 반영했다.

선택의 폭이 적었던 생리대 시장에 2년 전 반값 생리대 '29Days' 를 출시했다. 첫 판매는 크라우드펀딩으로 시작하였고 이후 온라인으로 판매중이다. 온라인 판매로 과도한 유통수수료, 유통마진, 마케팅, 홍보비용 등을 줄여 질 좋은 제품을 반값에 판매를 할 수 있었다.

반값생리대 29Days는 2016년 8월 첫 크라우드펀딩에서 10시간 만에 100%달성, 최종 658% 초과달성을 하였다. 고객의 필요한 부분은 알아가기 위해 열심히 노력한 결과였다.

◆ 제품구매시 마다 생리대 4장 취약계층 여성에게 기부

크라우드 펀딩 이후 온라인 일반판매를 2017년 2월부터 시작했다. 취약계층 및 차상위계층을 대상으로 한 기부는 2016년도 크라우드펀딩 제품출시부터 진행했으며 현재도 진행 중이다.

작년 1월에는 2,304팩을 경기 사회복지 공동 모금회를 통해 성남시 취약계층 청소년에게 전달했다. 그해 5월에는 Mnet 아이돌콘에서 아이돌 팬클럽 33개팀과 함께 1팩 구매당 4장 적립 이벤트를 진행하여 광교지역의 취약계층에게 339팩을 전달했다.

홈페이지에서 제품 1회 구매시마다 하루치 생리대 4장(중형2장, 대형2장)이 적립된다. 적립된 물품은 지속적으로 기부되며 현재 6,020개가 적립되어 하반기에 기부 예정이다. 기부될 생리대량은 홈페이지에서 확인 할 수 있다.

◆ 품질관리위해 100% 국내생산 고집

홍 대표는 "소비자는 가격만 저렴해서는 절대 선택하지 않는다"며 "품질관리를 위해 100% 국내생산을 고집한다"고 설명했다. 낮은 단가를 위해서 중국, 동남아시아의 해외공장에서의 생산 방법도 있지만 품질관리가 어렵다고 판단하여 전량 국내 생산 중이다.

◆ 느리지만 소비자가 원하는 좋은 제품 만들고 싶어

29일은 처음 29Days 중형 1가지 라인으로 시작하여 대형, 팬티라이너, 샤무드 파우치 등 라인을 순차적으로 확대해 나가고 있다. 샤무드 파우치는 생리대를 안전하고 위생적으로 보관할 수 있는 제품으로 카카오 메이커스를 통해 3차례 완판한 인기 상품이다. 팬티라이너 롱 버전이 지난달 31일 출시되었고 하반기에는 청결제가 결합된 생리대를 신상품으로 내놓을 예정이다.

홍 대표는 "고객에게 최선을 다하고 진정성 있게 다가가면 고객들이 알아줄 것"이라며 "신제품에 대한 문의를 많이 받는데 조금 느리지만 소비자가 원하는 좋은 제품을 제대로 만들기 위해 노력중"이라고 설명했다. 이어 그는 "여성용품 뿐만아니라 여성을 위한 서비스 분야로 점차적으로 사업을 확대할 예정"이라고 밝혔다.

출처: 머니투데이(18.08.17), [신나는소식] 나눔 실천하는 반값생리대 '29Days' 써볼래요?, http://news.mt.co.kr/mtview.php?no=2018081616223256923, 내용 참고하여 재구성.

생각해 보기

01 여성용품을 개발 · 제작하는 일반 벤처기업과 비교해 볼 때, 29Days가 제공하는 가치는 어떠한 차별점이 있을까? 두 유형의 기업들이 제품을 개발하고 설립하게 된 시작점은 무엇이었을지 유추해 보자.

② 혁신성

소셜벤처는 기존 사회적 시스템에서 전통적인 해결책으로는 대응하기 어려운 수많은 사회적 문제들을 담당한다. 즉, 소셜벤처는 기존과는 무엇인가가 다르거나 더 뛰어난 해결책을 고안해야 하며, 지속가능한 사회적 영향력을 이끌어 냄으로써 새로운 사회시스템으로 변화시켜 나가야 한다. 결국 소셜벤처가 기발하고 독창적인 혁신 또는 혁신적인 접근법을 필요함은 당연지사인 것이다.

그림 1-10 소셜벤처의 사회 혁신

출처: 이민화(2015). "창조경제의 소망, Social Venture". 창조경제연구회 제13회 포럼 자료 참고하여 재구성

소셜벤처에 있어 혁신은 달성하고자 하는 사회적 미션을 실행으로 옮겨주는 핵심적인 수단이자, 경제적 수익을 창출하게 하는 기업의 경쟁우위가 된다. 일반 벤처기업의 경우 사업화하려는 기술 혁신 아이디어를 시장에서 성공시키기만 한다면 높은 기대 수익은 저절로 따라오게 되어 있다. 이처럼 소셜벤처도 시장성 있는 혁신적인 해결책을 고안하게 되면 높은 경제적 이익 창출이 가능하다.

이 때 소셜벤처가 취할 수 있는 혁신의 접근법은 무엇이 있을까? 다양한 형태가 가능한데 예를 들어 해결을 필요로 하는 사회적 문제에 대응하는 새로운 제품과 서비스(product and service)를 개발하는 방법 또는 기존 제품 및 서비스에 새로운 기술(technology)을 접목시키는 방법이 있다. 또한, 제품이나 서비스가 아니더라도 프로세스, 유통시스템, 그리고 비즈니스 모델 등을 혁신하는 접근법을 적용할 수 있다. 마지막으로 각각의 형태를 결합하는 혼합형의 혁신도 가능하다.

미국의 온라인 안경 유통업체 와비파커(Waby Parker)는 탐스슈즈와 같은 비즈니스 모델의 소셜벤처기업이다. 이들은 고객이 한 개의 안경을 사면 동일한 기준의 안경을 저소득층한테 기부하고 있다. 이들이 혁신적인 이유는 안경구매방식을 획기적으로 개선한기존에는 안경을 안경점에서만 구입하는 방식을 혁신적으로 온라이 주문이 가능하게 비즈니스 모델을 발전시켰다.

읽어 보기

아무도 하지 않는 일을 하다. **뉴베이스**

뉴베이스는 경험 기반 재난훈련 솔루션을 개발하는 소셜벤처이다. 화재, 지진 등 재난은 계속해서 일어나지만 대한민국의 재난훈련 체계는 미비하다.

◆ 새로운 목표를 위한 새로운 베이스캠프…뉴베이스

재난 현장은 자동차 한 대만 잘못 주차되어도 많은 문제가 일어날 정도로 사소한게 없는 현장이다. 그만큼 의료진과 구조대원은 그들의 작은 판단이 가지는 영향력에 대해 인지해야 한다. 도상훈련은 보고서 작성, 주변 기관과 소통, 중증도 분류표 작성 등 구체적인 실무를 경험할 수 있는 기회다. 훈련 참여자는 뉴베이스 이용 전에는 빨리 환자를 이송해야겠다는 생각만 했다면, 이제는 어떤 병원에 어떻게 이송해야 할까라고 한번이라도 더 생각하게 된다.

처음에는 재난훈련 키트 하나를 만들면 더 이상 할일이 없을 거라 생각했지만, 알고 보니 그게 시작이었다. 키트를 하나 만드는 속도보다 새로운 재난이 발생하는 속도가 더 빠르다. 기존에는 외상환자를 위주로 개발했다면, 최근에는 한국에 메르스가 유입되며 감염 훈련에 필요한 환자 카드 요청도 있었다.

지역마다 훈련 니즈도 다르다. 안산은 유해물질 그리고 포항은 지진 등 지역별 테마가 다르기 때문에 이에 맞춰 콘텐츠를 개발한다. 또 의료진을 대상으로 하는지, 지역 사회 또는 소방대원을 대상으로 하는 훈련인지에 따라 달라진다. 뉴베이스는 총 세 가지로 이를 모듈화했다. 지역사회 대응, 소방 대응, 그리고 원내 대응이다. 또 기관 규모에 따라 예산이 다르기 때문에, 구성 물품을 예산 규모에 맞추기도 한다.

◆ 뉴베이스는 참 운이 좋다

IT 서비스 기획을 오랫동안 해오다 남들이 하지 않는 분야에 도전하기 위해 응급 의료 서비스 디자인을 시작했다. 그러던 와중 주위 의료진분들이 국내에 재난훈련 툴킷이 없다며 만들면 어떻겠냐는 제안을 하셨다. 처음에는 IoT 헬스케어 분야가 흥미로워 뛰어들었지만, 점점 내가 할 수 있는 일이 아닌 것 같다는 생각이 들 정도로 어려운 분야였다.

재난훈련에 문외한이었다. 하지만 응급의학과 교수님들이 많은 도움을 주셔서 계속 노력할 수 있었다. 저작권 비용도 받지 않으신채 재난과 응급 관련 자료를 제공해주셨다. 워낙 방대한 콘텐츠이기 때문에 누구 한 명의 힘으로는 완성될 수 없다는 것을 알고 계셨기 때문이다. 의료진과 교수님 덕분에 우리는 많이 배우며 재미있게 일하고 있다. 또 이런 업체가 있어 고맙다고 말씀하시면, 더 열심히 개발할 동기부여가 된다.

뉴베이스는 참 운이 좋은 회사라는 소리를 많이 듣는다. 다른 소셜벤처는 사회 문제 해결을 위해 힘들게 시장을 개척하지만, 우리는 의료 현장에 있었을 뿐인데, 전문가분들의 도움을 받으며 시작한 사업이 알고 보니 수요가 엄청났던 것이다. 전국에서 전화가 오고, 한 지역에서는 다른 분야 훈련을 하고 싶은데 거기에 맞는 툴킷을 개발해달라는 요청 전화까지 온다. 다들 툴킷이 완성되기만을 기다리고, 빡빡한 훈련 일정 속에서 우리에게 아이디어까지 주기 때문에 우리도 잠을 줄여가며 열심히 개발한다. 영업활동을 한 적이 한 번도 없지만, 이미 뉴베이스는 전국에 납품되고 있다. 재난훈련 툴킷은 그만큼 필요했던 상품이다.

◆ 아무도 이 일을 하지 않는 데에는 이유가 있다?

뉴베이스 박선영 대표와 툴킷 (이미지출처: 서울창업신문)

이렇게 수요가 많은 시장에 왜 아무도 발을 들이지 않았을까? '돈을 벌기 힘든 시장' 이기 때문이다. 재난 분야는 연구와 개발에 투자하는 것만큼 수익을 내기 힘든 시장이다. 국내 시장 규모는 매우 작은 반면, 툴킷을 만들기 위해선 콘텐츠 개발과 디자인, 기술 개발까지 해야 한다. 사업성을 봤을 때는 같은 노력을 들였을 때 더 많은 수익을 낼 수 있는 것을 하는 게 맞겠지만, 한번 이 일을 시작하니 멈추면 안 되겠다는 사명감이 생긴다. 응급의료원분들과 소방대원, 의료진분들을 만나면 많은 긍정적인 영향을 받는다. 현장에 계시는 분들이 수익을 따지지 않고 우리에게 많은 도움을 준 것처럼 우리도 보답하고 있다.

소셜벤처라는 개념을 알기 전까지 사업은 엄청난 수익을 내고 성장을 해야 한다는 부담감이 컸다. 같이 일하는 젊은 직원들에게도 회사를 통해 발전할 기회를 줘야 한다는 부담감과 고객과 직원이 떠날 수 있다는 두려움도 있었다.

예전에는 이렇게 성장에 대한 압박이 있었다면, '뉴베이스는 소셜벤처다' 라는 생각이 들고 나니 나에게 맞는 옷을 입은 느낌이었다. 돈이 아니어도 뉴베이스가 존재해야 할 가치를 찾은 것이다. 남들이 하지 않는 일을 하기 때문에 그들이 낼 수 없는 효과를 내는 회사이다. 그렇게 생각을 바꾸니 자신감이 생겨 오히려 사업기회도 더 많이 보였다. 사업하길 잘했다고 생각한다. 소셜벤처로서 뉴베이스는 사업성 그 이상의 의미를 가지고 있다.

출처: 서울창업신문(2018.07.02.), 아무도 하지 않는 일을 하다_뉴베이스 박선영 대표, http://scnews.co.kr/news/view.html?section=137&category=142&no=5377, 내용 참고하여 재구성.

③ 비즈니스 접근법 활용

소셜벤처는 사업의 규모를 확장하거나 지속 성장하면서 그들이 창출하는 경제적 이윤뿐만 아니라 사회적 영향력을 더욱 크게 확대할 수 있는 자생력을 갖춰야 한다. 따라서 소셜벤처는 일반 벤처기업과 같이 정부 지원이 없이도 기업을 운영해 나갈 수 있도록, 창업 준비 과정부터 기본적 토대를 탄탄히 할 필요가 있다.

즉, 소셜벤처 창업 프로세스를 정확히 이해하며, 장기적인 관점으로 접근하여 비즈니스 모델을 수립하고 사업 타당성을 분석하는 것은 물론, 창업 후 사회적 가치와 경제적 가치를 측정하고 관리하는 활동 등의 비즈니스 방법론을 직접 실현해 나가는 것이 중요하다.

이와 같이 소셜벤처가 숙지하고 적용해 나갈 비즈니스 접근법을 본 서의 단계별 학습 내용을 통해 차근차근 배워나가도록 하자.

읽어 보기

앨리롤하우스, 타지역서 주문 90%넘어…
소비자 맞춤형 롤케이크로 전국 명성

남호훈 대표는 2015년부터 수성구 범어동에서 같은 이름의 작은 카페를 운영해왔다. 학교 밖 청소년들에게 조금이나마 도움과 희망을 주자는 생각에 사회적기업이 되기로 결심했다. 하지만 인증을 받을 수 있을지 두려움이 컸다. 2년 정도를 망설이기만 하다 가게가 어느 정도 자리를 잡고 나자 다시 도전할 마음을 갖게 됐다. 마침 대구대가 공모한 사회적기업가 육성사업에 선정됐고, 얼마 지나지 않아 예비사회적기업 인증을 받게 됐다. 사회적기업으로서 차근차근 단계를 밟아나가게 된 셈이다.

그는 "학교 밖 청소년들을 대상으로 베이킹 재능나눔을 하겠다는 목표가 뚜렷해지고, 롤케이크의 타지역 주문이 늘면서 상대적으로 임차료가 저렴한 이곳으로 옮겨 운영하게 됐다"고 말했다. 사회적기업으로 발을 내딛기 전, 그도 남들과 다르지 않게 '학교 밖 청소년'에 대한 편견을 갖고 있었다. 그러다 가까운 가족 중 학교 밖 청소년이 생기고, 함께 일을 하면서 그러한 인식이 차츰 깨졌다.

남 대표는 "나중에 얘기를 들어보니 획일적인 교육에 답답함을 느낀데다 선생님과의 갈등이 겹치고, 학교가 이를 제대로 보듬어주지 못하면서 결국 나오게 된 것이었다"며 "다행히 지금은 베이킹 전문가로서의 꿈을 이루기 위해 호주에서 열심히 유학하고 있지만, 당시 학교 밖 청소년에 대해 처음으로 고민해보게 된 계기였던 것 같다"고 말했다.

그는 현재 매주 한 번 학교 밖 청소년과 위기청소년을 대상으로 베이킹클래스를 열고 있다. 일종의 재능 나눔인 셈이다. 그는 "사실 처음엔 편견 때문에 걱정을 했지만, 막상 현장에서 만나보니 생각보다 순수하고 착하고, 배우려는 의지와 열정이 강했다"고 말했다.

그는 특히 학교 밖 청소년들이 일반적인 인식처럼 남들과의 갈등으로 인해 '사고를 친' 경우보다 무기력하거나 적응을 잘 못하는 등 개인의 심리에서부터 시작된 경우가 많다고 했다. 또 소극적이었던 아이들이 베이킹클래스를 진행하면서 점점 자신감이 붙고, 여러 감정을 표현해줄 때 무척 뿌듯함을 느낀다고 전했다.

그렇게 용기를 얻은 아이들이 지난해 스스로 해외문화재 환수를 위한 크라우드 펀딩을 진행해 목표금

(이미지출처: 영남일보)

액인 100만원을 달성했고, 취직에도 성공했다. 그는 "작은 성취감이 반복되면서 점차 달라져가는 모습을 보일 때 보람을 느낀다"며 "우리가 하는 사업을 통해 거창하게 학교 밖 청소년에 대한 선입견을 개선하지는 못하지만, 적어도 함께 일하는 친구들에게 같이 잘 먹고 잘살 수 있는 기반을 마련해주고 있다는 데 큰 의의를 두고 있다"고 말했다.

남 대표는 이어 "학교 밖 청소년들에게 꼭 제과제빵 분야로 진로를 추천하진 않는다. 다만 환경상 배움과 체험의 기회가 적은 이들에게 그 기회 자체를 제공하고, 성취감을 느낄 수 있도록 하는 게 중요하다고 생각한다"고 덧붙였다.

◆ 고용창출 늘려갈 계획

지난해 8월 예비사회적기업 인증 당시 2명이었던 앨리롤하우스의 직원은 7개월 만에 6명으로 늘었다. 현재 대표 2명을 포함한 직원 8명 모두 2030세대라서 어느 기업보다도 근무 분위기가 활기차다는 것이 직원들의 얘기다. 남 대표는 "학교 밖 청소년 3명이 함께 일하다 최근 검정고시 준비로 그만뒀다"며 "앞으로도 젊은 층 위주로 고용할 계획"이라고 말했다.

지난해 연매출 1억4천만원을 기록한 앨리롤하우스는 인스타그램 등 SNS 홍보채널만 5개를 운영 중이다. 기념일 등 선물용으로 인기가 높은 '세상에 하나뿐인 수제 롤케이크'라는 아이템으로 20~30대 여성층을 공략하고 있다.

앨리롤하우스 홈페이지나 SNS 메시지 등을 통해 원하는 그림과 문구를 주문하면 직원들이 색색의 반죽을 이용해 직접 그림을 그린다. 국내에선 최초의 아이템이어서 따라 하는 업체들도 우후죽순 생겼다가 사라지길 반복하고 있다. 그는 "합성보존료를 쓰지 않기 때문에 유통기한이 짧은 편이다. 냉장보관 기준으로 택배 수령 후 이틀 정도"라며 "모두 수제로 이뤄지다 보니 하루 생산량에 한계가 있고, 주문을 추가로 못 받을 때도 있다. 어떤 고객들은 8월에 있는 기념일에 선물할 케이크를 연초에 미리 주문해놓기도 한다"고 했다. 또 "소량 생산은 단점이라면 단점이지만, 정성이 가득한 선물로는 그만"이라고 말했다.

남 대표는 이어 "올해 하반기쯤 작업장 옆 공간을 확장해 음료 판매도 늘리고, 예전 개인 카페에서 진행했던 선물용 롤케이크 만들기 체험도 다시 해볼 생각이다. 공간 확장에 따라 직원도 좀 더 채용할 계획"이라며 "나아가 언젠가는 주거환경이 열악한 경우가 많은 학교 밖 청소년들을 대상으로 하는 셰어하우스를 만드는 게 꿈"이라며 미소 지었다.

출처: 영남일보(2018.03.24.). 앨리롤하우스, 타지역서 주문 90% 넘어…소비자 맞춤형 롤케이크로 전국 명성. http://m.yeongnam.com/jsp/view.jsp?nkey=20180324.010120729120001, 내용 참고하여 재구성.

2) 소셜벤처 창업가란?

(1) 소셜벤처 창업가의 정의

'소셜벤처 창업가(social venture entrepreneur)'는 충족되지 않은 사회적 욕구나 해결되지 않은 문제에 대한 혁신적이고 지속적인 해결책을 개발함으로써 사회적 · 경제적 가치를 창출하고 사회를 긍정적으로 변화시켜 나가는 개인을 의미한다. 이들은 이 사회적 목적과 경제적 목적을 달성하기 위해 소셜벤처라는 기업을 조직 및 설립하고, 제품과 서비스를 판매함으로써 사업을 운영해 나간다.

소셜벤처 창업가를 말할 때는 보통 '세상을 낭만적으로 변화시키려는 꿈을 가진 몽상가(dreamer)'로 종종 표현하기도 한다. 이들은 비록 정부나 시장 영역에서 해결해 오지 못한 사회적 문제라 할지라도, 그 문제를 간과하거나 발견하는 데에서 그치지 않고 해결책을 찾아나가면서 세상을 긍정적으로 바꾸려는 의지를 갖고 있기 때문이다(Coleman & Kariv, 2016).

예를 들어, 소셜벤처 창업가는 도심 지역의 높은 고등학교 자퇴율을 보며 단순히 '현상이 이러하구나'라며 그 문제를 인지하는 데 그치지 않는다. 이들은 고등학생들이 학업을 완수하지 못함에 따라 고용시장에서 겪게 되는 낮은 처우에 대해 공감과 고민을 하고, 문제가 지속될 때 사회전체가 겪게 되는 진통을 예상하며 '지금 이대로는 안 된다'는 감정을 느끼는 사람이다. 또한, 이러한 감정이 동기가 되어 문제 해결 아이디어를 실행으로 옮기는 사람이다(김정헌, 2013).

그렇다면 소셜벤처 창업가는 일반 벤처기업의 창업가와 어떤 점이 유사하며 또한 어떤 점이 다른 것일까? 앞서 사회적 가치와 경제적 가치를 동시에 추구하는 소셜벤처의 기본 개념을 살펴보았듯이 소셜벤처 창업가 역시 사회적 목표뿐만 아니라 경제적인 목표를 함께 갖고 있다. 따라서 영리와 사회적 목적이 모두 그들의 행동 동기가 되며, 이를 통해 지속가능한 사회적 가치를 창출하기 위해 일반 벤처기업 창업가와 같은 혁신적 · 비즈니스적인 접근법을 적용한다.

이와 달리 소셜벤처 창업가가 일반 창업가와 구별되는 큰 차이점은 이들에게 있어서 소셜벤처의 창업과 운영 방향을 결정짓는 문제가 다른 분야보다도 특히 빈곤, 교육, 인권, 환경 등과 같은 사회적 이슈와 결부되어 있다는 점이다. 즉, 소셜벤처 창업가에게는 가치 창출의 정도를 평가하는 자신만의 척도가 부의 창출 정도뿐만 아니라 사회적 가치 창출 정도에 따라서도 달라지며, 창업이라는 행동으로 이어지는 연결고리는 사회적 이슈에 대한 관심과 이를 해결하고자 하는 열정이 바탕이 된다.

읽어 보기

불가능을 가능케 만든 체인지 메이커
한국 11번째 아쇼카펠로우(2017)

아쇼카의 한국 지부인 아쇼카 한국은 2013년 설립 이후 사회혁신기업가들을 찾아 '펠로우'로 선정해 왔으며, 2017년 아쇼카 펠로우로 이수인 대표를 선정했다. 이번 발표로 총 11명의 아쇼카 펠로우가 배출됐다.

아쇼카는 3,400명 이상의 사회혁신기업가들의 글로벌 네트워크로 매년 전 세계에서 새로운 접근 방식으로 문제를 해결하는 100명 이상의 혁신가들을 아쇼카 펠로우로 선정하고 있다. 아쇼카 펠로우로 선정되면 재정적 지원을 비롯해 아쇼카의 글로벌 네트워크 활용 기회를 얻게 된다.

에누마 이수인 대표 (이미지출처: 영남일보)

2017년 아쇼카 펠로우로 선정된 에누마 이수인 대표는 디지털 기술을 활용한 학습자 중심의 교육 프로그램을 제공하며 새로운 교육 패러다임의 가능성에 도전하고 있다. 이 대표는 고도의 디지털 기술이야말로 장애나 사회 · 문화 · 지리적 제약으로 학습에 어려움을 겪는 어린이들을 위한 '기초 교육' 분야에 접목될 필요성을 확인, 배움이 어려운 아이들 관점에서 콘텐츠를 제작해 동기 부여가 되고 흥미를 지속시키는 교육 프로그램을 설계해 왔다.

이수인 대표가 설립한 에누마는 학습에 어려움을 겪는 아이들이 주체적인 학습자로 성장하도록 돕는 최고의 모바일 교육 솔루션을 만드는 것을 미션으로, 2014년 6월에 토도수학(Todo Math)을 출시했다. '토도수학'은 기초 수학을 가르치는 종합 솔루션 프로그램으로, 20개국 애플 앱 스토어 교육 카테고리에서 1위를 기록했으며, 그 해 연말에는 구글 플레이의 '구글 플레이 스토어를 빛낸 최고의 앱'으로 선정됐다.

에누마는 이 성공을 바탕으로 영유아의 인지발달 단계에서부터 초등 2학년 과정까지의 교육과정을 담고 있는 종합적인 기초 교육 앱 '킷킷스쿨'을 새롭게 개발해 최근 '글로벌 러닝 엑스 프라이즈'(Global Learning XPRIZE)의 파이널리스트에 선정되어 백만 달러(한화 11억 원)를 지원받았으며, 현재 탄자니아에서 필드테스트를 진행하고 있다. 이 대표는 높은 퀄리티의 디지털 교육 콘텐츠를 만들고 이를 NGO와 정부기관, 다양한 단체들과 협력하여 전 세계로 확산하는데 주력하고 있다.

이수인 대표는 "에누마는 빠른 아이와 느린 아이가 있을 뿐, 성공하거나 실패하는 아이는 없다고 믿고 아이들 중심으로 학습을 다시 설계하고 있으며, 그것이 우리 서비스의 핵심이다. 아이의 호기심과 학습 욕구를 가능한 오랫동안 보존할 수 있다면, 아이는 학습자로서 자신감을 갖고 성장할 수 있을 것"이라고 사업을 시작하게 된 계기를 설명하며, "아쇼카 펠로우 선정 이후 앞으로 일어날 협력과 임팩트를 기대하고 '모두를 위한 디지털 교육 모델' 구축과 새로운 패러다임을 제시하는데 역할을 충실히 하겠다"고 밝혔다

변화를 만드는 사람들

아쇼카 펠로우

출처 : 펠루오 TALK 4. 변화를 만드는 사람들. 아쇼카 펠로. https://youtu.be/GqkGI0KU-CY

출처: 플래텀(2017.11.16.). 2017년 아쇼카 펠로우에 '에누마' 이수인 대표 선정. https://platum.kr/archives/91349. 내용 참고하여 재구성.

(2) 소셜벤처 창업가의 특성

소셜벤처 창업가가 공통적으로 갖는 특성을 요약하면 다음의 네 가지로 볼 수 있다(Coleman & Kariv, 2016). 첫째, 소셜벤처 창업가는 사회를 긍정적으로 변화시키기 위한 기회를 추구하며, 충족되지 않은 사회적 욕구와 해결되지 않은 문제를 파악하고 여기에서 기회를 포착한다. 둘째, 기회를 실행으로 옮기는 과정 속에서 사회적 가치를 창출한다. 셋째, 새로운 모델과 패러다임을 제시하는 변화의 주도자로서 근본적인 시스템의 변화가 일어날 수 있도록 지속가능한 해결책을 제시한다. 마지막으로 소셜벤처 창업가는 한정된 자원으로도 소셜벤처 창업가로서의 소명을 책무로서 다하는 자들이다.

이와 같은 특성들을 모두 다 갖추는 것이 곧 소셜벤처 창업가를 의미하는 것은 아니다. 현장에 있는 소셜벤처 창업가들은 모두 각자 다른 개인적 특성으로 다양한 접근법을 활용하여 활동하고 있다. 중요한 것은 이들이 아주 다루기 힘든 문제라 하더라도 혁신적인 해결책을 끊임없이 추구하면서 세상을 변화시키고 개선해 나가는 주체들이라는 것이다.

지금도 소셜벤처 창업가들은 전 세계의 여러 국가, 그리고 여러 지역에서 자기 자신만을 위해서가 아닌 모두를 위해 매일 더 나은 세상을 만들기 위해 노력하고 있다. 정말 매력적인 일을 하는 매력적인 사람들이라고 생각되지 않는가?

다음의 특성들을 살펴보며 소셜벤처 창업가가 된 나 자신의 모습을 한 번 상상해보도록 하자.

① 기회를 추구하고 이를 행동으로 옮기는 자

소셜벤처 창업가는 다른 사람들이 '문제(problem)' 라고 생각하는 부분에서 ' 기회(opportunity)' 를 발견한다. 그들은 단순히 사회적 문제를 동정의 개념에서 바라보기 보다는 그 문제를 어떻게 개선해 나가고 이러한 사회적 목적을 어떻게 달성해 나갈 것인지에 대한 비전을 갖고 움직인다. 즉, 소셜벤처 창업가는 사회를 긍정적으로 변화시키기 위해 기회를 적극적으로 추진하고 포착한 기회를 행동으로 옮기는 기회중심적 사고가 높다.

하버드 대학의 심리학자 엘렌 랜거(Ellen Langer)는 기회 중심적 사고방식의 중요성을 평가하기 위해서 장애인에 대한 학생들의 태도에 대한 연구를 실시하였다. 랜거는 한 학급의 학생들에게 휠체어에 앉아있는 장애인 사진을 보여주면서 "사진에 보이는 이 사람은 차를 운전할 수 있을까?" 라고 질문을 하였다. 학생들은 대부분 '아니오.' 라고 짧게 대답하였다.

그림 1-11 영화 '언터쳐블: 1%의 우정' 의 한장면

다시 질문을 바꿔 "어떻게 하면 이 사람이 차를 운전할 수 있을까"라고 질문했더니 짧은 침묵이 흐른 후, 학생들은 휠체어에 앉아 있는 사람이 차를 운전할 수 있는 방법에 대해서 다양한 아이디어를 제시하였다.

이와 같이 성공한 소셜벤처 창업가는 아이디어 생성단계에서 연구결과와 같이 "할 수 없어"라는 상식선에서 결론을 맺는 것이 아니라, "어떻게 하면 문제해결을 할 수 있지?"라는 문제를 인식하고 이를 적극적으로 해결하고자 하는 성향을 가지고 있다. 어떻게 하면 나의 개인적 경험을 긍정적 사회적 영향력을 높이는데 기여할 수 있을까?, 어떻게 하면 좀더 나은 사회를 만들기 위해서 특별한 사회적 니즈를 고민할 수 있을까?, 어떻게 하면 내가 새로운 변화를 파악하여 사회적 가치실현을 위한 새로운 기회를 창출할 수 있을까? 라는 기회추구를 적극적으로 추진한다.

② 사회적 가치를 창출하는 자

소셜벤처 창업가는 사회적 문제에 접근하여 조금 더 나은 세상을 만들기 위한 노력을 시도하고, 이러한 과정 속에서 사회적 가치를 창출한다.

르완다에 'Gardens for Health'를 설립한 줄리 카니(Julie Carney)의 사례를 살펴보자. 르완다에서는 아이들 중 45%가 영양실조로 고통 받고 있었고 특히 시골지역에서는 빈곤으로 인해 그 비율이 더 높았다고 한다. 이 지역에서 아이를 가진 부모들은 영양실조가 무엇인지, 그 영향력은 무엇이고 아이의 영양실조 징후는 어떻게 파악하는지, 또 어떻게 치료하는지 조차 모르는 상황이었다.

이러한 사실을 인지한 줄리 카니는 한 마을에 의료클리닉을 만들고 각 지역의 보건 센터를 통해 부모들을 훈련 · 교육하는 프로그램을 개발하였다. 또한, 부모들이 다른 지역에 대해서도 모

그림 1-12 Gardens for Health 홈페이지

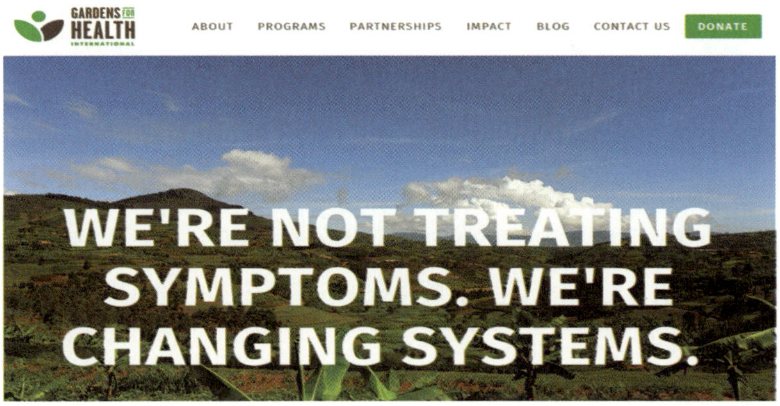

출처: https://www.gardensforhealth.org/about-us

니터링하는 역할을 하도록 했다. 그녀의 노력은 결과적으로 르완다 지역 아이들의 영양실조 해소에 기여했을 뿐만 아니라, 부모들이 좋은 영양의 중요성을 인지하게 됨으로써 가족 구성원들 전체의 건강을 위해 정원을 만들도록 장려하였다. 이를 계기로 르완다 지역의 농촌진흥청에서도 변화의 움직임이 일어났다. 진흥청은 소위 지역에 '돈'이 되는 커피나 목화 같은 농작물뿐만 아니라 지역 내 소비를 위한 건강한 농작물을 심는다는 것에 대해 중요성을 인식하고 지역 사람들을 훈련하기 시작한 것이다.

이처럼 소셜벤처 창업가는 사회적 문제에 대해 혁신적인 해결책을 제시함으로써 사회적 가치를 창출하는 자이다. 특히, 이들이 창출하는 사회적 가치는 단순히 표면에 드러난 증상만 해결하기 보다는 그 문제의 근본적인 원인을 찾아 해결하여 사회적 가치를 창출하는 노력을 한다.

③ 지속가능한 해결책을 제시하는 변화의 주도자

"뛰어난 소셜 창업가들은 단지 물고기를 잡아주거나 물고기를 잡는 법을 가르쳐 주는 것에 만족하지 않고, 어업 분야 전반에 걸친 혁신을 이룩하기 전까지는 결코 변화의 고삐를 늦추지 않는다." – 아쇼카 펠로우 창업가 · CEO, 빌 드레이튼(Bill Drayton)

줄리 카니는 르완다 지역의 '빈곤', '기아' 그 자체를 단순히 해결한 것이 아니라, 교육 · 훈련을 통해 지역 사람들에게 지식과 도구를 제공함으로써 가난과 배고픔의 악순환 고리를 끊을 수 있도록 하였다. 그녀처럼 소셜벤처 창업가는 그들이 변화시킨 사람들이 오히려 자신들의 삶을 스스로 변화시키도록 하는 '변화의 주도자(agents of change)' 역할을 수행함으로써 지속가능한 해결책을 추구한다.

따라서 이들은 빠르게 대박이 날 것 같은 해결책보다도 지속가능한 임팩트를 가지는 해결 방안을 모색한다. 이를 위해 끊임없이 혁신을 이루고, 적용해보며, 다시 학습하고, 또 개선해 나가는 과정을 반복한다.

④ 한정된 자원으로도 소셜벤처 창업가로서의 역할들을 책무로서 다하는 자

소셜벤처 창업가는 사회적 목적을 달성하기 위해 현재 손 안에 자원이 부족하고 한계가 있다 하더라도 과감히 행동한다. 오히려 협업과 파트너십을 통해 자원을 효율적으로 활용하고 지역사회에 책임을 다하기도 한다. 이들은 장애물을 만나도 멈추지 않는다. 다만, 스스로에게 다음과 같이 자문할 뿐이다.

"이 장애물을 어떻게 뛰어넘을 수 있을까?"
"이 일을 가능하게 하려면 어떻게 해야 할까?"

읽어 보기

좋은 일은 더 폼나게
유튜버 청년들이 사회적기업가 된 사연

"어려운 거 하는 게 더 멋있지 않아요?"
수익과 직결되는 구독 · 조회수를 늘리려면 자극적인 소재가 더 좋지 않냐는 질문에 되돌아온 대답이다. 우문현답의 주인공은 유튜브와 페이스북을 합산해 팔로워 29만 명을 보유한 인기 크리에이터 그룹 '데블스 티브이(TV)'의 공동대표 신준섭 · 김영빈(28)씨다. 이들은 이미 '아는 사람은 아는' 유명인사다. 그도 그럴 것이 콘텐츠 부문 공동대표이자 주요 출연자인 영빈씨는 10년 가까이 인터넷에 회자되는 '전설의 서현 동창' 짤의 주인공이다. 이들이 만든 가수 아이유 패러디 뮤직비디오 '빨래터'도 150만 이상 조회수를 기록했다. 전라도 사투리를 소재로 한 '광주자매', 일반 시민 대상 몰래카메라 '낚시왕 김낚시' 등도 인기다.
이들에겐 다른 크리에이터들과는 다른 특별함이 있다. 우선 혐오 콘텐츠가 없는 청정한 웃음을 준다. 실제로 영빈씨는 언론 인터뷰나 개인 사회관계망서비스(SNS) 등에 "성소수자 · 여성 등 사회적 약자 혐오 콘텐츠는 만들지 않는다"는 소신을 밝힌 바 있다. '관종'이라거나 '착한 척으로 돈 버는 것'이라는 내용의 악플도 더러 달리지만, 이들은 묵묵히 일상으로 진정성을 증명한다. 유튜브로 사업 지속성을 만들되, 단순히 수익과 유명세만 좇는 게 아니라 만들어진 영향력, 경제적 기반을 바탕으로 광주 지역 도시재생과 마을만들기에 참여하는 식이다. 데블스 티브이를 아예 마을기업으로 만든 것도 이 때문이다.
"재밌고 멋있는 일을 하고 싶어서요." 이들이 획일화된 진로나 사업적 성공, 유명세만 좇지 않고 다른 길을 선택한 이유란다.

◆ 발산마을 '손주들' 된 데블스TV

"할매들이랑 매일 통화해요. 오늘도 조금 전에 통화했거든요. 오늘 왜 안 왔냐고, 내일 밥 먹으러 오라고." 영빈씨가 활짝 웃으며 말했다. 여기서 '할매들'이란 발산마을 주민들을 말한다. 발산마을은 광주시 서구 양3동에 위치한 작은 마을이다. 도심에서 그리 멀지 않은데도 어르신들만 남아 쇠락하던 마을

이, 지금은 식당 · 게스트하우스 · 갤러리 등이 만들어지고 청년들이 오가는 활력 넘치는 마을로 탈바꿈했다. 발산마을은 도시재생에서도 손꼽히는 성공사례 중 하나인데, 마을 활동가와 원주민이 잘 어우러졌다는 게 돋보이는 점이다.

낙후된 마을을 개발했더니 주민들이 밀려나거나 원주민과 새로운 입주자, 마을 활동가 사이에 갈등이 생겼다는 이야기는 도시재생에선 흔한 소재다. 하지만 발산마을은 달랐다. "할매들이랑 진짜 친해요. 할매들도 우리를 좋아하고, 우리도 할매를 좋아하고. 같이 놀면 재밌어요. 우리 마을이죠." 이들이 다른 청년들을 몰고 오면 주민들은 밥도 지어주고 파티도 한다. '주민과 함께' 꾸미지 않았는데도, 이들이 만든 영상, 사진, 대화 하나에 주민들과 쌓아온 시간이 고스란히 내려앉았다.

데블스TV 프로그램 '낚시왕김낚시' 에서 할머니 15분 몰래카메라 중 한 장면. 데블스TV 영상 갈무리

데블스 티브이의 콘텐츠에도 이런 철학이 그대로 드러난다. '쇼미더발산', '발산에서 생긴일', '낚시왕 김낚시-할머니 열다섯 분 몰래카메라', '3분 할매' 등 다양한 콘텐츠에 할매들이 직접 등장한다. 영빈씨가 할머니 분장을 하고 "나는 구십일곱이여, 팔십여섯이면 아직 애기네" 너스레를 떨며 고스톱을 치고 '웃음 참기 게임' 을 하는 식이다. 가장 인기가 많았던 '쇼미더발산' 은 인기 방송 프로그램 '쇼미더머니' 를 패러디했는데, 할머니들이 모자와 선글라스 등으로 치장해 래퍼로 분장하고 "약간 원썬씨를 모르는 래퍼는 없지" 와 같은 유행어를 따라 한다. 할매들이 영빈씨 엉덩이를 두드리고, 게임을 함께 하는 장면들, "우리 손주" 하며 입을 맞추는 장면이 그대로 나온다. 영상이 나오면 꼭 함께 본다. "너무 좋아하시죠. 또 언제 찍냐고 물어보시기도 해요."

◆ "쉬운 길은 안 멋지잖아요"

어려움이 왜 없었을까. 거리공연을 하며 지역 행사 무대에도 열심히 섰지만 손에 쥐는 행사비로는 소품비 · 인건비를 충당하기에도 부족했다. 지속성을 고민하던 두 사람은 결국 창업을 결심했고 경제적 지속가능성과 좋은 일이라는 두 목표를 동시에 이루기 위해 마을기업을 세우기로 했다. '좋은 일을 지속적으로 한다. 단, 재밌고 폼나게!'. 분명한 원칙을 세우고 밑그림부터 그려가며 '우리의 일' 을 만들었다. 데블스 티브이는 이제 직원 13명을 거느린 어엿한 회사로 성장했다. 올해 정식 마을기업 인증도 앞두고 있다.

"사회적기업은 좋은 일만 해서도 안되고, 기업으로 건실하게 서야죠." 이들의 계획은 단단하다. 수익이 꾸준히 창출되는 유튜브 영상도 열심히 만들되 '이웃캠프' 등 발산마을 활성화에 꾸준히 참여한다. 게스트하우스는 수익도 올리고 마을 활성화도 이루기 위한 새 사업 모델이다. "쉬운 길은 안 멋지잖아요. 할매들 웃기고, 사람들 웃기면서 같이 폼나게 살 거고요, 광주에서도 젊은 사람들 살아갈 수 있다는 것 보여줄 겁니다." 이들이 내건 당당한 포부다.

출처: 한겨레(18.07.17), "좋은 일은 더 폼나게" 유튜버 청년들이 사회적기업가 된 사연.
http://www.hani.co.kr/arti/economy/economy_general/853633.html, 내용 참고하여 재구성.

활동
하기

성공적인 소셜벤처 창업가가 되기 위한 **52주간의 여정**

창업은 무엇보다 철저한 준비가 필수적이다. 소셜벤처 창업가는 사회적 가치를 만들어 내기 위한 소셜 미션을 수행해야 하는 동시에 지속가능성을 확보하여 수익 창출도 해야 한다는 점에서 두 마리 토끼를 모두 잡아야 한다. 이를 위해서는 편중되지 않은 학습이 필요하다. 1년간 매주 책을 읽거나 영상물을 보고 토론을 하는 등 창업팀의 역량 강화를 위해 활용할 수 있는 체계적인 학습 프로그램을 진행을 제안한다. 학습 내용은 사회적 경제에 대한 내용으로부터 마케팅 및 비즈니스 모델에 대한 분야의 비중을 높여 나가는 방식으로 구성되었고, 4주간 책을 통한 학습과 1주의 영상 시청으로 배치되어 있다.

주차	유형	제목
1	영상	다큐 KBS 스페셜 '스페인 몬드라곤의 기적'
2	도서	몬드라곤에서 배우자
3	도서	몬드라곤의 기적
4	영상	[KBS] 시사기획 창 : 공유, 경제를 바꾸다
5	도서	에퀴티
6	도서	직원과 CEO가 함께 행복하고 성공하는 회사
7	도서	소셜픽션, 지금 세계는 무엇을 상상하고 있는가?
8	영상	KBS 네트워크 특선다큐, 착한 경영 사회적기업
9	도서	사회적기업이란 무엇인가?
10	도서	사회적기업을 어떻게 혁신할 것인가?
11	도서	협동조합의 이론과 현실
12	도서	타자를 위한 경제는 있다
13	영상	후 케어스
14	도서	우리도 행복할 수 있을까?
15	도서	또래 압력은 어떻게 세상을 치유하는가?
16	도서	무하마드 유누스의 사회적기업 만들기
17	도서	수도원에 간 CEO
18	영상	SBS 특집다큐, '더불어 사는 힘, 사회적기업'
19	도서	공공성
20	도서	거대한 전환
21	도서	지금 중요한 것은 무엇인가?
22	도서	비즈니스 모델의 탄생
23	영상	워커즈
24	도서	사장의 회사 VS 사원의 회사
25	도서	그들은 왜 회사의 주인이 되었나
26	도서	콘텐츠로 세상을 지배하라

27	도서	MIT 스타트업 바이블
28	영상	더착한 서울기업
29	도서	협동조합으로 기업하라
30	도서	관점을 디자인하라
31	도서	마케팅 반란
32	도서	린 스타트업(에릭 리스 著)
33	영상	로치데일 파이오니아
34	도서	로치데일 공정 선구자 협동조합
35	도서	숫자로 경영하라
36	도서	팔리는 컨셉 만들기
37	도서	린 스타트업(애시 모리아 著)
38	영상	KBS 다큐 3일, '오늘도 나는 꿈을 굽습니다'
39	도서	우리 협동조합 만들자
40	도서	협동조합 비즈니스 전략
41	도서	성공을 부르는 총체적 마케팅
42	도서	플랫폼, 경영을 바꾸다.
43	영상	위캔두댓
44	도서	실전에 강한 MBA 마케팅
45	도서	토네이도 마케팅
46	도서	서비스 이노베이션 엔진, 6시그마
47	도서	비즈니스 모델의 혁신
48	영상	KBS 시사기획 창 '함께, 더 멀리! 협동조합'
49	도서	캐즘 마케팅
50	도서	인바운드 마케팅
51	도서	세상을 바꾼 비즈니스 모델 70
52	도서	101가지 비즈니스 모델 이야기

활동 하기

소셜벤처 창업가 30인 사례로 **나의 롤 모델 찾아보기**

미국의 경제 전문지 포브스(Forbes)에서는 오늘날 사회적 문제를 비즈니스 솔루션을 통해 성공적으로 해결하는 30명의 영향력 있는 소셜벤처 창업가, '임팩트 30(Impact 30) 리스트'를 발표하고 있다. 또한, 어린 나이에도 불구하고 세계 곳곳에서 긍정적인 변화를 일으키고 있는 30세 미만 30명의 소셜벤처 창업가를 의미하는 '30 under 30'를 발표한다.
포브스지가 선정한 30명의 소셜벤처 창업가(http://www.forbes.com/impact-30/list.html) 또는 30세 미만의 소셜벤처 창업가 리스트(http://www.forbes.com/30-under-30-2018/social-entrepreneurs)를 참고하여 롤 모델(role model)로 삼고 싶거나, 이들의 소셜벤처의 혁신적인 아이디어나 기업이 창출하는 사회적 가치가 나의 관심사와 부합하는 사례를 찾아보고 발표해 보도록 하자.

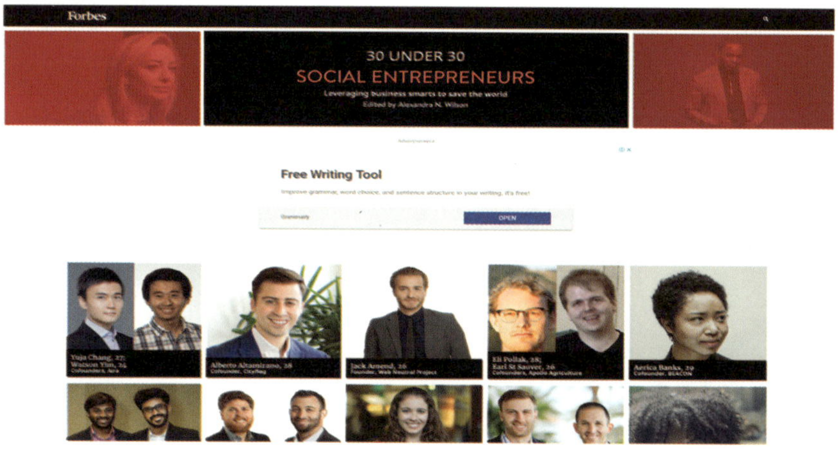

학습 정리

- '사회적 경제(social economy)'는 자본주의 한계점에 대응하는 역할로 출현한 개념으로, 사회적 가치 실현이라는 목적을 달성하기 위해 다양한 주체들의 생산 · 소비가 이루어지는 경제시스템을 의미한다.

- 우리나라 사회적 경제를 구성하는 대표적인 공동체 유형에는 고용노동부로부터 인증을 받은 사회적기업 및 예비 사회적기업, 협동조합, 마을기업, 그리고 자활기업 등이 있다.

- 사회적 경제는 일자리 문제, 소외계층을 위한 사회서비스 확충, 지역 불균형 및 사회적 배제 등의 여러 가지 문제들을 해결하는 역할들을 수행한다.

- '소셜벤처(social venture)'는 기존의 사회적 경제 공동체들이 사회적 미션 달성 및 사회적 문제 해결을 통해 창출하는 사회적 영향력과 일반 벤처기업의 주요 특성인 지속가능성과 혁신성을 동시에 갖추고 있다. 즉, 소셜벤처는 사회적 가치 창출과 경제적 가치 창출을 동시에 추구하는 기업, 혁신 또는 혁신적인 접근방법으로 사회적 문제를 해결하는 기업, 사업의 확장 또는 지속가능한 성장을 위한 비즈니스 접근법을 활용하는 기업을 의미한다.

- 소셜벤처는 사회적 가치와 경제적 가치를 동시에 창출하는 조직 영역에 있으며, 추구하는 가치의 비중을 어디에 더 많은 가중치를 두느냐에 따라 비즈니스 모델이 달라질 수 있다.

- '소셜벤처 창업가(social venture entrepreneur)'는 충족되지 않은 사회적 욕구나 해결되지 않은 문제에 대한 혁신적이고 지속적인 해결책을 개발함으로써 사회적 · 경제적 가치를 창출하고 사회를 긍정적으로 변화시켜 나가는 개인이다.

- 소셜벤처 창업가는 기회를 추구하고 이를 행동으로 옮기는 자, 사회적 가치를 창출하는 자, 지속가능한 해결책을 제시하는 변화의 주도자, 한정된 자원으로도 소셜벤처 창업가로서의 역할들을 책무로서 다하는 자로 특징지어진다.

참고문헌

- 고용노동부 · 한국사회적기업진흥원(2014). "청춘, 소셜벤처를 피워라: 2014년 소셜벤처 대학동아리 지원사업 사례집"
- 김석호. "사회적경제의 개념과 핵심가치의 이해"
- 김정원(2009). "한국 사회적 경제의 과제와 전망: 대안성과 공공성을 중심으로 – 기조 발제: 한국 사회적경제의 재조직화를 위하여". 2009 한국사회포럼 기획토론.
- 김정헌(2013.03.01.). "사회적기업, 도시의 체인지메이커 : 서울 속의 우주(woozoo)를 만나다". Impact Business Review.
- 박철현(2010). "사회문제론: 이론, 실태, 지구적 시각". 박영사.
- 배종태 · 라준영(2012). "제3세대 기업가정신과 소셜벤처 육성방안"
- 새로운사회를여는연구원(2013). "사회적 경제 생태계 육성 전략 마련을 위한 기초조사: 해외 사례를 중심으로"
- 성지미 · 황준욱 · 안주엽(2014). "소셜벤처 지원을 통한 사회적기업 활성화 방안" 한국기술교육대학.
- 소셜벤처허브(2014). "소셜벤처 경연대회 & 사회적기업가 육성사업 디렉토리북".
- 신원용 외(2015.12.10). "빅픽처, 2016 대한민국 이슈 전망 5화: 착한 일도 색다르게 하는 '소셜벤처'".
- 이경호(2013). "사회적 경제 공동체". 온라인행정학전자사전.
- 이민화(2015). "창조경제의 소망, Social Venture". 창조경제연구회 제13회 포럼 자료 참고하여 재구성

◆ 이열진(2014.05.07.). "아름다운 세상을 위하여". 허핑턴포스트.
◆ 장원봉(2006). "사회적 경제의 이론과 실제". 도서출판 나눔의 집.
◆ 한국사회적기업진흥원(2014). "새로운 세상을 만드는 평범한 사람들의 특별한 이야기: 2014 소셜벤처 우수사례집"
◆ 허준영(2013). "사회적경제 공동체 지원체계 진단". 안전행정부.
◆ J. Gregory Dees(2001). "The Meaning of "Social Entrepreneurship"". Duke Innovation & Entrepreneurship.
◆ M. London & R. G. Morfopoulos(2010). "Social entrepreneurship: How to start successful corporate social responsibility and community-based initiatives for advocacy and change". Routledge.
◆ S. Coleman & D. Kariv.(2016). "Creating the social venture". Routledge.
◆ 국제 사회적경제 포럼 2013 홈페이지(http://www.gsef2013.org)
◆ 한국사회적기업진흥원 홈페이지(www.socialenterprise.or.kr)
◆ Sustainable Development Knowledge Platform(https://sustainabledevelopment.un.org)
◆ Wikipedia(https://ko.wikipedia.org/wiki/공공경제)
◆ http://paretoop.tistory.com/70
◆ https://www.gardensforhealth.org/about-us

1장. 키워드 인덱스용

사회적 경제	시장경제	공공경제	사회적기업
마을기업	협동조합	자활기업	소셜벤처
사회적 가치	경제적 가치	소셜벤처 창업가	

"세상은 고통으로 가득하지만, 한편으로는 그것을 이겨내는
일들로도 가득 차 있다"

사회사업가, 헬렌 켈러(Helen Keller)

02

소셜벤처 트렌드

학습 목표

1. 소셜벤처의 트렌드를 살펴봄으로서 아이디어의 폭을 넓힌다.
2. 테크놀로지의 트렌드를 이해하고 활용 가능한 오픈소스가 있는지 살펴본다.
3. 적정기술에 대해 이해하고 활용과 보급을 위한 비즈니스 모델을 살펴본다.
4. 공정무역이 무엇인지, 사회적으로 왜 중요한지 이해한다.
5. 공유경제에 대해 이용하고 어떤 사례가 있는지 살펴본다.

시작
하기

사회적경제기업의 가치 및 공감대 확산을 통해

장관상 받은 소셜벤처들

우리 정부와 기업 사회공헌 부문은 사회 문제 해소에 앙트러프러너십을 발휘하는 창업가들을 여러 가지 방식으로 지원하고 있다. 그 중 2017년 소셜벤처 경진대회에 도전해 대상을 수상한 기업들을 살펴보자.

(이미지출처: 중앙일보)

“바른말 키패드로 비속어 줄여요” 대학생이 앱 만들었다.

소프트웨어와 관련한 깊이 있는 지식을 활용하여 사회문제를 적극적으로 해결하고자 하는 국민대 신입생이 화제다. 교육 애플리케이션 ‘바른말 키패드’를 개발하여 10대들의 비속어 문화를 개선해 나가고 있는 안서현(소프트웨어학부 1) 학생이 그 주인공이다.

“나의 창작물을 다른 사람들이 사용하는 것을 보고 즐거움과 뿌듯함을 느껴서 앱 개발을 시작했다”는 안서형 국민대 소프트웨어학부 학생은 ‘비트바이트’ 팀의 대표이다. ‘비트바이트’는 컴퓨터 용량의 최소 단위인 ‘비트’에서 착안하여, 비트가 어느정도 모이면 바이트가 되듯 작은 노력이 큰 결실을 이루자는 뜻으로 지어진 팀명이다. 청소년들이 사용하는 비속어의 빈도 수가 높은 것을 재미있는 요소를 활용하여 개선해보자는 취지에서 개발한 애플리케이션이 지금은 다운로드 약 12만 건과 월평균 약 4천명의 사용자를 기록할 정도로 크게 발전했다.

그들이 개발한 ‘바른말 키패드’ 앱을 휴대폰 내에 설치하면 기존에 사용하고 있는 키보드가 비트바이트 팀이 자체 제작한 키보드로 변경된다. 키보드에 입력하여 사용한 비속어는 이모티콘 처리되며, 비속어 사용을 얼마나 줄였는지 그래프로 도식화 · 체계화하여 사용자들이 체감할 수 있도록 제작되었다.

이 앱은 비속어 사용을 줄이고 올바른 언어를 사용할 수 있도록 간접적으로 지도할 수 있다는 측면에서 중 · 고등학교에서도 큰 관심을 보이고 있다. 그래서 학교와 연계하여 진행할 수 있는 다양한 프로젝트를 기획하고 있다. 또한, 그들이 축적한 비속어 데이터는 신조어 번역이나 유아용 교육 로봇 제작에 활용할 장기적인 계획 또한 갖고 있다.

“국민대가 학생들의 창업 지원에 적극적이라는 점이 입학의 결정적 계기가 되었다“는 안서형 학생은 ‘최종 목표는 이번 앱 개발을 계기로 소프트웨어를 다양한 방면에 활용하여 우리 사회가 겪고 있는 여러 문제를 직접적으로 해결하는 것”이라고 당찬 포부를 밝혔다.

출처 : https://news.joins.com/article/21512138

정신과 의사들이 전하는 정신건강과 마음의 이야기

뇌부자들(대표 김지용, 소셜벤처 경연대회 '17년 대상)은 젊은 정신건강의학과 의사 5인이 들려주는 정신건강과 마음이야기다.

10년지기 정신과 전문의 5인방이 뭉쳐 1년 전 팟캐스트를 시작했다. 기존에는 정신과와 관련한 팟캐스트가 없었다. 이들은 정신과 치료에 대한 오해와 편견을 없애고 대중들이 친근하게 다가갈 수 있도록 올바른 정보를 제공하려는 취지로 팟캐스트를 진행했다. 정신질환에 관한 궁금증을 사연으로 받고, 이에 대해 설명해주는 방식으로 운영했다.

정신과에 대한 정보 외에도 공황장애, 조현병, ADHD, 거식증, 분노조절장애, 우울증, 강박증, 경계성 성격장애를 비롯한 A, B, c 군 성격장애 등등을 다양한 사례 소개를 통해 다루고 있다.

올해 3월은 청취자들의 사연에 영감을 받아 각각의 에피소드를 구성해서 만든 책 '어쩐지, 도망치고 싶더라니'를 출간했다.

뇌부자들의 가장 큰 장점은 마음의 병을 키우는 이들에게 정신과 문턱을 낮춰주고 진심 어린 공감, 냉철한 분석으로 조언을 해주는 것이다. 사례별로, 의사별로 바라보는 관점이 다르고, 일상적인 대화에 전문 설명이 붙여져서 쉽게 이해할 수 있다.

뇌부자들은 "덕분에 정신과 병원에 갈 용기를 내게 됐어요."라는 말을 들을 때 가장 큰 보람을 느낀다고 말했다. 올바른 정보를 제공해 정신질환에 대한 편견을 없애고 더욱 쉽게 접근할 수 있도록 하는 것이 목표다.

때론 남의 시선 때문에 내 마음을 들여다보는 일을 주저하기도 한다. 보통 정신과에 다녀왔다고 하면 '어디 문제 있는 것 아닌가' 하는 부정적인 시각이 지배적이기 때문이다. 몸이 아플 때 병원을 찾는 것처럼, 마음이 힘들 때도 도망치기보단 그 이유를 점검해
보기를 권유한다.

출처: https://blog.naver.com/se365company/221297033209

생각해 보기

01 각 소셜벤처가 발견한 사회적 니즈를 해결할 수 있는 다른 방법을 찾아보자.

02 테크놀로지가 사회적 가치를 실현하는데 어떤 영향을 미쳤는지 토론해보자.

2.1 미래유망 테크놀로지

1) 최신 트렌드

소셜벤처는 특성상 혁신을 기반으로 사회적 가치와 경제적 가치를 동시에 추구한다. 하지만 소셜벤처는 사회적 가치를 중요하게 생각한다는 관점에서 테크놀로지와는 거리가 먼 기업으로 인식하는 경향이 있다. 하지만 우리가 관심을 갖고 찾아보았다면, 소셜벤처 중에는 최신 테크놀로지를 적극 활용하여 성공한 기업이 많다는 점을 알 수 있을 것이다. 따라서 본 장에서는 최신 테크놀로지 경향을 살펴보고, 소셜벤처 창업 아이디어를 도출할 때 테크놀로지를 활용한 기반 지식을 쌓아보도록 하자.

[그림 2-1]의 기술창업 최신 트렌드는 ICT산업과 헬스케어산업, 그리고 빅데이터 산업의 네 가지의 산업을 중심으로 하고 있다. ICT산업에 있어서는 생활 속 사물들을 유무선 네트워크로 연결해 정보를 공유하는 사물인터넷, 인터넷상의 서버를 활용한 클라우드 컴퓨팅, 스마트디바이스, 무인항공기인 드론, 가상현실, 3D프린팅, O2O(Online to Offline)서비스가 트렌드를 이끌고 있다.

3D프린팅의 발달은 기존의 대량생산에 의존할 수밖에 없었던 기존의 제조업의 패러다임을 바꾸게 되었다. 프로그램을 활용하기 때문에 머릿속에 있던 창의적 아이디어를 하나만 제품으로 탄생시킬 수 도 있을 뿐만 아니라 쉽게 수정이 가능하여 제품의 개선도 빠르게 진행할 수 있다. 국내에는 3D프린터를 활용할 수 있는 메이커스페이스[9] (maker space)가 80여개가 생겨나 디자인 · 제조 · 기술혁신의 중요한 공간으로 사용되고 있다. 메이커스페이스는 창조경제혁신센터, 무한상상실, 대학교, 공공도서관, 콘텐츠코리아랩 등에 마련되어 있으며 3D프린팅 및 제조 관련 기자재를 무료 또는 저렴한 비용으로 이용가능하다.

헬스케어 산업에 있어서도 의료기기, 영상의료기기, 체외진단기기, 헬스케어와 IT가 연결된 의료 IT에 많은 관심이 집중되어 있으며 빅데이터를 활용한 하드웨어, 소프트웨어 기술 및 서비스가 중심이 되고 있다. 해외의 경우 무인자동차가 합법화 되는 등 자율주행 자동차 분야와 지

9) 3D 모델 파일과 다양한 재료들로 소비자가 원하는 사물을 즉석에서 만들어(printing)낼 수 있는 작업 공간. 이는 전통적 제조업의 과정을 넘어 굴뚝 없는 비트(bit) 제조업으로 도약하는 가상 세계의 객체를 현실화하는 방법이다. 제조업 자체의 패러다임을 전환시켜 일반 개인도 최종 완제품을 생산해 내는 '개인 제조업' 의 부상을 예고하고 있다. [네이버 백과사전]

능형 로봇 · 감시시스템 · 교통제어시스템 분야가 인공지능 산업의 트렌드를 이끌고 있다.

드론을 활용하여 네팔 오지에 의약품을 제공하는 엔젤스윙, O2O서비스를 활용한 소셜벤처에는 빈방을 공유하는 코자자, 소셜다이닝, 집밥 등이 있다. 과연 이들이 어떻게 아이디어를 내고 활용하고 있는지도 함께 살펴보자.

그림 2-1 기술창업 최신 트렌드 개요

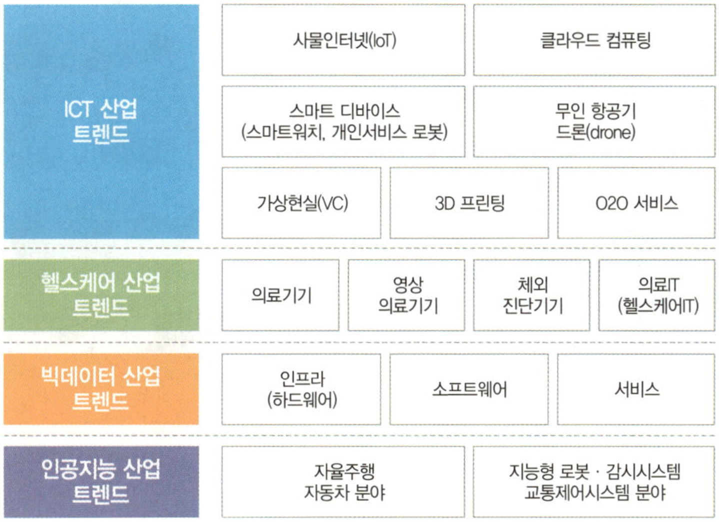

출처 : 김진수 외(2015). 기술창업론. 탑북스.

테크놀로지의 빠른 발달은 기업들의 오픈이노베이션(open innovation)이 큰 역할을 하고 있다. 오픈이노베이션은 기업이 필요로 하는 기술과 아이디어를 외부에서 조달하기 위해 내부의 자원을 외부에 공유하면서 새로운 제품이나 서비스를 창조해 내는 것을 말한다.

우리들이 잘 알고 있는 영화 '아이언맨' 의 실제 모델인 테슬라 회장 엘론 머스크가 전기차의 특허기술을 모두에게 공개 하여 전기차 시장을 키운 것처럼 많은 기업에서 오픈소스(무상으로 공개된 소스코드 또는 소프트웨어)를 내놓으며 생태계 확산에 공을 들이고 있다.

기업뿐만 아니라 개인도 오픈이노베이션을 이루어 내고 있다. 폴란드계 미국 농부인 야쿠보우스키는 기존의 트랙터보다 8배나 저렴하고 쉽게 부품을 갈 수 있는 제품을 개발하였다. 그러나 그는 그것을 사업화 하지 않고 기술의 결핍을 없애고자 누구나 적은 비용으로 만들 수 있도록 인터넷에 설계도를 개방하였다. 각국의 개발자들이 트랙터를 현지에 맞게 개선하고 더 나은 기술이 빠르게 개발되면서 간단한 도구들만 있으면 빈민국에서도 쉽게 만들 수 있게 되면서, 오히려 그의 기술은 사업화했을 때 보다 더 유명해지게 되었다.

동영상
보기

야쿠보우스키의
트랙터 기술공개

"아이디어가 현실로 이루어졌을 때 보다 강력한 것은 없습니다. 저는 개방적 하드웨어 기술로 더 나은 세계를 만들 것입니다." – 마르친 야쿠보우스키(Marcin jakubowski)

동영상 https://www.ted.com/talks/marcin_jakubowski?language=ko

국내에도 네이버의 오픈소스 기술 컨퍼런스 'XECon+PHPFest, 삼성의 소스콘(SOSCON)컨퍼런스 등을 통해 기업들이 오픈 소스 활성화에 앞장서고 있으며 행정자치부와 한국정보화진흥원에서도 공공 데이터 포털을 통해 1000건이 넘는 국가 데이터를 무료로 제공하고 있다.

또한, 2015년에는 '공유, 개방, 참여' 의 오픈소스 정신을 실현하고, 소프트웨어를 중심으로 하는 ICT 부문에서 오픈소스의 공공성을 확대함으로써 열린 기술 사회를 건설하는 것을 목적으로 하는 (사)오픈소스진흥협회(http://opensourcealliance.or.kr)가 설립되어 아두이노, 사물인터넷과 관련된 오픈소스와 무료 교육정보 등을 이용 할 수 있도록 홈페이지에 제공하고 있다.

최근 오픈소스를 활용한 소셜벤처 역시 속속 등장하고 있다. 웨어러블 점자디바이스 'dot' 도 오픈소스를 활용하였으며, 펀무브는 3D오픈소스를 활용해 무료전자의수 솔루션을 제시하여 베링거-아쇼카, 2회 'Making More Health 체인지메이커' 에서 우승을 하였다.

읽어 보기

수동휠체어를 전동으로 바꿔준다?
토도드라이브

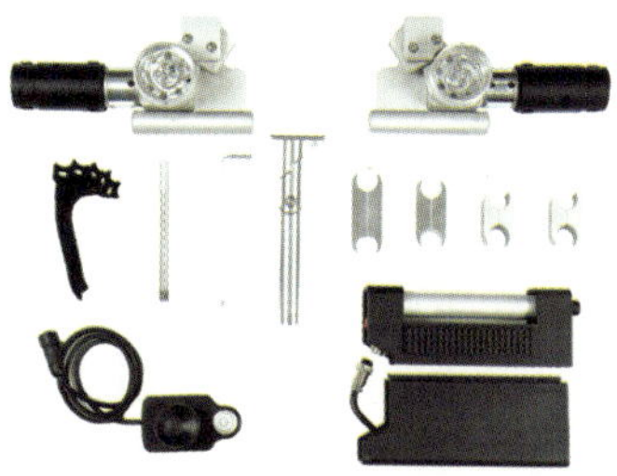

사회적 약자를 대상으로 적정기술과 IoT를 결합한 아이디어 제품을 생산하는 토도웍스는 휠체어 분야에서의 오랜 문제점을 기술로 해결한다.

지금까지 휠체어는 수동휠체어와 전동 휠체어 두 가지로 발전해왔다. 수동 휠체어는 가볍고, 접을 수 있어 차에 싣거나 이동이 편하지만, 휠체어를 움직이기 위해서 두 손을 꼭 사용하거나 타인의 도움을 받아야 하는 불편함이 있었다. 반대로 전동 휠체어는 조이스틱을 통해 빠르고 편리하게 이동할 수 있는 장점이 있지만 부피가 크고 무거워 차에 실을 수 없을뿐더러 대중교통도 쉽게 이용할 수 없어 이동에 제한이 있다.

토드드라이브는 이 문제를 해결하기 위해 두 휠체어가 가진 각각의 장점은 살리고 단점은 보완할 수 있는 제품 토도드라이브를 개발했다. 수동휠체어를 전동휠체어로 만들어 주는 파워 어시스트킷을 만든 것. 베터리, 모터, 조이스틱으로 구성된 키트 토도드라이브를 수동 휠체어에 부착하면 전동휠체어처럼 사용할 수 있게 만드는 제품이다. 해당 제품이 기존에 없었던 것은 아니지만 무게와 비용면에서 토도 드라이브는 차별성을 가진다. 기존의 제품 무게가 10kg였다면 토도 드라이브의 총 무게는 4.5kg로 세계에서 가장 가볍다. 가격은 176만 원.기존 판매되는 제품보다 몇 배나 저렴하다. 또 사물인터넷 기술을 통해 스마트폰으로도 휠체어를 움직일 수도 있다. 이 기능을 통해 휠체어를 타기위해 번거롭게 다른 사람을 부를 필요가 없게 됐다.

사실 토도드라이브는 애초에 판매를 목적으로 개발된 제품이 아니다. 토도웍스 심재석 대표는 딸의 친구가 수동 휠체어를 힘겹게 밀고 있는 것을 보고 '전동 휠체어에 있는 모터를 수동 휠체어에 단다면 좋을 텐데' 라는 막연한 생각으로 제품 개발을 시작했다고 한다. 단순히 친구 딸에게 선물을 하겠다는 심산이었다. 심 대표는 기업용 맞춤 IT 기기를 만드는 기업을 운영하고 있었기 때문에 틈틈이 개발을 할 수 있었고, 4개월 뒤엔 제품을 완성할 수 있었다. 딸 친구를 위한 선물 만들기로 끝날 것 같았던 이 일이 사업으로 발전하게 된 데는 같은 어려움을 겪는 이들의 제품 제작 요청이 물밀듯이 들어오면서부터다. 본인이 만들었던 제품이 기존에 있는 파워 어시스트라는 명칭의 제품이란 것도 그때 알게됐다.
제작 요청이 많이 들어오자 심대표는 크라우드펀딩을 통해 자금을 모은 뒤 본격적으로 제품을 만들기 시작했다. 법인도 설립했다. 제품 사용자들의 피드백은 놀라웠다. 가족의 손을 잡고 외출할 수 있게 됐다는 얘기부터 두 손이 자유로워진 아이들은 활동 반경도 넓어졌다. 웃음도 찾았다. 토도드라이브 때문에

난생처음 여행을 갈 수 있었다는 소식도 사업을 계속해야겠다는 신대표의 신념에 확신을 불어넣었다. 토도웍스는 제품 개발과 더불어 장애인에 대한 인식을 개선하기 위한 활동도 동시에 하고 있다. 이를 위한 첫 번째 활동으로 국내 최초로 어린이 휠체어 교육장을 운영한다. 휠체어를 타는 아이들이 휠체어를 더 잘 다루고 잘 탈 수 있게 도움을 줌으로써 세상 밖으로 더 자주 나올 수 있게 돕겠다는 취지다. 심 대표는 "1명의 활발한 장애인이 주변의 여러 일반인의 인식을 바꿔 놀 수 있다는 생각을 한다"고 전했다.

출처: http://www.venturesquare.net/763430

생각해 보기

01 | 여러분의 관심 분야의 사물인터넷(IoT)에는 어떤 것이 있는지 살펴보자.

02 | 토도웍스와 같이 기술을 활용해 사회적 가치를 창출하고 있는 사례를 찾아보자.

2) 사회격차해소 테크놀로지

우리의 삶은 과거와는 비교할 수 없을 정도로 윤택해지고 있다. 과학기술의 발달은 단순히 배불리 먹고 잘 자는 기본적인 니즈의 충족을 넘어 손쉬운 정보습득, 건강증진, 수명연장 등 더 나은 삶을 누리게 해준다. 하지만 그런 과학기술의 혜택을 모든 사람이 가질 수 있을까? 경제력이 부족하거나 장애를 가지고 있는 경우 테크놀로지를 사용할 기회가 없을 수도 있다. 어떻게 하면 더 많은 사람들이 혜택을 누리도록 도와줄 수 있을까? 사회적 약자의 복지를 향상시키려면 어떤 고민이 필요할까?

다음의 [표 2-1]사회격차 해소 테크놀로지 고려영역을 하나하나 살펴보면서 관련된 사회현상들을 떠올려보자. 그리고 그 중 우리가 조금 더 관심이 가고 활동하고 싶은 영역이 있다면 찾아서 표시해보자.

표 2-1 사회격차해소 테크놀로지 고려 영역

전 지구적인 경향			
◆ 기후변화, 환경 및 지속가능성 ◆ 급속하게 증가하는 에너지 수요 ◆ 자원 제약 ◆ 경제활동의 중심 변화 ◆ 식량, 영양, 보건에 대한 수요 증가		◆ 물 부족 및 불공평한 분배 심화 ◆ 기업의 글로벌 시민정신 ◆ 기술과 사회적 삶 ◆ 인구 구성 및 이동 변화	
혁신			
백신	탄소 분리	스마트 그리드	건강 진단학 개선
첨단 센서	토양 관리	스마트 물질	고전도성 물질
차세대 전자공학	효율적인 자원 사용	분권화된 제조	원자력 안전 제고
에너지생산방식 개선	기후 통제	재생에너지원	대체 물질
식품 보존 개선	복원력 있는 농작물	몰입형 통신	표적 살충제
스마트 의약품	토양 생산성 제고	고가치 농작물	바이오 연료
담수화	관개	질병관리	물 분리
강한 경량 소재	열 절연체	첨단 인공기관	지속가능 생산 공정
교통관리 자동화	배터리 개선	효율적 자원 추출	물수원지 정수처리
플랫폼			
나노기술	합성 생물학	IT	바이오 인터페이스
지구공학	로봇 공학	생명기술	Web 2.0
인지 기술	컴퓨터 화학	인공지능	데이터 인터페이스

출처 : Sutcliffe(2011)

최신 테크놀로지와 사회격차 해소가 필요한 영역을 생각해보았다면 그것을 해결할 기술은 또 어떤 것이 있는지, 어떻게 활용할 수 있는지 사회격차를 줄여줄 테크놀로지를 살펴볼 필요가 있다.

한국과학기술기획평가원(KISTEP)은 과학기술의 공공성과 사회적 기여도를 높이기 위해 경제적 영향력, 혁신적 발전에의 기여도, 10년 내 실현가능성과 미래격차 이슈 대응성 등의 기준을 수립하여 다음과 같이 10대 미래 유망기술을 최종 선정하였다([표 2-2] 참고).

표 2-2 우리사회 격차 줄여줄 10대 미래유망 테크놀로지

분야	기술
의료 격차 해소 분야	스마트폰 이용 진단기술
	의료 빅데이터 기술
	신체부착 센서기술
정보 격차 해소 분야	가시광통신(Li-Fi) 기술
	가상촉감기술
	비콘(Beacon) 기술
에너지 격차 해소 분야	진공단열 기술
	나노 소재 활용 에너지 하베스팅 기술
문화 및 교육 격차 해소 분야	개인맞춤형 스마트러닝 기술
	실감공간 구현기술

출처 : 한국과학기술기획평가원(KISTEP)

10대 미래 유망기술을 자세히 살펴보자. 우선 첫 번째 의료 격차 해소분야에는 스마트폰 이용 진단기술, 의료 빅데이터 기술, 신체부착 센서 기술이 유망기술로 선정되었다. 스마트폰 이용 진단기술은 스마트폰의 센서 및 카메라, 그리고 간단한 액세서리 등을 통해 혈당, 혈압, 심박수 등의 생체정보를 측정한 결과를 실시간으로 전송해주는 기술이다. 예를 들어 '피크비전(Peek Vision)'은 저개발 국가의 가난한 환자들에게 기본적인 시력검사와 색각 검사 등을 비롯한 중증 질환을 스마트폰 어플리케이션을 통해 바로 검사 할 수 있도록 하고 있다. 의료 빅데이터 기술은 건강정보나 진료정보 등과 같은 다양한 의료 관련 데이터를 수집 · 분석한 후 이를 유용한 정보로 제공하는 기술이다. 빅데이터는 다양한 환자들의 과거 이력을 토대로 미래의 건강상태를 예측하고, 예방 방향을 제시 할 수 있는 기반이 될 것으로 예상된다. 마지막으로 신체부착 센서기술은 반창고나 스티커, 또는 문신처럼 피부에 붙여 몸의 건강상태를 모니터링 하는 기술로서 일명 바이오스탬프(biostamp) 기술로도 불린다. 강아지 몸속에 정보를 넣는 동물등록칩은 이미 상용화 되었고 신체부착 센서기술도 머지않아 실현될 것으로 전망되고 있다.

두 번째로 정보 격차 해소 분야를 살펴보자. 가시광통신(Li-Fi) 기술은 빛에 정보를 실어 통신하는 기술로 시스템 조명기술의 융합을 이루고 있다. 특히 LED(발광다이오드) 기술의 발전으로 새로운 무선개인통신망 기술로 주목받고 있다. 조명이 있는 곳이라면 어디에서나 사용이 가능하며, 인체에 무해하고 저렴하다는 점이 특징이다. 가상촉감기술은 가상의 환경에서 접촉하는 대상체를, 실제 현실에서 만지는 듯한 촉감을 느끼도록 하는 기술로 다양한 감촉과 온도, 진동감등을 느낄 수 있어 실제 표면을 만지는 것과 같은 느낌을 준다. 가상촉감기술은 이동이 불편한 장애인이나 노약자들에게 현장의 생생함을 느낄 수 있도록 도와줄 수 있을 것으로 보인다. 비콘(Beacon) 기술은 반경 50미터(m) 이내의 실내 · 외에서 사용자의 위치를 찾아 다양한 정보를 사용자에게 자동으로 제공하는 근거리통신기술로서, 사물인터넷 실현의 핵심 기술로도 급부상하고 있다. 시각장애인의 길안내, 장애인 보조기구, 환자의 심전도 모니터링 같은 기능을 제공할 수 있을 것으로 보인다.

세 번째, 에너지 격차 해소 분야에는 진공단열기술, 나노소재활용에너지 하베스팅 기술이 선정되었다. 진공단열 기술은 열에너지 손실을 최대로 줄이기 위해 진공기술을 활용한 단열소재를 제조하는 기술이다. 기존 단열재 대비 단열성능이 5~10배나 우수하여 가전용으로 적용 시 약 20~30% 정도의 에너지 절약이 가능하고, 건축용으로는 제로에너지빌딩 구현 등을 통한 에너지 부족을 해결하는데 도움이 될 것으로 기대되고 있다. 나노 소재 활용 에너지 하베스팅 기술은 복합 및 나노소재를 활용하여, 버려지는 기계적 진동에너지나 폐열 에너지 등을 전기 에너지로 변환시킨 후 이를 저장하거나 사용하는 기술을 말한다. 또한 인체의 열을 이용하는 에너지 하베스팅 기술로 배터리 교체 수술이 필요 없는 인공장기나 혈관에 투입하는 미세한 크기의 의료로봇을 위한 무한 동력으로 응용이 가능하다. 따라서 빈곤층을 위해 제공하는 의료서비스나 사회간접자본 등의 구축 시 필요한 에너지를 확보할 수 있을 것으로 예상된다.

마지막으로 문화 및 교육 격차 해소 분야에는 개인 맞춤형 스마트러닝 기술과 실감공간구현기술이 선정되었다. 개인맞춤형 스마트러닝 기술은 학습자의 능력과 특성에 맞춰, 지능적으로 콘텐츠와 서비스를 제공하여 편리하고 효율적으로 학습효과를 높일 수 있는 기술이다. 자기주도형 학습을 가능하게 하며 지역 간 및 계층 간의 교육 격차를 해소하는데 기여할 것으로 보인다. 실감공간구현기술은 실제 사물 또는 가상의 물체를 실제와 같이 3차원 공간에 자연스럽게 재현하는 기술이다. 특히 가상현실 기술을 활용하여 테마파크나 박물관, 그리고 공연장 등 다양한 가상의 모습을 현실로 구현하여 오지나 산간 등에 문화적 혜택을 줄 수 있을 것으로 기대된다.

읽어 보기

누구나 쉽게 점자 배울 수 있어요.
오파테크

시각장애인에게 점자는 가장 중요한 의사소통 수단이다. 하지만 중도에 실명한 사람이나 교육 수준이 높지 않은 사람에겐 점자 배우기가 결코 쉽지 않다. 누구나 재미있고 쉽게 점자를 가르치고 배우는 교육보조기기 '탭틸로'를 만든 이경황(37) 오파테크 대표를 최근 서울 성동구의 카페에서 만났다.

그는 "대학생 때 기독교 세계관 관련 강의를 들으면서 내가 가진 지식과 기술로 소외된 이들을 도와야겠다는 결심을 갖게 됐다"고 말했다. 중학교 때 교회를 다니기 시작해 청소년부 회장 등을 맡으며 믿음을 키웠다. 크리스천 과학포럼 활동과 적정기술 세미나 등을 통해 비전을 품었다. 이 대표는 "졸업 직후 일반 회사에 들어갔지만, 이웃을 돕기에 한계가 있었다"며 "어려운 이들을 도울 수 있는 가장 빠른 방법이 사회적기업이라고 판단해 사업을 시작했다"고 말했다.

세계적으로 점자보급률이 10%가 채 안 된다는 사실을 알고 시각장애인의 문맹률을 낮추고자 탭틸로 제작에 착수했다. 영어 점자 교육에 집중했다. 2년6개월의 개발 과정 끝에 지난 5월 필드 테스트를 완료하고 미국 호주 아일랜드 등 영어권 국가에서 판매를 시작했다.

가장 큰 특징은 남녀노소 모두 흥미를 끌 수 있는 퀴즈 형식을 택한 것이다. 휴대전화의 블루투스나 와이파이로 탭틸로 기기를 애플리케이션에 연결한 뒤, 기기에 부착된 점자 블록을 입력하고 휴대전화에서 '완료' 버튼을 누르면 기기가 정답 여부를 알려준다. 이런 방식으로 쉬운 단어부터 어려운 단어까지 공부할 수 있다.

이 대표는 개발도상국의 아동교육 기관에 보다 많은 탭틸로를 보급하는 꿈을 갖고 있다. 그는 "개발도상국은 실명을 조기에 예방할 수 없는 환경이라 시각장애인 비율이 높고, 점자를 가르칠 여건도 되지 않는다"며 "이들에게 최저 가격에 최대한 많은 점자교육 기회를 주는 것이 목표"라고 말했다. 탭틸로 한 대로 10명까지 교육할 수 있다.

그가 피땀 흘려 배운 공학기술과 소중한 아이디어로 만든 제품으로 이윤을 얻기보다 더 많은 이에게 저렴하게 배포하길 바라는 이유는 무엇일까.

“예수께서는 우리를 위해 죽으셨습니다. 그런 엄청난 일에 대한 대가를 우리는 평생 치르면서 살아야 합니다. 저는 제가 배운 지식과 잘할 수 있는 일을 통해 그런 삶을 살아가려고 합니다.”

출처 : 중앙일보(17.12.11), 점자 교육보조기 '탭티로' 만든 이경황 대표 "누구나 쉽게 점자 배울 수 있어요", http://news.kmib.co.kr/article/view.asp?arcid=0923863732

생각해 보기

01 | 시각장애인과 같이 사회격차로 힘들어하고 있는 대상은 누가 있는지 찾아보자.

02 | 사회격차를 해소하기 위해 변화가 필요한 제품에는 어떤 것이 있는지 생각해보자.

2.2 적정기술

"에너지는 언제나 우리 주위에 있다. 그것은 다른 형태로 바뀌어야 유용한 것이 될 수 있다."
– William KamKwamba –

1) 사용자 친화적 혁신기술

첨단기술을 다수를 상대로 보급하는 데는 적지 않은 시간과 비용이 소요된다. 저개발국가의 국민이나 사회적 약자의 니즈를 발굴하여 충족시키기 위해서는 고가의 첨단기술보다는 간단하고 사용하기 쉬우며 사용자 친화성이 높은 기술적 지식을 활용 할 필요가 있다.

'적정기술(appropriate technology)'이란 사회의 니즈에 맞추어 기존의 기술을 새롭게 재설계 · 재조합하여 서비스 전달 체계와의 연결을 통해 사용자친화적혁신을 끌어내는 기술을 이야기 한다. 성능이 높은 기술과 다수가 사용할 수 있는 기술 사이에 존재하는 개념으로 '공익기술(public intersest technology)', '대안기술(alternative technology)', '소외된 90%를 위한기술', '사회적으로 유용한 기술(socially-useful technology)' 등의 용어로 사용된다. 연구에 기반한 기술 혁신이 아니라 다양한 현장 중심의 경험들을 축적하고 공유하는 기술혁신 방식이다. 따라서 적정기술은 신기술 사용이 어려운 빈곤한 사람들을 대상으로 행복한 가치를 제공한다. 적정기술은 공동체의 정치 · 문화 · 환경적 조건을 반영하여 해당 지역 자체에서 지속적인 생산과 소비가 가능하도록 현지의 재료를 활용하여 인간의 삶의 질을 향상시키는 것에 목적을 두고 있다.

또한, 저개발 국가 뿐 만 아니라 선진국이 직면하고 있는 소외계층의 교육, 의료, 교통 등의 불평등 문제를 해결하는데 있어서 저소비, 고효율, 친환경 등을 추구하는 기술 개발 방향성을 제시한다. MIT의 니콜라스 네그로폰테 교수가 저개발 어린이에게 저렴한 노트북 PC를 보급하여 교육의 질을 높이고자 OLPC(One Laptop per Child)프로젝트를 추진하였고 이는 소형 저가 노트북인 넷북의 개발을 가져오는 결과를 낳았듯이 말이다.

[그림 2-2]의 사운드 스프레이 사례를 통해 적정기술에 대해 조금 더 이해를 해보자. 해마다 전 세계 67만 명의 생명이 말라리아로 인해 사라지고 있다. 특히 아프리카는 전 세계 사망자중 90%를 차지하고 있고 면역력이 약한 5세 미만의 영유아의 경우 60초에 1명꼴로 생명을 잃고 있다. 그렇다면 여러분은 이 문제를 어떻게 해결하겠는가? 모기퇴치 스프레이, 모기향 등을 보

급해 줄 수 있다면 아쉬운 데로 그것도 좋은 방법이다. 하지만 전기도 들어오지 않고 교통도 불편한 아프리카에 지속적인 전달이 가능할지 다시 한 번 의문을 가져야 할 것이다.

이 문제를 해결하기 위해 KAIST 배상민 교수는 고민 끝에 사운드 스프레이라는 적정기술을 탄생시켰다. 사운드 스프레이는 상하로 1분간 흔들어 주면 통속의 전자석이 움직여 전기를 발생시킨다. 발생된 전기는 최장 8시간까지 모기를 쫓을 수 있는 초음파를 발생시켜 전방 5M 이내의 접근을 차단시켜준다. 사운드 스프레이는 환경을 오염시키는 독소도 없고 전기 없이도 계속하여 사용할 수 있어 원조가 끊긴 뒤에도 걱정이 없는 소외된 90%를 위한 적정기술로 그들의 삶을 지켜주고 있다.

그림 2-2 사운드스프레이(Sound Spray)

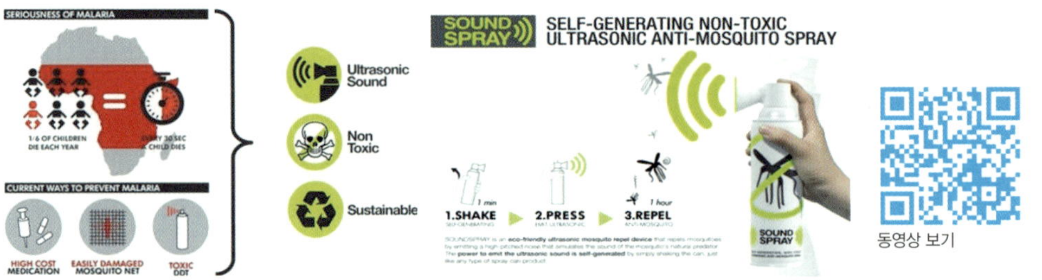

이미지출처: http://www.typographyseoul.com/#!/category/all

적정기술 관련 기관에서 각 국가의 적정기술 자료를 얻을 수 있다. 또한, 해외 자원봉사를 통해서 현지의 니즈를 확인하고 싶다면 적정기술 해외봉사단을 모집하는 대학교나 기업의 프로그램들에도 도전해보자([표 2-3] 참고).

표 2-3 적정기술 관련 기관 및 내용

명칭	사이트	내용
국경 없는 과학기술자회	sewb.org	적정기술 NGO, 개발도상국 과학기술 보급, 교육, 후원 등 안내
전환기술사회적협동조합	www.kcot.kr	적정기술교육, 나는 난로다, 전환기술, 로컬에너지, 에너지자립
적정기술학회	http://www.appropriate.or.kr/website/	적정기술, 적정기술 학문발전, 학회지, 회원 등 안내
자립하는 삶을 만드는 적정기술 센터	cafe.naver.com/selfmadecenter	햇빛에너지를 이용할 수 있는 기구들을 우리 손으로 직접 만들고 나아가 에너지자립을 꿈꾸는 적정기술 센터

출처 : 한국과학기술기획평가원(KISTEP)

2) 활용 및 보급

적정기술은 사용하는 환경의 특성상 A/S, 사용의 어려움, 보급 경로의 부족 등 다양한 문제에 부딪히게 된다. 그렇기 때문에 기술이 지속적으로 개발되고 활용되는 사회 · 기술시스템 구축이 중요한 과제로 남는다. 전기자동차와 같은 개별 기술이 개발되어도, 사용자에 대한 경제적 인센티브, 안전기준, 보험제도 등과 같은 제도적 기반, 관련 기술을 계속해서 개발 · 공급하는 기업, 수리 및 유지 · 보존을 수행하는 서비스 공급조직 등 다양한 요소가 갖추어지고 이들이 함께 움직일 때에만 새로운 기술이 지속적으로 사용될 수 있기 때문이다.

이처럼 많은 연구 끝에 개별 기술이 개발되어도 활용과 보급으로 이어지지 않는다면 많은 시간과 노력을 상실하게 된다. 처음부터 사용자의 근본적인 니즈와 환경을 확인하여 적절한 활용과 보급이 가능하게 설계하기 위해서는 [그림 2-3]과 같은 조건을 고려하여 준비하여야한다.

저개발국가에 보급하기 위해서는 최소한의 비용으로 가능하면 현지에서 나는 재료를 사용해 제작할 수 있어야한다. 그리고 현지의 기술과 노동력을 활용할 수 있어야하며 제품의 크기는 적당하고 사용방법은 간단해야한다. 특정분야의 지식이 없어도 이용가능하며 지역주민 스스로 만들거나 확산시킬 수 있어야한다. 단순히 일회성으로 끝나는 것이 아니라 지역사회 발전에 도움이 되어야하고 재생 가능한 에너지자원을 활용하여 기술을 사용하는 사람이 해당기술을 이해할 수 있고 상황에 맞게 변화시킬 수 있어야 더 많은 사람이 활용할 수 있다.

그림 2-3 적정기술의 조건

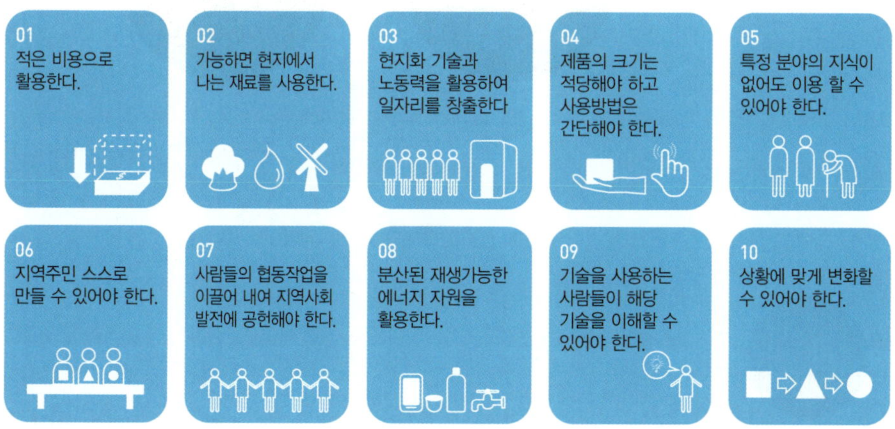

출처 : 김정태 · 홍성욱, "적정기술이란 무엇인가"

피크비전의 예를 통해 어떻게 소비자가 쉽게 활용하고 보급할 수 있을지 생각해보자. 전 세계에는 약 3,900만의 눈이 보이지 않는 사람들이 존재하고 그 중 80%는 실명의 위기로부터 벗어날 수 있는 사람들이다. 시력이 나아질 수 있음에도 불구하고 저소득 국가의 국민들은 치료기회를 얻기가 쉽지 않다. 이들을 돕기 위해 의료계 종사자들이 기존병원의 장비를 가지고 현장을 찾아갔지만 전기, 전문 인력 및 장비의 부족으로 매번 어려움을 겪었다. Peek Vision의 대표 앤드류 바스타우로스(Andrew Bastawrous)는 현장에서 더 쉬운 방법이 필요함을 절실히 느꼈고 사하라 사막과 케냐에서는 물을 구하는 것보다 핸드폰을 구하기가 더 쉽다는 점을 발견했다.

그는 핸드폰을 활용하여 국가, 언어, 나이와 무관한 쉽게 이해할 수 있는 앱을 개발하고 병원기계와 대적할 수 있는 촬영 장치를 개발하였다. 그리고 눈의 촬영 자료를 세계의 전문가들과 공유함으로서 문자 메시지만으로도 도움을 받을 수 있도록 하였으며 태양광충전기가 달린 가방을 활용해 핸드폰을 충전하고 각 지역의 연결책을 중심으로 도움을 필요로 하는 사람이 편리하게 이용할 수 있도록 연결망 지도를 제작하여 활용하고 있다.

그림 2-4 피크비전(Peek Vison)

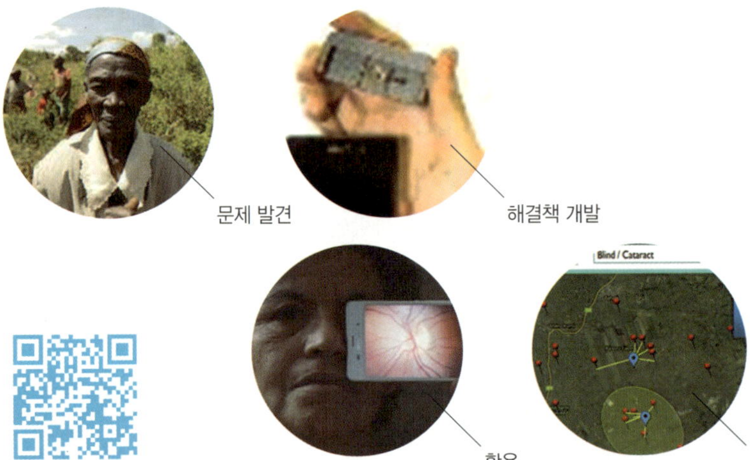

동영상 보기

이미지출처 : http://www.peekvision.org/PeekVision

읽어 보기

숙면 돕는 잠이보약
기대해도 좋아요, 바이맘

바이맘은 난방 텐트로 잘 알려진 소셜벤처 기업이다. 난방 텐트는 바이맘 김민욱 대표가 형편이 어려워 마음껏 난방할 수 없는 에너지 빈곤층이 따뜻하게 잘 방법을 고민하다 시작하게 된 사업이다.
방 안에 난방 텐트를 설치 후 실내 온도를 8도로 설정하면 텐트 안 온도가 18도 이상 올라간다. 난방

비가 무서운 에너지 빈곤층에게는 지속 가능한 난방책인 셈. 실제로 유지비가 없고 내구연한이 5년 이상이라 관리만 잘 하면 반영구적으로 사용할 수 있다.

2012년 시작한 바이맘의 에너지 빈곤층을 위한 행보는 나름대로 성공적이다. 난방 텐트가 무려 7만개 이상 팔려나갔다. 소셜벤처답게 후원한 가구만 3000가구가 넘는다. 그가 사업을 이어가는 또 다른 이유도 있다. 그는 세계적인 폭염과 한파의 원인이 인간이 너무 많은 에너지를 쓰기 때문이라고 봤다. 김 대표는 "고통스럽게 에너지를 아끼고 지구를 지키는 것이 아니라 편하고 안락하고 건강하게 지내면서 에너지를 절약하는 솔루션을 앞으로도 계속해서 개발하고 싶다"고 말했다.

바이맘 사무실에는 북극곰 사진이 붙어있다. 북극곰이 살 수 있는 환경을 만들기 위한 기술 개발이 궁극의 목표란다. 그래서 북극곰이 행복한 세상을 위해 일한다는 농담을 직원끼리 하기도 한다.

(이미지출처 : bymomstore.com)

◆ 에너지 빈곤에서 수면 부족 문제까지

바이맘의 난방 텐트는 에너지 빈곤층에만 인기가 있는 것이 아니었다. 오히려 일반 가정에서 훨씬 많이 사 갔다. 특히 빛 속에서 잠을 청해야 하는 맞교대 근무자들, 조그마한 소리에도 잠을 이루지 못하는 예민한 이들에게 난방 텐트는 필수품이었다.

문제는 겨울철에는 난방 텐트가 효율적이지만 여름철에는 사용이 어렵다는 점. 여름철에는 텐트 안으로 들어가는 것 자체가 고역이었다. 미니 에어컨을 설치하는 방법도 고민해봤지만, 적정기술의 제품 콘셉트와 맞지 않게 가격이 비쌌다.

고민의 결과로 나온 것이 귀마개 일체형 수면안대 '잠이보약'이다. 반응은 성공적이다. 바이맘은 크라우드 펀딩 플랫폼 '와디즈'에 펀딩해 목표액의 1507%를 달성하는 성과도 냈다.

잠이보약 수면안대는 귀마개 일체형 수면안대로, 수면의 가장 중요한 조건인 빛과 소음을 적절히 차단하여 최적의 수면 환경을 제공하는 제품이다. 바이맘 김민욱 대표는 "수면 장애가 있는 분 가운데 안대와 귀마개를 동시에 사용하는 분이 많더라"며 "수면안대와 귀마개로 수면 장애를 치료한 국내외 의학계 연구 결과에서 아이디어를 얻어 일체형 안대와 귀마개를 개발했다"고 말했다.

소비자들을 잡은 마케팅 포인트는 좋은 유기농 원단도 원단이지만 귀마개의 분실 위험을 줄일 수 있다는 것이었다. 기존 귀마개 제품들은 안대와 분리돼 이를 찾으려다 잠이 깨는 경우가 허다했다.

앞으로도 김 대표는 이 같은 적정기술을 이용, 수면과 에너지 문제를 해결하기 위해 노력할 예정이다. 김 대표는 "난방 텐트의 아이디어는 유난히 추위를 많이 타는 손녀를 위해 누빔 이불로 만들어 준 어머니의 수제품이었다"며 "항상 그 마음을 잊지 않고 누구나 따뜻하고 편히 잠들 수 있는 제품을 만들겠다"고 말했다.

출처: 부산일보(18.05.22), 김민욱 ㈜바이맘 대표 "숙면 돕는 '잠이보약' 기대해도 좋아요".
http://news20.busan.com/controller/newsController.jsp?newsId=20180522000112, 내용 참고하여 재구성.

생각해 보기

01 주변의 다양한 제품들을 살펴보고 그 제품이 해결하고자하는 근본적인 고객의 니즈는 무엇인지 살펴보자.

02 다양한 적정기술의 사례를 통해 한국형으로 변화 시킨다면 어떻게 적용 할지 생각해보자.

2.3 공유경제
Sharing Economy

1) 소유에서 공유로

글로벌 금융위기를 맞이하면서 과잉생산과 대량 소비에 대한 문제점이 대두되었다. 자원의 낭비와 환경문제가 같이 부각되면서 공유경제(sharing economy)가 급격히 확산되었고 소셜벤처가 지향하고 있는 사회적 트렌드 중 하나로 자리 잡게 되었다. 여기서 공유경제는 자원을 독점적 소유의 개념으로 인식하는 기존 시장경제와 달리, 서로 대여해 주고 차용해 쓰는 개념에 기초하여 경제활동을 하는 새로운 경제영역을 말한다.

공유경제는 1984년 하버드대의 마틴 와이츠먼 교수가 「공유경제: 불황을 정복하다」라는 논문을 통해 처음 주창한 개념으로, 이후 하버드대의 로렌스 레시그 교수가 개념을 더욱 구체화하여 정립하였다. 그는 사람들이 공유경제에 참여하게 되는 동인을 '나 혹은 너의 유익(benefit)' 이라고 강조하였다. 즉, 공유경제의 근본은 '나' 만을 위한 경제적 교환이 아니라 '우리' 를 위한 사회적 교환이다. 미래학자 제레미 리프킨은 '공유한다는 것은 인간 본성의 가장 선한 부분을 대변한다.' 라고 이야기 하며 협력적 공유사회가 경제생활을 조직하게 될 것이라고 전망하기도 하였다.

하지만 공유경제라고 해서 꼭 사회적 경제의 충분조건이 되는 것은 아니라는 점도 주지하도록 하자. 예를 들어, 모바일 콜택시 서비스 우버(Uber)와 빈 집(방) 공유 서비스 에어비앤비(AirBnB)는 혁신적인 공유경제 기반의 비즈니스 모델로 창업하여 초기에는 자원의 낭비를 방지하는 데 목적을 두고 사업을 시작하였으나, 최근에는 수익을 극대화하는 방향으로 사업을 운영하고 있다. 특히, 우버는 지역사회가 갖고 있는 사회적 문제 해결에 능동적으로 대처하지 못해 기존 시장과 충돌하고 일부 국가에서 위기를 맞기도 했다. 따라서 지금의 우버와 에어비앤비와 같은 경우 이제는 사회적 경제를 구성하는 공유경제 기반의 기업이라 보기 어렵다.

2) 공유 비즈니스

고객들은 소유가 아닌 공유를 통해서 합리적인 소비를 하는데 익숙해져 가고 있다. 공유경제는 플랫폼을 통해 대여자와 이용자, 그리고 공유기업 모두에게 이익이 돌아가는 구조를 지닌다.

대여자는 유휴자원을 빌려주고 이용자는 이를 저렴하게 이용하면서 플랫폼 기업에게 수수료를 제공하는 형태를 띠게 된다. 아마 우리들의 집에도 읽지 않는 책들이 자리를 차지하고 있는 경우가 많을 것이다.

국민도서관 책꽂이는 고객들의 집에 쌓여있는 책들을 무료로 보관해주고 대신에 책을 또 다른 이용자에게 빌려주도록 허용하고 있다. 이를 통해서 좁은 공간의 집을 넓게 사용할 수 있고 책을 많이 보관 할수록 대여 권수도 올라간다. 이용자의 입장에서는 저렴한 비용을 지불하고 2개월간 넉넉히 읽을 수 있다는 장점을 가지게 된다.

그림 2-5 공유경제를 통한 합리적 소비

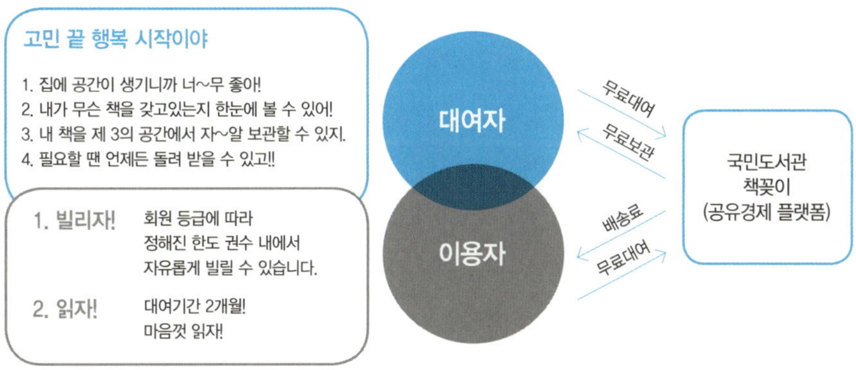

[그림 2-6]을 살펴보면 기존의 소유경제에서 공유경제를 활용했을 때 절약되는 비용을 나타내고 있다. 렌터카를 이용하는 것보다 카쉐어링을 이용하고 책을 사지 않고 택배비만 내고 빌려보는 등 공유경제를 이용했을 때 할인 효과는 즉각적으로 나타난다.

그림 2-6 공유경제를 통한 합리적 소비

공유경제를 통해 오늘 하루 절약한 금액은? 145,140원

	소유경제		공유경제	참고
자동차	57,000원	VS	5,960원	– KT 금호렌터카, 최소대여 6시간, 10km 유류비 – 쏘카, 1시간 대여, 10km 유류비
정장	50,000원	VS	20,000원	– 남성정장 렌탈업체(스타일리스트) 대여비 기준 – 열린옷장 남성정장 대여비
회의공간	30,000원	VS	20,000원	– 토즈, 최소인원 기준 4인실, 3시간 대여 기준 – 코업, 2명, 최소 대여기간인 1일 기준
도서	13,000원	VS	5,000원	– 도서 평균 판매가 – 국민도서관 책꽂이, 왕복 택배비
숙박	80,000원	VS	33,900원	– 부산 펜션(The Valley) 1박 최소요금 기준 – BNBHero, 부산 레지던스형 1박 요금
	240,000원		**94,860원**	

출처 : 크라우드산업연구소(2013) 새로운 대한민국을 꿈꾸는 기업들을 통해 살펴본 공유경제

이러한 합리적인 소비 형태는 지속적으로 증가할 것으로 보이며 세계의 공유경제 규모는 2010년 8.5억 달러에서 2014년 200억 달러로 급성장하고 있다. 공유 비즈니스의 아이템도 다양해지고 있다. 집, 의류, 차 등의 유형의 물건에서 부터 재능 · 경험 · 정보 등 무형의 형태까지 공유할 수 있는 것 모두가 잠재적 시장에 존재하고 있다.

그렇다면 공유하기를 원하는 분야는 어떤 것이 있을까? 닐슨은 60개국, 3만 명 이상의 온라인 패널을 대상으로 자신이 가지고 있는 제품 중 '무엇을 공유할 것인가?' 라는 질문을 던졌다. 그 결과로 전자제품(28%)이 가장 높게 나타났고 그 뒤로 교육서비스(26%), 전동공구(23%) 등이 높은 결과치를 보였지만 그 외에도 스포츠용품(22%), 생활용품(22%), 자동차(21%), 캠핑용품(18%), 자전거(22%), 의류(22%), 가구(17%), 오토바이(13%)등 전 분야에서 공유에 대한 니즈를 확인할 수 있었다.

공유경제는 단순히 소비자에게 비용절감의 효과가 있는 것에 그치지 않는다. 실제로 절판된 책이나 음반 등 구매하고자 하는 재화 및 서비스의 부재나 가격의 부담으로 구매를 포기고객군과 패키지여행 불만고객과 같은 대체재의 부재로 어쩔 수 없이 구매하는 비충성 고객군을 끌어들여 시장을 확대하는 효과를 가져 오게 된다. 또한 비전문가인 개인이 판매에 참여 가능하여 일자리 창출, 지역경제 활성화, 소외감 등의 사회문제 개선 효과도 가지게 된다.

그림 2-7 공유경제 시장 확대 효과

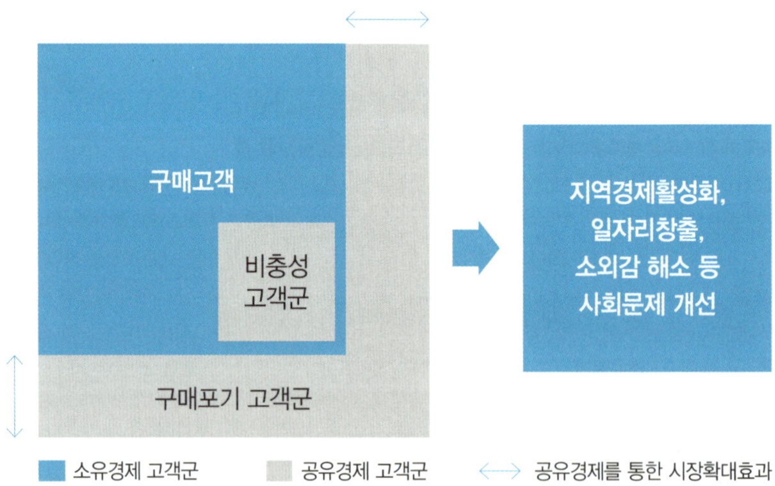

출처 : 크라우드산업연구소(2013) 새로운 대한민국을 꿈꾸는 기업들을 통해 살펴본 공유경제

읽어보기를 통해 물물교환을 통해 경험과 지식을 공유하는 개방형 학교(open school)인 트레이드 스쿨(trade school)을 살펴보자. 트레이드 스쿨의 경우 소셜벤처의 공동체 유형 중 하나인 협동조합의 기본 원리에 입각해 운영하고 있어 공유경제를 모토로 하면서도 사회적 경제에 속해 있는 기업이라 할 수 있다.

읽어 보기

다양한 사람들과 어울리는 둥지
만인의 꿈

만인의꿈은 서울 신촌을 근거지로 공유형 주거사업을 하는 사회적기업이다. 부동산을 임차해 한집에 있는 방을 1~4인실로 쪼개서 다시 임대한다. 제한된 공간에 더 많은 인원을 수용할 수 있기 때문에 입주자 입장에서는 부담을 덜 수 있고, 만인의꿈은 수익을 낼 수 있다. 4인실 기준 월세는 20만원 수준이다.

◆ 다양한 사람과 어울릴 수 있는 '둥지'…값싼 월세는 덤

만인의꿈은 이 주거공간을 '둥지'라고 부른다. 현재 신촌에서는 둥지가 약 20곳 정도 있으며, 총 입주민은 160명 정도다. 입주자 대부분이 20대 청년이다. 월세가 저렴하다보니 경제적 여건이 풍족하지 않은 청년들이 많이 찾는다. 특히 취업과 학업을 위해 타지에서 상경한 경우가 상당수다. 교수 그리고 동기·선배·후배 등 인적 네트워크를 가진 인근 대학교 학생과 달리, 심리적으로 기댈 언덕이 변변치 않은 외지인들이 적잖이 찾는 것이다.

(이미지출처 : bymomstore.com)

그래서 공간을 활용해 사업을 하는 만인의꿈은 '주거' 자체만큼이나 '네트워크'를 중시한다. 매월 둥지원(입주자)이 참여하는 행사를 진행하고, 두달에 한번은 모든 둥지 입주자들이 모이는 자리를 만든다. 관심사가 비슷하거나 마음이 맞는 사람들이 '동아리'를 구성하면, 활동비를 지원하기도 한다. 현재 친목, 독서, 운동, 외국어 등 다양한 동아리가 활동중이다.

김동찬 대표는 "둥지에 들어오면 우선 주거라는 현실적인 문제가 해결된다. 그러나 단지 월세가 싸다는 이유로 찾는 서비스가 되길 바라지 않는다"며 "다양한 사람들과 어울리면서, 주거에 필요한 비용을 줄여 꿈에 대한 투자를 늘릴 수 있는 곳으로 성장하고 있다. 둥지에 산다는 사실이 부끄럽지 않고 오히려 자부심이 됐으면 좋겠다"고 소개했다.

◆ 낮 '카페' 저녁 '술집' 주말 '파티룸'…공간 활용 공유점포

만인의꿈은 점포도 임대한다. 현재 만인의꿈은 4개의 공간을 카페 2개, 샐러드카페 1개, 파티룸 1개, 식당 1개 등 총 5개 업체에 임대해주고 있다. 공간 활용시간을 늘려 임대료를 낮춘다. 파티룸 업체는 요일과 시간에 따라 4개 공간 모두를 사용한다. 가령 낮에는 식당을 운영하던 공간을 저녁에는 파티룸으로 활용하는 방식이다. 샐러드를 파는 카페는 파티룸과 공간을 공유하다가 손님이 늘어 현재는 단독으로 매장을 사용한다.

김 대표는 "공간이 비는 시간을 채우기 위해 지원자를 모집하고 있다"며 "가게 매출이 많다고 할 순 없지만, 청년이 자신의 꿈에 도전하고 실현한다는 점에서 의미가 있다"고 말했다. 그는 "전국에 있는 모든 사업장마다 생애주기가 조금씩 다르지만 종국에는 망하는 형태로 귀결된다. 인건비와 임대료는 오르고 상권이 좋아지는 상황도 아니다. 비용대비 수익이 늘지 않는다"며 "상권이 유지가 돼야 개인이 수익을 얻을 수 있다. 정부지원이 개별점포에 국한되는 경향이 있는데, 지속가능한 성장보다는 연명을 도울 뿐"이라고 지적했다. 그래서 신촌을 다시 살리는 방안을 나름 고민하고 있다. 자영업자들이 제살깎기식 경쟁보다는 '함께' 거리를 활성화하는 구상이다.

만인의꿈은 주거과 점포외에 공유 오피스 사업도 한다. 방식은 공간을 나눠 임대하는 방식으로 주거사업과 비슷하다.

출처: 중기이코노미(2018.07.26.). 다양한 사람과 어울리는 '둥지'…값싼 월세는 덤.
http://www.junggi.co.kr/article/articleView.html?no=21823

2.4 공정무역

1) 미래를 꿈꾸는 생산자

공정무역은 국가 간의 차이로 인해 저임금을 받고도 일할 수 밖에 없는 불공정한 무역행위를 규제하고 상호간에 동등한 입장에서 무역을 진행하는 것을 말한다. 국제적으로 통용되고 있는 공정무역의 정의는 다음과 같다. "공정무역은 대화와 투명성, 존중에 바탕을 둔 무역 파트너십으로써 보다 평등한 국제 무역을 추구한다. 특히 남반구의 소외된 생산자들과 노동자들에게 더 나은 무역 조건을 제공하고 그들의 불리한 여건과 권리를 보호함으로써 지속가능한 발전에 기여한다. 소비자들로부터 지지 받는 공정무역 단체들은 생산자 지원, 인지 강화, 그리고 기존 국제 무역 규칙과 관행의 변화를 위한 캠페인에 적극적으로 참여한다[10]. 이러한 무역의 형태는 소셜벤처의 사회적 가치 실현의 목적이 개발도상국을 돕고자 하는 경우에 생각해 볼 수 있는 방법 중의 하나로 생산자들의 자립과 성장에 이바지 할 수 있다. 공정무역 제품은 저개발국가에서 선진국으로 수출할 수 있는 품목이라면 무엇이든 가능하다. 현재는 수공예품, 옷, 커피, 코코아, 차, 꿀, 바나나, 면, 과일, 와인 등이 중심이나 점점 다양해지고 있다.

[그림 2-8]의 공정무역 소셜벤처의 활동 및 효과를 살펴보면 공정무역을 하는 소셜벤처는 생산자와의 인터뷰를 통해 필요한 체크리스트를 만들고 현지답사를 통해 그들이 필요한 것을 직접 확인한다. 생산자가 생산한 제품에 대해 최저 가격을 보상해주고 추가적으로 생산자의 공동체가 발전할 수 있도록 기금을 마련해주기도 한다. 소비자에게는 공정무역을 통한 제품임을 홍보하고 공정무역의 필요성에 대한 캠페인을 통해 제품판매를 촉진 시킨다. 이러한 활동들은 인권보호, 생산자의 생계보호 및 역량 강화, 새로운 인프라 구축, 아동의 노동착취 반대, 여성의 인권보장, 친환경먹거리 생산이라는 긍정적인 결과를 가져오게 된다.

10) 이 정의는 2001년 FINE에서 제정하였고 2009년 WFTO와 FLO가 공정무역 원칙 헌장에서 다시 확인하였다.

그림 2-8 소셜벤처의 공정무역 활동 및 효과

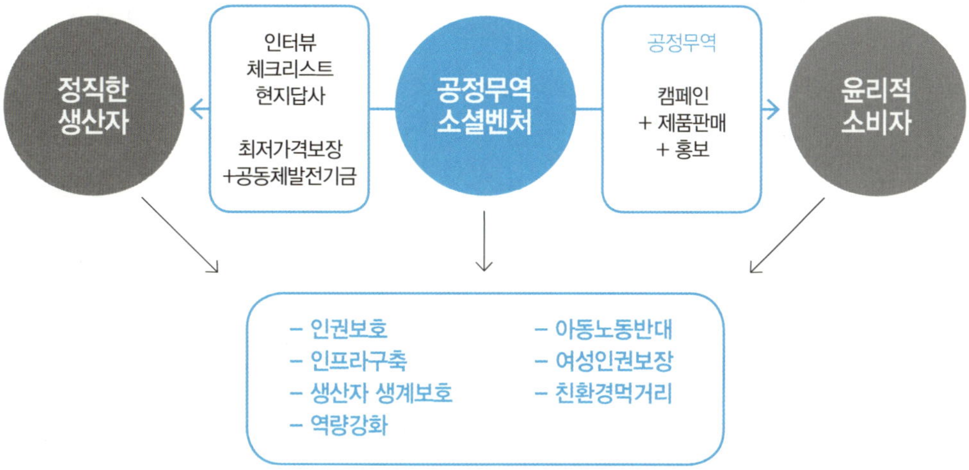

커피를 예로 들어 살펴보면 1988년 커피가격 폭락사태가 발생했을 때 네덜란드의 '막스 하벌라르' 라는 단체가 공정한 가격으로 커피를 구입한 것이 시초가 되어 공정무역이 발달하게 되었다. 일반커피 판매 시 커피가공업자 · 판매자 · 중간상인이 99.5%를 차지하고 노동자에게 0.5%의 수익만이 인건비로 지급된다. 반면에 공정무역으로 판매하는 커피는 중간 상인을 거치지 않기 때문에 농부들이 합당한 대가인 6%를 받을 수 있게 되는 것이다.

이러한 공정무역은 노동자의 삶을 안정적으로 만들어주며 미래를 꿈꿀 수 있는 기반을 만들어준다. 뿐만 아니라 공정무역을 통해서 아이들의 노동착취가 사라지고 쾌적한 환경에서 공부할 있도록 하여 사회적 영향력을 창출하고 있다. 실제 이러한 공정무역의 결과로 베트남 소수민족의 마을에 차와 오토바이가 다닐 수 있는 도로가 생겨났고, 필리핀 오지마을에 수로를 만들고 새롭게 망고와 코코넛, 커피묘목을 심어 지속적인 생산을 가능하게 하였다. 뿐만 아니라 정당한 가격을 받음으로서 커피나무의 품종을 지키고 유기농재배를 위한 인프라의 구축을 가능하게 하였다.

뿐만 아니라 기업의 입장에서도 생산자의 안정을 통해 더 좋은 제품을 공급받게 되었으며 유기농커피를 선호하는 트렌드와 맞물려 친환경농법, 지속가능한 농법으로의 전환을 통해 부가가치를 증대시키고 이미지 개선 효과도 보고 있다. 2009년에 발표한 무역과 개발원조 정책에서 뉴질랜드개발원조청은 공정무역이 효과적인 사업전략이 될 수 있음을 이야기하였다. 유럽의회에서도 공정한 소비를 위한 EU공공조달 새 규정을 제정하면서 공정무역 참여율을 높이고 있다. 이처럼 선진국 정부와 소비자들의 윤리적 소비의식과 실질적인 참여를 통해 공정무역에 대한 관심이 높아지고 있다.

활동 하기

적정기술 사례 찾아보기

국내 · 외 사례 중 하나를 정하여 적정기술이 어떻게 활용 및 보급되고 있는지 살펴보자.

◆ 소셜벤처 이름은?

◆ 어떠한 문제에서 시작되었는가?

◆ 어떻게 해결하고자 하는가?

◆ 현지에서 재료의 공급이 원활한가?

◆ 사용자가 이해하기 쉽게 설계되었는가?

◆ 일회성이 아니라 반복적인 사용이 가능한가?

◆ 보급하는데 어려움은 없는가?

◆ 앞으로 발생할 수 있는 문제점은 무엇이고 개선방법은 어떤 것이 있는가?

학습 정리

◆ ICT산업에서 사물인터넷, 스마트 디바이스, 가상현실, 드론, 3D프린팅, O2O서비스 클라우드 컴퓨팅 등이 대두 되고 있다.

◆ 3D프린터의 발달로 제품의 소량생산과 제품개선이 용이하게 되었다. 메이커스페이스는 3D 모델 파일과 다양한 재료들로 소비자가 원하는 사물을 즉석에서 만들어(printing)낼 수 있는 작업 공간으로 창조경제혁신센터, 무한상상실, 대학교, 공공도서관, 콘텐츠코리아랩 등에 마련 되어있다.

◆ 오픈이노베이션은 기업이 필요로 하는 기술과 아이디어를 외부에서 조달하기 위해 내부의 자원을 외부에 공유하면서 새로운 제품이나 서비스를 창조해 내는 것을 말한다.

◆ 우리 사회의 격차를 해소할 테크놀로지로는 기후변화 · 자원제약과 같은 전 지구적인 경향, 백신 · 탄소분리 · 스마트그리드 · 첨단센서 등의 혁신영역, 나노기술 · IT · 인지기술 등을 활용한 플랫폼 영역 등을 고려해야한다.

◆ '적정기술(appropriate technology)' 이란 사회의 니즈에 맞추어 기존의 기술을 새롭게 재설계 · 재조합하여 서비스 전달 체계와의 연결을 통해 사용자친화적혁신을 끌어내는 기술을 이야기 한다.

◆ 공유경제는 자원을 독점적 소유의 개념으로 인식하는 기존 시장경제와 달리, 서로 대여해 주고 차용해 쓰는 개념에 기초하여 경제활동을 하는 새로운 경제영역을 말한다.

◆ 공유경제는 구매를 포기한 고객군과 어쩔 수 없이 구매하는 비충성 고객군을 끌어들여 시장을 확대하는 효과가 있다. 또한 비전문가인 개인이 판매에 참여 가능하여 일자리 창출, 지역경제 활성화, 소외감 등의 사회문제 개선 효과도 가지게 된다.

◆ 공정무역은 국가 간의 차이로 인해 저임금을 받고도 일할 수 밖에 없는 불공정한 무역행위를 규제하고 상호간에 동등한 입장에서 무역을 진행하는 것을 말한다.

◆ 공정무역은 인권보호, 생산자의 생계보호 및 역량 강화, 새로운 인프라 구축, 아동의 노동착취 반대, 여성의 인권보장, 친환경먹거리 생산이라는 긍정적인 결과를 가져온다.

참고문헌

- Sutcliffe(2011). "사회격차해소 테크놀로지 고려 영역"
- 김정태,홍성욱. "적정기술이란 무엇인가"
- 김진수 외(2015). "기술창업론". 탑북스.
- 박철웅(2015.12.14). "경기도, 1004명 한자리에 모여 '따복공동체 함께 만들다' ". 노컷TV.
- 송원영(2016.01.01). "[꿈 · 희망 나눔현장을 찾아서] 결식아동을 위한 SK의 행복도시락". 뉴스원.
- 온라인팀(2015.09.25). "유기농업 과학화 선도단체 '흙살림'. 환경미디어.
- 이희욱(2010). " '적정기술' 이 사회적기업과 만나면". 블로터닷넷.
- 한국과학기술기획평가원(KISTEP). "우리사회 격차 줄여줄 10대 미래유망기술"
- 크라우드산업연구소(2013) 새로운 대한민국을 꿈꾸는 기업들을 통해 살펴본 공유경제
- Geels, F.W. (2004),"From sectoral systems of innovation to socio-technical systems: Insights about dynamics and change from sociology and institutional theory,"Research Policy, 33(6-7), pp.897-920.
- 국민도서관 책꽂이 www.bookoob.co.kr
- 위키백과 http://ko.wikipedia.org

2장. 키워드 인덱스용

사회적기업	협동조합	마을기업	자활기업
인클루시브형	CSV연계형	적정기술	

"모든 비즈니스는 반드시 위대한 미션으로부터 출발해야 한다"

경영학자, 피터 드러커(Peter Ferdinand Drucker)

03

소셜벤처 **핵심요소**

학습 목표

1. 소셜앙트러프러너십에 대해 이해한다.
2. 사회혁신에 대해 설명할 수 있다.
3. 지속가능한 소셜벤처가 되기 위해 필요한 것을 확인한다.
4. 소셜벤처가 사회에 미치는 영향력에 대해 설명할 수 있다.
5. 긍정적 영향력을 끌어내기 위해 어떤 노력이 필요한지 이해한다.

시작
하기

법률테크
로앤컴퍼니

정보의 비대칭성이 심한 법률 서비스 시장을 IT 기술을 통해 개선하겠다고 도전장을 내민 로앤컴퍼니(김본환 대표이사)가 스타트업 전문 VC인 쿨리지코너인베스트먼트(권혁태 대표이사, 이하 '쿨리지코너')로부터 투자 유치를 했다.

쿨리지코너는 올해 초 고용노동부와 SK 행복나눔재단, 우리은행, 한화 B&B 등과 함께 소셜벤처 투자 및 육성을 위하여 'CCVC 소셜벤처 투자조합'을 결성하였는데, 로앤컴퍼니가 해당 소셜벤처펀드의 첫 투자대상으로 선정되었다.

현재 로앤컴퍼니는 누구든지 본인의 상황에 맞는 변호사를 찾아서 상담을 받고, 필요한 경우 변호사 선임까지 할 수 있는 법률서비스 O2O 플랫폼 '로톡(LawTalk)'과 변호사가 사건 기일을 쉽게 관리할 수 있도록 도와주는 애플리케이션 '로매니저(LawManager)' 등을 개발하여 운영하고 있다. 로앤컴퍼니는 기존에 전통적으로 오프라인 및 지인의 소개로만 제한적으로 제공되던 법률서비스 시장에서 IT 기술을 접목하여 새로운 버티컬 플랫폼으로 성장할 계획이다.

김본환 대표는 "법이 온 국민을 위한 사회적 보호장치로서 존재하는 것임에도 불구하고 시장 구조적인 문제로 인해 국민들의 법률서비스 접근성은 여전히 낮고, 정보 비대칭으로 인해 소비자들은 필요에 맞는 서비스를 받기 어려웠다"며 "로앤컴퍼니는 법률서비스 시장에 IT 기

술을 접목하여 누구든지 법률서비스가 필요할 때 손쉽게 이용 가능하도록 만들고, 시장을 효율화하여 로스쿨 출범 및 FTA 법률시장 개방 등으로 경쟁이 치열해진 변호사들에게도 도움이 되는 법률테크 선도 기업이 되고 싶다."고 포부를 밝혔다.

이번 투자를 주도한 쿨리지코너 권혁태 대표는 "로스쿨 출범으로 한국과 비슷한 변화를 겪고 있는 일본 법률시장에도 로앤컴퍼니와 유사한 모델인 '벤고시닷컴'이 2014년 12월 일본 증시 마더스시장에 상장한 것을 보았을 때, 국내 시장에서도 로앤컴퍼니가 법률 테크 대표주자로서 한국의 '벤고시닷컴'이 될 충분한 가능성이 있다고 본다"며, "로앤컴퍼니와 같이 공익성과 함께 사업성을 갖춘 소셜벤처들을 발굴하고 투자해 사회적기업 활성화를 위한 선순환 구조를 이끌겠다"고 밝혔다. 또한, 쿨리지코너는 로앤컴퍼니에 인큐베이팅 및 전문 멘토링을 제공할 계획이며 국내 법조계 저명한 인사들도 연결하여 법률시장의 선진화에 최선을 다할 것이다"고 밝혔다.

동영상 보기

출처 : 스타트업 미디어 플래텀(http://platum.kr/archives/43936)

생각해 보기

01 로앤컴퍼니가 가진 소셜벤처로서의 핵심 요소는 무엇인가?

02 핵심요소들을 강화시키기 위해 어떤 활동이 필요할까?

본 장에서는 소셜벤처의 핵심요소인 소셜앙트러프러너십, 사회혁신, 지속가능성, 사회적 영향력에 대해 살펴본다. 이 4개의 요소들은 한 가지만 단독적으로 발생하지 않으며 서로 영향을 끼치며 소셜벤처를 발전시키는 동력이 된다([그림 3-1] 참고). 네 가지 핵심요소들을 차례대로 하나씩 학습해 보도록 하자.

그림 3-1 소셜벤처 핵심요소

3.1 소셜앙트러프러너십
Social Entrepreneurship

1) 사회문제를 해결하려는 마음가짐과 태도

소셜앙트러프러너십이 무엇인지 알아보기에 앞서 앙트러프러너십에 대한 개념을 먼저 살펴보자. 앙트러프러너십은 '착수하다', '시작하다' 라는 의미를 가진 불어 entreprendre[ɑ þtʀəpʀɑ þːdʀ]에서 파생된 단어이다. 어원에서 느껴지듯이 앙트러프러너십은 무(無)에서 유(有)를 만드는, 탄생의 의미를 내포한다. 다시 말해 앙트러프러너십은 외부환경 변화에 민감하게 대응하면서 항상 기회를 추구하고, 그 기회를 잡기 위해 혁신적인 사고와 행동을 하고, 그로 인해 시장에 새로운 가치를 창조하는 일련의 활동과정을 말한다.

이에 비해 소셜앙트러프러너십은 정부정책과 시민사회의 몫이었던 '사회적 목표' 의 추구에 대해, '혁신성' 과 '시장성' 이라는 자본주의적 요소를 적극적으로 도입한 개념으로서, 사회적 기업가정신을 통해 기업은 사회문제 해결의 적극적인 주체가 된다. 즉, 소셜앙트러프러너십은 자본주의 앙트러프러너십에 사회적 관심과 공동체의식이 더해지면서 발생한 것이다. 여기에서 사회적 관심은 후원에 기대하거나 추상적이고 모호한 비전을 가지고 있는 사회적 관심과는 다르다. 새로운 기회를 추구하고 사람과 자원을 새롭게 재조합하여 사회문제를 해결하는 소셜벤처 창업가가 가져야할 마음가짐과 태도를 이야기 하는 것이다.

1장에서 살펴본 소셜벤처 창업가가 공통적으로 가지는 특성은 기회추구와 포착, 사회적 가치 창출, 지속가능한 해결책 제시, 한정된 자원에도 소셜벤처 창업가로서의 소명을 다하는 것이다. 이처럼 소셜벤처 창업가와 창업가의 가장 큰 차별점은 바로 목적을 사회적 가치 해결에 둔다는 것이다.

이해를 돕기 위해 소셜앙트러프러너십을 가진 소셜벤처 창업가에 대한 학자들의 정의를 추가적으로 살펴보면 다음과 같다. 그레그 디스(Greg Dess,소셜앙트러프러너십 교육의 대가)는 소셜벤처 창업가를 "사회의 생산력을 향상시키고 경제적인 변화로 나아가게 하는 창조적 파괴를 제공하는 사람 '이라고 이야기하였다. 로저 L.마틴과 샐리 오스버그(Roger L. Martin & Sally Osberg)는 소셜벤처 창업가의 역할을 "안정적이지만 내재적으로 정의롭지 못한 균형 상태를 새롭고 안정적인 균형 상태로 전환시켜 잠재력을 발산하고, 대규모로 고통을 완화하는 사회를 만드는 것"이라고 하였다.

다음의 내용을 통해 소셜앙트러프러너십이 가지는 의미를 생각해보자.

- ◆ 당장의 문제를 넘어서 공동체와 사회, 세상을 근본적으로 변화시키려는 태도
- ◆ 급격하고 대담한 사회 변화를 의도, 사회를 재구성하려는 시도
- ◆ 고통을 보살피는 것이 아니라, 고통 그 자체를 없애려는 접근
- ◆ 문제 이면의 역학관계를 변화시켜, 불합리한 평형 상태의 변화를 목적
- ◆ 비전에 자신을 몰입시키고, 고갈되지 않는 결심으로 전체 시스템을 바꾸려는 태도
- ◆ '사람' 을 가운데 두고, 사람의 문제를 해결하기 위해 '혁신' 을 추구하는 태도와 행동 양식

소셜벤처 창업가를 양성하고 있는 아쇼카재단은 실제 아쇼카펠로우(아쇼카에서 지원하는 소셜벤처 창업가)를 선정할 때와 같이 앙트러프러너의 자질, 창의성, 아이디어의 사회적 임팩트, 윤리적 소양을 함께 살펴보고 있어 소셜앙트러프러너십이 소셜벤처를 운영하는데 중요한 요소임을 강조하고 있다.

그렇다면 소셜앙트러프러너십은 개인의 자질만으로 형성이 될 수 있을까? [그림 3-2]는 소셜앙트러프러너십이 발달하기 위한 순환 구조를 설명하고 있다. 개인 또는 공동체 중 누가 앙트러프러너인지, 과정과 결과 중 어떤 것에 목적이 있는지에 따라 소셜앙트러프러너십, 사회적기업, 사회적 경제, 사회의 앙트러프러너십으로 분류하고 있다. 그리고 이들이 서로의 역할을 잘 해낼 때 소셜앙트러프러너십이 발전할 수 있음을 보여준다.

소셜앙트러프러너십은 개인적이고 과정에 중심을 두고 있어 사회적기업을 새롭게 형성함으로서 결과물을 창출할 수 있다. 또한, 사회적기업은 사회적 경제의 영역에서 길을 찾을 때 사회 전반의 앙트러프러너십에 영향을 미치게 되어 다시 또 개인의 소셜앙트러프러너십이 성장하게 되는 것이다.

이처럼 소셜벤처 창업가가 아닌 사람도 사회적 경제에 관심을 가지고 공동체 사회의 앙트러프러너십을 키워나간다면 사회적 가치를 높이며 긍정적인 변화를 끌어내는 중요한 역할을 하게 된다.

그림 3-2 소셜앙트러프러너십의 발전을 위한 Johari 윈도우모델

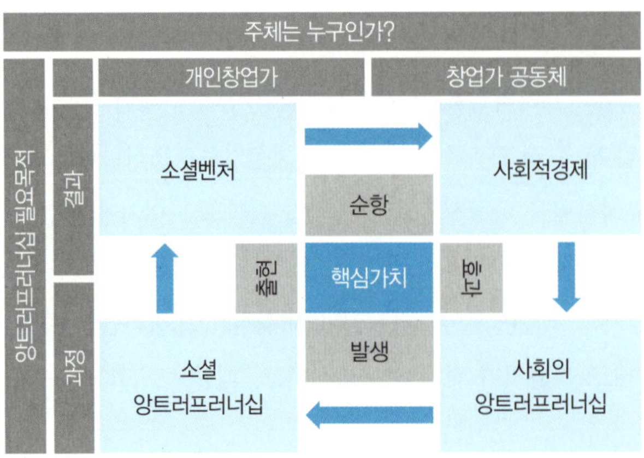

출처:http://www.the3rdimagazine.co.uk/2013/06/the-birth-of-a-notion-developing-the-model-of-societal-entrepreneurship/

우리가 가지고 있는 소셜앙트러프러너십을 [표 3-1]의 설문을 통해서 체크해보자. 이 측정 설문은 미국의 Baumback Test를 토대로 재구성한 것이다. 소셜벤처를 시작하기 전에 나만의 스타일을 확인해보는 것은 앞으로 타인과의 협업에서 부족한 부분을 이해시키고 도움을 요청할 때, 그리고 나만의 장점을 밀고 나가기 위해서 필요하다. 한 문장 한 문장 읽어보며 평소에 내가 어떻게 행동 하고 있는지 [그렇다(3점) / 간혹 그렇다(2점) / 그렇지 않다(1점)] 의 세 가지 점수로 적어보자.

표 3-1 소셜앙트러프러너십 측정 설문

항 목	점 수
다른 사람과의 경쟁 속에서 희열을 느낀다.	
보상이 없어도 경쟁이 즐겁다.	
타인으로부터 신뢰를 받고 있다.	
신중히 경쟁하지만 때로는 허세를 부린다.	
앞날을 생각해 위험을 각오한다.	
업무를 잘 처리해 확실한 성취감을 맛본다.	
일단 하기로 결심한 일이면 뭐든 최고가 되고 싶다.	
전통에 연연하긴 싫다.	
사회적으로 해결하고 싶은 문제가 있다.	
일단 일을 시작하고 나중에 상의하곤 한다.	
칭찬을 받기 위해서라기보다 업무 자체를 중요하게 생각한다.	
공공의 이익을 위해 앞장선다.	
나의 잘못이나 패배를 잘 인정하지 않는다.	
남의 말에 의존하지 않는다.	
웬만해서는 좌절하지 않는다.	
문제가 발생했을 때 직접 해결책을 모색한다.	
호기심이 강하다.	
남이 간섭하는 것을 못 참는다.	
남의 지시를 듣기 싫어한다.	
비판을 받고도 참을 수 있다.	
일이 완성되는 것을 꼭 봐야 한다.	
동료나 후배가 나처럼 열심히 일하기를 바란다.	
사업 지식을 넓히기 위해 독서를 한다.	
TOTAL	

출처: Baumback Test를 토대로 재구성

23개 항목의 총점수가 69점으로 만점이라면 완벽한 창업자의 자질을 가지고 있는 것이고 55점 이상이라면 창업가로서 좋은 자질을 45점 이상이라면 보통 자질을 가지고 있는 것이다. 자질은 타고난 것보다 후천적으로 학습되는 것이 많다. 점수 중 3점인 것은 유지하고 2점인 항목은 강화시켜나가고 1점인 항목은 보완함으로서 자신의 역량을 키워 나가 보자.

2) 소셜 앙트러프러너십의 핵심요소

사회적 가치를 추구하고자 하는 사회적 관심과 공동체의식은 소셜앙트러프러너십과 일반 앙트러프러너십을 구별 짓는 가장 큰 요소이다. 때문에 소셜앙트러프러너십은 경쟁적 환경에서 수익성과 신속성을 강조하는 앙트러프러너십에 더하여 협력적인 환경에서 공익성과 공정성을 강조한다. 또한, 기업가는 경제적인 관점에서 조직을 관리하는데 반해 소셜벤처 창업가는 조직의 가치 목적에 부합하는 신뢰성에 의존하여 조직을 관리한다.

소셜앙트러프러너십은 앙트러프러너십이 가지고 있는 도전정신, 자립성, 위험감수성, 창의성, 모호성에 대한 관용, 운명에 대한 통제감각, 혁신성, 진취성, 기회포착능력 등을 기반으로 한다. 이에 더하여 사회적으로 해결하지 못한 문제들에 관심을 가짐으로써 경제적인 이익 창출 기회뿐만 아니라 사회적인 가치 창출의 기회를 포착한다. 소셜벤처 창업가는 사회적 관심을 가지고 공동체를 더 행복하기 위해 문제를 해결하고자 한다. 그리고 나 혼자만 잘 살면 된다가 아닌 함께 잘 살아야한다는 공동체 의식에 기반을 둔다. 이러한 소셜앙트러프러너십은 앙트러프러너십으로서 가질 수 있는 경제적인 결과 뿐만 아니라 사회적인 결과를 도출할 수 있는 원동력이 된다.

그림 3-3 소셜앙트러프러너십 핵심요소

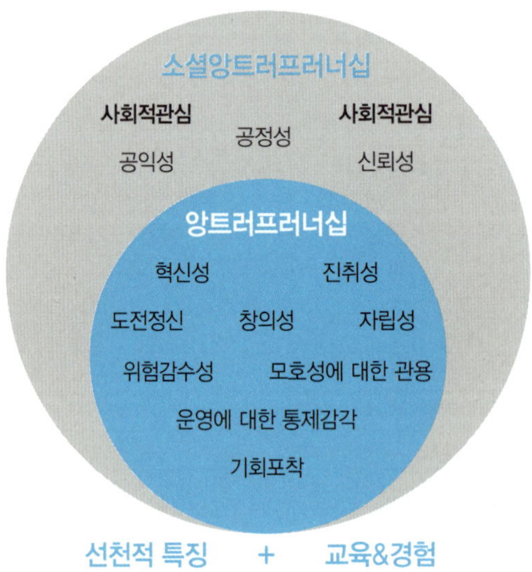

이러한 특징들은 선천적으로 타고난 특징에 교육이나 경험이 더해지면서 강해지게 된다. [표 3-2]와 같이 의식구조를 바꾸는 연습을 통해 소셜앙트러프러너십은 발전될 수 있다. 한 문장 한 문장 읽어보며 내가 바꾸어야할 것은 무엇인지, 이미 마인드셋이 되어있는 것은 무엇인지 체크해보자.

표 3-2 소셜앙트러프러너 마인드 셋

	~에서(과거)		~(으)로(오늘)
□	다른 사람들이 문제해결하기를 기대한다.	□	문제 해결은 나, 우리에게 달렸다.
□	커다란 문제는 해결하기가 너무 복잡하다.	□	작더라도, 우리에게 맞게, 우리는 문제를 해결할 수 있다.
□	계획적으로 일을 분담한다.	□	통합적이고 비 중심적이며 임시적으로 일을 분담한다.
□	약점을 고려한다.	□	강점을 고려한다.
□	관료적이고 위계적이다.	□	팀이 되기도 하며 유연성 있다.
□	일직선, 하향식이다.	□	전방위적, 나선형이다
□	분기별 수익	□	7대 후손까지 가는 자산가치[11]
□	변화에는 위인이 필요하다는 이론	□	모든 사람이 변화창조자가 될 수 있다.
□	원대한 사회적 이슈를 찾는다.	□	내가 서있는 자리에서 변화를 만든다.
□	대량생산 상품을 쓰고 버리는 일회성과 폐기성	□	요람에서 요람으로[12]
□	하향식 설계	□	공동창조
□	지속가능성	□	지속적인 재개(Renewal)

출처 : 데이비드 본스타인 · 수전 데이비스(2012). "소셜앙트러프러너십". 지식공작소

또한 공통관심사를 가진 사람들과 많이 만나고 이야기를 나누는 것도 사회적 관심과 공동체 의식을 높이는 중요한 역할을 한다.

11) 7대 후손: "우리행동의 영향은 우리의 7대 후손에 까지 미친다는 점을 생각해야 한다."는 아메리칸 인디언 이로쿼이 부족의 격언에서 나온 환경보호 문구.

12) 요람에서 요람으로 : 사용한 제품이나 원료를 무덤(grave)이 아니라 재탄생을 위한 요람(cradle)으로 돌려보내야한다는 의미. 이 용어는 1970년대에 만들어졌다.

읽어 보기

휴대용 수력 발전기, 친환경 에너지시장 이끌 것
이노마드

최근 탈원전 논란을 계기로 신재생 에너지에 대한 관심이 높아지는 가운데 물이 있는 곳이면 어디서나 전기를 만들어 쓸 수 있는 신개념 휴대용 수력 발전기가 국내 시장에 선보였다.

박혜린(32) 이노마드 대표는 20일 서울경제신문과 인터뷰를 갖고 "사용자의 기호와 편의성에 맞춘 개인용 수력 발전기 '이노마드 우노'를 카카오 메이커스를 통해 론칭했다"고 밝혔다. '이노마드 우노'는 지난해 8월 미국 최대 크라우드펀딩 '킥스타터'에서 1억8,000만원어치 선주문을 받는 '이스트림(Estream)'을 새롭게 디자인한 제품이다. 이스트림은 강, 계곡, 하천 등 흐르는 물을 이용해 누구나 손쉽게 필요한 전기를 직접 만들어 휴대폰이나 카메라를 충전할 수 있는 세계 최초의 휴대용 수력 발전기다. 이스트림의 기능과 디자인을 대폭 개선한 '이노마드 우노'는 흐르는 물에 4~5시간 담그면 내장된 5,600mAh 리튬이온 배터리에 에너지가 저장되면서 스마트폰이나 액션캠 등 USB 기반의 전자기기를 충전할 수 있다. 배터리는 수중 랜턴으로도 130시간 이상 연속해서 사용할 수 있다.

박 대표는 "그 동안 국내에서도 신재생 에너지나 에너지 수급문제 등에 대해 다양한 사회적, 환경적 논의가 지속됐지만 마땅한 해결책이나 대안을 찾기 어려웠다"면서 "최근 탈원전 논란을 계기로 친환경 에너지에 대한 관심이 높아지는 분위기에 발맞춰 미국 판매 가격에서 30% 할인된 가격인 19만 9,000원으로 카카오 메이커스에 론칭해 오는 26일까지 판매하게 됐다"고 소개했다.

'이스트림'의 후속 모델인 '이노마드 우노'가 선보인 것을 계기로 국내외 마케팅에 주력한다는 계획이다. 이노마드는 미국 시장에서 마케팅을 본격화하는 이달부터 연말까지 매출 10억원 달성이 가능할 것으로 보고 있다. 또한 내년 1월께 수중 카메라, 블루투스 스피커, 빔 프로젝터 등 이노마드 우노와 함께 쓸 수 있는 추가 액세서리를 내놓을 예정인 만큼 내년 50억원의 매출 달성이 가능할 것으로 기대하고 있다.

이노마드 우노의 이전 제품인 이스트림은 지금까지 해외 각국에서 2,000여대를 선주문받았다. 미국에선 주요 거점 별로 80여개의 중소 로컬 캠핑용품 스토어와 구체적인 판매 프로그램을 논의 중에 있다. 북미 최대 환경연합인 시어스 클럽과 아웃도어 및 교육 프로그램도 기획하고 있다.

특히 이 회사는 오지에서 활동하는 환경단체 및 연구기관 등에 제품을 후원하는 앰배서더(Ambassador) 프로그램을 제공 중이다. 현재 알래스카와 칠레 파타고니아에서 과학탐사팀이 '이노마드 우노'를 사용하면서 탐사 과정에서 필요한 전력을 직접 생산하고 있다

이노마드 우노

박 대표가 세상에 없었던 새로운 수력 발전기를 개발하게 된 것은 대학 시절 인도 여행 길에 만난 한 소년과의 인연이 중요한 계기가 됐다. 박 대표는 "2박 3일 코스로 트래킹을 계획하고 코다이커널 지역의 한 가정집에 머물렀는데, 전기가 안 들어오는 집에 7살짜리 꼬마가 홀어머니와 함께 살고 있었다"며 "어두컴컴한 밤에 디지털카메라로 사진을 찍어주니 아이가 너무 좋아해 카메라를 주고 싶었지만, 전기가 들어오지 않아 배터리를 충전할 수 없다는 사실에 가슴이 아팠다"고 회고했다. 그는 "문명의 혜택을 받지 못한 곳에서도 필요한 만큼이라도 전기를 충전해 쓸 수 있으면 얼마나 좋을까 생각했고, 그게 흐르는 물에서 전기를 만들겠다는 발상으로 '이스트림'을 만들게 된 결정적 계기가 된 셈"이라고 말했다.

박혜린 대표는 지난 3월 포브스가 선정한 '아시아태평양 지역에서 주목받는 30세 이하 젊은 리더 300명' 중 한국인 리더 30명에 선정된 바 있다. 5월에는 유럽 최대 테크 컨퍼런스 웹 서밋이 만든 테크 기반 스타트업 컨퍼런스인 'RISE 컨퍼런스'의 에너지 스타트업 포럼에서 이노마드가 아시아 대표기업으로 뽑혔다.

출처 : 서울경제(17.09.20), 박혜진 이노마드 대표 "휴대용 수력 발전기, 친환경 에너지시장 이끌 것". https://www.sedaily.com/NewsView/1OL3OMDKPY

생각해 보기

01 박혜린 대표가 다른 사람들과 다른 점은 무엇일까?

02 저개발 국가의 소셜앙트러프러너십을 고취시키려면 어떤 노력이 필요할지 토론해보자.

3.2 사회혁신
Social Innovation

1) 사회혁신 이해하기

(1) 사회문제해결을 위한 새로운 시도

사회적 혁신은 기존의 영리 시장에서의 기술혁신이나 비즈니스 혁신과는 달리 사회적 문제를 해결하는 새로운 시도를 의미한다. 사회혁신의 결과는 제품이나 서비스, 사회 인식 변화 등으로 나타나게 된다. 모든 변화가 한꺼번에 일어나야만 사회적 혁신이 발생하는 것이 아니라 작은 변화 하나가 큰 변화를 불러일으킬 수 있다.

존엘킹턴과 파멜라 하티컨은 '비이성적인 사람들의 힘' 에서 각종 분쟁, 테러리즘, 가난부터 기후변화와 전염병에 이르는 엄청난 도전에 우리는 직면해 있고 기업과 시장을 이용하여 근본적으로 재구축 하지 않고는 이러한 도전을 극복할 수 없다고 하였다.

앞 장에서 살펴본 적정기술, 공정무역, 공유경제와 같이 사회적 가치를 가질 수 있도록 의도적으로 사회적 니즈를 찾아 새로운 시스템을 만들고 정착시키는 활동이 필요하다. 즉, 사회혁신은 의료 · 교육 · 위생 · 환경 · 안전 등의 분야에서 '사회적 목표 달성' 을 위하여 새로운 아이디어를 개발하고 실행하는 활동을 이야기 한다. 다음의 정의들을 통해 사회혁신의 의미를 살펴보도록 하자.

"사회혁신은 사회적인 목표를 이룰 수 있도록 작동하는 새로운 아이디어들을 의미한다. (중략) 그것은 일반적으로 이윤 극대화라는 동기로 유발되는 기업 혁신과 구별되며, (중략) 복제 가능한 프로그램과 조직이라는 형태를 통해 개발되고 확산된다."

– G. Mulgan, 사회혁신이란 무엇이며 왜 필요하며 어떻게 추진하는가 –

"사회혁신은 새로운 아이디어나 제품, 서비스, 모델 등을 개발하고 실행함으로써 사회적 욕구를 충족시키고 새로운 사회적 관계와 협력을 창출해내는 것으로 정의될 수 있다. 그것은 충족되지 못했던 사회적 수요에 대한 새로운 대응방식이며, 사회적 상호작용의 새로운 프로세스를 촉발한다."

– European Commission, Guide to Social Innovation –

"사회혁신은 일정 분야나 사회적 활동에서, 사회적 욕구를 충족시키고 사회적 문제에 대응하는 (기존의 것에 비해) 보다 더 나은 실행방식을 창출해내는 것을 목표로 하여, 어떤 개인 혹은 집단의 의도적인 방법에 의해 촉진되는, 실행방식의 새로운 결합이나 배열을 의미한다."

– J. Howaldt & M. Schwarz, Social Innovation: Concepts, research fields and international trends –

혁신을 무조건 새로운 것을 만드는 것이라고 생각하는 경향이 있다. 하지만 실제 일어난 혁신을 살펴보면 새롭게 개발된 것이 있는 반면, 기본적으로 가져가야 하는 요소들이 있다. 이런 혁신 체계에 필요한 구성요소는 [그림 3-4]와 같이 네 가지로 이루어져 있으며, 상호 영향을 주고받으며 혁신을 일으킨다. 이해관계자의 목적과 의도는, 사회적기업을 둘러싼 이해관계자가 각자가 표방한 목적, 인식, 개념, 사업전략 등을 뜻하며 이를 반영한 정책, 법제화된 제도 등을 포함한다.

타 분야와의 경쟁/협력 관계는 특정 기술이나 사업 영역과 경쟁 혹은 협력하면서 통합적 발전을 가져오는 관계를 이야기한다. 소셜벤처에 있어 중요한 부분으로 공동연구 및 개발에 도움이 된다. 타 소셜벤처와 협력할 부분은 없는지, 어떻게 활용할지 등의 내용이 포함된다. 소셜벤처가 발전하게 되면서 각종 이해관계들이 사회발전 경향과 산업표준으로 도출되게 된다. 여기에는 사업 모델 사례, 전략적 제휴 형태 등을 포함하며, 사회발전 방향과 맞물려 움직인다.

마지막으로 조직 간 합의 구조' 는 개인 간, 그룹 간, 혹은 기업 간에 이루어지는 행위, 관계, 상호작용, 교환, 갈등 관리 등을 지배하는 보이는 혹은 드러나지 않은 규칙과 합의로 소셜벤처의 안정적 운영에 근간이 된다.

그림 3-4 소셜벤처 혁신 체제

출처 : 강민정(2015). "소셜이슈분석과 기회탐색". 에딧더월드.

(2) 사회혁신의 종류

지금까지 사회혁신의 의미와 특성에 따른 주요 요소와 기업의 특성을 살펴보았다면, 여기에서는 어떻게 혁신이 이루어지는가에 따라 사회혁신을 파괴적 혁신, 플랫폼 혁신, 제품의 서비스화, 개방형 혁신으로 구분하여 살펴보자.

표 3-3 사회혁신의 종류

혁신의 종류	내용	사례
파괴적 혁신	새로운 시장의 가치 창출, 가격파괴, 기존 사업모델 파괴	그라민뱅크, 딜라이트
플랫폼 혁신	모듈화를 통해 시장경쟁력을 높임, 공유플랫폼을 통해 한정된 자원을 효율적으로 사용하도록 함	집밥, INNOCENTIVE, KIVA
제품의 서비스화	기존 제품 또는 환경이슈를 서비스로 재탄생시킴	쏘카, 열린옷장, flexgo, better place
개방형 혁신	기업이 보유하고 있는 아이디어나 기술, 자원 등을 외부에 공개하여 새로운 가치를 창출함	Aurolab, villageTeleco

[표 3-3]과 같이 파괴적 혁신은 기존의 시장과 가치네트워크를 파괴하고 새로운 시장과 가치네트워크를 창조하는 것이다. 주로 새로운 시장에서 새로운 고객층을 만들어 내거나 기존시장에서 가격을 낮추어 예상치 못했던 제품과 서비스를 제공하는 방식을 말한다. 예를 들면, 기존 시장에서 소외되었던 계층에게 단순하고 비싸지 않은 제품이나 서비스를 만드는 경우로 100만 원대 고가의 보청기 시장에서 34만원의 저가 제품을 만들어 보급한 '딜라이트' 가 여기에 속한다.

플랫폼 혁신은 반복되는 활동을 효율적으로 할 수 있도록 하는 공간이나 구조물을 새롭게 만드는 것을 말하며 다양한 제품이나 서비스를 만들기 위하여 사용하는 토대로 모듈화의 원리를 활용하여 대량 생산방식으로 효율적으로 고객에게 맞추거나 보완재를 통해 다른 주체들이 보완적인 상품이나 서비스, 기술을 구축할 수 있도록 도와준다. 또는 판매자와 구매자, 개발자와 사용자를 연결하여 서로 만나게 하고 상호작용할 수 있도록 중개함으로서 네트워크 효과를 창출할 수 있도록 도와준다. '집밥' 은 사람과 사람을 이어주어 함께 밥을 먹거나 활동할 수 있는 공간을 제공해주고 있고 '더브릿지' 는 자금과 아이디어를 이어주는 크라우드 펀딩서비스로 플랫폼을 제공하여 혁신을 끌어내고 있다.

제품(제조업)의 서비스화는 소유권 거래(제품판매)에서 사용권 거래(서비스제공)로의 전환을 이야기한다. 제품의 가치와 효율성을 높이는 서비스를 제공함으로서 부가가치를 창출하고 자원생산성을 높여 자원 소비를 줄이고 전 지구적 환경을 보존하는 효과를 가져 오고 있다. 최근 나타난 쏘카, 열린옷장 등과 같이 제품을 판매하는 것이 아니라 대여해주는 서비스를 제공하는 공유경제기반의 비즈니스가 해당된다.

마지막으로 개방형 혁신은 자사의 핵심역량을 바탕으로 기업 내부뿐 만 아니라 외부로부터 새로운 아이디어를 받고 기술, 제품, 프로세스를 확보하여 기업의 다양한 활동 및 시장 제품 등을 혁신하는 것을 이야기 한다. 자사가 보유하고 있으나 핵심 비즈니스와 관련성이 적어 활용하지 않고 있는 아이디어나 기술, 자원 등을 외부에 개방하여 새로운 가치로 제안한다.

저가 의료용품 생산업체인 인도의 오로랩(Aurolab)은 시장을 조사한 결과 비영리 안과병원인 아라빈드(Aravind)가 가난한 환자들에게 수술을 받도록 도와주고 싶어 한다는 사실을 알게 되었고, 1992년 소셜벤처를 설립해 아라빈드 안과병원과 '제휴'를 통해 무료 백내장 수술 서비스를 상품으로 내놓고 최첨단 백내장 수술렌즈 생산시설을 병원 옆에 세웠다. 두 기관의 협업은 오로랩에게는 다량의 렌즈를 생산가능하게 하여 원가절감을 가져왔고 아라빈드 병원은 수술건수가 많아지면서 학습효과를 노리는 의사지망생들이 몰려드는 결과를 가져왔다. 결과적으로 전체 환자의 50%가 무료시술을 받지만 많은 경험을 가진 의사들을 찾는 유료 고객들로 인하여 순이익률은 60%로 급등하게 되었으며, 이로인해 오로랩은 전 세계 렌즈시장의 점유율을 10%까지 확대하는 결과를 가져왔다.

읽어 보기

버려지던 가치들을 업사이클하는 청년들 **밸리스**

대학교 창업 동아리에서부터 시작된 '밸리스(Bally's)'는 업사이클(Up_Cycle)을 통해 버려지던 가치들을 찾아주는 청년들이 모인 청년 사회적기업이다. 이들은 "세상에 버려지기 위해 태어나는 생명은 없다."라는 그들의 기업모토를 가지고, 가치가 뛰어남에도 불구하고 국내에서 그 가치가 저평가된 것들을 활용하여 반려동물용 식품을 만들고 있다.

고양이용 천연 타우린 보충제의 주 재료인 어류 '배스'

1970년대 대한민국에 들여온 배스는 생태계를 파괴함으로 인해 부정적 인식을 갖게 되었으나, 본래 식용으로 들여온 어종으로 영양학적 가치가 풍부하다고 한다. 밸리스(Bally's)는 이러한 배스의 영양학적 가치를 창출하여 반려동물용 천연 타우린 보충제와 천연 단백질 보충제를 개발하였다.

밸리스(Bally's)의 청년들은 배스를 활용한 반려동물용 영양제뿐만 아니라 계속해서 국내에서 버려지는 것들의 가치를 찾아주고 있다. 국내 농가에서 활용할 방법을 몰라 폐기되던 '국내산 초

밸리스에서 개발한 다양한 반려동물용 영양제

유'를 활용한 고양이용 '초유 분말' 및 '초유 사료'와 같은 씨앗, 또는 같은 성장과정을 거쳤지만 모양이 예쁘지 않는다는 이유만으로 가치를 저평가 받은 '국내산 못난이 농산물'을 활용한 '동결건조 과일칩' 등을 개발하였다.

밸리스 김현진 이사는 "밸리스는 경쟁력있는 제품으로 합리적인 소비를 이끄는 것이 장점이다"라는 말을 전하였다. 이어 "소비만으로도 사회문제를 해결할 수 있는 문화를 만들고 싶다."라고 하였다.

출처 : 뉴스다(17.12.22), '밸리스' 버려지던 가치들을 업사이클하는 청년들, http://www.newsda.co.kr/news/view.php?idx=188&mcode=m102ud4

2) 사회혁신 전략

(1) 사회혁신 프로세스

기존의 비즈니스 관점에서의 혁신은 일반적으로 다양하고 새롭게 등장한 아이디어들이 시장의 경쟁을 통해서 걸러지게 되고 성과를 창출하며 생존한 것을 '혁신'이라고 불러왔었다. 하지만 사회혁신은 기존의 혁신과 달리 충족되지 않은 사회적 욕구의 파악으로부터 시작되기 때문에 기존 기업들과는 다른 프로세스를 가지게 된다.

사회혁신과 관련된 전문적 연구를 수행하고 있는 제프 멀건(Geoff Mulgan)은 사회혁신은 상황에 따라 다르기는 하나 대체적으로 다음과 같이 여섯 단계를 거치게 된다고 설명하고 있다. 첫 번째, 사회적으로 충족되지 않은 기본적인 니즈를 토대로 문제를 제기하고 진단 분석한다. 두 번째, 사회전반에서 겪게 되는 경험과 통찰력을 기본으로 혁신적인 아이디어를 제안한다. 세 번째, 프로토타이핑을 통해 현장에서 실현되는데 있어 필요한 문제점을 찾아 수정하여 사회적인 동의를 얻는다. 네 번째, 유지 가능한 상태를 만들기 위해 제도적, 재정적 안정을 찾아 나간다. 다섯 번째, 다양한 협력주체들을 찾아 성공모델로서 일반화시키고 확산시킨 후 최종적으로 시스템변화가 완성이 되는 단계를 거친다.

그림 3-5 사회혁신의 나선형 모형

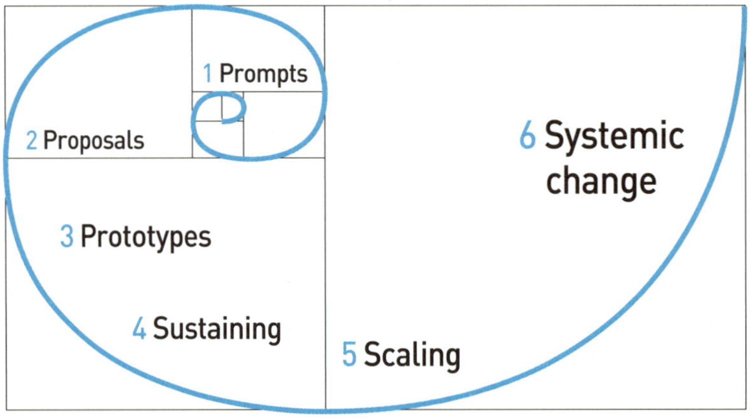

출처 : R. Murray, J. Caulier-Grice, & G. Mulgan, The Open Book of Social Innovation, p.11.

다음은 작은 창의적 실천을 통해 세상을 변화시키고자 하는 LOUD프로젝트 중 하나이다. 다음의 예를 통해 사회혁신이 어떻게 진행되는지 간략히 살펴보자.

① 문제촉발(Prompt)

한국을 더 좋은 사회로 만드는 데 필요한 가치인 '타인에 대한 배려' 부족 실태

대학생이 뽑은 '지하철 꼴불견'

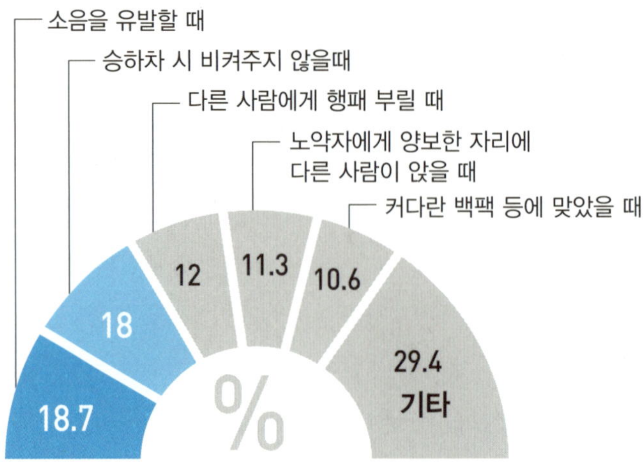

(조사인원 : 1,826명, 자료 : 알바몬)

② 제안(Proposals)

배려가 부족한 실태를 가까이서 목격

"백팩을 뒤로 메고 있을 경우 대중교통에서 주변승객에게 불편을 주는 민폐 발생. 백팩을 앞으로 안으면 다른 승객들이 편안해지지 않을까?"

③ 프로토타입(Prototypes)

'Back Pack Hugs ' 라는 메시지를 넣은 스티커 제작

④ 유지(Sustaining)

지하철, 버스 등 대중교통과 협의 하에 스티커 부착

⑤ 확대(Scailing)

가방 브랜드 로우로우의 제품 TAG에 'Back Pack Hugs' 메시지 TAG 추가 등 캠페인 확대

(이미지 출처 : http://blog.naver.com/loudproject/220322701495)

⑥ 시스템변화(System Change)

상대방의 통행을 고려하는 문화 형성

(2) 사회혁신 필요요소

사회혁신을 이루기 위해서는 가치창출 프로세스에서의 근본적인 혁신과 비즈니스 규모 확대와 성장을 통한 사회적 영향을 극대화할 수 있어야 한다. 다음 내용을 통해 중심 아이디어가 되는 사회혁신엔진, 엔진을 움직일 경제 원리와 네트워크에 대해 살펴보자.

사회혁신엔진은 사회적기업의 사회적 가치창출과 교환관계(trade-off)에 있는 경제적 관점의 장애요인을 돌파할 수 있는 혁신적인 아이디어가 있어야 한다. 가치창출 프로세스에서의 근본적인 혁신을 살펴보면 가치창출과 고객만족의 원천이 되는 제품 및 서비스의 혁신과 프로세스의 지속적 개선이 필요하다. 다음은 각 기업별로 어떤 사회적 가치 제안을 위해 경제적 도전을 하였으며 혁신엔진으로 무엇을 선택하였는지, 그리고 그 혁신은 가치사슬상에 어떤 위치를 가지고 있는지 보여준다.

표 3-4 사회혁신엔진(예)

사례	사회적 가치제안	경제적 도전과제	사회혁신엔진 : 솔루션	가치사슬상의 혁신 위치
아라빈드	저소득층 무료시술	높은 비용 부담	맥도널드식 병원 운영 인공수정체 자체 생산	운영 프로세스 제품개발
한살림	친환경 유기농산물 공급	높은 가격과 가격변동	직거래 및 자체 물류 시스템 수요관리	공급사슬 마케팅
Grameen Bank	저소득층 무담보대출	대손 위험	16Grameen Principles 주부 대출, 그룹대출, 공동체신용 담보	운영 프로세스
아름다운 가게	재사용품 판매	저부가가치	새로운 가치제안: 기증문화 원자재의 무료 구매 자체 물류시스템 운영, 품질보증	마케팅 공급사슬
Freitag	재활용품 판매	저부가가치	새로운 가치제안: 세상에 유일한 가방 디자인 혁신	마케팅 제품개발
동천모자	장애인 고용	낮은 생산성	디자인혁신 분업의 극대화 및 일치품질 확보	제품개발 생산 프로세스
LifeSpring	저소득층 산부인과 서비스	높은 비용 부담과 의료품질 우려	부차적인 서비스 모두 배제(No Frill) 외주: 약국, 실험실, 병원 설비 및 자산 특화 서비스 집중: 장비, 약품 단일화	운영프로세스 공급사슬
GyanSala	저소득층 교육	높은 비용부담과 교육품질우려	교육 업무의 이원화:Para Skilling 교재, 교수법, 학과과정의 표준화	운영프로세스

출처 : 라준영, "강의자료", 카톨릭대학교.

또한, 사회적기업의 사회혁신엔진은 규모 확대와 성장에 대한 아이디어가 포함되어야 한다. 근본적인 사회문제 해결은 반드시 문제해결의 규모 확대를 전제로 한다. 규모 확대는 성장에 관한 경제원리가 비즈니스모형에 내재 될 때 실현 가능하다 규모 확대가 쉽게 이루어지기 위해서는 다음과 같은 경제 원리를 포함하고 있어야한다.

표 3-5 규모 확대를 위한 경제원리

경제원리	정의	SE 성공 사례
규모의 경제 Economies of Scale	동일 제품/서비스의 생산 규모가 커짐에 따라 제품/서비스의 평균원가가 낮아지는 현상	Aravind Hospital
범위의 경제 Economies of Scope	서로 다른 종류의 제품/서비스를 함께 생산할 때 생기는 비용절감 효과	Pioneer Human Service Turning Point
학습곡선효과 Learning Curve Effect	생산/서비스 경험이 많을수록, 제품/서비스의 단위 생산 비용이 낮아지고 품질이 개선되는 현상	LifeSpring Aravind Hospital
복제와 프랜차이징 Replication&Franchising	성공적인 서비스 모델을 다른 지역에 그대로 복제하여 무형자산(지식 및 신뢰 자산)의 규모의 경제를 확보하고 신규 사이트의 운영 리스크를 줄이는 원리.	Greenwich Leisure Ltd. Teach for America 아름다운 가게, 한살림 Grameen Bank
네트워크효과 Network Effect	어떤 사람의 특정 상품에 대한 가치가 이 상품을 이용하는 다른 고객의 수(數)에 의해 영향을 받는 현상	Kiva Grameen Bank

출처 : 라준영. "강의자료". 카톨릭대학교.

그리고 규모의 확대와 성장을 위해서는 사회혁신의 엔진과 함께 활동에 에너지를 불어넣어줄 협력 네트워크들이 필요하다. 혁신에 참여하는 다양한 주체들은 사회적 목표를 중요하게 여기기 때문에 시민단체, 자원조직, 정부, 대학 및 연구소 등은 클러스터 구조가 더 잘 갖추어져 있다. 사회혁신 네트워크는 앞의 적정기술 네트워크와는 조금은 다른 특성을 가진다. 사회혁신을 이루는 중심이 영리기관이 될 수도 있기 때문에 적정기술네트워크처럼 NGO등 비영리 기관의 역할이 꼭 필요하지는 않다.

그림 3-6 사회혁신 클러스터의 구조

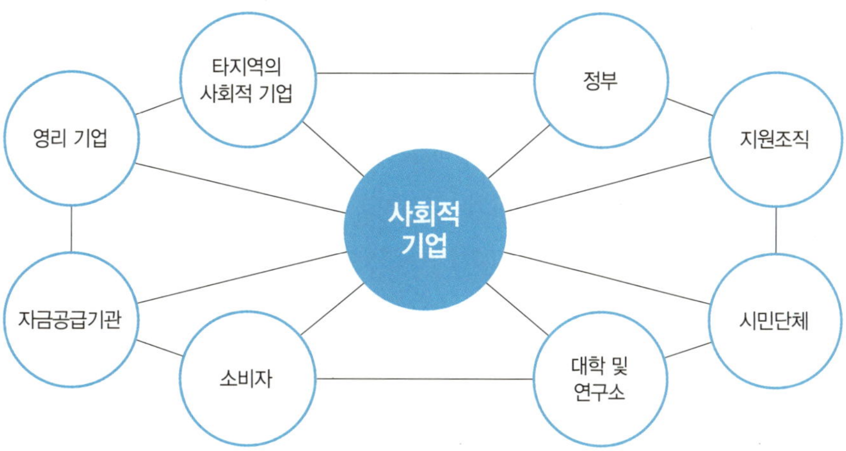

출처: Tanimoto and Doi(2007)

3.3 지속가능성

Sustainability

1) 끊임없는 가치창출 능력

'지속가능성장' 이라는 용어는 경제 발전과 관련하여 주로 사용되는데, 예를 들어 '지속가능한 발전' 은 경제성장과 환경보전 사이에 상호 보완관계가 있다는 근거로 진정한 성장은 환경보전과 함께 이루어져야 한다는 의미로 설명된다.

하지만 환경보호와 직접 연관된 소셜벤처가 아니라면, 위의 '지속가능성장' 은 소셜벤처의 '지속가능성장 '과 다른 의미로 해석된다. 소셜벤처의 지속가능한 성장에 대해서는 여러 가지 견해가 있겠지만, ' 서스테이너블 엑셀런스' 라는 책에서 밝힌 지속가능한 기업의 정의가 여기에 가장 적합한 것으로 보인다.

'우리가 말하는 '지속가능성' 의 의미는 무엇일까? 지속가능한 기업이란 투자자, 고객, 종업원 모두에게 가치를 선사하는 기업이다. 이런 기업은 종업원들과 기업이 교류하는 커뮤니티의 생활수준을 제고시키고, 천연자원을 현명하게 이용하고, 사람들을 공정하게 대우한다. 지속가능한 기업은 많은 면에서 단순히 경영이 잘되는 기업이기도 하다. 하지만 근래까지도 환경에 미치는 영향, 자원의 효율적 활용, 인권 등 여러 가지 문제들이 많은 기업들의 중요 관심사는 아니었다. 오늘날 기업들은 DNA에 사회와 환경을 고려하는 문화를 통합시켰을 때 비로소 지속가능한 탁월성을 얻게 된다."

지속가능성을 지닌 기업은 첫째, 경영을 잘 하여 고객, 종업원, 투자자가 모두 만족하며 둘째, 사회적으로도 좋은 영향력을 미치는 기업이다. 즉, 기업은 돈을 벌고, 투자자에게 수익을 주며, 고객에게는 가치를 선사하는 것이 본질적인 목적이자 의무인 동시에 지속가능성의 조건이다.

우리보다 소셜벤처의 역사가 훨씬 오래된 영국에서 사회적기업(영국의 사회적기업은 우리의 소셜벤처와 비슷한 개념으로 쓰인다) 의 지속가능성을 규정하는 방식을 소개하면 이해가 쉽게 될 것이다. 영국에서 쓰이는 사회적기업의 지속가능성에 대한 의미는 아래 세 가지가 동시에 충족되어야 함을 의미한다.

첫째, 보조금에 의존하지 않으면서 재정으로 지속가능하여야 하고,

둘째, 재정수입은 100% 상거래 활동을 통하여 확보하여야 하고,

마지막으로, 재정적 목표와 사회적 목표를 동시에 달성해야 하는 것으로 보고 있다.

영국에서 강조하는 관점은 첫째, 둘째 항목에 걸쳐서 나와 있듯이, 자기 사업을 통해 이익을 내고 이로써 경제적 자립도를 완성하고 나서, 설립할 때 내세운 사회적 목표를 추구하여 사회에 이익이 되도록 하라는 것이다.

우리의 일반적인 생각(개개 회사의 이익보다 사회적 이익을 추구하는 것이 중요하다)과 다른 '지속 가능한 성장 '의 정의가 나온 이유는 영국에서도 마찬가지로 소셜벤처들이 저지르는 가장 큰 착각 때문이다.

즉, 사회적으로 가치 있는 일을 행하기 위해서는 내가 이익을 못 내고 보조금으로 연명하더라도 상관없다고 여기는 것이다. 영국의 유명 일간지에서는 아예 ' 사회적기업(소셜벤처)은 본인의 생존을 사회적 목적에 우선시하라' 라는 기사로 소셜미션을 행하려면 본인 비즈니스부터 잘 하라고 강조하고 있다

따라서 우리는 영국의 예를 참고하여 소셜벤처의 지속가능성을 경제적 자립을 이룸과 동시에 사회적 목적을 달성해 나가는 과정을 통하여 경제적 · 사회적 가치를 끊임없이 창출해 내는 능력으로 이야기할 수 있다.

소셜벤처는 자선 사업가와는 다르다. 실질적인 수익이 창출이 가능해야하고 그 수익을 토대로 사업이 지속적으로 이루어질 때 더 많은 사람들이 혜택을 받을 수 있기 때문이다. 이처럼 지속가능성을 위해 단기적 관점이 아닌 장기적 관점의 이익을 생각해야한다. 일회성으로 생각을 하여 기업이 판매가(P)를 높이고 비용(C)을 줄여 이익을 극대화 시킬 경우에는 소비자와 기업의 이익이 충돌될 수밖에 없다. 정보가 빠른 최근의 고객들은 불이익을 받았을 때 즉각적으로 반응하기 때문에 투명하고 개방적인 기업 활동을 통해 신뢰를 얻는 것이 중요하다. 장기적인 관점에서 합당한 가격을 책정해야하고 소비자와 기업 간의 상생이윤을 추구 할 수 있는 조직과 유통구조를 만드는 것에도 관심을 가져야한다.

그림 3-7 일회성게임 VS 반복게임

일회성 게임	반복성 게임
P–C 기업 이익의 극대화 최대 이윤 추구 소비자와 기업의 이익 충돌 정적 이윤(Static Profit)극대화	장기적 이익의 극대화 상생 이윤 추구 공명 가격 제시 적정한 가격(Resonant Price) 동적 이윤(Dynamic Profit)극대화

출처: 창조경제연구원

다시 한 번 강조하면, 소셜벤처는 스스로 이익을 만들어 내서, 사회의 보탬이 되도록 하는 일에 기여하는 것이 설립 목적이다. 즉, 정부의 보조금이나 외부의 후원금만으로 연명하면서 사회적 미션을 수행하겠다는 말은 소셜벤처라는 말에 적합하지 않은 것이다. 소셜벤처가 일회성 사업으로 그치지 않고 지속적으로 유지하기 위한 지속가능한 비즈니스 모델에는 무엇이 있는지 살펴보도록 하자.

2) 지속가능한 비즈니스 모델

6장에서 우리는 소셜벤처가 기업으로서 체계를 잡고 수익을 창출하기 위해 어떤 것을 계획해야 하는지 비즈니스 모델에 대해 알아볼 계획이다. 그에 앞서 소셜벤처가 지속가능성을 갖기 위해 추구해야하는 비즈니스 모델은 무엇인지 간단히 살펴보도록 하자.

지속가능성을 갖기 위해서는 가치제안, 고객관계, 사업인프라와 재정측면을 우선 고려해야한다. 고객이 실제로 느끼는 가치를 제안할 수 있어야하며 고객으로부터 지속적인 수익을 창출시키기 위한 고객관계를 구축해야 한다. 또한, 빠른 사업의 진행과 재정적인 안정을 위해서는 네트워크, 자원 등을 포함한 인프라를 잘 활용 할 수 있어야 한다. 그리고 그런 활동들이 재정적으로 어떤 결과를 낼 것인지도 고려할 필요가 있다.

[표 3-6]을 참고하여 비즈니스의 핵심동인과 비즈니스 모델 간 상호관계 중 비용과 비용감소를 살펴보자. '제품이 저렴하면 많은 사람들이 살 것이다' 라는 가정 하에 파격적인 가격을 낮추기 위해 제품의 질을 떨어뜨린다면 고객의 구매로 이어질까? 단순히 제품의 질을 낮추어 생산단가를 낮추기보다는 고객관계에서 비용 효율적 계약관계, 폐쇄회로 서비스 시스템을 가져가고, 파트너십을 이용해 비용을 감소시키고 고객비용감소와 이윤증대를 위한 신제품 및 서비스 비용간의 균형을 맞춤으로서 새로운 가치전달이 가능한 것이다.

표 3-6 지속가능 핵심동인과 비즈니스 모델 간 상호관계

지속가능 사업방식의 핵심동인	비즈니스 모델의 주요 축			
	가치제안(VP)	고객관계(CR)	사업 인프라 (BI)	재정측면(FA)
비용과 비용감소	저에너지 또는 낮은 고객 유지비용의 제품과 서비스	비용 효율적 계약 관계, 폐쇄회로 서비스 시스템	신제품과 서비스 비용이 파트너십을 통해 감소	고객비용감소와 이윤증대를 위한 신제품 및 서비스의 비용구조 간 균형
판매와 수익성	환경적, 사회적으로 우수한 제품과 서비스가 이윤으로 연결될 수 있는 개선된/새로운 가치제안을 필요로 함	지속가능성 지향, 서비스 집약적 관계의 결과로서 높은 고객 유지와 고객 가치	신제품과 서비스는 시장장벽을 극복할 전략적 파트너 (협조적 경쟁) 요청	신제품과 서비스, 새로운 고객과의 관계는 다양한 수입원에 도움이 됨
위험과 위험감소	낮은 사회적 위험을 가진 제품과 서비스는 고객 세분화를 확실히 할 수 있는 가치 창출	높은 고객 충성도로 고객의 지속 가능성 위험을 감소시키는 서비스 관계	자원, 활동, 파트너십은 내,외부 위험을 최소화하기 위해 마련	낮은 지속가능성 위험에 의한 개선된 위험과 신용평가
명성과 브랜드 가치	우수 기업 명성의 차별적 요소로서의 지속가능성	지속가능성은 브랜드 고객 충성도를 증가시켜 마케팅 효과 증대	지속가능성 리더와의 전략적 파트너십은 명성과 브랜드 가치를 증가시킴	지속가능성 지표 및 펀드에 대한 좋은 평가와 고려 기반 지속가능성 성과
고용주로서의 유인책	기업의 새로운 가치제안으로 직원의 유인효과	높은 직원 동기유발의 결과로서의 더 나은 고객 서비스	지속가능성 원칙이 활동, 자원, 파트너십의 질을 향상시킴으로써 매력도 증진	인사관리 채용 비용감소, 낮은 이직 및 보상비용
혁신 역량	혁신의 지속가능성 잠재력의 충분한 발현으로 새로운 가치제안 가능	지속가능성 문제 해결과 고객 유지가 개선되는 혁신적 제품 및 서비스	혁신 확신의 전개는 새로운 활동, 자원, 파트너십 필요	주주가치 증가에 따른 잠재적 혁신성을 위한 높은 혁신 가능성과 기대

출처: Schaltegger, Ludeke-Freund & Hansen(2011)

이처럼 소셜벤처는 사회문제의 해결이나 사회적 목적에 대한 기여에 관련되기 때문에 가치 창출의 초점이 다르다. 즉 고용의 증진이나 제품 및 서비스의 접근 용이성, 지속가능성 등 사회적 가치의 창출이 주된 목표가 된다.

다음의 사례를 통해 지속가능한 비즈니스 모델을 조금 더 이해해 보자. 아이들이 노는 활동을 통해서 물이 길어지는 시스템인 플레이펌프는 1,500개 이상 보급되며 많은 주목을 받았지만 아이들이 플레이펌프를 놀이기구로 생각하지 않았고 실제 물을 얻는 것이 효율적이지 않아 현지 주민들에게 외면 받는 결과를 가져왔다.

이와 반대로 1991년 개발된 머니메이커 펌프는 손쉽게 사용할 수 있을 뿐만 아니라 판매, 수리 과정까지 빈곤층이 참여하게 함으로서 20만개 이상 판매되며 3만5천명 이상의 고용창출과 4억5,200만 달러의 이익을 내며 농가의 수입을 평균적으로 10배 증가시킬 수 있었다. 지속가능성이란 생태계가 미래에도 유지할 수 있는 제반 환경이란 의미로 인간과 자원의 공생, 개발과 보전의 조화, 세대 간의 형평 등을 추구하는 것이 중요한 요소로 작용한다.

그림 3-8 플레이펌프 VS 머니메이커펌프

이미지출처 : 플레이펌프 (좌) 킥스타터(우)

그렇다면 개발도상국에서 지속가능성을 가지게 하는 주요 요소는 무엇일까? 절대 빈곤층이 필요로 하는 것은 구호물자가 아니라 경제적 소득을 창출할 수 있는 기반이 되는 안정적 생산수단이다. 머니메이커 펌프를 개발한 적정기술 사회적기업인 킥스타터는 무료배포를 하지 않는다. 정당하면서 합리적인 가격의 돈을 받고 판매하는 시스템의 구축은 펌프를 제조 · 판매 · 유지 · 보수하는 딜러나 회사의 지속가능한 운영을 돕고 사용자의 적극적인 이용을 끌어내는데 주요한 역할을 한다고 믿는다. 또한, 기존의 원조들이 마을 단위의 커뮤니티에 공동으로 사용할 수 있도록 농기구를 보급한 것과 달리 개인을 고객으로 인식하고 보급하며 생산성 향상을 위한 농법지도까지 제공한다. 생산 수단을 개인이 소유할 때 가족을 위해 더 열심히 일하려하고 유지보수에도 적극적이기 때문이다.

읽어 보기

혁신적인 비즈니스 모델로
미국 안경 독점시장 무너뜨린 와비파커

WARBY PARKER
eyewear

"수백 년간 독과점을 이뤘던 안경 판매시장을 한순간에 뒤바꿔놓았다."

미국 유력 월간지 '패스트컴퍼니'는 지난 2015년 세계에서 '가장 혁신적인 기업' 순위 발표에서 미국 온라인 안경 유통업체 '와비파커'(Warbyparker)를 1위로 선정했다. 당시 매출 1억 달러 정도의 와비파커를 세계 최고의 정보통신(IT) 기업인 애플(2위)과 세계 최대 전자상거래 업체인 중국 알리바바(3위)보다 우위로 꼽은 것이다.

미국 안경 시장은 이탈리아 기업 '룩소티카'가 독점해 안경 값이 비정상적으로 높았다. 레이밴, 오클리 등을 비롯해 샤넬과 프라다 같은 명품 안경테와 선글라스가 모두 룩소티카에서 만들어질 정도다. 룩소티카는 독점적 지위를 이용해 판매가를 높여 소비자들의 부담이 커졌다. 레이밴의 경우 20달러에 불과했던 안경이 1999년 룩소티카가 인수한 후엔 150달러로 7배 이상 폭등한 것으로 나타났다.

와비파커는 온라인 유통 혁명을 통해 단돈 95달러로 안경을 구매할 수 있는 길을 열면서 미국 안경 시장의 판도를 뒤집었다. 와비파카는 창립 첫해인 2010년 약 2만개의 안경을 팔기 시작해 2013년엔 25만개, 2015년엔 100만개 이상을 팔면 연 매출 1억달러를 돌파했다. 지난 2015년 기업가치는 12억달러를 넘어 '유니콘'(기업가치 10억 달러 이상의 스타트업)의 반열에 올랐다. 지난해엔 4억달러 이상의 매출을 올린 것으로 추산되고 있다. 와비파커의 닐 블루멘탈 최고경영자(CEO)는 "습관적으로 생각해선 혁신이 이뤄질 수 없다"며 "선입견을 버리고 호기심을 끄집어내 초심자의 마음으로 생각해야 혁신을 끌어낼 수 있다"고 말한다.

와비파커는 미국 펜실베이니아대 와튼스쿨 동창생 네 명이 2010년 창업한 온라인 안경 유통업체다. 2009년 펜실베이니아대 컴퓨터실에 닐 블루멘탈과 데이브 길보아, 앤드류 헌트, 제프리 레이더 등 네 명의 와튼스쿨 동창생이 모였다. 대화의 주제는 안경에 대한 불만. 길보아가 태국 배낭여행 중 700달러짜리 안경을 분실했는데 당시 학생 형편으로는 다시 살 수 없어 한 학기 내내 안경 없이 지낸 것이다. 얼핏 보면 가난한 학생들의 사소한 잡담 주제에 그칠 얘기였다. 하지만 젊은 대학생들은 대화의 내용을 발전시켰다. 도화선을 당긴 건 당시 개발도상국을 대상으로 안경 보급 자선 운동을 하는 비영리단체 '비전 스프링'을 운영하던 블루멘탈이었다. 그는 안경의 제조 원가가 높지 않다는 사실을 잘 알고 있었다. 대량 생산이 가능하고 플라스틱 재질인 데다 제작 공정이 복잡하지도 않은 안경이 아이폰 보다 비쌀 이유가 없었다. 더욱이 안경은 아프리카 등 낙후된 국가에서 문맹 타파와 취업률 제고를 위해 필수적으로 보급돼야 할 기본 물품이라는 생각에 이들은 뜻을 같이했다. 비싼 안경이 반드시 해결돼야 할 도전 과제로 발전한 순간이었다. "온라인으로 유통단계를 줄여 저렴한 안경을 파는 회사를 만들어보자." 블루멘탈이 고민 끝에 메일로 보낸 제안에 와튼스쿨 동창생들이 의기투합했다. 블루멘탈은 미국 월간 잡지 'Inc'와의 인터뷰에서 "우리는 모두 깨어 있었다"며 "온라인으로 안경을 판다는 아이디어가 정말 좋은 아이디어라고 생각했기 때문"이라고 당시를 회고했다.

혁신적인 아이디어만큼 투자가 뒤따라 준 건 아니었다. 이들은 투자자를 물색하던 중 가장 먼저 자신들의 담당 교수인 애덤 그랜트 와튼스쿨 교수를 찾아갔다. 아이디어의 가치를 알아봐 주고 다방면으로 지원해 줄 것이라 기대했다. 하지만 반응이 차가웠다. "누가 안경을 매장에서 직접 써보지도 않고 사겠느냐." 그랜트 교수가 보기에 젊은 사업자들의 발상은 전혀 상식적이지 않았다. 이들은 와튼스쿨의 '벤처창업프로그램'(VIP)에 참여해 2,500달러를 겨우 받을 수 있었다. 그랜트 교수는 와비파커가 미국 안경업계를 뒤흔드는 기업으로 성장하는 것을 보고 나서야 "일생일대 최악의 선택이었다"고 실수를 인정했다.

와비파커는 안경을 하나 팔 때마다 동일한 금액을 저개발 국가에 기부하는 캠페인도 하고 있다. 전 세계에 안경을 구매하지 못하는 저소득층이 7억명에 달한다. 이들에게 안경을 기증할 경우 글로벌 생산성과 교육 수준이 크게 향상 된다는 분석이 많다. 블루멘탈은 미 경제지인 포브스와 인터뷰에서 "소비자 가격을 올리지 않으면서 사회에 도움이 되는 책임감 있는 기업을 만들고 싶었다"며 "와비파커가 투명한 경영을 유독 강조하는 이유"라고 말했다.

와비파커는 단순 유통사업을 넘어 기술 기반 산업까지 진출하려 한다. 대표적인 게 스마트폰 시력검사 시스템이다. 미국에선 안경을 구매하려면 안과의사의 처방이 필요한데 이 과정을 집에서 해결할 수 있도록 한 것이다. 또한 와비파커는 구글의 웨어러블 컴퓨터인 '구글 글라스'의 차기 디자인을 위한 파트너로 선정되기도 했다. 블루멘탈은 "와비파커는 가격경쟁력만을 따지며 판매를 하는 온라인 유통기업에서 탈피할 것"이라며 "소비자들의 라이프스타일에 기반을 둔 정보통신(IT) 기업이 우리의 목표"라고 선언했다.

출처: 한국일보, 2018.02.03 10:00

3.4 사회적 영향력

Social Impact

1) 긍정적인 변화를 창출해 내는 힘

사회적 영향력(social impact)은 사회혁신(social innovation)이 진행되는 과정과 결과물을 통해 사회적으로 지속가능한 긍정적인 변화를 창출해 내는 힘을 이야기한다. 사회적 영향력을 가지기 위해서는 사회 문제를 발견하는 것에서부터 시작하여 해결 방법을 찾아 내어야한다. 임시적인 처방보다는 문제발생의 빈도나 강도가 낮아지는 증상의 개선이, 증상의 개선보다는 근본적인 해결이 되었을 때 사회적 영향력이 더 크다고 할 수 있다.

사회적으로 의미 있는 변화를 창출하기 위해서는 역량과 적극적인 참여, 변화의 상호작용이 발생해야한다. 여기에서 역량은 가시적인 자원(물적, 인적 자원 등)과 비가시적인 자원(네트워크, 사회 정책적 변화 및 여론, 신뢰 등)을 확보하고 강화하여 개발이라는 구체적인 실행으로 이어질 수 있는 힘을 말한다. 그리고 참여를 통해 내부적인 소통(이사회, 임직원, 자원활동가, 후원자 등)뿐만 아니라 외부적인 소통(광의의 이해관계자와의 협력, 연대, 대화 등)이 함께 이루어졌을 때 영향력이 나타나게 된다. 마지막으로 변화는 제도적인접근(정책의 신설이나 규제의 철폐 등)과 비제도적인 접근(인식의 변화와 문화의 도입 등)으로 연결되었을 때 지속적이고 본질적인 영향력을 가질 수 있게 된다.

영향력은 관점에 따라 사회문제해결 관점, 이해관계자 관점, 변화이론 관점의 세 가지를 중심으로 이야기할 수 있다. 사회문제를 해결관점의 영향력은 임시적 처방인지, 증상의 개선을 꾀하는지, 근본적인 원인이 해결되는지에 따라 미치는 사회적 영향을 말하는 것이다. 그리고 이해관계자 관점의 영향력은 소셜벤처와 연계되어있는 이해관계자들에게 어떤 가치를 제공하는지를 말한다. 마지막으로 변화이론 관점의 영향력은 기업이 제공하고자 하는 사회적 가치의 공급방식이 더 큰 영향력을 끌어내기 위하여 어떠한 논리적인 인과관계를 가지고 영향을 미치는지에 관한 것이다. [표 3-7]을 통해 관점에 따른 영향력을 살펴보고 여러분이 생각하는 소셜벤처는 어떠한 영향력을 가질 수 있을지 함께 고민해보자.

표 3-7 관점에 따른 영향력

	사회문제해결 관점	이해관계자 관점	변화이론 관점
	기업이 제공하는 가치는 어느 정도의 사회적 영향력을 미치는가?	기업은 사회적 이해관계자들에게 어떠한 가치를 제공하는가?	기업이 제공하고자 하는 사회적 가치의 공급방식은 논리적 인과관계가 있는가?
THE CARBON NEUTRAL COMPANY 탄소발생절감을 위한 탄소발생량 수치화, 정보화	부분적으로 문제가 해결되고 있으나(탄소절감 프로젝트) 효과적이지 않음. 탄소배출관련 정보제공으로 배출 절감(증상개선)을 유도	고객 : 탄소배출량 절감, 관리가능 정부, 국제기구 : 경제주체들에게 책임성 부여, 탄소관련수요관리 가능 (조세제도, 지역별 캠페인 등) 환경 : 환경문제 완화	탄소배출로 인한 환경오염 탄소배출량에 대한 정보부재 → 탄소배출량 수치화, 측정 → 탄소배출 정보제공 → 탄소배출절감방안 컨설팅 → 탄소배출량 절감
grameenphone 농촌지역 정보격차 해소와 경제적 자립지원	문제의 해결을 시도하는 주체가 있긴 하나 거의 해결되지 않음 자립기반 제공으로 근본적인 빈곤문제 해결	여성 대출자: 대출을 받아 빌리지 폰 구입, 통화시간 판매로 소득증대, 주민: 통신비용(시간, 돈)절감 지역: 통신혜택 확대	농촌여성빈곤 자립기반전무 → 대출을 통한 폰 구입 → 소규모 통신사업 운영 → 주민들에게 저렴한 통신 서비스제공 → 정보순환속도제고 → 거래 활성화 → 지역공동체 경제개발 → 빈곤 해소
OWH OneWorld Health 저개발국 질병치료를 위한 안전하고 저렴한 신약개발	채산성을 이유로 연구에 나서지 않았던 풍토병 등 저개발국의 질병문제에 대한 해결 시도 저렴한 약품의 대량 공급으로 질병문제해결	환자 : 기존 시장에 없었던 치료제를 저렴한 가격에 구입 정부 : 질병으로 발생하는 예산, 사회적 비용 감소 인도의약계 : 특허권을 넘겨받아 생산, 공급	개도국의 질병문제 → 채산성을 이유로 치료제 개발 중단 → 유능하고 헌신적인 연구원 모집, 연구기관 협력, 신약개발연구 → 인도제약 회사를 통한 빠른 보급

2) 사회적 영향력의 선순환

영향력의 선순환이 일어나기 위해서는 단순히 기부를 받는 것에서 멈추어서는 안 된다. 직접 수익을 창출하거나 기부를 받은 것이 새로운 부가효과를 창출해야만 선순환 구조를 이룰 수 있다. 즉, [그림 3-9]와 같이 취약계층이 주도적으로 활동을 하고 스스로 고용을 창출하는 구조를 만듦으로서 경제력을 갖추게 되어 소비가 활성화 되어야만 가난의 대물림을 멈추고 새로운 인식을 심어 줄 수 있는 것이다. 해결하고자 하는 가치에 따라 요소들은 바뀔 수 있지만 중요한 점은 계속해서 다른 요인에 파급 효과를 미칠 수 있어야 한다는 것이다.

그림 3-9 사회적 영향력의 선순환

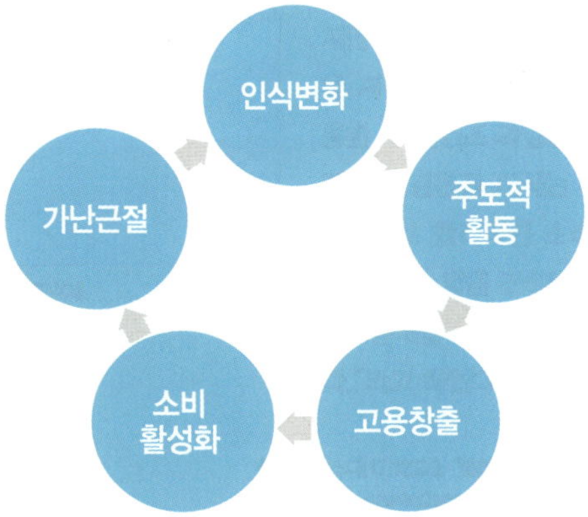

출처: 박재환 · 전혜진(2015). "사회적기업가를 위한 디자인접근법". 에딧더월드/MYSC.

리퍼포스 스쿨백은 실생활에서 겪은 불편함을 해결하기 위해 만들어진 것으로 크게 세 가지 선순환 영향력을 가지고 있다([그림 3-10] 참고). 첫 번째로 아이들의 안전을 지켜준다. 아프리카에서는 학교가 멀고 해가 채 뜨기도 전에 집에서 출발해야하는 경우가 많아 자동차나 치한과 같은 위험상황에 노출되어 있고 매일 3명의 아이들이 길에서 사망한다고 한다. 두 번째로 비닐봉지가 아프리카의 하수구를 막고 가축들이 비닐을 먹어 발생하는 문제들을 비닐봉지 재활용을 통해 해결하고 있다. 세 번째로는 빛이 없어 낮 시간 밖에 활용하지 못한 아이들이 밤에도 공부할 수 있게 되었다.

이 세 가지는 결국 사람들에게 건강하고 안전한 삶과 더 나은 미래를 준비할 수 있도록 하여 발전된 사회를 이루는 초석으로서 선순환 구조를 이끌어내고 있다. 기부자의 입장에서는 기존의 책가방을 기부하는 것과 별다르지 않지만 영향력에서는 엄청난 차이가 나게 된다. 여러분도 조금만 더 고민하면 작은 변화로 큰 변화를 이끌어내는 나비효과[13]를 만들어 낼 수 있지 않을까?

그림 3-10 리퍼포스 스쿨백

(이미지 출처 : http://www.repurposeschoolbags.com)

13) 기상 관측한 데이터를 통해 처음 이야기된 효과로, 어떤 일이 시작될 때 있었던 아주 작은 양의 차이가 결과에서는 매우 큰 차이를 만들 수 있다는 이론이다. 이 개념은 후에 카오스 이론의 토대가 되었다.

활동 하기

소셜벤처 핵심요소 살펴보기

국내 · 외의 소셜벤처 중 하나를 정하여 다음의 내용을 살펴보자.

◆ 소셜벤처명

◆ 창업가의 소셜앙트러프러너십 중 강하게 나타나는 성향은 어떤 것이 있는가?

◆ 추구하고 있는 경제적 가치와 사회적 가치는 무엇인가?

◆ 사회적으로 미칠 수 있는 영향력은 어떠한가?

◆ 선순환 영향력의 창출이 가능한지 도식화해보고 연장선상에서 필요한 것은 무엇이 있는지 아이디어를 내보자.

학습 정리

◆ 소셜앙트러프러너십은 새로운 기회를 추구하고 사람과 자원을 새롭게 재조합하여 사회문제를 해결하려는 마음가짐과 태도이다.

◆ 소셜앙트러프러너십은 타고나는 것이 아니라 선천적인 특징에 교육과 경험이 쌓이면서 발전된다.

◆ 소셜앙트러프러너십의 요소에는 창의성, 도전정신, 위험감수성, 기회포착능력, 진취성, 혁신성, 모호성에 대한 관용, 운명에 대한 통제감각 등이 포함된다.

◆ 앙트러프러너십과 소셜 앙트러프러너십의 차이는 사회적인 관심과 공동체의식의 차이에 있다.

◆ 사회혁신은 기존의 영리 시장에서의 기술혁신이나 비즈니스 혁신과는 달리 사회적 문제를 해결하는 새로운 시도를 의미한다. 사회혁신의 결과는 제품이나 서비스, 사회인식 변화 등으로 나타나게 된다.

◆ 사회혁신 프로세스는 사회의 니즈를 확인하는 것에서부터 시작된다.

◆ 소셜벤처의 지속가능성은 경제적 자립을 이룸과 동시에 사회적 목적을 달성해 나가는 과정을 통하여 경제적 · 사회적 가치를 끊임없이 창출해 내는 능력을 이야기한다.

◆ 지속가능성을 가지기 위해서는 고용의 증진, 제품 및 서비스의 접근 용이성, 수익의 발생 등을 고려한 비즈니스 모델의 수립이 선행되어야한다.

◆ 사회적 영향력(Social Impact)은 사회혁신(social innovation)이 진행되는 과정과 결과물을 통해 사회적으로 지속가능한 긍정적인 변화를 창출해 내는 힘이다.

◆ 사회적 영향력(Social Impact)은 기업이 제공하는 가치는 어느 정도의 사회적 영향력을 미치는가? (사회문제해결관점) 기업은 사회적 이해관계자들에게 어떤 가치를 제공하는가?(이해관계자관점) 기업이 제공하고자 하는 사회적 가치의 공급방식은 논리적이고 인과관계가 있는가?(변화이론관점) 의 세 가지 관점에서 살펴 볼 수 있다.

참고문헌

- 강병오 (2011년 3월 7일). " '기업가 정신' 아니라 '창업가 정신' 이다". 중앙일보.
- 과학기술연구원(2014). " 지속가능한 사회 · 기술시스템으로의 전환과 기업의 역할"
- 과학기술정책연구원(2009). "사회적 혁신과 기술집약적 사회적기업"
- 라준영. "강의자료". 카톨릭대학교.
- 박재환 · 전혜진(2015). "사회적기업가를 위한 디자인접근법". 에딧더월드/MYSC.
- 박창규(2011.01.05), "[창의 현장] 패션 소셜 벤처 '오르그닷'을 가다", 전자신문.
- 서울NPO지원센터(2015). "NPO와 소셜임팩트 프레임워크 개발 연구"
- 송정현(2010), 기술창업자의 학습동기, 학습의지가 기업가 정신과 기업성과에 미치는 영향
- 한국일보(2018), 안경 독점시장 무너뜨린 와비파커
- Dees, J. Gregory, The Meaning of "Social Entrepreneurship" (2007) http://www.caseat₩-duke.org/documents/dees_sedef.pdf; Alex Nicholls and Albert Cho, "Social Entrepreneur₩-ship: The Structuration of a Field", In Alex Nicholls(Eds.), Social Entrepreneurship: New Models of Sustainable Social Change (Oxford University Press, 200
- R. Murray, J. Caulier-Grice, & G. Mulgan, The Open Book of Social Innovation, p.11.
- Wallace, B.(2005). "Exploring the meaning(s) of sustainability for community-based social entrepreneurs". Social Enterprise Journal. Vol. 1 No. 1. pp.78-89.
- Schaltegger, S., Ludeke-Freund, F., E. Hansen (2011): "Business cases for sustainability and the role of business model innovation", Center for Sustainable Management, Leuphana University .
- Tanimoto and Doi(2007)
- G. Mulgan, 사회혁신이란 무엇이며 왜 필요하며 어떻게 추진하는가European Commission, Guide to Social InnovationJ. Howaldt & M. Schwarz, Social Innovation: Concepts, research fields and international trends
- A. Molina, Analyzing European Technology Policy: Networks, Communities, System and Sociotechnical Constituents, Research Center for Social Sciences (The University of Ed₩-inburgh,1993).

3장. 키워드 인덱스용

소셜앙트러프러너십	사회혁신	지속가능성	사회적 영향력
공정무역	코즈마케팅		

SOCIAL
VENTURE

SOCIAL
VENTURE

PART 02

소셜벤처 준비하기

"우리는 스스로 각각의 문제에서 기회를 발견하기 위해
훈련할 필요가 있다."

파라과이 재단 설립자, 마틴 버트(Martin Burt, Fundacion Paraguaya)

04

소셜벤처 **창업 프로세스와 기회탐색**

학습 목표

1. 소셜벤처 창업과정을 이해할 수 있다.
2. 소셜벤처 창업기회의 전반적인 과정에 대해서 설명할 수 있다.
3. 소셜벤처 창업기회 창출과정에서 고려해야 할 사항이 무엇인지 설명할 수 있다.

시 작
하 기

개발도상국의 의료 접근성 개선 나선
소셜벤처

'권리의 평등'이라는 가치는 인류사에 있어서 가장 중요한 개념이다. 이러한 기본권은 '쟁취(爭取)'하는 것이기도 하지만 '의료'라는 분야에 있어서는 쉽지 않은 것도 사실이다. 당연히 주어져야 하는 환경이 어떤 곳에서는 여전히 갖춰져 있지 않기 때문이다. 그러나 건강한 삶을 영위하는 것은 모두에게나 중요한 일이다. 개발도상국의 낙후된 의료 환경 속에서 이와 같은 '평등'의 권리를 누리지 못하고 있는 사람들을 위해 기업가는 어떤 역할을 맡아야 할까? 소셜벤처 라인케어의 탄생도 바로 이 지점에서 찾을 수 있다.

의사의 업무 혁신과 환자의 불편함 모두 해소

세계보건기구(WHO)에 따르면 개발도상국의 의료기기 약 80%는 국제기구와 외국에서 원조를 받고 있다. 아울러 보건의료 인력 부족으로 인해 보건의료 시스템 구축에 어려움을 겪고 있는 것도 현실이다. 때문에 이들의 의학 발전을 견인하기 위해 다양한 노력들이 펼쳐진다. 인류의 성자(聖者)로 불리는 알버트 슈바이처 박사가 "나는 생명에 봉사함으로써 세계에 대하여 뜻있고 목적이 있는 삶을 다하겠다"고 말했던 것처럼 의료봉사를 펼칠 수도 있고, 혁신적인 아이디어를 통해 새로운 가치를 창출하는 방법도 있을 수 있다. 라인케어는 IT를 통해 개발도상국의 의료 평등을 위한 소중한 발걸음을 내딛기 시작한 스타트업이다. 회사를 이끌고 있는 오동석 대표를 만나 그들의 이야기를 들어보았다.

어떤 문제의식 속에 창업을 결심하게 되었나?

"한양대학교 학부 시절 2016년 '제1회 세븐틴 하츠 페스티벌(17 Hearts Festival)' 봉사 활동을 하면서 필리핀을 비롯한 개발도상국의 의료 문제에 관심을 갖게 되었다. 그 과정에서 단순히 의료 환경이 열악하다는 차원보다 한국에서 당연하게 여겼던 '아프면 병원에 가서 진단을 받고, 적절한 치료를 받는' 권리가 보호되고 있지 않다는 점을 목도했다. 필리핀의 국민건강보험인 '필헬스'에 가입되지 못한 어린이들이 제대로 병원을 찾지 못하고, 병원을 가려고 해도 공립병원의 복잡한 접수관리 체계로 인해 환자가 의사를 만나기까지 긴 대기시간이 필요하고, 정확한 위치 정보가 없어 사립병원을 찾는 것도 힘들다. 병원 역시 의료 인력이 부족하고 환자 기록을 수기로 관리해야 해서 비효율적인 일정 관리가 이루어지고 있는 것이 현실이다. 이에 한양대

기술경영대학원 원우들과 팀을 이뤄 사회혁신센터에서 주최한 '글로벌 소셜벤처 부트캠프' 프로그램에 참가했고, 그 과정에서 필리핀 아테네오(Ateneo)병원과의 협업을 통해 본격적인 창업을 시작하게 되었다"

'라인케어' 서비스에 대해 소개해 준다면?

"현재 필리핀의 병원이나 클리닉의 위치 데이터를 수집해 검색과 예약, 접수를 한꺼번에 할 수 있는 플랫폼을 개발해 론칭을 예정 중이다. 이를 통해 환자는 대기시간을 단축할 수 있고, 의사들은 디지털과 온라인으로 업무를 수행할 수 있기 때문에 더 효율적인 의료 서비스를 제공하는 선순환 구조가 구축될 수 있다. 이후 환자와 의사간의 데이터가 축적이 되면 챗봇을 통해 더욱 간편하게 플랫폼이 활용될 수 있도록 할 계획이다. 이외에도 'AI 문진' 이나 '원격 진료' 등의 기능을 통해 도서(島嶼) 지역까지 점진적으로 의료 문제 전반의 프로세스를 개선하고자 한다.

현지의 도움도 컸을 것 같다.

"우리나라나 주요 선진국들과 달리 필리핀과 같이 열악한 의료 환경에 처한 국가들의 상황에 최적화 된 서비스다. 이 때문에 한양대 창업지원단을 비롯한 국내 기관들의 지원 속에 필리핀, 싱가포르 등을 방문해 시장 조사를 철저히 했고, 그 과정에서 의료인들이나 정부 차원에서 관심과 긍정적인 반응을 보여줘서 많은 도움을 받았다. 필리핀 정부행사인 과학기술부 연간 행사와 정보통신부 공식 행사에 초청받아 주요 인사들에게 라인케어의 모델을 소개하는 시간을 가졌고, 스타트업 인큐베이팅 기관인 스프링밸리에 입주해 현지 법인 설립도 눈앞에 두고 있다."

장기적으로 어떤 사회적 가치를 창출해내고 싶나?

"이익만 추구하는 기업이 되기보다는 사회에 도움이 되는 회사로 성장시키고자 한다. 때문에 서비스 수익 역시 의사로부터의 월 이용료와 제약회사 및 보험사의 광고비를 통해 창출할 계획이다. 이처럼 보다 공익적인 가치에 중점을 두고 수익의 일부를 기부해 취약계층의 의료보험 지원에 활용하고, 보험 혜택을 받은 어린 학생들 중 일부를 선정해 IT 교육을 진행해 궁극적으로 일자리 창출에도 도움이 되는 방안들도 구상하고 있다" 장기적인 관점에서는 국내 본사를 거점으로 두고, 인도네시아나 태국, 말레이시아 등 주변 다른 국가로도 진출하고자 한다. 물론 이 모든 계획들의 궁극적인 지향점은 낙후된 지역의 사람들이 걱정 없이 병원을 갈 수 있는 세상을 만드는 것이다."

출처 : 이슈메이커(2018.11.1.) http://www.issuemaker.kr

생각해 보기

01 오동석 대표의 소셜벤처 창업동기에 대해서 토론해보자.

02 라인케어의 설립 목적이 무엇이고 얼마큼의 사회적 영향을 미칠지에 대해서 토론해보자.

4.1 소셜벤처 창업 프로세스

1) 창업 과정의 이해

사업을 시작할 때 반드시 사업계획서가 있어야 하는 것은 아니다. 일반적으로 많은 사람들이 사업계획서 없이 창업하고 있으며, 개인적 역량으로 사업을 운영하는 경우도 허다하다. 그러나 최근 창업은 빠른 기술변화와 치열한 경쟁의 기반 속에서 점차 고도의 정신적 노동이 필요한 분야가 된 것이 현실이다. 이러한 상황에서 창업자가 느끼게 될 과도한 중압감을 극복하고 시간과 업무의 효율적 관리를 위해서는 반드시 목적의식이 담긴 공식 서류, 즉 사업계획서가 필요하다.

소셜벤처 사업계획서를 작성하기 위해서는 창업에 대한 프로세스를 먼저 이해하는 것이 매우 중요한 사전작업이 된다. 수많은 창업자들은 각자의 방법으로 아이템을 찾아내고 사업을 시작하고 있는데 이 과정을 정리하면 [그림 4-1]과 같은 프로세스로 정리할 수 있다.

그림 4-1 창업과정

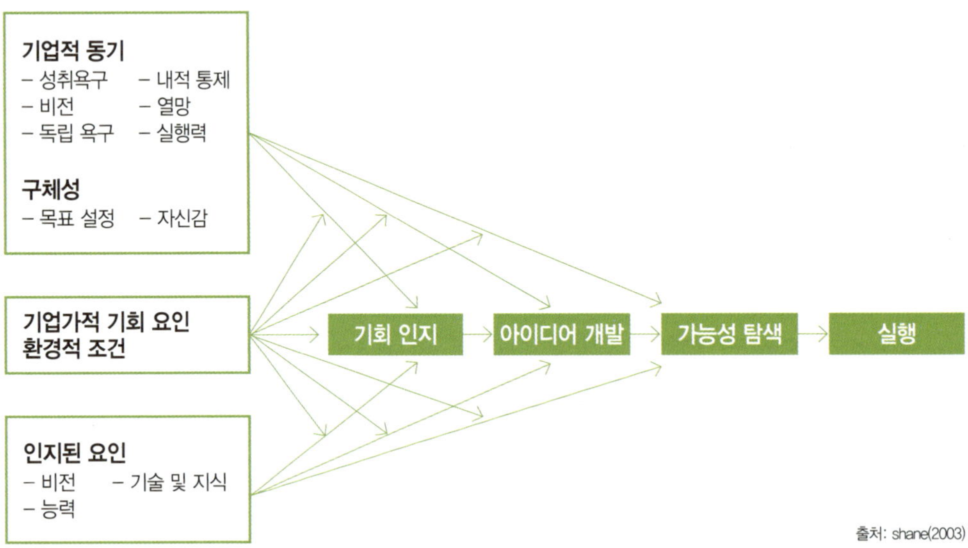

출처: shane(2003)

창업자는 우선 타인과는 구별되는 본인만의 기회를 찾아내는 과정을 거치는데, 우선 첫 번째로 창업자 자신의 기업가적 동기와 구체성을 통해 아이디어를 찾아낼 수 있다. 여기에서 기업가적 동기 요인은 성취욕구, 내적 통제, 비전, 열망, 독립 욕구, 실행력 등이다. 기업가적 동기는 창업자 개인의 성격 특성을 나타내는 것으로 타고 난 기질일 수도 있고 학습되어 후천적으로 갖추게 된 경우도 있다. 또한 해결하고자 하는 사회문제에 대해 구체적인 목표를 제시하고 자신감이 기회를 인지하게 되는 배경이라고 할 수 있다.

두 번째로 기회를 인지하는 배경에는 환경적 요인이 있으며, 환경적 요인은 그 시대의 정치 · 경제 · 사회 · 문화적 요인을 포괄한다. 그 시대가 지니고 있는 사회적 문제, 사회적인 욕구와 이를 해결하려는 사회적 노력이 개인의 생각과 행동에 영향을 미치고 각 창업자는 사회적 존재감과 의미를 나타낼 수 있는 기회를 타인과는 차별적으로 인지하게 된다. 그 시대의 흐름을 잘 이해하고 이것을 해결하려고 노력하는 기업가들은 시대를 불문하고 세상을 진보적으로 이끌었으며 그 결과로 일반인의 삶에 많은 영향을 미쳤다.

마지막으로 인지적 요인이다. 인지적 요인은 소셜벤처 창업가가 지니고 있는 역량을 나타내는 것이다. 지식이나 기술 등을 의미하고 있으며 창업가가 가지고 있는 인지적 요인에 따라 자신감 있게 잘 할 수 있는 기회를 포착하는 시각이 달라진다. 즉 '아는 만큼 보인다.' 라는 의미라고 할 수 있다. 학교에서의 전공과 동아리활동 그리고 일상생활에서의 아르바이트, 여행, 봉사 등 다양한 경험 등이 인지적 요인을 이루는 기본적인 요소이다.

창업가는 위와 같이 동기적, 환경적, 인지적 바탕위에 각자의 기회의 인지하게 되고 그 기회를 내 것으로 만들기 위해 아이디어를 개발하고 가능성을 탐색하고 실행하게 되는데 탐색의 과정에서 사업계획서가 작성되어야 한다. 따라서 사업계획서에는 창업가가 기회를 인지하고 아이디어를 개발하고 가능성을 탐색하여 실행계획까지의 모든 과정이 나타내져야 하는 것이다.

2) 소셜벤처 창업 활동 과정

소셜벤처 창업가 과정은 현재 수중에 있는 자원에 제한되지 않고 기회를 추구하는 과정이다. 이러한 스토리텔링과정을 많은 전문가들은 이 과정을 다섯 단계로 나누어 설명한다. 소셜벤처 창업가도 큰 틀에서 이러한 과정을 따라 창업 활동을 하고 있다고 볼 수 있다. 창업가는 사업계획서를 통해 이러한 과정을 흐름에 맞게 나타내어야 한다.

첫 번째는 기회인식 부분이다. 소셜벤처 창업가의 경우에는 초기 기회 인지 부분에서 일반 창업자와는 다르게 사회적 가치를 창출하는 기회를 인식한다. 이러한 기회는 사회적인 문제나 충족되지 않은 사회적 욕구의 형태로 나타날 수 있다. 이러한 욕구는 잠재적인 욕구를 포함한다. 따라서 소셜벤처 창업가는 다른 사람들의 시각에서는 위기와 어려움으로 보이는 것에서 새로운 창업의 기회를 발견하는 사례가 많이 나타나고 있다.

두 번째는 개념의 개발이다. 발견한 기회를 구체적이고 실현가능한 개념으로 개발되지 않는다면 이는 단순한 공상에 불과할 수 있다. 비즈니스 모델이 구성되어야 하는 것이다. 구체적으로 아이디어가 소비자에게 전달될 수 있는 제품이나 서비스로 만들어질 수 있는지를 우선 개념화해야 한다. 새로운 상품이나 서비스를 통해 시장에 진입하여 고객을 만나는 과정이 현재의 인프라 속에서 가능해야 한다. 그리고 이러한 활동을 통해 받게 될 보상이 검증되어야 한다. 보상은 경제적 보상과 사회적 보상이 모두 포함되어야 한다. 이러한 개념의 개발을 사업계획서에 나타내어 이해관계자를 설득해야 한다.

세 번째는 자원의 결정과 확보이다. 사업계획서를 쓰는 중요한 이유 중 하나는 하고자 하는 창업에서 부족한 자원을 확보하려는 것이다. 스타트업 단계에서는 창업가는 추구하는 창업을 추진하기에는 부족한 자원을 가지고 있다. 아이디어만 있는 경우도 있고, 인적 · 물적 자원도 창업에 필요한 만큼 보유하지 못하고 있다. 창업가는 부족한 자원을 확보하기 위해 사업계획서를 작성하고 투자자 등 이해관계자를 설득하여 창업에 필요한 자원을 확보할 수 있다. 따라서 사업계획서에는 본인이 추구하는 목표와 그 목표를 실현하기 위해 필요한 자원을 나타내야 한다. 그리고 현재 보유하고 있는 자원과 확보하고자 하는 자원을 명확히 하여 자원을 확보할 수 있도록 해야 한다.

네 번째는 출범 및 성장이다. 사업을 시작하면 속도는 다르겠지만 성장하고 확장하게 된다. 소셜벤처 창업가는 소셜미션과 경제적 이익 두 가지를 모두 성장시키고 확장 시켜야 하는 목표를 가지고 있다. 사업 구상단계에서의 예상했던 모습과 사업이 진행된 후의 회사의 모습은 크게 달라질 수 있다. 따라서 사업계획서 작성 단계에서는 회사의 발전 목표를 예측하고 일관된 계획을 나타내어야한다. 특히 마케팅 목표와 재무적 목표를 나타내어야 한다. 특히 창업가는 본인과 투자자의 관점의 차이를 인식하고 있어야 하며, 사업계획서에는 투자자의 시각을 고려한 내용이 들어가야 한다. 아래의 그림은 투자자의 관점을 나타낸 것이다. 투자자는 사업 아이템을 보고 투자에 대한 의사를 결정할 때 수익에 대한 기대를 우선 하게 된다. 투자를 통해 본인에게 돌아오게 될 경제적인 보상을 우선적으로 검토하는 것이다. 시장의 수요, 시장의 크기, 시장의 성장 정도, 시장에 대한 평가 요인을 보고 수익에 대한 기대를 하게 된다. 더불어 제품의 차별화 요인을 검토하는데 이는 제품의 독창성, 제품의 생존 주기, 이익구조, 그리고 추가될 가치를 가지고 판단하게 된다.

수익에 대한 기대 다음으로는 투자하고자 하는 사업의 리스크를 감내할 수 있는가의 여부이다. 창업은 리스크 요인을 기본적으로 가지고 있고 위험에 대한 감수성이 기업가정신을 구성하는 중요한 요인이다. 따라서 성공한 창업가는 리스크를 피하기보다는 미리 예측하고 대비하는 것이 더 중요하고 할 수 있다. 감내할 만한 리스크인지를 판단하는 기준은 우선 창업가의 관리역량이다. 관리역량은 관리, 영업, 재무관리 능력을 보고 판단하는데 창업가의 경험 등을 보고 판단하게 된다. 관리역량과 더불어 감내할 만한 리스크인지를 판단하는 요인은 전반적인 경제 상황이며, 이는 진입장벽, 사업의 성숙기 여부, 경기 사이클 등을 종합해서 판단할 수 있다. 따라서 사업계획서에는 이러한 투자자의 시각을 고려해서, 그들이 긍정적인 투자결정을 내리는데 도움이 되는 자료를 포함해야 한다.

그림 4-2 투자자의 투자결정 관점

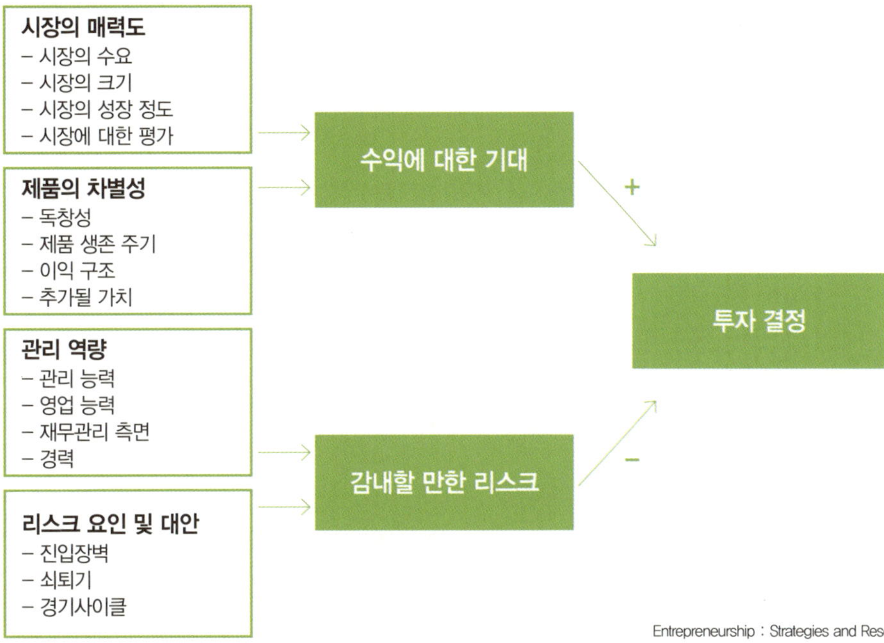

Entrepreneurship : Strategies and Resources

다섯 번째는 목표의 성취이다. 소셜벤처 창업가가 추구하는 소셜미션이 달성이 되었을 때 무엇을 할 것인지를 나타내야 한다. 많은 창업가들이 시작과 끝내야 하는 시점을 정하지 못하고 출범한다. 끝내야 하는 시점이 사업의 종료를 의미하는 것은 아니다. 창업 시 언제까지 사회적 · 경제적 목표를 달성하겠다는 목표를 세우고 그것을 달성하기 위해 노력해야 하며 어느 정도 목표를 달성하고 나면 다시 새로운 미션을 다시 제시하여 새롭게 다시 시작할 수도 있고, 사업 도메인을 바꿀 수도 있고 혹은 폐업할 수도 있다. 사업계획서에는 사업 목표와 달성시점을 제시하고 성취 후의 행동을 제시하는 것이 바람직하다.

그림 4-3 소셜벤처 기업 활동의 과정

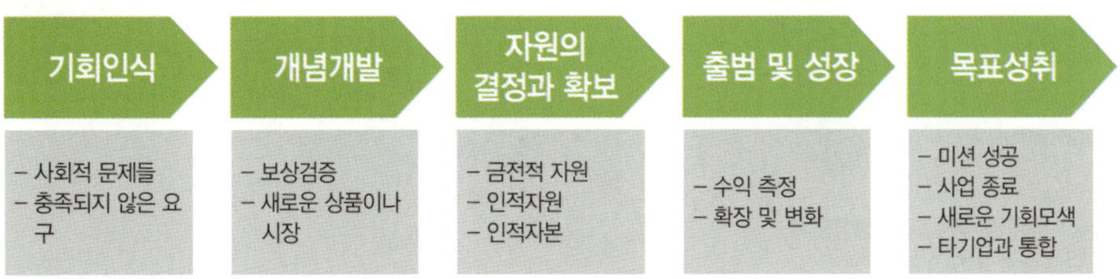

출처: Arthur C. Brooks, WT함께일하는재단 옮김, 사회적기업을 디자인하다, 2009.

4.2 소셜벤처 창업의 기회 발견

소셜벤처 창업가는 경제적 가치 실현을 위해 수익창출이 목적인 일반 벤처 창업가와는 달리 사회적 가치 실현 즉, 심각한 사회적 문제를 인지하고 해결하기 위해 혁신적인 아이디어를 새로운 비즈니스로 창조해 사회 시스템을 혁신하려 한다는 점에서 다른 일반적인 기업의 모델과는 차별화 된다. 그렇다면 소셜벤처 창업가는 과연 어떤 프로세스에 의해서 창업기회를 발견하는지를 살펴보도록 하자.

소셜벤처 창업가가 창업기회를 창출하는 과정은 크게 2단계로 구분하여 설명할 수 있다.

1단계는 소셜벤처 창업가가 유망한 아이디어를 생성하는 단계이고, 2단계는 소셜벤처 창업가가 매력적인 창업기회를 창출하기 위해 아이디를 개발하는 단계이다. 창업기회 창출 과정에서는 사회현상에 대한 연구 분석의 결과를 토대로 영감, 통찰력, 상상력이 결합되어 혁신적인 아이디어가 탄생된다. 따라서 매력적인 창업기회를 발견하기 위해서는 1단계에서부터 분석과 실험을 하는 작업이 중요하다. 소셜벤처 창업기회 창출에 대한 전반적인 과정은 아래의 그림과 같으며, 단계별로 알아둬야 내용이 무엇이 있는지를 알아보자.

그림 4-4 소셜벤처의 창업기회 창출 과정

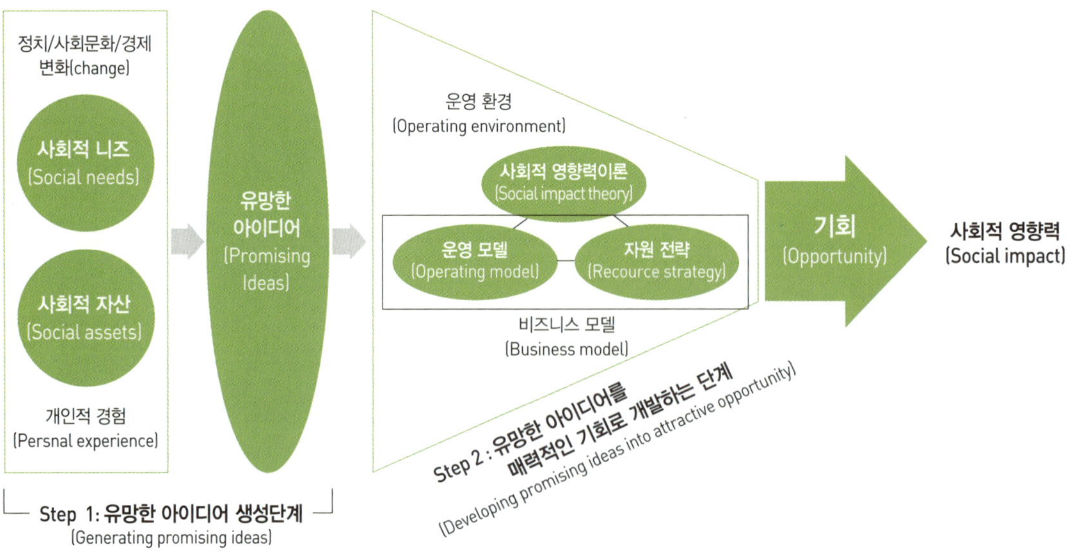

출처 : The Process of Social Entrepreneurship : Creating Opportunities Worthy of Serious Pursuit, 내용 재구성.

1) 1단계 : 유망 아이디어 개발

1단계에서는 개인적 경험, 사회적 니즈, 사회적 자산 그리고 다양한 사회적 변화들을 통해서 아이디어가 생성될 수 있다. 그리고 유망한 아이디어를 생성하기 위해서는 기회 중심적 사고방식을 가지는 것이 중요하다.

하버드 대학의 심리학자 엘렌 랜거(Ellen Langer)는 기회 중심적 사고방식의 중요성을 평가하기 위해서 장애인에 대한 학생들의 태도에 대한 연구를 실시하였다. 랜거는 한 학급의 학생들에게 휠체어에 앉아있는 장애인 사진을 보여주면서 "사진에 보이는 이 사람은 차를 운전할 수 있을까?"라고 질문을 하였다. 학생들은 대부분 '아니오.'라고 짧게 대답하였다. 다시 질문을 바꿔 "어떻게 하면 이 사람이 차를 운전할 수 있을까"라고 질문했더니 짧은 침묵이 흐른 후, 학생들은 휠체어에 앉아 있는 사람이 차를 운전할 수 있는 방법에 대해서 다양한 아이디어를 제시하였다.

성공한 소셜벤처 창업가는 아이디어 생성단계에서 연구결과와 같이 "어떻게 하면"이라는 문제를 인식하는 태도적 성향을 가지고 있다. 어떻게 하면 나의 개인적 경험을 긍정적 사회적 영향력을 높이는데 기여할 수 있을까?, 어떻게 하면 좀 더 나은 사회를 만들기 위해서 특별한 사회적 니즈를 고민할 수 있을까?, 어떻게 하면 내가 새로운 변화를 파악하여 사회적 가치실현을 위한 새로운 기회를 창출할 수 있을까? 라는 질문에 대한 답을 찾기 위해서는 끊임없이 사회현상에 대해 분석하는 자세를 갖추기 위해 교육과 훈련이 필요하다.

(1) 개인적 경험(Personal Experience)

개인적 경험은 아이디어 생성단계에서 많은 영감과 동기를 부여한다. 실제 성공한 소셜벤처 아이디어는 소셜벤처 창업가의 교육수준, 직장 경험, 취미를 통해 많이 발견된다. 교육수준은 교육을 통해 다양한 전문적인 지식과 스킬을 배움으로써 사회현상을 바라보는 관점과 문제를 정의하는 능력과 해결하는 방법을 익힐 수 있어 창업기회를 인지하고 분석하는 능력을 향상시킬 수 있다.

이전 직장 경험이 소셜벤처 창업의 중요한 바탕이 될 수 있는 것은 직장생활을 통하여 전문적인 지식과 기술을 익히고 있고, 제품 및 서비스의 현황과 문제점과 발전가능성 파악이 가능하다는 점을 의미한다. 또한, 지속적인 공급자나 고객과의 네트워크를 확보하고 있어 향후 소셜벤처 창업 시 파트너십을 맺을 수 있는 등의 장점 등이 있으며, 해당 분야 산업의 트렌드와 발생하는 다양한 문제점을 파악할 수 있다.

취미생활을 통해 창업 기회를 발견할 수 있는 이유는 관심 분야이므로 생소한 분야에서 첫발을 내딛는 것 보다는 접근이 쉽고, 해당 아이템에 대해서 관심만큼의 많은 지식을 가지고 있기 때문이다. 또한, 취미 활동 중에 느꼈던 고객관점에서의 경험은 창업 아이템에 대한 초보자 수준부터 매니아 수준까지의 다양한 욕구를 가진 고객들의 니즈를 문제점을 파악하여 해당 단계에 맞는 적절한 마케팅 포인트와 서비스를 제공할 수 있다.

이러한 경험을 통한 창업기회의 발견은 1989년 미국의 창업 전문지인 Inc.지에서 미국의 500대 고속성장 기업의 창업자를 대상으로 사업기회의 원천에 대해서 조사하여 조사대상의 기업들은 상상이나 번득이는 영감에서 창업기회를 발견한 것보다 창업자의 교육정도, 직장경험, 취미활동 등을 통해 우연히 또는 체계적인 탐색으로 발견한다는 것을 증명하고 있다.

표 4-1 창업가들의 창업기회 원천

창업기회 원천	비율
동종 산업에서의 업무 수행 중 발견	43%
타 기업의 사업 현황을 보고 개선의 가능 발견	15%
소비시장에서 충족되지 않은 틈새 발견	11%
창업기회의 체계적인 탐색	7%
꼬집어서 설명하기 어려움	5%
취미나 부업 활동에서 발견	3%
기타	16%
합계	100%

출처 : John Case(1989), The Origins of Entrepreneurship, Inc, p.54.

(2) 사회적 니즈(Social Needs)

개인적 경험은 가치가 있으나 때로는 이런 경험들로 인해서 색다르고 참신한 창업 기회를 발견하는데 방해가 될 수 있다. 소셜벤처 창업가는 아이디어를 개발할 때 진정한 사회적 니즈를 찾아내는 것이 중요하다. 일반 벤처창업가들의 경우, 닷컴(Dot-com) 붐 시대로 기억되는 2000년대에는 인터넷 관련 산업들이 폭발적으로 성장함에 따라 많은 벤처창업 기업들이 탄생하였다. 하지만 대부분의 기업들이 소비자의 니즈를 정확히 파악하지 못하고 제품 및 서비스를 제공하여 닷컴 시대의 거품이 빠지면서 많은 기업들도 함께 도산하였다.

반면에, 소셜벤처 창업가들은 아이디어 생성단계에서 사회적 니즈를 파악하기 위해서 개인적 선호에 의해서 아이디어를 개발하는 것이 현명하다. 사회적 니즈는 사회적 희망사항과 현실과의 차이에서 이해해야 하며, 소셜벤처 창업가의 개인적인 가치와 좀 더 나은 세상을 만들려는 비전에 의해서 강한 동기부여가 된다. 따라서 고객의 가치 실현과 문제해결 솔루션을 제공해야 한다는 점에서는 여타의 기업과 동일하지만 소셜벤처 창업가에게는 그 고객이 가진 니즈가 사회적 문제라는 점에서 일반 창업가와의 차이라고 할 수 있다.

(3) 사회적 자산(Social Assets)

사회적 자산은 우리의 생활을 편리하게 하는 도로 등의 물리적인 자산과 마찬가지로 신뢰, 믿음 등으로 보이지 않는 무형의 자산으로 우리의 생활에서 중요한 역할을 한다. 조금 더 구체적으로 설명하면 사람과 조직의 연결 또는 일이 일어나도록 만드는 사회적 접착제이며, 사회적 결속력을 형성하는 연대를 강화하는 결합의 개념과 사람이나 집단사이의 연결을 창조하고 유지하는 약한 연대도 포함하는 연결의 개념도 가지고 있다. 사회의 구성원이 서로를 신뢰할 수 있는 경우, 사회의 질서를 유지하는데 필요한 사회적 자산 중 가장 중요하는 것은 모든 사회 구성원이 '법에 따라 행동할 것이다' 라는 믿음이라고 할 수 있다. 사용하면 물리적 자산과는 달리 사회적 자산은 많이 사용하면 할수록 그 양이 늘어나고 질도 높아진다.

하지만 어렵게 구축된 사회적 자산은 사용하지 않으면 쉽게 사라진다. 또한, 사회적 자산은 제 3자의 강제의 의해서 형성될 수 없으며, 사회 구성원들 스스로의 노력에 의해서만 형성될 수 있다. 그라민 은행(Grameen Bank)으로 유명한 유누스(Yunus)는 대학의 제자들과 방글라데시의 마을 조사연구 과정에서 마을 여성들의 기업가정신을 보았고, 그라민 은행을 설립하는데 핵심적인 아이디어를 제공하였다. 즉 기업가정신이 충만한 마을의 여성들에게 돈을 빌려주면 반드시 열정적으로 일하여 돈을 갚을 것이라는 믿음이 바탕에 있었기 때문이다. 따라서 보이지 않는 무형의 자산인 사회적 자산은 훌륭한 소셜벤처의 창업 동기가 될 수 있다.

읽어 보기

이베이 피에르 오미디야르 VS 그라민 뱅크 유누스 교수 이야기

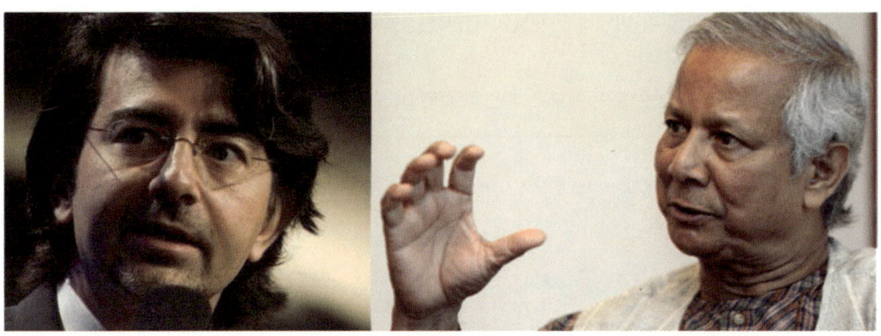

이베이 창업자 오미디야르(좌), 무함마드 유누스 박사(우), (이미지 출처: 이코노미스트, Google Image)

오미디야르와 유누스 교수는 누구나 인정하듯 각자의 영역에서 사회에 크나큰 공헌을 한 존경할 만한 분들이다. 하지만 이들은 사회 문제를 해결하는 방법이 서로 다르다. 그 견해 차이를 잘 보여주는 일화가 있다. 이 이야기는 〈뉴요커〉의 기사와 매튜 비숍(Matthew Bishop)의 《박애 자본주의》에 에피소드로 소개되었으며, 영리적 방법을 활용해 사회 문제 해결의 규모를 키우자는 오미디야르의 주장과 이에 대한 유누스 교수의 반박이다.

2014년 11월, 자선 사업가이자 벤처 투자자인 존 도어의 실리콘 밸리 자택에서 벌어진 유누스 교수와 오미디야르의 논쟁은 유명하다. 이날 존 도어의 자택에서는 빈곤국의 은행들이 지방의 소액 금융 기관에 낮은 이자율로 더 많은 돈을 빌려주도록 지급보증을 하자는 도어의 계획을 실행하기 위한 모금 행사가 열렸다.

이 자리에서 오미디야르는 다른 자선 사업가들이 모금한 3,100만 달러의 후원금에 자신의 돈을 보태는 것을 거부했다. 그는 "그라민 은행과 같은 소액 금융 사업이 정말로 사회 문제를 해결 할 수 있는 규모가 되려면 비영리 또는 원조 자본만으로는 터무니없이 부족합니다. 자립적인 비즈니스 모델이 아니라 비영리 자본에 의존하는 것은 엄청난 실수예요"라며 모임을 떠나버렸다.

며칠 후 유누스 교수는 〈뉴요커〉와의 인터뷰에서 '사람들이 돈을 벌어야 한다'라는 오미디야르의 주장에 대해 "그들에게 돈을 벌라고 하십시오. 그런데 왜 하필 가난한 사람들에게서 돈을 벌려는 겁니까? 돈은 다른 곳에서 버십시오. 당신은 여기 그들을 도와주러 왔습니다. 그 사람들이 충분히 살이 찌면 그때는 잡아먹든 피를 빨아먹든 상관없습니다. 마음대로 하세요. 그렇지만 그때까지는 그렇게 하지 마십시오"라고 응수했다.

다른 자선가들이 다 기부금을 내는데도 불구하고 오미디야르는 왜 동참을 거부했을까? 그는 이미 대부분의 재산을 사회에 환원하겠다고 약속한 사람이고, 충실히 실천하고 있는 사람이다. 과연 오미디야르의 생각은 무엇이었을까?

오미디야르는 그라민 은행이 투자자들에게 배당을 주는 방식으로 운영된다면, 더 많은 민간 자본을 유치할 수 있어 지금보다 더 많은 사람들을 더 빨리 가난에서 벗어나게 할 수 있을 것이라고 믿었다. 즉 소액 금융시장에서 사회적기업이 문제 해결의 규모를 확대시키기 위해서는 더 많은 자본을 유치해 비즈니스를 확장해야 한다고 주장한 것이다.

이에 대해 유누스 교수는 자신의 저서에서 다음과 같이 말했다. "이윤을 추구하는 조직이 가난과 더 성공적으로 싸울 수 있다고 주장하는 사람들도 있다. 하지만 가난한 사람들을 상대로 이윤을 내는 것, 특히 이윤 극대화라는 통상적인 기업 목표를 추구하는 것은 부도덕하다. 이러한 이익은 이웃의 고통으로부터 나온 것이다."

◆ 피에르 오미디야르는

1. 공익 사업을 추진하는 단체들 중 그들의 기준(구체적인 비즈니스 플랜과 지속 가능한 수익 구조)에 맞는 단체들에게만 지원을 하였고,
2. 그들의 목적 사업에 맞춰 비영리 단체들의 지원 신청을 받는게 아닌, 자신들이 직접 기존의 사업을 잘 하고 있는 단체들을 찾아
3. 한 단체에 16만불~100만불의 규모로 지원을 하였습니다.

출처: 최태원(2014). "새로운 모색, 사회적 기업". 이야기가있는집. 임팩스퀘어 "피에르 오미디야르, 자선계의 아이언맨"

(4) 변화(Change)

소셜벤처 창업가들은 변화에 잘 부응하여 유망 아이디어를 발굴해야한다. 변화는 새로운 사회적 니즈를 요구하거나 자산을 창출하는 계기를 만들어 주기 때문에 소셜벤처 창업들에게 새로운 아이디어를 생성하는데 중요한 자극제가 될 수 있다. 환경적 변화를 분석방법 중 대표적인 방법이 PEST분석이다. PEST 분석은 외부 환경시장의 큰 흐름을 발견하기 위해 사용하는 방법으로 Political and Regulatory Changes(정치/제도적 변화), Economic Forces(경제적 요인), Social-Cultural Trends(사회문화적 트렌드), Technological Advances(기술적 진화)의 영문 머리글자를 따서 만든 것이다. [그림 4-5]는 언급된 환경적 요소와 그에 따른 변화요인에 대해 설명하고 있다. 다음은 어떻게 소셜벤처 창업가들이 이러한 4가지 요소들을 활용하여 창업기회를 발견할 수 있는지에 대해서 알아본다.

그림 4-5 외부 환경적 요인으로 인한 창업기회

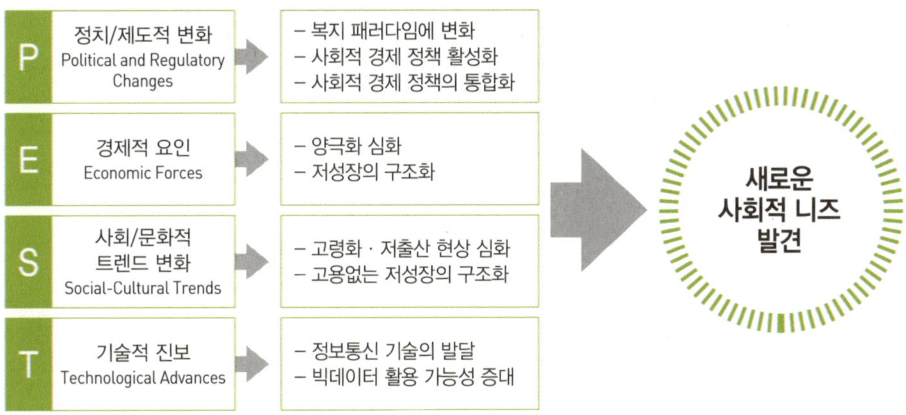

① 정치 · 제도적 변화

정치 · 제도적 환경의 변화는 중앙정부와 지방자치단체의 정책적 환경변화를 의미한다. 정부 차원의 진흥 및 육성을 위한 정책 지향을 의미하며, 국가적 차원에서 구축 가능한 인프라 등의 환경을 포함하고 있다. 정치와 제도적 환경 변화의 예로 복지 패러다임의 변화, 사회적 경제 정책의 활성화, 사회적 경제 정책의 통합화 등을 확인할 수 있다.

② 경제적 요인

경제적 요인은 경제성장률, 금리, 인플레이션 등 주요 경제동향을 의미한다. 경제적 요소는 정책 주체가 의사결정을 내리는데 있어서 핵심적인 요소로 정책 영역에서는 문제와 활용 가능한 수단을 판단하는 기초자료로 활용된다. 경제적 요인의 예로 양극화의 심화, 고용 없는 저성장 구조의 지속화 등으로 요약할 수 있다.

③ 사회 · 문화적 트렌드 변화

사회적 환경은 사회 · 문화에 대한 인식과 태도, 인구성장 및 분포 등을 포함한다. 인구의 변화와 같은 사회적 환경의 변화는 사회적 지출 등 정책 환경의 변화를 결정하는 핵심적인 요소로 판단할 수 있다. 외부의 사회적 환경요소로는 한국사회의 고령화 · 저출산의 심화, 사회복지 지출의 증대, 사회적 고립감의 증대 등을 대표적으로 제시할 수 있다.

사회 · 문화적 트렌드 변화에서는 사회적 이슈를 분석하는 것이 중요하다. 사회적 이슈는 사회구조나 사회제도의 모순과 결함에서 생기는 문제, 보통의 일상생활에 직접 관계되는 문제로, 그 문제를 겪는 사람의 수가 증가하여 사회전체에 심각한 영향을 미치는 경우를 말한다. 아래의 [그림 4-6]은 저출산 · 고령화 문제를 통계청 자료를 통해 사회적 현상을 파악하여 문제가 발생하는 원인에 대해서 간략하게 설명하였다.

그림 4-6 저출산 · 고령화 문제

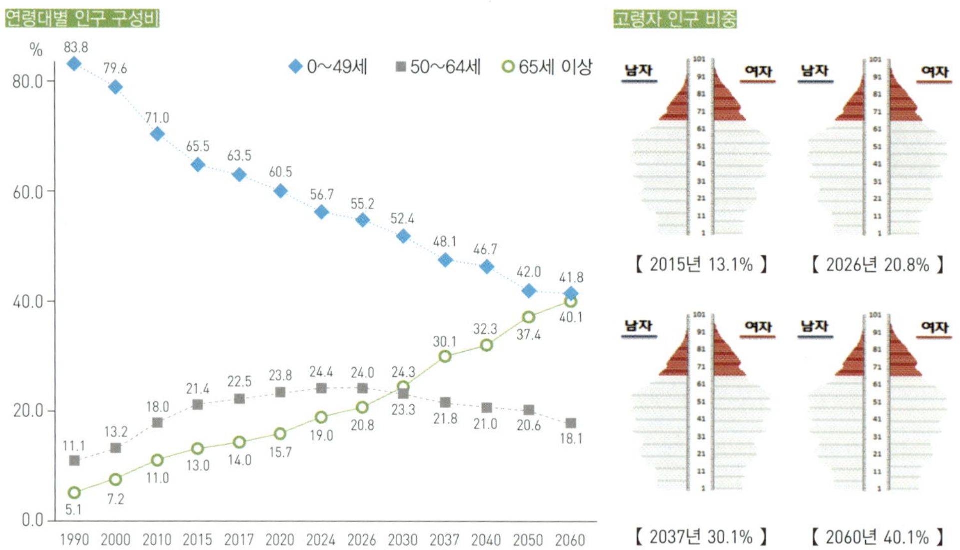

노년부양비 및 노령화지수

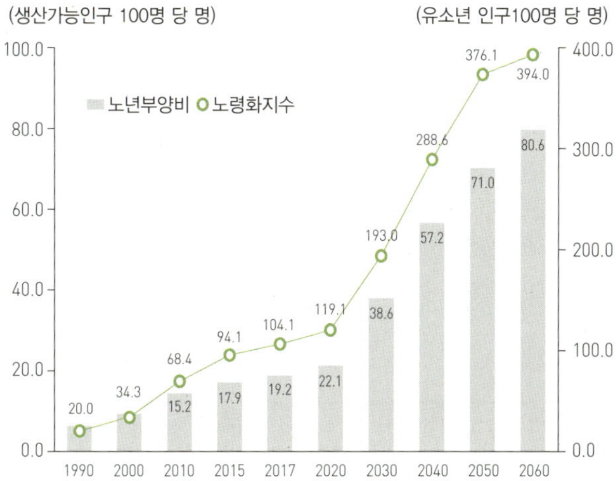

노년부양비 및 노령화지수

출처 : 2015 고령자 통계

저출산 · 고령화의 원인

- ◆ 정부의 강력한 인구 억제 정책 → 합계 출산율 감소
- ◆ 결혼 연령 상승 및 이혼 인구의 증가, 결혼과 가족에 대한 가치관 변화
- ◆ 자녀의 양육비 및 교육비 부담, 청장년층의 고용 불안

④ 기술적 진보

기술적 진보는 경제적 그리고 사회적 변화와 더불어 기회를 창출하기도 한다. 예를 들면, 우리는 스마트폰으로 인해 3R 시대를 경험하고 있다. 3R 시대는 실시간(Real-time)으로 무한 정보와 인적 네트워크에 접근(Reach)해서 시공간적 한계를 넘어선 실제감(Reality)을 체험하고 있다는 뜻이다. 스마트폰의 기술적 진화로 인해서 사용자의 패턴의 맞는 애플리케이션을 다운로드 받아 사용하면서 휴대폰의 '맞춤화' 사용이 가능하게 되었으며, 스마트폰 안에 MP3 플레이어 기능은 물론, 노트북, 인터넷, 금융, 게임, 서적 등이 결합하여 모든 것이 스마트폰 하나로 해결이 가능한 시대가 되었다. 또한, 스마트폰의 확산으로 이제는 사무실이 아닌 집에서 혹은 길거리에서도 업무를 보고받고 처리할 수 있게 되었다.

이와 같이 스마트폰의 기술적 진보로 인해 경제적 생산성 향성, 새로운 일자리 창출, 스마트워크로 인한 저출산/고령화 대책에 기여, 원격근무로 인한 저탄소 녹색성장 등 경제적/사회적 변화에 많은 영향을 미치고 있다. 따라서 기술적 진보에 따라 경제적 그리고 사회적 변화를 잘 예측하고 분석한다면 새로운 소셜벤처 창업기회를 창출할 수 있다.

읽어 보기

창업기회 발견을 위한 **미래이슈 분석 보고서**

2015년 미래창조과학부는 각 분야별 전문가와 함께 미래이슈 분석 보고서를 발간하여 10년 후 관점에서 가장 중요하게 생각하는 미래이슈를 제시하였다.

이슈에는 저출산 · 초고령화, 불평등문제, 미래세대 삶의 불안정성 등으로 나타났다. 이외에도 고용불안, 저성장과 성장전략 전환 등 경제이슈, 국가간 환경영향 증대와 기후변화 등 환경이슈, 남북문제 등 정치이슈 등이 10대 이슈에 포함되었다.

10년 후 중요한 10대 이슈

순위	이슈명	순위	이슈명
1	저출산 · 초고령화 사회	6	사이버 범죄
2	불평등 문제	7	에너지 및 자원고갈
3	미래세대 삶의 불안정성	8	북한과 안보/통일 문제
4	고용불안	9	기후변화 및 자연재해
5	국가간 환경영향 증대	10	저성장과 성장전략 전환

01 저출산 초고령화 사회

생산가능인구 1백명당 부담해야 할 노인 (65세 이상) 수 급증

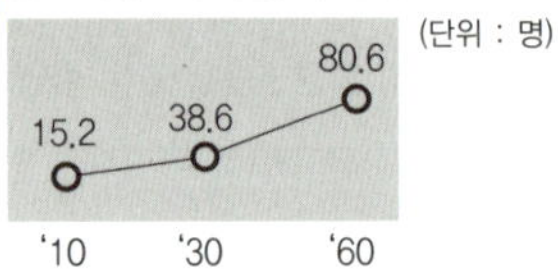

(통계청, 장래인구추계)

02 불평등 문제

소득양극화 현상을 나타내는 지니계수 증가

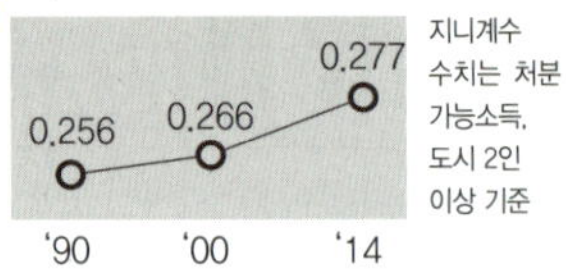

(통계청, 가계동향조사)

03 미래세대 삶의 불안정성

남녀 초혼 연령 꾸준히 증가

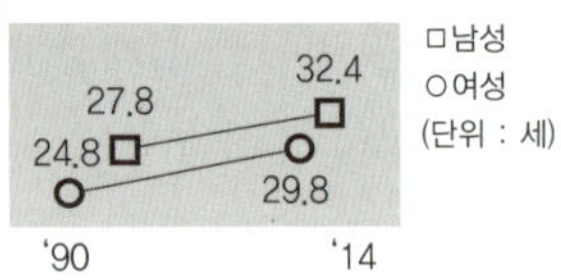

(통계청, 인구동향조사)

04 고용불안

신규구직자수대비 신규구인인원 감소

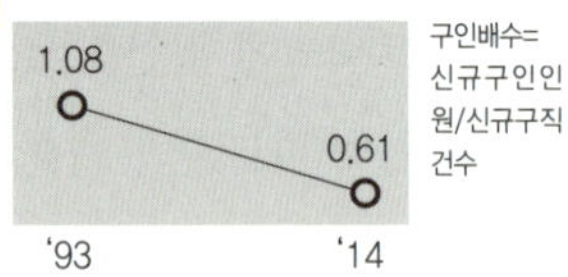

(한국고용정보원, 구인구직통계

05 국가간 환경영향 증대

국내 연간 황사 발생일수 증가

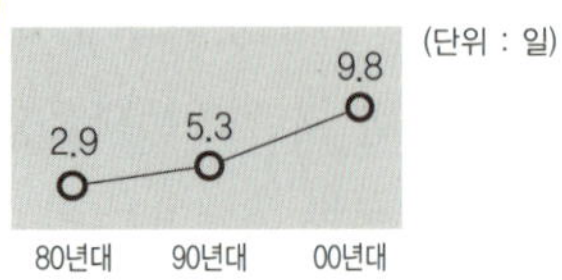

(관계부처 합동, 황사피해방지 종합대책)

06 사이버 범죄

사이버범죄 발생건수 증가

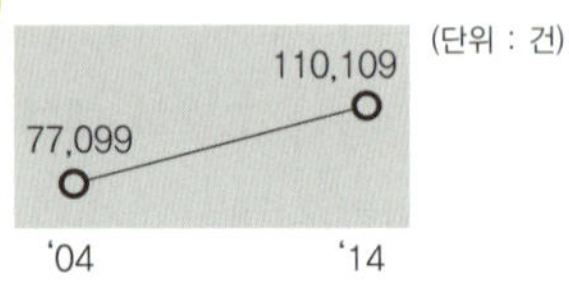

(경찰청, 사이버범죄 통계)

07

에너지 및 자원고갈

에너지 소비량 증가

(단위 : 명)

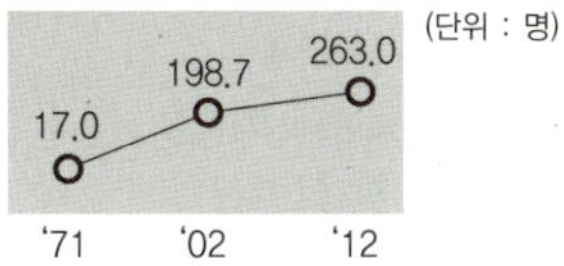

(OECD, OECD Factbook)

08

북한과 안보/통일 문제

줄어들지 않는
연도별 북한 도발 건수

(단위 : 건)

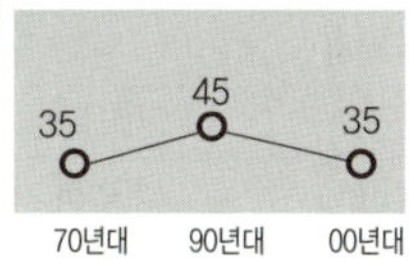

(국방부 국회제출자료 : 북한 주요 도발 현황)

09

기후변화 및 자연재해

RCP 8.5 시나리오 기준,
한반도 연평균 기온 계속 증가될 전망

(단위 : ℃)

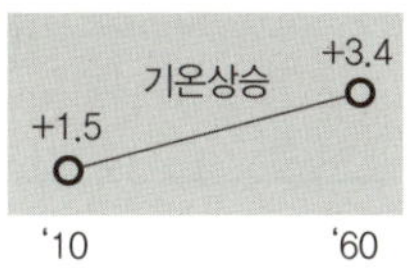

(기상청, 한반도 기후변화 전망보고서)

10

저성장과 성장전략 전환

잠재성장률 앞으로도 계속
저하될 전망

(단위 : %)

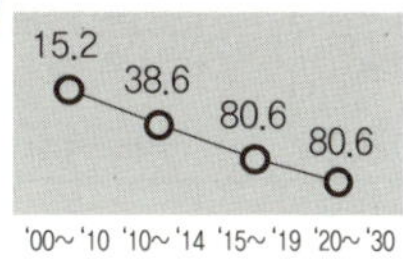

(LG경제연구원, LGERI리포트)

미래의 발생가능성과 영향력 분석에서는 10대 이슈 대부분이 발생가능성이 높고 영향력이 큰 것으로 나타났으며, '디지털 경제'와 '초연결 사회' 이슈는 10대 이슈에 포함되지 않았지만 상대적으로 발생가능성이 높고 영향력이 큰 것으로 나타났다.

발생가능성과 영향력 분석도표

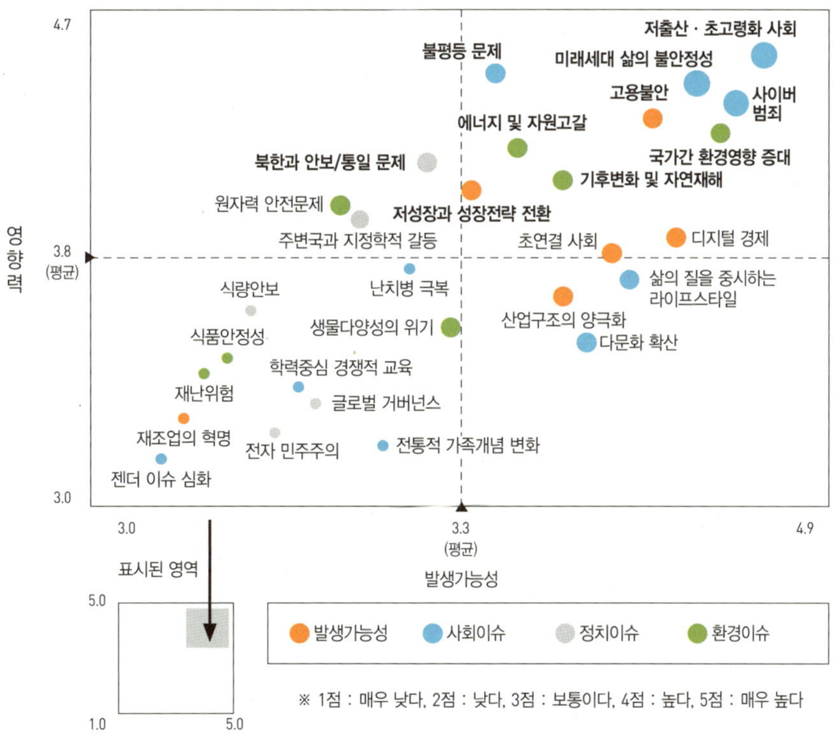

※ 1점 : 매우 낮다, 2점 : 낮다, 3점 : 보통이다, 4점 : 높다, 5점 : 매우 높다

자료 : 미래이슈 분석 보고서, 미래창조과학부, 2015년.

국가과학기술심의회에서는 2013년 30개 주요 사회문제를 제시하였다. 10개의 분야에서 30개의 사회문제를 도출하였다.

세부분류	30개 주요 사회문제
건강	만성질환, 희귀난치성 질환, 중독 및 우울장애, 퇴행성 뇌 · 신경 질환
환경	생활 폐기물, 실내 공기오염, 수질오염, 환경호르몬
문화여가	문화 소외, 문화 · 여가공간 미비
생활안전	성범죄, 먹거리 안전, 사이버 범죄, 가정 안전사고
재난재해	기상재해, 화학사고, 감염병, 방사능 오염
에너지	전력수급, 에너지 빈곤
주거교통	불량 · 노후 주택, 교통혼잡, 교통안전
가족	노인 소외자살, 가정폭력
교육	교육격차, 학교폭력
사회통합	의료격차, 정보격차, 취약계층, 생활불편

자료 : 국가과학기술심의회(2013), 과학기술기반 사회문제 해결 종합실천계획

2) 2단계 : 유망한 아이디어를 매력적인 기회로 개발

소셜벤처 창업가들은 종종 초기의 아이디어 생성단계에서 도출된 아이디어를 맹신하여 실패하는 경우가 많다. 초기 소셜벤처 창업기업의 실패율을 줄이기 위해서는 아이디어를 검증하는 단계가 반드시 필요하다. 소셜벤처 창업가는 아이디어 검증하기 위해서 사회적 파급효과 이론과 비즈니스 모델, 효과적인 운영모델 그리고 실행 가능한 자원전략을 고려해야한다. 이런 구성요소들은 훌륭한 소셜벤처 아이디어를 만드는데 핵심적인 요소들이며, 각 요소들이 조화롭게 구성되었을 때 효과적인 아이디어가 도출된다. 또한, 외부의 운영환경과 소셜벤처 창업가 개인의 적합성도 고려할 필요가 있다.

그림 4-7 창업기회 개발 구조

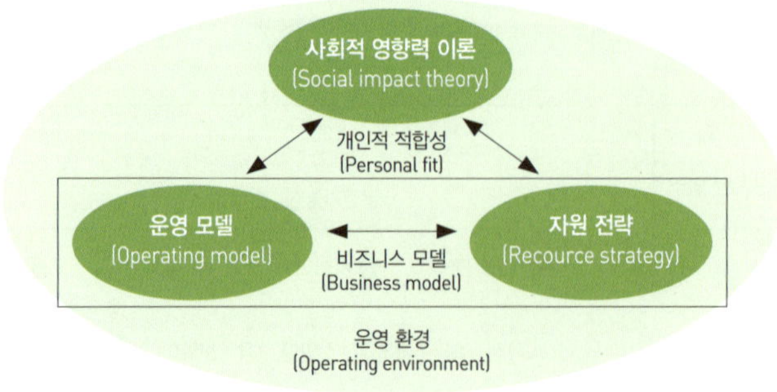

출처 : The Process of Social Entrepreneurship : Creating Opportunities Worthy of Serious Pursuit

(1) 사회적 영향력 이론(Social Impact Theory)

사회적 영향력은 새로운 소셜벤처 기업이 효과적인 사회적 영향력을 이루기 위한 방법에 대한 이론이다. 이 이론은 소셜벤처 창업기업의 전략과 조직구성의 미션과 가치를 구현하는데 핵심적인 부분이다. 목표로 하는 결과와 목표를 달성하기 위해 필요한 방법을 명확하게 정의함으로써, 조직을 책임감을 가지고 최종적인 사회적 영향력에 대해 정확한 명시를 제공한다.

사회적 영향력 이론은 해당분야의 기존 지식이나 새로운 연구와 분석을 통해 비교할 필요가 있다. 현재 알고 있는 것을 기준으로 타당하게 평가하고 있는가? 시기적절하고 비용측면에서 효율적인 방법으로 평가되어지는가? 등과 같은 질문을 고민해야 한다. 또한, 사회적 영향력을 측정하는 것은 어려운 작업이고 많은 소셜벤처 창업가들은 장기적인 파급효과를 목표로 하기 때문에 평가하는 과정은 상당한 시간이 소요된다. 명확한 사회적 영향력을 가지기 위해서는 적절한 시기와 체계적인 방법이 필요하다. 사회적 영향력을 측정하는 방법에 대해서는 본 서의 3장을 참고하도록 한다.

(2) 비즈니스 모델(Business Model)

강력한 사회적 영향력 이론을 만들기 위해서는 효과적인 운영모델과 실행 가능한 자원전략이 포함된 타당성 있는 비즈니스 모델이 필요하다. 사실 비즈니스 모델에서 운영모델과 자원을 명확하게 구분하는 것은 다소 인위적이다. 그러나 분석적 목적을 위해서는 두 개의 구성요소를 분리하는 것이 도움이 된다. 분석은 운영모델에서부터 시작되기 때문에, 자원의 필요성은 성취하고자 하는 사회적 영향력을 효율적이고 효과적으로 만들기 위해 필요한 역량으로 자원을 전환시키기 위한 특별한 운영전략 없이는 결정할 수 없다. 이런 필요 역량들이 자원의 니즈를 결정하지만 현실적인 자원 동원 능력에 따라 기존의 운영전략을 조정하고 아이디어를 재수정하는데 영향을 미친다.

① 운영모델(Operating Model)

비즈니스 모델 내의 운영모델은 사회적 영향력 이론을 실제로 구현하는 방법을 묘사해준다. 성취하고자 하는 파급효과를 끌어내기 위해서 특별한 활동, 구조, 지원시스템을 조화롭게 구성해야 한다. 운영모델을 개발하기 위한 첫 번째 단계는 투입에서부터 성과에 이르기 까지 일련의 활동을 기술하는 것이다. 생산적인 활동을 위해서는 회계, 인적자원, 기금모금 등과 같은 행정적인 기능이 필요하다. 이와 같은 구성요소들을 만들면 경영에서의 가치사슬(value chain)과 유사한 형태로 나타난다. 두 번째 단계는 핵심적인 활동을 구체화하고 효율적인 관리를 위해 필요한 인력과 파트너 그리고 서비스를 결정하는 것이다. 마지막 단계는 사회적 가치를 창출하기 위해서 필요한 조직문화와 같은 지원 시스템을 구축하는 것이다.

운영모델은 가치제안을 고객에게 어떻게 전달하느냐에 대한 영역이며 소셜벤처 창업기업의 보유 역량을 바탕으로 어떤 운영모델이 나올 수 있고, 우리 조직에서 추진할 사업으로 가장 적합한 모델이 무엇인지 선택할 수 있다.

읽어 보기

발달장애인 고용을 위한 **베어베터**

(이미지 출처: http://www.bearbetter.net)

'베어베터'는 2012년 5월에 벤처사업가 출신의 김정호 대표와 발달장애인 자녀를 둔 이진희 대표가 자본금 5천만원으로 공동 창업했다.

사업초기 '베어베터'는 어려움에 직면하였다. 발달장애인의 작업 효율성은 비장애인에 비해 낮을 수밖에 없고, 따라서 기존업체의 제품들보다 20% 정도 비싸기 때문에, 결국 가격 경쟁력을 갖춰야 영리기업 과 상대할 수 있다는 현실에 직면하게 되었다. 이에 대한 해결 방안으로 이진희 공동대표가 찾은 것이 장애인복지법의 '장애인 표준사업장'과 '장애인 연계고용제도'이다. 이러한 제도를 활용하면 '베어베터'의 제품을 구매하는 기업은 일정액의 장애인고용부담금을 감면받게 되므로, 베어베터 제품의 가격 경쟁력이 발생하게 되는 것이다. '베어베터'는 이러한 운영모델을 가지고, 제품공급과 제작, 유통까지 연결하였고, 다양한 제품과 서비스로 확대하였다. 2018년 5월말 기준으로, '베어베터'는 약 250개사와 파트너쉽 계약체결, 발달장애인 207명 고용, 매출액 2017년말기준 40억원을 돌파하며, 지속성장 중이다.

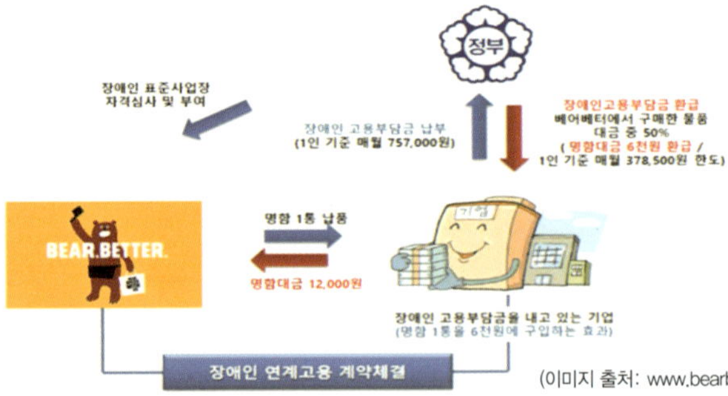

(이미지 출처: www.bearbetter.net)

출처 : 베어베터: 비즈니스 모델 혁신과 파트너십을 활용한 사회적 기업, 유승권, 박병진 – KBR, 2017

생각해 보기

01 베어베터의 홈페이지를 방문하여 설립 배경과 제공되는 서비스가 무엇이 있는지 분석하여 토론해보자.

02 제시된 운영전략 모델을 통해 필요한 자원이 무엇인지 토론해보자.

② 자원전략(Resource Strategy)

운영모델을 설계할 때 활용 가능한 자원전략 없이는 계획을 수립할 수 없다. 전체 비즈니스 모델이 타당성을 확보하려면 현재 자원동원 능력의 정확한 측정이 있어야지만 효과적인 운영모델을 수립할 수 있기 때문에 자원동원능력과 운영모델은 완벽하게 들어맞아야 한다.

자원은 크게 3가지로 나눌 수 있다. 인적 자원과 물적 자원 그리고 재무적 자원이다. 인적 자원은 스킬, 지식, 열정, 명성, 사람과의 관계, 자격 등의 무형자원을 가지고 오기 때문에 가장 중요한 자원이다. 물적 자원은 해당 인력들이 무형자원을 만들어 내기 위한 사무실 공간에서부터 특허까지 모든 것을 말한다. 그리고 소셜벤처 창업가들에게 가장 고민거리인 재무적 자원이다. 재무적 자원은 소셜벤처 기업을 지속적으로 운영하기 위해서 필요한 자원으로써 후원금, 정부지원금 등이 해당된다. 소셜벤처 창업가는 자원전략을 수립하기 위해 가장 우선적으로 고려해야 하는 것은 자원 필수요건을 고민하는 것이다. 기본적인 필수요건이 수립되어야지만 부족한 자원을 파트너십, 동맹단체 모집, 기부단체 확보 등을 통해 확보할 수 있다. 소셜벤처 기업은 창업 초기의 가장 중요한 활동 중 하나인 전략 수립과 이에 따른 비즈니스 모델 설정이 일반 벤처보다 경제적 가치 추구와 함께 사회적 가치를 동시에 추구해야하기 때문에 더 어렵다. 소셜벤처의 이중적인 사업 목적으로 인해서 우수한 인력 확보의 어려움과 취업계층을 대상으로 사회서비스를 제공하는 사업을 진행해야 하기 때문에 사회적 이익을 창출하기 위해 기업의 이익 극대화를 자제해야하는 경우가 많기 때문이다.

따라서 소셜벤처의 창업자는 이러한 한계를 극복하고 지속 가능한 성장을 이루기 위해서는 창업 초기 단계부터 지식이나 기술 등 보유하고 있는 기업의 자원을 극대화하여 외부 조직과의 협력을 이끌어내는 네트워크 역량으로 성공 가능성을 높일 필요가 있다. 외부 자원을 확보하겠다는 전략을 초기부터 잘 설정하지 못한다면 지속 가능한 성장의 길로 들어서기가 매우 어려워진다.

(3) 운영 환경(Operating Environment)

운영 환경이 비록 비즈니스 모델과 사회적 파급이론을 고려한 아이디어에 의해서 영향을 받을 수 있지만 대부분의 소셜벤처 창업가들은 시장, 산업구조, 정치적 환경 그리고 문화 등의 중대한 가정을 해야 한다.

관련 시장은 이용고객뿐만 아니라 기부자, 자원 봉사자, 근로자, 성공적인 창업을 위해 참여해야 하는 모든 사람들을 고려해야 한다. 소셜벤처 창업가는 각각의 시장을 형성하는 그룹과 주주들에게 타당한 가치제안을 가지고 있어야 한다.

산업구조는 잠재적 협력자, 파트너, 실용적인 보완적 서비스, 잠재 대체재, 핵심 공급자뿐만 아니라 대체 공급자를 포함해 고려해야 한다.

정치적 환경은 공공지원과 저항적 요소 등의 여러 잠재적 자원과 특별한 규제사항을 고려해야 한다.

문화는 관련 있는 소집단 문화, 행동규범 등 뿐 만 아니라, 목표로 하는 운영 환경에 처해 있는 사람들의 지배적 가치를 고려해야 한다.

(4) 개인적 적합성(Personal Fit)

소셜벤처 창업가들은 가치 있는 창업기회가 될 수 있도록 그들의 아이디어를 개발해야 하기 때문에 현명하게 개인적 적합성을 고려해야한다. 아무리 매력적인 기회를 발견했더라도 소셜벤처 창업가 개인에게는 좋은 기회가 아닐 수 있다. 개인적 적합성을 고려할 때 3가지를 고려해야 한다. 실행능력, 자격조건 그리고 처해져 있는 시기이다.

소셜벤처 창업가들은 창업 시 부족한 재원, 인력, 시간 등에 의해서 자신의 한계와 무수히 많은 싸움을 해야 한다. 이러한 상황에 처해져 있을 때 강한 실행력과 열정이 부족하면 더 이상 사업을 지속하기 어렵기 때문에 자신의 실행력과 사회적 영향력 목표를 달성하기 위한 강한 열정을 냉정하게 평가해봐야 한다. 또한, 열악한 환경 속에서도 기업을 운영하기 위해서는 스킬, 전문성, 신용성 등과 같은 기본적인 조건들이 필요하다. 끝으로, 소셜벤처 창업가 창업을 시작하기에 앞서 자신이 처해져 있는 상황에 대해서 고민해봐야 한다. 아무리 사회적 영향력이 큰 기회를 발견했더라도 자신의 인생설계에 있어서 도전할 만한 적절한 시기인지를 고려해야 한다. 또한, 자신의 경력과 가족들의 지지여부 등도 충분히 고려하여 창업을 시작해야 한다.

활동 하기

출발과 끝 탐험(From...to Exploration)

출발과 끝 탐험은 현재의 관습 기반 관점에서 트렌드를 반영한 새로운 관점으로 이동을 예측하는 방법이다. 진행방법은 다음과 같다.

- 1단계 : 핵심 측면을 나열한다.
  논의하고 싶은 핵심 내용을 나열한다. 예를 들면, 교육혁신, 문화 소외, 먹거리 안전, 사이버 범죄 증가 등이 있다.
- 2단계 : 핵심 측면과 관련 있는 트렌드를 파악한다.
  핵심 측면과 관련성이 높은 최신 트렌드 자료를 찾아 분석하여 기입한다.
- 3단계 : 관습에 기반한 현재의 관점을 나열한다.
  측면에 대한 현재의 관점을 중심으로 기입한다. 예를 들면, 교육혁신이 핵심 측면이라 가정하면 현재는 국 · 영 · 수 중심의 교육이라고 할 수 있다.
- 4단계 : 트렌드에 기반한 새로운 관점을 찾는다.
  최신 트렌드를 반영한 향후 변화 가능성을 예측하여 적어본다. 현장실습 중심의 활동과 게임 중심의 꿈과 끼를 찾기 위한 교육으로 변화될 수 있다.
- 5단계 : 혁신의 기회를 논의한다.
  어떻게 하면 새로운 관점을 잠재력 있는 혁신으로 연결할 수 있을지에 대해 논의한다.

그럼 지금까지의 단계별 내용을 적용시켜 아래의 30개 주요 사회문제를 통해 새로운 창업기회를 발굴해 보자.

세부분류	30개 주요 사회문제
건강	만성질환, 희귀난치성 질환, 중독 및 우울장애, 퇴행성 뇌 · 신경 질환
환경	생활 폐기물, 실내 공기오염, 수질오염, 환경호르몬
문화여가	문화 소외, 문화 · 여가공간 미비
생활안전	성범죄, 먹거리 안전, 사이버 범죄, 가정 안전사고
재난재해	기상재해, 화학사고, 감염병, 방사능 오염
에너지	전력수급, 에너지 빈곤
주거교통	불량 · 노후 주택, 교통혼잡, 교통안전
가족	노인 소외, 자살, 가정폭력
교육	교육격차, 학교폭력
사회통합	의료격차, 정보격차, 취약계층, 생활불편

From..to Exploration기법

측면	트렌드	From →	To
측면	트렌드 ↓	지금은 어떤가	어떻게 될 수 있는가
예) 교육혁신	예) 자유학기제	국영수 중심 교육	꿈과 끼를 찾는 교육

학습 정리

◆ 소셜벤처 창업가의 창업활동 과정은 총 5단계로 구성되어 있다. 1단계 기회인식, 2단계 개념 개발, 3단계 자원의 결정과 확보, 4단계 출범 및 성장, 5단계 목표 성취이다.

◆ 소셜벤처의 창업기회 창출 과정은 크게 1단계 유망 아이디어 개발단계와 2단계 유망한 아이디어를 매력적인 기회로 개발하는 단계로 구분할 수 있다.

◆ 소셜벤처의 창업기회 창출 과정 1단계인 유망 아이디어 개발단계에는 개인적 경험, 사회적 니즈, 사회적 자산, 변화 등이 포함되어 유망 아이디어를 개발하는 동기 요인으로 작용한다.

◆ 유망 아이디어 개발단계에서 변화는 정치 · 제도적 변화, 경제적 요인, 사회 · 문화적 트렌드 변화, 기술적 진보를 잘 살펴야한다. 또한 최근 정부에서 보고하는 미래 이슈 보고서 및 주요 사회문제 관련 보고서를 주의 깊게 분석한다면 새로운 소셜벤처 창업기회가 될 수 있다.

◆ 2단계 유망한 아이디어를 매력적인 기회로 개발하는 단계에서는 사회적 영향력 이론, 비즈니스 모델, 운영 환경, 개인적 적합성이 중요한 요소이다.

◆ 특히 비즈니스 모델에서는 운영모델과 자원전략을 조화롭게 계획해야지만 경쟁력 있는 비즈니스 모델을 수립할 수 있다.

참고문헌

◆ 최태원(2014). “새로운 모색, 사회적 기업”. 이야기가있는집.

◆ 유승권, 박병진, ‘베어베터: 비즈니스 모델 혁신과 파트너십을 활용한 사회적 기업’, KBR, 2017.

◆ Ayse Guclu, J. Gregrory Dees, and Beth Battle Anderson, “The Process of Social Entrepreneurship: Creating Opporunities Worthy of Serious Pursuit, 2002.

◆ Stanford Graduate School of Business, “Identifying Venture Opportunities”

◆ Pontus Braunerhjelm and Ulrika Stuart Hamilton, “Social entrepreneurship”, Swedish Entrepreneurship Forum.

◆ Arthur C. Brooks, “Social Entrepreneurship : A Modern Approach to Social Value Creation, 2007.

◆ Colleen Robb, “Social Ventures: The Development of the theory of sustainable contributive advantage and initial empirical tests”, Abo Akademi University Press, 2012.

◆ Colette Herry, “Doing Well by Doing Good? Opportunity recognition and the social enterprise partnership.”,

4장. 키워드 인덱스용

개인적 경험	사회적 니즈	변화	사회적 영향력 이론
비즈니스 모델	운영모델	자원전략	

"만약 내게 문제를 해결하기 위한 1시간이 주어진다면, 55분 동안 문제에 대해 고민하고 5분 동안 해결방법에 대해서 고민 할 것이다."

이론 물리학자, 알베르트 아인슈타인(Albert Einstein)

05

디자인씽킹의 이해와 프로세스

학습 목표

1. 디자인씽킹의 정의를 이해한다.
2. 디자인씽킹의 필요성을 이해한다.
3. 소셜분야의 디자인씽킹 적용 필요성을 이해한다.
4. 디자인씽킹의 프로세스를 이해한다.
5. 디자인씽킹의 다양한 기법을 활용할 수 있다.

시작
하기

디자인씽킹을 통해 사회문제 해결하는 **소셜벤처 사례**

〈점자로 된 타블렛, 진짜 있을까? BLITAB〉

전 세계적으로 시각장애인의 숫자는 3억 명정도다. 2020년에는 시각장애인의 숫자가 두배가 될 전망이다. 점자를 읽을 수 있는 사람은 전 세계에서 1.5억명 정도라고 하는데, 책은 오직 1%만 점자로 이용할 수 있다. 현재 디지털로 보급되고 있는 점자 콘텐츠를 읽을 수 있는 솔루션은 거의 1,100만원에 육박한다. 시각장애인의 숫자와, 실제 이용할 수 있는 콘텐츠, 그리고 점자로 된 디지털 콘텐츠의 비싼 가격은 심한 간극을 보이고 있는데, 이런 간극을 해결하기 위해 BLITAB이 탄생했다. 최초의 점자 타블렛이고, 혁신적인 기술이 더해졌다. BILTAB이 안정적으로 사업이 추진되면, 시각장애인들도 다양한 그래픽과 지도를 볼 수 있을 것이다.

〈단순하지만 현지 맞춤 혁신! Agruppa〉

콜롬비아의 보고타에는 많은 노점상이 있다. 대부분 부부가 운영하거나 가족들이 운영하는데, 그들에게는 심각한 문제가 존재한다. 바로 농산물을 사기 위해 먼 곳으로 가거나, 대량구매를 할 수없기 때문에 비싼 가격에 농산물을 사온다는 것. 이는 곧 소비자들에게 비싼 가격으로 제품이 제공된다는 뜻이기도 하다. 콜롬비아의 많은 저소득층은 이런 노점상으로부터 과일이나 야채를 구매하기 때문인데, 그래서 아구루빠는 모바일 기술을 이용한 대량 구매 시스템을 구축했다. 노점상들이 매일 자신들의 주문량을 모바일을 이용해 아구루빠에게 주문하면, 아구루빠는 농부들에게 대량으로 그것을 구매, 노점상들에게 배달해준다. 이로써 노점상들은 대량구매된 가격으로(이전보다 저렴한 가격으로)농산물을 구매할 수 있으며, 훨씬 적절한 가격에 소비자들에게 판매할 수 있게 된다. 아구루빠가 농부들로부터 30%가까이 할인해서 대량으로 구매하는 어찌보면 단순한 해결책이다. 현지에 꼭 필요한 기술로만 꾸려져 혁신을 일으키고, 사회 문제를 해결할 수도 있다는 데 의의가 있다. 수익도 훨씬 남을 거다. 단순한 시스템과 작은 모바일 기술이 콜롬비아 노점상들의 삶의 질을 대폭 올려놓은 셈이다.

〈 태양광 주전자로 설사를 없애자!〉

KOPO는 오직 태양광만을 이용한 플라스틱 주전자로, 강과 빗물, 연못에 서식하며 설사를 일으키는 다양한 병원균을 태양광과 자외선으로 죽일 수 있다. 태양으로부터 오는 자외선과 열로 장티푸스, 이질, 콜레라 그리고 다른 물에 서식하는 병원균들을 제거하는 것. 그래서 그 물이 마실 수 있느냐고? 물론이다. 그렇게 가열된 물은 WHO가 인정한 마실 수 있는 물의 국제 표준을 지키고 있다. 게다가 KOPO는 현지 사정에 맞춰, 사하라 사막 이남의 아프리카와 인도에 맞는 규범으로 KOPO를 디자인했다. 현재 홈페이지가 준비중이라 더욱 자세한 이야기는 조금 기다려야 하지만, 단순하지만 지속가능한 제품으로, 기대되는 제품이다.

〈119레오〉

대중에게 관심 밖이던 소방관 공상 불승인 문제를 공론화시킨 대학생들이 있다. 바로 건국대 인액터스의 '119REO(레오)' 팀이다. 이들은 2016년부터 소방관 처우개선에 뜻을 모으고 암, 희귀질환 같은 병에 대해 공상 불승인 판정을 받은 소방관이 많다는 사실에 주목했다. 이들은 폐소방복을 가방, 키링, 팔찌 등으로 업사이클링 해 판매 수익금의 일부를 공상 불승인 소방관들에게 기부한다. 제조업 특성상 매출액의 5~10%를 남기기도 힘든 상황 속에서 119레오 팀은 매출액의 15%를 기부하고 있다. 지난해 4월 첫 번째 펀딩을 통해 4000만원이 모였다. 지난 8월에 시작한 펀딩은 4시간 만에 목표치 100%에 도달한데 이어 마감을 일주일여 앞두고는 목표치의 600%를 넘어섰다.
지금까지 119레오 팀의 누적 기부액은 1130만원이다. 기부금은 공상 불승인 소방관의 초기 소송비로 쓰인다.

출처 : Benefit(2016.6.29.) '글로벌 소셜벤처', 잡엔조이(2018.9.3.) '공상불승인 소방관을 돕는 소셜벤처 119레오'

생각해 보기

01 위 사례와 같이 사회문제 해결을 위한 소셜벤처에 대한 사례를 찾아보자.

02 사회적 문제해결을 위한 소셜벤처의 창의적인 디자인 사고에 대해 토론해보자.

5.1 디자인씽킹의 이해와 소셜벤처 분야의 필요성

소셜벤처는 사회적 가치를 창출하는 것이 중요하다. 사회적 가치를 창출하기 위해서는 고객의 니즈(needs)가 무엇인지를 정확하게 파악하고 이를 해결하기 위해 창의적인 아이디어가 필요하다. 최근 고객의 니즈를 정확히 파악하고 해결방안을 체계적으로 개발하는 방법론이 화제가 되고 있다. 바로 디자인씽킹(Design Thinking)이다. 본 장에서는 이러한 디자인씽킹에 대한 정의와 프로세스의 자세한 내용을 살펴보도록 한다.

1) 디자인씽킹의 이해와 정의

디자인씽킹은 이미 1900년대 초부터 지속적으로 여러 시대에 걸쳐 실행되어 왔으며, 훌륭한 설계자로써 디자이너는 의미있고 효과적인 문제 해결책을 제시하기 위해 인간 중심적 창의적인 프로세스를 적용해왔다.

디자인씽킹의 역사는 1960년대 벅미니스터 풀러(Buckminister Fuller)와 나이젤 크로스(Nigel Cross)가 디자인에 과학과 기술이 반영된 기술화, 과학화의 디자인 개념을 확립해서 1967년 디자인 이론가인 호스트 리텔(Horst Rittel)이 '난해한 문재들의 해결하기' 라는 콘셉트로 디자인 이론의 새로운 방향을 제시하고 발전시키면서 디자인씽킹의 중요성이 언급되었다. 그리고 1970년대 허버트 사이먼(Herbert Simon)에 의해 '디자인은 생각하는 방법이다' 라고 하여 행동 관찰과 분석에 의해 문제를 해결해야 한다는 새로운 디자인 개념을 도입하면서 본격적인 디자인씽킹의 개념이 정립되기 시작했다.

디자인씽킹의 대중화된 계기는 1991년 디자인 컨설팅 회사인 아이디오(IDEO)가 설립되어 다양한 글로벌 기업과의 협업을 통해 디자인씽킹 프로젝트의 성공적인 성과를 창출하면서 디자인씽킹 개념이 부각되기 시작했다.

디자인씽킹 프로세스에 대한 본격적인 연구는 SAP 창업주인 하소 플래트너(Hasso Plattner)의 전폭적인 후원으로 스탠포드 대학 내에 디자인씽킹 연구소인 하소 플래트너 디자인 연구소(Hasso Plattner Institute of Design at Stanford; Standford D.School)가 설립되면서 디자인씽킹의 프로세스별 개념과 방법론에 대한 구체적인 연구가 시작되었다.

디자인씽킹의 정의는 1978년 노벨 경제학상을 수상한 인지 과학자 허버트 사이먼(Herbert

Simon)은 아이디오(IDEO)의 팀 브라운(Tim Brown)은 "디자인씽킹은 고객들이 가치 있게 평가하고 시장의 기회를 이용할 수 있으며 기술적으로 가능한 비즈니스 전략에 대한 요구를 충족시키기 위하여 디자이너의 감수성과 작업방식을 이용하는 사고방식이다"라고 정의하였다. 디자인씽킹과 통합적 사고 이론의 권위자로 글로벌 기업들에 디자인씽킹 전략을 제공하고 있는 디자인 경영의 대가인 로저 마틴(Roger Martin)은 '디자인씽킹은 실용주의 개념에 바탕을 두고 있으며, 창조적 혁신을 달성하기 위해서는 분석적 사고와 직관적 사고 모두가 요구된다.' 고 주장하면서 '분석적 사고에 기반을 둔 완벽한 숙련과 직관적 사고에 근거한 창조성을 역동적으로 상호작용하여 균형을 이루게 하는 사고 방법이 디자인씽킹이다.' 라고 정의하였다. 이와 같이 정의를 종합해보면 디자인씽킹은 인간중심적 사고와 창의적인 문제해결 방법으로 혁신을 추구하는 방법론이라는 것이라고 이해할 수 있다.

표 5-1 디자인씽킹의 발달사

시기	인물/대표	내용
1960년대	Buckminister Fuller Nigel Cross	과학 기술을 반영한 디자인 개념 확립
	Horst Rittel	컨셉 디자인 이론의 새로운 방향 제시, 발전
1970년대	Herbert Simon	디자인은 생각하는 방법이라는 개념 도입 행동 관찰, 분석에 의한 디자인 문제해결
1980년대	Bryan Lawson Nigel Cross	다른 과학자들과 협력 실험을 통한 문제 해결법 연구
	Peter Rowe	호기심과 탐구, 질문을 통한 방법론 건축가의 디자인 프로세스 연구 소개
1990년대	IDEO	디자인씽킹 대중화
	Richard Buchana	디자인씽킹이 지식의 한 분야로 정립
2000년대	Hasso Plattner	디자인씽킹 연구소 Hasso Plattner Insititue of Design 스탠포드 대학 내 설립
	SAP	미국 팔로 알토, 독일 하이델베르크, 아일랜드 더블린에서 디자인씽킹 연구소 AppHaus 운영

출처 : 신계옥, 디자인씽킹에 의한 자율 학습 가이드 개발 연구, 2018

2) 디자인씽킹의 기본 개념

디자인씽킹은 인간 중심적 접근 방법으로 인간 내면의 메카니즘인 사고와 감정 그리고 행동을 구분하여 접근 방법을 제시하고 있다. 즉 인간의 감정에 의해 불편한 사항을 느끼고 불만족하는 점에 공감을 하는 것에서 시작하고 있다. 이와 같이 인간의 근본적인 이해를 바탕으로 실제 상황에서 문제를 접했을 때, 발생하는 다양한 감정적 변화에 대해서 기록하고 분석하여 불편과 불만족 사항에 대하여 행복감과 만족감을 주고 더 나아가 기쁨과 기대감으로 이끌기 위한 것이 디자인씽킹이라고 할 수 있다.

디자인씽킹의 프로세스는 사용하는 기관별 차이가 있지만 공통적으로 4가지의 기본 개념이 있다.

- ◆ 첫째, 사용자 중심이다.
- ◆ 둘째, 대화를 중요시하는 프로세스의 실현이다.
- ◆ 셋째, 프로토타입 → 테스트 → 개선을 반복한다.
- ◆ 다양한 문제해결과 Goal을 가능하게 한다.

첫 번째, 사용자 중심이다라는 표현은 서비스와 제품의 가치는 어디까지나 사용자가 결정하는 것이며 기술과 시장을 바탕으로 생각하지 않으면 최신 기술과 새로운 경쟁자가 나타나 한계에 부딪히기 쉽다. 일반적으로 혁신을 창출하기 위해서는 첫째, 사업으로 가치가 있는지 둘째, 기술적으로 실현 가능한지 셋째, 사용자에게 가치가 있는지의 겹친 부분을 파악할 필요가 있다. 그 3가지 요소에서 디자인씽킹은 기술과 시장보다 사용자분분에 포커스 되어있기 때문에 개발단계에서부터 고객에게 인터뷰하고 관찰하고 체험을 통해 공감할 수 있는 문제를 발굴하는 것이 매우 중요한 단계이다.

3) 소셜벤처 분야의 디자인씽킹 필요성

최근 전 세계적으로 산업의 구조가 제조업에서 서비스업 중심으로 새롭게 개편되고 있다. 서비스업의 발전은 창의적 아이디어를 통해 만든 제품 또는 서비스가 시장에 진입했으나 결실을 보지 못하고 조용히 사라지는 제품들이 많아지면서 고객 친화적인 서비스 개선 및 혁신의 필요성이 전 산업에 요구되면서부터 시작됐다. 이로 인해서 서비스 디자인(Service Design)과 디자인씽킹(Design Thinking)과 같은 다양한 방법들을 연구하는 움직임이 나타나기 시작했다. 다양한 형태의 용어들이 생겨나고 있지만 내포하고 있는 핵심적인 의미는 고객 중심의 제품 또는 서비스의 창출이다.

일반 벤처기업과 마찬가지로 소셜벤처는 사회문제 해결을 위해 혁신적인 비즈니스모델 개발, 공공시장을 포함한 시시장 개척, 차별화된 제품 및 서비스 개발, 지속적 개선 활동을 통한 비용절감과 품질 향상, 다양한 제휴협력 네트워크 구축 등의 혁신활동을 추구한다. 이와같이 소셜벤처는 사회문제를 지속적으로 해결하기 위해 새로운 제품과 서비스를 제공하여 점진적으로 관련시장에서 변화가 일어나서 가속화되면 기존 사회관계와 사회 시스템의 변화가 이루어져 결국 사회혁신을 통해 사회가 변화되고, 새로운 사회적 가치가 확립된다.

따라서 소셜벤처는 사회혁신을 추구하기 위한 혁신적 아이디어를 도출하기 위해서 다양한 경험과 정보를 보유한 고객을 사로잡을 수 있는 인간중심적 접근방법이 필요하며 디자인씽킹 방법론은 실제 사용자의 문제점을 파악하여 개선하는 과정에서 전반적으로 인간중심의 사고에 의한 실행이 바탕이 되기 때문에 필수적인 방법론이라고 할 수 있다.

그림 5-1 고객 중심 디자인의 세 가지 관점

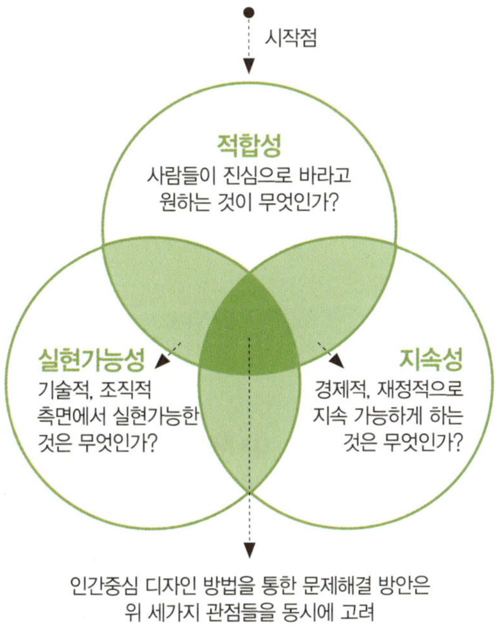

출처 : 크리에이티브 커먼즈, HCD 인간중심 디자인 툴킷

위의 그림은 세계적으로 유명한 디자인 컨설팅 회사 IDEO 사가 제공하는 그림으로, 일반적으로 혁신을 창출하기 위해서는 ① 사업으로 가치가 있는지 ② 기술적으로 실현 가능한가 ③ 사용자에게 가치가 있는지의 겹친 부분을 알아낼 필요가 있다. 그 세 가지 요소에서 디자인씽킹은 기술과 시장보다 특히 사용자 부분에 포커스 하고 있다.

디자인씽킹의 특징 첫번째는 위에서 언급한 것과 같이 사용자 중심으로 생각한다는 것이다. 이러한 이유로 개발단계부터 고객에게 청각 및 설문조사를 철저하게 하는 것이 중요하다.

두 번째, 개발과정에서의 팀 구성원 및 사용자 상호작용을 중요시하면서 제품 및 서비스를 제작하는 과정을 실현하는 것이다. 팀 구성원간의 상호작용은 디자인씽킹에서의 원활한 커뮤니케이션이 핵심이다. 팀 기반의 원활한 의사소통을 통해서 가설 프로토타입의 검증과 개선을 매우 빠른 속도로 전개할 수 있기 때문이다. 또한 제작단계에서 사용자를 끌어들여 대화하면서 제품 및 서비스를 제작해 나갈 수 있다. 문제를 정의하고 요구를 파악한 후 가설을 세우고 그 위에 브레인스토밍을 실시하여 프로토타입의 유형을 작성, 테스트 및 피드백을 바탕으로 다시 문제를 정의한다.

세 번째, 프로토타입의 위치에서 사용자의 피드백을 받으면서 개선을 해 나가는 일반적이고, 그 결과 사용성이 높은 제품 및 서비스를 제공할 수 있다.

네 번째는 가능한 많은 아이디어와 결과를 내는 것을 말한다. 일반적인 비즈니스씽킹은 다양한 문제를 하나의 솔루션으로 해결하고 비즈니스를 추진하지만 디자인씽킹은 가능한 많은 아이디어를 제시하고 문제와 해결방안을 결부시켜 나가는 것이다. 이러한 이유 때문에 문제해결 방안이 여러 가지 나올 수 있으며 다양한 관점을 중요시하는 디자인씽킹은 빠른 시간 내에 다양한 문재해결 방향을 제시한다는 특징이 있다.

그림 5-2 비즈니스씽킹과 디자인씽킹 비교

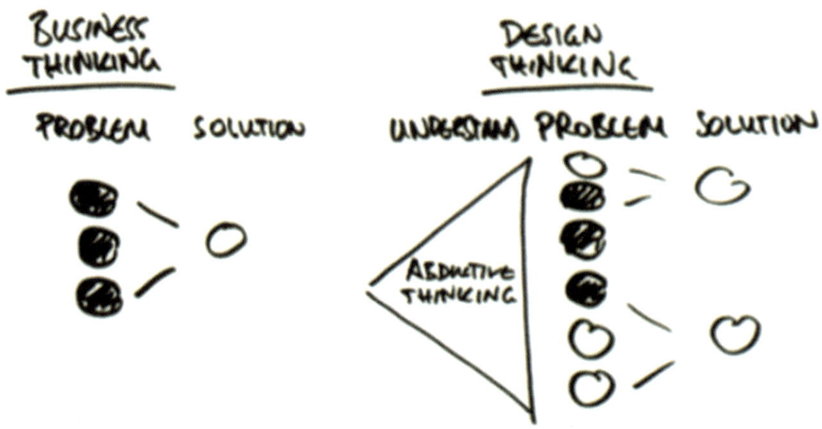

구분	비즈니스씽킹	디자인씽킹
기본 가정	합리성, 객관성 현실은 고정적이며 양적 측정이 가능하다.	주관적 경험 현실은 사회적으로 구성된다.
방법론	'최고'의 해답 하나를 입증하기 위한 분석	'더 나은' 해답을 향해 반복적으로 시도하는 실험
과정	계획 세우기	실행하기
의사결정 요인	논리, 수치모형	감정적 직관, 실험모형
가치	통제와 안정성을 추구 불확실성을 불편해함	참신함을 추구 그대로 머물러 있는 상태를 싫어함
관심의 수준	추상적 또는 매우 구체적	추상적인 단계와 매우 구체적인 단계사이에서 반복적으로 이동

출처 : 디자인씽킹, 경영을 바꾸다, 진리드카, 팀오길비 지음 참고.

5.2 디자인씽킹의 프로세스

다양한 디자인씽킹의 프로세스 중 일반적으로 디자인씽킹 프로세스를 통해 문제를 혁신적으로 해결하기 위한 과정은 5가지 단계로 이뤄진다. 이는 세계적인 디자인 컨설팅 회사인 IDEO의 방법론으로 잘 알려져 있다. 본 교재에서는 디자인씽킹의 프로세스를 IDEO사의 프로세스를 활용하여 설명하도록 한다.

- 1단계: 공감(Empathy): 문제, 사람, 상황에 대한 인식 및 공감
- 2단계: 정의(Define): 정확한 해결 방법에 대한 정의
- 3단계: 상상(Ideate): 모든 가능한 것을 상상
- 4단계: 시제품(Prototype): 가장 좋은 개선책으로 시제품 모델 제시 및 제작
- 5단계: 시험(Test): 만들어진 시제품 모델을 공감 단계에서의 목적에 맞게 시험

그림 5-3 창의적 디자인 사고 프로세스

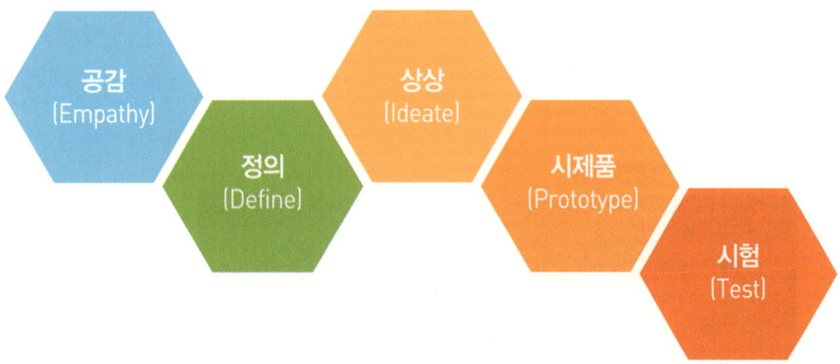

출처 : http://dschool.stanford.edu

1) 1단계 : 공감

사용자들이 느끼는 불편을 공감하는 단계로 시장, 고객, 기술, 문제에 얽힌 제약을 이해하는 것이 중요하다. 본 공감하기 단계에서는 사용자의 입장에서 공감하고 영감을 얻는 것을 말한다.

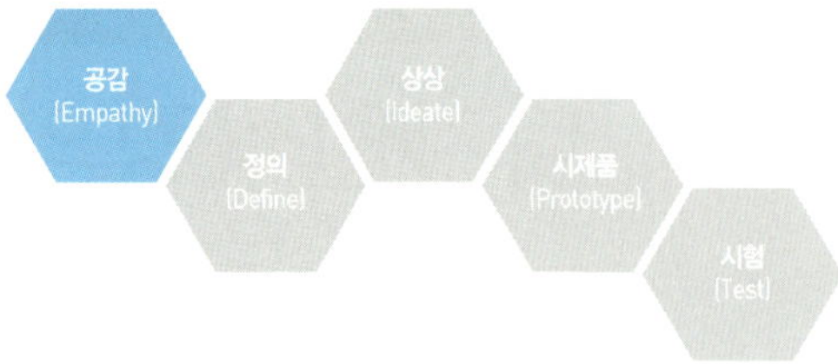

사용자, 고객, 사람을 중심으로 그들과 제대로 된 공감이 이뤄졌을 때, 혁신적인 문제 해결 방안의 성공 확률이 높다. 디자인씽킹은 겉으로 드러나는 'Fact' 외에도 이를 둘러싼 다양한 문제를 발견할 수 있으며 동조(sympathy)가 아닌 공감(empathy)에 기반을 둬야 효과를 발휘할 수 있다. 공감(empathy)은 그 사람의 상황에서 감정을 충분히 느끼고 마음으로 이해해 주는 것이며, 동조(sympathy)는 그 사람의 상황 밖에서 그 사람의 마음과 기분 마져도 머리로 이해는 것을 말한다. 공감은 상당한 집중력과 인내력을 기반으로 행동과 관점의 변화가 요구되는 어려운 작업이다. 대상의 깊은 고통을 발견하고 감정 속으로 들어가야 하기 때문이다. 하지만 공감과정을 통해서 기존에 발견하지 못한 새로운 통찰과 가치를 창출할 수 있기 때문에 매우 중요한 단계이다.

읽어 보기

공감(Empathy) VS 동조(Sympathy)

공감(empathy)과 동조(sympathy)는 많은 부분에서 차이가 난다. 공감(empathy)은 상대방의 감정을 느끼는 것이고, 동조(sympathy)는 상대방의 감정을 이해하는 것이다. 또한 공감(empathy)은 상대방의 이야기를 듣기위해 노력하고 동조(sympathy)는 요청하지도 않은 많은 충고를 줄려고 노력하는 것이다. 공감(empathy)은 상대방의 입장에서 자신의 감정을 대입하는 것이며, 동조(sympathy)는 상대방의 관점에서 이해할려고 하는 것이다.

〈The Power of Empathy〉

동영상 보기

공감하기의 관련 예를 들면 다음과 같다.

캘리포니아의 중고등학교 학생들이 점심시간에 야채를 먹지 않는다는 문제가 있어 스탠포드 학생들이 이 문제를 해결하기 위해서 학생들을 관찰하고 생활하면서 공감대를 형성하였다. 결국 스탠포드 팀들은 점심시간이 단순히 음식을 먹기 위한 것이 아니라 다른 친구들과 교류하는 시간이라는 것을 발견했다. 따라서 야채를 맛있게 요리한다거나 메뉴를 바꾸것을 포기하고 학생들이 야채를 먹으면서 교류할 수 있는 방법이 효과적이라는 인사이트를 얻었다. 결국 점심시간에 같은 테이블에 앉은 학생들끼리 경쟁하는 놀이를 도입했고, 놀이 끝난 후 첫 번째 음식으로 야채가 제공되자 학생들이 경쟁적으로 야채를 먹게 되었다.

그림 5-4 공감단계 인사이트 도출 방법

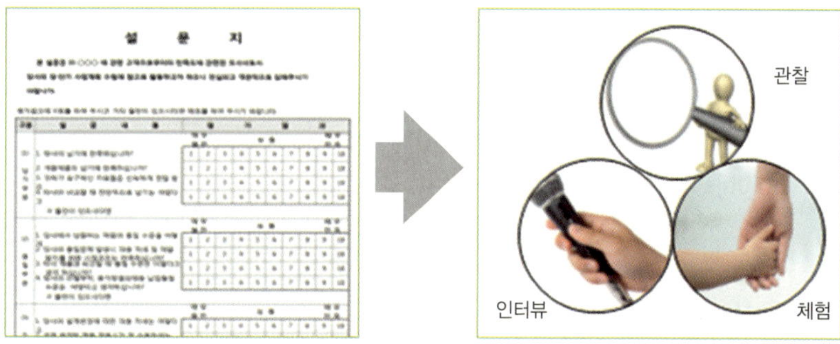

〈정량적 방법 : 설문지〉 〈정성적 방법〉

이 과정에서는 대상자들의 진정한 문제를 공감하는 것이 중요하기 때문에 다양한 방법으로 조사를 실시할 수 있다. 일반적으로 많은 연구자들은 통계적 접근법을 사용하여 설문문항을 설계하고 표적집단을 대상으로 설문하고 답변을 수집한다. 하지만 이런 정량적 방법론은 설문문항을 설계할 때부터 질문자의 의도가 반영이 되었기 때문에 현장에서의 새로움을 발견하기 어렵다. 이러한 이유로 공감단계에서는 정성적 조사방법론이 많이 쓰인다.

대표적인 방법론으로 관찰, 인터뷰, 체험 등이 있다. 각각 어떻게 활용하는지를 알아보도록 하자.

(1) 관찰(Observation)

관찰은 질문과 답변 형태의 인터뷰에서 발견할 수 없는 중요한 단서들을 찾아낼 수 있는 방법이다. 목표 대상이 어떤 상황에서 어떻게 행동과 반응을 보이는지를 파악한다. 또한, 말로 표현했거나 설명한 자신의 행동이 실제 현장에서 제대로 나타나는지를 살펴보거나, 당사자가 의식하지 못한 사소한 외부 요인이 행동 유발에 영향을 줄 수 있음을 관찰을 통해서 발견할 수 있다.

관찰의 방법

목표 대상의 일상생활을 관찰하기 위해서는 해당 상황에서 주제와 관련된 사람들, 그들의 행동, 주변 환경, 상호간의 관계, 도구 등 다각도에서의 관찰이 요구된다. 이러한 접근 방법을 A/E/I/O/U로 정리할 수 있다.

그림 5-5 AEIOU 관찰 방법

A	**Activities (행동)** 예) 마트에서 상품 선택 시 소비자 행동(상품 비교, 정보 문의, 쿠폰 활용, 몸동작, 표정 등) 마트 직원의 행동(추천, 상품소개, 안내 등)
E	**Environments (환경)** 예) 마트에서 상품 선택 시 소비자 행동에 영향을 주는 요소들(상품 진열, 광고, 점원 동선 등) 결제 환경, 매장 환경(결제 수단, 장소, 방법, 주변 환경, 결제 불편 환경 등)
I	**Interactions (상호작용)** 예) 소비자와 마트 점원과의 Interaction(대화, 안내, 추천, 혜택제공, 쿠폰 배포 등) 소비자와 타 소비자간 Interaction(대화, 안내, 추천, 눈치보기 등)
O	**Objects (도구)** 예) 소비자가 마트에 진입 전/중/후/ 소지하거나 특정 목적 달성을 위해 사용하는 물건, 마트에 제공하거나 비치하는 물건, 고유의 목적 외의 용도로 활용되는 물건
U	**Users (사용자)** 예) 마트 방문 소비자층과 직원들의 특성, 행동특성, 단독/그룹 방문 행태 특성 등

관찰할 때에는 관찰 대상자가 조사자를 의식함으로 인해 행동에 방해 받지 않도록 유의해야 한다. 관찰 과정에서는 메모와 많은 사진을 확보하여 분석 자료로 활용하여야 한다. 또한 관찰 수행 과정에서 대상자의 특이한 행동이 발견되었을 경우에는 관찰 종료 후 간단히 인터뷰를 수행할 수 있다.

그림 5-6 현장노트 및 현장 사진 예

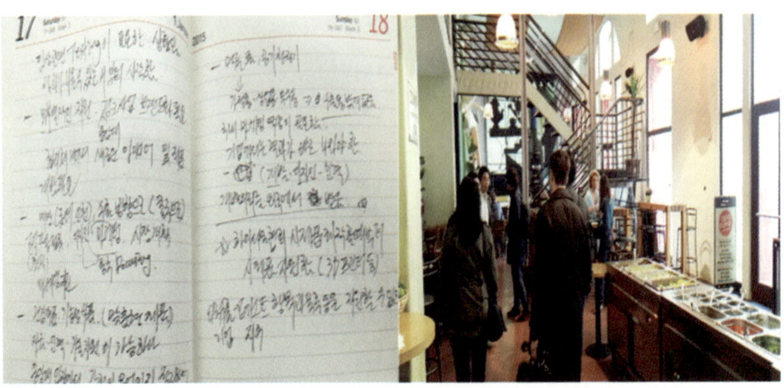

관찰의 진행 가이드

관찰을 할 때에는 단순히 눈으로 확인할 수 있는 내용을 보는 것이 아니라 다음과 같은 체크 포인트를 항상 상기하며 유심히 관찰해야 한다.

- ◆ 대상자의 행동을 발생시키는 원인은 무엇인가?
- ◆ 대상자가 원래 용도와 다르게 사용하는 도구나 물건이 있는가?
- ◆ 말이 아닌 행동, 표정, 소리로 표현하거나 반응하는 것이 있는가?
- ◆ 대상자가 주변의 타인과 관계에서 문제나 갈등이 되는 요소가 있는가?
- ◆ 당연하게 예상한 대상자 반응이 다른 형태로 나타나는 것이 있는가?

---

(2) 심층 인터뷰(In-depth Interview)

조사 대상자를 만나 1대1로 진행하는 인터뷰 방식이다. 개방형 질문(open-ended question)으로 인터뷰 대상의 이야기 전개 방식을 최대한 따라 진행한다. 인터뷰 대상자의 마음 속 깊숙이 있는 채워지지 않는 욕구와 불만 등을 이끌어 내기 위해서 인터뷰 대상자가 편안하게 이야기할 수 있는 분위기를 조성하는 것이 중요하다.

참여자 및 역할

조사 대상자와 1대1로 진행하지만 인터뷰 종료 후 내용을 분석하여 인사이트를 도출하기 위해서 인터뷰 진행자 외에 기록자와 비디오 촬영자가 함께 하는 것이 바람직하다.

- ◆ 진행자: 인터뷰 전체 진행 및 질문
- ◆ 기록자: 인터뷰 내용을 기록하고 녹음
- ◆ 비디오 촬영자: 인터뷰를 카메라나 캠코더로 촬영

진행 방법

진행자는 인터뷰 질문지를 참고로 하여 자유롭게 질문하면서 심층적인 답변을 유도한다. 일정한 형식에 얽매이기보다는 대상자의 이야기 흐름에 맞춰 자연스럽게 정보를 얻어내도록 한다. 또한 답변에 따라 추가 질문이나 이유 등을 물어서 충분한 응답내용이 도출될 수 있도록 한다.

표 5-2 인터뷰 진행 시 주의사항

- 인터뷰 진행자가 너무 말을 많이 하지 말 것(인터뷰의 10% 질문, 90% 듣기)
- 예/아니오 형태의 단답형 답변보다는 고객의 경험을 이야기 해달라고 할 것
- 답변들에 대해서는 가급적 왜(Why?) 그렇게 생각하는지를 반드시 물어볼 것
- 질문에 대한 답이 바로 나오지 않더라도 잠시 기다려서 생각할 여유를 줄 것
- 주제에 대해 잘 아는 체하거나 인터뷰 대상자를 가르치려 하지 말 것
- 예상하지 못한 답변이라도 새로운 눈과 귀로 받아들일 것

(3) 체험(Immerse)

조사 대상자의 입장이 되어서 동일한 상황이 주어 졌을 때의 감정을 느끼기 위해서 상황을 체험하는 것을 말한다. 체험의 본질은 높은 몰입적 심리상태를 요구하는 매우 의식적인 행위이고, 지극히 개인에게 귀속된다는 특징을 가지고 있다. 해당 서비스나 대상물을 사용할 때의 느끼는 감정이 중요하다.

예를 들어 병원을 이용하는 환자나 보호자를 대상으로 불편한 점을 개선하고자 했을 때 스스로 환자로 진료를 체험하고 진찰 공간을 체험하여 "오래 기다려야하기 때문에 지루하다", "기다리는 동안 불안하다"라고 자신이 체험한 감정을 바탕으로 "질리지 않도록 TV를 설치하자", "즉시 의사와 얘기할 수 있도록 시스템 개선" 등과 같은 개선된 아이디어를 제시할 수 있다.

읽어 보기

에어비앤비(airbnb)의
서비스 체험(Immerse)

〈airbnb〉

전 세계 3억 명이 이용하는 숙박 공유 사이트 에어비앤비는 현재 190개국 현지인들의 독특한 숙소를 즐길 수 있어 인기가 높다. 에어비앤비는 서비스의 개선을 위해 서비스를 체험함으로써 더 나은 사용자 경험을 통해 더 나은 서비스를 만들고자 노력한다. 한번은 Host의 입장에서 Guest의 인식, 요구 및 경험에 대해 체험한다. 그리고 Guest의 입장이 되어서 Host가 집의 숙박 시설을 제공함으로, 그에 따라 행동한다. 물론 전 세계의 Host와 Guest를 통해 온라인 피드백을 받을 수 있지만 직접 체험함으로써 문제를 발견하고 해결하고자 한다. 에어비앤비에서는 Insights Research Team이 정기적으로 전 세계의 Host와 Guest를 만나고 체험한다.

자료 : www.airbnb.co.kr

2) 2단계 : 정의

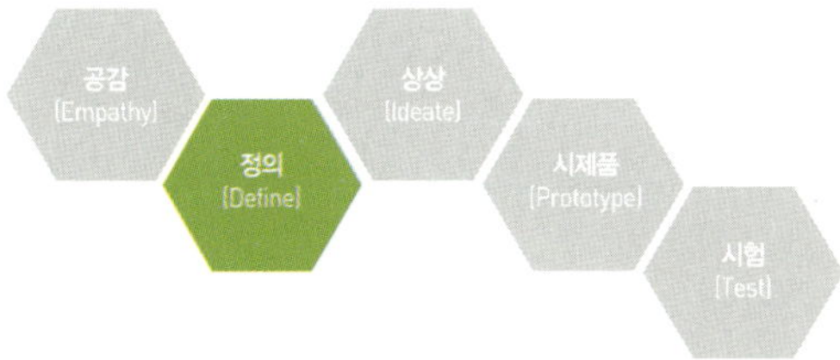

전 단계에서 심층적으로 대상자를 관찰하거나 인터뷰하여 그 내용들을 토대로 대상자가 진정으로 원하는 것이 무엇인지 밝혀내는 것이 2단계인 정의하기이다. 이 단계에서는 대상자를 통해 수집한 Fact 혹은 Issue로부터 대상자의 니즈를 파악하는 것이 핵심이다. 하지만 취합된 내용의 분석을 통하여 금방 파악할 수 있을 것 같지만 막상 정의하는 것은 쉽지 않다. 그 이유는 대상자의 일상에서 자연스럽게 수행하는 행동이나 경험을 이야기했지만, 우리는 그 안에서 대상자가 진정으로 원하고 있으나 채워지지 않은 욕구를 찾아내야 하는 것이다. 문제정의 단계에서는 '사용자의 관점에서 제대로 공감해 보았는가?', '사용자가 정말 필요한 것은 무엇일까?'를 자문해볼 필요가 있다. 문제를 정의하려는 과정이 어렵다면 아직 공감단계에서 충분한 정보를 파악하지 못했다는 것이다. 만약 이러한 상황이 발생하면 다시 공감단계로 돌아가 충분한 분석을 다시 진행하는 것이 바람직하다. 무엇보다 무엇이 'Real 문제' 인지를 제대로 '정의' 내려야만 그에 적합한 해결방안을 도출할 수 있기 때문이다. 또한 진정한 문제를 찾기 위해서는 다음의 세 가지 요소가 필요하다.

◆ Real : 정말 해결이 필요한 문제인가?
◆ Valuable : 많은 가치창출이 가능한가?
◆ Inspiring : 나에게 영감이나 자극을 주는가?

첫 번째 질문의 경우, 질문의 답을 얻기 위해서는 사용자(고객)의 소리를 듣고 검증하는 과정이 필요하다. 두 번째 질문의 경우에는 해당 문제가 해결되었을 경우, 어떤 가치창출을 가져올지를 기준으로 문제를 찾아야 한다는 것이다. 결국 문제해결이란 더 나은 결과와 발전된 방향으로 제시되어 더 많은 사람들에게 도움과 편리함을 제공하는 것이기 때문이다. 세 번째 질문의 경우에는 우리한테 어떤 영감을 주느냐를 생각하라는 의미이다. 영감과 자극이 중요한 이유는 어떤 문제를 해결하기 위해서 필요한 열정과 감동이 있기 때문이다. 문제해결을 위한 동기부여가 되지 않는다면 문제해결을 위한 원동력을 잃은 것과 같은 것이다.

인터뷰에서 답변은 그들의 행동과 반드시 일치하게 표현하지는 않는 까닭이다. 사실 대상자 본인도 자신이 그것을 원하고 있거나 그로 인해 불편해한다는 사실 자체를 모르는 경우가 있다. 따라서 이 분석 단계에서 대상자의 이야기나 행동으로부터 진짜 그들이 원하는 것이 무엇인지, 그리고 그것을 해결해주었을 때 그들이 진짜로 선택하여 사용할 그 욕구를 제대로 찾아야 한다.

일반적으로 대상자의 욕구를 명확하게 확인이 가능한 욕구를 명시적/표면적 욕구라 하고, 대상자도 인지하지 못하지만 무의식적으로 해결되기를 원하는 욕구를 잠재적/심층적 욕구라고 하며, 이 욕구를 해결한다면 사용자는 무한한 감동을 느끼게 된다.

그림 5-7 대상자 니즈(Needs)의 분류

Explicit Needs (명시적/표면적 욕구)

사람들이 스스로 자각하고 있으며 말로도 명확하게 표현하는 욕구

"기다리는 줄이 너무 길어요."
"시스템 접속 시간이 너무 오래 걸려요."

Implicit Needs (잠재적/심층적 욕구)

습관이나 문화에 베어 있어서 자각하지 못하거나, 무의식적으로 가지고 있어서 스스로도 인지하지 못하고 있는 욕구

'내가 원하는 게 뭘까?'
'평소에는 못 느꼈었는데 이제 보니 불편하군.'

결국 문제는 대상자의 욕구를 파악하는 것이다. Stanford d.school에서는 고객관점(POV:Point of View)이라는 방법을 활용하여 대상 고객의 미충족 욕구를 밝혀낸다.

그림 5-8 대상자 니즈(Needs)의 분류

POV(Point Of View) = 대상 고객(User)+니즈(Need)+인사이트(Insight)

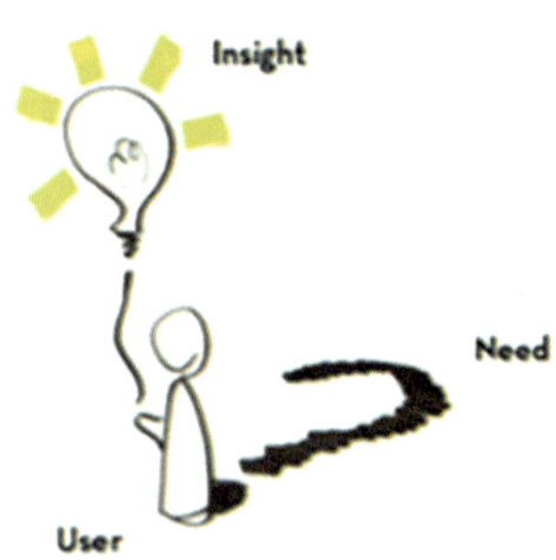

출처 : Stanford d.school의 Bootcamp Bootleg.

쉽게 표현하면 POV는 누가 어떤 니즈를 어떠한 이유로 필요로 한다는 것으로 표현할 수 있다. 그럼 대상자의 니즈를 어떻게 파악하는지를 살펴보도록 하자.

(1) 니즈 분석

니즈 분석에서는 관찰과 인터뷰에서 수집한 Fact로부터 대상자의 니즈를 찾는 과정이다. 이 과정에서는 대상자의 말이나 행동에 중요한 의미와 의도를 지낼 수 있기 때문에 Fact들을 면밀히 살펴보는 것이 필요하다. 때론 Fact들은 개별적으로 의미를 지니면서 다른 Fact들과 연결되어 또 다른 의미와 목적을 가질 수 있기 때문에 개별적 의미와 그룹별 Fact의 의미를 반복적으로 해보도록 한다. 다음으로는 대상자의 행동이나 말의 원인이 무엇인지에 대해 "왜 이런 행동을 했을까?, 왜 이런 말을 했을까?"라는 것을 생각해보고 여러 Fact들을 기반으로 해석하는 작업이 필요하다.

<u>진행 방법</u>

진행 방법은 니즈 분석을 위한 태도를 잘 갖추고, 다음에 제시되는 방법을 참고하여 수행해보자.

<u>사용자 조사 과정에서 보고 들은 내용을 포스트잇이나 흰 종이에 작성하여 모든 팀원들이 알아볼 수 있도록 한다.</u>

◆ 재미있고 인상 깊었던 사실 적기
◆ 한 장에 한 메시지 적기
◆ Who/What/When/Where/Why/How 등을 적기
◆ 가능한 상세하고 시각적으로 설명하기

<u>조사 과정에 촬영한 사진 중 Fact 이해에 도움이 되는 사진도 출력하여 함께 붙여 놓는다.</u>

◆ 대상자의 행동, 주변 환경들 속에 오히려 생각하지 못했던 중요한 인사이트가 숨어있는 경우가 많다.

<u>팀원간 충분한 토론을 통해 사용자로부터 찾아낸 Fact를 공유하고 사용자 욕구를 분석한다.</u>

◆ 사용자의 희망사항, 불편/불만사항을 유심히 살펴본다.
◆ 사용자가 한 말과 사진 속의 행동이 다른 경우가 있는지 살펴본다.
◆ 인사이트 있는 내용이 도출되면 별도의 포스트잇에 작성하여 붙인다.
◆ 인사이트에 담겨있는 사용자 욕구를 다른 색깔의 포스트잇에 작성하여 붙인다.

<u>찾아낸 사용자 욕구를 유형이나 특성에 따라 무리 짓는다. (= Clustering)</u>

<u>Clustering한 사용자 욕구들을 새로운 대표 욕구로 이름을 적어 붙인다.</u>

<u>Clustering하여 도출된 사용자 욕구들을 활용하여 패턴이나 특징을 분석한다.</u>

그림 5-9 Fact에서 대표 니즈분석하기

〈Fact 붙이기〉 〈Fact에서 대상자 Needs 찾기〉 〈대상자 Needs에서 대표 Needs 찾기〉

(2) 인사이트 도출

대상자의 조사를 진행하면서 대상자의 행동과 이야기들에 집중하다 보면 자칫 종합적인 관점에서의 사고를 가질 수 없게 된다. 분석을 통해 도출된 대상자의 니즈들을 한발짝 물러서서 바라보면 전체의 큰 그림에서 주는 메시지와 의미를 새롭게 발견할 수 있다. 한 단계 높은 차원의 인사이트가 정리될 수 있고, 미처 고려하지 못했거나 지나쳤던 부분이 새롭게 발견될 수 있다.

페르소나 기법(Persona)

대상자의 유형을 이해하기 위해서 일반적으로 사용하는 방법은 페르소나 기법이다. 페르소나는 대상자를 보다 면밀하게 분석하기 위해서 대상자들의 제품 및 서비스 이용행태와 상품에 대한 니즈에 주목하여, 이를 서술하고 정의하는 것을 말한다. 페르소나 기법을 활용하려면 기초조사가 선행되어야 하며, 인터뷰나 관찰을 통해서 인류학적 정보인 대상자의 나이, 성별 수입수준, 직업, 거주지 정보 등을 파악한다. 또한 심리학적 정보도 파악하는 것이 중요하다. 대상자의 구매 결정에 영향을 미치는 의견, 중요시 하는 가치, 관심사 등이 될 수 있다.

그림 5-10 페르소나 기법의 체크포인트와 예시

인구통계학적 분석
- 나이
- 성별
- 학력
- 수입
- 가족 관계

개인 목표
- 직업 혹은 취미
- 여가생활 등

취업 정보 또는 학문적 지식
- 경력 및 직위 등
- 지적 수준

태도와 요구사항
- 성격
- 불편함 등

목표와 할 일
- 무엇을
- 어디에서
- 누구와
- 언제 그리고 왜

동기
- 영향을 끼치는 사람 혹은 조언자

Persona profiling

Persona name
이름 : P군(익명 요청, 익명 요청에 따라 사진 촬영을 하지 않았음)
나이 : 1991년생(만 23세)
직업 : 대학생(휴학중)
가족관계 : 외동
거주지 : 흑석동(흑석역 주변 자취)
소득수준 : 월 50만원(용돈)
교육수준 : 대학교 3학년 휴학

General life style
자유분방하고 규칙에 얽매이지 않으며 다양한 사고방식을 가지고 있음
흑석동, 흑석역 주변에서 자취를 하며 주중/주말 모두 OO대 주변에서 생활
자신의 행복을 우선시함
가성비보다는 비싸더라도 좋은 제품 선호
타인과의 관계를 중요시하나 고시생 특성상 최근에는 모임 등의 참가를 자제

Life style in cafe
거의 매일 커피를 구입하기 위해 카페를 방문(Take Out) 일주일에 2~3회 이상 카페를 공부 목적으로 방문
카페 이용 시 가장 중요한 것은 집중도 여부(분위기) 그 외 커피의 맛 역시 중요시함
평균방문시간은 Take Out 시에는 오전 10시경이며, 매장에서 앉아 공부를 할때는 오후4시 인 경우가 대다수

Persona name
카페 관련 제품으로는 텀블러를 가지고 있으나 특별히 자주 가지고 다니지는 않음(보통 집에서 사용)

소음에 대비하기 위한 이어폰을 보유하고 있으나 고가(10만원 이상)의 이어폰을 구입할 의향은 없음

공감지도(Empathy Map)

인사이트를 도출하기 위한 브레인스토밍 도구이며, 대상자의 말이나 행동 패턴을 적는다. 이 도구를 통해 대상자의 환경, 행동, 관심사, 열망 등을 깊이 이해할 수 있어 대상자를 파악하여 대상자에게 줄 수 있는 가치를 설계할 수 있다.

그림 5-11 공감지도 작성 예

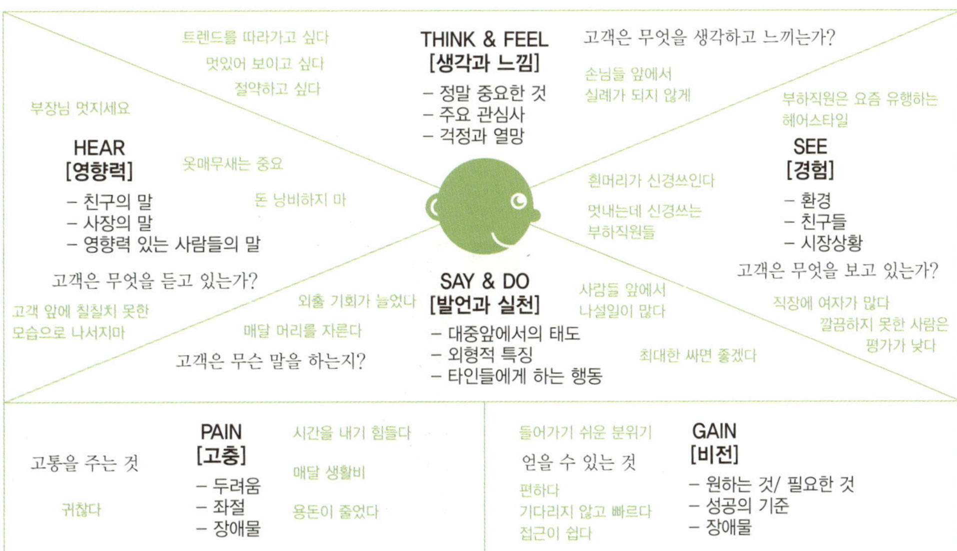

고객여정 지도(Customer Journey Map)

대상자가 서비스를 경험하게 되는 과정을 정의하고, 그 과정에서 생기는 대상자의 체험을 시각화하기 위해 사용되는 방법이다. 대상자가 서비스와 처음 만나는 초기 접점에서부터 서비스가 끝나는 순간까지 서비스를 이용하는 과정을 그림이나 사진, 도표 등으로 나타내어 시각화한다. 대상자가 어떻게 서비스를 받아들이고 이용하는지에 대해서 순차적으로 배열하고 있기 때문에 대상자 관점에서의 경험에 큰 영향을 미치는 요인에 대한 수준 높은 이해를 제공하기 때문에 대상자 경험에서 이슈를 도출하고 문제점을 파악하여 전체 서비스의 장단점을 파악할 수 있다.

고객여정 지도는 무형의 서비스를 흐름에 따라 정밀하게 분석하기 때문에 체계적인 접근방법에 의한 실행과정이 필요하며, 고객여정 지도의 프로세스는 다음과 같다.

그림 5-12 고객여정 지도의 프로세스

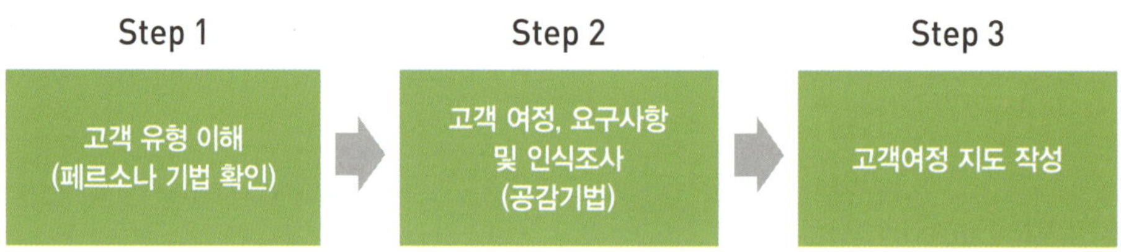

고객여정 지도의 프로세스는 1단계 페르소나 기법을 통해 대상자 유형을 이해하고 2단계에서는 대상자의 행동, 관심사, 열망 등을 파악하여 3단계에서 대상자가 서비스를 이용할 때 어떻게 느끼는지에 대해서 파악하여 이슈를 도출한다.

고객여정 지도 작성은 1단계와 2단계의 정보를 근거로 상단에는 대상자가 경험하게 되는 각 장소나 서비스를 중심으로 왼쪽부터 시간 순으로 흘러가도록 표현하고 하단부분에는 대상이 경험하는 서비스의 감정 상태를 감정곡선으로 표현하다. 감정의 고저 변화에 따라 대상자의 불편한 점과 좋은 점 등을 판단하고 개선 포인트를 찾는다.

그림 5-13 고객여정 지도의 작성 예

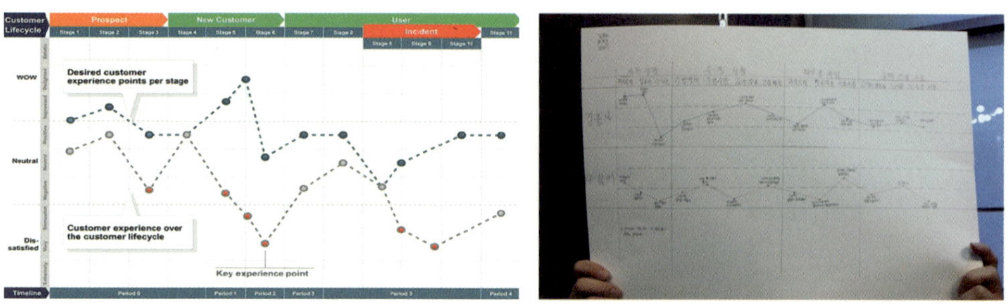

출처 :http://liveworkstudio.com/the-customer-blah/service-transformation-service-design-on-steroids/

(3) 인과관계 다이어그램(Cause-Effect Diagram)

인과관계 다이어그램은 문제를 세분화하면서 문제의 원인과 대안을 한 눈에 찾을 수 있는 기법이다. 전체적인 그림의 형태가 생선의 머리와 뼈처럼 보이기 때문에 피쉬본 다이어그램(Fishbone Diagram)이라고도 한다. 복잡한 문제의 원인과 해결 방안을 찾는데 유용하게 사용된다.

그림 5-14 인과관계 다이어그램 적용 예시

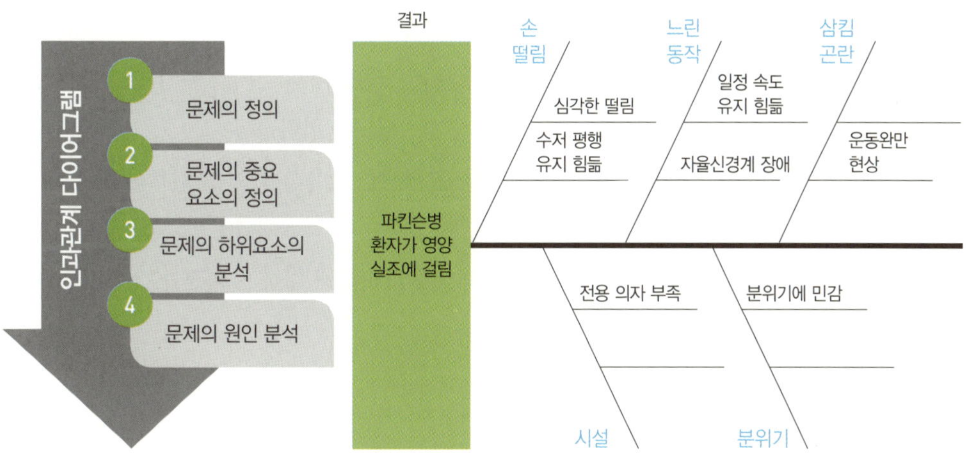

3) 3단계 : 상상

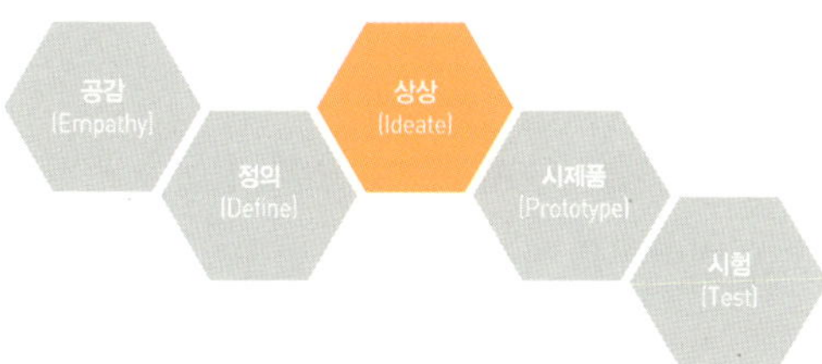

지금까지 도출한 인사이트 기반의 대상자 욕구를 해결하기 위해 다양하고 창의적인 아이디어를 만들어내는 단계이다. 형식에 얽매이지 않고 자유롭고 창의성을 높여줄 수 있는 환경을 만들어 다양한 아이디어가 도출될 수 있도록 하는 것이 중요하다.

(1) 아이디어 발굴 절차

적절한 방법론을 활용하여 최대한 많은 아이디어를 효과적으로 발굴할 수 있는 절차에 대해서 알아보도록 하자.

그림 5-15 아이디어 발굴 절차

1단계는 아이디어 발굴 주제 선정단계로 대상자가 진정으로 원하며, 해결해주었을 때 큰 가치를 느낄 수 있는 주제를 선정한다. 지금까지 도출한 대상자의 핵심적인 니즈를 아이디어 발굴의 주제로 선정하면 된다. 이때 주제는 너무 광범위하거나 지나치게 추상적이지 않도록 해야 한다.

2단계는 아이디어 발굴단계로 아이디어에 대한 다른 사람들의 의견이나 추가 아이디어를 포스트잇에 적어서 함께 붙이면서 다양한 아이디어가 제시되도록 한다.

3단계는 아이디어 선별 단계로 발굴된 아이디어간 연결성, 유사성 등을 검토하여 분류하고 그룹핑한다.

4단계는 아이디어 평가단계로 생성된 아이디어 그룹핑에 대해 대상자 욕구의 강도 등 평가기준에 따라 최종적으로 적합한 아이디어를 선정한다.

(2) 아이디어 발굴 기법

아이디어를 발굴하기 위한 다양한 기법들이 있다. 이중에서 쉽게 활용되는 몇 가지 기법들에 대해 알아보고 실제 적용해보자.

스캠퍼 기법(SCAMPER)

스캠퍼 기법은 미리 문제 해결을 위한 7가지의 구분 항목(S.C.A.M.P.E.R)과 질문을 정해놓고 그에 따라 다각적인 사고를 해 봄으로써 새로운 아이디어를 창출해내는 기법을 말한다. 간단한 문제에 적용하기는 쉬우나 복잡한 문제를 해결하는 데에는 구조적이지 못하다. 스캠퍼의 7가지 구분 항목과 핵심 질문은 다음과 같다.

표 5-3 스캠퍼의 7가지 구분 항목과 핵심 질문

구분 항목	내용	핵심 질문
Substitute (대체하기)	무엇인가 대체할 것을 찾다 보면 새로운 아이디어를 얻을 수 있다.	㉠을 ㉡으로 대체해보면 어떨까?
Combine (결합하기)	무엇인가를 결합해보면 특이하고 새로운 것을 만들어 낼 수 있다.	㉠과 ㉡을 결합해보면 어떨까?
Adapt (적용하기)	무엇인가를 기존의 것이 아닌 새로운 것에 적용해본다.	㉠을 ㉡에만 적용하는 것이 아니라 ㉢에도 적용시켜보면 어떨까?
Modify (변경하기)	무엇인가에 변화(확대 및 축소 등)를 주어 새로운 것을 만든다.	㉠에 ㉡의 변화를 주면 어떨까?
Put to other uses (다르게 활용하기)	무엇인가를 전혀 다른 용도로 사용하며 새로운 아이디어가 된다.	㉠을 ㉡의 용도만이 아니라 ㉢의 용도로도 사용해보면 어떨까?
Eliminate (제거하기)	무엇인가 기존의 것에서 일부분을 제거하면 새로운 것이 된다.	㉠을 구성하는 ㉡,㉢,㉣ 중 무엇인가를 제거해보면 어떨까?
Rearrange (재배열하기)	무엇인가를 지금과 순서를 달리해보면 새로운 것이 된다.	㉠㉡ 순서를 ㉡㉠으로 바꾸면 어떨까?

브레인라이팅(Brainwriting)

소극적인 참가자의 경우 브레인스토밍 기법을 활용할 시 아이디어 발표에 부담을 느껴 적극적인 참가자 중심으로 회의가 흘러갈 수 있다는 단점을 보완하기 위해서 말을 하지 않고, 브레인라이팅 기록지에 해결할 주제에 대한 자신의 아이디어를 각자 기록하여 다른 참가들과 교환하여 검토해봄으로써 새로운 아이디어를 창출해내는 기법이다.

브레인라이팅의 진행절차는 아래와 같다.

표 5-4 브레인라이팅의 진행 절차

순 서	진행 절차
1	– 인원수 및 자리 배치 등을 고려하여 적절하게 집단을 구성한다.
2	– 집단의 구성원들에게 각각 브레인라이팅 기록지를 한 장씩 배부한다.
3	– 해결 주제를 참고하여, 각자 개별 주제를 정해 적도록 한다. – 주제를 생각할 5분 정도의 시간을 갖는다.
4	– 첫 줄(아이디어 순서 1)에 자신의 아이디어를 3개 정도 적는다. – 아이디어를 생각할 5분 정도의 시간을 갖는다.
5	– 자신의 브레인라이팅 기록지를 옆사람에게 전달한다.
6	– 전달받은 기록지상에 적힌 기존의 아이디어를 참고하여 다음 줄(아이디어 순서 2)에 자신의 아이디어를 3개 정도 적는다. – 아이디어를 생각할 5분 정도의 시간을 갖는다.
7	– 참가자 기록지가 모두 돌아갈 때까지 5,6번 과정을 반복한다.

표 5-5 브레인라이팅의 기록지 예시

Brainwriting			
해결 주제 : 획기적인 스마트폰 개발을 위한 해결책을 제시하시오. 개별 주제 : 빨리 소모되는 휴대폰 배터리 문제를 해결할 방법은?			
아이디어 순서	**아이디어 A**	**아이디어 B**	**아이디어 C**
1	태양열로 충전	운동에너지로 충전	휘발유로 충전
2	전봇대에 충전시설설치	구입시 여러개의 배터리 증정	입김으로 충전되는 배터리 개발
3	–	–	–
4	–	–	–
5	–	–	–

4) 4단계 : 시제품

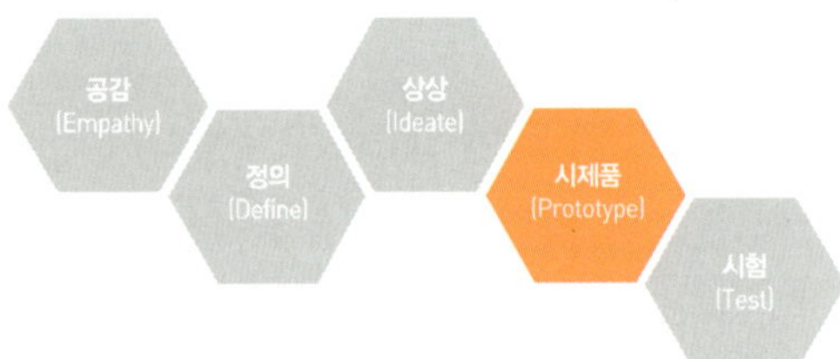

디자인씽킹에서 인사이트를 통해 도출된 아이디어를 감성에 호소할 수 있도록 실제와 유사하게 구체화시키는 작업을 시제품화(prototyping)라고 정의한다. 기존의 시제품은 3D 프린팅을 이용하여 사물을 만들어 형성화하는 것이라고 생각하는데 창의적 디자인 사고에서의 시제품화는 어떤 수단을 통해 "경험을 창출"하는 것이다. 즉 우리의 시각, 청각, 후각, 촉각, 미각에서의 경험을 활동으로 설명하는 것이다.

그림 5-16 창의적 디자인 사고의 시제품화

(1) 시제품의 재료

초기의 시제품은 사무실 주변에서 쉽게 찾을 수 있는 보드 마커펜, 볼펜, 스카치테이프, A4용지, 포스트잇, 웹상의 이미지 등을 활용하여 시제품을 만들 수 있다. 초기 단계의 시제품의 경우 사물의 구체적인 형상보다는 경험을 투영하는 것이므로 큰 비용을 들이지 않고 대상자가 서비스를 받거나 물품을 이용하는 상황을 구체적으로 묘사하는 것이 바람직하다.

그림 5-17 시제품의 재료

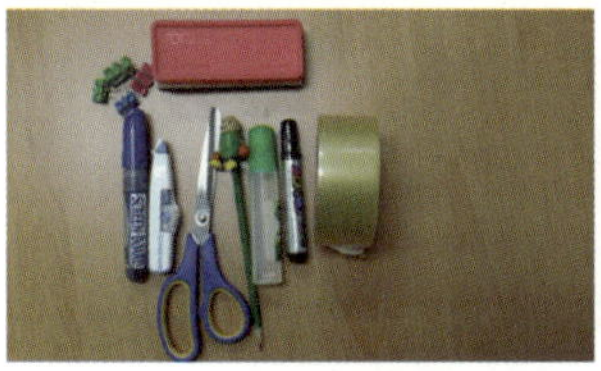

〈주변 물품〉

〈박스〉

〈인터넷 이미지〉

(2) 시제품의 유형

저렴한 비용으로 대상자가 서비스를 받는 상황을 묘사할 수 있는 다양한 시제품의 유형은 다음과 같다.

스케치(Sketches)

종이와 펜을 이용해 그림을 그리는 것으로 훨씬 직접적이고 효율적인 방법이다. 또한 화이트보드나 종이에 스케치를 하기 때문에 저렴한 가격으로 아이디어를 탐색할 수 있다.

그림 5-18 스케치 시제품화

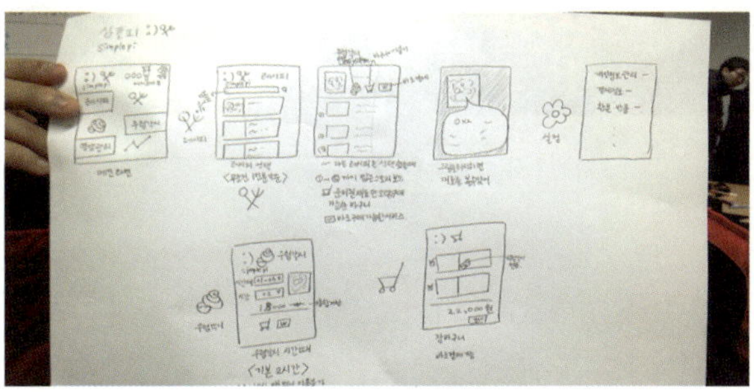

페이퍼 프로토타이핑(Paper prototyping)

종이 프로토타이핑은 스케치와 비슷한 방법으로 적당한 시간과 적은 비용으로 디자인을 반복적으로 그릴 수 있으며, 종이로 구현하였기 때문에 수정할 부분이 있으면 손쉽게 수정할 수 있기 때문에 예상되는 기능적인 측면을 확인할 수 있다.

그림 5-19 페이퍼 프로토타이핑

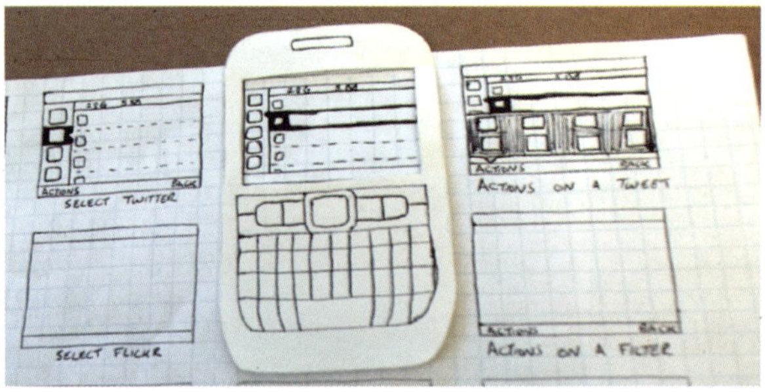

출처 : https://jhj2015service.files.wordpress.com/2015/11/ed9484eba19ced86a0ed8380ec9db4ed9591.pdf

역할극(Role Play)

서비스가 실제적으로 있다는 가정 하에서 일부의 기능을 가상으로 작동시켜 대상자가 동일한 상황에서 반응하게 될 행동을 관찰하고 문제점을 파악하는 방법이다.

그림 5-20 역할극 프로토타이핑

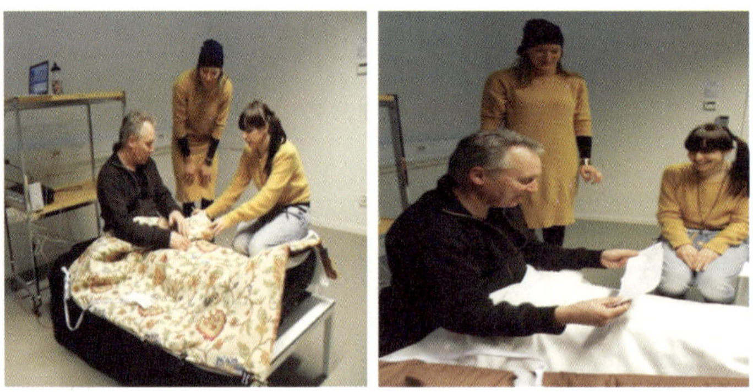

출처 : https://stinelin.wordpress.com/tag/experience-prototype/

<u>레고시리어스플레이(Lego Serious Play)</u>

레고사의 레고를 가지고 대상자, 서비스 제공자 등 서비스의 이해관계자가 참여하여 서비스의 이미지를 형성화시키는 방법이다. 향후 발생할 수 있는 문제점을 파악하고 보완해야할 서비스에 대해서 아이디어를 개발한다. 여러 상황들을 다양하게 재현할 수 있어 유용하다. 이 방법의 경우 서비스와 관련된 세부 사항들에 집중함으로써, 서비스가 잘 이루어지는 곳과 그렇지 않은 곳을 효과적으로 찾아낼 수 있는 장점이 있다.

그림 5-21 레고시리어스플레이 프로토타이핑

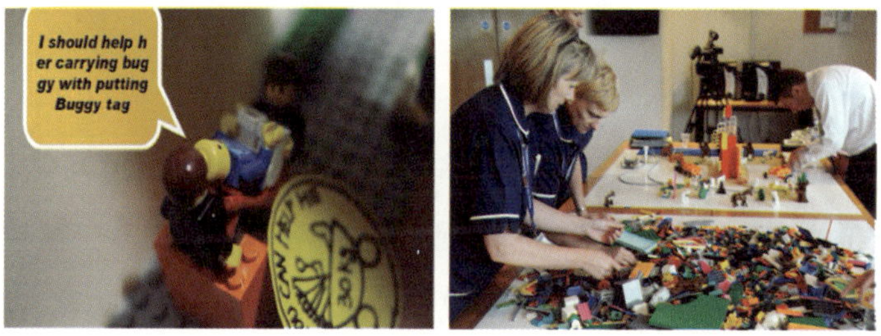

출처 : https://jhj2015service.files.wordpress.com/2015/11/ed9484eba19ced86a0ed8380ec9db4ed9591.pdf
출처 : http://www.designhelps.co.uk/services/y3lowcx6plr0qzwps287r9tvhd56ij

5) 5단계 : 시험

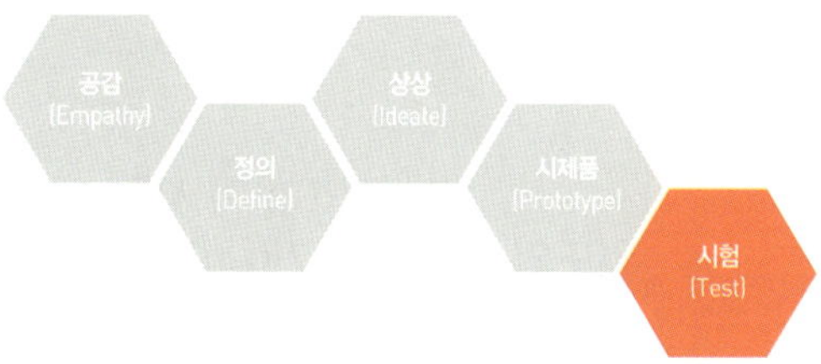

테스트 과정은 제시된 문제해결 방안을 객관화시키는 활동이다. 참여자 혹은 대상에게 제시한 후 다양한 피드백을 받아, 해결안을 수정하거나, 대상자로부터 배우거나, 사용성 테스트를 수행할 수 있다. 만약 수정이 불가능할 경우 다시 공감단계에서부터 피벗하여 시작할 수 있다.

(1) 사방면으로 피드백하기

시제품화에 대한 사후 피드백을 하는데 사용된다. 체계적으로 피드백을 하고, 의도적으로 4가지 측면에서 접근하여 분석할 수 있다. 4가지 측면을 다음과 같이 설정한다.

그림 5-22 4가지 측면 분석하기

- ◆ (+) 좋은 것, 좋았던 것, 긍정적
- ◆ (△) 생각해 볼 것, 고민인 것, 애매한 것
- ◆ (?) 잘 모르는 것, 이해되지 않는 것
- ◆ (¤) 아이디어, 새로운 것, 몰랐던 것

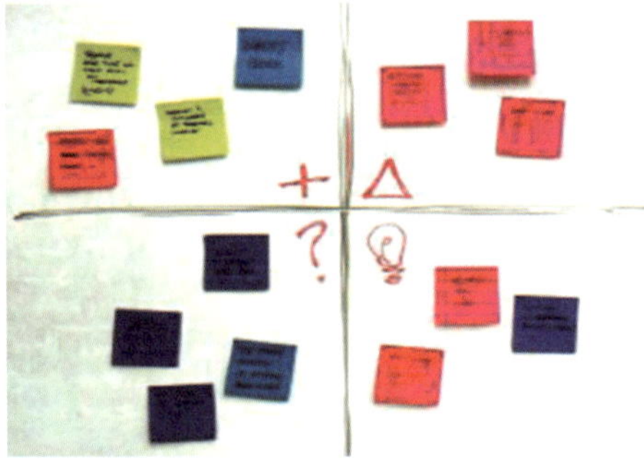

(2) 1인칭 피드백하기

사용 대상자들로부터 해결책에 대한 개념, 그리고 다른 사람으로부터는 디자인 프레임워크에 대해 피드백을 받는 것이 유용하다. 이 피드백은 1인칭 문장으로 하는 것이 좋다. 또한 간단한 구조로 묻는 것이 체계적인 피드백에 도움이 된다.

Why? 왜 이것을 사용하나요? , How? 어떻게 이것을 사용하나요?

"------가 좋았다.", "----하면 좋겠다.", "만약------라면" 등의 말을 사용해서 피드백 의견을 받는다. 이러한 방식으로 의견을 모아 의사결정에서 이를 반영한다.

읽어 보기

문제정의 실패 사례
인도의 우물 이야기(Unicef)

1980년대 인도, 마하라슈트라에서 유니세프는 구호활동을 진행하고 있었다. 그곳의 주민들에게 의료, 주거 지원 등 많은 봉사활동이 진행되었다. 마하라슈트라의 여성들은 오후 2시만 되면, 생활에 필요한 물을 공급하기 위해, 삼삼오오 모여서, 머리에 물통이를 이고 물을 길러 2시간을 걸어서 먼 냇가까지 가야만 했다.

이러한 인도 여성(며느리)들의 어려움을 해결하기 위해 유니세프가 생각해 낸 방법은 바로 '물펌프'를 만들어 주자는 것이었다.

마을 가운데 공동으로 사용할 수 있는 편리한 물펌프를 제공해주면, 인도의 여성들이 쉽게 물을 길어 올 수 가 있어서, 생활이 훨씬 편해질 것이라고 생각한 것이었다. 그러나, 놀랍게도 물펌프를 사용하는 사람은 극히 드물었다. 유니세프는 여성들이 이렇게 좋은 물펌프를 사용하지 않는지, 그 원인을 파악 해보았다.

그 이유는 외지에서 이 마을로 멀리 시집 온 며느리들에게 물을 긷는 2시간은 '노동의 시간' 이 아니라 '자유의 시간' 이었기 때문이다. 고된 일상에서 시어머니로부터 벗어날 수 있는 거의 유일한 시간이었기 때문이었던 것이다. 이처럼 사용자의 숨은 니즈에 대한 파악이 부족하여 문제의 정의를 잘못 내린 결과로 인해 실패 한 사례라고 볼 수 있다.

출처 : 이유종. "미래 선진 트렌드 '디자인씽킹' 과 소프트웨어의 미래" 세미나 자료 재구성

활동
하기

Creative Workshop

문제 발생 원인을 도출하기 위해 인과관계 다이어그램을 적용하여 다양한 원인들을 파악 하도록 해보자. 현재 문제가 되는 사회현상을 결과란에 기입하고 주요 원인을 ①②③④⑤번에 각각 기입하고 해당 주요 원인이 발생하게 된 하위 요인이 무엇인지를 분석해보자.

시제품(prototyping) 후 도출된 아이디어를 현실적으로 적용이 가능한 아이디어인지를 평가하기 위해서 다음과 같은 4가지 측면을 분석하여 보자.

잘된 점	잘 안된 점

개선할 점	향후 계획

학습 정리

◆ 4차산업혁명 시대를 맞이하여 창의성에 대한 중요성이이 부각되고 있다. 최근 창의적 능력을 향상시키기 위한 방법으로 디자인씽킹이 각광받고 있다.

◆ 세계적으로 유명한 디자인 전략 컨설팅 회사인 아이데오(IDEO)의 대표 팀 브라운은 "디자인씽킹은 고객들이 가치있게 평가하고 시장의 기회를 이용할 수 있으며 기술적으로 가능한 비즈니스 전략에 대한 요구를 충족시키기 위하여 디자이너의 감수성과 작업방식을 이용하는 사고방식이다."라고 정의하였다.

◆ 디자인씽킹의 프로세스는 총 5단계로 구성되어 있으며, 1단계 공감, 2단계 정의, 3단계 상상, 4단계 시제품, 5단계 시험으로 구성되어 있다.

◆ 1단계 공감단계에서는 인사이트 도출 방법으로 관찰, 심층 인터뷰, 동행관찰 등이 있다.

◆ 2단계 정의단계에서는 대상자 니즈를 명시적/표면적 니즈와 잠재적/심층적 니즈로 분류할 수 있으며, 대상자도 인지하지 못하지만 무의식적으로 해결되기를 원하는 욕구인 잠재적/심층적 니즈를 해결한다면 사용자는 무한한 감동을 느끼게 된다.

◆ 2단계에서 인사이트를 도출하는 방법으로 페르소나 기법, 공감지도, 고객여정 지도 등이 있다.

◆ 3단계 상상에서는 아이디어를 체계적으로 발굴하는 절차를 가진다. 아이디어를 발굴할 주제를 선정하여 다양한 아이디어를 발굴하고 선별 후 평가를 내려 최종 아이디어를 발굴하는 과정을 거친다.

◆ 아이디어 발굴 기법으로 스캠퍼 기법, 브레인라이팅 등이 있다.

◆ 4단계 시제품단계에서는 스케치, 페이퍼 프로토타이핑, 역할극, 레고시리어스플레이스 등의 프로토타이핑 방법이 있으며, 주위에서 손쉽게 구할 수 있는 재료를 활용하여 구체적으로 묘사하는 것이 바람직하다.

◆ 5단계 시험단계에서는 사방면으로 피드백하기와 1인칭 피드백하기를 통해 테스트한다.

◆ 일반적 의사결정과 창의적 의사결정과의 가장 큰 차이는 대안 제시 단계에서의 확산적 사고기법이다.

참고문헌

- 이유종. "미래 선진 트렌드 '디자인씽킹' 와 소프트웨어의 미래"
- 비제이 쿠마, 이유종, 오동유, 주종필(2014.10). "혁신모델의 탄생"
- 비제이 쿠마, 이유종, 오동유, 주종필(2014.10). "혁신모델의 탄생 워크북"
- IDEO.org(2014.04). "IDEO 인간중심 디자인 툴킷"
- 스탠포드 디자인 스쿨(http://www.valleyinside.com)
- 스탠포드 D스쿨(http://dschool.stanford.edu/)
- 한국사회적기업진흥원 홈페이지(www.socialenterprise.or.kr)

5장. 키워드 인덱스용

디자인씽킹	공감	정의	상상
시제품	시험	인사이트	페르소나
공감지도	고객여정 지도		

"너 스스로 세상에 원하는 변화가 되어라."
"You must be the change you want to see in the world."

인도의 정신적 지도자, 마하트마 간디(Mahatma Gandhi)

06

사업타당성분석과 소셜벤처 비즈니스 모델

학습 목표

1. 소셜벤처 비즈니스 모델의 정의를 이해한다.
2. 소셜벤처 비즈니스 모델의 특징을 설명할 수 있다.
3. 소셜벤처 사업타당성 분석을 설명할 수 있다.
4. 소셜벤처 사업타당성 분석 체크리스트를 이해할 수 있다.

시 작 하 기

농촌과 도시를 연결하여 사회적 가치를 창출하는 **농사펀드**

판매 걱정없이 본인의 철학대로 농사를 짓고 싶은 사람들의 고민과 친환경 먹거리를 제공받고 싶은 도시민들의 바람을 모아 (주)농사펀드 박종범 대표는 '도시와 농촌이 친구가 될 수 있는 플랫폼을 개발했다.

박 대표는 "영농자금 마련 혹은 판로문제 등이 친환경적인 먹거리를 재배하지 못하는 원인"이라면서 "밀식, 농약, 화학비료 등으로 재배된 농산물들이 결국 도시민의 입 속으로 직결되는 만큼 농부들의 불안은 곧 우리의 문제"라고 지적했다.

박 대표는 이어 "이같은 문제를 스스로 개선하고자 기존의 판로를 거치지 않고 도시민들에게 환경적인 방법으로 재배된 농산물을 직접 제공하는 것이 '농사펀드'의 목적"이라고 설명했다.

2015년 4월 오픈한 '농사펀드'는 농부와 소비자 모두에게 혜택을 주는 유통방식을 활용한다. '농사펀드'는 크라우드펀딩을 통해 소비자와 농부를 직접 연결한다. 우선 '농사펀드'는 엄격한 기준으로 농부를 선정한다. 이후 크라우드펀딩을 통해 소비자를 모집하고 소비자는 농부의 생산계획과 과정을 보고 펀딩 여부를 결정할 수 있다. 농부는 이렇게 모인 후원금으로 농사를 짓고 수확한 농산물을 소비자에게 배송한다. 소비자는 안전한 농산물을 저렴한 가격에 즐길 수 있다. 소비자는 플랫폼을 통해 펀딩을 하는 과정에서 단순 구매뿐 아니라 체험을 할 수도 있다.

박 대표가 '농사펀드'를 기획하기 시작한 것은 2014년 전북 무주에서 만난 할머니의 이야기를 듣고나서다. 할머니가 매실 5kg 박스 4박스, 총 20kg를 수확해 판매한 후 통장에 입금된 돈은 단돈 500원이었다. 상하차비용(물류비) 및 상인 수익 등을 빼고나니 500원이 입금된 것. 박 대표는 "당시 할머니가 더운 여름날 매실을 주으며 몇 시간을 고생했는데 고작 500원이라니. 이건 말도 안된다고 생각했고 농사펀드라는 크라우드 형식의 플랫폼을 만들게 됐다"고 밝혔다. 그는 "중간 비용을 줄이는 것도 의미가 있지만 할머니에게 소비자들이 공정한 것을 보상해드리는 것의 의미가 더 크다. 농사펀드는 할머니가 매실을 따고 박스에 넣어서 발송하는 과정에 대한 비용을 직접 정할 수 있게 도와드리면 할머니는 다 팔 수 있을지 불안한 마음없이 판매를 할 수 있다"고 전했다.

유통구조의 문제점을 바로잡고자 시작한 '농사펀드'의 대표 사례인 '품종별 자두펀딩 프로젝트'는 판로문제를 개선해 소비자들에게 다양한 품종의 자두를 시기별로 맛볼 수 있도록 했다. 사전 수요자를 모집하기 위해 오픈한 펀딩은 3일 만에 목표 자금 100%를 달성했고 30일 만에 1568만9500원의 후원을 받았다. 생산자는 수확 전 모인 투자 고객 덕분에 안정적인 판로를 확보할 수 있었고, 소비자들은 중간 유통기간 없이 가장 맛있을 때 수확한 자두를 먹을 수 있었다.

또 다른 사례인 '소비자 맞춤 명란젓 프로젝트'는 소비자가 원하는 '안전 먹거리'를 생산하기 위해 기획됐다. 발색제 및 첨가물을 사용하지 않은 '자연 그대로 명란'을 소비하고자 하는 사람들에 의해 오픈 1시간 만에 목표자금을 100% 달성했고 28일 만에 총 1678만3000원의 후원을 받았다.

박 대표는 "농촌과 도시의 거리가 가까워질수록, 또 농촌과 도시에서의 시간이 느리게 흐를수록 도시민들의 식생활은 그 안전성을 보장 받는다"고 말한다. "이러한 아이러니한 농업구조 속에서 농사로써 벌어먹고 살려면 결국 친환경적인 먹거리를 생산하는 일에서부터 멀어질 수밖에 없는 것"이라고 꼬집었다. 경기 고양시 우버농장에서 진행된 '노마드농부'의 '토종쌀 자급자족 프로젝트'에는 78명이 참여했다. 소비자들은 직접 토종벼 품종을 심으며 농업활동에 참여했고 이를 통해 토종쌀의 가치는 물론이고 농부들의 노동환경까지 알 수 있었다. 소비자인 동시에 참여자인 이들은 다양한 토종벼 품종을 직접 심으며 논에 대한 촉감이나 품종에 따라 다른 밥맛 등을 느껴보고 농부의 노동강도까지 체험해볼 수 있었다.

출처 : 그린포스트코리아(2018.8.17, http://www.greenpostkorea.co.kr)
농사펀드 홈페이지(https://farmingfund.co.kr)

생각해 보기

01 '농사펀드' 사례를 읽고 '농사펀드'가 가지고 있는 비즈니스 모델이 무엇인지 논의해 보자.

02 '농사펀드'와 유사한 비즈니스 모델을 찾아보고, 차이점이 무엇인지 서로 토론해 보자.

6.1 소셜벤처의 사업타당성 분석

소셜벤처 창업 아이디어를 발견하였으면, 창업 아이디어가 사업기회가 될 수 있는지 사업타당성 검토를 하여야 한다. 일반적인 창업 아이디어의 사업타당성분석은 시장성분석, 기술성분석, 수익성분석, 창업자역량 분석 4가지로 구분된다(그림 6-1).

그림 6-1 창업 아이디어 사업타당성 분석 요인

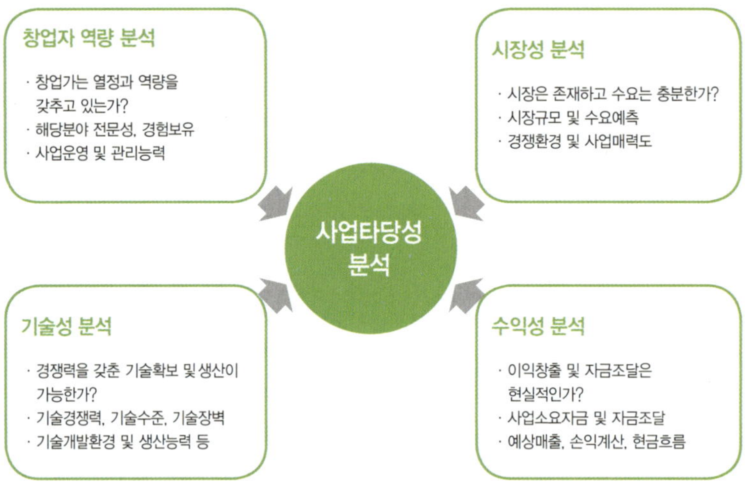

하지만, 소셜벤처 창업 아이디어는 영리목적의 수익성도 중요하지만, 사회적 문제 해결이 가능한지, 사회적으로 어떠한 영향력을 기여할 수 있는지 등의 사회적 이슈 해결가능성도 사업타당성 측면에서 매우 중요하다. 따라서, 소셜벤처 관점에서 사업타당성분석은 어떻게 하는 것이 바람직한 것인지 살펴보도록 하자.

1) 소셜벤처의 사업타당성 분석이란?

소셜벤처의 사업타당성분석은 크게 사회적가치 잠재력, 시장잠재력, 경쟁우위 잠재력, 지속가능성 잠재력의 4가지 잠재력 평가를 통해 가능하다. 일반 벤처기업의 사업타당성요인과 차이점은 사회적가치 잠재력이 추가되고 큰 비중을 차지하는 것이다.

사업타당성 분석은 일반적으로 방대한 시장조사와 고객조사를 통해 이루어진다. 하지만, 심층적인 사업타당성 분석을 하기에는 다루는 자료가 방대하고 기법이 복잡할 수 있어, 각 잠재력 지표에 대한 자료분석을 통해 체크리스트를 작성하여 비교적 쉽게 사업타당성을 분석할 수 있는 방법을 제시하고자 한다.

2) 소셜벤처의 사업타당성 분석 체크리스트

(1) 사회적가치 잠재력(Social Value Potential)

소셜벤처의 사업기회가 가능한지는 가장 먼저, 사회적가치를 창출할 수 있는 잠재력이 어느 정도가 될 것인가?이다. 아무리 수익이 좋은 사업이라도 사회적가치를 창출하는 것이 매우 낮다면 소셜벤처를 창업할 타당성이 부족하다. 사회적가치 잠재력은 크게 다섯가지 기준을 중심으로 측정할 수 있다. 첫째, 문제와 관련된 이해관계자들의 사회적수요가 높은지를 분석한다. 예를 들면, 저소득층 고령자를 위한 사회복지 서비스를 생각하고 있다면, 먼저 저소득층 고령자를 대상으로 어려움이 무엇인지 파악하여 보고, 문제가 얼마나 심각하고 문제해결에 대한 수요가 높은지, 낮은지를 파악하여야 한다. 또한, 사회복지사 등 관련 전문가들과도 인터뷰를 통해 저소득층 고령자들을 위해 필요한 서비스가 무엇이고, 문제 해결에 대한 수요가 어느 정도인지 파악할 필요가 있다.

이같이 해당 당사자 또는 관계된 사람들과의 인터뷰를 통한 직접적인 수요조사 외에도 신문기사나 통계자료 등을 검색하는 등 관련 자료를 찾아서 문제 해결을 위한 사회적수요가 얼마나 요구되는지 파악하는 것도 하나의 방법이다.

이미 소셜벤처를 창업한 기업의 경우에는 기획하는 창업아이디어가 기존의 미션과 얼마나 일치하는지 파악할 필요가 있다. 아무리 좋은 창업기회라 하여도 이미 작성된 미션과 일치하는 정도가 낮다면, 가급적 진행하지 않는 것이 바람직하다. 한편, 새롭게 창업을 하고자 하는 경우라면, 창업기회에 대한 미션을 작성하여 보고, 과연 미션과 창업기회가 어느 정도 일치하는가를 판단할 필요가 있다.

또한, 개발하고자 하는 제품 또는 서비스가 제공하는 사회적 영향력이 어느정도 큰지를 파악하여야 한다. SROI 즉, 사회적가치를 개략적으로 계산하여 비용대비 사회적가치가 어느 정도 제공되는지 사회적효익의 타당성을 계산하여야 한다. 마지막으로 지역사회로부터 어느정도 지지를 받을 수 있는 지 파악한다. 아무리 좋은 제품 또는 서비스라 할지라도 지역사회의 이익이나 풍습, 법규에 위반되는 경우에는 지역사회로부터 외면받게 되고, 결국 소셜벤처 창업기회의 타당성이 낮을 수밖에 없게 된다.

표 6-1 사회적 가치 잠재력 (Social Value Potential)

기 준	강력한 기회	약한 기회
사회적 수요	문제에 관련된 이해당사자들의 요구가 명확하고 높음	문제에 관련된 이해당사자들의 요구가 불명확하고 낮음
미션과의 일치성	하고자 하는 사업이 미션과 일치하는 정도가 높음	하고자 하는 사업이 미션과 일치하는 정도가 낮음
달성 가능한 영향력 수준	서비스 또는 제품이 사회적수요를 상당히 충족할 것임	서비스 또는 제품이 사회적수요를 매우 제한적으로 충족할 것임
SROI	사회적 편익이 매우 높음	사회적 편익이 낮음
지역사회 지지	서비스 또는 제품에 대해 지역사회의 지지가 높음	서비스 또는 제품에 대해 지역사회 지지가 낮음

(2) 시장 잠재력 (Market Potential)

소셜벤처 아이디어의 시장잠재력을 측정하는데 가장 첫 번째 지표는 제품 또는 서비스에 대해 타겟 고객들이 어느 정도 수요가 있는가를 파악하는 것이다. 기능적으로 또는 취지가 아무리 좋은 제품과 서비스라 할지라도 정작 해당 고객이 원하지 않는다면 아이디어의 시장잠재력은 낮을 수밖에 없다.

예를 들면, 요즘 비만에 대한 사회적 문제가 증가하고 있다. 인스턴트 식품 또는 육류소비의 증가에 따라 청소년 비만도 매우 심각한 사회적 이슈이다. 이같은 사회적 문제를 해결하기 위해 청소년을 대상으로 다이어트 요리수업을 개설하여 청소년들에게 건강한 식습관을 갖게 하여 비만을 낮추는 창업을 하고자 하는 창업 아이디어에 대하여 어떻게 생각하는가? 아마, 부모님들은 대환영일 것이고, 선생님들도 매우 좋은 아이디어라고 환영을 하여 시장잠재력이 높다고 할 수 있는가? 물론, 가능성은 있겠지만, 정작 청소년들은 요리수업에는 별로 관심이 없고 오히려 운동을 더 선호하여 요리수업에 참석 안 할 가능성이 높다. 즉, 타겟 고객이 제품 또는 서비스에 얼마나 관심을 갖고 수요를 갖고 있는지가 가장 중요한 지표이다.

또한, 기회의 창 관점에서 시장에 진입하는 시점이 적절한지 파악하여야 한다. 시장이 형성되기도 전에 제품 또는 서비스를 개발할 경우, 충분한 수요가 존재하지 않아 매출로 이어지기가 쉽지 않게 된다. 대부분의 소셜벤처 기업들의 자금이 충분하지 않음을 감안할 때, 너무 일찍 시장에 진입할 경우, 좋은 제품과 서비스를 개발해 놓고도 자금부족에 의해 폐업하는 경우가 발생할 수 있다. 반면에 너무 늦게 시장에 진입하게 되면, 이미 유행이 지난 제품 또는 서비스가 되어 고객들로부터 외면 받을 수밖에 없다. 따라서, 개발하고자 하는 제품 또는 서비스가 시장 트랜드 관점에서 시기가 적절한지 파악하여야 한다.

이외에도 제품/서비스에 대하여 정부, 투자자 등 관련 기관에서 투자에 대한 관심이 어느 정도 인지를 파악하여야한다. 시장크기 역시 중요한 지표이다. 국내 시장용 보다는 글로벌 시장진출 가능성도 있어 시장의 크기나 성장성이 높은 것이 바람직하다. 마지막으로 시장의 경쟁강도가 어느 정도인지 파악하여 달성가능한 시장점유율을 측정할 필요가 있다.

시장 잠재력을 분석하기 위해서는 일반적으로 PEST 관점에서 고객들의 시장 트랜드에 대한 통계자료를 활용하여 접근하는 것이 필요하다. 즉, 각종 통계자료, 시장데이타 등을 활용하여 시장잠재력에 대한 객관적인 자료들을 제시하여야 한다.

표 6-2 시장 잠재력 (Market Potential)

기 준	강력한 기회	약한 기회
고객 필요 또는 욕구	제품, 서비스에 대하여 수요가 높음	제품, 서비스에 대한 수요가 높지 않음
기회의 창	시장 진입 시점이 매우 좋음	시장진입 시점이 않 좋음
투자자 관심수준	정부, 투자자, 지자체등에서 투자관심이 높음	정부, 투자자, 지자체에서 투자관심이 낮음
시장 규모	매우 큼	작음
달성가능 시장 점유율	경쟁이 낮아 시장점유율 확대가능성이 높음	경쟁이 치열해서 시장점유율 달성이 어려움

(3) 경쟁우위 잠재력 (Competitive Advantage Potential)

아무리 좋은 아이디어라 하더라도 이미 기존에 많은 경쟁자가 있다면 사업타당성은 낮아질 수밖에 없어 철저한 경쟁환경 분석이 필요하다. 일반적으로 산업에서의 경쟁력을 분석하기 위해서 마이클 포터의 산업구조 분석 모형을 사용하며, 이는 5가지 요인으로 구성되어 있다. 하여 5 forces model이라고도 부른다. 즉, 마이클 포터는 제품/서비스의 경쟁력을 파악하기 위해서는 경쟁력과 관련 있는 5가지 요인을 분석하는 것을 추천하였다.

포터는 산업의 구조를 기업에 대한 5개의 경쟁세력인 산업내 경쟁자, 시장의 신규 진입자, 대체 제품과 서비스, 구매자, 그리고 공급자로 제시하고 있다. 그리고 이 경쟁세력들이 산업의 경쟁강도와 수익성, 그리고 산업의 구조적 매력도를 결정하므로, 기업의 경쟁력에 핵심적인 역할을 한다는 점을 기본 전제로 한다. 따라서 5 Forces model을 통해 5가지 경쟁세력이 현재와 미래에 미치는 경쟁강도가 어떠한지를 분석하고, 이를 기반으로 기업의 전략방향을 도출한다.

우선 각 경쟁세력에 대한 기본 개념을 이해하고, 전체 산업구조의 경쟁정도를 종합적으로 검토하기 위한 체크리스트를 작성해 보도록 하자.

① 산업 내 기존 경쟁자들 간의 경쟁 강도

제품, 서비스 관련 기존 기업들이 얼마나 많이 존재하는지, 기존 기업들간의 경쟁이 얼마나 치열한지를 파악한다. 한정된 시장에 너무 많은 경쟁기업이 존재한다면 경쟁우위에 서기 위해 제품이나 서비스의 가격을 터무니없이 낮추어 수익 창출이 어려워지고, 공격적인 홍보/마케팅으로 인하여 지나친 비용 부담을 떠안을 수 있으며, 빈번한 신제품 출시에 따른 압박 등이 높다면, 사업타당성은 그만큼 낮을 수밖에 없다.

그림 6-2 포터의 5 Forces 모델과 산업구조 구성요인

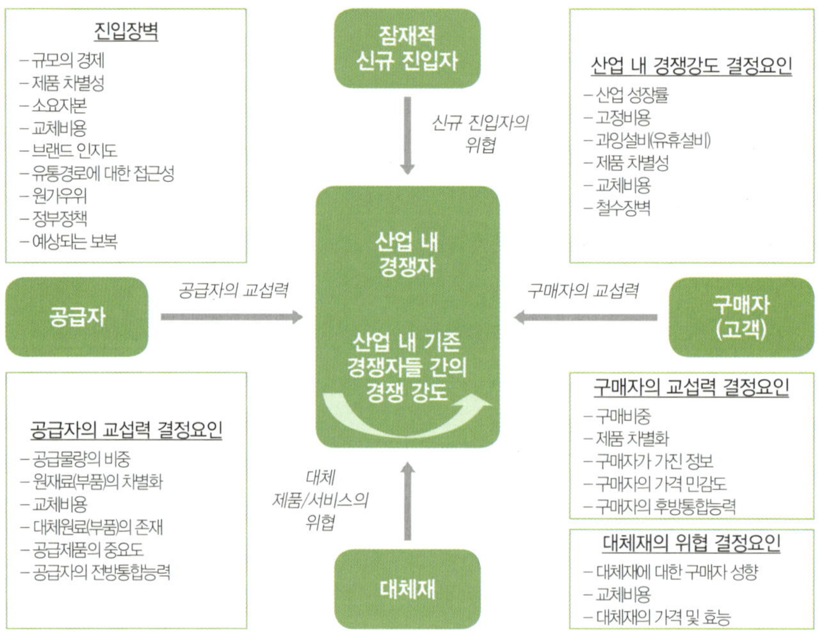

자료 : Porter, M. (1998). Competitive Strategy. New York: Free Press, pp. 3-5.
경영실무리뷰(http://mbr.co.kr), 휴넷 전략기획아카데미(http://strategy.hunet.co.kr/main/main.asp) 자료를 토대로 재구성

② 신규 진입자의 위협

진입장벽이 낮아 많은 기업들이 쉽게 시장에 진출할 가능성이 높다면, 그만큼 경쟁은 치열하게 되고, 시장점유율과 수익성은 낮아질 수밖에 없다. 대표적으로 시장진입이 낮은 시장이 치킨 시장이라 할 수 있다. 치킨을 만드는 것은 재료를 가지고 매뉴얼대로 기름에 튀기기만 하면 되기에 누구나 쉽게 시장에 진입할 수 있다. 대한민국의 치킨집 수가 전세계의 맥도날도 가게보다 많다고 하니, 얼마나 진입장벽이 낮은가를 알 수 있다. 따라서, 가급적 기획하는 제품, 서비스가 기술적 우위가 있어 다른 기업들이 쉽게 시장에 진입할 수 없는 아이템이 바람직하다.

③ 대체재의 위협

대체재라 함은 고객들이 어떤 특정 제품 또는 서비스가 아니어도 자신의 니즈가 어느 정도 충족 가능하여 대체적으로 구매할 수 있는 제품 또는 서비스를 의미한다. 즉, 구매자의 경제 상황이 좋

지 않을 때는 소고기 대신 돼지고기를 구매할 수 있는데, 이때 돼지고기를 소고기의 대체재라 한다. 제품에 대한 대체재가 존재하고, 그 숫자가 많다면 그만큼 경쟁력은 약해질 수밖에 없다.

④ 공급자 교섭력

산업 내에서 공급자의 교섭력(또는 협상력)이 강할 경우에는 공급자가 기업보다 지배적인 위치에 있기 때문에, 기업에 납품하는 제품에 대해 공급가를 인상하거나 품질을 낮추는 위협이 발생할 수 있다. 따라서, 공급자가 있다면, 공급자에 대하여 어느 정도의 교섭력을 발휘할 수 있는 지를 판단하여야 한다. 만약, 제품, 서비스 개발에 필요한 부품, 또는 원자재를 납품하는 공급자가 많다면 공급가간 경쟁이 있어, 쉽게 공급자와 계약조건을 유리하게 협상할 수 있다. 이 경우에는 공급자 교섭력이 약하고, 오히려 창업기업의 교섭력이 강하게 되어 경쟁력이 더 높아질 수 있다. 즉, 공급자 교섭력이 강하면, 경쟁력이 약해지고, 공급가 교섭력이 약하면 경쟁력은 높아진다.

⑤ 구매자의 교섭력

구매자는 고객이라 할 수 있다. 고객이 제품 가격에 민감하여 쉽게 가격을 올릴 수 없는 경우, 제품에 대해 가지고 있는 정보가 많아 쉽게 가격비교가 가능하거나, 제품의 가격, 품질, 기능 등이 차별적이지 않을 경우에는 구매자 즉, 고객의 교섭력(또는 협상력)이 강하다고 할 수 있다. 구매자의 교섭력이 강한 만큼 기업의 교섭력은 그만큼 약해질 수밖에 없다.

이상 5가지 요인을 분석하여 보면, 개발하고자 하는 아이템의 산업내 경쟁력을 쉽게 파악할 수 있다. 파악된 결과를 토대로 경쟁우위 잠재력을 평가하여 보자.

한편, 소셜벤처에서 일반 벤처기업 경쟁력분석과 차이가 나는 점은 미션이 얼마나 영향력이 강한가를 측정하는 것이다. 즉, 소셜벤처의 미션이 아주 훌륭하여 주위에서 쉽게 공감하고 호응도가 높아 영향력이 높다면, 경쟁기업에 비하여 제품/서비스 판매가 더 쉽다. 또한, 기부금 등 자금을 모집할 때도 사업 취지에 대한 이해가 높아 쉽게 모집이 가능한 장점이 있다. 마지막으로 경영팀의 경험과 경영스킬에 대하여 판단하여 기회수준을 측정한다.

표 6-3 경쟁우위 잠재력

기 준	강력한 기회	약한 기회
진입 장벽	높음	낮거나 존재하지 않음
예상 파트너십	많은 파트너 확보가 가능함	파트너 확보가 어려움
비용 협상 우위	비용, 가격, 유통채널 등 비용발생 요인에 대해 협상 우위가 높음	비용, 가격, 유통채널 등 비용발생 요인에 대해 협상 우위가 낮음
미션의 영향수준	미션의 공감도와 호응도가 높아 주위에 강력한 영향력이 있음	미션의 공감도와 호응도가 낮아 주위에 크게 영향을 주지 못함
경영팀	경영스킬과 경험이 우수함	경영스킬과 경험이 낮음

(4) 지속가능성 잠재력 (Sustainability Potential)

소셜벤처의 가장 큰 문제점 중의 하나는 강력한 비즈니스 모델을 갖추지 못하여 지속가능 성장이 낮은 것이다. 따라서, 사업타당성 측면에서 과연 지속가능성 잠재력이 충분한가를 파악하여야 한다. 지속가능성 잠재력에 영향을 미치는 요인으로는 물리적 자원(자금, 시설, 장비, 공장 등), 인적 자원 (경험과 경영스킬이 풍부한 인력확보 등), 투자자들의 관심도, 우수한 비즈니스 모델 확보를 통한 양호한 수익성 정도, 주위 관계자들에 대한 미션의 영향수준 등이다. 이상의 측정지표 관련 자료를 취합하고 분석하여 기회수준을 측정하여 보자.

표 6-4 지속가능성 잠재력

기 준	강력한 기회	약한 기회
물리적 자원 역량	기업경영을 위한 자원 (자금, 시설,장비 등)이 풍부함	기업경영을 위한 자원 (자금, 시설,장비 등)이 부족함
인적자원 역량	창업가, 직원, 임원진들의 경영스킬과 경험이 우수함	창업가, 직원, 임원진들의 경영스킬과 경험이 낮음
투자자 관심	정부, 투자자, 지자체등에서 투자에 대한 관심이 높음	정부, 투자자, 지자체등에서 투자에 대한 관심이 낮음
이익 창출 능력	제품 또는 서비스의 경쟁력이 우수하여 수익성이 높음	제품 또는 서비스의 경쟁력이 낮아 수익성이 낮음
미션의 영향수준	미션의 공감도와 호응도가 높아 주위에 강력한 영향력이 있음	미션의 공감도와 호응도가 낮아 주위에 크게 영향을 주지 못함

4개의 잠재력에 대한 세부지표에 대한 자료 분석을 통해 각각 낮음 (LOW), 중간(Midium), 높음 (High)으로 평가한 뒤 4개의 잠재력 지표로 종합하여 최종적으로 사업타당성에 대한 결론을 도출한다.

표 6-5 종합적인 잠재력

기 준	평 가
사회적가치 잠재력	낮음 / 중간 / 높음
시장 잠재력	낮음 / 중간 / 높음
경쟁우위 잠재력	낮음 / 중간 / 높음
지속가능성 잠재력	낮음 / 중간 / 높음
종합 잠재력	낮음 / 중간 / 높음

6.2 소셜벤처 비즈니스 모델

소셜벤처의 최종목표인 사회적 영향력을 높이기 위해서는 일반 벤처기업과 마찬가지로 경쟁력 있는 비즈니스 모델의 확보가 중요하다. 본 장에서는 일반 벤처기업의 비즈니스 모델과 소셜벤처 기업의 비즈니스 모델은 어떤 차이점이 있는가를 파악하면서, 소셜벤처 비즈니스 모델의 정의와 캔버스 작성법에 대해 자세히 알아보도록 하자.

1) 비즈니스 모델의 정의

비즈니스 모델(business model)은 1990년대 말 이후 인터넷, 정보기술의 발전을 배경으로 인터넷 닷컴 기업들이 출현하기 시작하면서 비즈니스 실무에서 확산된 개념이다. 인터넷 기업들은 전통적인 오프라인 기업과 비교해 가치와 수익을 창출하는 방식이 근본적으로 달라서 이러한 차이를 비즈니스 모델이라는 용어를 사용하여 설명하였다.

비즈니스 모델 연구자로 잘 알려진 폴 티머스(Timmers, 1998) 박사는 비즈니스 모델을 제품, 서비스 및 정보의 흐름이며, 다양한 참여자들의 잠재적인 이익과 수익원천을 설명해 주는 청사진이라 정의하였고, 마이클 라파 교수(Rappa, 2000)는 기업이 가치사슬상에서 어느 위치에 속하는가를 명시함으로써 매출을 발생시킬 수 있는 방법을 보여줄 수 있는 것이라고 정의하였다.

Business-Dictionary에서는 비즈니스 모델을 정의하기를, 기업이 고객에게 가치를 전달하고, 고객들을 가치를 위해 돈을 지불하도록 유인하고, 그들의 비용 지불을 수익으로 전환하는 방식이라고 정의하였다. 콜과 미첼(Coles and Mitchell, 2004)은 어떤 조직단체에서 그들의 고객에게 제품과 서비스를 제공하고, 자원과 능력을 개발하기 위하여 "What", "Who", "When", "Where", "Why", "How", "How much" 의 사용가능한 조합이라고 정의하였다.

비즈니스 모델 관련 저서로 잘 알려진 오스터왈더(Osterwalder, 2010)는 한 조직체에서 어떻게 고객 가치를 창출하고 전달하고 수익원을 확보하는지에 대한 합리적 방안이라 정의하였다. 이와 같이 비즈니스 모델의 개념을 연구하기 위해 많은 학자들이 연구를 하였는데 이를 종합하면 비즈니스 모델은 '사업 아이디어를 가지고, 어느 시장에서, 누구에게, 어떤 가치를 어떤 방법으로 전달하고 어떻게 수익을 창출할 것인지에 대한 전반적인 방향과 방법을 정의한 것이다. 기존 비즈니스 모델의 정의에 대해서 다양한 의견들이 제시되었는데, 그 내용은 [표 6-1]과 같다.

표 6-6 비즈니스 모델의 정의

연구자	정의
Timmersl (1998)	다양한 사업 참여자와 그들의 역할을 포함하는 제품 서비스, 정보흐름의 구조이며, 다양한 참여자들의 잠재적인 이익과 수익원천을 설명해 주는 청사진
Venkatraman & Henderson (1998)	고객과의 상호작용, 자산 형태, 지식 수단 등의 세 가지 측면에서 전략을 수립하기 위해 조정된 계획
Amit & Zott (2000)	사업 기회의 가치창출을 위해 설계한 거래내용, 구조, 관리를 설명해 주는 것
Ethiraj et al. (2000)	가치 창출 계획
Rappa (2000)	수익을 창출하기 위해서 사업을 영위하는 방식
Johnson et al., (2008)	고객 가치제안, 수익 공식화, 핵심 자원, 핵심 프로세스 4가지 구성요소가 서로 맞물려 가치를 창출하고 전달하는 것이다.
Casadesus Masanell & Ricart (2010)	기업의 실현 전략을 표현하는 형상이다.
Teece (2008)	기업이 고객에게 가치를 전달하기 위한 수익과 비용의 실행가능한 구조와 고객의 가치제안을 지원하는 논리와 자료 그리고 다른 증거들을 분명하게 표현하는 것이다.

출처 : The Business Model: Theoretical Roots, Recent Developments, and Future Research, IESE Business School University of Navarra.

초기 창업기업의 경우 반드시 비즈니스 모델이 우수하다고 반드시 성공하는 것은 아니다. 창업 환경에는 무수한 변수가 존재하기 때문이다. 하지만 비즈니스 모델의 타당성이 낮은 기업은 결코 성공할 수 없다. 완벽한 기술력으로 만든 제품과 높은 서비스 경쟁력이 뛰어난 창업기업이라도 비즈니스 모델이 목표 시장의 환경에 적용할 수 없다면 경쟁에서 멀어지고 결국 창업시장에서 도태된다는 점을 우선적으로 명심하고, 다음에서 소셜벤처 비즈니스 모델에 대해 살펴보도록 하자.

2) 소셜벤처 비즈니스 모델의 정의

소셜벤처의 비즈니스 모델은 경제적 가치를 창출하는 방법에 대한 로드맵을 보여주는 것 뿐만 아니라 측정할 수 있는 사회적 가치를 창출하는 방법도 보여줘야 한다. 즉, 사회적 영향력도 소셜벤처 비즈니스 모델의 중요한 한 부분이라고 할 수 있다. 소셜벤처 비즈니스 모델의 설계는 동일한 전략으로 전통적인 비즈니스 모델의 혁신으로 변화시키는 것이다. 물론 이러한 경우에는 주주뿐만 아니라 소셜벤처의 목적이 되는 사회적 편익을 필요로 하는 모든 이해관계를 고려할 필요가 있다. 또한, 몇몇 학자들은 비즈니스 모델 자체에 확연한 차이점이 없기 때문에 "모든 비즈니스 소셜벤처이다."라고 주장한다. 사실, 소셜벤처는 사회적 영향력을 향상시키는 강력한 방법이다.

많은 학자들은 소셜벤처 비즈니스 모델의 중요 구성요소를 다음과 같이 제시하였다.

- ◆ 첫째, 어떻게 비즈니스를 할 것인가를 분명하게 설명해야한다.
- ◆ 둘째, 어떤 비즈니스를 수행할 것이고 뒤이어 이런 행위가 가치를 어떻게 창출하는지에 대한 구체적인 설명을 보여줘야 한다.
- ◆ 셋째, 비즈니스 모델의 개념은 근본적인 활동을 수행하기 위해 도움을 줄 수 있는 파트너들에 집중해야한다.
- ◆ 넷째, 첫 번째부터 세 번째까지의 전통적인 비즈니스 모델의 구성요소에 추가적으로 영향력 측정 방법이 명시되어져야 한다.

따라서 전통적인 비즈니스 모델과 소셜벤처 비즈니스 모델의 차이점은 측정 가능한 사회적 영향력 제시라고 말할 수 있으므로 소셜벤처 비즈니스 모델의 정의는 기존의 비즈니스 모델과 같이 경제적 가치를 창출하기 위한 방법에 대한 로드맵뿐만 아니라 사회적 가치실현을 위한 사회적 영향력 측정 방법도 제시한 모델이라고 할 수 있다.

3) 소셜벤처 비즈니스 모델의 유형

소셜벤처 비즈니스 모델의 유형으로 가장 잘 알려진 것은 W.Grassl(2012)이 미션 지향성, 목표 시장 그리고 통합유형을 구성요소로 제시하여 3가지 구성요소 사이에 조화의 결과에 따라 9가지 기본 소셜벤처 비즈니스 모델을 제안한 분류 방법이다.

그림 6-3 소셜벤처 비즈니스 모델의 유형 구조

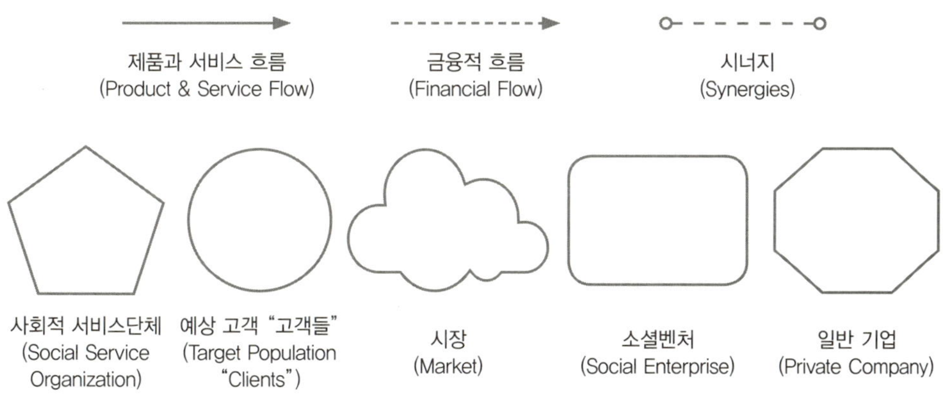

출처 : Wolfgan Grassl, Business Models of Social Enterprise: A Design Approach to Hybridity, 2012.

Grassl의 소셜벤처 비즈니스 모델의 유형 구조는 [그림 6-3]와 같이 각 도형별과 점선별로 의미를 부여하여 설명하였다.

첫 번째, 창업가 지원 모델(Entrepreneurs Support Model)은 예상 고객에게 사업지원과 금융 서비스를 파는 비즈니스 모델이다. 예상 고객은 소규모 기업이거나 1인 기업 형태이며, 대표적으로 소액금융(microfinance)과 개발지원 등이 있다.

그림 6-4 창업가 지원 모델(Entrepreneur Support Model)

출처 : Wolfgan Grassl, Business Models of Social Enterprise: A Design Approach to Hybridity, 2012.

두 번째, 시장 중개 모델(Market Intermediary Model)은 예상 고객으로부터 제품을 위탁 판매하거나 구매하는 형태의 비즈니스 모델이다. 생산들이 시장에 접촉하기 어려울 때 이런 형태를 보이며, 대표적으로 공정무역(fair trade), 수공예와 농업관련 단체에서 주로 실시된다.

그림 6-5 시장 중개 모델(Market Intermediary Model)

출처 : Wolfgan Grassl, Business Models of Social Enterprise: A Design Approach to Hybridity, 2012.

세 번째, 고용 모델(Employment Model)은 시장에서 고용되거나 그들의 서비스를 팔기 어렵다고 생각되는 사람들을 고용하고 직업 훈련을 제공하는 비즈니스 모델이다. 근로소득, 스킬 향상, 추가적인 서비스를 제공하는 형태이다. 보통 피부색 · 인종 · 종교 등을 이유로 분리되어 있던 사람들의 통합 또는 재활 등의 목적으로 설립된 경우이다.

그림 6-6 고용 모델(Employment Model)

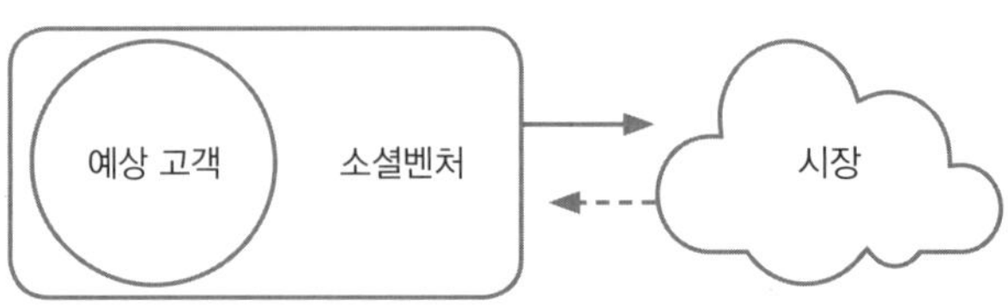

출처 : Wolfgan Grassl, Business Models of Social Enterprise: A Design Approach to Hybridity, 2012.

네 번째, 서비스 수수료 모델(Fee for Service Model)은 예상 고객이 제공된 서비스에 대한 사용 요금을 즉시 지불하는 형태의 비즈니스 모델이다. 예상 고객군은 매우 다양하며, 학교, 병원, 단체 등이 해당된다.

그림 6-7 서비스 수수료 모델(Fee for Service Model)

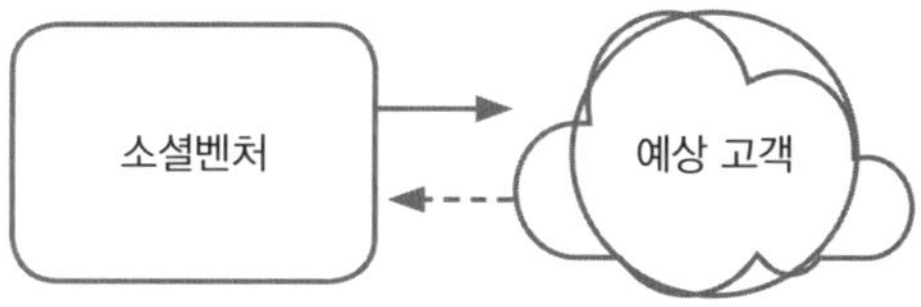

출처 : Wolfgan Grassl, Business Models of Social Enterprise: A Design Approach to Hybridity, 2012.

다섯 번째, 저소득 고객 모델(Low-Income Client Model)은 가난하고 저소득 고객층에게 제품 및 서비스를 제공하는 것을 목표로 하는 비즈니스 모델이다. 선진국 기업이 개발도상국의 저소득층을 대상으로 수익창출을 꾀하는 BOP사업(bottom of the pyramid business)과 유사하지만, 수익을 뜯어내지는 않는다. 헬스케어와 위생 제품 등에 적용될 수 있다.

그림 6-8 저소득 고객 모델(Low-Income Client Model)

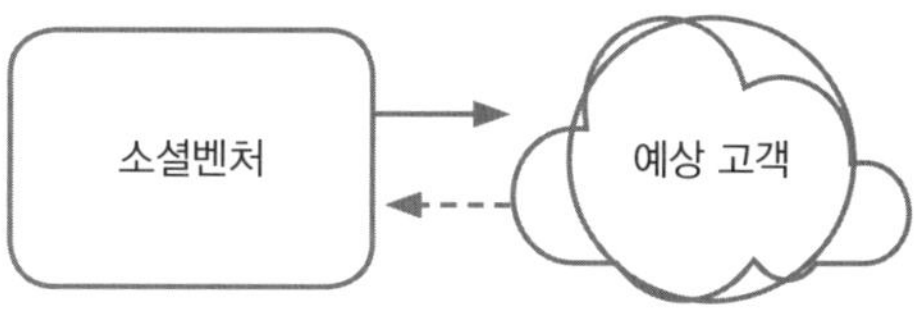

출처 : Wolfgan Grassl, Business Models of Social Enterprise: A Design Approach to Hybridity, 2012.

여섯 번째, 협동조합식 모델(Cooperative Model)은 단체, 목표 집단 그리고 시장이 협동조합 형태로 통합된 형태의 비즈니스 모델이다. 서비스와 혜택이 조합원들에게 제공되며, 농업과 금융 서비스에서 많이 나타난다.

그림 6-9 협동조합식 모델(Cooperative Model)

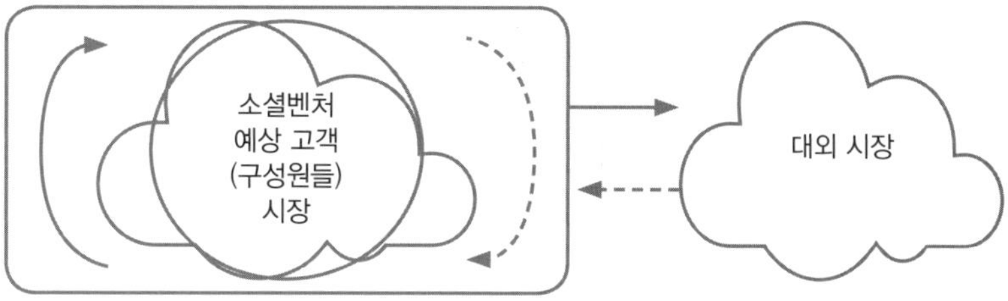

출처 : Wolfgan Grassl, Business Models of Social Enterprise: A Design Approach to Hybridity, 2012.

일곱 번째, 시장연계 모델(Market Linkage Model)은 시장에서 수수료를 받는 소규모 생산자, 기업 혹은 협동조합을 연결하는 형태의 비즈니스 모델이다. 대표적으로 영업 및 마케팅 관련 단체가 해당되며, 무역협회나 소규모 수입업자들이 대표적인 예이다.

그림 6-10 시장연계 모델(Market Linkage Model)

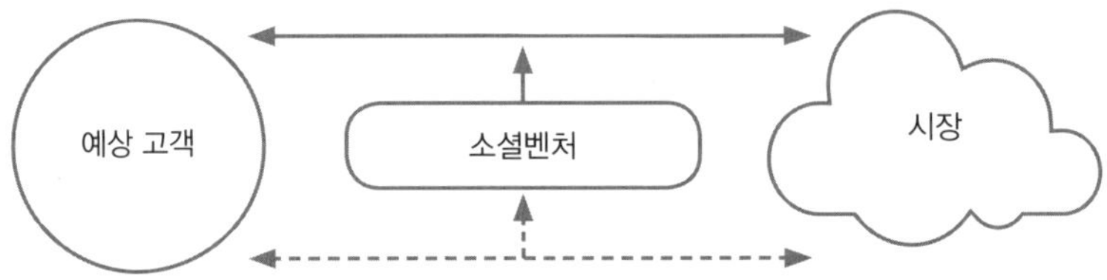

출처 : Wolfgan Grassl, Business Models of Social Enterprise: A Design Approach to Hybridity, 2012.

여덟 번째, 서비스 보조금 지급 모델(Service Subsidization Model)은 사회적 프로그램에 기금 마련에 도움을 주기 위해 대외시장에 제품 및 서비스를 파는 형태의 비즈니스 모델이다. 이 모델은 비영리 조직과 통합된 모델이다. 중고상점 운영, 컨설팅, 카운셀링, 고용 훈련, 프린팅 서비스 등이 해당된다.

그림 6-11 서비스 보조금 지급 모델(Service Subsidization Model)

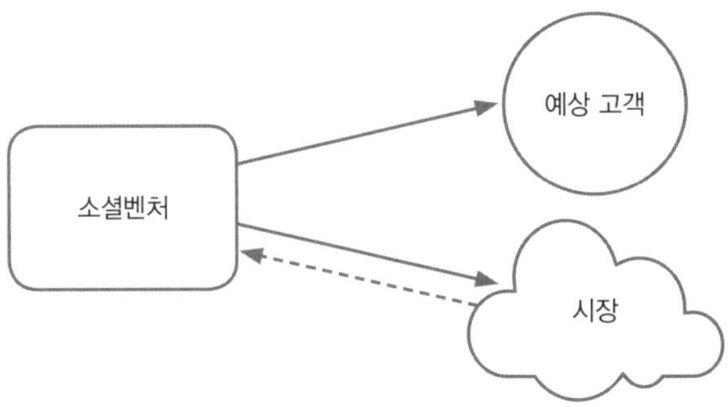

출처 : Wolfgan Grassl, Business Models of Social Enterprise: A Design Approach to Hybridity, 2012.

마지막으로 아홉 번째, 조직 지원 모델(Organizational Support Model)은 공공의 목적을 위해서 대외시장에 제품 및 서비스를 파는 형태의 비즈니스 모델이다. 이 모델은 보통 외부에 집중한다. 비즈니스 활동은 사회적 프로그램과 분리되어 있으며, 순수익은 소셜벤처 기업이 비영리 모체(nonprofit parent organization)의 운영 지출과 사회 프로그램 비용을 보장하기 위한 재정적 지원으로부터 발생한다. 이 모델은 유럽의 비영리 단체 모델에서 아주 흔히 볼 수 있다. 특히 환경단체의 경우 자회사를 가지고 있으며, 정부와의 계약을 통해 민간 기업의 환경 준수 수준점검 및 모니터링을 위해 계약을 맺는다. 수입은 다시 비영리 모체단체나 영리단체 투자가 되면서 환경 교육, 자문 활동을 위해서 지원하게 된다.

그림 6-12 조직 지원 모델(Organizational Support Model)

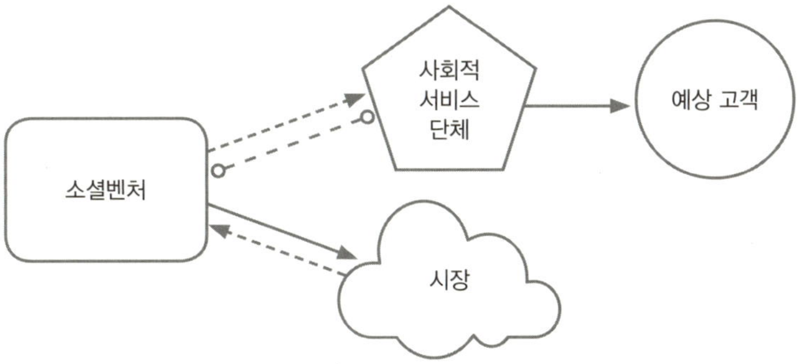

출처 : Wolfgan Grassl, Business Models of Social Enterprise: A Design Approach to Hybridity, 2012.

4) 소셜벤처 비즈니스 모델의 특징

소셜벤처에서의 비즈니스 모델 원칙은 사회적 복지, 재무적 그리고 경제적 안정성, 환경적 이익, 기업이익, 사회적 발전을 이루는 동안의 느끼는 행복함 등을 포함한다. 그러므로 소셜벤처의 비즈니스 모델은 사회적 복지와 경제적 이익뿐만 아니라 환경적 이익도 고려해야 한다. 좀 더 세부적으로 살펴보면, 소셜벤처의 비즈니스 모델의 특징은 소셜미션, 가치제안과 가치창출, 비즈니스 모델의 검증 방법 등이 차별화 된다. 그럼 각각의 특징에 대해서 알아보도록 하자.

(1) 소셜미션

소셜벤처 창업가들이 사업을 준비하는 과정이나 진행하면서 가장 많이 듣고 답하게 되는 것이 '소셜미션' 에 관한 것이다. 소셜미션은 소셜벤처를 준비하고자 하는 사람들에겐 익숙한 단어이지만, 대부분의 사람들에겐 무척 생소하고 낯선 단어일 것이다. 소셜벤처에게 소셜미션은 우리 기업이 세상에 존재해야 하는 근본적 이유이며, 창업팀이 주목하는 사회적 문제와 기업가의 열정이 담겨 있으며, 소셜미션은 일반 영리기업과 소셜벤처를 구분하는 핵심적인 기준이 된다.

- ◆ 기업 미션 : 고객(이해관계자)에게 어떤 가치를 제공할 것인가?
- ◆ 소셜 미션 : 주목하는 사회적 문제와 실현하고자 하는 사회적 가치의 명확화

비즈니스 관점에서 소셜미션이 중요한 이유는, 창업팀의 의사결정, 가치와 문화 및 동기부여, 소셜벤처 마케팅, 업무 프로세스 및 수익을 분배함에 있어 기준이 되기 때문이다.

표 6-7 소셜미션이 중요한 이유

구분	세부내용
의사결정	– 신규 사업 진출 혹은 제품이나 서비스 개발 시 기준 – 이사회 등 경영진 구성 시 소셜미션 관련 이해 관계자 참여
가치와 문화, 동기부여	– 조직 내부의 공통 소통의 도구가 되어 구성원을 한 방향으로 몰입 – 미국 1000대 기업 경영자가 뽑은 가장 강력한 동기 부여 도구
소셜벤처 마케팅	– 정부, 대기업, 공공기관 및 일반 소비자가 공감하는 소셜미션 제시는 강력한 마케팅 도구로 작용
업무 프로세스	– 제조 공정 및 서비스 제공 인력을 사회적 취약계층을 활용하여 운영 – 취약계층 고용, 착한 구매, 기부 연계 마케팅
수익분배	– 발생한 이익의 상당 부분을 취약계층 및 지역사회 분배를 통한 사회 환원

소셜미션을 수립하기 위한 프로세스는 사회적 문제 인식→ 아이디어와 기회 파악→ 사회적 · 경제적 가치 파악→ 소셜벤처 창업가 및 내부 구성원에 의한 미션 정의→ 이해관계자 공감대가 확보 되어야 하며, 프로세스별 세부적으로 점검해야 할 사항은 아래와 같다.

표 6-8 소셜미션 수립 프로세스

구분	세부내용
사회적 문제 인식	– 내가 정말 꼭 해결하고 싶은 사회적 문제 혹은 사회적으로 꼭 해결되어야 한다고 생각하는 사회적 문제는 무엇인가를 인식 – 정량적이고 구체적인 정보의 충분한 수집 – 깊이 있는 성찰을 통해 주목하고 있는 사회적 문제에 관한 전문가 수준의 이해 필요 – 주목하는 사회 문제에 대해 그 문제를 잘 모르는 사람들에게도 설명하면 공감할 수 있도록 정리가 되어야 함
아이디어와 기회 파악	– 문제의 근본 원인 파악(5-why, 이슈트리, 브레인스토밍 등) – 시장, 시민사회, 정부가 이 문제에 대해 어떤 해결 방향을 취했는지 파악 – 문제 해결의 아이디어를 다양하게 도출 – 아이디어 중 수요를 창출할 수 있는 아이디어를 기회로 파악
사회적 · 경제적 가치 파악	– 소셜미션 수립 시, 소셜벤처의 문제 해결의 기대치와 범위를 명확히 해야 함 – 사업 기대효과를 내 · 외부 이해 관계자들에게 명확히 전달할 수 있어야 함 – 사회적 가치는 정량적, 정성적 지표의 결과 수치 제시 · 정량적 지표 : 화폐가치로 환산이 어려운 사회적 가치를 정량적으로 정의 (취약계층 고용, 저소득층 사회 서비스 제공 대상자 수, 현수막 재활용 실적) · 정성적 지표 : 정량적 측정이 어려운 사회적 가치를 정의 (개인의 자존감 향상, 사회적 연대감, 시장 정화 등) – 경제적 가치는 목표로 하는 매출, 이익, 자산, 일자리 창출수
소셜미션 정의	– 우리는 누구인가?(차별성) – 우리가 만나는 사회적 문제는 무엇인가? – 주요 이해 관계자에게 어떤 가치를 제공해야 하는가? – 장기적으로 사용될 수 있는가? – 쉽고 명확하고 단순하게 작성했는가? – 조직이 추구해야 할 행동과 제거해야 할 행동 결정의 기준이 될 수 있는가? – 당신이 당신의 가족, 친척, 자녀, 사랑하는 이들에게 당신 조직의 미션을 말할 때 자랑스러워 할 수 있는가?
이해관계자 공감대 확보	– 내부 구성원 : 의사결정 과정에서 소셜 미션이 실현됨을 구성원이 경험하고 그것이 하나의 조직 문화로 만들어질 수 있어야 함 – 외부 이해 관계자 : · 5분 설명으로 이해 가능한 소셜미션 · 이해관계자들의 인식이 동일하게 나타날 수 있어야 함

소셜벤처 창업팀이 소셜미션을 수립하기 위한 작업을 진행할 때 흔히 저지르기 쉬운 4가지 유형의 오류가 있다. 첫 번째, 피상적으로 접근하거나, 두 번째, 모호하거나 광범위하거나, 세 번째, 세상의 모든 문제를 고민하거나, 네 번째, 자기중심적인 소셜미션이 만들어지는 경우이다. 이와 같은 오류를 피하기 위해 아래와 같은 내용에 대해 스스로 자문해보아야 한다.

표 6-9 소셜미션 4가지 유형의 오류

구분	내용
피상적인 접근	– 무엇이 그 문제의 본질인가? – 깊게 파기위해 넓게 파는 것이지, 넓게 파기 위해 깊게 파는 것이 아니다. – 끊임없이 되물어라
모호하거나 광범위한 접근	– 우리가 정의할 수 있는 용어를 쓰고 있는가? – 그 용어에 대한 우리만의 정의는 무엇인가? – 모호하거나, 포괄적이지 않고 구체적으로 말하고 있는가?
세상의 모든 문제 고민	– 정말 그 문제를 해결할 수 있는가? – 내가 하려는 일에 사회 문제를 끼워 맞추는 것은 아닌가? – 포기할 수 없는 단 하나의 문제는 무엇인가?
자기 중심적인 접근	– 그 문제는 왜 해결되어야 하는가? – 누구를 위해 그 문제가 해결되어야 하는가? – 그 문제가 누구에게 부정적인 영향이 되었는가? – 그들의 문제인가, 내 기준에서의 문제인가? – 일분의 문제를 전체의 문제로 보고 있지 않은가? – 사회와 대중이 그 문제를 공감할 수 있는가?

(2) 소셜벤처의 가치제안과 가치창출

소셜벤처의 비즈니스 모델은 기업이 자신의 미션을 달성하기 위해 어떤 가치를 제안하고, 어떻게 가치를 창출(전달)하고, 확보(획득)하는지를 설명하는 설계도이자 대본으로, 기업의 전략 실행을 안내하는 지도이며, 어떤 제품이나 서비스를 어떻게 소비자에게 제공하고, 어떻게 마케팅하며, 어떻게 수익을 창출할 것인가에 대한 계획 또는 사업 아이디어라고 할 수 있다.

그림 6-13 비즈니스 모델 분석틀

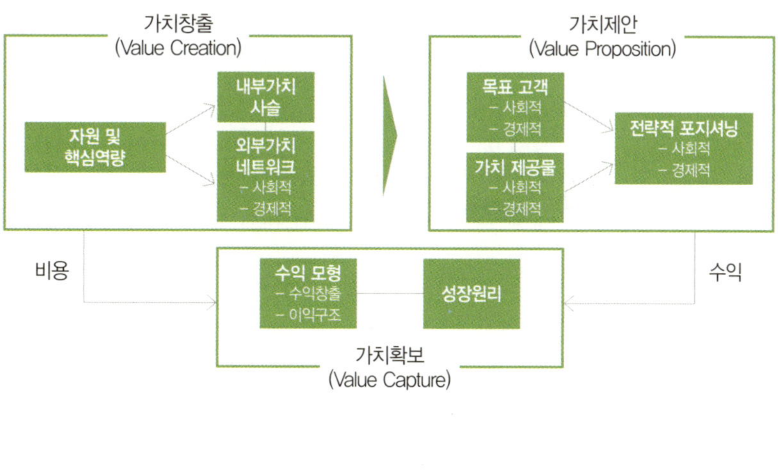

비즈니스 모델은 비즈니스의 본질인 가치 창출의 흐름을 기준으로 소셜벤처의 비즈니스 모델도 가치제안-가치창출-가치확보의 3가지 차원으로 구성되며 각 영역별 주요 내용은 아래와 같다.

가치제안(value proposition)

목표 고객에게 어떤 가치를 어떤 형태로 제공할 것인가에 관한 것으로, 고객은 기업의 가치제안 내용을 보고 기업이 제공한 가치를 평가하면서 구매를 결정함

표 6-10 소셜벤처 비즈니스 모델 -가치제안-

대분류	중분류	세부내용
가치제안	목표고객의 설정	- 소셜벤처의 경우, 사회적 가치의 수혜자와 경제적 목표 시장이 별도로 구분될 수 있음 - 소셜벤처는 가격 지불자와 서비스 수요자가 구분될 수 있음. 이때 기업은 수요자와 구매자를 구분하여 가치 제공물을 제안 해야 함
	가치 제공물	- 소셜벤처는 사회적 가치와 경제적 가치의 조합을 구성할 때 상호보완성과 일관성을 확보해야 함 - 사회적 가치는 경제적 가치와 모순되는 경우가 있는데, 이를 극복하기 위한 혁신안을 모색해야 함
	전략적 포지셔닝	- 기존 사회적, 경제적 시장에서 다른 조직 또는 기업에 의해 공급되지 않는 차별화된 것이어야 하며, 가치의 성능이 우월하여 지속적으로 목표 고객이 선호하며, 다른 기업이 쉽게 모방하기 힘든 것이어야 함

가치창출(value creation)

가치 제안을 현실화하는 것으로서 가치 제안에서 약속한 가치 제공물을 고객과 이해관계자에게 실제 어떻게 제공할 것인가에 관한 것으로, 가치 제공물을 개발, 생산 및 전달하는 가치 창출 프로세스의 구조와 역량을 의미함

표 6-11 소셜벤처 비즈니스 모델 -가치창출-

대분류	중분류	세부내용
가치창출	핵심역량	- 우수한 기업은 매력적인 가치제안을 함과 동시에 경쟁 조직에 비해 효율적, 효과적으로 가치창출 및 전달 과정을 확보하여 고객에게 차별화된 가치를 전달함. 그렇게 하기 위해서는 경쟁력 있는 자원과 역량을 보유해야 하는데 이를 핵심역량이라고 함
	내부 가치사슬	- 가치사슬은 가치를 창출하는 일련의 프로세스를 의미함. 일반적으로 가치창출 프로세스는 가치의 설계, 구매, 생산, 전달, 판매 등과 관련된 것으로 고객관계, 개발, 생산 및 주문 충족 프로세스, 공급자 관계로 구성됨
	외부가치 네트워크	- 소셜벤처는 일반 영리기업보다 스스로 동원할 수 있는 자원이 부족함. 따라서 다양한 공급자, 보완재, 비영리기관, 사회투자 자본, 관련 지원기관, 대학 등을 외부 네트워크로 촘촘하게 구성해야 함

가치확보(value capture)

어떻게 가치를 화폐가치로 회수할 것인가에 관한 것으로서 비즈니스의 수익창출모형(revenue model)과 이익구조모형(economic model)으로 구성된다(Richardson, 2008).

읽어
보기

사회적기업의 비즈니스 모델 혁신
그라민 폰(Grameen Phone)

그라민 폰은 1997년에 방글라데시에 설립된 선도적인 전화 서비스 회사로서 이크발 콰디어에 의해 설립되었다. 그라민 은행(Grameen Bank)가 38%, 노르웨이 최대 통신사인 텔레노르(Telenore)가 62%의 지분을 보유하고 있으며, 2,000만 명 이상의 고객을 확보하고 있다. 이 회사의 슬로건은 '고객 곁에(Stay Close)'로, 모든 방글라데시 국민에게 가용한 전화 서비스를 제공한다는 목표를 담고 있다.

그라민 폰의 대표적인 사업은 '빌리지폰(village phone)' 이라고 불리는 시골 지역의 전화 사업이다. 그라민 폰은 방글라데시 주민들은 가난으로 이동전화를 구입할 수 없는 상황에서, 그라민폰은 지역 여성들이 전화 서비스에 가입할 수 있도록 그라민 뱅크와 함께 자금을 지원하였다. 또한 마을 주민들이 하나의 전화를 함께 사용할 수 있는 비즈니스 모델을 개발하고, 전화기를 판매하는 수익이 아니라 전화를 사용할 수 있도록 지원하는데 중점을 뒀다. 그라민 폰에 요금을 납부하는 것은 고객은 가입자이지만, 이 가입자가 납부하는 요금은 가입자의 전화를 사용하는 마을 주민들에서 나온다. 가입자는 이들로부터 사용료를 받아 자신의 요금을 충당하거나 이익을 얻는 비즈니스 모델인 셈이다. 최근 20만 명 이상의 농촌 여성의 생활과 사회적 지위는 현저히 향상되었으며, 6만개의 마을을 이동통신 네트워크로 연결하였으며, 그라민폰은 많은 수익을 창출하여 방글라데시 최대의 납세자가 되었다.

그림 1 그라민 폰의 비즈니스모델 혁신

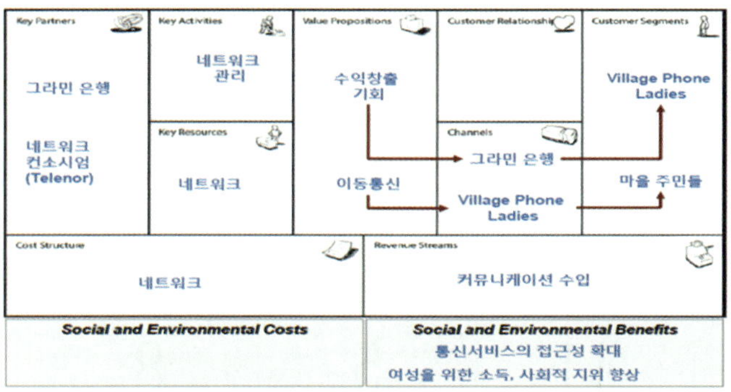

(이미지 출처 : 비즈니스모델 분석, 임미희, 2018)

그라민폰은 서비스를 중심으로 지불자 역할을 혁신해 아주 가난한 농촌가정까지 저렴한 가격에 서비스를 이요할 수 있도록 지원하고, 이를 통해 서로가 이익을 얻는 비즈니스 모델의 성공사례라고 할 수 있다.

출처 : Yunus et al_2010_LRP_Building social buinsess models_Lessons from the Grameen Experienc

(3) 소셜벤처 비즈니스 모델 캔버스

소셜벤처의 비즈니스 모델을 쉽고도 체계적으로 설계할 수 있는 방법은 없을까? 이런 문제를 해결하기 위하여 시각적으로 쉽게 비즈니스 모델을 디자인할 수 있는 캔버스를 활용할 수 있다. 비즈니스모델 캔버스는 오스트왈더가 개발한 9개의 요소로 구성된 9빌딩 블록 캔버스가 유명하다. 하지만 9빌딩 블록 캔버스는 소셜벤처에 관련된 사회적수요, 사회적 영향 등에 대한 내용은 누락되어 있다. 따라서, 오스트왈더의 비즈니스모델 캔버스를 확장하여 소셜벤처에 적합하게 개발된 소셜벤처 비즈니스 모델 캔버스를 소개하고자 한다. IgniteSpark에서 개발한 소셜벤처 비즈니스 모델 캔버스는 기존 9개의 블록을 확장하여 총 14개의 블록으로 구성되어 있다 [그림 6-14]. 소셜벤처 비즈니스 모델 캔버스는 사회적 문제점부터 시작하여, 문제해결을 위한 가치제안을 파악하고, 가치제안을 제공하기 위한 구체적인 솔루션, 솔루션을 개발/제공하기 위한 주요 활동과 자원의 정의, 이를 통해 어떻게 수익을 창출하고, 사회적 영향을 줄 수 있는가를 논리적으로 정의할 수 있는 매우 유용한 비즈니스 모델 작성도구이다. 작성과정을 살펴보도록 하자.

그림 6-14 소셜 비즈니스모델 캔버스

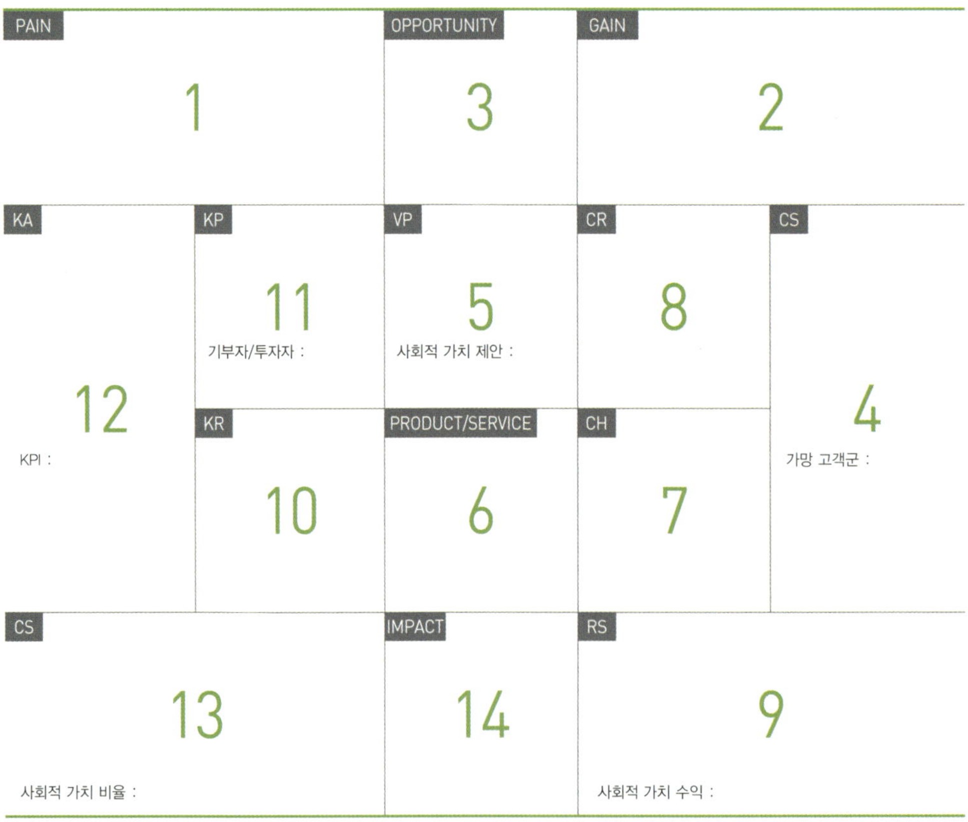

① Pain/Gain/Opportunity(1-3단계)

비즈니스 모델의 시작은 고객이 불편해 하는 문제점으로부터 시작한다. 따라서, 사회적 이슈 관점에서 대상 고객들이 겪는 문제점(pain)들을 파악한다. 그리고, 고객들이 문제가 해결될 때 기대할 수 있는 이익(gain)들이 무엇인지 작성한다. 팀원들과 함께 다양한 의견들을 나누면서 Pain/Gain 블록을 채워간다. 정리가 어느정도 되면, 2가지 블록의 내용들을 검토하면서 어떤 기회(opportunity) 혹은 도전(challenge)이 가능한지 생각해 본다. 생각나는 기회/도전들에 대해서 모두 나열해보고, 이를 다시 그룹핑(grouping)하여 비즈니스 기회(opportunity)를 정의한다.

② Customer Segment / Value Proposition / Product-Service (4-6단계)

위의 단계에서 정리된 문제해결을 기뻐하거나 기대할 고객을 파악한다. 일단 가능한 고객들을 나열한 뒤, 토의를 통해서 타겟 고객을 정의한다. 선정된 고객에 대하여 어떤 차별화된 가치를 제공할 수 있는지 정의한다. 이후 가치제안을 구체적으로 제공할 수 있는 제품 또는 서비스를 정의한다.

③ Channel/Customer Relationship/Revenue Stream (7-9단계)

제품/서비스가 정의되었으면, 이를 어떻게 고객한테 전달할 수 있는 지 전달방법(channel)을 정의한다. 또한, 타겟 고객이 제품 또는 서비스를 지속적으로 사용할 수 있도록 관계를 강화할 수 있는 방안(customer relationship)을 파악한다. 이렇게 고객에게 제품/서비스를 제공하고 관계를 지속적으로 관리하게 되면 당연히 고객으로부터 수익이 창출될 수 있다. 따라서, 제품/서비스 제공을 통해 얻을 수 있는 다양한 수익원을 발굴하고 정리하여 본다.

④ Resources/ Key Activity(KPI)/ Key Partner/ Cost Stream (10-13단계)

이제는 제품/서비스를 제공하기 위하여 필요한 자원과 주요 활동 들을 정의한다. 즉, 비즈니스를 실제 실행할 때 필요로 하는 내부자원과 외부자원(파트너)들을 나열해 본다. 특히, 소셜벤처는 사회적 미션 달성이 중요하기 때문에, 일반 민간기업처럼 영리추구만을 할 수는 없기에 상대적으로 자원이 부족한 경향이 있다. 따라서, 소셜벤처의 비즈니스 모델을 이해하고 도와줄 수 있는 협력 파트너를 발굴하는 것이 매우 중요하다. 가급적 다양한 협력 파트너를 발굴하고 정의하여 본다. 다음은 해당 자원들로 무슨 일을 해야 할 지에 대해서 정의하여 본다. 주요 활동은 비즈니스 전반에 걸쳐서 가장 의미있는 활동이어야하며, 그 활동은 KPI(Key Performance Index)로 측정 가능해야 한다. 활동과 성과지표에 대한 기준 설정이 확정되면, 비즈니스의 실행에 수반될 비용 요소(사회적으로 수반되는 비용들도 포함)들을 파악하여 정리하여 본다.

⑤ Impact (14단계)

비즈니스 실행을 통하여 비즈니스의 수혜자와 고객들이 직접적인 편익제공을 받게됨으로써 고객에게 전달되는 가치제안(value proposition)외에 비즈니스가 세상과 사람들의 삶에 어떤 가치와 사회적 영향력(impact)을 줄 수 있는지 작성하여 보자.

⑥ 피드백을 통해 업그레이드 하기

소셜벤처 비즈니스모델 캔버스가 작성된 후, 내용을 구성원들에게 발표하고 피드백을 받아 수정 보완하여 보자. 발표순서는 먼저 중심측에 해당하는 (Pain-Gain-Opportunity-Value-Product/ServiceImpact)의 블럭들의 내용을 설명하고, 다음으로 가치전달인 오른쪽 측(Customer-ChannelCustomer Relation-Revenue Stream)을 설명하며, 마지막으로 왼쪽 측인 가치 생성(Resources-Key Activities-Cost Stream)의 블럭 내용을 설명한다. 마지막으로, 사회적 영향력을 설명하고 팀원들의 다양한 질문들과 의견들을 수렴하여 업그레이드 한다.

Pain(불편함, 문제점)

주요 질문	가치 창출의 유형
- 사회적으로 어떤 문제가 있는가? - 사회적으로 어떤 불편함이 있는가? - 사회적으로 해결해야될 과제는 무엇인가?	사회적 needs 측면에서 해결이 안된 이슈가 무엇인지 파악

Gain(혜택)

주요 질문	참고사항
- 문제가 해결된다면 어떤 혜택이 생길 수 있을까? - 고객한테 어떤 혜택을 줄 수 있는가? - 고객이 원하는 혜택은 무엇인가?	- 문제 해결을 통해 고객이 얻을 수 있거나 원하는 혜택을 열거함. - 경제적, 비경제적 측면에서 열거해 봄

Opportunity(기회)

주요 질문	참고사항
- 불편을 해결하고 고객에게 혜택을 줄 수 있는 기회는 있는가? - 기회가 있다면 어떤 기회를 제공하면 되는가?	- 기회를 발견하되 실현가능성을 고려하여 기회를 제시함

VP : Value Propositions(가치제안)

주요 질문	가치 창출의 유형
- 실현하고자 하는 사회적 가치는 무엇인가 - 어떤 가치가 고객에게 전달되어야 하는가 - 각각의 고객 세부 집단에게 우리가 제공하고자 하는 제품과 서비스의 묶음은 무엇인가?(제품과 서비스의 정의)	- 우수한 성능 - 서비스의 개인화 - 혁신 - 탁월한 디자인 - 가격 - 편의성 - 비용 절감의 기회 - 위험 회피의 기회 - 높은 브랜드 지위 - 무언가를 '되게' 만드는 것 - 기존 제품 및 서비스로 접근이 어려웠던 제품과 서비스의 제공

CS : Customer Segments(고객 세분화)

주요 질문	참고사항
- 소셜미션의 수혜자는 누구인가? - 우리는 누구를 위해서 가치를 창출하는가? - 누가 우리의 가장 중요한 고객인가?	- 기업이 서비스하고자 하거나 목표로 하는 조직 또는 사람들을 정의함 - 공통된 욕구, 행동방식, 속성 등을 기준으로 고객 분류 - 어떤 고객에게 집중하고 어떤 고객을 무시 할지 결정

CH : Channels(유통)

주요 질문	채널의 기능
- 시장에서는 제품 · 서비스가 어떻게 고객에게 도달하고 있는가? - 어떤 채널을 통해서 세분화된 고객에게 도달되기를 원하는가? - 가장 효과적인 채널은 무엇인가? - 비용 효율적인 채널은 무엇인가? - 우리는 어떻게 채널과 고객 일상(customer routine)을 통합하고 있는가?	- 고객의 인지도 향상 - 기업의 가치 제안에 대한 평가 - 제품과 서비스의 구입 - 전달 - 고객 지원

CR : Customer Relations(고객관계)

주요 질문	고객 관계의 3가지 동기
- 신규 고객 유치를 위해하고 있는 활동이 있다면 무엇인가? - 기존 고객을 유지하는데 위해하고 있는 활동이 있다면 무엇인가? - 판매 촉진을 위해 벌이고 있는 활동이 있는가?	- 고객 확보 - 고객 유지 및 재유치 - 판매 촉진

RS : Revenue Streams(매출원)

주요 질문	참고사항
- 고객들이 정말로 지불하고자 하는 가치는 무엇인가? - 고객은 현재 어떻게 지불하고 있는가? - 고객은 어떻게 지불하는 것을 선호하는가? - 각각의 수익 원천이 전체 수익에 어떻게, 그리고 얼마나 기여하고 있는가?	- 매출 추정은 사업계획의 절반 - 비즈니스 모델을 수립할 때 정량화까지는 아니라도 지속가능성에 대한 확신을 가질 수 있어야 함 - 물품 판매, 서비스 이용료, 가입비, 대여료 및 임대료, 라이센싱, 중개 수수료, 광고

KR : Key Resources(핵심 자원)

주요 질문	참고사항
– 고객에게 가치를 제공하기 위해 어떤 핵심 자원을 필요로 하는가? – 공급 채널을 위해 어떤 자원이 필요한가? – 고객 관계와 수익원을 위해서 어떤 자원이 필요한가?	– 물적 자원(Physical) · 건물, 차량, 기계, 시스템, 유통망 – 지적 자원(Intellectual) · 브랜드, 특허, 지적 재산권, 파트너십, 고객 정보 – 인적 자원(Human) · 지식 및 창조산업에서 더욱 중요 – 금융 자원(Financial) · 개인자본, 정책자금, 민간투자(엔젤투자, VC), 임팩트투자

KA : Key Activities(핵심 활동)

주요 질문	참고사항
– 우리의 가치 제안은 어떤 핵심 활동을 필요로 하는가? – 유통채널, 고객관계, 수익원을 확보하기 위해서는 어떤 활동이 필요한가? – 조직 구성원들의 활동이 서로를 더욱 경쟁력 있게 강화 시키는가? – 기업이 가지고 있거나 추구하고 있는 역량과 일관성이 있는가?	– 기업이 비즈니스를 해 나가기 위해 꼭 해야 하는 중요한 일들 – 가치제안을 창조하고, 시장에 접근하고, 목표 고객과의 관계를 유지하며, 수익원을 만드는데 필요한 활동

KP : Key Partnerships(핵심 파트너십)

주요 질문	참고사항
– 누가 주요한 파트너들인가? – 누가 우리의 주요한 공급자들인가? – 우리의 파트너들로부터 확보하는 핵심 자원은 무엇인가? – 파트너들이 수행하는 핵심 활동은 무엇인가?	– 비즈니스 모델을 작동시켜 줄 수 있는 '공급자', '파트너' 간의 네트워크 – 자원이 부족한 소셜벤처에게 파트너십은 매우 중요한 요소 – 비경쟁자들 간의 전략적 동맹 – 경쟁자들 간의 전략적 파트너십 – 조인트 벤처 – 안정적 공급을 위한 구매자 · 공급자 관계

CS : Cost Structure(비용 구조)

주요 질문	참고사항
– 우리의 비즈니스 모델에 내재되어 있는 중요한 비용 요소는 무엇인가? – 어떤 핵심 자원이 가장 비싼가? – 어떤 핵심 활동이 가장 비싼가? – 가장 높은 고정비가 들어가는 자원 혹은 활동은? – 가장 높은 변동비가 들어가는 자원 혹은 활동은?	– 비즈니스 모델의 여러 요소를 작동시키는데 소요되는 비용 – 고정비 : 인건비(정규직), 임차료, 보험료, 광고선전비, 감가상각비 – 변동비 : 원재료비, 인건비(파트타임), 비정기적 광고비 등

사회적 비용(Social Cost) 및 사회적 편익(Social Benefits)

SC	SB
우리 비즈니스 모델에 내재되어 있는 중요한 사회적 비용 요소는 무엇인가?	– 간접적, 2차적 편익은 무엇인가? (VP 파트의 직접적 , 1차적 편익 외) – 예)그라민폰의 경우, 여성에 대한 소득 향상은 1차적 편익, 이로 인한 여성 인권 향상은 2차적 편익임

Impact(사회적 영향력)

주요 질문	참고사항
– 사회적으로 어떤 영향을 줄 수 있나? – 대상 고객들은 어떤 사회적 혜택을 받을 수 있나?	– 문제해결시 고객들이 얻을 수 있는 사회적 혜택을 정량적, 정성적 측면에서 정의

사 례 보 기

소셜벤처 **비즈니스 모델 예시**

다음 사례는 소셜벤처 비즈니스 모델 캔버스의 예시이다. 최근 청년들은 사상 최악의 실업률에 따른 경제적인 어려움 외에도 집값 상승 등에 따른 주거비 부담이 사회적으로 큰 문제이다. 청년들의 양질의 방을 저렴하게 구할 수 있는 기회가 매우 필요한 상황이다. 한편, 고령화 사회에 따라 오래 살게 된 실버세대들은 상대적으로 청년들보다는 경제적으로 여유가 있고, 자녀들의 결혼에 의한 분가에 따라 빈방이 남아돌고 있다. 또한, 노부부 또는 독거 형태의 주거형태가 증가함에 따라, 정서적으로 고독하고 외로워하는 정신적 빈곤함에 시달리고 있다. 이같은 사회문제를 해결하기 위한 기회는 없을까? 있다면 어떤 비즈니스 모델이 가능할까? 이같은 사회적 문제를 가정하고 이를 해결하는 비즈니스 모델을 소셜벤처 비즈니스 모델 캔버스를 작성한다면 다음과 같은 캔버스 작성이 가능하다.

<table>
<tr><td colspan="2">Pain
· 급격한 노령화와 가족 분리현상
· 고령자의 경제여건 열악
· 집값 폭등으로 청년가구 주거비용 상승
· 청년 주거형태(지 · 옥 · 고) 열악</td><td>Opport.
· 주택소유 실버세대와 주거빈곤 청년세대의 주택 공유 서비스 필요</td><td colspan="2">Gain
· 실버세대의 소득원 창출
· 실버세대의 소외감 감소 및 소통 증대
· 청년세대의 열악한 주거환경 개선
· 저렴한 비용의 안정적인 주거공급으로 청년들의 생활의 질 향상</td></tr>
<tr><td rowspan="2">KA
· 주택 공유 Platform 구축
· 회원확보
· 회사 홍보마케팅
· 광고주유치</td><td>KP
· 주민센터
· 학생회
· 지자체
· 하드웨어업체
· 보안업체</td><td>VP
· 양질의 방을 저렴하게 제공
· 추가적인 수익제공
· 세대융합을 통한 정서적 안정 제공</td><td>CR
· 회원제 관리
· 커뮤니티 관리
· 다중 이용자 우대관리</td><td rowspan="2">CS
· 열악한 거주환경에 처한 청년세대
· 집은 소유하고 있으나 소외된 실버세재</td></tr>
<tr><td>KR
· 매칭 플랫폼
· 회원 DB
· 직원
· 운영자금</td><td>Product/Service
· Platform을 통해 지역별 공급/수요등록, 매칭
· 매칭설명서 제공
· 요청시 전화상담
· 대기자 등록서비스</td><td>CH
· 웹사이트
· 대학 및 노인복지관 등 직접 방문홍보
· 홍보간행물</td></tr>
<tr><td colspan="2">CS
· Platform 구축비, 서비스 유지관리비
· 홍보 리플릿 작성비용 및 마케팅비용
· 매뉴얼 작성비 및 성과보고서 작성비용
· 사무실 운영비용</td><td>Impact
· 실버세대에게 경제적인 도움 및 소통으로 소외감 감소와 청년세대에겐 주거안정으로 삶의 질 향상</td><td colspan="2">RS
· 공유 중개수수료(임대인/임차인)
· Platform 기업광고료
· 복지 비용 감소</td></tr>
<tr><td colspan="5">Risk
· 주택 공유 플랫폼 운영에 따른 중개수수료 할인에 대한 공인중개사 협회와의 관계정리가 필요</td></tr>
</table>

학습 정리

◆ 비즈니스 모델 연구자로 잘 알려진 폴 티머스 박사는 비즈니스 모델을 제품, 서비스 및 정보의 흐름이며, 다양한 참여자들의 잠재적인 이익과 수익원천을 설명해 주는 청사진이라 정의하였다.

◆ 비즈니스 모델 관련 저서로 잘 알려진 오스터왈더는 비즈니스 모델의 정의를 한 조직체에서 어떻게 고객의 가치를 창출하고 전달하고 수익원을 확보하는지에 대한 합리적 방안이라 정의하였다.

◆ 많은 학자들이 비즈니스 모델에 대해서 연구를 하였는데 이를 종합하면 비즈니스 모델은 '사업 아이디어를 가지고, 어느 시장에서, 누구에게, 어떤 가치를 어떤 방법으로 전달하고 어떻게 수익을 창출할 것인지에 대한 전반적인 방향과 방법을 정의하는 것이다.

◆ 소셜벤처에서의 비즈니스 모델 원칙은 사회적 복지, 재무적 그리고 경제적 안정성, 환경적 이익, 기업이익, 사회적 발전을 이루는 동안의 느끼는 행복함 등을 포함한다.

◆ 기업 미션은 고객(이해관계자)에게 어떤 가치를 제공할 것인가를 묻고 소셜 미션은 주목하는 사회적 문제와 실현하고자 하는 사회적 가치의 명확화이다.

◆ 소셜벤처 비즈니스 모델의 가치제안은 목표고객의 설정, 가치 제공물, 전략적 포지셔닝이 있다.

◆ 소셜벤처 비즈니스 모델의 가치창출은 핵심역량, 내부 가치사슬, 외부가치 네트워크가 있다.

◆ 소셜벤처 비즈니스 모델의 검증은 비즈니스 모델 캔버스에서 제시한 9가지 요소 이외에 사회적 비용(social cost)과 사회적 효과(social benefit)를 포함하여 11가지 요소를 점검해 보아야 한다.

◆ 소셜벤처 사업타당성 분석은 소셜벤처기업을 창업하기 전 명확한 니즈에서 출발해서 최종적으로 사회적 영향력을 통해 성과를 측정하기 때문에 경쟁시장/현실시장에서의 실패 혹은 사회적 문제, 사회적 문제를 완화시키기 위한 명확한 전략, 시장 잠재력, 생존능력 설계, 사회적 가치와 영향력을 창조하기 위한 잠재력을 가지고 있다.

◆ 소셜벤처 사업타당성 분석의 체크리스트를 통해 사업 준비 정도를 가늠해 볼 수 있다.

참고문헌

- Yunus, "Building social buinsess models_Lessons from the Grameen Experienc", 2010.
- European Union, "How to choose proper business model for social enterprise.", 2015.
- Arthur C. Brooks, "Social Entrepreneurship : A Modern Approach to Social Value Creation, 2007.
- Wolfgang Grassl, "Business Models of Social Enterprise: A Design Approach to Hybridity", ACRN Journal of Entrepreneurship Perspectives, 2012.
- Jerome A. Katz, Richard P. Green, "Entrepreneurial Small Business", Fourth Edition, 2013, McGraw-Hill Irwin
- Barringer, B. R. & Ireland, R. D. "Entrepreneurship: Successfully Launching New Ventures", Fourth Edition, 2012, NJ: Pearson Prentice Hall.
- Mizuho, "A Tookit for Developing a Social Purpose Busienss Plan.", 2004.
- Jill Kickul, "Hybrid Models for Social Enterprises.", NewYork University.
- 미래창조과학부, "미래이슈 분석 보고서", 2015.

6장. 키워드 인덱스용

가치제안	사회적 비용	비즈니스 모델	가치창출
사회적 효과	사업타당성 분석		

"기업가는 '창조적 파괴'를 통해 새롭고,
더 가치 있는 것을 추구한다"

경제학자, 조지프 슘페터(Schumpeter, Joseph)

07

소셜벤처 성과와 사회적 가치 측정

학습 목표

1. 사회적 가치 측정의 개념을 이해한다.
2. 사회적 가치 측정의 중요성을 이해한다.
3. 사회적 가치 측정 방법을 이해한다.
4. 사회적 가치 성과관리를 이해한다.

시작
하기

어린이 1명당 1개의 노트북을 제공합니다!
'One Laptop Per Child'

(이미지 출처: OLPC)

따뜻한 정보화 실현의 첫발 '100달러 노트북'

미국 매사추세츠공과대학(MIT) 부설 미디어랩의 공동 창설자인 니콜라스 네그로폰테 교수와 멤버들이 주축으로 설립해 개발 한 '100달러 노트북'은 '어린이 한 명 당 노트북 한 대씩을 제공 하자는, OLPC(One Laptop Per Child)'에서 추진 중인 IT복지 운동의 도구다.

OLPC의 목표는 첨단 IT에 PC생산기술을 결합하여 100달러짜리 노트북을 만들어 일반적 시중 판매 없이 제3세계의 개발도상국 어린이들에게 현대적 정보와 교육 기회를 제공하기 위해 대량 보급하겠다는 구상이다. 네그로폰테는 리비아, 브라질, 아르헨티나, 나이지리아, 태국 다섯 나라에 100달러 노트북 시제품을 제출해 놓고 있으며, 이들 시제품의 실용성이 검증되면 OLPC는 남미, 아프리카, 동남아 최빈국 어린이들에게 PC 1천만대를 공급할 예정이라고 한다.

(이미지 출처: OLPC)

실제로 현재 인구 100명당 PC보유현황을 살펴봐도 정보화의 디지털 디바이드는 심각한 상황이다. 한국정보문화진흥원이 발간한 2005년 국가간 정보격차 해소 백서에 따르면, 오세아니아가 50.84대, 아메리카가 34대인데 반해 아시아는 6.37대, 아프리카는 1.76대에 불과할 정도로 정보사회에 대한 지역별 격차는 심각한

상태이다.

만약 100달러 노트북 운동이 성공한다면 IT를 통한 나눔과 복지 실현은 물론 기술적인 면에서도 일대 혁신이 일어나는 의미 있는 운동이 될 것이다.

[OLPC 유튜브 동영상]

동영상 보기

출처 : 더사이언스타임(한국과학창의재단). http://www.sciencetimes.co.kr/?p=41331&cat=134&post_type=news&paged=151

생각해 보기

01 OLPC(One Laptop Per Child)가 창출하는 사회적 가치는 무엇일까?

02 OLPC가 창출하는 사회적 가치는 어떻게 평가할 수 있을까?

03 소셜벤처의 아이템은 어떤 것까지 가능할지 생각의 폭을 확대해 보고 논의해 보자.

7.1 사회적 가치 측정 개념

1) 사회적 가치 측정의 개념과 중요성

소셜벤처가 추구하고 달성해야 할 성과는 두 가지가 있다. 하나는 경제적 성과이고 하나는 사회적 성과이다. 경제적 성과의 경우 재무적인 결과로 명쾌하게 드러나기 때문에 객관적인 측정이 쉽게 가능하다. 그러나 사회적으로 창출된 성과의 가치를 객관적인 지표로 평가하는 것은 다소 쉬운 일이 아닐 수도 있다. 사회적 영향력(social impact) 성과는 화폐가치로 쉽게 환산하기 힘든 사회적 가치나 무형가치, 그리고 공공서비스의 직접적인 수익자를 넘어선 사회적 파급효과가 혼재하기 때문이다.

(1) 사회적 가치 측정의 중요성

전통적인 비영리조직의 성과평가에 대해서는 조직의 목표가 사회적 가치의 실현에 있기 때문에 영리기업과 같은 매출액, 이익 등과 같은 재무적 · 정량적 평가는 친숙하지 않는 것으로 여겨졌다. 예를 들면 실업자를 지원하는 것을 사명으로 하는 비영리 민간사업법인(NPO; Non Profit Organization)의 경우, 매출액이나 이익률은 높지만 일자리를 구하는 사람들에게 고용가능성의 향상기회를 제공할 수 없다면 이 NPO는 성공했다고 말하기 어렵다. 즉, NPO의 사업성공은 그 사업이 창출한 경제적 가치뿐만 아니라 사회적 목적 달성도(outcomes)라는 사회적 가치에 의해서 평가되어야 한다. 이익 등에 관한 평가가 필요 없다는 것은 아니다. 다만 사회적 가치에 관한 평가가 우선순위이다.

그러나 비영리분야에서는 법적으로 의무화된 회계보고를 제외하고는 사회적 목적 달성도(outcomes)를 포함한 조직의 성과를 경상적으로 평가하고 공표하는 방법이 충분히 확립되어 있지 못하다. 또한, 비영리조직에서는 주주처럼 소유자이며 조직에 대해서 강력한 이해관계를 가진 이해관계자(stakeholder)가 존재하지 않기 때문에 무릇 책임을 져야할 이해관계자의 범위를 어떻게 정하고 그 속에서 우선순위를 어떻게 결정하면 좋을 것인지가 매우 모호하다.

그러나 최근 들어 비영리섹터에서도 그 성과에 관한 설명책임이나 투명성 확보에 대한 사회적 요구가 높아지는 경향이 있다.

사회적 목적의 달성과 사업으로서의 영리성을 동시에 추구하는 소셜벤처에서도 그 조직이나 사업에 대한 평가가 중요한 것은 말할 필요가 없다. 평가는 소셜벤처의 이해관계자에게 의사결정을 위한 정보를 제공하며, 수행하는 미션의 지속성이나 유효성을 향상시키는 역할을 하기 때문이다.

1장에서 살펴본 소셜벤처의 개념과 영역을 다시 되짚어 보면, 소셜벤처는 이익의 최대화 자체만을 목적으로 삼지 않고 사회적 파급효과의 창출 역시 목적으로 활동하는 조직이라는 측면에서 일반 벤처기업과 구분된다. 그러나 지속성이나 파급효과의 향상을 위해 사업의 기법을 활용하여 이익의 획득을 명확히 추구하는 점에서 전통적인 비영리조직과도 다른 조직유형이라 하였다.

즉, 소셜벤처는 사회적 가치의 실현을 우선적인 목적으로 삼으면서 사회적 가치와 경제적 가치를 동시에 추구하는 이중 목표의 조직이고 사회관계자본을 포함하는 비시장적 자원과 시장적 자원을 모두 활용해서 활동하는 하이브리드(혼합) 조직이기 때문에 소셜벤처에서 성과로서 사회적 가치를 측정하는 것은 매우 중요하다 볼 수 있다.

읽어보기

건강해지는 느낌 **파머스페이스**

파머스 페이스는 취약농가의 친환경 농산물을 카페와 온라인을 통해 판매하는 기업이다.

행복나눔재단은 파머스페이스의 건강하고 맛있는 과일을 활용한 카페의 확대와 유통업 진출을 통해 사회적 가치의 성장 잠재력이 높은 것으로 평가하여 투자하였다.

파머스페이스는 직접 발굴한 소농가의 친환경 농산물로 만든 신선하고 건강한 상품을 출시하여 빠른 속도로 소비자들에게 신뢰를 얻을 수 있었다. 생과일과 천연재료만으로 만든 디저트, 영양의 균형을 고려한 과일 꾸러미와 같은 건강한 상품들을 계속해서 출시하고 있다.

① 해남에서 호박고구마를 생산하는 양옥의님

② 발달장애 아동들의 그림으로 박스를 만들고 영양의 균형을 맞춘 '네이처박스'

③ '열매가 맛있다'의 대표 메뉴 '열매도시락'

④ 임팩트 투자를 통해 오픈한 '열매가 맛있다' 경성대점

농업이 국가 경제에서 중요한 비중을 차지하는 산업임에도 불구하고 상당수의 농가들이 소외되고 있는 경우가 많다. 파머스페이스에서는 농가를 발굴할 때, 취약농가의 기준에 부합하는지, 건강한 방식으로 재배되고 있는지 등에 대해 검증 과정을 거친다. 발굴한 농가에서 시장 가격보다 높은 가격으로 농산물을 구매하여 유통 마진에 대한 부담을 덜어주고 있다. 또한 영양 면에서는 문제가 없지만 규격 미달이나 작은 흠집으로 폐기 처분되거나 헐값으로 팔리던 과일을 적정한 가격으로 구매하여 농가에 추가적인 소득을 발생시킨다. 이로 인하여 농가의 소득 개선에 미치는 영향을 사회적 가치로 산정하고 있다.

SK 행복나눔재단은 파머스페이스의 경영 역량 강화를 위해 직접 컨설팅하여 관리회계 구축을 지원하고, 신규 사업을 위한 멘토링을 연계하였다. 향후, 프랜차이즈 사업과 과일 꾸러미 사업을 확대하여 매출과 사회적 가치 모두 성장할 것으로 기대하고 있다.

파머스페이스 서호정 대표
(이미지 출처 : SK행복나눔재단 홈페이지)

"임팩트 투자와 멘토링을 통해 전문성과 자신감이 향상되었고, '열매가맛있다'의 신규 매장 개점 및 프랜차이즈 등 새로운 도전과 성장의 기회를 갖게 되었습니다. 투자 이후에도 지속적인 사업 코칭을 통해 사업전략과 사회적 가치 향상에 도움을 받고 있습니다. 투자 이전과 비교에 소종가로부터 매입한 금액의 비율을 10배 이상 늘렸고, 매출 또한 2배 이상 성장시켰습니다."

– 파머스페이스, 서호정 대표

출처 : SK행복나눔재단 홈페이지(http://www.skhappiness.org)

(2) 소셜벤처의 사회적 가치 측정 기준

소셜벤처 기업은 영리 추구와 더불어 소셜 미션을 수행해야 하는 조직이라 하였다. 따라서 이들은 이중 가치를 창출(double bottom line)해야 하기 때문에 사회적 영향력을 측정하는 일은 간단하지 않다. 앞 단원들에서 학습한 내용들을 다시 되짚어 보면서, 이미 시장에서 활발히 활동하고 있는 소셜벤처가 이윤 창출만을 목적으로 하는 일반 벤처기업과 어떻게 다른가를 잠시 생각해보자. 실제로 일반 벤처기업들의 성공은 그들이 만들어내는 수익, 납부하는 세금, 그리고 부양하는 조직의 경제적 성장을 통해 평가 받을 수 있으며, 그것을 측정하는 지표는 재무제표 등으로 충분히 표준화 및 보편화되어 있어서 평가가 어렵지 않다.

읽어 보기

Double bottom line

Double bottom line(이하 : DBL)이란 표현은 영리 기업의 사회적 책임 활동을 평가할 때 사용되는 표현이다. 전통적인 주주 관점(Shareholder approach)에서 영리 기업의 성과는 재무적 이윤(Financial profit)으로 평가된다. 재무적 이윤은 재무제표의 맨 아래 칸에 위치하기 때문에 Bottom line(최종 결산 결과)이라 불리는데, 주주 관점에서 재무적 가치가 가장 중요한 고려 사항이므로 이를 Single bottom line이라 부르기도 한다.

하지만 기업의 사회적 책임이 강조되고, 기업에 대한 관점이 주주 관점에서 이해관계자 관점으로 변화되면서 재무적 가치 이외에 사회적 가치가 주목받기 시작했다. 즉 두 번째 Bottom line은 기업이 얼마만큼의 사회적 가치를 창출했는지(Performance in terms of positive social impact)를 고려하는 것이다. 이는 단기적이고, 회계연도별로 계상되는 재무적 가치와는 명백하게 구분되는 개념이다. 이해관계자 관점에서 기업의 성과를 재무적 가치와 사회적 가치 두 가지로 동시에 평가한다는 측면에서 이를 DBL이라 부른다.

DBL은 재무적 가치와 사회적 가치를 동시에 고려한다는 측면에서 사회적기업의 속성을 정확하게 묘사하는 표현이다. 따라서 최근에 이 표현은 사회적기업을 표현하는 데 널리 활용되고 있다. 예를 들어 DBL 기업이라고 하면, 재무적 가치와 사회적 가치를 동시에 추구하는 사회적기업을 의미한다. 이러한 표현은 글로벌 영리 기업은 물론 UN과 같은 국제기구, 록펠러 재단과 같은 영미권의 주류 사회적 투자 기관에서 널리 사용되고 있다.

한편 1990년대에는 Triple bottom line이란 표현도 사용되기 시작했다. 두 번째 bottom line인 사회적 가치를 사회적 가치와 환경적 가치로 세분한 것이다. Triple borrom line은 '세계환경개발위원회(World Commission on Environment and Development, WCED)'가 발표한 '지속가능한 개발(Sustanability Development)'이라는 개념을 보다 구체화하기 위해 도입되었다. 기존의 지속가능한 개발의 개념이 환경적인 측면에 치우쳤던 반면, Triple bottom line은 환경만이 아닌 기업의 사회적 책임을 포함했다. 이후 많은 기업들이 지속가능 보고서를 Triple bottom line의 원리에 맞춰 작성하고 있다.

이처럼 Bottom line을 세분화하면서 기업의 가치를 평가하는 데 있어서 재무적 가치와는 명백하게 구분해 사회적 가치를 고려하게 되었다. 하지만 사회적 가치라는 개념이 추상적이고 측정하기가 매우 어렵기 때문에 현실적인 적용에 대한 고민은 여전히 남아 있다.

국내에서는 SK그룹이 기업이 창출해낸 사회적 가치를 수치화 · 계량화하는 '더블바텀라인(DBL)' 구체화에 힘을 쏟고 있다. SK는 지주사를 비롯해 SK이노베이션 · SK하이닉스 · SK텔레콤 등 수펙스추구협의회에 참여하는 16개 핵심 기업들을 중심으로 DBL 적용을 위한 실무 작업을 시행 중인 것으로 알려졌다.

출처 : 최태원(2014). "새로운 모색, 사회적기업", 이야기가있는집.
아시아투데이(2018.5.31. : http://www.asiatoday.co.kr/view.php?key=20180530010015168

그러나 소셜벤처는 일반 벤처기업에 비해 성공을 측정하는데 훨씬 어려움을 겪는다. 전통적인 비영리조직이나 과거 사회적기업의 경우, 과거에는 일반적으로 그들의 영향에 대해 순전히 질적인 측면만을 강조했었다. "우리는 매년 수백만 명의 목숨을 구하고 있다"거나 "우리는 수

천 명의 아이들의 교육의 질을 향상시켰다" 등이 바로 그 전형적이고 부정확한 주장의 예로, 이는 해당 조직의 영향이나 유효성을 수량화할 수도 없고 기업의 유효성이나 영향을 비교할 수도 없게 만든다.

부정확한 측정이 어떤 측면에서는 비영리조직에 이득이 된다고 주장하는 사례도 있다. 이는 후원자 그룹을 대상으로 하는 후원 마케팅에 필요한 부분을 생략하고 넘어가게 하기 때문이다. 예를 들어 후원자, 자선가, 자선재단 또는 정부가 정확한 근거를 입수할 수 없으므로 해당 조직의 사회적 영향력(social impact)에 대한 확실한 평가 자료를 제출하라고 요구할 수 없기 때문이다.

그러나 소셜벤처의 경우 과거 비영리조직에 적용되었던 부정확한 측정이 크게 이득이 되지는 않는다. 그동안 부정확한 측정과 평가는 지원을 받는 데에, 특히 소셜미션이 훌륭한 사업에 대한 지원을 받는 데에 걸림돌로 작용해 왔었기 때문이다. 후원자가 진정한 사회적 가치로 변환될 기부금을 제공하려는 경우, 기부금의 액수는 앞으로 기대되는 사회적 영향에 대한 이 자선가의 판단과 거의 일치할 것이다. 그러나 사회적 영향력(social impact)에 대한 기대는 부정확한 여러 가능성에 영향을 받을 것이기에 자선가는 자신이 기대하는 효과를 확신할 수 없고, 기관선정에도 어려움을 겪을 수 있다. 후원자와 조직 사이에 정보 비대칭이 발생하기 때문이다.

정리하자면, 사회적 가치, 조직의 건전성, 미션 수행의 효율성 및 전반적인 조직의 효과성을 측정함에 있어 가능한 정확한 것이 모든 좋은 소셜벤처 기업에게 이익이 된다. 그렇다면 소셜벤처 기업가가 사용할 수 있는 측정 도구로 어떤 것이 있을까?

사회적 가치의 측정은 책임성, 평가, 결과, 그리고 효과성이라는 네 가지 개념으로 구성된다.

① 책임성

책임성은 기업가의 암시적 또는 명시적인 사회적 책임을 의미한다. 예를 들어 소셜벤처 창업가가 소셜미션을 제시하고 이 사업을 위한 기업을 설립한 후 후원자들이 미션에 공감하여 후원을 제공한다면 기업가는 미션에서 약속한 임무를 다할, 또는 임무를 다하기 위해 노력할 책임이 있다.

② 평가

소셜벤처는 그들의 활동을 평가하여 이해관계자들에게 객관적 자료를 정기적으로 보여준다. 평가의 대상은 제품 및 서비스의 품질, 마케팅 및 재무적 성취, 또는 사회적 가치에 대한 평가를 정량화한 수치와 만족도, 평판 등 정성적인 부분까지 포함한다. 평가는 특별하다기 보다는 일상적인 활동으로 인식해야 한다. 사실 현실에서 우리들은 늘 평가를 주고받고 있는데 학생들의 성적, 직장인의 인사고과 등이 그렇다.

평가대상의 유형을 막론하고 올바른 평가를 위한 기본적인 기준은 유용성, 실행가능성, 타당성 및 정확성이라는 네 가지 자질을 갖추고 있는가이다. 한 마디로 평가는 유용하고 비용 효율이 높고, 적합한 항목을 정확하게 측정해야 한다.

③ 결과 및 영향

평가는 무엇을 측정해야 할까? 비영리 및 공공부문에서는 투입(예를 들어 프로젝트를 위해 조성된 자금의 양), 활동(운영되는 프로그램의 수), 산출(매달 제공하는 서비스의 양)을 측정하는 경향이 있다. 그리고 이는 사업계획 실행 전개과정과의 연관성에 기반하여 투입, 활동, 산출을 살펴보는 역할을 한다. 그러나 소셜벤처의 경우 최종 목표는 분명히 사회적 가치이다. 이는 활동의 결과 및 이러한 결과가 미치는 영향을 살펴보아야 한다는 것을 의미한다.

④ 효과성

적합한 방식으로 바람직한 결과와 영향을 이루어내는 조직은 '효과적'이다. 그러나 바람직하다는 것과 적합하다는 것이 무엇인지를 알아야 하기 때문에 효과성은 명확하기보다는 애매하게 정의내리기 쉽다. 일반적으로 효과적이라는 것은 옳은 일을 하는 것을 말하는데, 이는 어떤 일을 할 때 쓸데없는 일은 제외하고 꼭 해야만 하는 것을 한다는 것을 의미한다.

전체적으로 요약하면 소셜벤처는 소셜미션을 적절하게 실현하고 있다는 것을 증명하게 위해 그들이 이루어 낸 결과 또는 영향을 측정하는 평가에 대해 동의하고 투자한다. 평가는 고객, 후원자, 이해관계자 및 일반대중들에게 소셜벤처의 유효성에 대한 정보를 제공한다. 이러한 개념들은 [그림 7-1]에 정리되어 있다.

그림 8-1 소셜벤처의 측정 프로세스

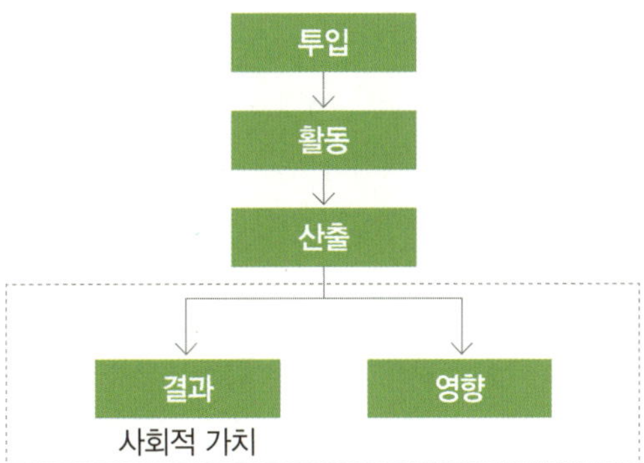

(3) 사회적 가치 측정 방법론

다음에서 위에서 설명한 4가지 개념을 바탕으로, 소셜벤처가 이루어낸 결과 및 사회적 영향력(social impact)을 측정하는 방법론에 대해 살펴보자. 학자들은 소셜벤처의 성과 측정 방법을 연속 측정법, 평정척도 측정법, 그리고 이진 측정법의 세 가지 기본 유형으로 분류한다.

① 연속(Continuous) 측정법

연속 측정법은 결과를 정확한 수치로 측정할 수 있는 방법이다. 예를 들어 조직이 얼마나 많은 자선모금을 했는지를 정확하게 파악하고자 하는 경우에 활용할 수 있다. 또는, 벤처의 지원을 받은 사람들의 수를 세어보고자 하는 경우도 여기에 해당된다. 연속 측정법은 숫자로 나타낼 수 있는 정확한 데이터를 필요로 한다.

② 평정척도(Ratting scale) 측정법

연속 측정법이 실행 불가능한 경우, 평정척도 측정법이 결과를 측정할 수 있는 유용한 해결책이 될 수 있다. 어느 환경보호 관련 소셜벤처가 유효성에 대한 사람들의 의견을 알아보고자 한다면, 사람들에게 '매우 효과적'에서 '매우 비효과적'까지 다섯 가지의 답 중 하나를 선택하게 해 해당 기업의 효율성을 조사할 수 있다.

③ 이진(Binary) 측정법

질문에 대해 '예' 혹은 '아니오'의 답변을 받아 측정하는 방법으로 성공적인 측정을 위해 분명한 출발점이 필요한 경우 적합하다. 유용하고 효과적인 이진 측정법을 위해서는 2개의 답변을 끌어내는 명확한 구분이 필요하다. '예' 혹은 '아니오'라고 답변하는데 있어 조금도 의심의 여지가 없도록 설문지를 만드는 것이 중요하다.

실제로 이루어지는 가치측정의 많은 부분은 위에서 나열한 기본적인 수치 측정법 및 이진 측정법의 변이, 개조 또는 조합을 통해 이루어진다.

<u>발달(Developmental) 측정법</u>

결과가 점진적으로 성취되는 경우도 종종 있다. 예를 들어 기업의 사업계획은 항상 그 기업의 발달과정에 대한 일정표를 특징으로 한다. 성공을 측정하는 중요한 방법들 중 하나는 해당 벤처가 제안된 시간 내에 제안된 각각의 목표에 도달했는지를 알아보는 것이다. 발달 측정법은 대개 일정한 측정치의 다단계적 버전이다.

벤치마크(Benchmark) 측정법

벤치마크 측정법은 해당 분야의 리더와 비교하는 것이다. 예를 들어, 빈곤층을 지원하는 새로운 기업은 지역 내에서 해당 기업보다 규모가 크고, 이미 성공을 거둔 바 있는 조직과 그 활동 규모를 비교할 수 있다. 벤치마크 측정법은 일반적으로 연속 측정법 또는 평정척도 측정법을 활용한다.

역사적(Historic) 측정법

성공을 측정하는 일부 방법들은 본질적으로 동일한 조직의 과거 성과와 현재 성과를 비교한다. 역사적 측정법은 진보를 보여주기 위함이다. 예를 들어 한 기업의 성과가 첫 해보다 둘째 해에 몇 퍼센트 더 성공적이었는지를 살펴볼 수 있다.

읽어 보기

사회적 가치, 측정 가능한가?

사회적기업이나, 비영리 기관의 활동을 검증하기 위해서는 사회적 가치를 측정할 수 있어야 한다. 눈에 보이지 않는 가치를 어떻게 측정할 수 있을까? 여기에 대한 의구심을 2010년 영국의 영 파운데이션(Young foundation)의 Geoff Mulgan이 〈Stanford Social Innovation Review〉에 기고한 Measuring Social Value에서 살펴볼 수 있다.

[사회적 가치 측정]

사회적 가치를 측정하기 위한 많은 시도들이 비영리 조직(NGO, NPO, 사회적기업, 사회적 벤처기업 등)에서 있어 왔다. 가장 효과적으로 프로그램을 운영하기 위해서 공무원, 정책입안자, 정부 기관의 책임있는 회계 처리를 해야 한다. 자금제공자(후원자, 정부기관, 기업), 파트너 및 수혜자에게 미치는 영향을 입증해야 한다. 이러한 요구를 충족시키기 위해 40여년 동안 사회적 가치를 측정하는 방법을 연구했다. 그러나, 비영리 조직에서 자원을 할당하기 위해 정교한 척도를 사용하는 경우가 거의 없었다. 사회적 가치에 대한 척도가 영향을 미치지 못한 이유는 크게 3가지로 볼 수 있다.

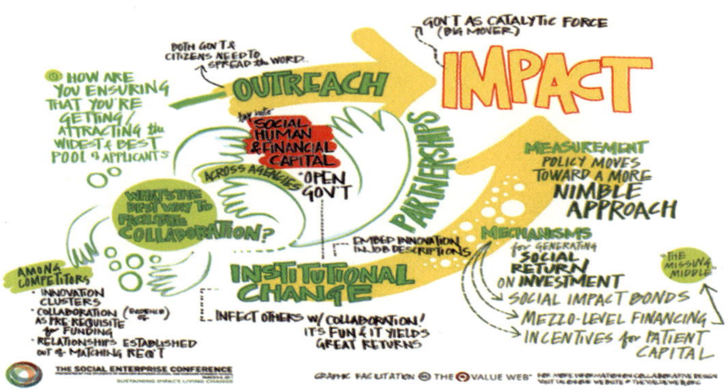

첫째, 대부분의 모형은 가치가 객관적이며, 분석을 통해 발견할 수 있다는 가정하에 분석한다. 그러나, 가치는 객관적 사실이 아니기 때문에 공급과 수요의 상호 작용을 통해 살펴볼 수 있지만, 조직의 전략과 운영의 우선순위에 따라 어긋나기도 한다.

두 번째, 외부 이해 관계자에 대한 회계, 내부 운영 관리 및 사회적 영향 평가라는 세 가지 다른 역할을 결합했기 때문이다. 영리 조직에서는 이러한 작업의 경우 서로 다른 도구를 사용한다. 예) 항공기 제조업체의 자금 지출 방법 설명

세 번째, 사회 가치를 위한 시장의 수요와 공급 간의 상호작용 이다.

최근 영국의 국민보건의료서비스(National Health Service, NHS)와 영 파운데이션 재단의 협력은 사회적 가치에 대한 중요한 시사점을 남겼다. NHS는 영 파운데이션에게 서비스 혁신을 측정하고 투자 결정을 돕는 실질적인 도구 개발을 의뢰했다.

수백 개의 경쟁적 툴을 찾아냈는데, 재단, NGO, 정부, 학계 등 분야마다 사용하는 척도들이 달랐고 의사 결정에 실질적으로 도움이 되는 척도는 거의 찾아보기 힘들었다. 그 두 가지 이유를 발견했는데, 첫째, 대부분의 척도들은 가치가 객관적이라고 가정하며, 분석을 통해 발견할 수 있다고 여기기 때문이나 가치는 객관적 사실이 아니다. 가치는 수요와 공급의 상호 작용을 통해 발생하며 궁극적으로 사람이나 기관이 기꺼이 감수하고자 하는 것을 반영한다. 이런 부분을 반영하는 도구가 없기 때문에 비영리 기관들은 어쩔 수 없이 이러한 툴들을 기관의 전략과 운영상의 우선순위에 맞추는 실수를 저지릅니다. 둘째, 척도가 매우 다른 세 가지 역할을 동시에 수행하기 때문입니다. 외부 이해관계자에게 보고, 내부 의사결정, 사회적 영향력 평가, 이 세 가지이다. 비지니스 부문에서는 각각의 역할에 다른 척도를 사용합니다. 그러나 사회 및 공공 부문의 경우 일각에서는 하나의 척도로 세 가지 역할을 모두 수행할 수 있다고 주장합니다. 하지만 이러한 시도는 결국 하나도 제대로 해내지 못 하는 결과를 가져왔다.

이러한 문제의 해결방안으로 [가치구축], [건전한 수치], [시장형성], [정직한회계]를 제안한다.

출처 : 서울시 NPO지원센터(2017.7.17.) '사회적 가치, 측정가능한가?'
(http://www.snpo.kr/bbs/board.php?bo_table=npo_aca&wr_id=2941)

7.2 사회적 가치 분석

1) 사회적투자분석 방법론

(1) 사회적투자분석(SROI)의 정의

유럽에서는 과거에 사회적 경제를 구성하는 공동체들과 같은 제3섹터 조직들의 활동이 활발해지면서 그들의 활동을 통해 어떠한 성과가 달성되었는지를 평가하여 그 사회적 성과를 대외적으로 제시해야 할 필요가 생겼다. 또한, 내부적으로도 활동의 방향을 결정하는 기준의 필요성이 꾸준하게 제기되기도 하였다.

이에 따라 영국에서는 1990년대 후반부터 정부 차원에서 성과(outcomes)에 중점을 둔 공공서비스 가치(performance)에 대한 평가를 추진했다. 사회적 가치의 정량적 평가(화폐화) 기법으로써 사회적투자수익률분석(SROI : Social Return on Investment)이 주목받는 배경에는 상기와 같은 공공 정책적 변화가 있었다.

Jeremy Nicholls(2009) 등의 정의에 따르면 SROI는 조직에 의해서 창출된 사회적 가치, 환경상의 가치, 그리고 경제적 가치에 대해서 이해하고 측정하고 보고하는 프로세스를 의미한다. SROI는 보다 넓은 의미에서의 가치를 측정하고 설명하기 위한 기법이라고 할 수 있다

사회적 가치 평가의 기법으로는 미국의 Jed Emerson과 샌프란시스코를 거점으로 하는 벤처 필랜소로피 펀드인 REDF(Robert Enterprise Development Foundation)가 처음 개발하고 현재 영국의 비영리 싱크탱크 NEF(New Economics Foundation)가 응용 · 발전시킨 SROI(social return on investment, 사회적투자수익분석)가 널리 알려져 있다.

SROI는 그 후 영국에도 보급되었지만, 비영리 연구기관인 NEF가 REDF의 SROI를 개량한 방법론을 개발한 후 이것이 다양한 사회적기업이나 공공서비스 관련 사업의 평가에 활용되기 시작하였다.

SROI의 의의는 단순한 비용-편익기법도 회계수단이 아닌, 이해관계자를 둘러싼 사회적 가치 평가의 수단이며, 평가의 틀이 평가결과에 대한 공표 · 설명 등을 통해서 조직 밖의 이해관계자에게 알려짐과 동시에 관리수단으로써 내부화된다는 점에 있다.

특히, 소셜벤처가 그 자금제공자인 공적부문이나 재단 · 기업의 사회공헌부문, 기타 사회적

투자자에 대해서 그 가치를 보여주고자 할 때 SROI가 유리하게 작동할 수 있다. 소셜벤처는 그 서비스 이해관계자에게 가져다주는 편익을 객관적으로 명시하는 것이 가능해지기 때문이다. 이처럼 소셜벤처에 의해 사회적 가치가 어떻게 창출되는지를 나타냄으로써 SROI는 영업수단이나 마케팅수단으로도 유용하게 활용될 수 있다(Ridley-Duff, Seanor and Bull, 2011).

(2) SROI 특징

SROI 방법론의 특징은 이 방법이 비용편익분석(CBA; cost -benefit analysis)을 제3섹터 구성 조직들이 그들의 성과 평가에 활용하기 쉽도록 응용하고 발전시킨 평가기법이라는 점이다.

본래 SROI는 응용경제학의 테크닉으로부터 도출되고 정부의 시책평가에서 널리 사용되고 있는 비용편익분석(cost-benefit analysis)에서 파생된 방법론이다(Worth, 2009). 따라서 비용편익분석은 먼저 화폐($, £, ₩)라는 단일 지표에 의해서 조직 또는 사업의 성과(performance)를 정량화하고 가시화할 수 있다는 점이 주요 특징이다. 즉, 창출된 가치의 화폐화(monetize)이다. 그리고 시책의 총비용(full cost)에 관한 정보를 수집하고 그 비용에 대해서 어느 정도의 화폐가치의 편익(benefit)이 창출되었는가를 계측한다. 시책의 순편익과 순 비용을 측정하고 비용에 대한 편익의 비율(사회적투자수익률)을 산정하는 것이다. 즉, SROI는 경제적인 평가 기법을 사용한다는 측면에서는 CBA과 매우 비슷하고, 또한 CBA의 기법을 바탕으로 하고 있다.

그러나 SROI의 보급을 추진하는 측에서는 단순한 CBA의 응용이 아니라 CBA과의 차이를 강조한다. 예를 들면 SROI의 주요 혁신은 산출(output)을 넘어서서 성과(outcomes)와 파급효과를 고려한 점이다(Ridley-Duff, Seanor and Bull, 2011). 하지만 이것은 다소 과대평가로, CBA에서도 파급효과를 넘어선 성과(outcomes)의 화폐화가 가능했고 그 분야에서 커다란 경험을 축적했다. 또한, SROI는 독자적인 평가이론을 개발했다기보다는 오히려 CBA에서 발전시킨 이론이나 기법에 많이 의존하고 있는 편이다.

SROI에서는 평가 프로세스에 있어서 이해관계자의 참가를 기본으로 변화의 가치화와 사회적 가치의 화폐화가 실천된다. 예를 들면 SROI에서는 먼저 기대되는 성과(outcomes)로써의 과제군의 틀이 설정되지만 이들 성과(Outcomes)의 정의에 대해서 이해관계자의 참가를 가능케 하는 유연성을 충분히 갖추고 있다(Ridley-Duff, Seanor and Bull, 2011).

그림 7-2 ROI와 SROI의 투자 회수 개념

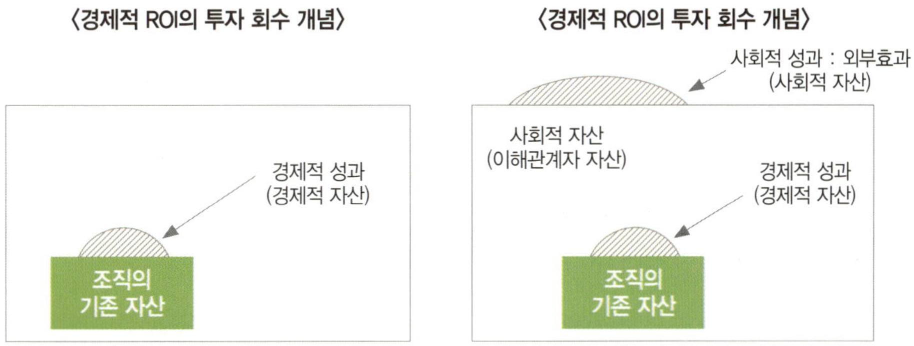

SROI의 또 다른 주요 특징 중 하나는 관리수단으로의 활용 가능성이다. SROI를 통해 도출된 성과평가에 의해, 프로젝트 실시조직에 있어서는 사업 · 경영개선을 위한 학습이 가능하며, 또한 파급효과도 강화하는 방향에서 자원관리가 가능하게 된다(Arvidson, Lyon, McKay and Moro 2010). 반면에 CBA의 접근법에서는 오로지 컨설턴트 등의 외부기관에 의해서만 평가가 이루어지는 경향이 있다. 더불어 평가결과가 조직에 환원되고 경영개선에 활용되는 프로세스가 중시되고 있는 것은 아니다.

즉, SROI의 기법이 관리수단으로 조직에 내부화되는 경향이 더 강하다. 또 이 측면도 CBA와의 본질적인 차이라기보다는 접근법의 차이라 할 수 있다(Arvidson,Lyon, McKay and Moro 2010).

그림 7-3 현재가치와 투자개념 기준의 SROI

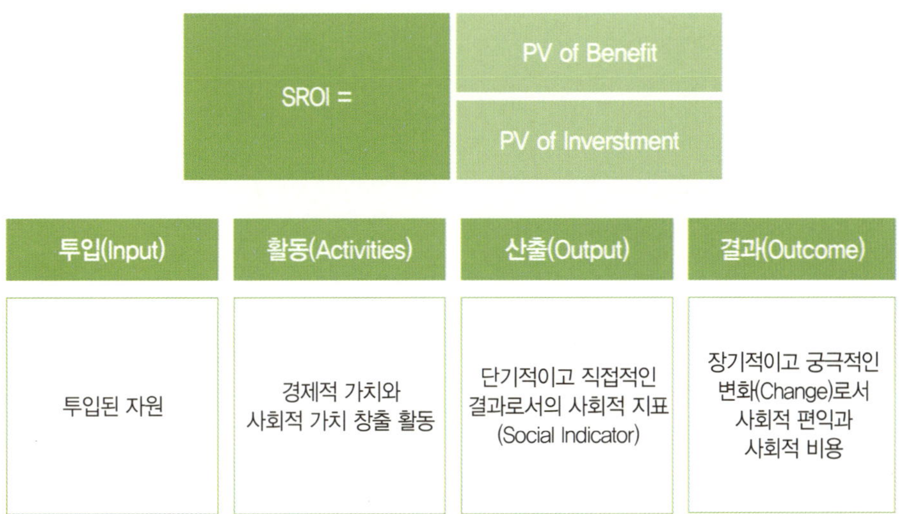

(3) 사회적투자분석(SROI)의 측정 방법

SROI는 사회적기업들의 경제적 · 사회적 영향을 수량화하기 위한 노력의 일환으로 개발되었다. SROI를 개발한 REDF는 사회적벤처의 혜택을 기업 가치와 사회적 목적 가치로 분류하고, 이 둘을 합하여 혼합된 가치라고 명명했다.

그림 7-4 소셜벤처 측정의 대상

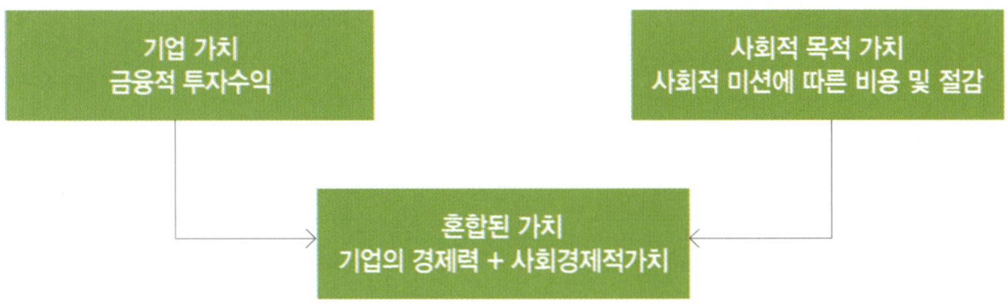

출처: 사회적기업을 디자인하라

기업 가치는 소셜벤처의 사업적 측면인 순 수입을 의미한다. 매출가치에서 재화와 용역이 들어간 비용 및 운영비용을 제외한 값이다. 이 가치는 일반 벤처기업의 큰 부분을 차지한다. 일반 벤처기업에 비해 영리 활동의 중시 비중이 다소 낮은 소셜벤처일 경우에는 간혹 이 기업 가치가 마이너스 상태일 수도 있다.

표 7-1 사회적투자수익률 산출방법

기업 가치
매출 가치
− 판매된 재화 및 용역비용
− 운영비용
사회적 목적 가치
+ 지원금 및 기부금
− 기금모금 비용 및 지원금 신청비용
+ 사회적 절감비용
− 사회적 운영비용
+ 증가된 세수
부채
− 사회적기업의 부채

= 혼합된 가치

반면에 사회적 목적 가치는 기업이 사회를 위해 창조하는 가치, 즉 적어도 사람들에게 영향을 준 결과로 조성된 수입이나 사회에서 절약된 비용의 측면에서 측정될 수 있는 부분이다. 사회적 비용 절감의 예로, 소셜벤처가 취약계층을 채용했을 때 국가가 그들에게 지원하던 지원금이 절감되는 것 등을 말할 수 있다. 또한, 그들이 내게 되는 세금은 국가 세수의 증가로 이어진다. 한편, 기부금 등의 수입은 기업의 사회적 미션에 대한 비용을 가리키기 때문에 역시 사회적 목적 가치에 속할 수 있다.

기업 가치에 사회적 가치를 더하고 부채를 빼면 REDF가 혼합가치라고 부르는 값이 산출된다. 사회적기업들을 이러한 가치로 비교 측정하기 위해 REDF는 다음과 같은 세 가지 자치지표를 정의했다.

◆ 기업 수익지수 : 자선사업을 통해 기업에 들어간 돈의 액수로 나눈 기업 가치
◆ 사회적 목적 수익지수 : 기업에 대한 자선 투자의 가치로 나눈 사회적 목적 가치
◆ 혼합 수익지수 : 기업에 대한 자선 투자의 가치로 나눈 혼합된 가치

상기 지수를 이용하여 비영리조직의 가치를 비교 분석할 수 있는 객관적인 기준의 기반을 마련했다.

그림 7-5 SROI 구성 예시

(4) 사회적투자분석(SROI)의 측정 과정

SROI의 측정과정은 활동의 결과로서 다양한 이해관계자들에 일어나거나 예측되는 변화의 관점에 집중하여야 하며, 다음과 같은 6단계로 구분할 수 있다.

첫째, '범위 설정과 핵심이해 관계자확인' 단계로 SROI 분석을 수행할 범위와 그 분석과정에 참여할 이해관계자의 범위, 방법 등에 관한 명확한 정의를 설정하는 것이 중요하다.

둘째, '결과물 맵핑(mapping)' 단계로, 이해관계자의 참여를 통한 투입물(inputs), 산출물(outputs), 결과물(outcomes)의 관계를 확인시켜주는 영향력지도(impact map)나 변화이론(theory of change)을 개발한다.

셋째, '결과물 명시와 사회적 가치 부여' 단계로, 결과물이 실제로 일어났는지에 대한 증거를 확인하고 증거에 대한 사회적 가치를 부여하는 과정이다.

넷째, '영향력 확정' 단계로, 결과물에 대해 확인된 증거와 화폐화된 가치를 가지고 그러한 변화가 일어난 것으로 확정하거나 또는 다른 요인에 의한 결과로 인식하여 제외하는 과정이다.

다섯째, 'SROI 산출' 단계로, 확인된 모든 사회적 편익을 합하고 부정적인 사항을 공제하며, 투자에 대한 결과를 비교하는 과정을 수행한다. 또한 산출된 결과에 대해 민감도 분석을 통한 검토를 수행할 수도 있다.

여섯째, 간과하기 쉽지만 대단히 중요한 '보고 및 활용, 그리고 내재화' 단계로, SROI 측정 결과에 대해 이해관계자들과 공유하고, 그들의 질문에 응답하고 모범적인 결과물 처리 과정과 보고서의 검증을 통해 내재화하는 과정이다.

이러한 여섯 단계를 개략적으로 표시하면 다음의 [표 7-2] SROI 측정단계와 같다.

표 7-2 SROI 측정 단계

단계	주요 수행 내용
1 단계 '범위설정과 핵심 이해관계자 확인'	- SROI 수행 범위와 과정에 참여할 이해 관계자와 방법에 관해 명확히 하는 것이 중요
2 단계 '결과물 맵핑(Mapping)'	- 이해관계자 참여를 통한 투입물, 산출물, 결과물의 관계를 보여주는 영향력 지도 또는 변화이론 개발
3 단계 '결과물 명시와 사회적 가치 부여'	- 결과물에 대한 증거를 확인하고 가치를 부여
4 단계 '영향력 확정'	- 결과물에 대한 증거와 화폐화된 가치를 가지고 변화를 확정하던지 또는 다른 요인의 결과로 고려대상에서 제외
5 단계 'SROI 산출'	- 모든 편익을 합하고, 부정적인 사항의 공제, 투자에 대한 결과를 비교하는 일을 수행 - 결과에 대한 민감도분석 수행 가능
6 단계 '보고 및 활용, 그리고 내재화'	- 이해관계자들과 결과 공유 및 질의응답 - 모범적인 결과물 처리과정과 보고서 검증을 통한 내재화

출처 : 조영복 외, 2010, 「SROI – 사회적 투자수익률 측정 가이드」 요약, 재인용

그림 7-6 SROI 프로세스

출처 : SVCA Guideline, Stoney field farm 사례

2) 기타 방법론 및 가치측정 도구

사회적 가치를 실현하는 또는 사회적 가치 산출을 위해 투자하는 다양한 기관들은 사회적투자수익률을 평가하기 위해 자신들의 진행 프로젝트 특성에 맞는 다양한 사회적 가치 측정 방법들을 사용한다. 예를 들어 영향력 보고와 투자 표준(IRIS), 비용효과분석(CEA), 비용편익분석(CBA) 등이 전 세계적으로 사용되고 있다.

미션 지향적인 조직에 대한 사회적, 환경적, 재무적 성과를 보고하는 '영향력보고와 투자표준(The Impact Reporting and Investment Standards, IRIS)' 는 Rockfeller재단의 아큐먼펀드와 B Lab에 의해 범세계적인 보고 형식으로 개발되어 제시된 프레임워크이다. 이는 소셜벤처 및 사회적기업의 경영성과 및 추구하는 목적 등에 관련해 이해하기 쉽고 단순하게 표준 항목을 정의하여 기업의 현황을 일목요연하게 제시할 수 있는 방법론의 하나로 인식되고 있다. 또한, 소셜벤처 및 사회적기업의 공시에 적합한 보고지표로서 활용될 가능성이 높다고 인식되고 있다.

1950년대 이후 후생경제학의 발전과 더불어 공공경제학의 이론이 본격적으로 개발되면서 투자에 대한 성과를 비교 검토하기 위해 개발된 비용효과분석(Cost Effectiveness Analysis, CEA)과 비용편익분석(Cost Benefit Analysis, CBA)은 여러 정책 대안 가운데 가장 효과적인 대안을 찾기 위한 방법론으로, 각 대안에 대한 성과를 화폐가치로 환산하여 측정할 수 있는 선택에는 CBA를, 화폐가치로 환산할 수 없고 다만 계량적(수량적)으로 측정할 수 있는 선택에서는 CEA를 적용하여 평가하고 있다.

1988년 뉴욕시 빈곤퇴치를 위해 헤지펀드 매니저가 설립한, 로빈후드재단의 투자 대안을 평가하는데 사용되는 편익비용비율(benefit cost ratio)은 경제적 효율성의 척도로서 편익이 비용보다 큰 대안에 대해 경제성 및 타당성이 있는 투자대안으로 평가하는 방법론이다.

가난한 사람들에게 효과를 줄 수 있는 비즈니스 모델을 수행하는 비영리단체인 아큐먼 펀드가 개발한 BACO ratio는 투자된 포트폴리오에 대해 투자기회의 유망한 혜택 대비 자선적인 보조금의 효과성을 측정하는 방법론이다.

소셜벤처나 사회적 가치를 창출하는 사회적 프로그램을 평가하는 tool은 기업 내부 및 사회적 가치를 창출하는 프로그램을 지원하는 기관들의 고유 목적에 따라 다양하게 개발되어져 왔다. 세계적으로 사회적 가치를 측정하고자 하는 목적을 지닌 평가 tool은 다음의 표에서 사회적 가치 측정 평가 체계로 정리될 수 있다.

표 7-3 사회적 가치 평가 툴

구분	주요내용
SROI (Social Return On Investment)	◆ SROI는 기업 경제활동의 사회적 성과를 화폐가치로 환산하여 측정할 수 있도록 하는 도구 ◆ SROI의 측정법은 관련된 사람이나 조직의 경험이나 공헌에 따라 변화하고 있음 ◆ 사회적 · 환경적 · 경제적 결과물을 측정함으로써 만들어진 변화에 대해 이야기하고 그것들을 상징하기 위해 금전적 가치를 사용하여 표현(예를 들어, 3:1의 비율은 ￡1을 투자하여 ￡3의 사회적 가치를 얻는 것을 의미함) ◆ SROI에는 두 가지 유형이 있음 – 평가성(Evaluative) SROI는 이미 일어난 실제 결과에 기반을 두고 소급하여 수행하는 것 – 예측성(Forecast) SROI는 실행하고자 하는 활동이 의도했던 결과를 달성했을 때 얼마나 많은 사회적 가치가 창출될 것인지를 예측하는 것
BSC (Balanced Scorecard)	◆ 재무적인 측면과 더불어 고객, 내부 프로세스, 학습과 성장 등 기업의 성과를 종합적으로 평가하는 균형 잡힌 성과측정기록표로써 4가지 관점의 성과지표를 도출하여 성과를 관리하는 성과관리 시스템 ◆ 단기적 성격의 재무적 목표 가치와 장기적 목표 가치들 간의 조화를 추구
IRIS(The Impact Reporting and Investment Standards)	◆ 미션 지향적인 조직에 대한 사회, 환경, 재무적 성과를 보고하는 범세계적인 Reporting 형식 ◆ 경영성과(사회적 성과 및 경제적 성과) 관련하여 이해하기 쉽고 단순하게 표준 항목을 정의
CEA (Cost-effectiveness Analysis) 비용효과분석	◆ 여러 정책대안 가운데 가장 효과적인 대안을 찾기 위해 각 대안이 초래할 비용과 산출 효과를 비교 · 분석하는 기법을 의미함 ◆ 특정 프로젝트에 투입되는 비용들은 금전적 가치로 환산하나, 그 프로젝트로부터 얻게 되는 편익 또는 산출은 금전적 가치로 환산하지 않고 산출물 그대로 분석에 활용하는 특징을 가지고 있음 ◆ 산출물을 금전적 가치로 환산하기 어렵거나, 산출물이 동일한 사업의 평가에 주로 이용됨
CBA (Cost-benefit Analysis) 비용편익분석	◆ 여러 정책대안 가운데 목표 달성에 가장 효과적인 대안을 찾기 위해 각 대안이 초래할 비용과 편익을 비교 · 분석하는 기법을 의미함. ◆ 즉, 어떤 프로젝트와 관련된 편익과 비용들을 모두 금전적 가치로 환산한 다음 이 결과를 토대로 프로젝트의 우수성을 평가하는 방법을 의미함. ◆ 각 대안의 비교에는 비용편익비(B/C ratio), 순현재가치(net present value), 내부수익률(IRR) 등의 기준이 사용됨.

Robin Hood Foundation Benefit-Cost Ratio 비용편익비율	◆ 비용의 현재가치에 대한 편익의 현재가치의 비율, 즉 편익을 비용으로 나누어 그 비율의 결과가 가장 큰 대안을 선택하는 방법. ◆ 가장 일반적으로 이용되는 경제적 능률성의 척도. ◆ 대안분석에서 적절한 사회적 할인율이 적용되었을 경우 편익-비용비가 1보다 큰 투자 사업은 타당성 있는 것으로 판단함. *현재가치는 미래에 발생할 편익과 비용을 할인한 현 시점의 시간적 가치를 의미함.
Acumen Fund BACO Ratio	◆ Acumen Fund는 가난한 사람들에게 효과를 줄 수 있는 비즈니스 모델을 수행하는 비영리단체, 중소기업, 대기업 등 다양한 단체들에게 투자를 하는 글로벌 벤처임. ◆ BACO(Best Available Charitable Option) Ratio의 목적은 투자된 포트폴리오에 대한 투자기회의 유망한 혜택 대비 자선적인 보조금의 효과성 측정에 있음. ◆ 순비용 / 총사회적 임팩트 = BACO Ratio
William and Flora Hewlett Foundation Expected Return	◆ Global Development Program에 Expected Return 분석법을 사용. ◆ Expected Return 분석은 자선사업의 전반적인 전략을 시사함. ◆ Expected Return을 측정하는 것은 현존하는 아이디어와 지식을 일관적이고 수량화된 양식으로 이해하는 작업이며, 사업의 성공가능성과 잠재적 투자에 대한 영향력을 분석함. ◆ Benefits in a perfect world(세계적 차원의 편익) X Likelihood of success(성공 가능성) X The Philanthropy' s contribution(자선사업의 기여도) /Cost = Expected return
Center for High Impact Philanthropy Cost per Impact	◆ 자선적 기부 효과의 최대화 측정. 기부의 효과에 대해 자선가들에게 정보와 도구를 제공함으로써 자선의 효과적인 분야를 정의할 수 있음. ◆ 효과 당 비용을 측정하며, 효과 당 비용을 평가하기 위해서 자선가들은 가능한 2요소에 접근이 가능해야만 함 1) 사회적 효과 : 성공을 위해 객관적이고 구체적으로 측정되는 사회적 효과. 2) 비용 : 자선가나 효과를 실감하게 하는 다른 자원에 의해서 만들어지는 투자로써 측정되는 비용.
DEA (Data Envelopment Analysis)	◆ DEA 모형은 Chames et al(1978)이 Farrell의 상대적 효율성의 개념을 토대로 하여 의사결정단위(DMU: Decision Making Unit)의 효율성 평가를 위해 개발. ◆ 이는 다수의 투입 및 산출요소를 동시에 고려하여 효율적 DMU를 준거집단, 즉 기준으로 설정하고, 비효율적인 DMU의 상대적 효율성을 측정하는 방법임.

출처 : 조용복,신경철, 2013.

3) 사회적가치 성과 지표 (SVI)

한국사회적기업진흥원에서는 사회적기업들의 사회적가치를 측정하는 도구로 사회적가치 성과 지표를 개발하여 활용하고 있다. 사회성과 측정은 우선 조직이 우선적으로 사회성과를 실현하기 위한 기제를 설정한다. 다음으로 이를 조직 운영과 본질적인 사업 활동에 반영하며, 조직의 효율적인 인적 · 물적 자원 투입, 사회문제 해결을 위한 혁신적인 해결 방법 등의 노력과 성과를 측정하는 과정으로 이루어진다.

사회적 성과 지표(SVI)' 는 사회적 성과, 경제적 성과, 혁신 성과의 3가지 관점에 따라 14개 지표로 구성되어 있다.

표 7-4 사회적 성과 지표(SVI) 관점 3가지

관점	주요측정 내용
사회적 성과	조직이 사회적 성과를 실현하기 위해서 각종 기제를 설정하고 실행하고 있는지 여부를 측정 ⇒ 사회적 미션의 관리, 주사업활동의 사회적 성과, 사회적 경제 생태계 구축 노력, 이윤의 사회적 목적 재투자, 조직 운영의 민주성, 근로자 지향성 등
경제적 성과	조직이 효율적으로 인적 · 물적 자원을 투입하여 나타난 사업활동의 경제적인 결과를 측정 ⇒ 고용창출 및 재정성과, 노동성과 등
사회혁신	기업 활동에서 제품 및 서비스의 혁신성이 제대로 발현되고 있는지 여부를 측정 ⇒ 기업활동의 혁신성

표 7-5 사회적 성과 지표(SVI) 지표 14개

관점	범주	영역	측정지표	배점
사회적성과 (60)	조직미션 (10)	사회적 미션의 관리	1. 사회적 성과 추구 여부	5
			2. 사회적 성과 평가체계 구축	5
	사업 활동 (30)	주사업 활동의 사회적 성과	3. 사업 활동의 사회적성과 지향성	10
		사회적경제 생태계 구축 노력	4. 사회적 경제 조직 간의 협력 수준	5
			5. 지역사회와의 협력 수준	5
		이윤의 사회목적 재투자	6. 이윤의 사회적 환원 노력도	10
	조직 운영 (20)	운영의 민주성	7. 참여적 의사결정 비율	5
		근로자 지향성	8. 근로자 임금 수준	10
			9. 근로자 역량 강화 노력	5
경제적성과 (30)	재정 성과 (30)	고용창출 및 재정성과	10. 고용성과	10
			11. 매출성과	10
			12. 영업성과	5
		노동성과	13. 노동생산성	5
혁신성과 (10점)	기업혁신 (10)	기업 활동에서의 혁신성	14. 기업 운영 및 제품의 혁신성	10
계		14개 지표		100

3) SROI의 한계와 새로운 개념 도입의 필요성

사회적 경제의 현장에서는 그 조직이 창출하고 있는 사회적 가치를 나타내고 평가하기 위하여 다양한 방법들을 사용하여 측정하려는 노력이 지속되고 있지만 여전히 부족한 점이 있다. 특히 많은 시도가 이루어진 SROI는 기 유용성에도 불구하고 실용적 측면에서는 비판적인 견해가 존재한다.

그 이유는 첫 번째로 사회적 가치를 측정하고 평가하는 수단인 SROI가 오히려 사회적

가치를 실제의 가치보다 축소화 시킬 수 있다는 점이다. STOI는 비용편익분석을 기초로 하고 있기 때문에 화폐환산을 위한 대용지표의 설정이 쉬운 사회적 가치(outcomes)만이 선택되고 계측의 대상으로 될 가능성도 있기 때문이다.

두 번째는 평가기법의 표준화가 어렵다는 것이다. SROI가 조직 간이나 정책 간 비교를 하지 않는다는 점에 동의한다고 해도 측정 지표의 설정이나 전체 평가 방법의 설정에 있어서 어느 정도 표준화는 필요하다는 점이다. 그러나 SROI의 경우는 외부기관 에게 평가를 맡기는 것이 아니고 외부의 전문가를 활용한다 하더라도 당사자나 이해관계자가 기대되는 outcomes나 지표의 설정 등에 참가하고 이들 이해관계자의 합의를 거쳐서 평가 도구를 설정하는 점에 중요한 특징이 있다. 그런 점에서는 상당한 시간과 비용이 소요되고 평가실시를 위한 훈련도 필요하다. 설령 표준화를 위한 조건이 충족되었다 해도 가치에 관한 합의형성은 그렇게 쉽지는 않다. 왜냐하면 이해관계자의 「사회적가치관」이 반영되기 때문이다(Mulgan 2010). 무엇을 원하는 성과로 간주할 것인가에 대해서도 가치관의 차이가 영향을 미치고 합의를 어렵게 만들 것이다.

세 번째는 SROI에는 종래 평가의 틀을 근본적으로 바꿀 만큼의 이론적인 배경이 약하다는 점이다. SROI는 CBA를 기초로 그것을 응용 · 수정한 것으로 평가되고 있다. CBA에 비해 이해관계자에 대한 접근을 강조하고 있다. 그러나 이것은 접근법의 차이에 불과하고 근본적인 차이는 아니다. 종래의 CBA도 이해관계자 접근법을 취하는 것은 가능하다.

SROI는 여전히 CBA에서 축적된 개념 · 지식에 의존하고 있고 상업적 세계나 정부 섹터 내에서 통용되는 가치관으로부터 영향을 받고 있는 것이다. 따라서 사회적 가치 측정을 위한 지표의 개발은 여전히 진행 중이며 과제로 남아 있다고 할 수 있다. 더구나 선진국과는 다른 특성을 보이며 발전하고 우리나라의 경우는 더욱 더 실정에 맞는 지표 개발이 더 시급한 과제라고 할 수 있다.

읽어 보기

투자 후보의 사회적 가치 측정 (화폐가치 산정)

[예] F사 ('13년 임팩트 투자 유치)

◆ 사회적 미션
- 농산품 직거래를 통해 농가소득개선
- 취약계층 고용

◆ 사업 모델
소농가 등 취약 농가의 과일을 활용한 디저트 카페 운영 및 과일 상품 유통

◆ 신규사업 계획
디저트 카페 확대, 과일꾸러미 판매로 유통 사업 확대

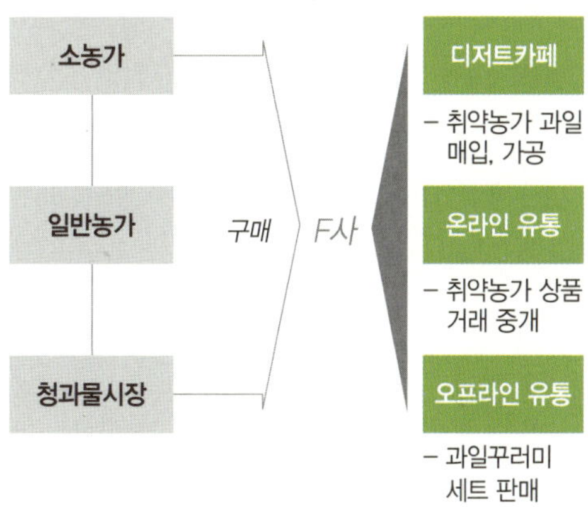

F사의 핵심 사회적 성과 지표 및 화폐가치 환산 규모

핵심 사회적 성과 지표	정의	화폐가치 산출식
취약 농가의 소득 증대	취약 농가의 농산물을 직접 매입하거나 유통/중개함으로써 늘어난 취약 농가 가처분 소득의 가치	취약 농가 매입액 및 거래 중개액 X 일반 유통 거래 대비 농가가 얻는 추가 마진율

*취약 농가 : 농림축산식품부 예비사회적기업 운영지침에 따른 전국 가구 월평균 소득 60& 이하의 농가 및 55세 이상 고령농

핵심 사회적 성과 지표	정의	화폐가치 산출식
취약계층 고용 창출	취약계층을 고용함으로써 창출된 취약계층의 가처분 소득 증대 및 사회적 순편익의 가치	F사에 신규 취업 또는 이직한 인원 X [소득의 증감액 + 사회적 순편익* 증감액] *사회적 순편익 : 고용으로 인한 정부 세수 증가 + 정부 일자리 창출 사업 비용 절감액

4) SROI 활용 사례

(1) 캐나다의의 벨트라인 유스센터(Beltline Youth Centre)에 대한 SROI 분석

벨트라인 유스센터(Beltline Youth Centre)는 이민 초기 방황의 시기를 겪는 청소년들이 긍정적인 삶을 살 수 있도록 지원하고 그 가족들을 지역사회와 연결시키는 가교 역할을 하는 등의 사회적 가치를 창조하고 있다. 프로그램을 통한 변화의 이론은 문화적 경험 차이를 이유로 소외된다는 느낌을 받는 위기의 청소년들이 사회적 보살핌과 교육 기회, 여가 활동의 기회, 그리고 직업을 가질 수 있는 기회를 가진다면 성공적인 성인의 삶을 살아가고자 하는 긍정적인 선택을 할 수 있다는 것에서 찾을 수 있다.

주요 이해관계자는 벨트라인 입소자로 전 세계에서 이주해 온 290명의 청소년이 측정에 참여하였으며 이들에게 다양한 여가활동 및 사회활동을 지원하였다. 프로그램을 통한 성과는 ① 경찰의 조사가 필요한 불량한 행동을 한 청소년이 월 평균 50명 감소 ② 경찰의 조사와 사법부의 심판이 필요한 청소년 범죄자가 매년 15명 감소 ③ 청소년 보호소에 수감되어 보호관찰이 필요한 청소년 범죄자 8명 감소로 나타났다. 이와 같은 프로그램의 결과를 바탕으로 FCSS가 측정한 벨트라인 유스센터의 SROI는 다음과 같다.

표 7-6 벨트라인 유스센터 SROI

SROI 측정지표	연간합계	산출근거
1. 경찰출동시간절감	$205,200	$342(1회 출동)*월50명
2. 청소년범죄사법부집행비용절감	$19,125	$1,275(1회 집행*연15명
3. 사법부경찰출두비용절감	$4,785	$319(1회 집행)*연15명
4. 청소년수감시간감소	$8,400	$150(1일 수감)*연8명*7일(회당평균수감일수)
5. 청소년학대시간감소	$10,758	$30(1시간당)*2시간(주당)*26주간* 8명
6. 청소년파트타임수입증가	$184,320	$8(1시간)*주당8시간*연간48주* 60명
7. 청소년정규근로수입증가	$672,000	$10(1시간)*주당40시간*연간48주*30명
A. 사회적 가치 창출(290명)	$1,104,588	1–7의 합계
B. 프로그램투자비용	$216,539	–
C. 1인당투자비용	$747	B/290명
D. SROI 비율	$5.10	A/B = 5.10 : 1

출처 : 조영복, 류정란, 인적자원관리연구제1권제 3호, 2014.

읽어 보기

퍼주는 공익사업? '착한' 기업의 반란, **작지만 강한 소셜벤처 파워**

돈 잘 버는 기업이 좋은 기업일까요? 최근 '갓뚜기' 열풍은 아니라고 답합니다. 눈앞의 이익에 눈이 멀어 소위 '갑질' 하며 주머니를 채우는 악덕 기업들에 대한 사회적 지탄이 거셉니다. 이제 단순히 기업이 거두어들인 높은 영업 이익만이 기업의 가치를 말해주지 않습니다. 위선적인 사회적기업 책임 활동(CSR)도 통하지 않습니다. 그 가운데 수익 모델 자체에서 사회적 가치와 이윤을 함께 창출하는 지속 가능한 기업들이 있습니다.

고위험 · 고수익을 추구하고 빠른 변화를 특징으로 하는 벤처기업이 대학생 주거 문제를 걱정하고 환경을 염려해 차량 공유 서비스를 만든다? 상식적으로 쉽게 이해하기 어려운 행동들이다. 얼핏 돈이 안 될 것 같은 사업들이기 때문이다.

그러나 최근 스타트업 선진국인 미국뿐만 아니라 국내에서도 사회적기업 성격을 갖춘 스타트업들이 주목받고 있다. 사회 문제 해결을 위해 개인 또는 소수의 기업가가 창의성과 도전정신을 바탕으로 새로운 비즈니스 모델을 만들어 수익을 내는 사회적기업을 '소셜벤처'라고 부른다.

소셜벤처는 아직 우리에게 생소한 개념이다. 벤처기업과 사회적 가치가 양립할 수 없다는 편견 때문이다. 실제 대다수의 경영자들은 '사회적기업'이라는 말이 이율배반적이라고 주장한다. 이윤만 추구해도 살아남기 힘든 경영 환경에서 어떻게 기업이 '사회적 가치'까지 추구할 수 있느냐는 것. 먼저 기업으로 살아남을 수 있는 수단이 생긴 후에야 사회적 가치를 추구하는 것이 가능할 뿐 두 가지를 동시에 실현하겠다고 만들어진 기업은 지속가능성이 떨어진다는 게 이유다.

하지만 최근 스타트업 기업 중 빠른 성장세를 보이는 기업들은 대부분 소셜벤처의 성격을

띠고 있다. 할리우드 배우 제시카 알바가 설립한 친환경 유아용품 제작 회사 '어니스트 컴퍼니', 고객이 신발 한 켤레를 구매하면 아프리카 아이들에게 한 켤레의 신발을 기부하는 '탐스슈즈' 등은 대표적으로 성공한 소셜벤처다. 세계적인 크라우드 펀딩 플랫폼인 미국의 킥스타터는 창업 모금액이 1조원을 넘어서면서 본격적으로 회사를 사회적기업으로 전환하기도 했다. 한국에서 소셜벤처라는 새로운 분야를 선도적으로 개척하고 있는 한상엽 에스오피오오엔지(sopoong, 이하 소풍) 대표를 만났다. 소풍은 지금까지 총 28개 기업에 투자와 보육을 진행하였으며 총 기업 가치 4201억원을 만들어 낸 전문 소셜벤처 인큐베이터다. 한상엽 대표가 생각하는 사회적 문제 해결을 위한 스타트업의 역할, 올바른 소셜벤처의 모습과 소풍의 투자 철학에 대해 들었다.

사실 모든 기업에는 사회적 가치가 있다. 단지 임팩트의 차이가 있을 뿐이다. 예를 들어 차량 공유 서비스 기업과 렌터카 업체를 비교해보자. 기본적으로 두 비즈니스 모델은 차를 빌려 탄다는 점에서 같다. 하지만 서울시에선 쏘카나 그린카와 같은 카셰어링 서비스 업체에는 무료 광고, 공공 주차장 혜택 등 다양한 지원을 하면서 렌터카 업체에는 그런 혜택을 주지 않는다. 그 이유는 렌터카보다 카셰어링이 사회적 가치가 높기 때문이다. 평균적으로 카셰어링 차 한 대가 움직이면 도심에서 차 15대가 줄어든다.

그렇다면 이 사회적 가치란 무엇인가. 소셜벤처에서 말하는 사회적이라 함은 사회 문제를 해결한다는 뜻이다. 보통 벤처는 사람들이 겪는 불편함을 해결하는 방식으로 새로운 시장을 만든다. 그러나 불편과 문제는 다르다. 불편을 해결하는 게 벤처라면 문제, 특히 사회적 문제를 해결하는 게 소셜벤처다.

요즘엔 일반투자 섹터에서도 소셜벤처에 주목한다. ROI도 오히려 높다. 앞으로 시간이 가면 갈수록 정부가 해결 못하는 사회 문제들이 더 많아진다. 결국 소셜벤처의 확산은 세계적 트렌드가 될 수밖에 없다. 실제 영국의 경우는 국내총생산(GDP)의 10% 정도를 사회적기업이 만들어낸다. 영국의 경우 크게 사회적기업을 소셜펌(social firms)과 소셜 엔터프라이즈(social enterprise)로 나눈다. 고용 중심 사업은 소셜펌, 제품과 서비스 중심 사업은 소셜 엔터프라이즈로 구분한다.

소셜벤처를 보는 시각의 양 극단엔 소셜벤처를 일종의 '운동(Movement)'으로 보는 관점과 '지극히 기업적 활동'으로 보는 시각이 존재한다. 운동으로 보는 사람들은 지금 하는 활동에 만족감을 느끼며 가치 있다고 생각해서 소셜벤처를 한다. 이런 기업가를 만나면 수익모델에 대해 집요하게 질문한다. 아무리 사회를 바꿔내고 사회 구성원에게 수많은 혜택을 제공해도 결국 강력한 수익모델이 있어야 이 혜택이 사회 전반에 확산되기 때문이다. 반대로 소셜벤처를 기업 자체로 보는 이들에게는 지속적으로 사회적 가치를 극대화할 수 있는 방안을 마련하라고 강조한다.

출처 : DBR 201호, 장재웅, 인터비즈 재구성(2017.8.9.), (https://blog.naver.com/businessinsight/221070300436)

(2) 소셜벤처 경진대회 적용

소셜벤처의 사회적 가치 측정은 매우 중요한 과정이지만 현실적으로는 많은 노력에도 불구하고 표준화된 방법론은 정착되지 못하고 있다. 따라서 사회적 가치 추구에 대한 공감 속에서 다양한 조직들이 그들의 시각으로 가치 측정을 위한 기준을 제시하고 있다.

국내에서도 그러한 사례가 있는데 본 교재에서는 SVCA(Social Venture Competition Asia)에서 제시하는 기준을 소개하고자 한다. 본 대회는 아시아의 우수한 소셜벤처 창업가를 선발하는 대회이며 한국에서는 SEN이 주관자이다.

우선 SVCA에서는 참가자를 대상으로 3가지의 기준을 충족하는 사업계획서를 제출할 것을 요구하고 있는데 첫 번째는 재무적 타당성이다. 두 번째는 확장성이며, 세 번째는 사회적 가치이다. 또한 사회적 영향력(social impact)의 평가기준을 다음과 같이 제시하고 있다.

① 제시된 사회적 가치의 정의 (Definition of the Social Value Proposition)

참가자는 변화 이론, 즉 해당 벤처가 목적하는바 사회적 outcomes(benefits)에서 핵심이 되는 강력한 사회적 가치의 제시(social value proposition)를 하나 또는 그 이상의 문장으로 기술한다.

② 세 개의 사회/환경 지표 리스트 (listing of the top three social/environmental indicators) 에 의한 사회적 영향력(Social impact)의 수량화(quantification)

참가자는 해당 벤처가 목격하는바 social outcome과 가장 연관성 있다고 여겨지는 가장 중요하며 측정 가능한 social indicators 세 가지를 제시해야 한다. 이러한 지표는 정상적인 사업 활동의 일부로서 추적 가능해야 한다.

③ 사회적 가치의 금전적 환산성 (Monetization)

SROI 참가자는 SROI분석을 사용하여 향후 10년간 해당 벤처가 창조하려는 사회적 영향력(social impact)의 가치를 금전적으로 환산(monetize)해야 한다.

또한, 사회적 영향력(social impact)을 평가하기 위한 SROI 분석을 다음의 5단계로 규정하고 사업계획서 제출자들에게 기준을 제시하고 있다. 더불어 social outcome과 사회적 영향력(social impact)을 명확히 구분하여 제시하고 있는데 social outcome은 SIA에서 그 벤처가 존재함으로써 창출가능 한 비재무적 social benefit을 이르는 말이며, 사회적 영향력(social impact)이란 social outcome에서 벤처의 활동과 상관 없이도 취해졌을 benefit을 뺀 것으로 정의하고 있다.

ㅇ 1단계는 투입(inputs)으로 나타나게 될 산출 결과(outputs)에 대해 정의하는 것이다. 소셜벤처의 사업으로 나타나게 될 변화를 기술할 것을 제안하고 있다. 즉 투입과 활동 그리고 산출을 기술하면 되는 것이다.

SROI 1단계 : Outputs의 정의

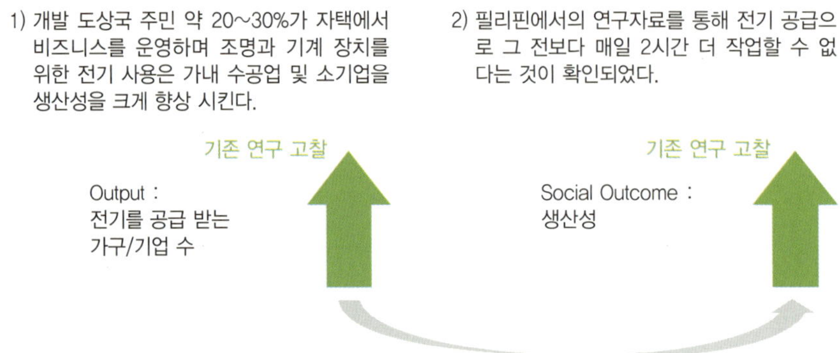

ㅇ 2단계는 나타나게 될 산출 결과(outputs)를 화폐로 환산했을 액수를 나타내면 된다. 인건비, 물가 등을 참고하고, 사회문제 해결에 대한 보고서 등을 참고하여 작성할 것을 제안하고 있다.

SROI 2단계 : 금전적 환산(Monetize)

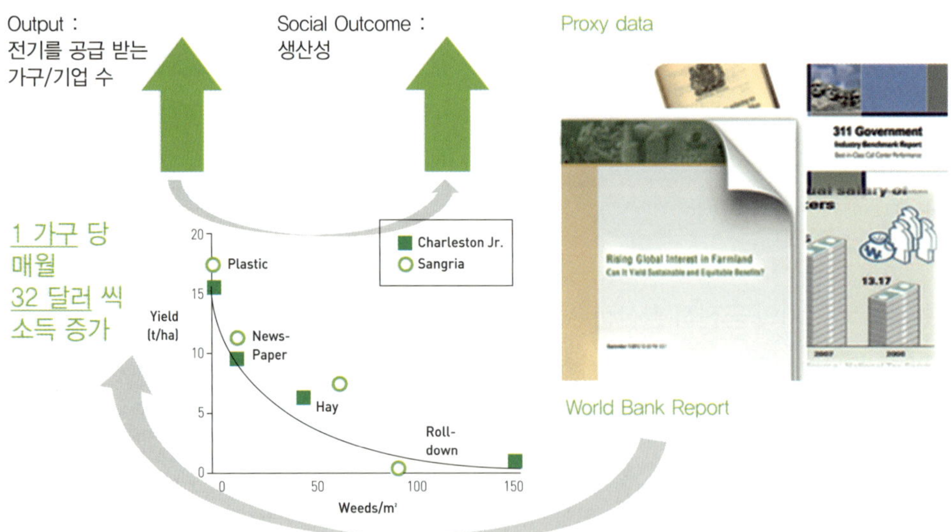

ㅇ 3단계는 사업을 지속하면서 나타나게 될 산출 결과(outputs)를 연도별로 나타내는 것이다. 소셜벤처의 사업이 점차 본격화 되면서 수혜자가 늘어나고 프로젝트가 늘어나게 되면서 초기보다 더 많은 종류의 산출물들이 생기고 금액도 커지게 된다. 이러한 흐름을 나타낼 것을 제안하고 있다.

SROI 3단계 : 예상 사회적 현금 흐름도(cash flow)의 개발

Social Return on Investment
(in $1,000 USD)

	Year 1	Year 2	Year 3	Year 4	Year 5	...	Year 15
Number of Projects	1	2	3	5	8	...	85
Cumulative Number of Projects	1	3	6	11	19	...	456
Cumulative Number of Households Served	200	600	1,200	2,200	3,800	...	91,200
Social and Environmental Benefits							
Education and earning potential	$0	$0	$0	$0	$62	...	$11,294
Communication and entertainment	$12	$36	$72	$132	$228	...	$5,472
Productivity in home business	$15	$45	$91	$166	$287	...	$6,895
Productivity in households	$34	$101	$202	$370	$638	...	$15,322
Human health benefits	$0	$0	$180	$540	$1,080	...	$53,460
Environmental benefits	$0	$0	$1	$2	$3	...	$68
Total Social and Environmental Benefits	$61	$182	$544	$1,208	$2,296	...	$92,443
Operating and Capital Costs	$0	$0	$0	$0	$0	...	$0
Total operating expenses	($143)	($190)	($240)	($314)	($413)	...	($15,328)
Capital expenditures	($175)	($350)	($446)	($744)	($1,050)	...	($11,156)
Total Operating and Capital Costs	($318)	($540)	($687)	($1,058)	($1,463)	...	($26,484)
Social Purpose Benefit Flow	($257)	($358)	($143)	$150	$833		$65,959
Discount rate	11.71%						
NPV of Social and Environmental Benefits	$93,454,572						
NPV of Project Costs	$29,164,411						
Benefit-Cost Ratio	3.2						
Social Purpose Value	$64,290,161						

○ 4단계는 산출(outputs)의 결과로 나타나게 되는 성과(outcomes)와 그로 인해 나타나게 될 사회적 영향력(social impact)를 나타낼 것을 제안하고 있다. 5단계에서는 이러한 측정을 가능하게 하는 이론적 배경과 사전의 필요 가정에 대한 출처를 밝힐 것을 제안하고 있다.

SROI 4단계 : 정성적(Qualitative) 분석

정성적 outcomes 및 구체적 발생경로에 대한 설명/논의

안락함

평화

SROI 5단계 : 출처 인용 및 필요 가정에 대한 명확한 기술

읽어 보기

사회적가치 측정도구

1. 사회적 가치란?

사회적 가치(social values)는 경제적 가치와 상반되는 개념으로 비화폐적 가치인 정의(Justics)로 접근된다(이승규, 라준영, 2009). 개인의 가치를 넘어서 타인과 공동체를 지향하는 집단(기관, 시설, 단체 등)의 참여활동을 의미하며 사회구성원간의 상호성과 연대성을 통해 사회적 가치를 공유하는 것에 초점을 둔다.

2. 사회적 가치에 관심 갖는 이유는?

이러한 흐름은 2000년대 초반에 불었던 벤쳐 열풍과 함께 2003년부터 사회적일자리 창출 사업(1998년 행정안전부의 근로근로사업과 맥을 같이 함)을 진행했으나 사회서비스와 연계 부족과 질 낮은 일자리 등의 문제로 2007년 정부정책 하나로 사회적기업을 육성(사회적기업육성법 제정)하면서 강화되었다. 비영리 조직을 중심으로 영리와 비영리 중간의 제3섹터를 관심 갖고 다른 나라와 달리 사회적기업을 정부가 인증하고 관리하는 체제로 운영하고 있다. 사회적기업 정책의 문제 하나로 '인증제'를 보기 시작했다(사회적기업과 정부의 역할. 2011. 경기개발연구원). 취약계층 고용비율, 사회서비스 제공 비율 등을 충족시킨 조직만 사회적기업으로 인증하는 제한점 때문이다. 최근 사회적기업의 10년 역사를 되돌아보면서 인증제 문제는 다시 거론되기 시작했다.

3. 대한민국 제3섹터 관련 법

그렇다면, 수익창출 활동을 하는 비영리 조직과 사회적 책임을 위해 애쓰는 영리 조직의 비영리 활동 등에 대한 시선이 새롭게 검토되기 시작하면서 비영려영역은 제3섹터 안에서 새롭게 재조명할 수 있다. 이를 촉발시킨 것은 누가 뭐라고 해도 정부가 사회적기업을 전면 도입하면서 시작됐다. 사회복지법인, 학교법인, 의료법인 등도 법률로 비영리 조직으로 구분되어 있다. 지금도 비영리 조직은 계속 증가하고 있다.

4. 사회적 가치 측정의 의미는?

비영리 조직과 사회적경제 그리고 기업 CSR과 CSV를 포함해 사회적 가치를 측정하는 것은 후원자 또는 투자자에게 조직의 투명 경영과 효과성을 제시할 수 있는 방법 중 하나이다. 기업의 재무재표와 자금 추정 보고서 같은 것을 비영리 조직에 요구했지만, 무형의 형태인 사회적 서비스를 표현할 방법이 그동안 없었기 때문이다.

사회적 가치 측정은 사회적 목적을 우선적으로 추구하는 조직이 창출한 사회적 · 경제적 가치와 사회적 영향을 측정하는 과정 즉, 조직이 우선적으로 사회가치를 실현하기 위한 기제를 설정하고 이를 조직 운영과 본질적인 사업 활동에 반영하며, 조직의 효율적인 인적 · 물적 자원 투입, 사회문제 해결을 위한 혁신적인 해결 방법 등의 노력과 성과를 측정한다.

5. 사회적 가치 측정도구 (5개)

2010년 11월, 국제표준화기구(ISO)가 기업의 사회적 책임(CSR : corporate social responsibility)을 위한 국제표준으로 ISO26000을 제정함으로써, 사회 모든 조직의 의사결정과 활동 등을 수행할 때, 소속된 사회의 이익을 위한 책임을 규정했다. 구체적으로 산업계, 정부, 소비자, 노동계, 비정부기구(NGO) 등 7개 경제주체를 대상으로 지배구조, 인권, 노동관행, 환경, 공정거래, 소비자 이슈, 공동체 참여 및 개발 등 7대 의제를 사회적 책임 이슈로 규정하였다.

1) SROI

이러한 흐름에 따라 2000년, 미국 비영리재단인 REDF(Roberts Enterprise Development Fund)와 Jed Emerson가 사회적 가치와 경제적 가치를 통합해 정량적으로 측정할 수 있는 방법으로 SROI(Social Returen on Investment)를 개발하였다. 다만, 비용과 효과 분석에 기반하였기에 가치 창출에 대한 큰 그림을 확인하고 의사결정자의 판단을 돕는 툴 정도이지 표준이나 기준으로 보기엔 어려움이 많다.

2) GRI 지속가능보고서(G3, G3.1 & G4)

미국 환경단체인 CERES와 UN 환경계획 UNEP에서 설립한 비영리기관 GRI(Global Reporting Initiative)는 2006년, 지속가능 경영보고서 작성과 관련하여 국제 가이드라인 GRI G3을 마련했다. 지속가능발전을 위한 조직 성과를 측정, 공개하고 내/외부 이해관계자들이 책임과 약속을 이행하도록 촉구했다. GRI의 프레임워크에 기반을 둔 지속가능경영 보고서는 일정 보고 기간동안 조직의 활동, 전략과 경영 방식 등을 공개한다. 경제,환경, 노동, 인권, 사회, 제품책임, 인권, 지역사회, 성별 분야의 지표 개발을 통해 2011년 가이드라인 G3.1을 발표했다. 2013년에는 G4 가이드라인을 발표했다.

3) IIRS

2008년, IRIS(Impact Reporting & Investment Standards)는 미국 록펠러재단, 어큐먼펀드, **B Lab**의 초안을 바탕으로 개발되어 GIIN(Global Impact Investment Network)에서 관리, 발전시키고 있다. 사회혁신 벤처들의 경영 활동이나 투자 포트폴리오 성과를 지표화하여 사회적 가치를 기술하고 커뮤니케이션하는 기본 템플릿을 통해 사회적, 환경적 가치를 정리하고 논의할 수 있도록 공통 양식과 언어를 사용하자는 취지에서 만들어졌다. 58개국의 463개 사회적기업과 고객 7,994,642명을 포함하고 또한 1,931개의 마이크로파이낸싱기관(MFI)의 데이터를 축적하여 성과평가를 진행한다.

4) GIIRS

2011년, 미국 B코퍼레이션연구소 B Lab에서 사회적 기업의 성과 측정도구(임팩트투자 성과측정)인 GIIRS(**Global Impact Investing Ratings System**)를 런칭하였다. 전 세계 30개국, 200개 이상의 기업을 통해 성공적인 베타 테스트를 마친 뒤 발표한 거라 신뢰도가 높다. 여기에 록펠러 재단(The Rockefeller Foundation)이나 캘버트 재단(Calvert Foundation), J.P. 모건(J.P. Morgan), 프루덴셜 파이낸셜(Prudential Financial, Inc.), 개츠비 자선 재단(Gatsby Charitable **Foundation) 등 15곳에서 약 15억 달러를 투자하여 본격적으로 GIIRS를 통한 사회적 가치를 측정하게 되어 갖는 효과성을 입증하였다. 국제 회계 기준인 IFRS(International Financial Reporting Standards)**처럼 **IRIS**(Impact Report & Investment Standards)를 통해 사회적 가치를 측정할 수 있는 공통된 언어체계를 마련했기 때문이다.

5) OASES

영국의 Social Enterprise London(SEL)의 OASES(Outcome Assessment for Social Enterprise)는 사회적기업들이 자신들의 성과와 사회적 영향도를 측정할 때 가장 적합한 방법이 무엇인지를 고를 수 있도록 개발한 프레임워크이다. 프레임워크를 이용해 사회적기업들이 자신의 성과와 사회적 영향도를 평가해 보고, 사회적기업 성과 측정의 역할과 중요성을 스스로 느낄 수 있도록 교육 워크숍을 진행하기도 한다.

위와 같이 사회적 가치 측정도구를 통해 보다 신뢰를 얻고 효과성을 입증하기 위한 노력이 필요했다. 또한, CSR(기업Creating shared responsiblity, 기업의 사회적책임; 자선활동)에서 CSV(Created Shared Vlaue, 공유가치창출; 사회적문제 해결)로 마케팅 관점이 옮겨지면서 영리 조직과 비영리 조직의 경계가 더욱 모호해졌다. 영리 조직은 사회적 가치를, 비영리 조직은 지속가능성을 확보하는 것이 기관의 생존과 변화 그리고 미래를 이끌어 갈 수 있는 중요한 요소가 되었다. 이제는 CSR과 CSV를 넘어 CWB(Community Wealth-Building)를 통해 지역공동체 기반으로 지속가능한 발전 전략이 변화하면서 기업도 소비가 아닌 서비스 중심으로 시장의 판도가 바뀌고 있다. 향후 모든 조직은 서비스 중심으로 구조가 변동될 거라 생각된다.

6. 대한민국의 사회적 가치 측정은?

세계적인 흐름에 따라 ISO26000을 등록하는 기업과 기관이 늘어났고, UN의 SDGs [참고 - UN의 지속가능발전목표] 를 염두하여 한국사회적기업진흥원에서는 2011년 12월 사회적 가치 측정 도구를 활용한 사회적기업의 자본투자 활성화 방안 연구를 발표하고, 이를 바탕으로 2017년 7월, 'SE 자가진단 KIT' 를 통해 스스로 자가진단할 수 있도록 온라인툴을 오픈했다. 사회적 가치 지표(SVI)는사회적 가치, 경제적 가치, 혁신 성과의 3가지 관점을 14개 지표로 구성하였다.

출처 : 서울시 NPO지원센터(2017.7.17.), "사회적가치측정도구"(http://www.snpo.kr/bbs/board.php?bo_table=npo_aca&wr_id=2942)

활동 하기

사회적투자수익률 계산하기

1. 사회적 가치 계산해 보기

	항목	금액
기업가치	매출액	
	− 판매된 재화 및 용역비용	
	− 운영비용	
	소계	
사회적 목적 가치	+ 지원금 및 기부금	
	−기금 모음 비용	
	+ 사회적비용 절감	
	− 사회적 운영비용	
	+ 증가된 세수	
	소계	
부채	− 소셜벤처의 부채	
합계		

2. 각 항목별 산출 근거 제시하기

3. SROI 5단계 작성해 보기

1단계	− Outputs의 정의	
2단계	− 금전적 환산(Monetize)	
3단계	− 예상 사회적 현금 흐름도	
4단계	− 정성적(Qualitative) 분석	
5단계	− 출처 인용 및 필요 가정에 대한 명확한 기술	

학습 정리

◆ 소셜벤처가 추구하고 달성해야 할 성과는 두 가지가 있다. 하나는 경제적 성과이고 하나는 사회적 성과이다.

◆ 사회적 영향력(Social impact)의 성과에는 화폐가치로 쉽게 환산하기 힘든 사회적 가치나 무형가치, 공공서비스의 직접적인 수익자를 넘어선 사회적 파급효과가 혼재하기 때문에 사회적 가치를 평가하는 작업은 어려우면서 새로운 과제다.

◆ 사회적 가치, 조직의 건전성, 미션 수행의 효율성 및 전반적인 조직의 효과성을 측정함에 있어 가능하면 정확한 것이 모든 좋은 소셜벤처 기업에게 이익이 된다.

◆ 사회적 가치의 측정은 책임성, 평가, 결과 및 효과성이라는 네 가지 개념으로 구성된다.

◆ 사회적 가치의 정량적 평가(화폐화)기법으로써 사회적투자수익률분석(SROI : Social Return on Investment)이 주목받고 있다.

◆ REDF는 사회적벤처의 혜택을 기업 가치와 사회적 목적 가치로 분류하고, 이 둘을 합하여 혼합된 가치라고 명명했다.

◆ SROI 측정과정은 1. '범위 설정과 핵심 이해관계자 확인', 2. '결과물 맵핑(mapping)', 3. '결과물 명시와 사회적 가치 부여, 4. '영향력 확정', 5. 'SROI 산출', 6. '보고 및 활용 등 6단계로 나눌 수 있다.

◆ 소셜벤처 경진대회에서는 SROI를 다음의 5단계로 분석한다.
- SROI 1단계: Outputs의 정의
- SROI 2단계: 금전적 환산(Monetize)
- SROI 3단계: 예상 사회적 현금 흐름도
- SROI 4단계: 정성적(Qualitative) 분석
- SROI 5단계: 출처 인용 및 필요 가정에 대한 명확한 기술

참고문헌

◆ 동아비즈니스리뷰(2017.8.9.) 201호, 인터비즈 재구성

◆ 문경년(2012). "사회적경제 평가에 있어서 사회적투자수익률의 활용 가능성에 관한 연구". 광주연구. 통권19호.
◆ 박계현(2015.01.15). "취업난 속 사회적기업 늘어나는 이유는?". 머니투데이.
◆ 서울시 NPO지원센터(2017.7.17.) '사회적 가치, 측정가능한가?'
◆ 서울시 NPO지원센터(2017.7.17.), "사회적가치측정도구"
◆ 사회적기업진흥원(2011), 사회적 가치 측정 도구를 활용한 사회적기업 경영공시제도의 도입 방안연구, 서울대학교 산학협력단.
◆ 이경숙(2006.11.22). "빌 게이츠가 선택한 사회기업". 머니투데이.
◆ 이영범, 남승연(2011), 사회적기업의 성과에 관한 연구: 이론적 논쟁과 탐색적 실증분석.
◆ 조영복(2012). "사회적기업 성과 측정 도구로서의 사회적투자수익률(SROI)과 측정사례". 한국지식정보기술학회 논문지. 7권 6호.
◆ 조영복, 류정란(2014). "사회적기업의 사회적 가치 측정, 그 접근법과 발전방향의 모색:SROI우수성을 중심으로". 인적자원관리연구. 21권 3호.
◆ 조용복, 신경철(2013). " 사회적기업의 가치 측정을 위한 지표개발에 관한 연구". 사회적기업연구.
◆ 최태원(2014). "새로운 모색, 사회적기업". 이야기가있는집.
◆ Arvidson,M., Lyon,F.,McKay,S.and Moro,D(2010). "The ambitions and challenges of SROI". Third Sector Research Centre Working Paper.
◆ Austin, Gutierrez, Ogliastri and Reficco(2006). "Effective Management of Social Enterprises: Lessons from Businesses and Civil Society Organizations in Iberoamerica". Cambridge. Mass: Harvard University Press.
◆ Cynthia Gair(2009). "SROI Act II: A Call to Action for Next Generation SROI". REDF.
◆ James Austin et al(2006). "Effective Management of Social Enterprises". Harvard University.
◆ Mulgan,G. Measuring Social Value. Stanford Social Innovation Review. Summer 2010.
◆ Ridley-Duff,R, Seasnor, P. and Bull, M(2011). "Measuring Social Outcome and Impacts".In Rory Ridley-Duff and Mike Bull (eds).Understanding Social Enterprise: Theory and Practice.
◆ Worth,M.J.(2009) Nonprofit Management: Principles and Practice.
◆ http://www.proveandimprove.org
◆ http://www.thesroinetwork.org/vois-database
◆ http://www.socialevaluator.eu/Default.aspx

7장. 키워드 인덱스용

사회적 가치 평가	SROI	혼합된 가치	기업 가치
소셜벤처	SVCA	사회적투자수익률	가치측정

"빈곤이란 게으름과 무능 때문이 아니라 스스로 독립할 수 있는
기회를 제공해 주지 않는 사회구조에 기인 한다".

그라민뱅크 창업자, 무하마드 유누스(Muhammad Yunus)

08

소셜벤처 사업계획서

학습 목표

1. 사업계획서의 일반적 개념을 이해한다.
2. 일반 사업계획서와 소셜벤처 사업계획서의 차이를 이해한다.
3. 소셜벤처 사업계획서의 목차를 이해하고 작성 방식을 이해한다.
4. 소셜벤처 사업계획서의 세부 항목별 작성 방법을 이해한다.
5. 소셜벤처 사업계획서의 활용 방안을 학습한다.

시 작 하 기

상장기업을 목전에 둔 사회적기업 **제너럴바이오**

제너럴바이오는 국내 인증 사회적기업 최초로 기업공개를 (IPO, Initial Public Offering) 앞두고 있으며, 미래에셋벤처투자, L&S벤처캐피탈, 쿨리지코너인베스트먼트, SJ투자파트너스 등 국내 대표적인 벤처캐피탈로부터 총 53억 원의 투자를 유치한 소셜벤처이다.

제너럴 바이오는 2007년도에 설립되어 천연 세탁세제, 천연 섬유유연제와 같은 천연 및 기능성원료, 미생물로부터 바이오 신소재 물질 개발에 힘쓰고 있는 바이오 R&D 전문기업이다.

또한, 제너럴바이오는 사회적기업펀드가 아닌 전문 벤처펀드로부터 투자를 받은 최초의 사회적기업으로 전체 임직원의 70%가 중증장애인을 포함한 사회적 취약계층이다. 그럼에도 불구하고 다수의 전문 투자기관이 제너럴바이오에 투자하게 된 데에는 기술력과 수익성, 경영능력에 있어서 일반 기업을 능가한다는 평가를 받았기 때문이다.

당해에는 독자적인 유통망을 구축한 데 이어 이번 투자를 통해 전북 남원에 3만 평 공장 부지를 확보하고 CGMP 시설을 확장함에 따라 수출 규모도 큰 폭으로 증가할 것으로 예상된다. 지난 6월 사회적기업으로는 최초로 키움증권과 코스닥 상장을 위한 주간사 계약을 체결한 바 있으며 2017년 상반기 코스닥 진입을 목표로 하고 있다.

현재 신약 개발 단계 진입을 위해 기초 작업으로 회사가 원천특허를 보유하고 있는 주요 물질에 대한 독성 실험을 다수 진행하고 있으며 코스닥 상장 이후에는 본격적으로 천연물 신약으로 사업영역을 확대할 계획이다.

출처 : beSUCCESS(12.31), 기사 인용

생각해 보 기

01 사회적기업의 장점을 활용한 성공 요인은 무엇이라고 생각하는가?

02 제너럴 바이오가 추구하는 사회적 가치는 무엇인지 논의해 보자.

8.1 소셜벤처 사업계획서 개념

1) 소셜벤처 사업계획서의 정의

지금까지 비즈니스 모델에 대해 자세히 살펴보았다. 다시 한 번 간단하게 정의하면 비즈니스 모델은 '고객이 원하는 가치를 발견하고 이를 통해 수익을 창출하는 방법을 설계하는 것' 이다.

그렇다면 이번 장에서 배울 사업계획서와 비즈니스 모델은 어떠한 연관성이 있을까? 한 마디로 정리하면, 사업계획서는 비즈니스 모델의 구체적인 실행계획을 수립하는 것이다. 시장규모와 성장가능성은 충분한지, 팀은 어떻게 구성해야 하는지, 자금은 얼마나 필요한지, 생산은 어떻게 해야 하는지, 마케팅은 어떤 방법으로 할 것인지, 그리고 사업 추진 일정 등 모든 전반적인 내용들에 대해 구체적인 실행 계획을 수립하는 것이 사업계획서라고 할 수 있다.

우리가 창업을 준비하는 과정에 사업계획서가 과연 어떠한 도움을 줄 수 있는 지를 생각하여 보자. 첫째, 잘 작성된 사업계획서는 먼저 동업자나 투자자와 같은 이해관계자들의 사업에 대한 신뢰를 높이고, 그 결과 필요한 자금을 유치하는데 도움이 된다. 둘째, 투자자 등 외부의 이해관계자뿐만 아니라 내부 구성원들과도 비전을 공유하고 그들의 사업에 대한 이해를 높일 수 있도록 도와준다. 셋째, 사업진행시 신규 사업의 타당성을 다양한 각도에서 체계적으로 점검해볼 수 있으며, 신규 사업에서 나타나는 변수를 명확히 분석함으로써, 장애요인을 제거하고 위험요인을 사전에 방지할 수 있다. 넷째, 신규 사업을 진행하는 상황에서 추진 일정을 계획대로 진행할 수 있게 되어 비용을 절감할 수 있으며, 실제 프로젝트 진행 시 프로젝트 추진 상황을 관리하고 평가 할 수 있는 핵심 자료로 활용할 수 있다. 따라서 초기창업을 준비하는 예비 창업가뿐만 아니라 새로운 사업을 준비하는 모든 창업가에게 사업 계획서 작성은 반드시 필요하다.

앞서 학습한 내용들은 소셜벤처 뿐만 아니라 일반 창업기업에도 적용되는 사업계획서의 내용이다. 그렇다면 소셜벤처 사업계획서와 일반 창업기업의 사업계획서와의 차이점은 무엇일까? 소셜벤처가 존재하는 근본 이유는 소셜미션의 달성에 있다. 따라서 소셜벤처 사업계획서는 소셜 미션을 달성하기 위해 수립하는 기업 경영의설계도라고 할 수 있다. 즉, 소셜 미션(why)과 비즈니스 목표?(what)을 수립하고, 이를 달성하기 위해 생산, 판매, 재무. 인적자원관리 등의 세부 경영활동을 어떻게(how)수행할 것인지를 구체적으로 기술한 문서이다. 소셜 벤처 사업계획서를 작성할 때에는 소셜미션과 비즈니스, 경영활동을 이해하고 분석할 필요가 있다.

그림 8-1 소셜벤처 사업계획서 구성요소

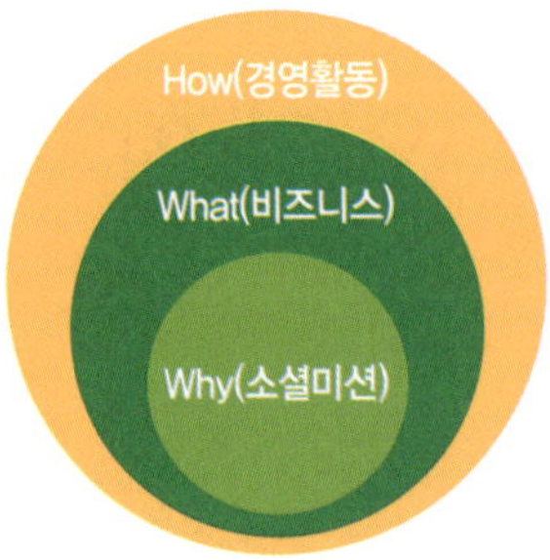

소셜벤처 사업계획서에서
미션(why)는 절대 변하지 않는 영역이다.
비즈니스 아이템(what)이나
경영활동(how)은 변할 수 있다.

2) 소셜벤처 사업계획서 작성 원칙

본 장에서는 우선 소셜벤처 사업계획서 작성에 필요한 원칙에 대해 살펴보도록 하자. 소셜벤처 사업계획서(social venture business plan)는 사업 목표를 명확하게 제시하는 것이 가장 중요하다. 여기에서 사업 목표는 도달하고자 하는 목표로서 실행을 기본적인 전제로 하므로, 설정된 목표는 실행가능성, 실행 과정에서의 관리 및 통제와 밀접한 관련성을 지닌다.

사업목표수립의 원칙으로는 SMART 원칙이 일반적으로 적용된다. 이는 Specific, Measurable, Attainable, Realistic, 그리고 Time-base의 다섯 가지 원칙의 영문 앞글자를 딴 용어이다. 다음에서 각 원칙들을 차례대로 살펴보도록 하자.

(1) Specific(구체성)

사업계획서는 우선 사업 목표가 구체적으로 제시되어야 한다. 추상적인 목표는 실행과 통제가 매우 어려우며, 각 조직구성원의 이해에 따라 목표에 대한 해석이 다를 수 있고, 상호 공유되기도 힘들다. 따라서 다음의 질문에 대하여 명확한 답을 할 수 있도록 준비해야 한다.

- ◆ Who : 담당 책임자
- ◆ Where : 장소
- ◆ Which : 필요한 요구 및 제약 사항
- ◆ What : 구체적인 목표
- ◆ When : 기간, 시간적 구분
- ◆ Why : 목표 달성이 가져올 혜택, 이유, 목적

---

(2) Measurable(측정 가능성)

사업 목표 설정 시 측정 가능한 방식으로 목표가 설정되어야 사업에 대한 평가가 가능하다.

이는 진행 사항과 최종 결과를 비교할 수 있기 때문이다. 목표 자체를 계량화하게 되면 실행과 정의 어느 시점에서도 진척사항이 계량적으로 측정이 가능하므로, 이를 통해 실행과 통제가 명확히 이루어져야 한다. 특히, 소셜벤처 사업계획서는 사회적 가치 창출이 중요하기 때문에 정성적인 목표에 비해 정량적인 목표를 제시하기가 다소 어려울 수 있지만, 가능한 한 더욱 명확히 제시하는 것이 좋은 사업계획서가 될 수 있는 방법이라는 점은 잊지 않도록 하자.

(3) Attainable(달성 가능성)

아무리 좋은 목표라 할지라도 소셜벤처가 보유한 핵심 역량과 인적 · 물적 자원을 고려하여 달성 가능한 범위 안에 있는 목표여야 실현 가능성이 높다. 기업이 지닌 역량에 비해 지나치게 높게 설정된 목표는 이해관계자의 동의나 공감을 얻을 수 없다. 소셜벤처의 경우 때로는 열정적인 기업가정신으로 지니고 있는 역량 이상의 목표를 설정하고 그러한 목표를 추구할 가능성이 높다. 하지만 이러한 경우에도 노력의 결과에 따라 달성이 가능한 목표를 설정하는 것이 중요하다. 따라서 한 번에 높은 결과를 추구하기보다는, 단계적으로 달성 가능한 목표를 수립하고, 그 목표를 달성해 나가다 보면 점차 높은 수준의 목표를 다시 세우고 이를 향해 달려나갈 수 있게 될 것이다.

(4) Realistic & Relevent(현실성, 관련성)

사업계획서 작성 시 제시할 소셜벤처의 사업 목표는 현실적이어야 한다. 또한, 사업의 비전과 관련성이 있어야 하는데, 이는 사업 목표가 기업의 비전을 달성하기 위한 징검다리의 역할을 하기 때문이다. 소셜벤처가 해결하고자 하는 사회적 문제는 우리가 현재 직면하고 있는 지극히 현실적인 문제들이기 때문에, 소셜미션 역시 현장을 바탕으로 비전을 추구하여 수립되어야 한다. 비현실적인 목표는 시행과정에 무리가 따르고 사업 실행의 전반에 부정적인 영향을 미치며 집중력을 약화시킨다는 점을 명심하도록 하자.

(5) Time-based(기간적 구분성)

소셜벤처의 사업 목표는 달성 가능한 여러 실행 목표로 나누어지는데, 각각의 실행목표가 기간적으로 구분되어 실행과 통제가 가능해야 한다. 목표 달성에 대한 긴급성과 책임성을 강조하기 위해서는 각각의 실행목표가 기간적으로 구분되어 성취결과의 측정 및 평가가 이루어지는 시스템이 작동해야 한다.

사업계획의 성격에 따라 분기, 반기, 연간, 3년간 등 각 기간별로 달성해야할 목표가 명확히 주어져서 목표 달성에 대한 긴급성을 부여하고 통제를 가능하게 한다.

이상의 사업계획서 작성 원칙을 정리한 내용은 [표 8-1]을 참고하자.

표 8-1 사업계획서 작성 원칙

		목표수립의 원칙		내용
1	S	Specific	구체성	목표의 내용, 책임소재, 달성시점 등
2	M	Measurable	측정 가능성	수치화된 표현
3	A	Attainable	달성 가능성	달성의 결과치의 예상
4	R	Realistic & Relevant	현실성, 관련성	실현 가능성, 사업의 관련성
5	T	Time–based	기간적 구분성	장 · 단기 기간별 구분

8.2 사업계획서 작성

1) 사업계획서 작성 전 질문

소셜벤처 사업계획서 작성 시 다음과 같은 질문에 답할 수 있어야 한다. 소셜벤처 창업가가(Social Entrepreneur)의 질문에 대한 적절한 답을 선택할 수 있다면 기본적으로 사업계획서를 작성할 준비가 되어 있는 것이다.

소셜벤처가 해결하고자 하는 사회적문제는 무엇입니까?
당신의 비전과 사명은 무엇입니까?
사회적 영향력에 대한 당신의 변화논리는 무엇입니까?
당신의 비즈니스모델은 무엇입니까?
당신의 경쟁자는 누구입니까?
누가 팀원이고 운영계획은?
당신의 성장전략은 무엇입니까?
사회적영향을 평가하고 측정하는 방법은 무엇입니까?
재무계획은 무엇입니까?

---

2) 사업계획서 구성 요소

앞서 간략이 언급한 것처럼, 소셜벤처 사업계획서는 일반적인 창업기업의 사업계획서와는 조금 차이가 있다. 소셜벤처 사업계획서와 비교해볼 때 일반 사업계획서에는 변화에 대한 당위성이나 사회적 영향력(social impact)과 같은 내용이 포함되지 않는다. 또한, 일반 사업계획서에는 경쟁자 분석이 사업 타당성에 매우 중요한 요소가 되지만, 소셜벤처 사업계획서에는 경쟁자분석과 더불어 파트너십 구축이 동시에 제시되어야 한다는 차이점이 있다. 따라서 이러한 차별화된 내용을 고려하여 소셜벤처에 특화된 사업계획서가 구성되어야 한다. 다음은 소셜벤처 사업계획서의 기본적인 구성요소로, 각 항목들을 중점적으로 하여 소셜벤처 사업계획서가 구성된다.

표 8-2 소셜벤처 사업계획서 예시

		목 차	관 점
I		요약 (Executive Summary)	
II		기업개요 (Company Overview)	
III		사회문제의 정의(Need & Opportunity)	WHY
IV		비전과 미션	
V		비즈니스모델	WHAT
VI		사회적 임팩트 모델	
	1	사회적 영향력 전달	
	2	운영모델	
	3	사회적 임팩트 로직	
VII		구현전략	HOW
	1	마케팅전략(브랜드, 타겟시장, 경쟁자, 파트너 등)	
	2	운영전략(생산, 유통, 물류 등)	
	3	팀빌딩 및 조직	
	4	성과 및 사회적영향지표	
	5	재무/투자유치 전략(재무관리, 자금유치 등)	
	6	성장 전략	

(1) 사회문제의 정의

소셜벤처 사업계획서의 첫 번째 부분은 바로 '사회문제의 정의'이다. 여기에서는 본인이 인지하고 있는 사회적 문제에 대해 간결하게 설명해야 한다. 즉 욕구 및 기회분석을 통해서 틈새를 명확히 나타내야 한다. 사회문제의 정의 부분은 사업계획서의 첫 부분이기 때문에 독자가 사업계획서를 계속 읽을 수 있도록 유인하는 역할을 해야 한다. 소셜벤처의 창업기회 도출과정은 아래의 그림과 같다.

그림 8-2 소셜벤처 창업기회 도출과정

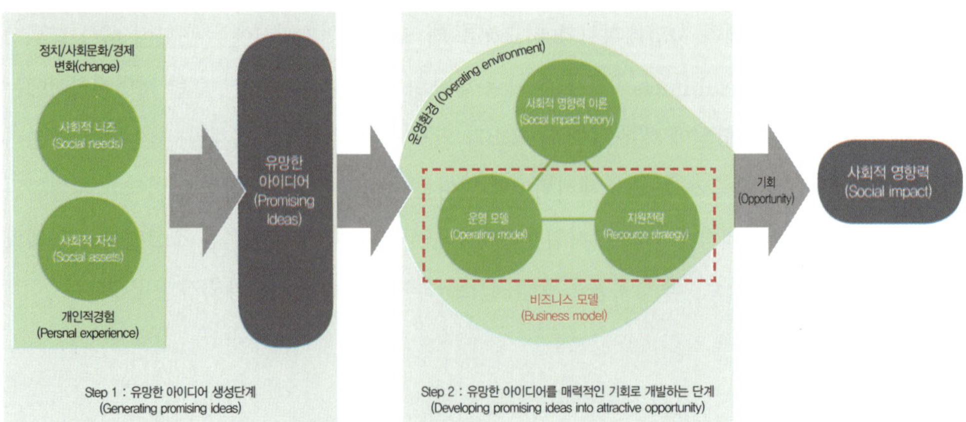

사회적 문제를 정의하기 위해서는 데이터와 조사에 기반 해서 욕구 및 기회분석이 이루어져야 한다. 이 분석은 차별화된 조직의 접근법 틀을 잡을 수 있을 만큼 구체적 이어야한다. 욕구 및 기회분석을 하려면 목표로 하는 대상의 사회문제와 트렌드를 조사해야 한다. 사업계획서에는 다른 기업과는 다른 조직만의 차별화된 접근을 통해 파악한 기회를 나타내야 한다.

Market need	현재의 상황속에서 사회문제를 데이터에 근거하여 설명
Current trends	타겟으로 삼은 사회문제에 영향을 미치는 현재의 사회적, 정치적, 법적, 경제적 트렌드 개요를 파악
Root causes	해당 분야의 학계, 정책전문가 및 리더들에 의해 논란이 되고 있는 문헌 검토와 앞서 수행한 조사를 기반으로 한 사회문제의 근본 원인에 대한 이론 파악
Environmental landscape	사회문제를 다루는 경쟁자들의 접근법과 아직 해결되지 않은 사회의 욕구를 파악하여 차별화된 접근법을 개발할 수 있는 기회를 조명
Barriers	타겟으로 삼은 사회문제를 다루는데 있어서 장애물이 될 요소에 대한 논의
Opportunity	타겟으로 삼은 사회문제를 다루는 진행사항을 어떻게 가속화할 것인지, 왜 우리 조직이 수행하는 활동이 차별화되어 있는지에 대한 가정을 검증하기 위해 위에서 파악한 정보들이 어떻게 기회가 되는지를 요약

(2) 미션, 비전, 핵심가치(Mission, Vision, Core Values)

소셜미션과 비전 및 핵심가치는 소셜벤처 사업계획서에서 가장 중요한 요소이다. 소셜벤처의 존재 이유와 목적을 나타내주기 때문이다.

이 부분에서는 왜 우리가 함께 해야 하는지, 어떠한 미션을 통해 비전을 달성할 것인지를 진솔하게 나타낼 줄 알아야 한다. 그렇다면 미션, 비전, 그리고 핵심가치는 무엇을 의미하는 것일까? 다음에 제시된 정의와 사례를 통해 각각의 내용을 이해해 보도록 하자.

① 비전

비전은 사업의 성공을 바탕으로 미래의 어느 시점에서 자신이 보이고 싶어 하는 모습을 의미한다. 비전에는 창업가나 기업이 추구하는 철학이나 가치관이 담겨있으므로 장기적으로 전략적인 제휴 관계를 맺기 원하는 상대방에게는 매우 중요한 정보이다.

비전을 설정할 때는 너무 추상적인 꿈을 얘기하기 보다는 실현가능한 방법을 제시하며 아이디어 또는 해결책이 구현된 경우 달성될 수 있는 결과나 목표를 제시하는 것이 바람직하다. 예를 들면, 시니어를 대상으로 서비스를 제공하고자 하는 A 기업의 성공에 대한 비전을 다음과 같이 제시할 수 있다.

"우리는 어느 한 날(one day)을 상상한다.
정부, 비영리기관, 그리고 기업들의 협업과 협력을 통해, 모든 시니어들이
자신의 경제 여건과 상관없이 건강하고 생산적인 삶을 사는데 필요로 하는
합리적인 가격, 높은 품질의 통합된 서비스에 접근하는 그 날을"

A기업의 성공에 대한 비전에 "정부, 비영리기관, 그리고 기업 부문의 협업과 협력을 통해"라는 문구가 포함되지 않았다면 합리적이라 볼 수 없다. 왜냐하면, 파트너들과의 협력없이 한 기업이 모든 시니어의 니즈를 충족시키기는 현실적으로 불가능하다. 따라서, 이를 가능케 할 네트워크를 조직하여 목표를 달성하겠다는 것이 더욱 현실적인 접근방법이라 할 수 있다. 즉, 현실 가능한 접근방법을 제시하고, 그 결과 달성하고자 하는 결과나 목표를 제시하는 것이 바람직하다.

② 미션 서명서 (Mission Statement)

미션은 비전달성을 위해 목표 고객을 위해 무엇을 할 것이고, 그 결과 기대되는 결과를 기술하는 것이다. 즉, 미션은 소셜벤처 기업의 존재 이유나 사회적 사명을 의미하며 기업 경영의 궁극적인 목적 및 추구하는 방향성이라고 할 수 있다. 소셜벤처에 있어 소셜미션은 기업이 존재하는 이유 그 자체이기도 하다. 그만큼 미션은 소셜벤처에서 가장 중요한 요소라고 할 수 있다.

미션을 작성하기 위해서는 미션을 다양하고 넓은 범위의 용어로 기술하기 보다는, 목표 수혜자(target beneficiary), 타겟으로 삼은 사회문제를 다루기 위해 조직이 수행하는 활동, 달성할 것으로 기대되는 결과(outcomes)를 기술해야 하여야 한다. 잘 작성된 미션 서명서는 조직이 무엇을 할 것이고(what it will do), 무엇을 하지 않을 것인지(what it will not do)를 결정하는데 도움을 준다.

"시니어의 니즈를 확인하고 그들을 필요한 자원과 연결시켜줌으로써
건강하고 생산적인 삶을 살수 있도록 한다."

즉, 미션 서명서에는 미션 서명서 작성 원칙이 잘 반영되어 있음을 알 수 있다.

조직의 타겟 수혜자(시니어), 조직의 주요 활동(시니어를 서비스에 연결하는 것), 그리고 바람직한 결과(건강하고 생산적인 삶을 주도하는 시니어)가 조화롭게 미션 서명서에 포함되어 있다.

읽어 보기

사회적기업, 성공이나 수익보다 **소셜 미션에 집중하라**

"예쁘고 멋진 새 제품을 자선 목적으로 살 순 없을까요? 더구나 아이가 쓰는 물건이라면요."

영국의 사회적기업가 세실리아 크로슬리(Cecilia Crossley · 37 · 사진) 대표가 유기농 아동복 브랜드 '프롬 베이비스 위드 러브'를 창업한 이유다. 영유아복, 아동용품을 판매하는 이곳의 수익금 전액은 국제 아동복지기관인 'SOS 어린이마을'에 기부된다. 지난 4년간 지원한 아이들은 1000여명. 오로지 '아이들을 돕기 위해 존재하는 기업'이다. 2013년에는 영국 일간지 '인디펜던트'에서 가장 윤리적인 기업 톱(TOP) 25에서 2위를 차지하기도 했다. 지난달 주한 영국문화원 초청으로 방한한 세실리아 대표는 사회적기업의 비즈니스 전략을 '스토리'라는 한 마디로 정리했다.

"사회적기업이 시장에서 어떻게 다른 경쟁사들과 싸울 수 있을까요. 아주 간단해요. 기업의 사회적인 가치(social mission)가 고객의 감정을 자극해 제품 판매로 이어지는 거죠. 결국은 '스토리'입니다."

윤리적 소비 제품은 대개 고가 상품이 많지만, 프롬 베이비스 위드 러브 제품은 다르다. 평균 가격대가 20파운드(한화 약 3만~4만원) 정도로, 타 유기농 아동복 브랜드와 비슷하다. 어떻게 가격 경쟁력을 갖출 수 있었을까. 비밀은 '고정비 절감'에 있다. 이 회사는 오프라인 브랜드 매장이 없다. 전자상거래로 제품을 판매하며, 유통 마진을 줄였다. 직원 고용도 프로젝트 단위 계약이다. 창업한 지 5년째지만, 1인 기업을 고수한다. 대표가 기본적인 회계, 영업, 마케팅 등 기업 전반적인 업무를 모두 담당한다. 디자인은 새로운 제품 라인을 출시할 때, 에이전시와 계약을 맺고 진행한다. 리스크를 최소화하자는 전략이다.

세실리아 대표는 **"소셜 미션에 집중하는 것이 더 많은 사업 기회를 가져올 수 있다"**고 강조했다. 프롬 베이비스 위드 러브는 지난해 영국의 최대 드러그스토어(drug store · 약국과 잡화점을 합친 형태의 매장)인 '부츠(Boots)'와 라이선싱 계약을 맺고 유아용 제품을 출시했다.

파트너십에 대해 "부츠는 유아용 제품으로 사업 확장을 하면서 사람들에게 긍정적인 메시지를 전달할 수 있는 브랜드가 필요했다"고 설명했다.

두 아이의 엄마이자 회계사였던 세실리아 대표가 열혈 사회적기업가가 된 이유는 무엇일까. 그녀는 대형 컨설팅 · 회계 전문회사인 KPMG의 CSR 부서에서 업무를 맡으면서 사회적기업과 자선단체에 관심을 가지게 됐다. 이후 국제 자선단체인 'Vol untary Service Overseas(VSO)'로 이직하며 비영리 섹터에 발을 디뎠고, 세계적인 환경단체인 가이아재단(Gaia Founda tion)에서 재정 및 운영 총괄을 맡기도 했다. 영리와 비영리를 아우르는 경험은 그녀가 사회적기업가로 설 수 있는 자산이 됐다.

"대기업에서 컨설팅을 하면서 기업들의 수많은 고민을 알게됐어요. 능력있는 여성들이 육아 때문에 회사를 그만두는 것도 문제였죠. 엄마가 된다는 건 큰 도전이거든요. 이때 기업에서 조금만 지원을 해주면 직원들도 행복하고, 회사도 헌신적 직원을 얻을 수 있어요."

프롬 베이비스 위드 러브의 대표 상품은 '기업용 선물박스(Corporate gift package)'. 육아 휴직을 떠나는 직원들을 위한 선물용 아기옷 패키지 상품이다. 딜로이트 컨설팅 회사를 포함한 영국의 대형 로펌, 미디어 회사가 주요 고객이다. 세실리아는 "기업은 직원에게 '의미있는 선물'을 하면서 회사의 가치를 함께 전달할 수 있다"면서 "기업의 사회적 책임(CSR)을 중요하게 생각하는 환경에서 인재를 끌어당기는 파워풀한 전략"이라고 설명했다. "예쁜 아기에게 선물을 하는 것은 큰 즐거움이에요. 근데 너무나 많은 아이들이 선물받을 생각조차 못하죠. 우리 제품을 통해 아기들에게 선물을 하면서 지구편의 또 다른 아기를 도울 수 있어요. 아기 용품을 구매하면서 말이죠."

출처 : 조선일보, 2016. 3.15. http://news.chosun.com/site/data/html_dir/2016/03/14/2016031402235.html

③ 핵심가치

핵심가치는 경영의 모든 프로세스에서 조직이나 구성원이 취하는 행동의 기준으로 삼는 신념으로서 조직문화 또는 조직의 정체성이다. 의사결정의 기로에서 만약 상호 모순되는 두 가지 이상의 선택 가능한 옵션이 있다면 바로 핵심가치에 가장 적합한 선택을 하게 된다.

다음은 핵심가치의 사례들이다.

- "Curious(호기심), Passionate(열정), Resourceful(대처능력), Accountable(책임감), Teamwork(팀워크), Committed(소명의식), Open(공개), Energizing(활력)" (GE)
- "긍정적 사고, 전문지식, 고객 감동, 실행 중시, 상호 신뢰" (aT)

(3) 비즈니스 모델(Business Model)

최근에는 자신의 사업이나 아이디어의 비즈니스 모델을 일목요연하게 정리해 나타내는 방법으로 비즈니스 모델 캔버스 등이 많이 활용되고 있다. 비즈니스 모델 캔버스는 사업의 핵심적인 내용을 압축하여 한 페이지 정도로 간략하게 표현한다. 또한, 여러 마디의 말 보다는 하나의 그림으로 표현하여 누구든지 쉽게 기억할 수 있는 충분히 작은 개념으로 표현한다.

비즈니스 모델 캔버스는 [그림 8-3]의 소셜 린캔버스 또는 [그림 8-4]의 소셜벤처 비즈니스 모델 캔버스를 작성하여 완성할 수 있다. 자세한 내용은 앞장의 내용을 참조하기 바란다.

그림 8-3 Social Lean Canvas

소셜미션
비즈니스를 시작하게 된 문제의식은 무엇이며, 지향하는 궁극적인 가치는 무엇입니까?

주요 파트너
비즈니스를 성공적으로 수행하기 위해 꼭 필요한 파트너는 누구입니까?

핵심활동
비즈니스의 목표달성을 위해 행하는 주요 활동은 무엇입니까?
(제조, 서비스, 유통, 개발, 캠페인, 정책제안 등)

핵심자원
비즈니스를 시작하고 유지하며 계속 발전시키기 위해 필요한 자원은 무엇입니까?

가치제안
솔루션의 차별점은 무엇이며, 관심을 끌 가치는 무엇입니까?

이해관계자 관계
비즈니스의 주요 이해관계자들과 어떠한 관계를 구축하고 협업하고자 합니까?

채널
비즈니스의 주요 수혜자와 고객은 어떠한 방식과 지점에서 여러분의 솔루션을 인지하고 혜택을 누리게 됩니까?

이해관계자
비즈니스를 통해 영향을 받거나, 영향을 끼치는 이해관계자는 누구입니까?(파트너 제외)

비용
비즈니스를 진행하는데 소요되는 모든 비용 요소는 무엇입니까?
(인건비, 연구개발비, 사업운영비, 제품제작비, 홍보비 등)

수익모델
비즈니스를 지속가능하게 만드는 주요 수익의 원천(후원, 매출, 투자 등)은 무엇이며, 그 전략은 무엇입니까?

차별성
기존에 존재하는 경쟁자와의 차별성은 무엇이며, 어떤 점에서 더 경쟁력이 있습니까?

임팩트
비즈니스가 창출하는 임팩트는 무엇이며, 그 크기와 향후 확장 가능성(지역, 대상 등)은 어느 정도입니까?

출처: http://www.leancanvas.com

그림 8-4 소셜벤처 비즈니스 모델 캔버스

+ 비즈니스 위험/대응 (블럭별) 15

(4) 사회적 임팩트모델(Social Impact Model)

① 사회적 영향력 모델

이 항목에서는 창업가가 추구하는 사회적 영향력(social impact)을 최대화하기 위한 행동을 이끌어내는 변화의 방식에 대해 나타내야 한다. 즉, 이 사업의 결과로 나타나게 될 변화들을 제시해야 한다.

예를 들면 지역 공동체에서 그들의 수공예제품을 온라인 플랫폼에서 팔게 되었을 때 그들은 지역 공동체에 경제적 이익을 가져오게 된다. 하지만 소셜벤처의 경우는 그들의 열망이 행동을 만들어 내고, 그것이 주변에 영향을 주게 되고, 기회를 만나게 되고, 결국 발전으로 가는, 그 변화를 가져오게 되는 과정을 나타내도록 해야 한다.

소셜벤처를 지원하는 기관인 SVP(Social Venture Partners)에서는 변화의 당위성에 대해서 다음과 같은 질문에 답을 구하고 있다. 우리가 창업할 소셜벤처도 다음의 질문에 답할 수 있는지 한번 생각해 보자.

- ◆ 우리는 누구를 위한 변화를 추구하는가?
- ◆ 우리가 만들어 내고자 하는 영향력은 무엇인가?
- ◆ 우리는 어떻게 그 영향력을 만들어 낼 수 있는가?
- ◆ 우리는 어떻게 성공 여부를 측정할 것인가?

---

② 운영모델

조직이 미션을 수행하기 위해 해야 할 활동을 작업하는 방식인 운영모델을 분석해야 한다. 이를 통해 조직 예산, 현재 수행하는 프로그램의 기술 및 평가, 경영(관리) 및 직원채용 구조 등과 관련된 문서를 점거하여 현재의 상황을 리뷰하고 개선할 것인지 그 기회를 파악해야 한다. 또한 조직 내 프로그램 관리자 및 경영진과 다음 내용을 인터뷰하여 운영 모델 분석을 위한 추가적인 정보를 획득해야 한다.

Q1. 조직의 현재 미션기반 활동들을 어떻게 설명할 수 있는가?	W1. 타겟시장 특성에 대한 정보 확보 및 정리
Q2. 당신의 프로그램과 장기적인 영향력을 현재 어떻게 측정하고 있는가?	W2. 프로그램을 평가할 수 있는 방법론 및 지표 개발
Q3. 직원들이 운영모델을 수행하는데 필요한 역할들은 무엇인가?	W3. 활동에 필요한 중요 역할들에 대한 기술서 및 리스트 작성
Q4. 운영모델에서 비용은 무엇인가?	W4. 활동하는데 필요한 간접비용을 제외한 비용 및 수익 정보 기록 확보

③ 사회적 임팩트 모델

사회적 영향력(social impact) 부분은 기본적으로 다음의 질문을 고려하여 사업계획서에 나타내면 된다.

◆ 궁극적으로 원하는 변화는 무엇인가? ◆ 계획한 사업으로 얻게 될 결과물은 무엇인가?

이 부분에서 창업가는 사회적 영향력(social impact)이 나타나기까지의 사업 과정에 유의해야 한다. 보통 일반 벤처기업의 경우 투입(inputs)은 활동에 영향을 주고, 산출(outputs)이 나타나며 산출의 가치는 수익으로 귀결된다. 이들은 수익이 최종 목표이기 때문에 더 이것을 성공의 측정치로 판단할 수 있다.

반면, 소셜벤처는 일반 벤처기업과는 다르게 수익과 더불어 사회적 영향력(social impact)을 추구하고 있다. 이 사회적 영향력은 한 조직의 성과뿐만 아니라 주변의 변화를 포괄하는 개념이기 때문에 수익 이후에 나타난다. 따라서 사업계획서를 작성할 때 다음의 과정을 이해한 후 최종적인 결과의 개념으로서 사회적 영향력(social impact)을 제시하여야 한다.

(5) 구현 전략

① 마케팅전략

소셜벤처의 마케팅은 크게 두 개의 그룹을 대상으로 하는데 첫 번째는 표적 그룹(target group) 마케팅이고 두 번째는 투자자나 후원그룹에 대한 마케팅이다.

그림 8-5 소셜 마케팅

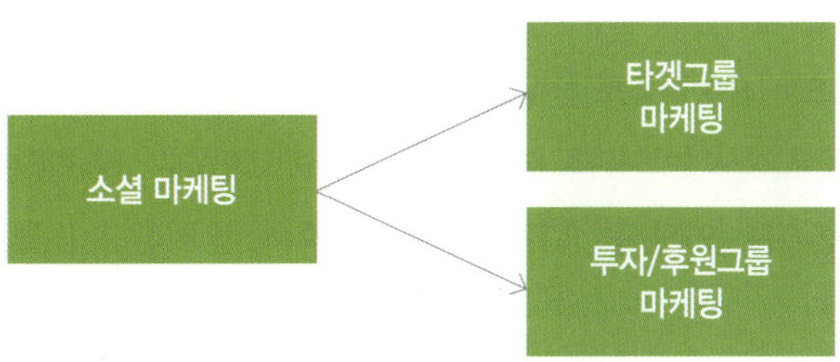

일반적으로 마케팅 전략은 사업을 펼쳐야할 표적시장의 결정과 그 표적시장에서 자신의 정체성, 제품이나 서비스의 이미지 및 위상을 고객이나 타인에게 어떻게 각인시킬 것인가에서 출발한다. 창업가들이 새로운 제품이나 서비스를 출시하는 상황에서 시장을 구체화하는 것은 매우 중요하며, 구체화하기 위해서는 어떠한 기준에 따라 먼저 고객과 시장을 분할(segmentation)

하여야 한다. 시장이 분할되면 자신의 제품이나 서비스에 가장 적합한 시장을 목표로 삼아야 하는데 이를 표적시장 선정(targeting)이라고 한다. 또한 표적시장에서 대상 고객의 뇌리에 경쟁자와 차별되는 가치를 제안하는 것을 포지셔닝(positioning)이라고 한다. 이러한 과정들을 모두 합쳐 각 영문 앞 글자를 따 'STP 전략' 이라고 한다.

사업계획서의 마케팅 계획에서는 STP 전략을 수립한 후 마케팅믹스 전략을 제시하는데, 마케팅 믹스 전략은 제품(product), 가격(price), 유통(place), 마케팅 커뮤니케이션(promotion)이라는 4가지를 중심으로 하여 4P라는 4가지 요소를 적절히 배합함으로써 경쟁사의 제품이나 서비스의 차별적인 이미지를 구축한다.

마케팅 믹스의 구성 요소는 다음과 같다.

표 8-3 마케팅 믹스 구성 요소

마케팅믹스 요소	각 요소별 차별화 요소
Product	품질, 기능, 디자인, 브랜드, 제품의 혜택
Price	가격, 가격에 대비한 가치, 저가격
Place	직접 판매, 대리점, 백화점, 온라인, 방문 판매 등
Promotion	광고, 판매촉진활동, 입소문, 스토리텔링 등

또한, 소셜벤처는 투자 · 후원(invest & donor) 그룹의 관심을 모두 이끌어 내야 한다. 그들에게 만족감을 줄 수 있는 제안과 전략의 개발이 필요하다. 전혀 상반된 두 개의 그룹은 소셜벤처에 대해 기대하는 것이 명확히 다르다는 것을 소셜벤처 창업가는 명심하고 사업계획서를 작성할 필요가 있다.

② 운영전략

운영전략에서는 생산, 유통, 물류와 같은 부분을 나타내면 된다. 스타트업의 경우 직접 제품을 생산하기보다는 외주를 주는 사례도 많이 있다. 이러한 경우에도 외주업체에 대한 정보를 포함하여 생산계획을 자세히 나타내야 한다. 제품과 서비스를 소비자에게 전달할 수 있는 채널에 대한 정보와 운영계획을 운영전략에 나타내야 한다.

③ 팀빌딩 및 조직

소셜벤처는 일반적으로 많은 설비를 가지고 시작하기 보다는 아이디어와 사회적 가치와 경제적 가치를 동시에 창출하고자 하는 강한 열정을 가지고 시작하기 때문에 '사람' 이 매우 중요하다. 따라서 소셜벤처를 시작할 때, 비전과 미션을 공유하면서 사업에 필요한 역량을 가진 인력으로 팀을 구성해야 한다. 아울러 사업이 성장함에 따라 인력 계획이 변화될 것을 예측하여 사업계획서를 작성해야 한다.

다음은 팀 구성과 인력 계획을 작성하는데 필요한 질문이다.

- 당신 사업에 필요한 인력 자원은 무엇인가?
- 누가 사업의 핵심 인물인가?
- 필요한 멘토와 자문가는 누구이며 확보했는가?
- 무엇이 동기 부여의 핵심 요인인가?

④ 성과 및 사회적 영향 지표

소셜벤처의 성과는 정량적 성과와 정성적 성과로 나누어 제시할 수 있다. 정량적 성과는 재무적 목표의 달성도, 기술개발의 성과, 마케팅 목표의 달성도와 같은 것과 재무제표로 나타낼 수 있는 매출액, 이익률, ROI 등이 제시되어야 한다.

사회적 영향력 지표는 INPUT 대비 나타나게 되는 OUT-PUT 개념이 아니라, 이로 인해 사회적으로 나타난 영향력을 측정하는 OUTCOME개념이다. 비용변익분석이나, SROI등의 방식으로 계산될 수 있다.

⑤ 재무, 투자유치 전략

재무계획은 사업의 목표를 재무적으로 달성해야 할 목표로 전환한 계획이 최종적으로 나타나는 결과이다. 그 결과는 거의 대부분 재무적인 숫자로서 정리되어 추정재무제표라는 형식으로 요약 정리된다. 재무계획은 사업 목표를 위한 사업전략 및 실행계획이 예정대로 추진되었을 경우 결과적으로 나타나는 주요 재무제표 및 재무적 지표의 추정계획이다. 또한 재무계획은 추정재무제표 외에도 자본적 지출 및 운영과 관련된 자금의 조달과 사용에 대한 계획이 포함한다.

재무계획의 수립과 추정재무제표를 작성하기 위해 필요한 주요 추정은 다음의 단계를 거친다.

표 8-4 추정재무제표를 위한 추정

순서	추정확인 항목	주요 내용
1	고정자산 투자	토지, 건물, 시설, 설비, 기계장치, 비용 등의 예상 취득 사항
2	창업비용	창업을 위하여 소요되는 제 비용
3	주요 손익항목	품목별 판매가, 매출 원가
4	매출액	기간별 매출 수량, 매출액
5	매출 원가	품목별 매출원가, 매출총이익
6	고정비용	판매 및 일반관리비 등
7	재고자산	예상 매출에 대응하는 재고자산 소요량
8	판매조건	판매정책, 외상 매출 조건, 신용공여기간
9	지불조건	외상 매입에 대한 지불 조건

추정재무제표는 사업의 성적표이면서 동시에 달성해야 할 재무적 약속이다. 소셜벤처 창업가가 수립한 사업목표에서 사업전략 실행까지의 모든 과정이 실행된 결과는 재무적 지표로서 그 결과를 나타낸다. 사업계획서에 포함되는 추정재무제표는 일반적으로 3~5년간의 추정손익계산서, 추정재무상태표, 그리고 현금흐름표 등 3가지이며 필요에 따라 추가적인 재무 정보를 제공한다. 정리하면 다음과 같은 정보들이 재무계획에 포함된다.

- ◆ 재무계획에 적용된 주요 가정들(Assumptions)
- ◆ 추정손익계산서 (Projected Income Statement)
- ◆ 추정재무상태표(Projected Balance Sheet)
- ◆ 추정현금 흐름표(Projected Cash Flow Statement)
- ◆ 손익분기점분석(Break-even point Analysis)

투자유치전략 다양한 투자자로부터 창업에 필요한 자금을 조달할 수 있는데, 우선 본인 사업에 필요한 자금을 산정해야 한다. 다음 현재 본인이 보유한 자원을 나타내랴 하며, 필요한 자금과 보유 자원과의 차이를 채울 수 있는 실질적인 대안을 제시해야 한다. 보통은 엔젤투자, P2P 투자, 정부지원자금 활용, 기술신보 등을 활용하는 방법을 제시한다.

⑥ 성장전략

스타트업은 런칭 후 매출과 조직 등 모든 측면에서 끊임없는 성장을 추구해야 한다. 정체한다는 것은 퇴보를 의미하는 것이다. 사업계획서에는 치열한 경쟁을 통해 성장을 도모하는 현실적 전략이 나타나야 한다. 우선 성장의 방향이다. 성장의 방향에는 기존시장에서의 점유율 확대, 신시장 진출, 글로벌전략 등이 포함된다. 두 번째는 성장의 모드이다. 성장의 모두에는 내부성장, 전략적 제휴, 인수합병 등의 내용이 포함된다.

3) 사업계획서의 발표

(1) 피칭

소셜벤처는 여러 형태의 투자자로부터 창업에 필요한 자금을 조달할 수 있는데, 투자 유치의 관건은 기업이 가지고 있는 사업 아이템의 시장성, 성장 가능성 및 창업팀의 역량을 얼마나 설득력 있게 전달하느냐에 달려 있다.

투자자들이 듣고 싶은 말은 '우리의 아이디어는 정말 새롭고 신선한 것이다. 제품이나 서비스가 출시되면 분명 성공할 것이다' 라는 근거 없는 확신이 아니다. 그들은 '우리가 정의한 문제는 무엇이고, 그것을 해결할 아이디어는 무엇이다' 라는 명확한 사업의 미션과 비전, 그리고 그것을 어떻게 실천해 나갈 것인지에 대한 구체적인 계획을 듣고 싶어 한다.

따라서 창업가는 투자 설명회, 창업경진대회 또는 엘리베이터에서 우연히 마주친 투자자에게도 자신의 사업을 어필할 수 있는 충분한 준비가 되어 있어야 한다. 이를 위해 대표(CEO)는 1분, 5분, 7분, 15분짜리 발표 스크립트를 만들어서 충분히 연습하고, 상황에 따라 자유자재로 사업에 대해 설명할 수 있어야 한다.

그림 8-6 피칭 13단계

1 : Title Presenter & Tagline	2 : 60 Second Overview	3 : Players (market), Problem & Pain	4 : Painkiller (solution)	5 : Our Secret Sauce (technology)
6 : Competition	7 : Business Model	8 : Go To Market Palns	9 : Metrics & Money (forecast)	10 : Team
		11 : Time Line(s) & Status	12 : Money Sought & Use of Proceeds	13 : Why Invest in us?

출처 : 전화성, '전화성의 스타트업 교과서', 2015.

위 그림은 요즘 실리콘밸리에서 가장 많이 사용하고 있는 13단계 발표 순서로, 사업계획서를 쓰고 발표 스크립트를 만드는 데 주로 활용되고 있다. 가장 간결하면서 설득력 있게 구성되어 있어 국내에서도 많이 쓰이고 있는 방법이기도 하다. 여기에서 가장 중요한 것은 '문제(고통)의 발견과 해결'에 해당하는 3번과 4번이다. 주어진 시간이 짧을 때는 3번과 4번만 상대방에게 어필하면 된다. 13단계 전부를 설명하는 것은 15분을 기준으로 하고 있으며, 주어진 시간에 따라 몇 단계는 생략할 수도 있다.

표 8-5 주어진 시간에 따른 발표 항목

시간	발표해야 할 항목
1분	3번, 4번
5분	3번, 4번, 5번, 6번, 7번, 10번
7분	1번, 3번, 4번, 5번, 6번, 7번, 10번, 13번
15분	1번~13번

첫 번째는 발표자가 누구인지 간단히 소개하고, 발표 주제(제목)를 제시하는 단계다. 발표 주제는 어떤 사업을 할 것인가에 관한 것이다. 광고에서 한 줄의 카피가 사람의 마음을 움직이듯 여기에서도 평범한 제목보다는 직관적이고 감각 있는 제목으로 투자자의 관심을 끄는 것이 좋다. 두 번째는 주어진 시간동안 어떤 내용들을 발표할지 간략히 요약해서 보여주는 페이지이다. 일종의 예고편이라고 할 수 있는데, 크게 중요하지는 않으므로 1분을 넘기지 않는 것이 좋다.

가장 중요한 것은 세 번째와 네 번째이다. 누구에게서 어떤 문제(불편, 고통)를 발견했는지, 또 그것을 해결하기 위한 솔루션으로 무엇을 생각했는지 이야기하는 단계이다. 만약 엘리베이터 안과 같은 매우 짧은 시간에 투자자에게 자신을 어필해야 하는 자리라면, 다른 내용은 배제하고 3번과 4번만 이야기하면 된다. 또한, 3번과 4번을 발표할 때에는 대표자 본인이 현장을 직접 발로 뛰어 다니면서 잠재 고객들을 인터뷰한 자료가 첨부된다면 더욱 좋을 것이다.

다섯 번째는 자신이 가진 기술을 설명하는 단계다. 특히, CEO가 개발자 출신이라면 이들이 흔히 저지르는 실수 중 하나는 아무도 알아듣지 못하는 전문 용어를 남발하면서 5번 항목에 너무 많은 기간을 할애하는 것이다. 소셜벤처에 적용된 기술을 설명할 땐 누구라도 이해하기 쉽게 풀어서 설명하는 것이 중요하며 그것을 통해 고객들이 어떤 가치를 얻을 수 있는지 이해시키는 것이 중요하다. 여섯 번째는 시장에 어떤 경쟁자들이 있고, 자신이 그들과 구분되는 차별점이 무엇인지 설명할 차례다. 간혹 자신의 제품이 국내 혹은 세계 최초로 개발된 것이기 때문에 경쟁자가 없다고 발표하는 경우가 있는데, 이렇게 발표하면 투자자들로부터 외면 받을 가능성이 크다. 따라서 경쟁사는 유사제품, 대체재 영역까지 고려해서 폭넓게 생각해야 한다. 일곱 번째는 비즈니스 모델, 즉 어떤 방식으로 수익을 창출할 것인가를 보여주고, 여덟 번째에 목표 시장을 제시하면 된다. 목표 시장은 너무 넓은 시장을 목표로 하기 보다는 작은 시장에서 시작하여 점차 확장해 나가는 것이 중요하다.

열 번째로 소개할 것이 팀 구성원들이다. 투자자들은 그 팀이 어느 정도의 문제 해결 능력을 갖추고 있는지, 목표한 것을 진짜 달성할 수 있는 역량을 갖추고 있는지 매우 중요하게 생각한다.

이후에는 앞으로 어떻게 사업을 진행할 것인지 일정을 설명하고, 투자금을 받으면 그 자금을 어디에 사용할 것인지 설명하는 것이 좋다.

마지막으로 투자자가 왜 자신들에게 투자를 해야 하는지 다시 한 번 강력하게 어필하면서 마무리를 하면 된다.

(2) 엘리베이터 피치

전 세계의 유명한 배우와 감독이 모여서 최고의 영화를 제작하는 곳인 할리우드에서는 많은 무명작가들이 성공하기 위해 유명 감독 또는 배우들을 만나려 하고 설득하려 한다. 이들은 보통 엘리베이터에서 짧은 시간동안 만나 설득을 진행하는데 여기서 유래된 것이 엘리베이터 피치다. 즉, 엘리베이터 피치란, 말 그대로 엘리베이터를 타고서부터 내릴 때까지 약 60초 이내의 짧은 시간 안에 투자자의 마음을 사로잡을 수 있도록 이야기하는 것을 말한다. 여기에서 중요한 것은 시간과 장소에 구애받지 않고 1분 이내에 사업의 핵심을 설명하는 것이다.

1분의 시간은 실제 투자자들이나 관련 사업을 하고 있는 전문가들이 사업의 성공 여부를 판가름하기에 충분한 시간이다. 그렇기 때문에 무엇이 그들에게 매력적으로 다가갈지 포인트를 확실히 짚어서 짧은 시간 내에 핵심 아이디어를 전달하고 빠른 판단을 내릴 수 있도록 준비해야 한다. 소셜벤처 창업경진대회 등 각종 창업 경진대회나 아이디어 공모전에서도 충분한 시간을 배정받는 경우는 드물다. 먼저 60초 이내에 150~225개의 단어로 정리한 엘리베이터 피치를 기본으로 1분, 3분, 5분 등으로 늘려서 언제 어디서나 가장 필요한 핵심을 이야기할 수 있는 준비를 해두어야 한다.

표 8-6 효과적인 엘리베이터 피치를 위한 방법

구분	내용
서론/주제	– 시간 : 10초 – 내용 : 주제에 대한 이야기를 한 문장으로 말하기
본론/화제	– 시간 : 40초 – 내용 : 주제에 대한 스토리를 첨가하여 이야기하기
결론	– 시간 : 10초 – 내용 : 마무리 요약하기

8.3 사업계획서 작성 사례

사업계획서 작성의 이해를 돕기 이해 작성 사례를 제시해본다. 3D 프린터를 이용한 보철물을 신속하게, 저렴하게, 정확하게 제작할 수 있는 기술을 개발하여 수익을 창출하고, 창출된 수익을 활용해서 저소득층 어른신들한테 보철물을 무료로 제공하는 소셜벤처를 창업한다고 가정하여 사업계획서를 작성한 예이다. 사례의 형식은 하나의 예이기 때문에 사례를 참고하여 자신의 문제에 적합하게 사업계획서를 작성하면 된다.

1) 3D 프린터활용 보철물 제작& 저소득층 무료치료 소셜벤처

목차

Executive Summary

- 저소득 노인, 장애인들에게 치아 치료는 매우 부담이 가는 치료임. 정부/지자체의 지원 사업이 있으나 사각지대에 놓여 제대로 치료를 받지 못하는 저소득층도 매우 많은 상황임
- 이러한 저소득층의 치아 치료 문제를 해결하고 일반소비자들이 치아 치료과정에서 느끼는 불편함을 해소하기 위해 최근 주목받고 있는 **3D** 프린터를 이용한 보철물 제작 소셜벤처인 "**3D Happy Teeth**" 설립하고자 함
- **3D**프린터로 치과 보철물(금속, 레진 등)을 제작하여 일반 치과에는 기존 제품대비 저렴한 보철물을 신속하게 제공하고, 사각지대 저소득층에게는 치과 의료진의 자원봉사를 연계한 무료 치료 서비스를 제공하고자 함
- 이 사업의 수행을 위해 **3D**프린터 전문가, 치기공사 등과 함께 창업을 진행하고 치과협회, **3D**프린터 협회 등과 긴밀한 협력관계를 구축하여 기술개발, 임상실험, 학술연구 등을 지속적으로 진행할 계획임
- 기술측면의 완성도와 사업 안정성을 위해 기존 특허(3D임플란트 제조)와 차별화되는 기술(브릿지, 크라운 제조기술)을 개발하여 특허출원 예정임
- 자금조달을 위해 초기에 창업멤버들의 출연(1.5억원)과 아이디어 경진대회 등의 상금(3천만원), 후원(2천만원), 정부 창업지원자금(2억원)을 재원으로 확보하고자 함
- 이 사업을 통해 첫해 부터 4년간 1,800명에게 무료 치료를 제공하여 약 10.2억원의 사회가치를 창출할 것으로 기대되며, 3년차 부터는 수익을 창출할 것으로 예상됨

Company Overview

미션	▪ 혁신 기술을 활용하여 치아 치료의 기간과 비용을 최소화하고, 저소득층을 위한 무료 치아 치료 제공
비전	▪ *"싸고 빠른 치아 치료 기술을 통해 국민의 치아건강을 지켜주는 기업"*
제품	▪ 3D 프린터를 활용한 치아 치료 보철물(레진, 금속, 세라믹 등) - 향후 임플란트로도 확대
비즈 모델	▪ 일반 치과에 빠르고 저렴한 보철물 제공 + 정부/지자체 치아 치료 지원사업에 보철물 제공 ▪ 저소득층 위한 무료 치아 치료 + (장기적으로) 장애인 치기공사 채용
타겟 시장	▪ 일반 치과시장 (치과협회 등과 시범사업 통해 신뢰성 확보) ▪ (소셜벤처 or 사회적기업으로) 정부/지자체 발주사업 확보
마케팅 전략	▪ 3D프린터로 치아 보철물을 상용화한 최초의 기업 (First-mover advantage 활용) ▪ 치과협회, 학회 등과 공동 연구, 임상실험 등 실시하며 초기 N/W 구축 ▪ 소셜벤처로서의 공익성을 바탕으로 한 홍보, 공공부문 사업기회 확보

1. 사업기회

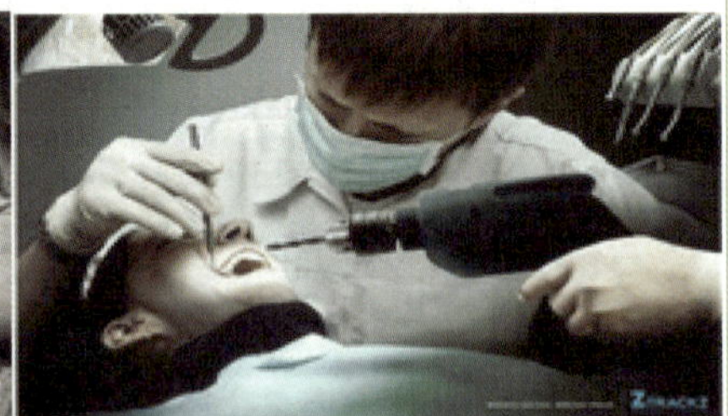

1. 사업기회

Idea

- 노인 분들의 불편한 치아를 볼 때마다 해결방법이 없을까 고민된다
- 치과 보철물은 비싸고 시간도 오래 걸린다(보통 1주일 이상)
- "4차 산업혁명의 시대". 3D 프린터로 뭐든 다 만들 수 있다는데 이건 안되나?
- 된다면 저렴하고 빠르게 치과 보철물을 만들 수 있을 것이고. 저소득 노인/장애인 들에게는 무료로 치아 치료를 해줄 수 있을 텐데...

시장/기술 현황*

- 치기공 분야는 노동집약적 산업에서 IT장치산업으로의 전환 불가피
- 현재는 "구강스캐너 +캐드캠+세라믹 블록" 조합으로 보철물 제작하는 단계
- 치형 데이터를 토대로 3D프린터 보철물 제작은 가능하나. 고가의 프린터 등 생산원가가 높고 강도가 약하여 실제 치료에 활용하는 곳은 아직 없음
- 3D 프린터 종류에는 합성수지형. 메탈형이 있으며 (기능 개선을 통해) 두 종류 모두 치아 보정물 제작에 활용 가능

구분	가격	운영리스비용	재료
합성수지형	4천만원 - 1억원	가격의 10-30%선	레진(kg당 100만원)
메탈형	1-6억원		메탈 파우더(kg당 200만원)

- 특허 : 3D프린터를 이용한 치과용 임플란트 보철물 제조방법(2015 등록)

* 현직 치과의사(4/23), 3D프린터 전문가(4/25) 인터뷰를 토대로 작성

1. 사업기회

국내 3D프린터 현황

- 국내에서도 다양한 3D프린팅과 연관된 다양한 사업 아이디어가 나오는 추세이긴 하지만, **해외처럼 창조적이고 혁신적인 모델은 부족한 실정**이다. 교육이나 모형 제작 등 일부 영역에만 기술이 집중된 탓이다. 자동차 및 대형 제조 기업에서는 아직도 3D프린터를 시제품 제작 등 한정된 영역에만 활용하고 있다.

- 의료 선진국으로 분류되는 국내에서는 인공 뼈나 장기, **치아용 보철물 등 의료 기술 분야에서 3D프린팅 기술을 도입하는 일이 시급**하다. 한국이 글로벌 의료 기술 생태계를 선도할 기술로 3D프린팅 기술을 적극적으로 활용하는 시나리오다. **국내 일부 치과에서의 치아 교정 시술에 3D프린팅 기술을 도입한 만큼, 더 적극적인 의료계의 관심이 요구된다**.

- 현재 3D프린터의 기술적 한계는 명확하다. **제조 시간이 지나치게 길고, 완성 모형의 품질이 그리 뛰어나지 않다**는 점이 대표적이다. 물체를 인쇄한 후 사람의 손을 거쳐야 하는 **후가공에 시간이 많이 들며**, 적층형 방식이라는 점에서 **특정 각도에서 작용하는 충격에 특히 취약하다**는 점도 문제다. 이런 한계는 3D프린터가 제조업을 혁신할 기술로 평가받기 위해 꼭 해결해야 할 과제다. **새로운 소재나 인쇄 방법을 개발하는 방향으로 한계를 넘어서려는 시도가 꾸준히 이어지고 있다**는 점은 다행이다. 3D프린팅 기술의 취약점을 잘 알고, 기존 생산기술을 보조하는 기술로 활용하려는 등 부수적인 노력도 필수다.

* Source: 한국의 3D프린팅 산업 현황 (3D프린팅, 2016. 5. 30., 커뮤니케이션북스)

1. 사업기회

3D 프린터와 치아 치료

- **치과에 치명적인 타격을 입히는 기술이 바로 3D프린터기술이다**. 치과에서 환자에게 해주는 임플란트, 브리지, 크라운 등이 이제 프린터로 인쇄되고 있다. **3D프린터 제조 업체는 사무실에서 치과 의사들을 훈련시켜서 프린터를 사용할 수 있도록 새로운 모델과 새로운 치과 재료를 생산**하고 있다. 전통적으로 치과를 운영하는 치과의들은 이제 곧 소멸하게 될 것이다. **적용하지 않으면 소멸된다**. 타자기와 필름 카메라가 사라진 길을 그대로 걸을 수 밖에 없다.

- 치과 의사가 사용하는 모든 크라운, 브릿지, 임플란트 모델은 프린터가 프린트하게 되면 **환자가 부담하는 비용이 저렴하게 된다**.

- 점토로 금형을 환자가 물고 본을 뜨고 그것을 외부 기공사에게 보냈지만 **이제는 바로 치과내에서 교정모델을 만들고 프린트할 수 있다**. 또 크라운, 브릿지와 임플란트를 치과 사무실에서 만든다. 3D프린터는 필요한 모델뿐만 아니라 완성된 크라운, 브릿지 및 임플란트를 생산할 수 있다.

- 최근에 CNBC 보도에서3D프린터가 소멸시킬 가능성이 가장 높은 분야를 치과로 보았다. **치과 기공이 사라지면서 치과 부문은 대부분 3D프린터 기술로 "대량 흡수"되고 만다**. 향후 10년간 치과 3D프린터기술이 515% 성장한다. ID TechEx는 최근 예측에서 의료 및 치과 분야에 3D프린터의 판매가 2025년 미국시장에서 8억6천8백만 달러에 달할 것이라고 예측했다.

- **Source : 3D프린터 혁명, 치과가 사라진다.박영숙 "유엔미래보고서2045"저자**

1. 사업기회

CASE 모델 – 소셜벤처 사업기회 설명

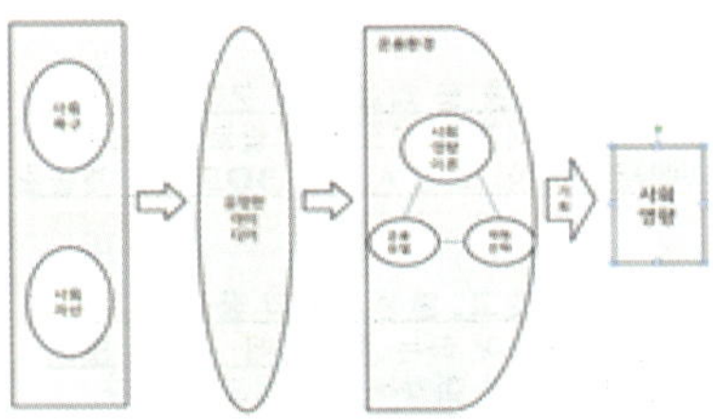

Source: Adapted from Gücl0, Dees, & Anderson (2002, p. 2).

- **사회욕구** : 치아 치료의 비용부담(특히 저소득층), 긴 보철물 제작기간으로 인한 불편함
- **사회자산** : 개인의 경험(한쪽 치료를 하다가 반대방향까지 치아가 상한 경험, 시골에서 세배 다니면서 발견한 노인들의 치아상태), 4차 산업혁명과 관련 3D프린터 기술과 시장의 급격한 성장
- **사업 아이디어** : 3D프린터를 활용하여 저렴하고 빠른 보철물의 제작
- **Social Impact Theory**: 저소득층에게 무료 치아 치료를 제공하여 건강하고 자신 있는 삶을 살도록 하며, 치아 치료의 시간과 비용 혁신을 통해 국민의 삶의 질 제고
- **운용 모델** : 치과에 저렴하고 빠른 보철물을 제공(유료), 정부/지자체 치아 치료 지원사업 수주, 의료진 자원봉사 연계 무료 치료
- **재원 전략** : 자기자본, 정부지원금, VC 펀딩, 후원 등
- **기회** : 3D 프린터의 기술력 발달 및 치과 보철물 시장 활성화 전단계, 노인층 증가 및 빈곤률 상승
- **사회영향** : 치아 치료의 혁신(시간, 비용), 저소득층 대상 무료 치아 치료 제공

1. 사업기회

사업기회 유형

✓ **C타입 : 제품/서비스의 생산과 전달을 위한 새로운 프로세스 수립의 사례에 해당**
- 치아 치료 보철물의 생산 단계를 혁신하고, 여기서 발생한 경쟁력을 바탕으로 저소득층에 대한 무료 서비스 제공

Social Assessment Tool

◆ 사회적 가치 잠재력

기준	강력한 기회	약한 기회
사회적 필요	- 비용 절감, 빠른 서비스 Needs 강함 - 노인 계층의 증가 및 빈곤률 상승	-
사명과의 일치성	- 저소득층 대상 무료 치아 치료 제공	-
달성 가능한 영향력	- 치료 받은 취약계층/일반인 수와 save한 금액	-
SROI	- 저소득층 무료 치료 제공을 통한 건강 증진 및 사회적 의료 비용 감소	-
지역사회 지지	- 정부/지자체, 사회복지단체 등의 지지	- 치기공 업체 등의 불만 제기 가능성

1. 사업기회

◆ 시장 잠재력

기준	강력한 기회	약한 기회
고객 필요 또는 욕구	- 빠르고 저렴한 치아 보철물 Need 강함	
기회의 창	- 3D 프린터 보철을 의료분야 초기 성장시기	- 보다 높은 수준의 기술 필요
투자자 이익	- 정부의 창업활성화 정책에 부응 - 정부/지자체 사회복지 비용 효율성 상승	
시장 규모	- 치아 치료는 대다수 국민에게 해당되는 문제	
달성가능 시장 점유율	- 단기 : 5%, 중장기 : 20% (예측)	

◆ 경쟁 우위 잠재력

기준	강력한 기회	약한 기회
진입 장벽	- 시장 형성 초기 단계로 높지 않음	
예상 파트너십	- 3D프린터 협회, 치과병원 연합회, NGO 단체(열린치과봉사회, 바른이봉사회, 대한노인회 복지사업단, 장애인총연맹 등)	- 무료 치료 의료진을 자원봉사에 의존(실비는 지원)
비용 통제	- 취약계층 의료진 시술비(자원봉사로 조달)	- 3D 프린터, 구강스캐너 등 비용 효율적 조달 필요
사명의 시급성	- 치아의 불편은 영양 섭취, 건강과 연결되어 노인/장애인의 건강 악화, 아동/청소년의 성장 둔화 등 문제 발생	
경영팀	- 3D 프린터 전문가, 치기공사 확보 가능	- CEO가 치과의사나 치기공사 아님

1. 사업기회

◆ **지속가능성 잠재력**

기준	강력한 기회	약한 기회
벤처 (자원) 역량	- 정부 정책자금/지원 사업 활용 - 크라우드 펀딩, 후원 유치	
벤처 능력	- 운영에 필요한 핵심 인력 내부화(3D기술자, 치기공사 등)	- 치과의사는 협력/자문단 형태로 운영
투자자 이익	- VC의 이익실현 가능 - 정부/지자체 비용 효율성 상승	
이익 창출 능력	- 기술력, 명분을 보유하여 조기 시장 진입 후 규모의 경제 통한 Scale up 및 이익실현 가능	- 일정 비율 무료 치료 제공하므로 수익률이 높지 않음
시급한 사명	- 저소득층의 건강 문제는 중요한 사회문제	

◆ **종합적인 잠재력**

기준	평가
사회 가치 잠재력	High
시장 잠재력	High
경쟁우위 잠재력	Medium
지속가능성 잠재력	High
종합 잠재력	**High**

2. 비전과 미션

■ **소셜 벤처의 유형**

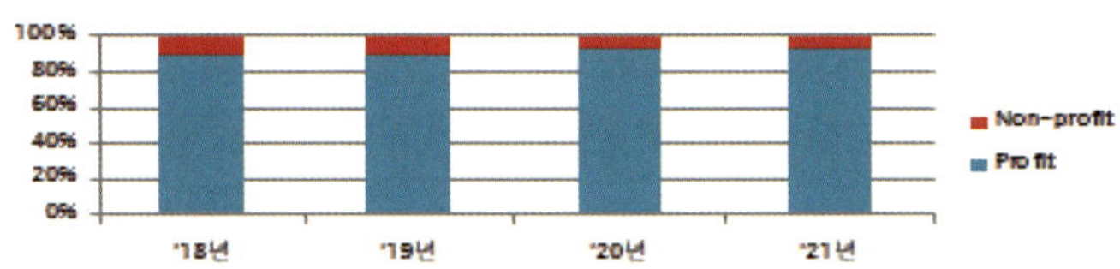

■ **비전** : "싸고 빠른 치아 치료 기술을 통해 국민의 치아건강을 지켜주는 기업"

■ **미션** : 혁신적 기술을 통하여 치아 치료의 기간과 비용을 최소화 하고 저소득층을 위한 무료 치아 치료 제공

3. Social Impact Theory

Social Impact Theory

- 저소득층에게 무료 치아 치료를 제공하여 건강하고 자신 있는 삶을 살도록 지원하며, 치아 치료의 시간과 비용의 혁신을 통해 국민의 삶의 질 제고

Logic Model (Social Value)

Resources	Activities	Outputs	Outcomes	Impact
▪ Tangibles : 창업지원금, 후원, ▪ Intangibles: 지원봉사 의료진, 첨단기술 개발(특허)	▪ 저소득층 대상 무료 치아 치료 SVC 제공 ▪ *저렴한 가격의 치과 보철물 제공*	▪ 무료 치료 받은 저소득층 수 ▪ *3D 보철물 이용한 환자수*	▪ **저소득층 치료 위한 사회적 비용 절감** ▪ **저소득층 고른 음식 섭취로 육체적 건강 회복 → 병원 방문횟수 감소** ▪ ***일반 고객 비용 절감***	▪ 노인/장애인 등 건강 회복으로 기대수명 증가 ▪ 자신감 회복 → 대인관계 확대, 공동체 활동 활성화 ▪ 치아 치료 비용 하락

4. 비즈니스 모델

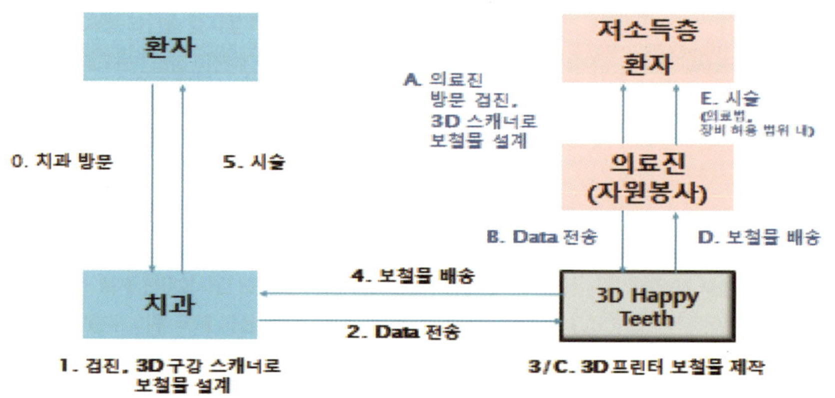

✓ 저소득층 대상 정부지원사업 위탁 시행
(저렴한 비용, 공익사업 강점 활용)

✓ 3D 프린터/치과 협회와 공동 연구/개발
치과 협회와 임상실험, 학회 참여 등
우호적 협력 관계 구축

4. 비즈니스 모델

소셜벤처 린 캔버스

PAIN
- 비싼 치아 치료비(저소득층은 치료 불가)
- 보철물 치료를 위해 1주일 이상 대기 필요

OPPORTUNITY
- 3D 프린터, 구강스캐너를 활용한 치과 보철물 제작 기간 단축 및 비용 인하

GAIN
- 저렴하고 빠른 치아 치료 서비스 제공
- 저소득층 을 위한 무료 치료 제공

KA
- 3D 보철물 치료환자의 수(무료, 유료)
- 절감한 치료 비용 (기존 치료비 대비)

KP
- 치과병원
- 정부/지자체/시민단체
- 3D 프린터 관련 업체
- 정부, 투자지, 후원이지, 리스

KR
- 3D 보철물 제작 기술
- 정부/지자체/시민단체들과의 N/W
- 자원봉사에 동참하는 의료진

VP
- 일반 치과 대비 단축된 보철물 제작시간 및 저비용 치료
- 의료진에게 봉사기회 제공

Product/Service
- 3D 프린터로 저렴하고 빠른 보철물
- 저소득층을 위한 무료 진료

CR
- 유료 고객 : 신기술/시장비 PR 및 설명회 등 (기술력 선도 강조)
- 정부/지자체/NGO : 지속적인 사업결과 보고
- 치료고객 : Voice 수렴하여 제품개발, 서비스에 반영

CH
- 치과 간행물(신문, 잡지, 협회지)
- 언론 보도(신문, 방송, 포털 등)
- 3D프린터 협회, 치과협회 워크샵, 학회 등

CS
- 유료 고객 : 빠르고 저렴한 서비스 제공을 원하는 치과병원
- 무료고객 : 제도적 지원을 받지 못하는 저소득층 고객
- 정부, 지자체, 복지단체 : 저소득층 치아 치료 지원

CS
- 3D 프린터, 구강스캐너, 주변기기, 재료비
- 인건비(최초 4명)
- 기술개발비용
- 무료진료시 소요비용(자원봉사 실비, 재료비)

IMPACT
- 저소득층에게 치아 건강 제공하여 건강 유지 및 자신감 회복을 돕고 이를 통해 활기찬 사회생활 가능

RS
- 보철물 수익
- 특허료

4. 비즈니스 모델

수익창출방안 (3년차 기준, BEP 달성)

(단위:천원)

매출			비용		
보철물 제작 판매	평균 93 * 8,400건 (일반 보철물 평균 150)	781,200	인건비	연봉 평균 42,000 *6명	252,000
특허사용료	매출의 3%	23,436	재료비	평균 10 * 8,400건 (레진 1kg당 1,000 메탈 파우더 1kg당 2,000)	84,000
			장비 리스비	3D프린터 5대(레진 3, 메탈 2)	21,600
				스캐너 2대, 세척기, 판독기 등	7,200
			무료진료	회당 2,500*24회 (회당 25명 치료)	60,000
			연구개발비		120,000
			홍보/마케팅비		48,000
			임대료		120,000
			금융비용		0
			제경비		80,000
계		804,636	계		792,800

*전제사항 : 창업자금은 정책지원금, 상금, 후원금, 개인출연 등으로 조달

4. 비즈니스 모델

비즈니스 운영 프로세스

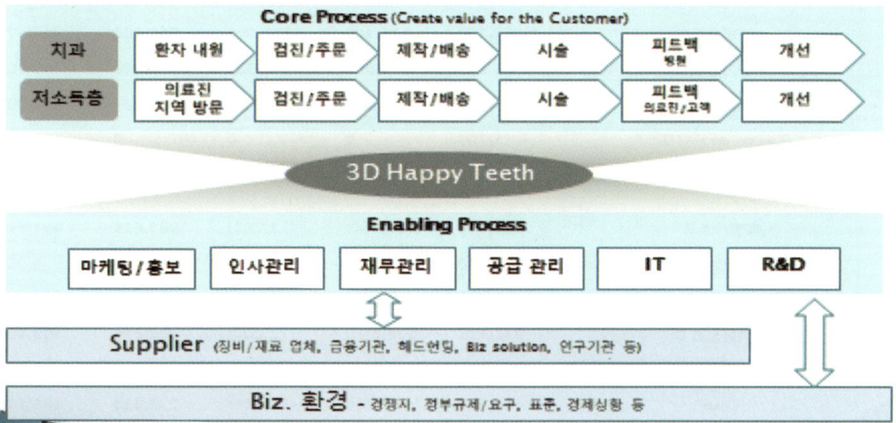

* Alan McSweeney의 모델 변형

5. SROI

SROI (4년간)

내용	금액	세부 내역	비고
일반 소비자 비용 절감	4.8억원	- 기존 회당 치료비 : 평균 30만원 - 3D 회당 치료비 : 평균 20만원 - (절감액) 10만원 * 4,800건	*타 기업에서도 같은 가격에 보철을 제공하는 3년차 이후는 차별화 상실로 Social value 0*
무료 진료 제공	3.6억원	- 회당 진료비 : 평균 20만원 - 무료 진료 : 1,800건	
저소득층 건강개선에 따른 의료비 절감	1.8억원	- 1,800명 * 연간 10만원 절약(가정)	실 data 규명 필요
계	10.2억원		

■ **SROI 측정원칙** (사회성과인센티브추진단, 2016)
①기업활동과 직접 관련된 이해관계자의 편익과 비용 측정
②누구나 합의할 수 있는 객관적인 성과만을 인정
③현실적인 시장가격을 추정하여 화폐가치로 환산

6. Funding 및 Financial Plan

(단위:천원)

구분	계	2018	2019	2020	2021
매출	2,301,636	111,600	334,800	804,636	1,050,600
비용	1,967,800	334,400	347,000	566,000	720,400
감가상각	18,000	3,000	3,600	5,000	6,400
EBTIDA	315,836	(225,800)	(15,800)	233,636	323,800
Taxes on EBITDA	25,700	0	0	0	25,700
NOPLAT	290,136	(225,800)	(15,800)	233,636	298,100
총현금흐름	308,136	(222,800)	(12,200)	238,636	304,500
금융비용	4,000	0	0	0	4,000
총 투자	4,000	0	0	0	4,000
잉여현금흐름	312,136	(222,800)	(12,200)	238,636	308,500
자금조달	400,000	400,000*	0	0	0
Gap	712,136	177,200	(12,200)	238,636	308,500

* 자금 조달(억원)
  - 창업멤버 출연 : 1.5, 상금 0.3, 후원 0.2, 정부지원금 : 2

활동 하기

사업계획서 작성 해 보기

평소에 생활하면서 느꼈지만 개선이 되지 않고 있는 사회적 문제를 나열해보자. 이 문제가 해결되었을 때 혜택을 입게 되는 사람은 누구일지, 지역의 환경은 어떻게 개선이 되는지 토론해 보자.

① 당신이 느끼는 사회적 문제의 정의는 무엇인가?

② 당신의 비전과 미션

비전 :

미션 :

③ 당신 사업의 비즈니스 모델을 설명해 보시오.

소셜벤처 비즈니스 모델 캔버스

④ 사회적 임팩트 모델

사회적영향력 모델 :

운영모델 :

사회적임팩트 로직 :

⑤ 마케팅 전략

브랜드 :

타겟시장 :

경쟁자 :

파트너십 :

● STP 전략

SEGMENTATION	TARGET	POSITIONING

● 4P 전략

PRODUCT	
PRICE	
PLACE	
PROMOTION	

● 후원자그룹에게 제시할 가치는?

⑥ 운영전략

생산 :

유통 :

물류 :

⑦ 팀빌딩 및 조직

⑧ 성과 및 사회적영향 지표

INPUT :

OUTPUT :

OUTCOME :

⑨ 팀 구성과 조직구성 전략은?

⑩ 재무계획

- 소요자금 및 자금 확보 방안

- 추정 손익계산서

항 목 \ 연도별	1년차	2년차	3년차
1. 매출액			
1) 제품매출			
2. 매출원가			
1) 제품매출원가			
(1) 기초제품재고			
(2) 당기제조원가			
(3) 기말제품재고			
3. 매출총이익			
4. 판매관리비			
급 여			

상 여 수 당			
퇴 직 급 여			
복리후생비			
여비교통비			
접 대 비			
통 신 비			
수도광열비			
세금과공과			
차량유지비			
지급수수료			
운 반 비			
소모품비			
감가상각			
도서인쇄비			
광고선전비			
잡 비			
5. 영업이익			
6. 영업외 수익			
배당금 수익			
7. 영업외비용			
지급이자			
8. 경상이익			
9. 법 인 세			
10. 당기순이익			

학습 정리

◆ 소셜벤처 사업계획서(social venture business plan)는 당신 회사의 이야기(story)를 하는 매우 중요한 문서이며, 사업을 통하여 추구하는 사업 목표를 어떻게 달성할 것인가를 문서로서 검증하는 과정이며 아이디어를 실행에 옮기기 전에 앞으로 나아갈 방향을 계획하기 위한 안내서 역할을 한다.

◆ 사업계획서 작성은 Specific(구체성), Measurable(측정가능성), Attainable(달성가능성), Realistic & Relevant(현실성, 관련성), Time-based(기간적 구분성)의 5가지 원칙을 가지고 작성해야 한다.

◆ 소셜벤처 기업 활동의 과정은 기회인식, 개념개발, 자원의 결정과 확보, 출범과 성장, 목표성취의 5단계를 거친다.

◆ 사업계획서의 구성 요소는 다음과 같다.

- 요약
- 기업개요
- 사회문제의 정의(Need & Opportunity)
- 비즈니스모델
- 사회적 임팩트 모델
  - 사회적 영향력 전략
  - 운영모델
  - 사회적 임팩트 로직
- 구현전략
  - 마케팅전략(브랜드, 타겟시장, 경쟁자, 파트너십)
  - 운영전략
  - 팀빌딩 및 조직
  - 성과 및 사회적영향 지표
  - 재무, 투자유치 전략(재무관리, 자금유치 등)
  - 성장전략

◆ 소셜벤처의 사업계획서는 작성 목적이 명확해야 하며, 기회와 자원, 시장을 나타내어야 한다. 특히 사회적 문제의 인식과 소셜미션은 무엇보다 중요하다.

참고문헌

◆ 그로비스 매니지먼트 인스티튜드(2015). "비즈니스 플랜". 21세기북스.

◆ 김정식, 이승현(2015). "설득력 있는 사업계획서 작성". 코아비즈.

◆ 김진수, 이창영(2014). "기업가정신과 창업론". 문영사.

◆ 김진수 외(2015). "기술창업론". 탑북스.

◆ 데이비 본스타인, 수전 데이비스(2012). "사회적기업가정신". 지식공작소.

◆ 아더 브룩스(2009). "사회적기업을 디자인하라". 함께일하는재단.

◆ 전화성(2015). "전화성의 스타트업 교과서". 이콘.

◆ Andrew Wolk, & Kelley Kreitz(2008). " Businee Planning for Enduring Social Impact". Root Cause.

◆ Arthur C. Brooks(2006). " Social Entrepreneurship: A Morden Apporach To Social Value Creation. Prentice-Hall.

◆ Debi D. Brooks & Asoka's Global Academy(2008). "Social Entrepreneurship: Teaching Rsource Handbook.

◆ Jeffrey Robinson. " Writing Social Venture Business Plan". The Berkley Center for Entrepreneurial Studies.

◆ Rhonda Abrams(2009). " Business Plan In A Day"

◆ Shane, S(2003). "A general theory of entrepreneurship: The individual-opportunity nexus". Cheltenham, U.K.: Elgar.
◆ 린 캔버스 홈페이지(http://www.leancanvas.com)
◆ 슬라이드쉐에 홈페이지(http://www.slideshare.net)
◆ 사회적기업진흥원 홈페이지(http://www.kstartup.com)
◆ 삼성경제연구소 홈페이지(http://www.seri.org)

8장. 키워드 인덱스용

소셜벤처 사업계획서	린 캔버스	사업계획서 목차	소셜미션
비전 선언문	타당성 검토	피치	투자자

SOCIAL
VENTURE

SOCIAL
VENTURE

PART 03

소셜벤처 실행하기

"사업 아이디어가 A급이고, 창업팀이 B급인 것보다는
사업 아이디어는 B급이고, 창업팀이 A급인 것이 낫다"

경영학 교수, 조지 도리어트(George Doriot)

09

소셜벤처 팀 빌딩

학습 목표

1. 창업팀 및 팀 빌딩의 개념을 이해한다.
2. 소셜벤처 창업팀 빌딩 프로세스에 대해서 알아본다.
3. 소셜벤처 창업팀 빌딩을 위한 단계별 특성을 이해하고 준비 사항을 학습한다.
4. 하이브리드 조직으로서의 소셜벤처 창업팀의 특성을 이해하고, 운영구조에 대해 학습한다.

시작
하기

스타트업 창업자는 어떻게 팀을 구성했을까?

스타트업 홈페이지에 들어가보면 팀원 상시모집이란 문구를 자주보게 된다. 더불어 스타트업 대표들이 입버릇처럼 하는 이야기가 '사람 구하기 힘들다'는 것이다. ICT 스타트업은 사업 아이디어만큼 함께하는 팀원이 중요하다. 아니 사업 아이디어 보다 사람이 더 중요하다고 해도 무방하다. 아이디어와 아이템은 바꿀수도 엎을 수도 있지만, 사람이 바뀌거나 팀에 안맞으면 기존 아이디어의 보완도 새로운 아이디어의 구현도 원활치 않다. 초기기업 투자 벤처캐피털이 투자를 결정할 때 '팀을 본다'라고 말하는 것과 궤를 같이하는 부분이다. 스타트업에는 스타트업에 적합한 사람이 필요하다. 경력을 쌓기위해 혹은 일을 배우기 위해 스타트업을 지원하는 사례가 있지만, 일반적으로 스타트업은 일을 배우기에 우호적인 환경은 아니다. 그래서 회사와 구직자 간 매칭이 잘 이루어져야 하는곳이 이 생태계다.

그렇다면 팀원은 어디에서 삼고초려를 해야할까? 우선은 창업자의 개인 네트워크를 활용하는 것이 좋다. 하지만 스타트업에 필요한 인력이 주변에 없다면, 스타트업 관련 행사들을 눈여겨 보는 것이 좋다. 현재까지는 수도권에 치중되어 있기는 하지만, 매해 다양한 스타트업 관련 신규, 정기 행사가 열리고 있다. 이들 행사를 유심히 살펴보면, 행사의 내용에 관심이 있어서 참석하는 경우도 있지만, 네트워킹을 하러오는 이들도 상당수 존재한다. 자신의 아이디어를 검증(멘토링)받으러 오는 이들도 있지만, 자신의 아이디어를 함께 구현할 개발자, 디자이너 등 팀원을 리쿠르딩 하기 위해 오는 이들도 많다는 것이다. 실제 스타트업 창업자들은 어떻게 팀을 구성했을까? 그들의 사례를 정리해 봤다.

[개인네트워크, 추천을 통한 팀결성]

어찌보면 가장 많은 유형이고, 나름 검증과정을 거친 형태다. 더불어 창업초기 사람을 찾은데 들이는 시간을 절약할 수 있다. 하지만 가장 조심스런 형태이기도 하다. 실력위주가 아니라 사람에 대한 검증에 머무르는 경우가 종종 있기 때문이다. 사업과 인간관계는 별개 아니겠나. 하지만 최근 약진하는 스타트업들은 마음이 맞으면서도 실력까지 보유한 이들을 영입하고 있다.

더웨일게임즈 배승익 대표의 사례가 전형적이겠다.

배대표는 "현재 우리 팀은 총 8명으로 개발자 4명, 디자이너 1명, 서비스 운영 1명, 콘텐츠 소싱 1명이다. 우리 회사 구성원들은 이력이 재미있다. 대표적으로 CTO는 초-중-고-대학 친구다. 별다른 수식어를 붙이지 않아도 의사소통이 되는 사이다. 회사 설립하고 그 친구를 10번 넘게 찾아가서 설득했다. 또 COO는 학교 후배로 대기업 출신이다. 지금은 서비스 기획 및 운영을 하고 있는데, 이전에 회사를 관두고 전통주를 만드는 양조업을 했던 이력도 있고 창업이력도 있는 친구다. 회사로 놀러왔길래 붙잡아서 합류시켰다. 그렇게 한 명 한 명 합류시켰다"

엔씽 김혜연 대표는 대학교 창업동아리를 통해 초기 팀빌딩을 한 사례다.

"학교 친구 셋이서 교내 창업동아리로 시작했다. 아이템을 정하고 시작한게 아니라 우선 사람을 먼저 모았다. 우리가 잘 할 수 있는 아이템은 차차 생각해 보기로 했고. 그러다 2013년 6월 '글로벌 K스타트업' 공고를 보고 멤버들과 합심해서 부리나케 서류를 접수했는데, 그게 현재 사업 아이템이다. 서류가 합격된 후에 우리에게 부족한 디자인 역량을 가진 친구들도 학교에서 찾았다. 디자인 관련 학과 회장을 찾아가서, 디자이너 좀 소개시켜 달라고 했다. 지금 생각해 보면 어이가 없는게 '레드닷 디자인 어워드(세계 3대 디자인 어워드) 같은 데서 상 탈 만한 디자이너 좀 소개시켜달라' 고 했었다. 그런데 재미있는 것이 진짜로 레드닷 어워드에서 수상한 디자이너들이 학교에 있었다."

[스타트업 행사, 네트워크, 엑셀러레이터 활용형]

개발자 출신 대표도 많지만, 그렇지 않은 이들도 있다. 이들은 어떻게 팀빌딩을 했을까? 모두의주차장 김동현 공동대표는 발로 뛰어서 개발자를 찾았다 말한다. "내가 개발 베이스가 전혀 없다보니 좋은 개발자인지 판단하는 것도 어려웠다. 그래서 직접 일 해보는 방법을 통해서 인력확보를 했다. 그래서 2013년 하반기 동안 전국에서 열리는 해커톤 행사에 8번 정도 참가했다. 국내에서 열리는 해커톤은 짧게는 1박 2일에서 길게는 3박 4일 동안 함께 동고동락하면서 진행하는 프로그램이잖은가. 이 행사에 직접 가서 우리 개발자 헌팅을 했던거다. 이력서나 면접만으로는 그 사람을 파악하기 힘들기에 짧게라도 일을 같이 해 봐야 한다고 판단했다. 해커톤이 밤을 새서 하는 작업이 많다보니 이 과정에서 그 사람의 성향이나 대처능력 같은 것을 파악할 수 있었고, 그 과정을 통해 같이 가도 되겠다, 아니겠다가 판단이 되더라"

IDG Ventures Korea 이희우 대표의 또다른 직함은 스타트업 먼데이펍의 대표다. 이희우 대표는 해커톤(스타트업 위크엔드)에 참여한 것이 계기가 되어 스타트업 창업의 동기를 얻었고, 본인이 진행한 창업교육 프로그램(쫄지마 창업스쿨)에서 인연이 된 이들과 팀빌딩을 한 사례다.

"쫄지마 창업스쿨' 에서 인연이 된 제자와 술 한잔 하는데, 이 친구가 말하는 아이템이 너무 좋은거다. 될 것 같았다. 둘 다 직장이 있으니, 관두고 창업하는 것은 리스크가 있기에 버추얼로 팀으로 활동했다. 대신 월요일에 오프라인에서 한 번씩은 보고, 주중 회의 주말 회의는 카카오톡으로 했다. 이후에 합류하는 팀원에게는 지분 10%씩 나눠서 책임감을 주기로 했고, 영역이 겹치는 사람은 합류시키지 않기로 했다. 그렇게 서버 하나에 안드로이드 클라이언트 하나로 시작했다. 그리고 MVP를 확대 구축하고 팀을 확대해 나가기로 했다. 그렇게 월요일마다 술집에 모여서 앱을 개발했다해서 회사명이 '먼데이펍' 이 된거다."

출처 : 플랫텀(2015.1.8.) "스타트업 창업자는 어떻게 팀을 구성했을까?"

생각해 보기

01 소셜벤처의 팀빌딩에 대해 생각해보고 논의해 보자.

02 소셜벤처가 발전하고 성장하기 위해 필요한 팀원은 누구인지? 서로 논의 후 발표해 보자.

9.1 소셜벤처 팀 빌딩이란

창업을 준비 중인 예비 창업 기업이나 이제 비즈니스를 갓 시작한 기업들은 기존 기업과 비교할 때 상대적으로 부족한 자원을 갖고 있다. 이 같은 현상은 '신생 기업의 한계(liability of newness)' 라 불리기도 하는데, 소셜벤처를 비롯한 초기 창업 기업들은 태생적으로 자본, 인력, 네트워크 등의 보유 자원이 부족함에 따라 창업 활동에 한계가 있음을 의미한다.

'신생 기업의 한계' 를 극복하기 위한 가장 좋은 방법은 '역량 있고 다양한 경험을 가진 사람들로 창업팀을 구성' 하여 신생 기업이 갖고 있는 부족한 부분을 채워가는 것이며, 이 같은 사례는 예부터 지금까지 많은 곳에서 찾아볼 수 있다. 에디슨이 발명한 것으로 알려져 있는 전구 등의 발명품은 에디슨을 비롯하여 찰스 배철러, 존 애덤스 등 14명이 동업한 결과이며, 벨이 발명한 전화기는 또 다른 발명가 일라이셔 그레이가 있었기 때문에 가능했던 결과였다. 최근의 사례를 살펴보면, 애플의 스티브 잡스와 스티브 워즈니악, 구글의 래리 페이지와 세르게이 브린, HP의 휴렛과 팩커드 MS의 빌게이츠와 폴 앨런 등 대표적인 세계적 기업의 창업가들은 자신의 약점을 보완하고 시너지 효과를 낼 수 있는 파트너를 확보해 창업팀을 구성했기에 성공할 수 있었다. 또한, 이들처럼 완전한 창업팀을 꾸리기 어려운 기업은 외부 전문가를 활용하여 기존 팀의 부족한 기능을 보완하기도 한다.

이와 같이 창업팀을 결성하고 효율적인 팀 운영 구조를 설계하여 필요에 따라 새로운 구성원을 추가적으로 확보하거나 외부 인력을 활용하려는 노력을 통해 신생 기업이 보유하고 있는 자원 활용의 효율성을 극대화하여 신생 기업이 가지고 있는 한계를 극복해 나갈 수 있다. 초기 창업 기업에게 자금을 투자하는 투자자(엔젤 투자자, 엑셀러레이터, 소셜벤처캐피탈리스트)들은 아이디어 못지않게 팀을 중요하게 생각한다. 'A급 아이디어를 가진 B급 창업팀 보다, B급 아이디어를 가진 A급 창업팀' 을 선택 하겠다는 조지 도리어트의 언급처럼, 아이디어가 혁신적이어도 그것을 끌어낼 인력이 없다면 사업이 진행되지 못하지만, 그저 그런 아이디어도 팀이 좋으면 실제 제품이나 서비스로 만들어 내는 경우가 많기 때문이다. 그렇기 때문에 가지고 있거나 동원할 수 있는 자원에 한계와 제약이 많은 소셜벤처는 최적의 팀 구성 방안에 대해 심사숙고 하고, 사전에 충분하게 준비하는 것이 중요한 성공 요인이 될 수 있다.

이처럼 창업을 하는데 있어서 좋은 팀을 구성하는 것은 자본이나 아이디어 못지않게 중요한 역할을 한다. 이에 본 장에서는, 창업팀 및 팀 빌딩에 대한 간략한 정의 및 소셜벤처 창업팀을 구성하기 위한 단계별 프로세스에 대해 알아보고자 한다.

1) 창업팀이란

'팀(team)'이란 어떤 특정한 공동의 목표를 달성하기 위해 모인 두 명 이상의 개인들로 이루어진 소규모 집단을 말한다. 일반적으로 경영학에서 팀은 조직 내에 소속되어 있는 집단을 의미하는 반면, '창업팀(entrepreneurial team)'은 기존에 존재하지 않는 새로운 조직을 만들어 나가는 집단이라는 점에서 조직 내의 일반적 팀과 그 개념상의 차이가 있다. 즉, 창업팀은 '새로운 비즈니스를 공동으로 시작하기 위해 모인 두 명 이상의 개인들로 구성된 집단'으로 정의할 수 있다. 창업 초기에는 1인 창업도 가능하지만 어느 정도 규모가 되었을 때 창업팀 구성은 창업에서 빼 놓을 수 없는 요소이다.

표 9-1 1인 체제 유지와 창업 팀 구성의 장단점

선택	장점	단점	단점을 완화하는 방법
1인 체제 유지	· 모든 지분 보유 · 의사 결정권 유지 · 커뮤니케이션, 조정, 동기문제를 피할 수 있음	· 인적 자본이나 사회적 자본, 금융 자본의 틈을 메우려면 창업자에게 전적으로 의지해야 하며, 만약 창업자가 필수 자본이나 역량없이 진행하면 준비기간에 창업개시 속도가 늦어지거나 사업이 잠재적 실패에 노출됨 · 복잡한 정보를 수집하고 처리하는 능력 부족 · 대응 속도 저하 · 협력/지원 부족, 외로움	· 창업 결정을 연기하거나 연장하고, 관련 경험을 얻음으로써 체계적으로 틈을 메움 · 경험있는 조언자나 멘토를 구해 임시로라도 틈을 메움 · 상호 보완할 기업 파트너를 구하거나 업무 일부를 외부에 위탁 · 요구 조건이 발생하면, 지분을 이용해 틈을 메울 고용인과 투자자를 끌어모음 · 전개가 느리고 덜 복잡한 산업을 택해서 설립
창업팀 구성	· 인적 자본, 사회적 자본, 금융 자본의 틈을 메울 수 있음 · 정보를 수집하고 처리하는 능력 향상 · 빠른 대응률 · 자원/협력을 얻을 수 있음 · 더욱 즐거움(서로 성격이 잘 맞을 때)	· 지분 양보 · 의사 결정권 양보 · 커뮤니케이션, 조정, 동기문제	· 각각 새 공동 창업자의 한계효용을 신중하게 평가하고, 한계편익이 추가된 비용보다 많은 공동 창업자만 영입 · 팀 내에서 의사결정 과정을 주도적으로 전개 · '써보고 구매하세요', 즉, 기대되는 팀 구성원과 그들의 업무 스타일을 알아가는데 시간을 투자

출처 : 노암 와서먼(2013). "창업자의 딜레마". 에코리브르.

창업팀은 예비 창업단계에서부터 참여하는 개인들로 구성되어 있기 때문에 기업 설립 시점에 구성원 간 소셜미션 및 비전에 대한 공유와 더불어 다양한 이해관계(리더십, 의사결정구조, 동기부여, 소유권 지분율 등)와 창업의 리스크에 대한 공유가 매우 중요하다. 소셜벤처는 경제적 가치와 사회적 가치를 함께 추구하는 과정에서 좀 더 많은 리스크를 부담해야 하기 때문에 내부 구성원간의 '소셜미션'에 대한 합의와 공유가 그 무엇보다 더욱 중요하게 강조된다고 할 수 있다.

2) 팀 빌딩 정의 및 목적

Arnold Bateman은 '팀 빌딩(team building)' 이란, 하나의 팀이 서로 함께 일하는 과정을 배워가고 팀 구성원들이 조직에 좀 더 큰 공헌을 할 수 있도록 격려하고 가치를 부여하는 환경을 만들기 위해 들이는 노력이라고 하였다. 여기서 중요한 것은 팀이라는 것은 혼자 하는 것이 아니라 여럿이 함께 하는 것이고, 팀 멤버들의 가치를 인정하고 서로 격려하며, 결코 쉽지 않은 길을 걸어가야 하기 때문에 끊임없이 노력해야 한다는 것이다.

팀 빌딩의 목적은 리스크 관리, 한계 극복, 구성원 간 상호작용(상호협력 및 조직과의 일체감)을 통해 팀의 효과성을 높이는데 있다. 기업을 시작하는 것은 어려운 일이 아니지만, 살아남는 것은 쉽지 않고, 성장하는 것은 더더욱 그렇다. 기업 환경은 복잡하고 조건들은 까다롭고, 창업팀에 요구하는 내용도 크다. 최근의 기업 생태계는 굉장히 빠른 속도로 변하고 창업팀들은 태생적으로 많은 위험 요소를 가지고 있기 때문에 팀 빌딩은 창업팀들의 리스크 관리에 도움이 된다. 비바람 속에서도 방향을 잡아야 하고, 풍랑도 헤쳐나가야 하며, 나아갈 목표에 집중하여 창업팀이 가지고 있는 소셜미션을 달성하기 위해 하나처럼 잘 움직이는 팀은 필수적이라고 할 수 있다.

앞서 언급한 바와 같이 창업을 준비 중인 예비 창업 기업이나 이제 비즈니스를 갓 시작한 기업들은 고유 능력치에는 한계가 있고, 다양한 자원 활용의 접근은 제한되어 있다. 아무리 좋은 재능과 능력을 갖추고 있으며, 비전이 있는 창업팀이라 할지라도 여전히 약점과 한계가 존재한다. 그렇기 때문에 좋은 팀 빌딩에서 나오는 시너지 효과는 능력을 향상시키고 가능성을 넓혀 한계를 극복하여 자원 활용(네트워크) 범위를 확대하여 새로운 지평을 열어 나갈 수 있도록 도와준다. 또한, 창업팀은 필연적으로 어려움에 봉착하기 마련이다. 이제 사업을 갓 시작한 신생기업에게 예상되는 행보는 오르막과 내리막의 연속으로 이루어진 불안정한 여정이라고 할 수 있다. 이처럼 창업팀이 어려움을 겪을 때 일수록 팀 빌딩은 더욱 중요하게 작동한다고 할 수 있다. 팀원들은 상호간의 영향을 바탕으로 서로를 북돋아주며 팀 역량을 강화할 수 있다. 즉, 기업을 지속적으로 성장시킬 수 있는 원동력이 된다고 할 수 있다.

효과적인 팀을 구축하는 것은 성공적인 조직을 만드는데 필수적이다. 효과적인 팀은 분명한 목표를 가지고 있으며, 구성원들은 자신의 역할과 부여된 임무를 잘 이해하고, 아이디어를 서로 공개적으로 토의한다. 또한, 구성원들이 공동 작업을 할 때 필연적으로 발생하는 팀 내부의 갈등을 잘 관리하고 해결하는 신뢰의 문화가 있다. 효과적인 팀은 다음과 같은 구체적인 특징을 가지고 있다.

- ◆ 목표와 가치가 분명하다. 모든 구성원들은 목표와 가치를 이해하고 수용한다.
- ◆ 구성원들은 목표와 결과 지향적으로 행동한다.
- ◆ 구성원들은 자신의 업무를 이해하고, 자신의 역할이 팀 전체의 업무에 어떻게 기여하는지 이해한다.
- ◆ 서로 신뢰하고 지원하는 문화를 가지고 있다.
- ◆ 의사소통이 개방적으로 이루어진다. 구성원들은 팀과 조직의 목표를 위해 관련된 모든 정보를 기꺼이 공유하려고 한다.
- ◆ 구성원들은 의사결정에 참여할 수 있다. 그들은 영향력을 가진 사람이 원하는 결정이 아니라, 자세한 정보에 입각해서 자유롭게 결정을 내린다.
- ◆ 모든 사람들이 결정을 헌신적으로 실행한다.
- ◆ 리더는 다른 사람들을 지원해주며, 개인적으로도 높은 수행 기준을 설정한다.
- ◆ 의견 차이를 인정하며, 무시하거나 가볍게 다투지 않는다.
- ◆ 팀 구조와 절차는 과제, 목표 및 사람과 일관된다.

그림 9-1 창업팀이 필요한 이유

출처 : http://www.n-axis.in/abouts-team.php

3) 소셜벤처 팀 빌딩 프로세스

앞선 4장에서 소셜벤처의 창업 활동 과정에 대해 학습 하였다. 소셜벤처의 창업 활동 과정을 조금 더 자세하게 풀어서 설명하면 소셜벤처는 그림[9-2]와 같이 사회문제 결정, 사업 아이템화, 사업모델 수립, 마케팅 및 브랜딩, 사업 런칭, 런칭 후 피봇의 6단계를 거쳐 사업화가 진행된다고 할 수 있다.

그림 9-2 소셜벤처 창업화 6단계 프로세스

출처 : UNDERDOGS &Wisdom, 소셜벤처 가이드라인, 2015

소셜벤처의 팀 빌딩은 이와 같은 사업화 과정에서 왜 이 문제에 집중하며 어떤 문제를 해결하려고 하는지(what to do : 소셜미션), 어떤 방법으로 해결하려고 하는지(how to do : 비즈니스 모델), 누구와 함께 할 것인가(구성원), 어떻게 운영할 것인가(운영구조)에 대한 답을 만들어 가는 것이라고 할 수 있다. 그렇기 때문에 소셜벤처 팀 빌딩은 '결과가 아니라 과정'이라고 할 수 있으며, 기존의 창업팀이 '제품〉방법〉신념'의 수순을 밟아가는 것과 달리 소셜벤처는 '신념〉방법〉제품'의 접근 방식을 취하는 특징을 가지고 있다.

표 9-2 창업팀 인큐베이팅 프로세스별 주요 과제

사업화 과정	교육단계	초기단계	법인운영단계	사업화단계
주요 과제	· 사회적경제 생태계, 사회적 자본 이해 · 사회적경제 조직법인 설립 과정 이해 · 소셜미션, 비즈니스 모델 정의 및 점검 · 사업계획서 작성	· 팀진단(소셜미션 성격에 따른 조직형태, 팀빌딩) · 소셜미션 확립, 비즈니스 모델 수립 · 법인설립절차 및 방법	· 협업 프로젝트 과정 설계 · 시제품 개발 및 시연, 원가분석 · 홍보, 마케팅전략 · 인사, 노무, 세무회계 · 비전 수립 워크샵 (팀빌딩)	· 사업현황점검, 협업 프로젝트 평가 및 후속 계획 · 판로개척, 자원연계, 자금 확보 · 비전 수립 워크샵 (팀빌딩)

출처 : 신나는조합(2016). "사회적기업가 육성사업 지도 매뉴얼", 한국사회적기업진흥원

소셜벤처 팀 빌딩 프로세스 중, 소셜미션 및 비즈니스 모델에 대한 내용은 6장에서 자세하게 다뤄졌기 때문에 본 장에서는 팀 빌딩 과정에서 소셜미션 및 비즈니스 모델의 이슈 현황 발생 시 활용할 수 있는 대응 전략을 비롯하여 누구와 함께 할 것인가(구성원) 및 어떻게 운영할 것인가(운영구조)에 대한 부분을 자세하게 다루고자 한다.

9.2 어떤 문제를, 어떻게 해결할 것인가?

앞 장에서 언급한 바와 같이, 소셜미션을 한마디로 정리하면 '우리 기업이 존재하는 이유' 라고 할 수 있다. 그렇기 때문에 소셜미션에는 우리는 왜(Why) 이 일을 하는지, 우리는 어떤 문제(Problem)를 해결하려고 하는지, 그리고 이러한 일들을 통해서 어떤 가치(Value)를 창출하려고 하는지에 대한 답이 들어 있어야 한다. 출항 후에 갈 곳을 정하는 배가 없듯이, 정확한 목적지가 없다면 불어오는 어떤 바람도 순풍이 될 수 없다. 신생 창업팀이 걸어가야 하는 길은 평탄한 아스팔트가 깔려 있는 길이 아닌, 비바람과 풍랑을 헤쳐 나가야 하는 길이기 때문에 그 속에서 길(방향)을 잃지 않기 위해서는 가고자 하는 곳에 대한 정확한 목적, 즉 소셜미션을 확고하게 정립하는 것이 중요하다고 할 수 있다.

[표9-2]에서 보는 바와 같이 소셜미션은 창업팀의 사업화 전체 과정을 통해 끊임없이 점검하고 논의되어 지는데, 팀 빌딩 과정에서 '해결하고자 하는 사회적 문제 명확화', '창출하고자 하는 사회적 가치 구체화', '소셜미션과 비즈니스모델을 연계' 하는 과정에서 내부 구성원간 갈등과 이슈가 발생하게 된다. 각각의 이슈 현황과 발생 원인 및 그에 따른 대응 전략[14]을 살펴보고자 한다.

1) 해결하고자 하는 사회적 문제 명확화

관련사례 : ○○○팀은 설립 초기 소셜미션이 '사람과 사회가 소통하는 세상을 만들자' 는 상징적이며 포괄적인 단어 사용으로 실제 창업가의 문제 인식이 드러나지 않았음. 조사를 통해 사회적 문제 현황을 구체화하고, 내 · 외부 구성원과의 미션 워크샵을 통해 주목하는 사회적 문제를 구체화하여 이를 소셜미션에 반영함. 그 결과, '온라인에서 발생하는 사회적 문제를 커뮤니케이션 기술을 통해 해결한다' 로 수정함

해결하고자 하는 사회적 문제 명확화에서 발생하는 주요 이슈는 소셜미션에 담겨있는 키워드가 포괄적이고 창업팀이 실제 주목하고 있는 문제가 드러나지 않는 경우, 창업팀과 인터뷰를 해보면 실제 문제의 원인과 현황에 대해 잘 이해하고 있지 않아 막연한 경우와 문제는 정확히 인식하고 있으나 내부 구성원 및 외부 이해관계자들과 공유되지 못하고 있는 경우이다. 이러한 상

14) 신나는조합(2016). "사회적기업가 육성사업 지도 매뉴얼", 한국사회적기업진흥원

출처 : 신나는조합(2016). "사회적기업가 육성사업 지도 매뉴얼", 한국사회적기업진흥원

황이 발생 했을 때, 소셜미션을 구체화하는 과정은 다음의 2가지 경로를 취할 수 있다.

표 9-3 해결하고자 하는 사회적 문제 정확화 이슈 발생 시 소셜미션 구체화 방법

미션의 중요성 공감 + 문제 인식에 대한 정의	– 사업 초기 경영 진단 단계 · 미션의 중요성 공감 → 미션의 구성 요소에 대한 논의 진행 · 문제 인식에 대한 정의 요청 – 소셜벤처의 강력한 마케팅 수단인 명분 마케팅에 있어서 · 소셜미션의 전제가 되는 문제 인식이 고객의 구매 욕구를 불러 일으키는 가장 큰 출발임을 납득시킴 · 미디어 홍보에 있어서도 문제 인식과 솔루션이 중요한 도구임을 설득 · 문제 인식의 구체화 작업에 동의를 구하고, – 동의를 구했다면 · 문제 원인을 가장 핵심적으로 설명할 수 있는 통계와 정부, 시장, 시민사회의 문제 해결 과정을 찾아 문제 인식을 명확히 하고 · 창업팀 내면에 있는 창업 동기를 찾아 문제 원인 구체화
정부와 시장, 시민사회의 실패 원인이 무엇인지에 대한 조사 작업 실시	– 정부와 시장, 시민사회의 실패 원인이 무엇인지에 대한 심도 깊은 수준의 사례조사 작업 진행 – 소셜미션의 문제를 찾아가는 과정은 한편으로 사업의 기회를 찾는 과정이기 때문에 정부 부처, 출연 연구소 등 정부의 문제 해결과 실패의 원인을 찾아보고, 이 과정에서 문제의 근본에 다가가야 함

해결하고자 하는 사회적 문제를 명확히 하기 위해 사용할 수 있는 툴킷으로는 5-why 기법과 구체적 현황 조사 방법이 있다. 5-why 기법은 '왜' 라는 질문을 최소 '5번' 반복하는 것으로 문제의 현상을 보고 문제가 발생하게 된 근본적 원인을 찾아가기 위한 방법이라고 할 수 있다.

표 9-4 5-Why 질문 기법

창업팀의 창업동기 찾기	– 주목하는 사회적 문제를 개인적으로 '왜 주목하게 됐는지' 반복 질문 – 소셜벤처 창업가의 근본적인 사회적 문제 인식 계기 발견 – 소셜미션 명확화에 사용할 수 있는 키워드와 논리적 전개 추출
소셜미션 연계하여 문제 해결에 적용	– 그 사회적 문제가 일어나게 된 원인에 대해 '왜 문제가 발생했 는가' 라는 질문 반복 – 근본적 원인을 찾고, 이에 대응하는 방안을 찾아냄 – 찾아낸 사회적 문제의 원인의 이후 비즈니스 모델 개발에 연계

구체적 현황 조사 방법은 창업팀에게 유용한 정보 조사 경로를 소개함으로써 현황 조사를 지원하고, 유용한 정보 조사 경로 소개는 이후 시장조사에서도 유용하게 사용할 수 있기 때문에 잘 정리해 두는 것이 좋다.

표 9-5 구체적 현황 조사를 위한 유용한 사이트

[유용한 자료 조사 사이트]

① 정부 통계 집계 : 정부 및 지방자치단체 사이트, 국가통계 포털, 서울연구원

② 민간 통계 집계 : 삼성경제연구소, LG경제연구소, 한국경제연구원

③ 관련 논문 : 국회 도서관, RISS 학술연구 정보 서비스

④ 소셜벤처 및 사회적기업 자료 : 한국사회적기업진흥원, 사회적기업 중간지원조직

⑤ 기타 : 포털, 해외 대학 사이트 등

2) 창출하는 사회적 가치 구체화

관련사례 : ○○○팀은 실제 경영 현황을 분석한 결과, 전체 업무 수행 대비하여 약 50%가 넘는 사회적 가치 실현과 연관된 활동을 하고 있었지만, 실현해 내고 있는 가치를 명확하게 하지 않아 팀의 소셜미션 성과가 저평가 되어 소셜벤처로서 기업의 정체성에 대한 오해가 만들어지고 있음

창출하는 사회적 가치 구체화에서 발생하는 주요 이슈는 소셜미션을 통해 구체적으로 어떤 가치를 어느 정도로 실현할 것인가에 대한 내용이 명확하지 않은 경우와 주목하는 문제를 창업팀이 어떤 정도로 해결해 나갈지에 대한 상상력이 부족해 방향성 정도로만 정리되어 있는 경우이다. 상상력 부족은 팀의 장기 목표 설정을 명확하지 않게 하고, 사회적 가치가 모호해 결과적으로 소셜벤처가 실제로 실현하는 사회적 가치보다 더 낮은 사회적 가치를 실현하는 것으로 오해를 받게 된다. 이러한 상황이 발생 했을 때는 사회적 가치를 수립하기 이전에 창업팀이 해결하려고 하는 사회 문제가 10년 혹은 30년 이후에 해결되면 어떤 사회 변화가 기대되는지에 대한 상상을 구체화하는 작업을 통해 해결해 나갈 수 있다.

창출하는 사회적 가치를 구체화하기 위해 사용할 수 있는 툴킷으로는 소셜픽션(social fiction) 워크샵과 사회적 가치 실현 측정을 위한 매트릭스를 사용해 볼 수 있다. 소셜픽션이란 특정한 사회 이슈 또는 공간을 주제로 제약 조건없이 이상적인 미래를 그려보는 방법이다.

표 9-6 소셜픽션 워크샵 진행 목표

인식	주어진 문제에 대한 참여자의 정확한 이해와 공통적인 관점 확보
체화	주어진 문제를 다양한 각도로 바라보고, 문제 해결 방안을 상상하게 함으로 문제와 그 해결 방식을 체화하게 함
대안	문제에 대한 정확한 인식 위에서 자유로운 상상과 협동을 통해 실질적인 대안 탐색
참여	행사 자체가 아니라 추후 문제 자체를 해결하는데 참여의 시작점을 만듦
자료	행사를 통해 참가자들이 문제에 대해 생각하는 다양한 시작을 자료로 남김

사회적 가치 실현 측정 매트릭스는 앞서 이야기한 소셜픽션에서 그려진 상상력을 구체적인 실행 계획으로 옮기는 과정이라고 할 수 있다. 매트릭스를 통해 사회적 가치 달성의 성공 기준, 현실적 제약, 한계를 극복하기 위한 방법 등을 나열하는 것으로 향후 사회적 가치 성과 관리에도 사용할 수 있다. 사회적 가치 실현 측정 매트릭스를 작성하는 방법은 아래와 같다.

- ◆ 해결하는 사회적 문제를 중심으로 관점과 맥락을 상상력을 바탕으로 필요한 사회적 가치에 대한 목표 설정
- ◆ 이후, 기업 내부 제약 사항과 외부 제약 사항을 기술
- ◆ 실질적 목표 달성을 위해 필요한 극복 과제 구체화 및 이를 극복하기 위한 단계적 계획 수립
- ◆ 기존의 사회적 문제 해결 주체들이 창출하는 사회적 가치와 지속적으로 비교 실시

표 9-7 사회적 가치 실현 측정 매트릭스

1. 해결해야 할 사회적 문제
2. 관점 · 맥락 : 사회적 문제와 관련된 현황 기술
3. 성공기준(목표설정) : 창출하고자 하는 사회적 가치 구체적 기술
4. 내부 제약사항 : 사회적 가치 실현에 내부 제약사항 기술
5. 외부 제약사항 : 사회적 가치 실현에 외부 제약사항 기술
6. 내 · 외부 제약사항 극복 계획
7. 기존 사례에서 창출하는 사회적 가치 : 정부, 기업, 시민사회의 노력이 창출하는 사회적 가치 기술

3) 신규 사업 확장 : 소셜미션&비즈니스 모델 연계

관련사례 : ○○○팀은 초기 미션에서 IT 솔루션을 주요 사업 영역으로 삼았으나, 차츰 나무와 숲에 초점이 맞춰지면서 해결 대안이 반드시 IT 솔루션이라는 영역에 국한하는 것은 적절하지 않다는 판단을 한 이후에 소셜미션에서 IT 솔루션이라는 사업 영역을 제외함

소셜미션과 비즈니스 모델을 연계하는 과정에서 발생하는 주요 이슈는 초기 시제품 개발 이후 사업이 본격화되면서 곧바로 새로운 사업에 대한 아이디어와 외부 제안이 들어오는 상황에서, 시제품과 창업팀이 가지고 있는 역량을 기반으로 신규 사업에 대한 진출을 고민하게 되고, 신규 사업 추진 시 소셜미션과 모순되지 않는지 여부와 신규 사업 아이디어가 부족한 경우에는 어디에서 사업을 시작해야 하는지가 창업가에게는 가장 큰 고민이라고 할 수있다. 이러한 상황이 발생했을 때는 소셜미션 및 비즈니스 모델가 연계한 신규 사업 진출 영역을 명확히 하고, 창업팀이 가지고 있는 자원과 활동의 효과적인 운영을 위해 창업팀이 가지고 있는 핵심 역량에 대한 명확한 분석을 통해 발생한 문제를 해결해 나가야 한다. 소셜미션과 비즈니스 모델을 효과적

으로 연계하기 위해서 사용할 수 있는 툴킷으로는 창업팀이 가지고 있는 강점과 약점을 분석하는 도표를 활용해 볼 수 있다.

표 9-8 소셜벤처 창업팀 강점 및 약점 분석

구분	성과			중요도			구분	성과			중요도		
마케팅	상	중	하	상	중	하	14. 현금 흐름	상	중	하	상	중	하
1. 기업평판							15. 재무적 안정성						
2. 시장 점유율							제조						
3. 고객 만족							16. 시설						
4. 고객 유지							17. 규모의 경제						
5. 제품 품질							18. 생산 능력						
6. 서비스 품질							19. 능력있고 헌신적 노동력						
7. 가격 효율성							20. 적시 생산 능력						
8. 유통 효율성							21. 제조 기술						
9. 판촉 효율성							조직						
10. 영업 인력 효율성							22. 비전있는 리더쉽						
11. 혁신 효율성							23. 헌신적 직원들						
12. 지리적 범위							24. 기업가 성향						
재무							25. 유연성 혹은 대응성						
13. 자본 비용(자본 가용성)													

9.3 누구와 함께 할 것인가?

1) 구성원 선정 시 사전 고려사항

앞서 창업팀에 대한 정의를 내리면서, 창업 초기에는 1인 창업도 가능하지만 어느 정도 규모가 되었을 때 창업팀 구성은 창업에서 빼 놓을 수 없는 요소라고 이야기 하였다. 창업팀은 기업의 성장에 따라 필수적인 요소가 된다. 그렇기 때문에 창업을 위해 가장 중요한 요소 중의 하나는 '누구와 함께 할 것인가' 이다. 공동 창업자가 있을 경우, 어려움을 함께 헤쳐 나가며, 또한 직원보다 더 열심히 헌신하고 자본이 부족할 경우에도 보상 없이 함께 버텨줄 수 있는 든든한 지원자가 된다. 창업팀을 구성하면 이처럼 초기에 투입되는 여러 비용을 절감하고, 부족한 자원을 끌어올 수 있는 계기가 되기도 하지만 결속력과 지속성이 없으면 오히려 역효과가 날 수 있기 때문에 신중하게 판단하고 선택해야 한다.

초기에 창업팀을 구성할 때 대부분의 창업팀들은 아이디어 개발과 사업화를 위해 필요한 역량을 고려하여 팀이 구성되기 보다는 친구나 친 · 인척, 이전 직장 동료 등과 같이 기존에 알고 지냈던 관계로부터 구성되는 경우가 많다. 하지만 소셜벤처는 창업자를 비롯한 핵심 인력들, 즉 인적 자원이 성공과 실패를 가름하는 핵심 요인이 되기 때문에 구성원들이 각자의 기능과 역량을 최대한 끌어내고 상호 보완할 수 있도록 구성 되어야 한다.

소셜벤처가 포함되어 있는 사회적 경제 분야는 섹터 간 통합과 융합, 협동을 필요로 하고 있으며, 구성원들은 1섹터(기업), 2섹터(정부) 및 3섹터(기업 및 공공기관이 아닌 비영리단체)에서 요구되는 역량이 통합적으로 요구되기 때문에 소셜미션에 대한 열정이 넘쳐야 하고, 끊임없는 혁신적 마인드와 실행력을 갖춰야 한다. 섹터간 통합을 위해 섹터를 넘나드는 소통 역량이 필요하고, 고객과 수혜자 및 내부 구성원을 동시에 고려할 수 있는 감각이 있어야 한다. '누구와 함께 할 것인가' 를 결정하기 위해서는 동기부여 정도, 창업팀의 규모는 어느 정도로 할 것인지 및 창업팀에 필요한 핵심 역량은 무엇인지에 대한 선행적인 검토가 이뤄져야 한다.

읽어 보기

'창업-성장-매각' 경험자들이 **렌터카 스타트업으로 간 이유**

렌터카는 일견 대기업이 장악한 분야로 보이지만 시장 절반 가까이는 수백여 중소규모 업체가 각자도생하고 있다. 문제는 이 기업들의 사업 방식이 과거의 방식을 답습하고 있다는 것이다. 사회의 막힌 영역은 구성원에게 답답한 부분이지만 스타트업에게는 기회다. 그리고 그 기회는 아침처럼 오는 게 아니고 누군가가 여는 것이다.

O2O 스타트업 '팀오투'가 서비스 중인 '카모아'는 렌트카 공급자와 소비자에게 주도권과 선택권을 주는 동시에 정보 불균형 문제를 해결하기 위해 등장한 O2O 서비스이자 플랫폼이다.

박영욱 팀오투 이사는 "국내서 영업이 잘 되고 있는 렌터카 업체만 700여 개 정도가 된다. 그중 절반은 대기업 서비스가 장악하고 있지만 2~300대 정도의 차량을 운영하는 중간 규모 업체가 30%가량 된다. 지방으로 가면 지역 렌터카 산업을 주도하는 업체가 한두개는 있다. 그런 렌터카 업체는 현실에 안주하지 않고 대기업과 당당히 겨루고 싶어 하지만 방법을 찾지 못하고 있다. 우린 그들이 경쟁하는데 부족한 것을 채우는 역할을 한다."고 서비스 취지를 설명한다.

카모아의 사용자 인터페이스(UI) · 사용자 경험(UX)은 따로 설명을 들을 필요 없이 쉽게 이해가 된다. 모바일에서 가격을 비교하고 바로 예약할 수 있다. 별도 전화 확인도 필요없고 24시간 즉시 이용이 가능하다. 차량은 지역 렌터카 업체와 제휴를 통해 공급자가 직접 직판 형태로 올린다. 소비자는 이용 지역 설정과 가격 비교를 통해 본인에게 맞는 차량을 선택하고 예약하면 된다. 카모아의 사업은 성장세를 이어가고 있다. 출시 만 1년이 되는 이달 전국 56개 렌터카 회사, 3,500여 대의 렌터카 차량이 입점해 있다. 최근에는 내륙과 렌터카 시장을 양분하고 있는 제주지역에 진출하며 매출에 날개를 달았다. 지속적인 성장세에 힘입어 최근에는 하루 매출이 전달 월 매출을 넘어서는 상황이다.

팀오투는 팀구성도 흥미롭다. 창업자로 나선지 22년 차인 홍성주 대표(전 온네트 대표, 펄어비스 감사)를 비롯해 웹 2.0시대에 창업(전 블로그칵테일 대표)해 두 번의 인수합병과 벤처캐피털을 거친 박영욱 이사, 그리고 두 스타트업(엑스피, 비씨엔엑스)의 공동 창업자인 윤현식 팀장까지 창업-성장-매각 등 사이클을 경험한 구성원이 세 명이나 포진해 있다.

실질적으로 카모아 사업을 이끌고 있는 박영욱 이사와 윤현식 팀장의 팀오투 합류 과정은 재미있다. 블록체인 사업을 구상하던 박 이사는 홍 대표의 비전에 공감해 팀 합류를 결정한 뒤 산업을 몸으로 이해하기 위해 렌터카 업체에서 아르바이트를 했다. 세차를 비롯해 차량 배차, 회수, 정비, 정산 등 하루 12시간 근무를 하며 업무를 이해한 다음에 정식으로 함께했다. 차를 좋아하는 윤현식 팀장은 팀오투 팀원 소개를 부탁받아 찾던 중 팀오투 차량 공유 사업의 가치가 본인과 맞는다 여겨 스스로 이 사업에 뛰어들었다. 두 사람은 비씨엔엑스, 옐로스토리에서 손발을 맞춰본 사이다.

출처: 플랫텀(2018.4.9.) '창업-성장-매각' 경험자들이 렌터카 스타트업으로 간 이유'

(1) 동기부여(motivation)

조직이 목적을 효율적으로 달성하고 높은 성과를 내기 위해서는 그 구성원이 지적 · 기술적 능력이 우수하고 구성원에게 적극적이고 자발적인 직무 수행 욕구가 있어야 하며, 보다 근본적으로는 그러한 욕구를 행동으로 옮기도록 하는 동기부여가 있어야 한다. 조직에서 동기부여란, 조직 구성원들이 조직의 목표 달성과 조직에서 자아실현을 위한 행동을 개발 혹은 유도하고, 그것이 바람직한 힘을 가지고 일정한 방향으로 나아가도록 유도하는 것이라고 할 수 있다.

자본, 인력, 네트워크 등의 자원을 조달함에 있어 어려움을 가지고 있는 소셜벤처에게 '사람'은 전부라고 할 수 있다. 모든 조직이 그렇지만, 소셜벤처의 성과는 특히 사람에게 크게 의존한다. 따라서 좋은 파트너와 구성원을 창의적으로 선발하고, 합리적으로 관리하는 과정은 소셜벤처의 차별성을 만들어 갈 수 있는 중요한 요인이 된다.

좋은 파트너와 구성원을 확보하려면 소셜벤처 창업팀이 가지고 있는 '소셜미션'이 명쾌하고 명확해야 한다. 그래서 소셜벤처에 관심을 갖는 사람들에게 소셜미션의 가치와 분명한 비전, 이를 통해 예상되는 사회적 영향력(social impact)을 제시할 수 있어야 하며, 이러한 소셜미션에 직원 개인이 어떻게 기여할 수 있는지에 대한 제안이 매력적이어야 한다. 소셜미션에서 동기부여를 받지 못하는 구성원과 파트너는 아무리 유능해도, 소셜벤처에는 적합하지 않다. 역량은 항상 필요하지만 소셜미션에 유인되는 분명한 동기부여가 없으면 역량은 제대로 발휘되지 못하기 때문이다.

(2) 창업팀의 규모

'사공이 많으면 배가 산으로 간다'는 우리 속담이 있는 반면, '일손이 많으면 일이 가벼워진다'는 외국 속담도 있다. 어떤 일을 수행함에 있어 인력의 수가 많고 적음에 따라 결과가 천차만별로 달라질 수도 있다는 말이다. 이를 창업팀 구성에 적용해 보면, '팀의 인원을 몇 명으로 구성할 것인가? 또는, 새로운 구성원이 필요하다면 몇 명을 더 추가적으로 충원해야 할 것인가?'에 대한 답변은 창업 기업의 성과와 관련하여 주요하게 고려해야 할 사항이다.

창업팀 규모의 적정선에 대한 의견들은 다양하지만, 창업 기업의 특성상 조직과 창업팀의 구성원은 간단할수록 좋다는 의견이 주도적이다. 특히, 일반적으로 4명 이상의 구성원으로 이루어진 창업팀은 실질적으로 그 규모가 크다고 여겨지기도 한다[15].

실제로 국내 소셜벤처들의 초기 창업팀 구성을 살펴보면 3명~5명 사이로 시작하는 경우가 대

15) 김진수, 이창영(2014). "기업가정신과 창업론". 문영사.

부분이며, '더 유니콘 클럽' 기업들의 창업팀 규모도 평균 3명으로 나타나고 있다. 창업팀의 규모가 클 경우, 구성원 간 커뮤니케이션 문제가 야기되거나 갈등이 일어날 가능성이 증가하기 때문에 업무 처리 속도가 지연되는 상황에 처할 수도 있다. 또한, 시장과 기술의 변화가 빠른 외부 환경에 속해 있는 창업 기업은 팀의 규모가 비대해 질수록 외부 환경 변화에 빠르게 대응하기 어려워진다.

그러나 창업팀의 규모는 해당 산업의 특성뿐만 아니라 구성원이 보유하고 있는 핵심 역량이 비즈니스 모델 개발과 사업화에 필요한 자원을 충분히 충족시킬 수 있는가의 여부 등 다양한 상황의 특정 요인에 따라 달라질 필요가 있다. 따라서 보편타당한 창업팀의 최적 규모는 정해져 있지 않지만 팀의 규모에 따라 성과에 영향을 미치는 상황적 요인들에 대해 세부적으로 파악해 둘 필요가 있다.

표 9-9 팀 규모별 성과 영향요인

팀의 규모가 클 때, 팀 성과를 향상시키는 요인	팀의 규모가 클 때, 팀 성과를 감소시키는 요인
– 더 많은 개인들이 보유하고 있는 기능별 노하우를 전략적 의사결정과 과업 수행에 활용 – 다양한 기술과 경험을 가진 개인들이 모여 예상치 못한 상황에 대해 발 빠른 대응이 가능 – 외부 자원(투자자본, 전문 기술 지식, 경영 노하우, 고객 관계 등)의 접근이 용이하고 효율적 활용이 가능 – 구성원 상호간의 사기 제고 – 작업량 증가로 인한 비용 지출 감소	– 커뮤니케이션 및 협력 비용의 증가 – 전략적 의사결정을 내릴 때, 구성원 간 갈등 발생 가능성 증가 – 동조 압력과 집단 사고 가능성 – 팀 내에 통제가 어려운 프리 라이더(무임승차자)가 발생하여 사회적 태만이나 익명성 증가 – 구성원 각자의 소유 지분율을 명확하게 확정해 놓지 않은 경우, 소유권에 따른 인센티브 감소

출처 : 김진수, 이창영(2014). "기업가정신과 창업론". 문영사.

(3) 창업팀의 핵심 역량

창업 기업의 초기 창립 멤버들은 비즈니스 컨셉을 만들어 나가는 중요한 역할을 한다. 즉, 구상된 비즈니스 계획을 잘 수행해 나갈 수 있는 핵심 인력이 있지 않으면 순조로운 출발이 어려워진다. 창업팀을 어떻게 구성하는가는 잠재적인 투자자, 비즈니스 파트너, 고객들에게 기업을 알리는 중요한 신호가 된다. 창업 기업은 현재 보유한 자산이나 매출 성과 보다는 잠재력, 즉 성장 가능성에 기초하여 평가를 받기 때문에 신생기업으로서 보유할 수 있는 가장 핵심적인 자원은 창업팀 구성원의 역량으로 여겨진다. 그렇기 때문에 창업팀을 구성할 때는 창업팀의 규모와 더불어 신생기업으로서 부족한 자원을 보완할 수 있는 구성원의 핵심 역량을 고려하여 선발하는 것이 매우 중요하다[16].

창업팀 구성원의 핵심 역량은 '적격성'과 '적합성'으로 구분할 수 있으며, 각 영역별 주요 요인들은 [표9-10]와 같다.

표 9-10 창업팀의 핵심 역량

적격성(Eligibility)	적합성(Suitability)
-관련 자격증 및 경력 -전문 기술, 지식 -특정 스킬의 보유 -창업 경험 -네트워크 -자본투자 기여도	-공유된 소셜미션, 비전, 목표, 가치, 신념 -팀 구성원과의 개인적 적합성 -상호 신뢰 -융통성 -학습 및 적응 능력 -리더쉽

출처 : 김진수, 이창영(2014). "기업가정신과 창업론". 문영사.

구성원의 '적격성'은 창업 아이디어와 비즈니스 모델 개발에 필요한 전문적인 능력으로, 전문지식과 기술, 경험, 자본 등의 적격성 역량은 서로 다른 구성원이 다양하게 보유할 수 있기 때문에 개개인의 부족한 역량을 팀 구성원들이 서로 보완할 수 있도록 해야 한다. 그러나 서로 다른 배경을 가진 개인들이 한 조직 내에 있다 보면 업무 방식, 위험감수 성향, 비즈니스에 대한 열정, 경영 방식, 창업 아이디어 등에서 차이가 발생할 수밖에 없다. 이러한 차이는 비즈니스의 방향성을 형성해 가는 과정에서 구성원 간 의견차와 그에 따른 팀 내 부정적 갈등을 발생시킬 수 있다.

이런 경우에는 팀 구성원들 사이의 개인적인 '적합성', 즉 융통성, 학습과 변화에 대한 빠른 적응력 등과 같은 요인들이 팀의 조화에 중요한 기능을 하게 된다. 또한, 구성원 서로가 신뢰를 갖고 있고 소셜미션, 비전, 목표, 가치와 신념을 공유하고 있다면 창업팀의 결속력과 지속성은 더욱 증가하게 된다. 아이템이 특출하지 않은데도 불구하고 우수한 팀이 성공으로 이끈 사례는 많이 있지만 좋지 않은 팀이 정말 좋은 아이템을 가지고 있다고 해서 성공한 사례는 찾아보기 어렵다.

엔젤투자자나 엑셀러레이터의 입장에서 투자 판단의 기준으로 창업팀의 구성 여부 다음으로 중요하게 고려하는 것은 창업팀의 자질 또는 특성이다. '누구와 함께 할 것인가'와 관련된 동기부여, 창업팀의 규모 및 핵심 역량에 대한 검토가 이뤄졌다면, 다음으로는 어떤 분야의 사람들을 선발할 것인가, 구체적으로 어떤 일을 맡길 것인가, 어떻게 선발할 것인가에 대한 내용을 결정하여야 한다.

16) 김진수, 이창영(2014). "기업가정신과 창업론". 문영사.

2) 어떤 분야의 사람을 뽑을 것인가?

소셜벤처 창업가가 사업 기회를 포착하고, 사업 타당성 분석까지 마쳤다면 해당 사업 분야에 필요한 인력을 파악할 수 있다. 사업 분야에 필요한 인력을 결정하는 방법 중 하나는 사업 진행의 밸류 체인(value chain, 가치를 만들어 내는 과정), 즉 연구개발에서부터 제조, 유통, 판매, 사후 서비스에 이르는 전 과정에서 필요한 인력을 살펴보는 것이다.

그림 9-3 소셜벤처 '웰니스인텔리전스' 비즈니스모델 개요

사회서비스 모델 개요

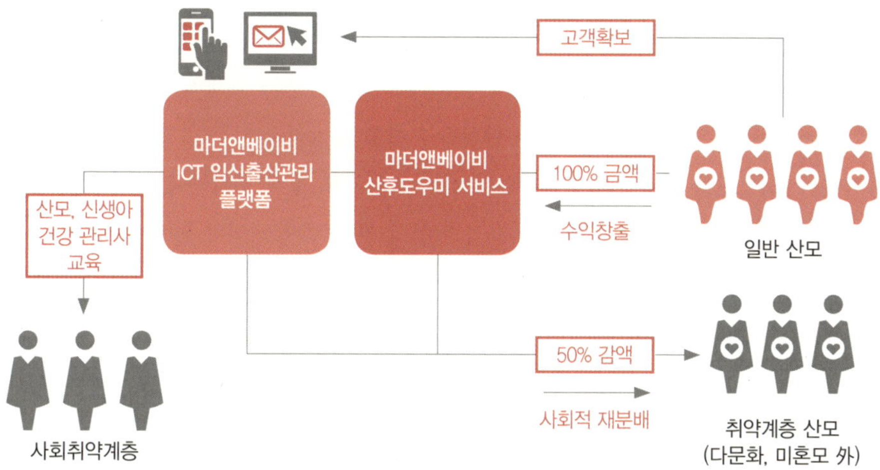

1. **취약계층에 대한 산후관리 서비스 및 출산물품 제공**
   - 동일한 서비스 및 물품을 저렴한 가격에 공급
   - 부족한 금액은 회사에 지급 함(바우처 포함)
2. **사회취약계층 직업교육 및 일자리 제공**
   - 중 · 장년 여성(40시간 정규교육 및 실습기회 제공)

실례로, [그림 9-3]에서 보는 바와 같이 소셜벤처 '웰니스인텔리전스'에서는 사회 취약계층 산모를 위한 임신 · 출산 관리 서비스를 제공하는 플랫폼과 앱을 개발하고, 신생아 및 유아에게 필요한 물품을 유통하는 사업을 준비하여 진행하고 있다.

이 때 사업 분야에 필요한 인력은 [표 9-11]과 같이 연구개발 단계의 플랫폼 및 앱 기획자와 제조 단계의 플랫폼 및 앱 개발자, 디자이너, 그리고 유통, 판매, 사후관리 서비스 단계의 마케팅 전문가와 재무 전문가가 될 수 있다.

표 9-11 팀 빌딩 계획 사례 : 소셜벤처 '웰니스인텔리전스'

과정	필요 인력	팀 빌딩 계획(자체 또는 외부)
연구 개발 단계	플랫폼, 앱 기획자	창업자 직접 기획(자체)
제조단계	프로그래머, 디자이너	프로그래머(자체), 디자이너(자체)
유통단계	유통, 마케팅, 재무 전문가	유통 전문가(외부)
판매단계		마케팅 전문가(자체, 외부)
사후 서비스 단계		재무 전문가(자체, 외부)

3) 어떤 일을 맡길 것인가?

다음으로는 어떤 일을 맡길 것인가 하는 직무설계다. 이 결정은 '어떤 분야의 사람을 뽑을 것인가' 와 동시에 이루어진다. 창업가가 잘 알지 못하는 분야의 직무설계에 대해서는 창업팀의 구성원 선발 과정을 마친 후 해당 구성원이 작성하는 작업 설명서가 직무 설계가 될 수 있다. 창업 초창기에는 모든 일을 창업가가 진행하여야 하나 창업가도 알지 못하는 분야의 직무에 대한 설계는 결국 해당 구성원이 작성한 자료가 창업 기업의 첫 직무 설계서가 될 수밖에 없다. 따라서 창업 초기에 창업 팀원을 구성한 이후에는 해당 팀원들에게 작업 설명서를 작업 매뉴얼 수준으로 작성하도록 독려하는 것이 필요하다.

이렇게 작성된 작업 설명서는 갑작스런 직원의 퇴사 등에 대처할 수 있는 좋은 사전 예방책이 될 수도 있다. 작업 설명서를 작성할 때는 월별 업무, 주별 업무, 일별 업무, 업무별 작업 매뉴얼이 포함되도록 해야 한다.

읽어 보기

채용에도 전략이 필요하다

창업자들은 채용이 얼마나 어려운 일인지를 모르고 이를 과소평가하는 경우가 빈번하다. 대게 좋은 아이디어만 있다면 많은 사람들이 지원할 것이라고 생각한다. 그러나 창업자가 원하는 전문가 수준의 직원을 채용하는 것은 쉬운 일이 아니다. 이들은 다양한 기업에서 이미 수많은 러브콜을 받기 때문에 채용에 있어 상당한 노력과 시간이 소요된다.
창업자가 하고 있는 일이 가치 있고 사업성 있다고 이들에게 설득하는 것은 정말 어려운 일이다. 그렇기 때문에 우선 제품과 서비스를 잘 갖춰야 한다. 유능한 인재들은 비전 있고 성장성이 있는 기업에 함께 올라타야 한다는 것을 잘 알고 있기 때문이다.
창업자에게 채용의 시점이 다가온다면 제품 개발에 투자하는 시간만큼 채용에도 많은 노력을 기울여야 한다. 만약 채용에 소홀하고 실력이 기대 수준 이하인 사람을 채용한다면 나중에 후회할 가능성이 크다. 또한 창업 초기에 실력이 보통 수준 이하인 팀원이 들어온다면 기업의 성장을 망치게 할 수도 있다.

그럼 스타트업이 채용 시 중점으로 판단해야 하는 것은 무엇인가?
첫 째, 전문가 수준의 자질이다. 스타트업은 대기업 직원과 달리 현장에 바로 투입되어 제품, 서비스 개발 업무를 수행할 수 있는 팀원이 필요하다. 또한, 스타트업은 직원 교육에 투자할 만큼의 자원과 시간의 여력이 없다. 그렇기 때문에 이미 자질을 충분히 검증된 사람이어야만 스타트업의 빠른 성장 견인이 가능하다. 둘째, 일의 완성도이다. 스타트업은 대개 시간과의 싸움이다. 아무리 좋은 제품과 서비스라도 빠른 시일 내에 시장에 내놓지 못하면 경쟁업체의 추격을 당하게 된다. 정해진 시일 내 일을 제대로 마무리하는 것이 매우 중요하다. 열정과 허슬(HUSTLE)은 스타트업의 핵심적인 부분이다.
셋째, 함께 시간을 보내는 것이 즐거운 사람이다. 스타트업은 퇴근 시간을 정해놓지 않고 하루에 거의 대부분을 사무실에서 보내는 경우가 다반사이다. 자질이 아무리 뛰어나도 팀원과의 관계가 원만하지 못한 사람이 있다면 분위기가 삭막해지고 팀워크에 분열이 일어나 제대로 된 제품을 개발하기 어려워질 수 있다. 최악의 상황으로 팀이 해체되기도 한다. 그렇기 때문에 반드시 함께 있을 때 즐거운 사람을 채용해야 한다. 넷쩨, 커뮤니케이션 능력이다. 스타트업은 고객의 요구와 시장의 변화에 따라 피드백을 수용하고 유연한 피봇(Pivot) 능력을 필요로 한다. 만약 채용한 직원이 대화하기 어렵고 의사소통이 힘들다면 이는 심각한 문제가 될 수 있다. 이외에도 믿을 만한 사람에게 추천을 받는다든지, 도전을 즐기는 성향 등도 채용의 기준이 될 수 있다.
스타트업은 채용을 얼마나 잘하느냐에 따라 생존에 많은 영향을 미친다. 이는 스타트업이 전문 기술을 필요로 하고 빠른 시장 변화에 대처가 가능해야 하는 특성을 반영하기 때문이다.

출처 : 브런치(2017.5.9), "스타트업 생존"(https://brunch.co.kr/@maru7091/2)

4) 어떻게 선발할 것인가?

공동 창업자 및 구성원을 확보하는 경로에는 여러 가지가 있다. 각종 창업 관련 교육, 포럼, 세미나 등에 참가하여 창업 아이디어를 소개하고 함께 할 구성원을 모집하는 것도 하나의 방법이다.

실제 창업 현장에서 초기 창업팀을 구성할 때는 주변의 소개, 또는 네트워크를 활용하여 선발하는 것이 더 효과적일 수 있다. 특히, 개발자나 디자이너 등 특별한 기능이나 기술이 필요한 분야의 사람을 선발할 때는 창업 초기의 열악한 급여 조건과 복리후생을 이해하고 함께 기업을 만들어 나갈 수 있는 신뢰와 추진력 및 지구력을 갖춘 '의리형' 인재를 찾아야 하기 때문이다.

또한, 네트워크는 팀원 구성뿐만 아니라 추후에 효과적인 정보나 자원에 접근을 쉽게 하며 기술개발, 비용절감, 시장 확대 등과 같은 기업의 전략적 목적 달성에도 도움이 된다. 최근에는 소셜벤처 및 사회적기업을 준비하고 있는 예비창업가를 위한 다양한 교육, 세미나 및 포럼 등이 개최되고 있으며, 실제 소셜벤처 창업을 지원하기 위한 '소셜벤처경연대회', '사회적기업가 육성사업', '아시아소셜벤처경진대회' 등에 매년 수 천개의 창업팀이 지원하고 있으며, 사회적기업 및 협동조합 주간 행사 등이 진행되고 있기 때문에 이러한 사업이나 프로그램에 대한 참여를 통해서 필요한 구성원을 확보해 나갈 수 있다.

읽어 보기

스타트업 채용 팁,
심사의 형식이 아닌 채용에도 전략이 필요하다

기업마다 차이가 나는 것은 블라인드 심사, 필드 실무면접, 호프 면접, PT면접 같은 심사의 형식이 아닌 심사의 본질에 있다. 첫 번째는 면접관 교육이다. 대부분의 스타트업은 심사를 하기보다 심사를 받는 것에 익숙하다. 하지만 채용에 있어서는 철저하게 심사자가 되어야 한다. 스타트업은 채용 경험이 부족하다 보니 면접관마다 스타일이 다르고 심사할 때 중요하게 보는 포인트도 달라진다. 이런 상황을 해결하지 않으면 안 된다.

많은 기업들이 채용에 들어가기에 앞서 '면접관 교육'을 실시한다. 외부 전문 교육기관에 의뢰하기도 하고, 교육 부서가 따로 회사 내에 있는 경우에는 자체적으로 해결하기도 한다. 이 교육에서는 회사의 비전, 가치관, 인재상에 대한 심층적인 논의가 이루어지면서 구체적인 인재상을 그려낸다. 면접관 교육을 토대로 어떤 인재를 뽑을 것인지에 대해 공통적인 합의를 보지 않으면, 면접관에 따라 같은 지원자가 다른 평가를 받게 되는 불상사가 발생한다. 두 번째는 채용공고의 기술이다. 채용 공고에 실무적인 자격요건에 대해서는 최대한 구체화할 필요가 있다. 실무 자격 요건이 구체적일수록 조건에 맞는 지원자가 많이 지원하게 되며, 그만큼 지원자의 허수가 줄어들어 진짜 필요한 인재를 대상으로 깊이 있게 심사를 진행할 수 있다. 반면에 인재상에 대해서는 너무 많은 정보를 주지 않는 것을 추천한다. 어느 정도의 가이드라인은 주어야겠지만, 너무 구체적인 인재상을 제시할 경우 지원자가 이를 '준비'하고 오기 때문이다. 마지막으로 채용 진행자의 노련함이 필요하다. 대부분의 지원자는 긴장 상태로 면접장에 온다. 긴장을 이겨내고 자신의 본 실력을 발휘할 수 있는 것도 능력이라고 할 수 있지만, 사회 초년생 지원자들에게는 쉽지 않은 부분일 수 있다. 그리고 그 긴장감을 극복하지 못해 진짜 뛰어난 인재가 뽑히지 않는다면 그건 회사로서도 뼈아픈 손실이 될 수밖에 없다. 지원자가 긴장해서 충분히 자신의 이야기를 전달하지 못했다는 생각이 든다면, 친근한 멘트 한 마디와 함께 다시 이야기 할 기회를 주는 것이 좋다. 아니면 다른 추가적인 질문이나 우회적인 질문을 던짐으로써 지원자의 이야기를 충분히 더 끌어낼 수도 있다. 결국 면접관 또한 지원자의 '진짜' 모습을 보아야 제대로 된 평가를 할 수 있다.

출처 : 브런치(2018.6.26.), '스타트업을 위한 소소한 채용 팁' (https://brunch.co.kr/@kylelee/134)

어떤 경로로 구성원을 선발하더라도 선발 대상자에 대해 공식적 · 비공식적 면접을 보게 되는데, 짧은 시간 내에 구두 질문을 통해 면접 대상자의 본 모습을 알고자 노력할 것이다. 예나 지금이나 사람을 채용하는 것은 매우 어려운 일이다. 더군다나 짧은 대화를 통해 상대방의 속마음과 생활 태도, 무엇보다도 창업 기업을 위해 혼신을 다할 것인지를 파악하기란 더더욱 어렵다. 짧은 면접 시간 내에 인재를 알아보기 위해서는 준비된 면접 질문서가 필요하다. 면접 대상자에게 '장점과 단점'에 대한 질문을 던져 봄으로써 과연 단점을 어떻게 이야기 하는지 자세히 살펴볼 수 있고, '향후 5년 후 자신의 모습'에 대해 질문함으로써 어떤 목표와 꿈을 가지고 있는지 등을 알 수 있다.

9.4 어떻게 운영 할 것인가?

소셜벤처를 비롯한 사회적기업, 협동조합 등의 사회적 경제 조직들이 운영되는 원칙을 살펴보면 궁극적 목적이 이윤 추구가 아닌 구성원과 지역사회에 대한 봉사, 운영(경영)의 자율성, 구성원에 의한 민주적 통제, 잉여(수익) 배분에 있어 사람과 사회적 목적이 자본에 우선한다는 운영 원칙을 가지고 있다.

표 9-12 일반기업과 소셜벤처 주요 특징 비교

과정	일반기업	소셜벤처 및 사회적기업
목적	이윤 추구	사회적 목적(공익) 추구
참가자격	제한적	개방적
지위	소유주 대 피고용자	동업자이며 피고용자
대표권	피고용자 없음	민주적 절차 운영
결정구조	권위적 위계제	쌍방향 의사결정
성과배분	불균형 배분	균형 배분
책임	피고용자는 낮음	모두 높음
참여도	낮음	높음

이와 같은 내용을 기준으로 사회적 경제에 대한 정의를 내려 보면, '사회적 경제는 호혜, 연대성과 민주적 의사결정을 기본원칙으로 하면서 공동의 사회적 욕구를 가진 이해관계자들이 사회적 가치를 실현하기 위해 자발적으로 참여하여 화폐적, 비화폐적 자원을 생산, 교환, 분배, 소비하는 경제 활동' 이라고 할 수 있다. 그렇기 때문에 소셜벤처 창업팀의 운영 방식은 사회적 경제 조직들이 가지고 있는 공통의 운영 원칙을 고려하여 논의되고 수립되어야 한다.

1) 협력적 리더십(Collaborative Leadership)

리더십(leadership)이란 간단히 말하면 조직이나 집단의 과업과 목표의 달성을 위해 어떤 행위자가 그 구성원들에게 영향을 미치는 행동 · 능력 및 과정이라고 할 수 있다. 리더십의 본질은 '영향력' 이며 관리하는 것은 리더가 아니라고 할 수 있다. 리더십은 사람들로 하여금 따라오게

하는 것이고, 관리는 기존의 시스템과 프로세스를 유지하는데 중점을 두는 것이다.

그림 9-4 Leader와 Boss의 차이

리더가 된다는 것은 팀과 조직에 긍정적인 영향력을 주는 사람이 된다는 것이다. 그런 의미에서 협력적인 리더라면 팀과 조직이 협력을 통해서 긍정적이고 새로운 변화를 이끌어 낼 수 있도록 하는 사람이라고 할 수 있을 것이다.

표 9-13 관리자와 리더의 특성 차이

관리자		리더	
– 행정가	– 복사본(copy)	– 혁신자	– 원본(original)
– 현상 유지	– 시스템과 구조에 역점	– 발전	– 사람에 역점
– 통제 의존	– 단기적 시각	– 신뢰의 고취	– 장기적 전망
– 질문 : 언제, 어떻게	– 눈앞의 현실에 급급	– 질문 : 무엇을, 왜	– 지평선 먼 곳에 시선을 둠
– 모방, 현상을 수용	– 일을 올바로 함	– 창조, 현상에 도전	– 올바른 일을 함

출처 : 윤재풍, '조직론', 2014.

협력적 리더십에서 가장 중요한 것 중 하나는 '듣는 힘'에 관한 것이다. 말하는 능력이 아니라 들어주는 능력, 그로 인해서 구성원들이 자유롭게 이야기 할 수 있고 이를 통해 조직이 리더의 생각으로만 운영되는 것이 아니라 구성원들의 다양한 참여와 의사결정을 통해 더 나은 대안이 창출될 수 있고 나아가서 새로운 변화를 만들어 낼 수 있다. 협력적 리더십의 듣는 힘에서는 선입견과 편견 없이 정답을 가정하지 않고 구성원의 의견을 호기심 있게 집중하고 진정성 있게 경청하는 것이 중요하다. 협력적 리더가 가지는 영향력은 정보나 지식, 권력이 아니라 잘 들어주는 힘을 통해 구성원들이 다양한 의견과 아이디어를 통해 창의적으로 일할 수 있도록 지원하고 지지하며 자발적인 참여와 의사결정을 이끌어 내는 것이다.

또한, 협력적 리더십은 서로간의 능력이나 지향의 차이를 인정하고 이들을 서로 협력하게 함으로써 책임감을 높일 수 있다. 협력하는 문화 속에서 구성원들은 다른 구성원의 업무를 개선하기 위해 노력을 지원하고 문제의 해결과 그들의 결정을 수용함에 있어 책임성을 가질 수 있다. 또한, 협력의 문화 속에서는 구성원들이 다른 사람의 아이디어를 받아들여 새로운 시너지를 창출하고 함께 정한 조직의 목표가 성취될 수 있도록 할 수 있다. 반면, 상명하달식의 문화를 가지고 있는 조직에서는 어떤 상태를 개선하기 위한 도전을 꺼리며 구성원들은 리더의 해결 방식에 의존하거나 다른 사람과의 차이에 대해 비난하고 결정에 대한 불평을 늘어놓는 분위기가 만들어 질 수 있다. 이럴 경우 아이디어는 주로 한명의 개인에게 속한 것이기 때문에 팀이나 조직 발전에 한계로 작용하게 된다.

2) 민주적 의사결정구조

조직은 의사결정 행위자들의 집합체이다. 조직을 구성하는 모든 사람은 조직의 목적 달성을 위한 행위자들이다. 그들은 행동에 앞서 개인 단독으로 혹은 집단적으로 무엇을, 언제, 어떻게 할 것인가를 선택한다. 조직은 그러한 선택 행위를 하는 사람들로 이뤄져 있으므로 의사결정자들의 집합체라고 할 수 있다. 소셜벤처를 비롯한 사회적 경제 조직들은 운영의 자율성을 가지고 구성원에 의한 민주적 의사결정 구조를 지향하는 성격을 가지고 있다. 이것이 대표자나 지분의 소유자 위주로 의사결정을 하는 영리기업과 소셜벤처를 구분짓는 중요한 특징이 되기도 한다.

'민주적 의사결정구조' 라 함은 소셜벤처가 가지고 있는 사회적 목적을 달성하기 위해 근로자 대표, 서비스 수혜자 대표, 지역 관계자, 외부 전문가, 후원자, 연계기업 및 연계기업 인사 등 다양한 이해관계자가 실질적으로 의사결정 구조(총회, 주주총회, 이사회, 운영위원회, 운영협의회 등)에 참여할 수 있어야 한다는 것이다. 기업의 조직형태에 따라 의사결정 구조의 형태는 다를 수 있으나 정관이나 운영규정에 이와 관련된 내용을 반드시 명기하여 의사결정구조의 근거를 마련하고 이에 따라 실질적인 회의체가 운영될 수 있도록 하여야 한다. 다양한 이해관계자가 참여하는 의사결정구조는 의사결정의 유형 중 '집단적 의사결정' 의 한 유형으로 이것이 가지고 있는 장 · 단점은 [표9-14]와 같다.

표 9-14 집단적 의사결정의 장 · 단점

관리자	리더
– 여러 사람의 경험 · 지식 · 정보 및 아이디어가 집합되고 교환되는 과정에서 객관성과 신뢰성을 가질 수 있음 – 폭 넓은 대안이 제시되고 다각도로 평가 – 결정이 신중하고 투명하게 이뤄짐 – 결정 과정에 많은 사람이 참여하기 때문에 참여감이 높고, 결과에 대해 폭 넓은 수용과 지지를 얻을 수 있음	– 의사결정에 여러 사람이 참여하기 때문에 결정의 속도가 느리고, 많은 비용과 비능율 초래할 가능성 – 집단 내부에서 목소리를 크게 내는 개인이나 소수의 사람들이 편파적으로 작용해 결과에 나쁜 영향 – 집단 내부 구성원간에 상호 이해관계의 대립으로 최적의 결정보다는 정치적인 타협 · 조정하는 결정 초래 – 집단 사고의 함정에 빠질 수 있음

출처 : 윤재풍, '조직론', 2014.

3) 지분율 및 보상체계

여러 명의 개인들이 모여 창업을 하면 현실적으로 이해관계에 의해 갈등이 생기거나 팀 멤버십이 끝까지 유지되는 경우가 드물다. 1인 창업의 경우에는 창업자 개인이 전적으로 과업을 책임지고 수익을 얻는 반면, 창업팀 구성원들은 각자가 보유한 핵심역량 정도, 초기 투자 자본금액 뿐만 아니라 서로간의 개인적 관계 등의 복합적인 요인들에 따라 역할 갈등과 소유권 배분 문제가 발생한다. 특히, 창업팀이 성장하면서 과업이 복잡해지고 수익이 창출됨에 따라 갈등의 발생 소지가 더욱 커질 수 있다.

이와 같은 역할 분담과 소유권 배분 문제를 미연에 방지하기 위해서는 구성원간의 상호 조건을 사전에 명확하게 정리하여 창업에 착수하는 것이 중요하다. 이를 위해 창업 준비단계부터 구성원 각자의 명확한 역할을 명시한 공식적인 조직도와 업무분담 차트를 작성하는 것이 하나의 방안이 될 수 있다. 또한, 지분 구조도 합리적인 방안을 미리 고안하여 사전에 협의해 두어야 한다. 대부분의 창업 기업에서 구성원들이 지분을 동등한 비율(1/n)로 정하는 경우를 많이 볼 수 있다. 하지만 구성원 개인마다 자본금을 출자한 금액이 상이할 수 있고, 각자가 보유한 아이디어와 핵심 기술, 경영 전략 및 관리, 영업 및 판로개척 역량 등에 차이가 있을 수 있다. 따라서 구성원별로 자금 조달 기여도와 보유한 핵심역량 정도 및 중요도의 차이를 반영한 문서를 작성하여 합리적인 지분 구조를 마련하여야 한다[17].

17) 김진수, 이창영(2014). "기업가정신과 창업론". 문영사.

읽어 보기

지분 배분 시기와 지분 비율 문제

지분으로 인한 여러 가지 갈등은 미리 대처하는 것이 좋다. 그렇다면 지분을 배분하는 시기는 언제가 좋을까? 사업이 언제 자리 잡을지, 누가 어떤 일을 얼마나 담당하는지 등에 대한 것이 명확하지 않은 상태에서의 지분 배분은 오히려 무임승차를 양산할 수도 있다. Cognitive Investment의 이희우 대표가 이야기하는 지분 배분에 대해 살펴보자.

첫째, 지분 배분은 MVP(Minimum Viable Product : 최소한의 기능을 갖춘 제품) 테스트 후 사업 가능성이 확인될 때 하는 것이 좋다. 그 이유는 MVP 구축 과정에서 각자의 실력이 드러나고, 누가 더 이 프로젝트에 헌신 했으며 그런 것을 통해서 누가 지분을 더 많이 가져야 되는지 공감대를 형성할 수 있기 때문이다. 필요한 경우에는 MVP 구축에 기여도가 적거나 덜 참여한 인력을 지분 배분에서는 제외할 수도 있다. 즉, 린스타트업 방법론에 적합한 팀 빌딩 방법은 MVP를 먼저 구축해 보고 그에 대한 기여도에 따라 지분 배분을 하면서 최종적인 팀을 구성하는 것이다.

둘째, MVP를 구축하고 나서도 당장 법인을 설립할 필요가 없다면 굳이 까다롭고 힘든 지분 배분을 먼저 할 필요가 없다. 그러나 투자를 받는 경우에는 법인 설립이 필요하다. 통상 투자는 회사의 지분을 사는 형식으로 이루어지기 때문에 법인 설립은 필수적이다.
셋째, 매출이 발생하거나 비용 지출이 본격화되어 어쩔 수 없이 법인 설립을 해야 할 필요가 있을 때 지분 배분을 하는 것이 좋다. 매출이 본격화된다는 것은 거래처가 다변화되고 각종 회계, 세무적으로 처리되어야 하는 것들이 많아짐을 의미한다. 비용 지출에서도 일정 수준에 도달하면 법인 비용으로 처리하는 것이 좋고, 그래야 세무적인 혜택도 받을 수 있다.

대부분의 스타트업들은 지분 비율을 창업자들 간 동일 지분율, 즉 1/n으로 정하는 경우가 많다. 하지만 엔젤투자자나 엑셀러레이터들은 예를 들어 4명의 창업자가 1/4씩 지분을 배분할 경우 경영권 위험의 이유로 투자를 피하게 된다. 주식회사의 지분 비율 문제가 발생하는 것은 상법상 이사의 선임 및 해임권의 의결권 지분 비율 때문이다.

초기 팀 분쟁의 가능성을 줄이기 위해서라도 최대주주가 50% 이상의 지분을 가지고 있는 것이 좋다. 그래야 문제가 생기더라도 구심점이 생겨서 그것을 극복하게 된다. 만약 사업이 안정되고 성공에 이르기 시작하면 창업자 간 또는 적대적 M&A로 지분 다툼이 발생할 수 있으며, 이때 핵심 기술을 가진 창업자의 지분 비율이 1/3 이상이 되지 못하면, 주주총회에서 특별 결의로 해임 및 경영권을 빼앗길 수도 있다. 따라서 대표이사(또는, 최대주주)는 최소한 1/3 이상의 의결권(지분)을 소유하고 있어야 한다.

출처 : 이희우(2014). 'Lean Life'.스타트업 미디어 플래텀 (http://platum.kr/archives/authou/mlee)

사람을 움직이게 하는 가장 큰 3가지 요소는 '업무에 대한 가치', '조직 내 관계', 그리고 마지막으로 일에 대한 '금전적 보상' 일 것이다. 창업 초기에 있는 기업은 사업 초기 안정적인 매출이 발생하기 어렵기 때문에 특별한 보상을 제공하기 보다는 구성원이 자신이 참여하고 있는 비즈니스에 대한 자부심을 느끼고 창업 활동에 도전하고 즐길 수 있는 환경을 조성하는 것이 중요하다. 창업팀에 대한 보상체계는 동기 유발에 효과적인 금전적 요인뿐만 아니라 비금전적 요인도 함께 고려해야 한다[18].

금전적 보상은 가장 기본적이고 직접적인 보상으로 기본급과 성과급으로 나눌 수 있다. 창업기업은 초기 성장 단계에 고정적인 수익창출 구조를 갖추기 어렵기 때문에 기본급의 비중은 낮추고 보너스나 인센티브, 이익배분 등의 성과급 방식을 병행하는 것이 효율적이다. 비금전적 보상으로는 무엇보다 소셜벤처는 '창업 자체가 사회 혁신의 시작' 이라고 하는 가치를 구성원들에게 줄 수 있어야 한다. 또한 인정, 칭찬, 포상, 특권, 권위, 관계 형성 등과 같이 개인적 성취감과 만족도를 높일 수 있는 정서적 보상과 더불어 유연한 근무시간, 휴가, 교육 등 창업 활동에 구성원이 집중할 수 있는 환경을 제공 및 조성하는 환경적 보상이 포함된다.

읽어 보기

신념 · 가치 중시한다면 **'사회적기업' 에 길 있어요**

올 가을 대학을 졸업하는 양의섭(가명 · 27) 씨는 최근 사회적기업에서 사회 생활을 시작하기로 결심했다. 대학 시절 난민 관련 봉사 동아리에서 활동하며 사회 문제에 눈을 뜬 양 씨는 돈 버는 것 못지않게 사회적으로 의미 있는 일을 할 때 느끼는 성취감이 크다고 판단한 데 따른 것이다.

그는 자신의 경력을 살릴 수 있는 난민 관련 사회적기업에서 경험을 쌓은 뒤 직접 소셜벤처를 창업하는 방안을 검토 중이다.

청년 실업이 사회 문제로 떠오른 가운데 경제적인 부를 떠나 취업을 자신의 가치나 신념을 실천에 옮기기 위해 직업을 찾는 청년들이 늘고 있어 주목된다. 이들은 높은 급여와 안정된 고용 보장을 1순위로 따질 것이라는 고정 관념을 깨고 사회적으로 의미 있는 일을 하는데 높은 가치를 부여하고 있다. 현 정부가 사회적경제 인재 유입을 위해 이 분야의 취업과 창업에 적극 나서는 것도 시장 확대에 한 몫하고 있다.

한국사회적기업진흥원에 따르면 2017년 기준으로 정부가 인증한 사회적기업은 1,870개, 매출액은 3조 5,000억원에 이른다. 이들 기업의 수익성도 해를 거듭할수록 개선되면서 영업이익 흑자비율은 2014년 20.8%에서 2015년 24.4%, 2016년 50.2%로 증가했다. 2007년 사회기업육성법 제정으로 사회적기업이 첫 닻을 올릴 때만 하더라도 취약계층에게 일자리를 제공하는 성격이 강했지만 사회 서비스 제공형, 지역사회 공헌형, 혼합형 등으로 유형 역시 다양해지고 있다.

사회적기업에서 일 할 수 있는 방법은 크게 두 가지다. 하나는 정부로부터 인증받은 사회적기업이나 예비사회적기업에 취업하는 것이다. 사회적기업을 지원하는 단체나 협회, 공공기관에 스태프로 합류하는 것도 방법이다. 사회적기업은 생산하는 재화나 서비스가 공공의 성격이 강할 뿐 채용 절차는 일반기업의 수시채용과 크게 다르지 않다. 대개 서류전형과 면접 두 단계로 진행되며 업무 분야에 따라 전문 자격증이나 전공을 증빙할 수 있는 서류를 요구하는 경우도 있다.

18) 김진수, 이창영(2014). "기업가정신과 창업론". 문영사.

다만, 사회적기업이라고 막연한 환상과 긍정적인 생각만 갖고 지원했다가는 탈락하기 쉽다. 신진 예술작가들의 정서적 · 경제적 지원 프로젝트를 수행하는 사회적기업 '에이컴퍼니'에서 디렉터로 근무하는 송아영 씨는 "사회적기업이라고 해서 대표들이 다 좋고, 조직원들도 다 천사 같을 거라는 환상은 취업에도 도움이 되질 않고, 설사 입사하더라도 곧 실망할 가능성이 크다"며 "사회적기업도 조직의 구성원마다 일정한 역할이 있고 수익성도 고려해야 하기 때문에 보통의 기업과 다른 것은 아니다"라고 조언했다. 그는 "사회적기업에 대한 막연한 환상보다는 내가 어떤 비전과 가치를 갖고 있고, 해당 기업에서 어떤 역할을 할 수 있는지 고민을 많이 한 사람이 취업에 성공할 확률이 높다"고 덧붙였다.

정부도 소셜벤처 활성화를 위해 최근 1,200억원 규모의 '임팩트 투자펀드' 조성 계획을 밝히며 지원에 나서고 있다. 지자체 단위에서 소셜벤처 육성을 위한 지원책이 있었지만 정부가 직접 대규모 자금을 지원하는 것은 이번이 처음이다. 정부는 청년소셜벤처에 1억원까지 창업 비용을 지원한다. 민간의 대기업 · 공기업과 우수 소셜벤처 정보를 공유하고 분야별 지원을 연계해 창업 성공률을 높일 계획이다. 자원순환 사회적기업 '터치포굿'의 정대웅 팀장은 "4~5년 전만 하더라도 대학생들 가운데 사회적기업의 의미를 아는 사람은 많지 않았지만, 이제는 대학에 관련 학과가 생기고 경영학 수업에서 다룰 만큼 안착된 것 같다"며 "앞으로도 많은 청년들이 사회적기업을 통해 자신이 고민해온 사회적 문제를 해결해 나가길 바란다"고 말했다.

출처 : 서울경제신문(2018.8.16.) '신념 · 가치 중시한다면 '사회적기업'에 길 있어요'
(https://www.sedaily.com/NewsView/1S3DUBPBS3/GD01)

4) 커뮤니케이션(의사소통)

커뮤니케이션이란, 어떤 사람이나 집단 혹은 조직이 언어, 문자, 상징, 혹은 비언어적 행동을 통해 다른 사람이나 집단 혹은 조직에 일정한 내용의 메시지나 정보를 전달 혹은 교환하는 과정이다. 조직 또는 팀에서 커뮤니케이션은 사람의 몸 안에 있는 혈액과 같은 것으로 그것이 있기 때문에 조직이 생존할 수 있으며, 모든 관리 기능이 통합 · 조정될 수 있고, 합리적인 의사결정과 효율적인 집행이 가능하며, 조직 구성원의 사기를 높여주고 조직 외적으로도 조직과 조직 환경을 연결시켜 주는 등 조직의 관리에서 필수적인 요소라 할 수 있다.

소셜벤처 조직의 커뮤니케이션은 앞서 언급한 '협력적 리더십'과 '민주적 의사결정구조'를 그 기반으로 한다. 조직 내에서 협력적 리더십과 민주적 의사결정구조가 잘 정착되고 운영 된다면 조직 내의 커뮤니케이션도 원활하게 이뤄질 수 있을 것이다.

원활한 커뮤니케이션을 위해서는 팀 내 소통은 어떻게 할 것인지, 팀 내 일별 스케쥴은 어떻게 공유할 것인지 및 팀 내 자료는 어떻게 공유할 것인지에 대한 주요 내용이 정리되어야 한다. 팀 내 소통은 여러 IT 업체들에서 제공하고 있는 커뮤니케이션 Tool을 검토하여 우리 팀(조직)에 가장 알맞은 Tool을 사용하여 의사소통을 해 나가면 된다. 일정 관리와 관련된 부분은 구글에서 제공하는 'Google calendar'를 활용하고, 자료 공유는 구글에서 제공하는 'Google Drive'를 활용하여 관리하면 특별한 비용을 들이지 않고 조직 내에서 원활하게 커뮤니케이션을 할 수 있는 시스템을 만들어 갈 수 있다.

5) 갈등관리

효과적인 창업팀이 되기 위해서는 반드시 팀워크가 전제 되어야 한다. 그러나 다양한 개인들이 함께 일하는 조직에서는 갈등이 필연적으로 발생하곤 한다. 특히, 소수의 개인들이 모여 창업 준비 단계부터 모든 업무를 함께 이끌어 나가는 창업팀은 구성원 서로간의 관계가 가깝고 상호 작용이 많기 때문에 갈등이 발생할 소지가 더욱 크다고 할 수 있다. 존 락펠러(John D. Rockefeller)는 '비즈니스 위에 세워진 우정은 찬란할 수 있지만, 우정위에 세워진 비즈니스는 흉기가 될 수 있다'고 말한 것처럼, 실제로 내부 갈등 때문에 창업팀이 와해되고 사업이 실패로 이어지는 경우가 많이 발생하곤 한다[19].

일반적으로 조직 내에서 발생하는 어느 정도의 갈등은 구성원들에게 건설적인 긴장감을 주며 갈등으로 인한 문제 해결을 위해 다양하고 창의적인 사고를 유도하는 순기능을 가진다. 반면에, 갈등 수준이 과도함에도 불구하고 이를 방치하거나 갈등이 잘못 관리될 경우에는 구성원 간 팀워크가 악화되고 조직의 경쟁력이 저하되는 결과를 초래한다. 이러한 갈등의 역기능을 사전에 방지하고 갈등을 효과적으로 관리하기 위해서는 창업팀에서 발생할 수 있는 갈등의 특성과 해결 방안을 미리 숙지해 두는 것이 좋다.

조직 내에서 갈등이 발생하는 원인은 첫째, 상호간 달성하고자 하는 목표의 선호가 다르거나 설정된 목표를 수행하는 방법에 관해 의견이 불일치하기 때문이다. 둘째, 개인별로 지각·욕구·가치관 및 성격의 차이로 인해 행동 방안의 선택과 실제 행동을 수행할 때 대립과 마찰이 생길 수 있다. 셋째, 한정된 자원을 놓고 그것이 필요한 주체간의 '내 것이 아니면 네 것'이라는 식의 제로섬 게임을 벌이는 경우나, 한정된 자원을 여러 행위 주체들이 공동 이용하는 경우에 갈등이 발생할 수 있다. 넷째, 어떤 행위 단위 간 과업이 상호 의존된 경우, 공동의 목표를 선택하고 자원의 배분에 관한 계획을 공동으로 결정해야 하는데 자기에게 유리한 결정이 이뤄

19) 김진수, 이창영(2014). "기업가정신과 창업론". 문영사.

지도록 하는 과정에서 갈등이 벌어질 수 있다. 다섯째, 관련된 행위 단위들 간 의사소통의 부적절 및 불완전한 경우, 여섯째, 과업에 대한 평가 기준과 보상 체제가 불공평하거나 부적하다고 느낄 때, 일곱째, 조직의 분화에 따라 조직 내의 단위 간 또는 부서 간 경계가 높아지고 개인별 권한, 책임 및 역할에 대한 공식화가 높지 않은 조직에서는 갈등이 발생할 가능성이 높다.

갈등을 해결하기 위해 구성원 간의 관계나 특정한 상황에 따라 여러 가지 방식을 취할 수 있는데, 이 방식들의 유형은 '주장성'과 '협동성'의 두 가지 측면으로 나뉜다. 주장성은 자기 자신의 이익과 자신이 바라는 결과를 중시하는 반면, 협동성은 타인의 이익과 상호관계에 중점을 두는 경향이다. 주장성과 협동성은 서로 독립적인 요인으로 그 정도에 따라 [표 9-15]과 같이 경쟁, 협력, 타협, 회피, 순응의 5가지 해결방식이 도출된다.

표 9-6 갈등 해결방식의 유형 및 적용 상황

해결방식	특 징	적용 상황
경쟁	– I win–You lose 전략 – 상대방을 희생시키고 자신의 이익을우선하는 갈등해결 방식 – 협상의 여지가 없으므로 가장 빠른 결과가 도출됨	– 긴급한 상황 – 구성원 간 각자의 차이를 해결해야 할 경우
협력	– I win–You win 전략 – 자신과 상대방의 목표를 모두 수용하고 당사자 모두 최선의 결과를 위한 혁신적인 해결책을 찾는 방식 – 이상적인 갈등해결 방식이나 많은 시간과 자원의 투입, 당사자 간의 신뢰와 솔직함이 요구됨	– 상대방의 관점과 상황을 더 파악할 필요가 있을 경우 – 협의 할 안건이 생겼을 경우
타협	– I lose–Win some/You LOSE–Win some전략 – 전부 희생보다는 일부 희생이 낫다는 관점에서 당사자들이 자신의 목표를 일부 포기하는 갈등해결 방식	– 당사자 간의 신뢰가 있거나 해결 시간이 충분하지 않을 경우 – 역할 충돌에 따른 갈등이 있을 경우 – 임시적 해결책을 얻고자 할 때
회피	– I lose–You lose 전략 – 갈등의 존재 자체를 부정한 상태에서 갈등을 관리하려는 방식	– 과업의 마감 시한이 급박한 경우 – 커뮤니케이션이 단절되어 관계가 악화될 수 있으므로, 갈등이 사소하거나 미연에 방지가 가능한 경우
순응	– I lose–You win 전략 – 자신의 이익을 포기하고 상대방의 목표를 수용하는 방식	– 서로 간 정보의 차이가 큰 경우 – 직위, 권력의 차이가 있는 경우

출처 : THOMAS, K. W. , & Kilmann, R. H.(1974 : 2000)

조직에서 발생하는 갈등을 해소하기 위해 이용할 수 있는 방법에는 상위목표의 설정, 추가적인 자원의 확충, 대면과 설득, 감수성 훈련(역지사지를 통한 타인의 입장에 대한 이해), 보상 체제의 확립, 조직과 직무의 재설계, 공동 노력을 통한 문제의 해결, 갈등 관계에 있는 당사자들이 직접 대화를 통해 서로 양보하고 서로 필요한 것을 교환함으로써 갈등에서 벗어날 수 있다.

6) Intrapreneurship & Intrapreneur

사내 기업가정신은 기업가정신이 기업 내 직원들로부터 발휘되는 경우를 말하는데, 이것을 조금 더 자세하게 설명하면 기업의 구성원들이 기업가적 요소를 지니고, 보다 창의적이며, 주도적으로 아이디어를 내고 이를 실행하는 프로세스라고 말할 수 있다. 사내 기업가란 기업, 정부, 비영리단체 등 자신이 속한 조직에서 개인이 가진 가치와 창의적인 관점을 통해 발견한 사업적 기회를 본인이 속해 있는 조직 내의 자원과 연결하여 새로운 가치를 창출하는 혁신가 즉, 조직 내의 체인지 메이커를 말한다. 초기 창업 기업들은 태생적으로 자본, 인력, 네트워크 등의 보유 자원이 부족함에 따라 창업 활동에 한계를 가지고 있다고 했는데 이러한 한계를 극복할 수 있는 가장 좋은 방법 중의 하나가 팀에 속한 구성원들이 전통적인 역할에 따라 주어진 업무를 수행하는 매니저(manager)에서 적극적으로 새로운 기회를 탐색하고 발굴하는 사내 기업가(intrapreneur)로 활동할 수 있는 여건과 환경을 조성해 주는 것이다.

이러한 사내 기업가정신이 조직 내에 성공적으로 정착되기 위해서는 다음과 같은 세가지 요소가 필요하다[20]. 첫째, 조직구조(structure) 차원이다. 이는 유연하며(flemible), 다른 사업 부서와의 원활한 융합과 조화를 통한 업무적 통합을 이룬 가운데 집단 지향성을 갖춰야 함을 의미한다. 사내 기업가정신의 핵심인 내부 구성원의 아이디어 실행과 접목시켜 봤을 때, 조직 구조가 유연할 때 아이디어의 생산은 더욱 풍성해 지기 때문이다. 사내 기업가정신의 정착에 영향을 미치는 두 번째 요소는 조직문화(culture) 이다. 조직 내 정보 교환이 자유롭고, 위험을 감수하는 성향을 보이는 가운데, 동료와의 협력관계 속에서 서로를 격려하는 문화가 필요하다. 이를 위해서는 조금은 이상적일 수 있지만 권력과 권한 그리고 책임은 조직 내에서 균등하게 분포되고 공유되어야 한다. 마지막으로는 조직 내 진취성을 갖춘 요소(initiatives)들의 도입을 통해 사내 기업가정신 구축에 영향을 미칠 수 있다. 예를 들어, 아이디어 실행에 따른 보상 제도와 아이디어를 사업화하려는 사내벤처 프로그램 등은 구성원들을 동기부여시켜 새로운 아이디어를 제시하고 이를 실행하는 가운데 조직의 혁신성, 진취성, 위험감수성 등 사내 기업가정신을 구성하는 요소들이 풍성해 질 수 있다.

20) 임진혁(2016). "Only One을 향한 도전 인트라프리뉴어십" 인터뷰 자료 중

활동
하기

팀 수행 수준 점검하기
GRPI

팀의 상태를 목적, 역할과 책임, 절차, 상호관계(GRPI : Goals, Roles&Responsibilities, Procedures, Interpersonal)로 구분하여 점검한 후, 가장 취약한 부분에 대해 팀의 생산성을 향상시키기 위한 개선 방향을 제시해보자.

	Goals(팀의 목표)	1	2	3	4	5
목적과 결과	1. 우리는 팀의 미션을 정확히 알고 있다.					
	2. 우리는 팀의 미션에 대해 모두 동의하고 있다.					
고객	3. 우리는 팀의 이해당사자가 누구인지를 알고 있다.					
	4. 우리는 팀의 당사자가 무엇을 원하는지 알고 있다.					
필요성	5. 우리는 이 팀이 진정으로 왜 필요한지를 이해하고 있다.					
목표와 결과물	6. 우리 팀의 목표는 우선순위가 정해져 있다.					
	7. 우리 팀은 목표를 성공적으로 실현하기 위한 전략이 있다.					
	8. 우리 팀의 목표는 구체적이며 측정 가능하다.					
합의	9. 우리는 팀 과제의 목표와 범위에 대해 상호합의를 형성하였다.					
팀과 개인의 역할 및 책임	10. 우리는 팀원 각자의 역할에 관해 의견의 일치를 보이고 있다.					
	11. 팀 구성원에게 규정된 역할과 책임의 근거는 매우 타당하다.					
	12. 팀 구성원 각자의 역할과 책임은 팀의 목표 달성을 뒷받침한다.					
	13. 팀 구성원들에게 과제를 수행하는데 필요한 재량권이 있다.					
	14. 우리 팀 구성원은 역할 완수에 필요한 역량을 가지고 있다.					
핵심 성공 요소	15. 우리는 팀의 목적과 사명을 달성하는데 요구되는 핵심 요소들을 알고 있다.					
	16. 우리는 팀의 활동을 목표 달성을 위한 핵심 요소에 집중하고 있다.					
계획과 실행	17. 우리의 실행 계획은 효과적으로 달성할 수 있도록 수립되어 있다.					
	18. 실행 계획 내에 명시된 과제들에 대한 역할 분업이 분명하다.					
모니터링과 측정	19. 우리는 과제 수행의 진척도를 지속적으로 모니터링 또는 피드백을 받고 있다					
	20. 우리는 지금까지 업무 달성도를 파악하기 위해 철저히 모니터링을 하고 있다.					

일정	21. 우리는 업무 수행 일정을 구체적으로 수립하였다.
구성원 간의 상호관계	22. 우리는 팀 구성원들이 서로 기대하는 것이 무엇인지를 공유하고 있다.
	23. 팀이 어떻게 운영될 것인지에 대한 기본 방침에 합의하였다.
	24. 우리는 그 운영 지침을 잘 준수하고 있다.
	25. 우리는 팀 운영을 효과적으로 하기 위한 신뢰감을 형성하였다.
	26. 우리는 팀 구성원간에 개방적인 태도를 가지고 있다.
	27. 우리는 팀 활동에 적극적인 태도를 가지고 있다.
	28. 우리는 팀의 운영에 대해 주기적으로 점검하고 있다.
	29. 우리는 구성원으로서의 소속감을 가지고 있다.
	30. 팀 구성원들은 팀 안에서 자신의 가치를 느끼고 있다..

*1: 전혀 그렇지 않다. 2:그렇지 않다. 3:보통이다. 4:그런 편이다. 5:매우 그렇다

◆ GRPI 점수 계산 방법

1. 각 문항별 점수를 더한다.
2. 더한 점수에 0.7을 곱한 후, 5를 뺀다(문항별 점수의 합×0.7−5)
3. 점수를 확인한 후에 아래 해당하는 팀 발달 수준을 확인한다.

◆ GRPI 점수대별 팀 발달 단계

1. Working Group(60점 미만) : 하나의 팀으로서 구성원들간에 시너지 퍼포먼스를 발휘하지 못하는 초급 수준의 조직 단계
2. Pseudo-Team(60점 이상~70점 미만) : 조직 구조상 팀 단위로 구성돼 있어 팀으로서의 역할 수행이 요구되기도 하지만 조직 차원에서의 팀 퍼포먼스에 대해 집중하지 않고, 또 팀의 공동 목표를 성취하기 위해 실제로 노력하지 않는 조직
3. Potential Team(70점 이상~80점 미만) : 잠재 역량을 갖추고 있는 팀 조직은 퍼포먼스를 증진시키려는 욕구가 있으며, 실제로 팀 퍼포먼스를 높이기 위해 효과적으로 노력하는 집단
4. Performing Team(80점 이상~90점 미만) : 팀으로서 요구되는 퍼포먼스를 보여주는 조직으로 이러한 업무 수행의 요구를 충족시켜 주는 조직
5. High-Performance Team(90점 이상) : 최고의 성과를 창출하는 단계에 와 있는 조직으로 진정한 팀으로서의 모든 조건들을 갖추고 있는 조직

학습 정리

◆ '창업팀' 이란 새로운 비즈니스를 공동으로 시작하기 위해 모인 두 명 이상의 개인들로 구성된 팀을 말하며, '신생 기업의 한계' 를 극복하기 위한 가장 좋은 방법은 역량 있고 다양한 경험을 가진 사람들로 창업팀을 구성하는 것이다.

◆ 소셜벤처 팀 빌딩은 왜 이 문제에 집중하며 어떤 문제를 해결하려고 하는지(소셜미션), 어떤 방법으로 해결하려고 하는지(비즈니스모델), 누구와 함께 할 것인가(구성원), 어떻게 운영할 것인가(운영구조)에 대한 답을 만들어 가는 과정이라고 할 수 있다.

◆ 일반적인 스타트업 기업이 제품>방법>신념의 수순을 밟아가는 것과 달리, 소셜벤처는 신념>방법>제품의 접근 방식을 취한다.

◆ 창업팀 구성이 적절하게 되었는가를 파악하기 위해서는 동기부여, 창업팀의 규모 및 핵심역량(적격성, 적합성)에 대한 충분한 사전 검토가 이뤄져야 한다.

◆ 협력적 리더십에서 가장 중요한 요소는 '듣는 힘' 과 서로간의 능력이나 지향의 차이를 인정하고 이들을 협력하게 함으로써 책임감을 높여가는 것이다.

◆ 민주적 의사결정구조는 소셜벤처가 가지고 있는 사회적 목적을 달성하기 위해 근로자 대표, 서비스 수혜자 대표, 지역 관계자, 외부 전문가, 후원자, 연계기업 등의 다양한 이해관계자가 실질적으로 의사결정 구조에 참여하는 것이다.

◆ 소유권 배분과 역할 분담에 따른 문제를 사전에 예방하기 위해서는 구성원별로 자금조달 기여도와 보유한 핵심역량 정도 및 중요도의 차이를 반영한 문서 작성을 통해 합리적인 지분 구조를 마련하여야 한다.

◆ 커뮤니케이션을 원활하게 하기 위해서는 팀 내 소통은 어떻게 할 것인지, 팀 내 일별 스케쥴은 어떻게 공유할 것인지 및 팀 내 자료는 어떻게 공유할 것인지에 대한 내용이 정리되어야 한다.

◆ 조직에서 발생하는 갈등을 해소하기 위해 이용할 수 있는 방법에는 상위목표의 설정, 추가적인 자원의 확충, 대면과 설득, 감수성 훈련, 보상 체제의 확립, 조직과 직무의 재설계, 공동 노력을 통한 문제의 해결, 갈등 관계에 있는 당사자들이 직접 대화를 통해 서로 양보하고 서로 필요한 것을 교환함으로써 갈등에서 벗어날 수 있다.

참고문헌

- 교육부(2015). "손에 잡히는 기업가정신"
- 김진수 외 4인(2015). "기술창업론". 탑북스.
- 김진수, 이창영(2014). "기업가정신과 창업론". 문영사.
- 노암 와서먼, 이형욱 옮김(2013), "창업자의 딜레마. 에코리브르"
- 신나는조합(2016). "사회적기업가 육성사업 지도 매뉴얼", 한국사회적기업진흥원
- 라준영(2010). "사회적기업의 비즈니스모델". 벤처경영연구.
- 류미란. "협력적 리더십". 푸른복지출판사.
- 민진(2012). "조직관리론". 대영문화사.
- 박동수, 구언회(2011). "사회적기업 설립과 경영". 영남대학교 출판부.
- 윤재풍(2014). "조직론". 대영문화사.
- 장경원 외 2인(2013). "창의기초설계". 생능출판사.
- 한국사회적기업진흥원. "사회적기업 성공 방정식 Three Go". 2013, NEW LOOKS.
- Arthur C. Brooks(2006). " Social Entrepreneurship: A Morden Apporach To Social Value Creation. Prentice-Hall
- Susan Coleman & Dafna Kariv, "Creating the Social Venture", CPI Group
- UNDERDOGS(2015). "소셜벤처 가이드라인"

9장. 키워드 인덱스용

창업팀	팀빌딩	소셜미션	협력적 리더십
민주적 의사결정구조	창업팀 보상체계	커뮤니케이션	갈등관리

"투자자로서 가장 보답 받는 것은 창업가가 빛의 속도로 성장해야 할 때 그것을 할 수 있도록 도와주고, 그것을 지켜보는 일이다"

SV Angel 파트너, 론 콘웨이(Ron Conway)

10

소셜벤처 창업자금 및 재무관리

학습 목표

1. 창업 및 기업 운영에 필요한 초기 자금 조달의 중요성에 대해 이해한다.
2. 창업자금 조달 시 고려해야 할 요소들에 대해 파악한다.
3. 창업자금 조달 방법 및 성장 단계에 따른 정책자금 활용 방안에 대해 이해한다.
4. 재무관리의 중요성을 이해하고, 재무제표를 활용하여 각종 재무비율을 산출할 수 있다.

시작하기

전동휠체어 키트 '토도웍스' 20억원 자금 조달

토도웍스는 디쓰리쥬빌리 외에 크레비스파트너스-라임자산운용(Co-GP)으로부터 투자를 유치하며 총 20억원을 조달했다. 이번에 공동으로 투자한 디쓰리쥬빌리와 크레비스파트너스-라임자산운용은 각각 한국벤처투자, 한국성장금융투자운용이 출자한 임팩트 펀드의 위탁운용사(GP)들이다.

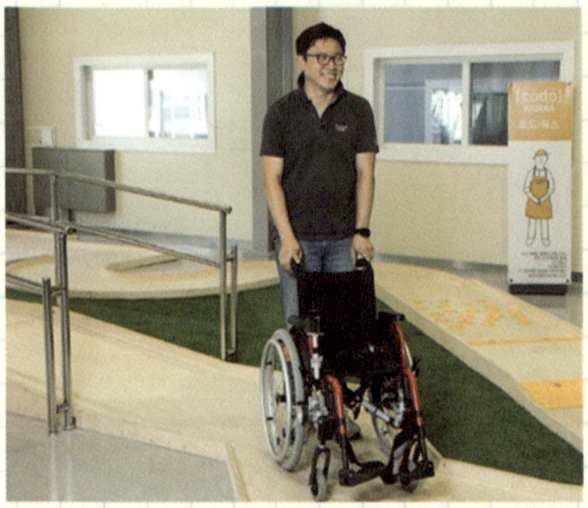

복수의 임팩트 펀드로부터 러브콜을 받은 토도웍스는 수동식 휠체어를 자동식 휠체어처럼 활용할 수 있는 전용 키트 '토도 드라이브'를 개발한 업체다. 전용 키트는 별다른 개조없이 대부분의 수동 휠체어에 손쉽게 장착할 수 있다. 이동이 불편한 장애인들의 생활 편의를 증진시킬 수 있는 획기적인 아이템으로 주목받고 있다. 현재 보급돼 있는 자동식 휠체어는 가격이 비싸고 무게와 부피 때문에 일반 승용차에 싣고 다니기가 어렵다. 반면 토도웍스의 전용 키트는 접이식 휠체어에도 장착이 가능하기 때문에 승용차에 쉽게 넣을 수 있다.

제품 가격은 소비자들의 부담을 최소화하기 위해 176만원(정가 기준)으로 책정됐다. 수동식 휠체어 가격을 포함해도 일반적인 자동식 휠체어 가격보다 훨씬 저렴한 수준이다.

해외에 이미 비슷한 제품이 있지만 비싼 가격과 무거운 중량으로 인해 국내에서 크게 대중화되지는 않았다. 토도웍스는 저렴하면서도 전 세계에서 가장 가벼운 제품을 만드는데 성공했다. 해외에서도 토도웍스의 제품에 큰 관심을 보이고 있다.

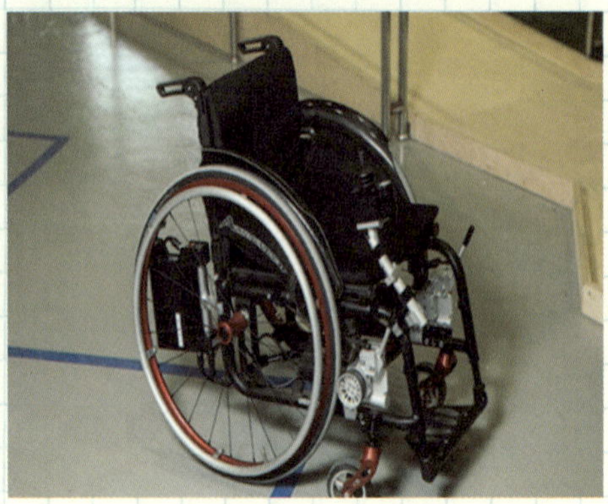

제품은 휠체어의 기본 기능에 집중하면서 동시에 사물인터넷(IoT) 기술을 접목해 사용 편의성을 높였다. 스마트폰을 통한 휠체어 조작, 속도 및 감도 설정, 전복 방지 기능 등을 도입했다.

토도웍스는 장애인들을 위한 사회공헌 사업을 병행하면서 장애인의 생활편의 증진에도 앞장서고 있다. 현재 아동들을 대상으로 자동 휠체어 보급 사업을 하고 있으며 사옥에 휠체어 전용 교육장을 만들기도 했다.

심재신 대표의 창업 계기는 장애인의 일상 속 불편에

대해 크게 관심을 두지 않고 살아왔다. 그러던 어느 날 그는 딸의 초등학교 친구들을 우연히 만나게 되었다. 낯익은 얼굴 사이에 휠체어를 타고 있는 한 아이가 있었다. 못 보던 얼굴이었다. 심 대표가 "너는 왜 자주 안 나오느냐"고 묻자 아이는 뜻밖의 사정을 설명했다. 학교에서는 전동 휠체어를 쓰지만 집에서는 수동 휠체어를 타기 때문에 하교 후 혼자서 밖을 돌아다니기가 쉽지 않다는 것이었다. 전동 휠체어는 자유롭게 움직이기에는 편리하지만 너무 크고 무거워 매일같이 차에 싣고 내리기 어렵다는 단점이 있다는 것 이었다.

심 대표는 아이의 말을 듣자마자 "아저씨가 휠체어에 모터를 달아주겠다"고 호언장담했다. 자동화 전공자인 그는 주문형 제품을 개발 및 납품하는 회사를 운영 중이었기에 완전히 뜬구름 잡는 소리는 아니었다. 그는 실제로 4개월 만에 딸아이 친구와의 약속을 지켰다. 수동 휠체어에 모터를 장착하자 아이는 하교 후 훨씬 자유롭게 또래 친구들과 어울릴 수 있게 됐다. 그러자 여기저기에서 연락이 오기 시작했다. "우리 아이도 만들어 달라"는 부탁이었다. 혼자서 수작업으로 일을 감당하다 보니 시간과 돈이 지나치게 많이 들었다. 그렇지만 모터를 필요로 하는 사람이 너무나도 많다는 사실을 알게 된 후여서 그는 쏟아지는 요청을 외면할 수 없었다. 고심 끝에 심 대표는 SNS를 통해 크라우드 펀딩을 시작했고, 이것을 기반으로 2016년 7월 토도웍스를 창업했다.

출처 : 더벨(2018.10.01.) "디쓰리쥬빌리, 전동휠체어 키트 '토도웍스' 투자"
인사이트(2018.8.28.) "SK그룹이 밀어주는 착한 기업 '토도웍스' 덕분에 장애 아동들이 밝게 웃고 있다."

생각해 보기

01 투자자들이 '토도웍스'를 매력적인 투자처로 인식하게 된 요인들은 무엇인가?

02 소셜벤처로서 '토도웍스'의 사회적 가치와 실현하고 있는 임팩트는 무엇인가?

10.1 창업자금 조달의 중요성

소셜벤처를 비롯한 대부분의 창업 초기 단계의 창업가들에게 사업을 준비하고 진행하는데 있어 가장 큰 어려움이 어떤 것인가를 물어보면 항상 가장 큰 어려움으로 언급하는 것이 자금조달에 대한 부분이다.

[그림 10-1]에서 보는 바와 같이 '자금'은 창업과정 뿐만 아니라 기업의 운영과정에서도 가장 큰 어려움을 겪고 있는 요소로 조사 되었다. 그렇기 때문에 창업을 준비함에 있어 아이디어와 같이 구체적이고 세밀한 계획이 필요한 것이 바로 자금조달이다. 아이디어가 창의적이고 성공 가능성이 높더라도 적절한 시기에 자금이 조달되지 않으면 창업은 실행이 불가능해지고, 사업은 성장에 어려움을 겪을 수밖에 없다. 실제로 많은 창업 전문가들은 창업가(정신), 아이디어, 창업자금 3가지를 성공 창업의 필수요소라고 언급한다.

그림 10-1 창업과정 및 기업 운영과정의 애로사항

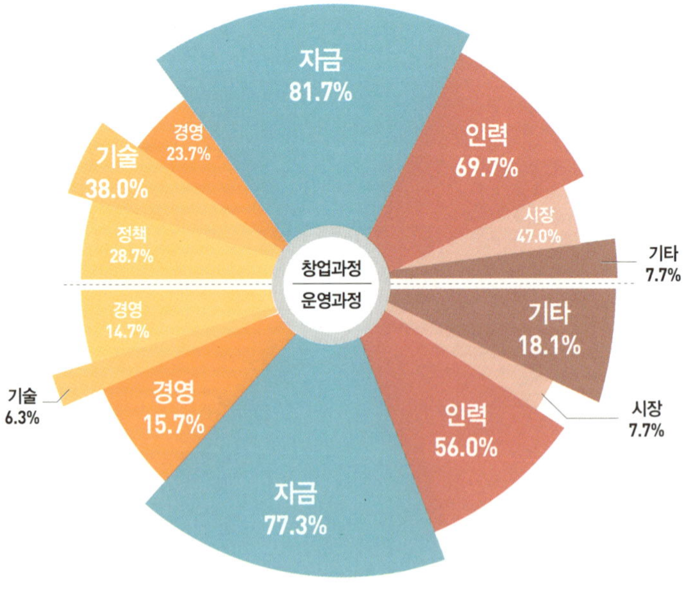

출처 : 머니투데이(2014. 12. 30), '정부 지원에도 자금 해결 어려움은 여전' 기사

대부분의 창업가들은 창업 초기에 안정적인 현금 흐름, 자본 투자, 장기간의 제품 및 서비스 개발 기간의 문제로 인해 많은 창업자금 조달을 필요로 한다. 초기에 충분한 창업자금 확보를 통해 안정적인 현금 흐름과 성장을 위한 자본, 제품 및 서비스 개발을 위해 적시에 투자가 이루어져야만 창업 기업이 빠르게 안정을 찾아갈 수 있다. 만약, 초기 창업 기업이 사업에 필요한 충분한 자금의 조달이 어려워지면 운영비용의 지출 속도는 갈수록 증가하게 되고, 이는 부정적인 결과를 초래하는 상황으로 이어지는 악순환의 시발점이 될 수 있다.

또한, 초기 창업 기업들에게 장비 구입, 공장 설립, 직원 교육 · 훈련 등의 비용이 많이 드는 것이 당연한 것일 수 있으나 예산과 지출 경비의 비율을 적절하게 조정하지 못한다면 아무리 좋은 아이템과 역량을 가지고 있는 창업가라도 실패할 수밖에 없다.

따라서 소셜벤처를 창업하고자 한다면 자금 조달의 어려움을 극복하기 위해 사업 초기에 필요한 자금을 정확하게 예측하고, 자신이 보유하고 있는 현금이나 예금을 기본으로 하면서 부족한 자금을 정부 및 공공기관의 지원제도, 기업과의 연계(CSR) 또는 외부 투자자를 활용하여 자금을 조달할 계획을 수립하는 등 어디에서 어느 정도의 자본을 조달할 것인지 구체적인 자금 조달 계획이 수립되어 있어야 한다. 또한, 기업의 안정적이고 효율적인 운영과 더불어 외부의 이해관계자 및 투자자들의 의사결정에 도움이 되는 정보를 제공하기 위해서는 재무제표상의 각종 지표가 안정적으로 관리되어야 한다. 그럼에도 불구하고 창업가들의 상당수가 재무제표에 대한 이해가 부족할 뿐만 아니라, 재무제표를 읽지도 못하는 경우가 많이 있다. 회계와 재무에 대한 지식은 비즈니스의 언어와 같은 것으로서 이를 통해 사업의 경제적 타당성에 대한 분석까지 진행할 수 있어야 사업의 성패를 가늠해 볼 수 있기 때문에 조금은 생소하고 어렵더라도 재무관리에 대한 기본적인 지식을 가지고 있어야 한다.

이에 본 장에서는 창업자금의 이해와 조달방법, 투자 유치 및 재무관리에 대해서 알아보고자 한다.

10.2 창업자금 조달 시 고려사항

1) 사전 자금 조달 계획 수립

초기 창업자금은 사업의 시작과 기회를 얻기 위해 사용된다. 그렇기 때문에 창업 자금을 마련하기 전에 철저한 자금조달 계획을 수립하는 것은 매우 중요하다. 창업 자금 조달 시 확인해야 할 사항으로는 사업형태, 자기자금 보유 형태, 대출 가능 여부 확인, 각종 창업 관련 정책자금 조달 가능 여부, 매출 추정을 통한 추정 재무제표 작성 등에 관한 사항이다. 사업 아이템에 따라 제조업, 서비스업, 유통업 등의 업태와 소기업, 중기업, 대기업 등의 사업 규모가 결정될 것이며, 이후 필요한 자금이 어느 정도 일지 소요자금 추정을 통해 예측할 수 있어야 한다.

소요자금 추정이란, 창업 시 필요한 소요자금이 얼마인지 추정해보는 것으로 크게 고정자금(초기 투자자금, 시설자금)과 운전자금으로 나누어지며, 초기 투자자금은 사무집기, 비품, 사무실 임차료, 통신비 등이며, 시설자금은 고정자산을 구입하는데 필요한 자금이다. 운전자금은 재료비, 인건비, 운반비, 유지보수비 등으로 구성되어 있다. 소요자금이 추정되면 필요한 자금을 어떻게 조달할 것인가에 대한 계획을 수립해야 한다. 일반적으로 자금조달 계획표에 의해 조달 계획을 수립하는데, 자금조달 계획표란 일정기간동안 필요한 자금에 대한 구체적인 조달 방법을 나타낸 것으로 [표 10-1]과 같다.

표 10-1 자금조달 계획서(샘플)

구분	소요자금 내역			자금조달 계획			
	항목	금액	산출근거	조달방법	조달시기	기 조달액	추가 조달액
초기 투자금							
	소계						
시설 자금							
	소계						
운전 자금							
	소계						

창업자금 조달 계획 수립 시 유의할 점은, 부채가 유용한 자금 조달 방법임에는 분명하지만 이자라는 고정비 때문에 감당할 수 있는 수준의 부채를 유지할 수 있도록 자금조달 계획을 수립하여야 한다. 또한, 많은 창업자가 사업 채무에 대한 보증을 서면서도 그 위험을 깨닫지 못하는 경우가 있는데, 가능한 사업 채무에 대한 보증을 서지 않도록 노력해야 한다.

2) 부채와 자기자본

자금을 조달하는 방법에는 어떤 것이 있을까? 이론적인 관점에서 보면 크게 2가지로 분류될 수 있다. 첫 번째, 금융기관에서 대출을 받거나 채권을 발행하는 등 부채의 형태로 조달하는 것이고 두 번째, 주식을 발행하여 자금을 조달하는 것이다. 부채의 형태로 자금을 조달하는 형태의 가장 큰 특징은 자금을 사용한 대가로 지불하는 보상인 이자가 고정비의 성격을 갖는다는 것이다. 고정비는 매출이나 영업이익과 상관없이 지불되어야 하는 비용으로, 부채의 비율이 높아지면 그만큼 매달 감당해야 하는 이자비용의 부담이 늘어가게 된다. 만약, 기업의 영업이익을 통해 이자를 상환하지 못하면 추가로 부채를 져야하고 늘어난 부채는 이자비용을 늘리게 되는 악순환을 가져오게 된다. 문제는 영업이익을 결정하는 매출이 창업자가 통제할 수 없는 위험인 경기 상황에 따라 크게 변동된다는 점이다. 따라서 자금 조달 시 적정 수준의 부채를 유지할 수 있도록 자금 조달 계획을 수립해야 한다.

읽어 보기

창업-스타트업의 창업자금 조달 방법

창업-스타트업 뿐만 아니라, 모든 신생 기업의 고민은 '자금'이다. 자금은 문제 해결을 위해 중요한 요소이다. 스타트업이 실패하는 이유 중 1위는 시장이 원하지 않는 제품(42%), 2위 자금부족(29%), 3위는 팀원 구성 문제(23%)이며, 경쟁력, 가격원가 문제 등 이다.

창업자는 제품을 만들어야 하는데 재료비, 인건비, 테스팅 비용에 대한 걱정과, 마케팅, 인재 채용 등 다양한 고민에 빠지게 된다. 이러한 다양한 고민을 해결하기 위한 가장 1차원적인 방법은 바로 넉넉한 자금이다. 이러한 문제 해결을 위해서, 국내 스타트업들의 자금조달 방법에 대해 알아보자.

실리콘밸리와 국내 일부 성공 스타트업의 자금 조달 사이클

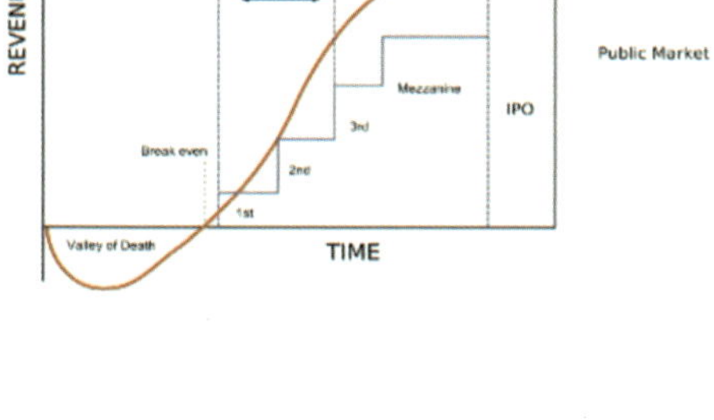

미국과 국내의 투자환경을 비교해보면, 미국은 민간주도의 성숙한 투자환경, 창업 초기 엔젤 투자 비중이 전체 투자의 50%, 실리콘밸리 창업자는 당연히 Seedmoney를

엔젤 투자를 고려하여 사업을 시작하는 반면, 국내는 정부 주도의 투자환경(모태펀드 등) 중심이며, 엔젤투자 비중은 전체의 10%로 주로 정책자금을 통해 Seedmoney를 조달하고 있다.
국내 창업 환경의 특성을 고려하여, 기업의 성장 단계에 맞춰 정책자금과, 투자유치를 통한 자금조달 계획을 미리 수립하고 준비하는 것이 스타트업 성장을 위해 매우 중요하다.

생존을 위한 국내 스타트업 자금 조달 방법

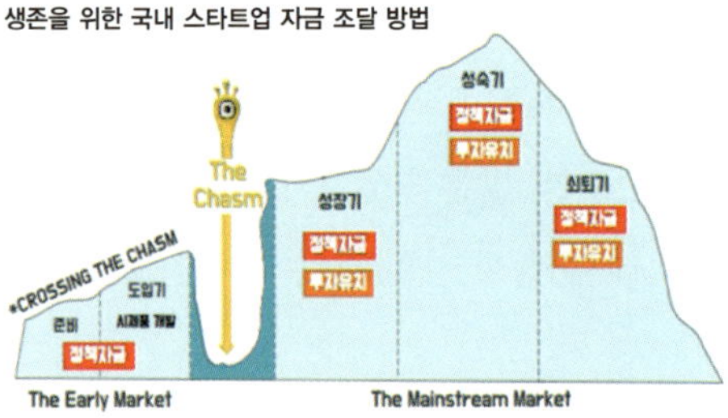

출처 : 고명환(2018.1.31.), '창업자-예비창업자 스타트업자금 조달 방법 및 자금 사용법' 재구성

주식 발행과 관련하여 주주들에게 지불하는 보상인 배당은 채권과 달리 변동비의 성격을 갖는다. 기업의 매출이 늘어나서 순이익이 발생하면 배당을 시행하거나 내부 유보금으로 적립할 수 있으며, 매출이 저조하여 순이익이 발생하지 않을 경우에는 배당을 하지 않아도 되기 때문에 부채와 비교하여 기업의 부담이 상대적으로 적은 자금 조달 방법이라고 할 수 있다. 주식 발행을 통한 자금 조달이 중요한 이유는 향후 기업의 신용 평가와 관련하여 부채 및 자기자본비율에 큰 영향을 미치기 때문이다.

주식 발행을 통해 자금을 조달함에 있어 누가 얼마만큼의 지분을 갖는가에 대한 지분 구조도 신중하게 고려해야 한다. 여러 사람이 공동으로 투자해 주식회사를 세우게 되면 누가 회사의 최대 주주가 될 것인지 이견이 생기게 된다. 공동 창업멤버 각자가 자신이 회사의 오너십을 갖고 있어야 한다고 생각하고 있다면, 특히 사업이 잘 성장하고 있는 경우에는 경영권을 갖기 위한 분쟁이 발생할 수 있다. 극단적인 경우에는 동업자와 갈등을 겪은 이후 사업을 포기하는 사례도 적지 않기 때문에 지분율에 대해서는 신중하게 검토해야 한다. 한편, 사업이 확장되는 과정에서 중요한 파트너에게 지분을 분배해야 할 필요성이 생기게 되는데 이런 상황을 고려한다면 창업기업의 경우 대표자가 60%~70% 정도의 지분을 보유하고 있는 것이 바람직하다.

읽어 보기

스타트업 주주간(공동창업자 등)계약서 **10가지 체크리스트**

주주간계약서는 주식회사 주주들 간에 회사를 설립하고 운영해 나가는 과정에서 지켜야할 약속과 가이드라인을 문서화시킨 일종의 합의서로, 2인 이상의 동업자들이 법인설립을 고려하고 있다면, 반드시 주주간계약서를 작성하라고 권한다. 서로 다른 생각과 이해관계를 가진 주주들(공동창업자 등)이 모여 회사를 운영해 나감에 있어, 생각지도 못한 일들이 발생하거나, 의견 충돌 또는 갈등 등이 발생하기 마련이고, 이런 상황을 현명하게 대처할 수 있도록 마련된 가이드라인이 없다면 갈등이 해결되지 않거나 증폭되어 회사의 존립 자체가 위태로워질 수 있기 때문이다. 이에 대한 10가지 체크리스트를 제시한다.

---

1. 주주간의 지분비율 및 역할분담 확정

"지분비율을 어떻게 정하는 것이 좋을까요?" 정해진 것은 없다. 그러나, 지분권을 정할 때는 자신과 자신의 우호지분이 먼저 보통결의를 통과시킬 수 있는지(회사 지분의 50.1% 확보), 나아가서 특별결의까지 통과시킬 수 있는지(회사 지분의 66.7%확보)를 따져볼 필요가 있다. 역할 및 책임 분담(R&R)의 경우, 각 지분권자의 기여도(투자금액, 핵심역량 등) 및 각자가 가지고 있는 역량을 고려하여 사업의 기획 및 투자금 유치, 마케팅 및 디자인 업무, 사업개발, 회계, 인사 및 노무 등의 업무를 협의하여 정하면 된다.

2. 자금관리 약정

개인 사업을 할 때와는 달리 2인 이상이 모여 동업을 하면 '뭐, 내돈도 아닌데.' 라는 생각이 들기 시작하면서 모럴해저드(Moral Hazard)가 찾아오는 경우가 많다. 특히 법인카드를 무분별하게 사용하는 등 상식적으로 납득되지 않는 행동들을 할 가능성도 배제할 수 없으므로, 반드시 자금관리와 관련된 구체적인 가이드라인을 만들어 두어야 할 것이다.

3. 주주총회 구성

주주총회는 주식회사의 최고의사결정기관이다. 이유는 단순하다. 일반적인 회사의 업무는 대표이사 또는 업무집행이사에 맡기지만, 중요한 의사결정은 주식회사의 소유자에 해당하는 주주들이 직접 결의하겠다는 것이다.

4. 이사회 구성

이사회에서는 이사 과반의 확보가 가장 중요하다. 과반만 확보되면 이사회 결의사항은 무리없이 처리할 수 있기 때문이다. 이사회를 구성할 때는 가급적 이사의 수를 홀수로 정하여 불필요한 교착상태를 사전에 막는 것이 좋다.

5. 대표이사 및 감사의 지정

대표이사는 법인의 대표권을 가진 기관으로 주주총회 및 이사회 결의사항을 제외하고 업무집행을 위하여 필요한 세부사항들에 대하여 의사결정을 하고 회사를 대표할 수 있는 권한을 가지고 있다. 따라서 대표이사를 누구로 선임할 것인지를 정하는 것은 회사의 경영에 절대적인 영향을 미친다. 감사는 회사의 업무 및 회계를 감사하고, 이사와 이사회를 감시하는 등의 역할을 한다. (자본금 10억이상의 주식회사에서는 반드시 선임)

6. 회계 및 보고

회사의 회계와 관련하여 기본적으로 정하여야 하는 사항 및 이에 대한 보고 의무를 주주간계약서에 정하는 것이 필요하다.

7. 주식양도 제한 조항

처음 스타트업을 시작할 때에는 모두가 뜻이 맞아서 시작하였지만, 시간이 갈수록 문제가 발생하게 된다. 대표적인 문제 중의 하나가 바로 주주 중 일부의 이탈이다. 주식회사의 본질 상 자신의 주식을 타인에게 양도하는 것은 자유이며 이것 자체를 막을 수는 없다. 다만, 일정한 제한들을 가하여 양도기간을 제한하거나(주식양도 기한 제한), 주식 양도 시 기존 주주들에게 먼저 매수할 수 있는 기회를 준다거나(우선매수권부여) 등의 장치를 사전에 마련하여 피해를 최소화 할 수 있을 것이다.

8. 교착상태의 해결방안 (풋옵션 또는 콜옵션)

주주총회에서 50:50으로 팽팽하게 주주들이 맞서거나, 이사회에서 2:2 등으로 의견이 맞서 중요한 의사결정이 이루어 지지 않고 교착상태에 빠질 때, 회사는 큰 위기를 맞게 된다. 이 경우에는 사전에 주주간계약서에 이러한 상황을 해결할 수 있도록 풋옵션(상대방에게 자신이 보유한 회사주식의 전부를 공정가치로 매도할 권리) 또는 콜옵션(상대방 당사자로부터 상대방 당사자가 보유하는 회사주식의 전부를 공정가치로 매수할 권리)을 명시해두는 것도 방법이다.

9. 경업금지 조항

회사의 모든 것들을 파악하고 있는 주주 중 한 명이 갑작스럽게 회사를 나간 뒤 경쟁사의 임원이 되거나, 아예 별도의 법인을 설립하여 유사 서비스를 제공하면 회사는 직격탄을 맞게 된다. 이를 대비해서 경업금지 조항을 아주 구체적으로 작성해 둘 필요가 있으며, 경업금지 의무 기간을 정할 때 회사의 주주로서의 지위를 유지할 때는 물론이거니와 주식양도 이후에도 일정기간까지 충분한 기간을 정하여 명시해 두어야 한다.

10. 위약금 조항

마지막으로 이러한 조항들을 지키지 않을 경우에는 어떻게 할 것인지에 대한 언급이 반드시 명시되어야 한다. 위약금 조항은 다소 모소한 손해배상 조항보다는, 구체적인 금액을 명시한 위약금 조항을 활용할 경우, 손해액이 얼마인지 등을 입증하지 않아도 곧바로 위약금을 청구할 수 있기 때문에 상대방은 심리적으로 굉장한 압박을 받게 된다.

출처 : 류재언(2017), '스타트업 주주간 계약서 10가지 체크리스트' 재구성

10.3 창업기업 자금 조달 방법

대부분 아이디어를 시행하기 위해 준비하는 단계인 창업 초기 단계에서는 자금 조달이 매우 어렵다. 창업가가 고안한 아이디어를 바탕으로 개발 단계에 접어든 창업 아이템에 대해 투자할 사람을 찾는 것은 쉽지 않다. 창업 초기 기업의 투자금 회수의 보장이 확실하지 않고, 성과가 눈에 보이지 않는 단계이기 때문이다.

창업 초기에 부족한 자금을 조달하는 방법은 크게 세 가지로 나눌 수 있다. 개인이 보유한 자금을 활용하는 것, 가족 또는 친구와 같은 지인을 통한 자금조달, 그리고 정부정책자금 및 금융시장을 통한 방법이 있다. 이러한 자금 조달 유형에는 항상 장점과 더불어 단점도 함께 수반되기 때문에 현재의 상황을 잘 파악하고 검토한 후, 자금조달 방법을 선택하여 실행하는 것이 중요하다.

표 10-2 창업자금 출처(복수 응답)

구분	비율(%)	구분	비율(%)
본인 자금	26.4	주식 발행	4.8
정부 · 공공자금	16.4	제2 금융권	4.5
제1 금융권	11.1	기관(증권사) 투자	3.6
엔젤투자	10.5	사채	2.3
벤처캐피탈	8.5	기타	4
기업투자	7.9		

출처 : 미래글로벌창업지원센터

1) 개인자본 및 지인을 통한 자금 조달

창업가가 소유하고 있는 재산으로 창업 자금을 조달하는 것이 자기자본 창업이다. 자기 소유 자본으로 창업을 한 경우 외부로부터 자금을 조달해야 하는 경우와 비교하여 몇 가지 장점이 있다. 무엇보다, 이자 부담과 원리금 상환에 대한 부담이 없기 때문에 사업을 안정적으로 운영할 수 있는 이점이 생길 수 있다. 이러한 환경이 조성되면 창업가는 사업에 전력투구를 할 수 있게 되고, 지출에 있어 신중을 기하게 된다. 그러나 실제로 창업가의 자기 자본만으로는 창업자금 전체를 조달하는 것이 쉽지 않은 것이 현실이며, 자금 사용이 제한적이어서 사업 성장률이 감소할 수 있는 단점을 가지고 있다.

개인자본에는 재무적인 개인 자본도 있지만, 창업자의 노력과 시간도 개인 자본에 속한다고 할 수 있다. 창업가가 아이템을 개발하고 발전시키는 과정에 투여되는 시간과 창업가의 노력은 돈으로 계산하기 어려운 것이지만, 이러한 것들이 창업 기업의 재무적 성과로 이어질 수 있도록 하는 요소라고 할 수 있다. 대부분의 성공한 창업가들을 살펴보면 초기에 필요한 최소의 자본을 활용하여 지속적인 노력과 시간을 쏟아 부었음을 알 수 있다. 그렇기 때문에 창업 초기에 창업가가 쏟아 부은 노력과 시간은 그 어떤 재무적인 자본보다 가치 있는 것이라고 할 수 있다.

창업가의 또 다른 주요 자금 조달원은 가족이나 친구 등의 지인이라고 할 수 있다. 그들은 창업가에게 융자를 해주거나 또는 투자를 통해 주식을 매입하기도 한다. 가족이나 친구의 경우 제품이나 서비스보다는 창업가를 보고 투자하는 경우가 많은데 이러한 자금 조달 방법은 공식적인 기관을 통한 자금 조달보다 비용 측면에서 저렴한 장점을 가지고 있다. 하지만 가족 및 지인을 통한 자금 조달은 창업초기 기업이 필요한 자금의 규모에 턱없이 모자란 경우가 대부분이다. 또한 창업 초기 기업은 위험성이 매우 높기 때문에 많은 자금을 가족 및 지인을 통해 조달할 경우 가족 전체가 금전적인 어려움에 빠질 수 있다는 것을 유의하여 투자 금액을 결정하도록 해야 한다.

2) 정책자금을 통한 자금 조달

정책 자금은 추후 자금 상환 유무에 따라 창업에 필요한 자금을 무상으로 지원하는 방식과 이자가 낮은 저리로 대출해 주는 2가지 형태로 구분할 수 있다. 무상 자금 지원은 일반적으로 2천만 원~5천만 원 정도의 자금을 엄격한 심사를 통해 선발된 기업을 대상으로 지원하는 방식이다. 무상으로 자금을 지원하는 사업은 사업 시기가 일정치 않고, 몇 단계에 걸친 심사도 병행되기 때문에 최종 자금지원 대상 기업으로 선정되는 것이 쉽진 않지만, 추후 자금 상환에 대한 부담이 없어 초기 창업 기업에게는 큰 도움이 될 수 있기 때문에 기업의 사업과 연관된 분야라면 적극적으로 참여해 볼 필요가 있다. 정부 정책자금을 활용하여 창업에 도전하고자 한다면 '한국사회적기업진흥원', '창업진흥원' 등의 홈페이지를 통해서 다양한 정보를 얻을 수 있다.

표 10-3 정책자금의 세부 유형

구분	내용
보조	– 판로, 마케팅, 컨설팅, 인력 확보 등 다양한 서비스 지원 – KOTRA, 고용노동부, 중소벤처기업부 등
출연	– 회수하지 않는 자금으로 담보, 보증, 이자가 없음 – R&D 개발 지원금
보증	– 기업의 낮은 신용도를 보완하는 목적으로 보증서를 통해 은행 대출가능 – 신용보증기금, 기술보증기금, 신용보증재단
융자	– 시중 은행보다 저렴한 금리로 대출 – 중소기업진흥공단의 정책자금, 지방자치단체 지원금, 국책은행 지원금

이자가 낮은 저리 대출 방식은 보통 신용보증기금이나 기술보증기금에서 일정한 평가 후 보증서를 발급받아 시중에 있는 금융기관을 통해 자금을 조달하는 방식으로 지원되는 자금의 규모는 몇 천만 원~몇 억 원 정도로 사업의 규모나 내용에 따라 편차가 있다. 대출에 대한 이자는 정부에서 일정 부분 지원을 해 주기 때문에 시중 금융기관의 대출 금리와 비교하면 상당히 저렴한 편에 속한다. 한 가지 꼭 기억해야 할 점은, 이자가 낮긴 해도 이것도 대출이라는 것이다. 정부에서 지원해 주는 것은 원금이 아니라 이자 부분이기 때문에 낭비되는 자금이 발생하지 않도록 조달된 자금을 어느 분야에 어떻게 사용할 것인지 꼼꼼하게 계획을 수립하여 자금을 집행하여야 한다.

10.4 성장단계별 정책자금 활용 방안

중소벤처기업부와 과학기술정보통신부에서는 매년 1조원 이상의 예산을 창업자 및 1인 창조기업과 중소벤처기업을 위해 지원하고 있는데, 창업가들에게는 '창업지원금', 중소벤처기업들에게는 '기술개발지원금(R&D 지원금)'이라고 구분하여 지원하고 있다. 이렇게 지원되는 자금은 창업 기업의 성장단계별(창업 준비 및 실행단계, 성장단계, 성숙 및 회수 단계)로 적절하게 활용할 수 있기 때문에 매년 연초에 일괄적으로 공고되는 지원 사업을 주의 깊게 살펴보아야 한다.

소셜벤처 창업 기업들도 이러한 정책 자금 지원 사업 참여를 통해 창업에 필요한 자금을 조달할 수 있으며, 앞서 언급한 정책자금 이외에도 정부, 공공기관, 기업, 민간 재단과의 협력을 통해 소셜벤처를 지향하는 창업 기업들만 참여하여 활용할 수 있는 자금과 지원 사업들이 있기 때문에 창업 초기에는 이 부분을 더욱 눈여겨 살펴본다면 자금 조달에 큰 도움이 될 수 있을 것이다.

소셜벤처 창업 준비 및 실행단계에서 참여 가능한 지원 사업은 소셜벤처경연대회, 사회적기업가육성사업, H-온드림 오디션, 아시아소셜벤처경진대회(SVCA), LG Social Fund가 있으며, 창업 아이템이 국제개발사업과 연계되어 있는 경우에는 KOICA의 CTS 사업과 연계할 수 있으며 자세한 내용은 [표 10-4]와 같다.

표 10-4 소셜벤처 창업 준비 및 실행단계 지원 사업

구분	구분
	- (개요) 창의적이고 도전적인 정신으로 사회문제의 솔루션을 제공하는 소셜벤처를 발굴하기 위한 아이디어 경진대회로 아이디어(청소년, 대학생 부분) 및 창업(일반 창업, 글로벌성장)부문으로 구분하여 운영 - (지원내용) 총 상금 2억 원, 창업부문 전국대회 입상팀의 경우 차년도 사회적기업가 육성사업에 심사 절차없이 참여할 수 있는 참가권 부여 - (사업시기) 매년 5월 전후 공고하여, 10월 전후 최종 수상자 결정
	- (개요) 혁신적인 사회적기업 창업 아이디어를 가지고 사회문제를 해결하는 사회적기업가를 발굴 · 육성하여 사회적기업 창업 아이템의 사업화를 지원하는 사업 - (지원내용) 사업비(1천만 원~5천만 원까지 차등 지원), 창업 공간, 멘토링 제공, 교육 프로그램, 자원 연계 및 사후관리 지원 - (사업시기) 매년 12월 전후 공고하여, 차년도 2월 중 최종 창업팀 선정

	– (개요) 현대차정몽구재단에서 시행하는 사업으로 사회적기업가 육성사업 창업팀 및 사회문제를 혁신적으로 해결하고자 하는 창업 후 3년 이내의 창업팀을 대상으로 하며, 인큐베이팅그룹과 엑셀러레이팅 그룹으로 구분하여 선발 – (지원내용) 인큐베이팅그룹 선정 시, 기본 사업비 2천만원 지원 및 향후 사업의 성장성을 고려하여 최대 1억원까지 추가 지원 – (사업시기) 인큐베이팅그룹 선정은 매년 4월 전후 공고하여, 1차 서류심사, 2차 미션 라운드(미션 라운드 통과한 팀을 대상으로 현장실사) 및 3차 본선대회를 통해 최종 지원팀 선발
	– (개요) LG전자 및 LG화학에서 시행하는 친환경 분야의 사회적 경제 조직을 발굴, 육성, 동반성장 할 수 있도록 지원, Starting 그룹과 Growing그룹으로 구분하여 운영 – (지원대상) 소셜벤처, (예비)사회적기업, (사회적)협동조합, 자활기업 등 – (지원내용) Starting 그룹 최대 5천만원(무상지원), Growing 그룹 최대 1억 원(무이자 대출)
	– (개요)아시아소셜벤처경진대회는 소셜벤처의 아이디어가 창출하는 소셜임팩트를 정량화하고 확장 가능한 모델로 발전시키는 것을 지원, 본 대회의 수상자는 GSVC(Global Social Venture Competition) 진출 자격 부여 – (지원내용) 총상금 1.6억원, 아이디어 부분과 스타트업 부문으로 구분하여 운영하고 있으며, 스타트업 부문 입상자는 상금 및 GSVC 대회 경비 · 왕복 항공료 지원(최대 2인)
	– (개요) 코이카 CTS 사업은 창의적 혁신 기술을 기반으로 하여 개발도상국의 사회 문제 해결에 기여할 수 있는 아이디어를 발굴하여 시제품 제작 및 실용화와 사업화를 지원하는 프로그램 – (지원대상) 예비창업자, 스타트업, 소셜벤처, 사회적기업 등 – (지원내용) SEED1(기술개발사업 준비사업) 단계에서는 최대 3억원, SEED2(비즈니스 준비사업) 최대 5억원 지원

[표 10-4]에서 소개되고 있는 프로그램은 소셜벤처를 비롯한 사회적경제 영역으로 진입하기 위한 창업팀들의 등용문과도 같은 가장 대표적인 지원 사업이지만, 이밖에도 최근에는 기업의 CSR 사업과 연계한 지원 사업도 많이 있기 때문에 창업팀의 사업 진행 단계별로 적절한 프로그램을 이용하면 많은 도움을 받을 수 있으며, 가장 대표적인 프로그램들은 [표 10-5]와 같다.

표 10-5 소셜벤처 창업 진행 단계별로 활용 가능한 기업 CSR 프로그램

수행기관	협력기업	사업명	지원 대상 및 주요 지원 내용
한국사회적기업진흥원 Korea Social Enterprise Promotion Agency	우리은행	We Star 발굴 프로젝트	– 사회적기업가 육성사업 출신 창업팀 – 창업지원금 1천만원, 컨설팅 및 판로 지원
	국민은행	사회혁신 프로젝트	– 예비사회적기업 – 사업개발비 및 연구개발비(1천만원~2천만원) 지원
	신세계 아이앤씨	신세계 아이앤씨 Mini Contest	– IT 기술을 활용하는 사회혁신기업 – 창업팀별 성장 지원금 1천만원~2천만원 지원
	KT 그룹	소셜 체인지메이커 공모전	– 혁신적인 사업모델을 제시하는 사회적경제조직 – 총상금 1.5억원(창업팀별로 1천만원~2천만원 지원)
	한국토지 주택공사	LH 소셜벤처 창업지원사업	– 창업팀별 1천만원 지원 및 향후 2년간 성과에 따라 최대 4천만원 지원 – 교육 및 컨설팅, 네트워킹, 크라우드 펀딩
	KDB 나눔재단	KDB 고용 인프라 지원사업	– (예비)사회적기업 – 사업비, 경영개선자금 등 최대 3천만원 지원 – 전문가 멘토링, 네트워킹 지원
사회연대은행 사단법인 함께만드는세상	기업은행	소셜벤처 성장지원사업	– 설립 3년 이내의 법인 사업자 – 최대 2천만원 사업개발비 지원 – 리더쉽, 브랜딩, 마케팅 교육 지원
	한전 KDN	사회적경제 기업 경영개선 지원사업	– 관련법에 근거한 사회적경제 기업 – 최대 2천만원 무상 지원 또는 최대 3천만원 무이자 대출
	HSBC	사회적기업 운전자금 지원	– (예비)사회적기업 – 기업당 최대 1500만원 대출
열매나눔재단 MERRY YEAR FOUNDATION	JP모간	사회적기업 브릿지 프로젝트	– 소셜벤처, 사회적기업 – 자금 및 판로연계, 브랜드 리빌딩
	기아자동차	기아차×그린차 Seed School for Challenger	– 청년 창업가 – 최대 500만원 창업자금 지원
wi 함께일하는재단	새마을금고	사회적경제기업 육성 지원사업	– 사회적경제 기업 – 기업당 최대 5천만원 이내이 사업비 지원 – 컨설팅 및 멘토링 지원
underdogs.	KT&G	KT&G 상상스타트업	– 예비창업가(법인화 이전의 개인, 팀) – 우수팀에게 최대 8000만원의 사업화 자금 지원 – 코워킹 스페이스 사무공간 제공 및 해외연수 프로그램

읽어 보기

소셜벤처 활성화해 일자리 2천500개 창출한다

'1천200억원 임팩트펀드 조성…성수동 등에 소셜벤처 허브구축'
'민간 엔젤모펀드 200억원 조성…엔젤투자 규제 완화와 세제지원'

정부가 1천200억원 규모의 '소셜 임팩트투자 펀드'를 조성하고, 보증 지원을 확대하는 등 소셜벤처 성장을 지원해 일자리 2천500여개를 창출하기로 했다. 중소벤처기업부는 대통령 직속 일자리위원회가 내놓은 '민간 분야 일자리 창출 대책'에 따라 이런 내용의 일자리 창출 계획을 밝혔다.

소셜벤처로 일자리 2천500개 만든다…1천200억원 펀드조성

중소벤처기업부는 소셜벤처 성장에 필요한 투자를 활성화하기 위해 모태펀드 800억원을 출자해 1천200억원 규모의 '소셜 임팩트투자 펀드'를 조성하기로 했다.

임팩트투자는 재무적 성과를 넘어 사회적 · 환경적 성과를 추구하는 것으로 초기에 중소벤처기업부와 금융위원회가 각각 1천억원 및 200억원을 출자하기로 했다.

중소벤처기업부는 펀드 조성 규모를 2022년까지 5천억원으로 확대하고 보증을 통한 보증 공급지원도 5년간 5천억원 규모로 늘리는 방안을 검토하기로 했다. 소셜벤처 등 사회적 경제 기업에 대한 정책자금 지원 규모도 2018년에는 350억원으로 확대할 예정이다. 우수 청년 소셜벤처에는 1억원까지 창업 사업화 비용을 지원하고, 국내외 판로를 확장할 수 있도록 돕는다.

연구개발(R&D) 기획 역량 강화 교육과 사업화 전략 수립을 돕기 위한 기획기관 매칭 등 R&D 지원에도 힘을 쏟는다. 소셜벤처는 혁신적 기술 · 아이디어로 사회문제를 해결하는 기업이다.

국내에선 민간에서 자생적으로 성장한 500여개 소셜벤처가 활동하고 있으나 이런 움직임이 사회경제 전반으로 확장될 정책, 제도적 뒷받침이 부족한 수준이다.

이에 중소벤처기업부는 자금 지원과 제도 개선 등 방안으로 소셜벤처 규모가 커지면 지속 성장할 수 있는 양질의 청년 일자리가 창출될 것으로 보고 있다.

내년까지 360여개 소셜벤처가 창업하고 250개 기업이 임팩트투자 · 보증 · R&D 지원을 받아 청년 일자리 2천여개 등 모두 2천500여개의 일자리가 창출될 것으로 기대하고 있다.

아울러 중소벤처기업부는 소셜벤처 판별 가이드라인, 가치평가 체계와 청년 소셜벤처 허브를 구축하고, 창업 활성화와 성장 촉진을 지원하기로 했다. 은행, 투자기관 등이 소셜벤처를 정책 대상으로 지원할 수 있도록 소셜벤처 판별 가이드라인을 민간 전문가 중심으로 마련하고 소셜벤처가 창출한 사회적 가치를 반영한 가치평가모형도 개발하기로 했다.

중소벤처기업부 관계자는 "소셜벤처의 정의를 내려 제도 안에 두는 것보다 가이드라인 정도만 제시해 다양성과 확장성을 담보하는 것이 나을 것이라는 현장과 전문가 의견을 반영했다"며 "소셜벤처는 혁신적인 제품을 생산하는 동시에 사회문제를 해결해 일자리 창출과 양극화 해소의 대안이 될 수 있다"고 설명했다. 중소벤처기업부는 또 수도권에선 서울 성동구 성수동 일대, 지방은 창조경제혁신센터 중심으로 '소셜 벤처 허브'를 구축할 계획이다. 특히 성수동은 창업공간, 기업 간 네트워킹, 공유형 물류 창고, 원스톱 경영 애로 해소 등을 지원해 소셜 벤처 창업 · 성장 중심지로 육성된다.

홍종학 중소벤처기업부 장관은 "좋은 일을 하면서 돈을 버는 혁신적인 소셜벤처가 제대로 대접받아 손쉽게 창업하고 성장할 수 있는 환경을 조성할 것"이라고 강조했다.

출처 : 연합뉴스(2018.5.16.), '소셜벤처 활성화해 일자리 2천500개 창출한다.'

소셜벤처 및 (예비)사회적기업에 자금을 공급하는 사회적 금융은 기업이 성장하는 속도를 따라오고 있지 못한 상황이지만, 앞에서 언급한 읽어보기에도 나와 있듯이 최근에는 다양한 채널을 통해 소셜벤처 및 (예비)사회적기업을 대상으로 한 자금 공급이 이뤄지고 있으며 기업의 성장 단계별로 활용 가능한 자금의 내용은 [표 10-6]와 같다.

표 10-6 소셜벤처 및 (예비)사회적기업 성장 단계별 활용 자금

사업명	창업단계 (소셜벤처/창업초기)	예비사회적기업 (부처형/지역형)	인증사회적기업
사회적경제기업 특례보증		○	○
사회적경제기업 특례보증		○	○
사회적기업 소액자금 대출제도		○	○
소셜벤처(S-Venture) 임팩트 보증	○	○	○
사회적기업 모태펀드	○	○	○
사회적경제기업 크라우드펀딩	○	○	○
중소기업 정책자금	○	○	○
사회적경제조직 영안정기금		○	○
경기도 사회적경제기업 특례보증		○	○
대전시 사회적기업 금융지원		○	○
서울시 사회투자기금		○	○
2018 지역 사회적경제기업 융자		○	○
경기도 사회적경제기업 (부동산) 융자 지원 사업		○	○

부산 사회적경제 지원(BEF 1기) 기금 금융 지원 사업		○	○
광주경제고용진흥원 경영 안정자금 지원	○	○	○
경상북도 중소기업 운전자금 지원	○	○	○
제주도 중소기업육성자금 융자 지원	○	○	○
화성시 사회적경제지원 융자사업		○	○
서울 성북구 사회투자기금 융자사업		○	○
서울 강동구 사회적경제 투자기금 융자사업		○	○
서울 성동구 사회적경제 활성화 기금 융자사업			
서울 은평 크라우드펀딩 연계 컨설팅		○	○
서울 중구 중소기업육성 자금 융자 지원	○	○	○
창원시 중소기업육성자금 융자 지원	○	○	○
IBK 사회공헌기금 보증협약체결		○	○
KDB 산업은행 사회적 가치 기업 특별 대출		○	○
KB 사회적기업 N 정책성 특례기업 우대 대출		○	○
동작신협 상생협력대출			○
한국사회혁신금융 융자	○		○
사회적기업 연대공제기금		○	○
충북 사회적경제기금		○	○
사회적기업 전문투자형 사모증권투자신탁	○	○	○
크레비스-라임 임팩트 제1호(임팩트투자 펀드)	○	○	○
부산 크라우드펀딩 지원 사업		○	○

또한, 사회적 금융을 운영하는 주체별 세부 운영 내역은 [표10-7]과 같으며, 각 영역별(보증, 융자, 투자, 중소기업 정책자금 및 소셜벤처 · 사회적기업 자조금융) 자세한 내용은 한국사회적기업진흥원에서 발간한 '사회적기업 자금조달 길라잡이' 를 참조하면 도움이 될 수 있을 것이다.

표 10-7 운영 주체별 사회적금융 현황

구분		사업명	수행	대상	성격	규모	연락처
중앙		중소기업 정책자금	중소기업 진흥공단	중소기업	융자	-	중소기업 통합콜센터 1357
		사회적기업 모태펀드	한국벤처 투자(주)	인증사회적기업 예비사회적기업 자활기업 마을기업	투자	290억	투자운용본부 02-2156-2024
		소셜벤처 임팩트보증	기술보증 기금	소셜벤처기업	보증	5,000억	고객센터 1544-1120
		사회적기업 나눔보증	신용보증 기금	인증사회적기업 예비사회적기업	보증	5,000억	사회적경제팀 1588-6565
		사회적경제 조직 전용 경영안정자금	소상공인 시장진흥공단	소상공인협동조합 등 사회적경제조직	융자	100억	중소기업 통합콜센터 1357
		크라우드펀딩	오마이 컴퍼니	사회적경제 기업	지원융자 투자	-	오마이컴퍼니 02-388-2556
		사회적경제기업 특례보증	지역신용 보증재단	사회적경제 기업	보증	5,000억	고객센터 1588-7365
		사회적기업 소액 대출	서민금융 진흥원	인증사회적기업 예비사회적기업 사회적협동조합	융자	50억~80억원	서민금융 통합콜센터 1397
광역	해당	2018 지역 사회적경제기업 융자사업	해당 자치단체	인증사회적기업 예비사회적기업 사회적협동조합	융자	-	신나는조합 02-365-0220
	서울	서울시 사회투자기금	신나는 조합	인증사회적기업 예비사회적기업 사회적협동조합	융자	-	신나는조합 02-365-0220
	부산	사회적경제 지원 기금 (BEF) 금융 지원 사업	사회적 기업연구원	사회적경제 기업	융자지원	-	사회적기업 연구원 051-753-2501
	광주	경제고용진흥원 경영안정자금	광주 광역시	중소 제조업체	융자	2,000억	경영지원부 052-960-2621
	대전	사회적기업 금융지원	하나은행	인증사회적기업 예비사회적기업	보증융자	19억원	042-539-5608
	경기	사회적경제기업 특례보증	경기도청 신한은행	사회적경제 기업	융자	50억원	031-253-7875
	경북	경북 중소기업 운전자금 지원	경상북도	중소기업 (인증사회적기업 포함)	융자	3,300억	벤처기업과 054-880-2679
	제주	중소기업 운전자금 지원	제주도	중소기업 (인증사회적기업 포함)	융자	제한없음	제주신보 064-758-5740

기초	중구	서울 중구 중소기업 육성기금	서울 중구	중소기업 (인증사회적기업 포함)	융자	75억	일자리경제과 02-3396-5085
	성동	서울 성동구 사회적경제 활성화 기금 융자	비플러스	사회적경제 기업	융자	2억원	비플러스 02-733-0703
	성북	서울 성북구 사회투자기금	성북구	인증사회적기업 예비사회적기업	융자	10억원	02-2241-3896
	은평	서울시 은평 크라우드펀딩	오마이 컴퍼니	은평구 소재 사회적경제기업	투자	-	02-355-7913
	강동	서울 강동구 사회적경제 투자기금 융자	강동구	강동구 소재 사회적경제기업	융자	1.2억	사회적경제과 02-3425-5823
	화성	경기 화성시 사회적경제 융자	화성시	화성시 소재 사회적경제기업	융자	620억	031-369-6053
	창원	창원시 중소기업 육성자금 융자	창원시	창원시 소재 인증사회적기업	융자	1,000억	055-225-3211
공공		기업은행 사회공헌기업 보증협약 대출	기업은행	인증사회적기업 예비사회적기업	융자	-	고객센터 1588-9999
		사회적가치 기업 특별 대출	산업은행	인증사회적기업	융자	5,000억	고객센터 1588-1500
민간		부산 지역 크라우드펀딩 지원	사회적기업연구원	부산지역 사회적경제기업	투자	-	사회적기업 연구원 051-517-0266
		사회적기업 연대공제기금	한국사회적기업중앙협의회	공제사업가입한인증 (예비) 사회적기업	융자	-	공제사업단 070-5099-1672
		사회적기업 펀드	IBK투자증권	인증사회적기업 예비사회적기업	투자	110억	02-6932-2001
		동작신협 상생협력대출	동작신협	사회적경제기업	융자	-	동작신협 02-826-6300
		충북 사회적경제 기금	충북시민재단	사회적경제기업	융자	-	충북시민재단 043-221-0311
		사회혁신기금 융자	한국사회혁신금융	소셜벤처, 사회적경제기업	융자	-	기금운영팀 02-6408-0080
		임팩트투자펀드	라임&크레비스	사회혁신기업	투자	200억	02-569-2431
		KB 사회적기업 N 정책성 특례 기업 우대 대출	국민은행	인증사회적기업 예비사회적기업	융자	-	고객센터 1588-9999

읽어 보기

정부 정책자금 및 공모전 참여 시 유의할 점

소셜벤처에 대한 지향을 가지고 창업을 준비해 보면 소셜벤처 발굴 및 지원과 관련된 정부의 정책자금, 기업과 연계한 CSR · CSV 사업 및 다양한 공모전이 있음을 알 수 있다. 본격적인 소셜벤처 창업 준비를 위해 공모전이나 경진대회를 준비할 때 가장 중요한 점은 '소셜미션'에 대한 '자기 확신'이다. 공모전이나 경진대회에 참여하는 수많은 창업팀들이 정말로 본인이 가지고 있는 역량을 활용하여 사회를 변화시키고, 사회 구성원들의 삶의 질을 높이고자 하는지, 그래서 쉽지 않은 길이지만 의지와 인내를 가지고 이 사업을 해내려고 하는지, 아니면 단순히 본인의 스펙을 더 알차게 만들기 위해 참여한 것인지는 소셜미션에 대한 단순한 몇 가지 질문 또는 창업팀이 작성한 한 줄의 소셜미션 선언문만으로도 확인이 가능하다. 그렇기 때문에 사업에 대한 깊은 고민과 준비를 통해 소셜미션에 대한 자기 확신을 갖지 못하면 공모전이나 경진대회에서 좋은 결과를 가져오기는 어렵다.

소셜벤처에 대한 정부의 정책자금, 기업 및 공공기관의 다양한 공모전과 경진대회, 그리고 소셜벤처 인큐베이팅 기관이나, 엑셀러레이터들이 소셜벤처를 주목하고 자본과 다양한 지원을 하는 것은 소셜벤처 창업팀이 가지고 있는 소셜미션의 사회적 영향력(social impact)을 기대하며 현재의 리스크를 감수하면서 미래에 대한 투자를 진행하는 것이다. 그렇기 때문에 소셜벤처 창업가는 사회적 사명감을 가지고 사업에 참여해야 하며, 다양한 지원 사업을 통해 제공되는 자본은 분명한 목적을 가지고 투명하게 집행하여 창업팀이 지향하고 있는 소셜미션을 달성하는데 필요한 Seed Money로서의 역할을 할 수 있도록 해야 한다.

또한, 창업 준비를 위해 처음에 목표로 했던 공모전이나 경진대회에 입상을 하게 되면 창업팀이 가지고 있는 소셜미션이나 비즈니스모델에 대해 대외적으로 가능성이 있다는 평가를 받게 되는 것이기 때문에 또 다른 공모전에 참여할 경우 이전보다 입상할 확률이 더 높아지게 된다. 아직 국내에서는 소셜벤처 창업이 활성화되지 않은 상황이고, 주목할 만한 성공 모델이 많이 등장하지 않았기 때문에 그러한 경향이 더욱 두드러지게 나타나고 있는데, 이때 주의해야 할 점은 준비하고 있는 공모전이 현재 창업팀의 사업 및 운영과 관련하여 반드시 필요한 부분인지를 반드시 고려해 보아야 한다는 것이다. 그렇지 않고, 발표되는 공모전마다 참여하게 되면 자칫 공모전의 상금만을 노리고 참여하게 되면서 사업의 방향성을 잃고 지원금만을 헌팅하는 업체로 전락하는 경우가 발생할 수도 있다. 그리고, 외부 공모전을 준비하다 보면 생각보다 많은 시간과 역량이 투여되기 때문에 소셜벤처 본연의 사업에 소홀하게 되는 경우가 생기기도 한다. 실례로, 인큐베이팅 기간부터 두각을 나타내면서 여러 공모전에 입상하고 언론에 소개되면서 단시간에 급성장한 했던 소셜벤처가 사업의 방향을 잃고 더 성장하지 못하고 주저앉은 사례가 있는데, 이러한 것을 예방하기 위해서 주기적으로 소셜미션과 사업의 방향성에 대해 점검할 수 있는 운영 체계를 가지고 있어야 한다.

마지막으로 나는 왜 이 일을 하려고 하는지, 이 일을 통해서 내가 변화시키고자 하는 것은 무엇인지에 대한 마음가짐을 늘 점검해 보아야 한다. 소셜벤처 창업을 준비하고, 진행하면서 사업에 대해 외부적으로 인정을 받고, 사업 자체도 안정을 찾아가기 시작하면 자기도 모르게 우쭐해지는 마음이 생기기 마련이다. 오히려 사업은 이러한 때에 예상치 못한 위기가 찾아오기 때문에 "성공속에 패망의 인자가 있다"는 말을 기억하면서 조그마한 성공에 도취되어 실패에 빠지는 어리석음을 경험하지 않도록 늘 경계해야 한다.

10.5 투자유치

1) 투자자와의 관계 설정

투자 유치를 위해서는 투자자와의 지속적인 관계 설정, 즉 IR(Investor Relations)이 중요하다. IR 활동은 2가지 관점에서 접근해 볼 수 있다.

첫째, 의무로서의 커뮤니케이션 활동이다. 기업은 지배구조 측면에서 볼 때 주주의 위임을 받아 기업을 경영하는 경영진이 어떻게 기업을 경영하고 있으며, 앞으로 기업을 어떻게 경영해 나갈지를 주주와 함께 공유해 나가는 것이며, 또한 기업은 법인격체로 사회 속에 존재하며 기업과 관계를 맺고 있는 모든 이해관계자와 원활한 커뮤니케이션을 해 나갈 책무가 있다.

둘째, 마케팅 커뮤니케이션이다. IR은 기업의 시장 가치에 영향을 줄 수 있는 모든 정보의 효과적 커뮤니케이션으로 기업 활동에 대한 이해도를 높여 기업을 매력적인 투자 대상으로 부각시키고 기업의 가치가 적정하게 유지되도록 하는 기업 가치 마케팅 활동이라고 할 수 있다.

기업에서 IR 활동이 중요한 이유는 자금 조달의 수월성을 높이고, 경영 투명성 요구의 증대 및 지배 구조의 개선과 기업 가치를 홍보할 수 있기 때문이다. 기업의 커뮤니케이션 활동은 IR과 PR로 구분할 수 있는데, 일반적으로 PR이 IR보다 대상 범위도 넓고 영향력도 크기 때문에 IR을 PR의 한 형태로 보는 견해도 있지만 [표 10-8]에서 보는 바와 같이 IR과 PR은 차이가 존재한다.

표 10-8 IR과 PR의 차이

구분	IR(Investor Relations)	PR(Public Realtions)
대상	주주, 투자자	불특정 다수의 대중
목적	기업 가치의 적정한 평가 투자 매력 어필(appeal)	기업 이미지 제고 제품과 서비스 프로모션(promotion)
내용	가치 견인(나쁜 정보도 포함)	회사의 특징 및 장점
방법	자발적 쌍방향(Push and Pull)	전략적 일방적(Push)
기간	지속적	목적에 따라 특정기간 선택

출처 : 김진수 외, '기술창업론', 2015.

2) 투자유치 방안

(1) 비즈니스 엔젤(Business Angel)

창업 기업은 위험이 높은 기업이다. 연구개발의 제안 및 성과가 획기적인 제품으로 이어져 성공할 수 있는지의 여부가 불확실하기 때문에, 초기 단계에서는 특히 자금 조달이 어렵다. 이런 어려움을 해결해 줄 천사 같은 존재가 바로 비즈니스 엔젤이다. 비즈니스 엔젤(business angel)은 신생 기업의 초기 단계에서 필요한 자금을 지원하고 경영을 지도하여 주는 개인 투자자들을 말한다. 예술 공연의 메카인 뉴욕의 브로드웨이에서 많은 자금이 소요되는 오페라 등의 공연에 천사처럼 나타나 자금을 공급하는 사람들로부터 유래하였다. 벤처캐피탈이 후기 성장 단계의 창업 기업을 중심으로 투자를 한다면, 엔젤은 초기 성장 단계의 창업 기업을 중심으로 투자하기 때문에, 경영자에게 다양한 전문 지식과 노하우를 제공하면서 경영에 대한 참여 비중이 벤처캐피탈보다는 크다고 할 수 있다.

엔젤은 창업 경험이 있는 성공한 은퇴 경영자로서 창업 기업에게 자금, 경영 경험 등을 제공하는 리드엔젤(lead angel)과 법률, 회계, 마케팅 등의 전문 지식을 가지고 지원하는 서포트 엔젤(support angel)로 구분한다. 리드엔젤은 비상근 이사로 창업 기업에 참여하기도 하며 멘토로서의 역할을 수행하기도 한다. 서포트 엔젤은 전문 지식을 통해 자문의 역할을 수행하기도 하고 직접 자금을 투자하기도 한다. 엔젤투자자들이 투자 자금을 회수하는 방법으로는 주식 상장을 통한 수익창출, 상장 전 지분 양도, M&A 등의 방법이 있다.

국내에서는 (사)한국엔젤투자협회가 엔젤투자자와 엔젤투자 유치를 희망하는 기업을 연결시켜 주는 것을 목적으로 엔젤투자자 실무교육, 엔젤투자지원센터, 엔젤네트워크, 글로벌시장형 창업 사업화 연구개발 등의 사업을 통해 지원하고 있다. 특히, 엔젤투자마트라는 사업을 통해서 창업 기업에 투자 유치 기회 제공과 엔젤투자자의 기업 발굴 통로 역할을 하고 있고, 이를 통해 벤처캐피탈이 초기 창업 기업을 대상으로 투자할 수 있는 기회를 확대시키고 있다.

(2) 엑셀러레이터

소셜벤처는 비즈니스를 통해 사회적 문제를 해결하면서 '기업의 성장' 도 목표로 가지고 있다. 하지만 필요한 자금을 조달하기 위해 투자를 유치하는 일을 포함하여 아이템을 개발하고 발전시키는 일, 법률, 세무, 회계 등 기업의 성장을 위해 창업자가 해야 할 일은 너무 많고 쉽지 않은 것이 현실이다. 이렇듯 창업 초기에 슈퍼맨이 되어야 하는 창업가를 도와 기업의 성장을 가속시키는 역할을 하는 것이 바로 엑셀러레이터(Accelerator)이다. 이들은 투자자와 기업간의 네트워크,

외부 인프라 요소들을 결합하여 새로운 유형의 창업 지원 프로그램을 통해 단기간에 집중적으로 초기 창업 기업을 성장시키는 것을 목적으로 하고 있다.

창업 기업의 성장과 창업가를 슈퍼맨이 되도록 도와준 엑셀러레이터는 성장을 도왔다는 보람과 함께 투자 및 멘토링의 대가로 일정 수준의 지분(대부분 10% 내외)을 받게 된다. 이를 통해 추후 지분 매각 시 수익을 창출하여 다음 창업 기업을 도울 수 있는 준비를 하게 된다. 현재 국내에서는 소셜벤처만을 전문적으로 지원하는 엑셀러레이터가 많지는 않지만, 최근에는 sopoong, 크레비스파트너스, MYSC, SVP(Social Venture Partners), UnderDogs, Root Impact, 임팩트스퀘어 등과 같은 전문적인 엑셀러레이터가 등장하면서 창업 초기 소셜벤처들의 성장을 지원하는 일을 하고 있다. 또한, 한국사회적기업진흥원의 사회적기업가 육성사업을 운영하고 있는 전국의 25개 내외의 운영기관들도 넓은 의미에서 소셜벤처를 육성하는 엑셀러레이터의 역할을 담당하고 있다고 할 수 있다.

표 10-9 소셜벤처 주요 엑셀러레이터 현황

구분	구분
sopoong	– sopoong는 투자한 회사만 인큐베이팅하기 때문에, 엄밀히 말하면 소셜벤처 투자회사로 볼 수 있음 – 가급적 초기 단계의 소셜벤처들의 성장지원(초기란, 설립 기준으로 1년 미만으로 '위험을 같이 감수할 수 있는' 기간 의미)에 중점 – 투자 방식은 지분을 소유하는 방식으로 운영. 투자 및 인큐베이팅은 발굴 → 사업계획서 검토 → 투자심의 및 결정 → 인큐베이팅의 총 4단계 운영 – 소셜벤처를 평가하는 지표는, 1) 구체적인 사회적 가치가 있는, 즉 해결하려는 사회적 문제가 구체적인 팀 2) 비교적 사업 초기인 팀 3) 지속가능한 사업계획이 있는 팀, 즉 기부나 후원이 아닌 '사업'을 통해서 살아갈 '기업' 인지의 여부 4) IT나 정보 기술을 잘 활용하는 팀
crevisse	– 크레비스는 임팩트 투자 및 인큐베이팅 회사로 환경, 기부, 문화예술 등 다양한 분야의 혁신적인 소셜 벤처들을 발굴하여 투자하고 육성 – 액셀레러이팅 프로그램은 거리를 두어 지켜보고 멘토링하기 보다는, '우리와 사업을 함께한다' 는 생각으로 강한 관여(engage-ment)를 보이며 동등한 관계에서 비즈니스 지향점을 위해 최선의 역량으로 함께 협업 – 인큐베이팅 기업에 관해서는 '이기는 것', '끝까지 하는 것' 에 관심을 가지고 가능한 모든 자원을 동원하여 창업팀의 임팩트 부스터 역할
mysc merry year social company	– '사회 양극화 해소를 위한 사회혁신' 을 미션으로 하는 MYSC는 사회혁신을 위한 임팩트 투자와 컨설팅 중심으로 운영 – 취약계층이나 배려계층 스스로가 주인의식을 가질 수 있는 포용적 비즈니스 모델(inclusive business model)을 지향 – MYSC의 투자 포트폴리오는 실제 지분 투자가 들어가거나, 그렇지 않으면(임팩트가 있다고 판단되는 전제 하에) 기업이나 일반 투자자들에게 포트폴리오를 세일즈할 수 있도록 투자 포트폴리오에 편입

underdogs.	– 언더독스는 세상을 바꾸는 국내외 사회혁신창업가를 육성하고 함께 성공하는 컴퍼니 빌더로서의 미션을 가지고 사업을 운영하고 있으며, 사회문제를 창업가만의 관점으로 차별화한 비즈니스 솔루션을 제시하고 있는 4개의 자회사와 1개의 관계사 운영 – 언더독스는 다음의 8원칙에 따라 엑셀러레이팅을 진행하고 있음. 동료들에게 자신의 역량 입증, 나보다 뛰어난 동료를 구하는 것, 대의명분을 가진 창업, 크게 생각하고 작고 빠른 실행, 차별화된 창업, 즉각적인 실행, 상식과 정의가 통하는 방법 선택 및 동료와 더 나누기 위한 비즈니스 선택
IMPACT SQUARE	– 임팩트스퀘어는 임팩트 즉 사회적 가치가, 비즈니스와 완전히 결합될때, 위대한 비즈니스가 실현된다고 미션을 바탕으로 시장을 활용한 임팩트 비즈니스 솔루션을 만들어, 실제로 사람들의 삶에 영향을 미치도록 사업 운영 – 임팩트스퀘어의 엑셀러레이팅 프로그램은 매년 5개 내외의 창업팀과 1년 정도의 기간을 가지고 운영되며, 현재 ISQ ACCEL의 자원과 역량 내에 있는 유통확장 / 투자유치 / 자선연계 / (기획창업 형태의) 신사업 빌딩의 4가지 Key Trigger를 중심으로 진행
루트임팩트	– 루트임팩트는 사회 곳곳의 체인지메이커를 발굴하고, 이들이 보다 효과적으로, 지속가능한 형태로 문제를 해결할 수 있도록 유/무형의 인프라를 Work, Life, Learn 측면에서 만들고 있음 – 국내에서 단일 규모로는 가장 많은 소셜벤처들이 입주하여 활동하고 있는 '헤이그라운드'를 운영하고 있으며, 이를 통해 입주 기업간 협력사업을 통한 시너지 효과 창출 – 주요 엑셀러레이팅 프로그램으로 8주간의 프로그램으로 진행되는 임팩트 베이스캠프를 비롯하여 임팩트커리어 Y, 임팩트커리어 W 등을 진행
Social Venture Partners Seoul	– SVP 서울은 비즈니스 사회 분야에서 전문성을 가진 개인이나 기업이 출자금(기부금)을 모아 펀드를 만들어 사회적인 기업(起業)을 지원 – 소셜벤처파트너스 서울은 참여 · 책임 · 예측가능성 · 투명성 등을 원칙으로, 사회 혁신가들의 좋은 의지와 역량을 결집하는 한편, 소셜벤처를 지원하는 전략적이며 가치지향적인 투자활동 진행 – 투자 협력처인 소셜 벤처의 미션 달성에 기여하는 동시에, 지역과 사회의 혁신에 기여하는 것을 목표로 함

읽어 보기

임팩트 투자란?

임팩트 투자는 자선과 투자의 중간 영역에서 수익 추구와 더불어 사회에 긍정적인 영향을 미치는 사업이나 기업에 대해 제도권 금융보다 우호적인 조건을 제공하는 장기적 관점의 인내자본(Patient Capital) 투자입니다. 행복나눔재단은 사회적 성과와 연계한 임팩트 투자를 통해 성장잠재력이 높은 사회적 기업이 사회적 가치와 경제적 가치를 균형 있게 추구하며 양적 · 질적인 성장을 이룰 수 있도록 임팩트 투자를 추진하고 있습니다.

임팩트 투자의 목적

건강한 자본 공급으로 사회적 기업의 의미 있는 성장을 견인합니다.

사회적 기업이 규모 확장 등의 성장을 위해서는 자금이 필요합니다. 국내 사회적 기업 생태계에는 사업 지원금, 상금 등 지원 형태의 일시적 자금이 대부분입니다.
행복나눔재단은 임팩트 투자를 통해 사회적 기업 생태계에 건강한 자본을 공급하여 잠재력 있는 사회적 기업의 성장을 촉진합니다.

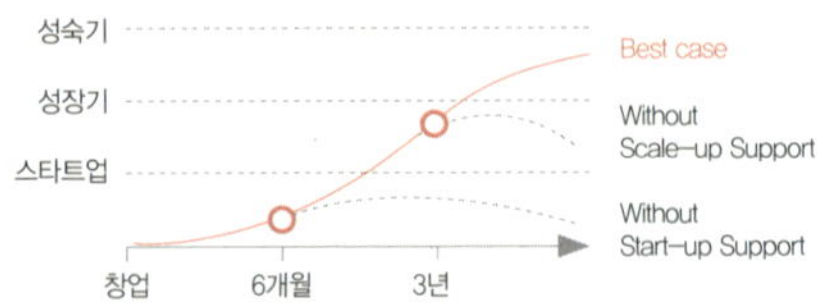

[임팩트 투자를 통한 기업의 성장곡선]

사회적 기업 생태계의 자본시장 활성화에 앞장섭니다.

사회적 기업 생태계에 자본시장의 활성화를 위해 임팩트 투자를 실행하고 이를 통한 성과가 다시 투자로 이어지는 선순환 구조를 만드는 것이 중요합니다.
행복나눔재단은 임팩트 투자 성공 사례를 확보하여 더 많은 투자자 및 자본이 사회적 기업 생태계로 유입되고, 이를 통한 사회적 경제의 확대에 기여합니다.

[사회적 자본의 선순환 구조]

투자 프로세스

기업의 성장 가능성과 회수 가능성을 실사 및 평가, 재무 분석, 투자안 협상 등의 단계를 거치게 됩니다.

행복나눔재단에서는 기업의 경제적 가치뿐만 아니라 사회적 가치까지 분석하고, 투자금에 대한 사회적 임팩트를 예측합니다. 이러한 과정은 기업의 성장단계와 준비도에 따라 4개월~6개월 정도 소요됩니다.

투자대상 선정기준

사회적 기업의 역량을 종합적으로 평가하여 투자 후보를 선정합니다.

행복나눔재단의 임팩트 투자대상 기업은 명확한 소셜미션을 바탕으로 사업을 통해 사회를 긍정적으로 변화시켜나가는 기업입니다. 공정한 선정을 위해 기업 경영, 재무, 사회적 가치 평가 등 분야별 전문가가 평가에 참여합니다.

사회적 기업가 정신
- 소셜미션(사회 문제의 명확성, 시급성, 규모 등)
- 대표 및 구성원의 진정성

사회적 가치
- 사회적 가치 창출 수준(과거 3년 성과, 향후 3년 예측)
- 사회적 가치 창출 모델의 혁신성

경제적 가치
- 경영성과 및 성장성(매출, 영업이익 등 과거 3년 성과, 향후 3년 예측)
- 재무구조의 건전성
- 시장 매력도

경영 역량
- 대표 및 구성원의 역량(전문성, 실행력, 소통능력)
- 조직문화

(3) 크라우드 펀딩(Crowd Funding)

크라우드 펀딩(crowd funding)은 '소규모 후원이나 투자 등의 목적으로 웹이나 모바일 네트워크, 특히 소셜네트워크서비스(SNS)를 기반으로 다수의 개인 후원자로부터 자금을 모으는 행위'를 지칭한다. 이처럼 일종의 크라우드 소싱(crowd sourcing, 기업 활동의 전 과정에 소비자 또는 대중이 참여할 수 있도록 일부를 개방하고 참여자의 기여로 기업 활동 능력이 향상되면 그 수익을 참여자와 공유하는 방법) 형태로 투자금을 모으는 크라우드 펀딩 개념은 이미 수년 전에 등장했었다. 하지만 프로젝트 제안자와 후원자의 원활한 소통을 지원하는 SNS의 활성화 및 후원의 편의성을 향상시킨 디지털 결제 기술의 발전과 더불어 해외의 Kickstarter, Indiegogo와 같은 크라우드 펀딩 서비스 업체가 등장하면서 최근 들어 확산되고 있는 추세이다.

국내에서 소셜벤처들이 주로 활용하고 있는 크라우드 펀딩 플랫폼으로 와디즈(www.wsdiz.kr), 오마이컴퍼니(www.ohmycompany.com), 개미스폰서(www.socialants.org), 텀블벅(www.tumblbug.com) 굿펀딩(www.goodfunding.net), 팝펀딩(www.popfunding.com), 위제너레이션(www.wegeneration.co.kr), 펀듀(www.fundu.co.kr), 인큐젝터(www.incujector.com) 등이 운영되고 있다.

그림 10-2 크라우드 펀딩 운영 구조도

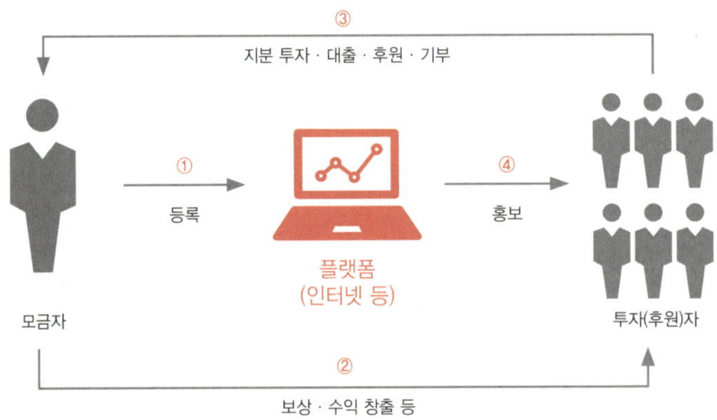

출처 : KB 금융지주경영연구소, '크라우드 펀딩 현황 및 파급효과'

크라우드 펀딩은 프로젝트 제안자가 크라우드 펀딩 플랫폼에 프로젝트를 제안하면 크라우드 펀딩 플랫폼은 프로젝트 매니저와 함께 프로젝트를 기획 및 디자인하고 필요한 경우 컨설팅까지 프로젝트 전반을 설계하는 서비스를 제공받게 된다. 이후, 플랫폼에 게시된 프로젝트는 다수의 후원자와 투자자를 통해 투자를 받게 되고, 펀딩 종료 이후 예정일에 프로젝트 제안자는 '리워드(reward)' 또는 수익을 투자자에게 돌려주게 되며, 수수료는 프로젝트의 성격과 사용하는 플랫폼에 따라 상이하게 책정되어진다.

크라우드 펀딩의 유형은 크게 기부후원형, 보상형, 대출형, 지분투자형으로 분류되며 크라우드 펀딩의 형식은 목표 금액이 채워지지 않으면 투자자에게 자금을 돌려주는 'All or nothing'과 목표 금액이 채워지지 않아도 모아진 금액만큼 제안자에게 전달하는 'Keep it all or flexible' 방식으로 구분되어 운영되고 있다.

여기에서 기부형은 금전 이외의 현물이나 서비스로 보상받을 수 있는 투자방법으로 Kickstarter, Indiegogo와 같은 플랫폼들이 활동하고 있다. 보상형은 소비자가 원하는 제품, 서비스 생산에 참여함으로써 원하는 제품을 가장 먼저 얻을 수 있는 형태이다. 프로슈머(prosumer)의 개념과 유사한데 기업은 소비자의 참여가 이익이 된다고 믿고, 소비자는 생산에 참여함으로써 원하는 제품을 얻을 수 있는 장점이 있다. 대출형은 자금이 필요한 개인이 펀딩 포털을 통해 자신의 재무상태, 자금의 목적과 상환계획 등을 정리하여 등록하면 펀딩 포털은 진위 여부를 확인한 후 등록을 허가하고, 투자자들은 예치된 금액 내에서 신청금의 일부를 역경매 방식으로 투자하는 형태를 말한다. 지분투자형(수익배분형)은 창업 기업의 투자유치 후 안정적으로 성장한 뒤 주가 배당 및 상장 이익 등의 수익을 받는 것을 말한다.

읽어 보기

증권형 크라우드 펀딩
2년 만에 자리잡아

[2016년 이후 333개 펀딩 성공]

후원형과 달리 주식 · 채권 발행 창업 초기 기업은 자금 조달, 투자자는 배당금 · 이자 수익

최고 95% 수익률 거두기도… 부도나면 원금 다 잃거나 자금 회수 기간 길어질 수도

증권형 크라우드펀딩 현황
2016년 1월 25일~2018년 3월 12일

펀딩 참가 기업	595개사
펀딩 성공 기업 (목표 금액 80% 이상)	333개사
총 투자자 수	2만5961명
총 투자 유치 금액	513억원

자료=예탁결제원 크라우드넷

증권형 크라우드펀딩 주요 성공 사례

크라우드펀딩 상품명·대상	유치 금액	펀딩 이후 수익률
에스와이제이(의류)	7억원	95%
인천상륙작전(영화)	5억	25.6%
팜잇 1, 2호(농업)	각 7억	24.48%(예상)

자료=금융위원회·IBK투자증권

평소 영화를 즐겨 보는 직장인 이모(29)씨는 지난 5일 영화 '치즈인더트랩'의 크라우드 펀딩(Crowd Funding)에 100만원을 투자했다. 기본 금리 연 3%에, 개봉 이후 관객이 많이 들수록 추가 이자 수익도 얻을 수 있는 영화 배급사 채권을 산 것이다. 펀딩 시작 5분 만에 이 영화는 목표 금액 1억원 모집

에 성공했고, 12일 현재까지 투자자 529명이 4억8950만원 투자를 약정했다. 이씨는 "원작인 웹툰이 워낙 인기가 많아 영화도 흥행할 것 같다"며 "예금에 맡겨두는 것보다 좋아하는 영화에 투자해 수익을 내면 일석이조 아니겠느냐"고 말했다. 창업 초기 기업의 주식 · 채권에 투자하는 '증권형 크라우드 펀딩' 시장 규모가 최근 빠르게 성장하고 있다. 바닥 금리에 지친 개인 투자자들이 연평균 10% 이상의 수익률을 추구하는 펀딩에 관심을 보이고 있기 때문이다.

◆ 크라우드 펀딩 이후 코넥스 상장까지

국내 증권형 크라우드 펀딩 시장이 신생 기업이 투자자를 모으는 하나의 창구로 자리매김하고 있다. 증권형 크라우드 펀딩이란 창의적인 아이디어나 사업 계획을 가진 기업이 주식이나 채권을 발행해 다수의 소액 투자자로부터 자금을 조달하는 것이다. 주식 배당금, 채권 이자 수익을 펀딩 보상으로 받을 수 있다는 점이 기존의 후원 · 기부형, 대출형 크라우드 펀딩과 다르다.

예탁결제원 크라우드넷에 따르면, 지난 2016년 이후 현재까지 증권형 크라우드 펀딩에 성공한 기업은 333곳에 달한다. 총투자자 2만5961명이 513억원을 창업 초기 기업에 투자했다. 증권형 펀딩이 시작된 첫해인 2016년 110개사가 174억원을, 2017년에는 164개 기업이 278억원을 조달하는 등 1년 만에 시장 규모가 59% 커졌다.

지난해 펀딩에 성공한 기업의 업종 분포를 보면, IT · 모바일이 80건, 제조업 77건, 문화 59건, 교육 18건, 음식점 12건, 농식품 9건 등으로 다양하다. 일반 개인 투자자도 2016년 5592명에서 지난해 1만5283명으로 늘었다. 크라우드 펀딩 이후 코넥스 시장까지 진출한 성공 사례도 나오고 있다. 온라인 의류 쇼핑몰 업체 에스와이제이(SYJ)는 지난 2016년 IBK투자증권 주관으로 펀딩에 나서 초기 투자금 7억원을 모집했다. 이후 회사가 성장 궤도에 오르면서 작년 5월에는 코넥스 시장에 주식을 상장했다. 초기 크라우드 펀딩에 참여한 투자자들이 현재까지 거둔 수익률은 95%에 달한다. IBK투자증권 관계자는 "창업 기업은 크라우드 펀딩을 받아 성장 사다리에 올라타고, 투자자들은 적은 금액으로 만족할 만한 수익을 거두고 있다"고 말했다. 영화, 뮤지컬 등 문화 콘텐츠 사업은 주로 고정된 이자를 주고, 관객 수가 많아질수록 추가적으로 이자를 지급하는 채권형 크라우드 펀딩을 실시하고 있다.

◆ 투자자와 기업 간 정보 공유 증가

증권형 크라우드 펀딩의 급속한 성장은 모험 자본 시장의 투자자 저변이 확대된 덕분이라는 분석이 나온다. 박혜진 자본시장연구원 연구위원은 "정보통신기술(ICT)의 발전으로 창업 비용 감소, 투자자와 기업 간 정보 공유 증가, 투자를 위한 공간적 · 관계적 제약 극복 등으로 크라우드 펀딩 참여자가 빠르게 확대됐다"며 "급속한 성장 추세를 볼 때 증권형 크라우드 펀딩에 대한 관심이 앞으로도 지속될 것으로 보인다"고 밝혔다. 크라우드 펀딩 과정에서 창업 아이템의 시장성을 검증받을 수 있다는 장점도 있다. 예컨대 의류업계에서 디자이너가 제품 제작 전 디자인에 대해 크라우드 펀딩을 받음으로써 제품에 대한 잠재 수요를 예측하고 홍보 효과도 거둘 수 있다는 것이다.

◆ 고위험 투자라는 점 명심해야

증권형 크라우드 펀딩에 참여하려는 투자자들은 우선 온라인 소액 투자 중개업체(펀딩포털) 홈페이지에서 증권을 발행하려는 기업의 사업 계획, 재무 상태, 증권 발행 조건을 꼼꼼히 살펴보는 것이 좋다. 무엇보다 '고수익 고위험' 투자라는 점을 명심해야 한다는 것이 전문가들의 조언이다. 창업 초기 기업인 만큼 부도 시 투자 원금을 모두 잃을 수 있고, 투자 자금 회수 기간도 길어질 수 있다.

정부는 개인 투자자들의 투자 위험을 최소화하기 위해 연간 투자 한도를 정해놓고 있다. 현재는 한 기업에 대해 연간 최소 1만원부터 200만원까지 투자할 수 있다. 한 회사가 온라인 소액 투자로 연간 조달할 수 있는 금액도 7억원으로 한정돼 있고, 목표 모집 금액의 80%를 채우지 못하면 증권 발행 전체가 취소된다.

출처 : 조선일보(2018.3.13.) '증권형 크라우드 펀딩' 2년만에 자리잡아

(4) 소셜벤처캐피탈리스트

소셜벤처캐피탈은 성장 가능성은 있지만 자본과 경영 기반이 취약하고 금융기관을 통한 자금 조달에 어려움을 겪고 있는 창업 초기단계의 소셜벤처에 자본을 투자하여 소셜벤처의 위험을 공동으로 부담하고, 자금 · 경영관리 등을 종합적으로 지원함으로써 사회적 미션뿐만 아니라 재무적 성과도 함께 달성할 수 있도록 지원하는 역할을 하고 있다. 소셜벤처캐피탈이 의미가 있는 것은 사회투자 시장 분야에 민간의 투자금이 참여할 수 있는 접점이 되기 때문이다.

대표적인 국내 소셜벤처캐피탈에서는 소셜벤처 인큐베이팅 또는 엑셀러레이팅 프로그램을 중심으로 임팩트 인베스트먼트 네트워크(impact investment network)를 형성하고 있고, 소셜벤처의 발굴 · 육성 · 투자에 활발한 협력관계를 구축하고 있다. 대표적인 소셜벤처캐피탈은 아래 [표 10-10]과 같으며, 앞서 설명한 엑셀러레이터 기관에서 소셜벤처캐피탈로서의 역할도 함께 진행하고 있는 경우가 많다.

표 10-10 국내 주요 소셜벤처캐피탈 현황

기관명	투자대상 및 선정과정	지원내용
crevisse	– 투자대상 기업 심사는 매년 상반기와 하반기에 이루어지며 후보 발굴은 심사 3개월 전 홈페이지 공고를 통해 안내 – 사업계획, 임팩트 창출 계획, 재무투자계획 등의 사업계획 자료들과 수차례의 기업가 팀 인터뷰 등을 통해 대상 기업의 사회적 · 재무적 임팩트 평가	– 선정된 기업은 투자방법, 조건, 목표성과 등 구체적인 조건을 협의하며, 6개월~1년 사이의 현실적인 현금흐름을 예측하여 최대 5억 원까지의 투자금액 결정 – 투자위원회 승인을 통한 최종 확정을 하고 투자 계약 후 자금 집행
D3	– D3 쥬빌리는 재무적 수익과 사회적 임팩트를 동시에 추구하는 Action-Oriented 된 임팩트 엔젤투자클럽의 성격을 가지고 있음 – 주목하는 사업 분야는 공유경제, 신재생에너지, 헬스케어 등의 분야임	– D3 쥬빌리는 재무적인 투자 가능성을 측정함과 동시에 기업의 사회적 · 환경적 가치를 측정 – 글로벌 임팩트평가 기관인 BLab과의 파트너십을 통해 투자받은 기업의 임팩트를 평가하고 투자자에게 정보 제공
sopoong	– 사회적 가치, 사업의 수익성 · 대중적 · 확장성 · 혁신성 등을 평가하여 지원	– 회사 설립, 사업계획, 투자, 이사회 참여, 사업 성공을 위한 멘토링
mysc merry year social company	– 사회이슈 연계 비즈니스 모델의 확산성, 대표를 포함한 팀원의 기업가정신 중심으로 선정 – 다양한 네트워크를 통해 투자 의향을 묻고 비즈니스 모델을 소개하는 IR 진행	– 기업과 사회 부문의 중간에서 균형 있는 중재자로 규모 있는 비즈니스 모델을 개발하고, 그러한 모델이 지속가능하도록 전문적인 경영 자문과 임팩트 투자 제공

HGI	– 투자 대상기업 모집은 상시로 진행하며 다양성, 포용성, 웰빙 등 3가지 중심 가치에 기반한 투자 집행 – 주요 선정 기준은 사회적 가치(임팩트), 기업가정신 및 장기간 관계성 유지 가능 여부를 고려하여 선정	– 선정된 기업은 사업추진현황 및 성장 단계에 따라 적게는 5000만원부터 많게는 7억원까지 다양하며 건별로 평균 2억 5000만원을 투자
YELLOWDOG	– Impact Commitment(기존의 시스템이나 비즈니스가 해결하지 못하는 사회 문제 해소를 명시적으로 추구하는 사업), Innovative Potential(혁신적 기술, BM), Business Leadership을 가지고 있는 곳	– 투자 기업별 세부적인 투자 내역은 밝히지 않고 있지만, 현재까지 누적 투자처 8곳에 142억의 투자를 진행하여 평균 17억원 내외로 투자 집행
C_Program	– C 프로그램은 다음 세대의 건강한 성장을 미션으로 하는 벤처기부 펀드로 '놀이'와 '배움'이라는 키워드 안에서 다음 세대를 향한 실험에 투자	– 매년 10건 정도의 신규 프로젝트를 진행하고 있으며, 건별로 최소 10억원 이상의 투자 집행

앞서, 언급한 소셜벤처를 중심으로 (예비)사회적기업을 투자 대상으로 하고 있는 소셜벤처캐피탈이 이전과 비교하여 증가하고 지원 규모도 대폭 확대되고 있는 것은 2018년 2월에 '사회적금융 활성화 방안'이 발표 되었기 때문이다. 소셜벤처를 비롯한 사회적경제 조직이 안정적으로 성장하고 발전하기 위해서는 사회적경제 조직을 전문적으로 지원하는 '사회적금융'이 함께 성장해야 한다. 우리나라의 사회적금융은 시장이 형성되지 않은 '태동기' 단계로 공공부문 주도로 자금 공급을 확대하고 있지만 '성장기'에 들어선 사회적경제의 발전 정도에 비해 금융 공급이 부족한 사회적금융의 과소 공급 상태라고 할 수 있다. '사회적금융 활성화 방안'을 통해 향후 2020년까지 사회적경제 영역에 융자, 보증, 투자 등의 형태로 최대 1조 4천억원 규모의 자금이 공급될 예정이다. 특히, 투자와 관련된 부분은 사회투자펀드, 사회적기업 모태펀드, 임팩트 투자펀드 등을 통해 2400억원 이상의 자금이 공급될 예정이기 때문에 성장 가능성 있는 소셜벤처를 비롯한 사회적기업들에게 유용한 자금 조달 창구가 될 수 있을 것이다.

표 10-11 사회적금융 중 투자 펀드 조성 계획

구분	사회투자펀드	사회적기업 모태펀드	임팩트 투자펀드
주 재원	성장 사다리	고용노동부 모태펀드	중소벤처기업부 모태펀드
투자대상	사회적경제 기업 등	사회적경제 기업 등	소셜벤처
조성규모	'18년 300억원(5년내 최대 1000억원 확대 검토)	'18년 75억원 이상(모태펀드 75억원, 민간자금+)	총 1000억원(모태펀드 800억원, 민간 200억원)
존속기간	10년 내외	8년	10년 내외
특징	투자 및 대출 혼용	지분, 전환사채 등 투자	지분, 투자

읽어 보기

KAIST 청년창업투자지주

KAIST 청년창업투자지주'는 2004년 최태원 SK그룹 회장이 개인적으로 기부한 100억원을 시드머니로 설립된 소셜벤처캐피탈이라고 할 수 있다. 카이스트청년창업투자지주(주)(이하 "KVI")는 청년 창업 활성화와 창업지원을 통해 국가경제발전에 기여하고자 2014년 10월 31일 KAIST가 설립한 청년 기업 육성 및 투자 전문회사이다. KVI의 내부 역량과 보유 네트워크를 활용하여 청년창업기업을 지원하기 위해 창업팀 발굴부터 투자까지 수행하고 있다. KVI 자체 발굴 외에 KAIST 중심으로 외부 협력기관 등 다양한 채널을 통하여 혁신적 사업모델과 사업화 역량을 갖춘 청년 기업가를 발굴, KAIST 경영대학과 협력 하에 사회적기업가 MBA의 체계적인 소셜벤처 육성프로그램 "SAVE Program" 운영 체계를 접목하여, KVI의 Acceleration Program "KAgine(KAIST Accelerator Engine)"과 함께 투자 후 관리까지 창업팀에 대하여 체계적인 맞춤형 육성프로그램을 제공, 사회 문제를 해결하고자 하는 혁신적인 기술과 비즈니스 모델을 가진 창업 초기의 기업에 우호적인 Seed Money를 제공한다.

2015년 초에는 에이컴퍼니, 리아프, 터치포굿, 자락당, 연금술사 등 5개의 소셜벤처를 첫 투자대상으로 선정해 투자를 진행했다. 투자 대상 기업 가운데 연금술사를 제외한 에이컴퍼니 등 4개 기업이 SK그룹이 2012년 KAIST와 개설한 '사회적기업가 MBA 1기' 졸업생으로 소셜벤처를 창업하기 위한 사전교육과 실전 창업, 그리고 창업에 필요한 자본이 유기적으로 연계된 모범 사례라고 할 수 있다. 현재까지 서비스 분야 ㈜위주, ㈜어픽스, 몬스터스쿨(주) 등 20개사와, 제조분야 ㈜공공공간 1개사, ICT/헬스케어분야 울랄라랩(주), 오비츠 등 5개사 총 26개사에 투자하였다. 또한, KAIST 청년창업투자지주는 중소기업청의 신기술창업투자회사 및 TIPS 운영사로 등록, 최근에는 미래창조과학부에서 진행하는 '투자연계형 기업성장 연구개발(R&D) 지원사업'의 주관기관으로 선정되어 사업의 영역을 넓혀가고 있다.

10.6 소셜벤처 재무관리

1) 재무관리의 필요성

재무관리는 기업이 필요로 하는 자금을 합리적으로 조달하고 조달된 자금을 효율적으로 경영하는 관리 기능으로 궁극적인 목표는 기업의 가치를 극대화하는 것이다. 따라서 재무관리에서는 투자결정, 자본조달결정, 배당결정 등의 재무활동과 아울러 이러한 의사결정에 필요한 기초적인 정보를 제공하는 재무분석, 재무예측, 재무계획 및 통제기능 등이 필요하다. 이러한 종합적인 활동을 하지 못한다면 무리한 차입에 의한 부채비율 증가, 과소투자 또는 과잉투자로 인한 투자 수익의 감소, 운영자금 부족 등의 문제로 인해 창업이 실패로 이어지게 될 가능성이 높아지게 된다. 그러나 소셜벤처를 비롯한 창업 초기 기업들은 재무분석의 중요성을 인식하지 못하거나 경시하는 경향이 있는데 주요 원인은 다음과 같다.

- ◆ 소셜벤처 및 창업 초기 기업의 경영자는 분석적 방법보다는 경험과 직관으로 업무 처리를 하는 경향
- ◆ 기업의 규모가 작은 경우에 생산, 판매 등 기업 경영과 직접 관련되어 있는 분야에 중점을 두고 재무, 인사 등 간접적인 부분은 경시하는 경향
- ◆ 단기적인 자본의 조달과 운용에 중점을 두지만 이러한 단기적 의사결정의 기초가 되는 정보를 제공하는 재무분석의 업무는 간과하는 경향
- ◆ 재무분석을 위해서는 이와 관련된 회계 정보, 특히 재무제표가 구비되어야 하나 소셜벤처 및 창업 초기 기업의 경우 회계 제도의 정비가 충실하지 못한 경향
- ◆ 재무분석을 수행할 수 있는 전문적 지식을 갖춘 인력이 확보되지 못함

소셜벤처 및 창업 초기 기업들이 사업의 경쟁력을 확보하기 위해서는 기술과 연구개발 뿐만 아니라 재무관리에 대한 이해가 필요하며 사업의 규모가 아직은 작다 하더라도 재무 기능을 포함한 여러 기능부문에서 관리의 중요성을 인식하고 실제 업무로 연결시켜야 창업가가 현실적으로 기업을 운영할 수 있게 된다.

2) 재무계획 단계 및 재무제표

대학을 졸업하고 취업을 하게 되면 가장 먼저 해야 할 일이 바로 경제 계획을 세우는 일이다.

한 달에 들어오는 수입이 얼마이며, 고정적으로 나가는 비용과 저축할 금액 등을 고려하여 계획을 세워야 한다. 한 달 단위의 단기적인 계획이 세워졌다면, 분기 또는 1년 등의 중기적인 계획도 세워야 하며, 3년, 5년, 10년과 같이 장기적인 계획도 세워야 한다. 개인과 마찬가지로 기업도 목표를 이루기 위해서는 단기, 장기 계획을 세워 자금을 집행하여야 한다. 자금 계획을 세울 때는 [그림 10-3]과 같은 순서로 한다.

그림 10-3 재무계획의 단계

목표설정 ▶ 조건예측 ▶ 예산편성 ▶ 예산집행 ▶ 평가

재무계획이란, 기업의 단기 및 장기 계획을 완성하는데 필요한 자금의 조달, 자금의 지출에 대한 통제 및 지출로 얻어진 결과에 대한 평가 등에 관하여 결정하는 것을 말한다. 재무계획은 재무관리를 위한 첫 출발점으로 재무계획을 바탕으로 기업의 재무활동 집행을 통제하기 때문에 매우 중요하다고 할 수 있다. 특히, 창업 초기의 기업에게는 기업 성장의 목표를 이루기 위해 어렵게 조달한 자금을 효과적으로 잘 사용해야 하기 때문에 이를 위한 철저한 계획이 필요하다.

재무제표는 기업을 둘러싼 다양한 이해관계자들에게 의사결정에 도움이 되는 정보를 제공해주는 역할을 수행한다. 기업을 둘러싼 이해관계자로는 고객, 공급자, 종업원, 투자자, 정부 등이 있으며 각각의 필요성에 의하여 give&take를 통해서 거래를 하게 된다. 이때 공급자는 납품한 원재료 값을 제대로 받을 수 있을 것인지, 종업원은 급여를 제때 받을 수 있을 것인지, 투자자들은 이 기업에 투자를 해도 되는 것인지, 투자는 한다면 몇 %의 이자를 받아야 하며, 한 주당 얼마에 투자해야 할 것인가 등이 궁금할 것이다. 기업을 둘러싼 다양한 이해관계자들의 의사결정에 도움을 주는 재무제표 중 창업가가 반드시 알고 있어야 하는 것으로는 재무상태표, 손익계산서, 현금흐름표가 있다.

표 10-12 재무제표의 구성

재무상태표	특정시점 / 재무상태	자산, 부채, 자본으로 구성
손익계산서	특정기간 / 재무성과	수익과 비용으로 구성
자본변동표	특정기간 / 자본변동	자본금 및 이익잉여금 등의 자본변동
현금흐름표	특정기간 / 현금흐름	영업 · 투자 · 재무활동 현금흐름
이익잉여금 처분계산서	이익의 처분	사내 유보, 배당

3) 재무상태표

재무상태표는 특정시점에서 기업의 자산, 부채, 자본의 규모를 보여주는 보고서로 어떤 기업

이 무엇을 소유하고 있고, 무엇을 빚지고 있는지를 보여주는 자료이다. 재무상태표는 창업을 한 후 기업의 재무상태를 '자금의 운영' 측면인 자산과 '자금의 조달' 측면인 부채와 자본으로 구분하여 볼 수 있다. 재무상태표를 구성하는 있는 항목인 자산, 부채, 자본에 대해서 간단하게 공식으로 나타내면 '자산=부채+자본', 또는 조금 더 쉽게 설명하면 '갖고 있는 것(owns)=빚진 것(owes)+순가치(net worth)' 로 설명할 수 있다.

그림 10-4 재무상태표를 구성하고 있는 주요 항목

유동자산 (언제든지 현금화 가능한 자산)	**당좌자산 → 진짜 현금** (현금, 단기매매증권, 매출채권 등)
	재고자산 → 팔면 현금 (상품, 제품, 원재료)
고정자산 (현금화 하기 어려운 자산)	**투자자산 → 깔아놓은 자산** (장기금융상품, 만기보유증권, 장기대여금 등)
	유형자산 → 부동산 (토지, 건물, 기계장치)
	무형자산 (영업권, 특허권, 산업재산권 등)

자본	**자본금 → 내 돈**
	자본잉여금 (주식발행초과금, 감자차익)
	이익잉여금 → 번 돈 (이익준비금, 처분 전 이익 잉여금 등)
	자본조정 → 계산한 거 (자기주식, 주식할인발행차금)
부채	**유동부채** 1년 내 상환채무 (단기차입금, 미지급금)
	고정부채 1년 이후 상환채무 (장기차입금, 퇴직급여 충당금)

자산은 크게 유동자산과 비유동자산으로 나뉘는데, 유동자산은 보유한 자산을 1년 이내에 현금화 할 수 있는 자산을 의미한다. 반대로 비유동자산은 1년 이내에 현금화 할 수 없는 자산을 의미한다. 창업 기업의 입장에서 자산은 매년 많아질수록 성장하고 있다는 증거가 되긴 하지만, 어떤 업종에서 사업을 하는지에 따라서 어떤 자산의 규모가 늘어야 하는지가 달라진다.

부채는 외부에 갚아야 할 돈으로, 외부에서 자금을 얼마나 조달했는지에 대해 알려주는 항목이다. 자산과 마찬가지로 1년을 기준으로 유동부채와 비유동부채로 나눌 수 있다. 유동부채 총계가 많을수록 1년 내에 갚아야 할 부채가 많다는 의미인데, 이 항목과 함께 유동자산의 규모를 같이 비교해 보아야 한다. 1년 내에 돌아오는 부채보다 유동자산이 많다면 기업 운영에 있어 위험은 그만큼 줄어든다는 의미이기 때문이다.

자본은 기업을 운영하면서 발생하는 이익을 의미하는 지표로 주요 항목으로는 자본금, 자본잉여금, 이익잉여금 등이 있다. 자본금은 기업이 발행한 주식의 액면가 총액을 의미하는 것으로 만약 액면가 5000원에 해당하는 주식을 10,000주 발행 했다면 기업의 자본금은 5,000원×

10,000주=50,000,000원이 된다. 자본잉여금은 자본거래에 의해 발생하는 잉여금을 의미하는 것으로 예를 들어 유상증자를 통해 액면가 5,000원에 해당하는 주식을 10,000원에 1만주를 발행하여 1억원의 자금이 기업에 들어왔다면 5,000만원은 자본금에 나머지 5,000만원은 자본잉여금으로 기록되게 된다. 이익잉여금은 기업이 비즈니스를 통해 만들어낸 이익금 중 배당 등을 통해 외부에 지급한 뒤에 남은 금액 중 사내에 유보된 금액을 의미한다. 자본은창업 후 특정기간 동안 얼마만큼 이익을 냈는지를 나타내는 항목이기 때문에 부채총계보다 많아야 하며, 이익잉여금은 기업이 매년 벌어들이는 수익에서 지출해야 할 모든 비용과 배당을 마치고 난 후의 자금이기 때문에 차지하는 비율이 높을수록 기업의 성장가능성은 높다고 할 수 있다.

표 10-13 재무상태표 예시

회사명 : K기업 단위 : 천원

구분	실적		예측		
	2012	2013	2014	2015	2016
유동자산	210,000	231,000	254,100	279,510	307,461
당좌자산	130,000	143,000	157,300	173,030	190,333
재고자산	80,000	88,000	96,800	106,480	117,128
비유동자산	290,000	319,000	350,900	385,990	424,589
투자자산	75,000	82,500	90,750	99,825	109,808
유형자산	190,000	209,000	229,900	252,890	278,179
무형자산	25,000	27,500	30,250	33,275	36,603
자산총계	500,000	550,000	605,000	665,500	732,050
유동부채	155,000	170,500	187,550	206,305	226,936
비유동부채	45,000	49,500	54,450	59,895	65,885
부채총계	200,000	220,000	242,000	266,200	292,820
자본금	210,000	231,000	254,100	279,510	307,461
이익잉여금	90,000	99,000	108,900	119,790	131,769
자본총계	300,000	330,000	363,000	399,300	439,230

4) 손익계산서

재무상태표는 특정시점에서 창업 기업의 재무상태를 나타낸 것이기 때문에 특정기간 동안의 이익에 대한 정보나, 올해의 이익이 내년이나 가까운 장래에도 지속이 가능할지에 대한 판단을 할 수 없다. 따라서 기업이 특정기간 동안 벌어들인 수익과 지출한 비용에 대한 정보를 제공하는 재무제표인 손익계산서가 필요하다. 손익계산서에서 창업가가 중점으로 보아야 할 항목은 매출액, 매출원가, 매출총이익, 영업이익, 당기순이익에 관한 것이다.

표 10-14 손익계산서 예시

회사명 : K기업 단위 : 천원

구분	실적		예측		
	2012	2013	2014	2015	2016
Ⅰ. 매출액	790,000	869,000	955,900	1,051,490	1,156,639
Ⅱ. 매출원가	(600,000)	(660,000)	(726,000)	(798,600)	(878,460)
매출총이익	190,000	209,000	229,900	252,890	278,179
Ⅲ. 판매비와관리비	(110,000)	(121,000)	(133,100)	(146,410)	(161,051)
영업이익	80,000	88,000	96,800	106,480	117,128
Ⅳ. 금융수익	10,000	11,000	12,100	13,310	14,641
Ⅴ. 금융비용	(30,000)	(33,000)	(36,300)	(39,930)	(43,923)
법인세차감전순이익	60,000	66,000	72,600	79,860	87,846
Ⅵ. 법인세	(20,000)	(20,000)	(20,000)	(20,000)	(20,000)
Ⅶ. 당기순이익	40,000	46,000	52,600	59,860	67,846

창업 한 후 기업의 매출 증가 여부를 판단할 수 있는 항목이 바로 매출액이다. 매년 매출액을 놓고 비교해 보면 기업의 매출 증가 또는 감소 추이를 확인할 수 있다. 매출원가는 제품 또는 서비스를 생산하는데 투입한 비용으로 특히 제조업의 경우가 중요하다고 할 수 있다. 매출액에서 매출원가를 뺀 나머지가 매출총이익이 되는데, 제품 또는 서비스를 판매하여 얻은 이익을 나타낸다고 할 수 있다. 매출총이익에서 판매를 위한 각종 비용, 즉 인건비, 판매수수료, 광고선전비 등의 비용을 뺀 나머지가 영업이익으로 기업의 본업에서 생기는 이익이기 때문에 기업의 진정한 가치(실력)를 평가할 수 있는 지표라고 할 수 있다. 대부분의 기업이 분기별 또는 연간 실적을 발표할 때 영업이익을 중심으로 실적 자료를 발표하는 이유가 여기에 있으며, 우리가 자주 뉴스에서 접하는 한계기업(일명, 좀비기업)이란 기업에서 벌어들이는 영업이익으로 이자비용도 갚지 못하는 기업을 말하는 것이다. 영업이익에서 영업외로 발생하는 수익과 비용을 더하고 차감한 나머지가 경상이익이며, 경상이익에서 기업을 경영하면서 자금을 빌리거나 투자하는 일, 건물을 임대해주는 재테크 활동 등이 발생하는데 이를 더하고 차감한 금액(특별이익, 또는 특별손실)이 법인세차감전이익이다.

살펴본 내용들은 창업초기에는 크게 중요한 항목은 아닐 수 있지만 기업이 성장해 갈수록 중요해 지는 항목이 바로 당기순이익이다. 이는 기업에서 발생하는 모든 이익과 비용을 계산해서 나온 기업의 최종 이익으로 기업에 투자한 주주가 배당을 받거나 기업에 다시 재투자할 수 있는 자금을 말하는 것이다. 창업 초기의 기업은 당기순이익을 통해 기업 성장을 위한 재투자 자금을 마련할 수 있기 때문에 많은 이익이 생길수록 성과가 뚜렷한 기업이 되는 것이다.

그림 10-5 손익계산서를 구성하고 있는 주요 항목

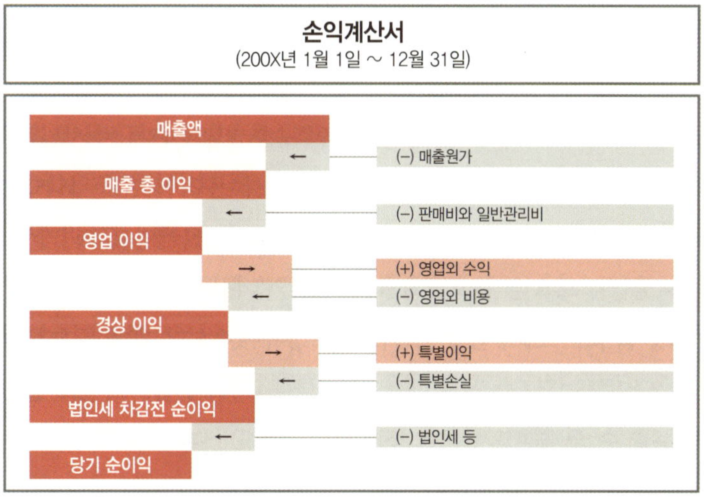

출처 : 한국경제 글방, 손익계산서 해부하기, 2006

5) 현금흐름표

사람의 신체에 있어 중요한 역할을 하는 것이 바로 혈액으로 신체의 원활한 활동을 위해 장기와 신체 여러 부위에 산소를 전달해 주는 역할을 한다. 기업을 신체에 비유한다면, 혈액과 같이 원활한 경영 활동을 위해 꼭 필요한 것이 바로 현금이다. 원자재를 구입하고, 인건비를 지급하고, 기업 운영에 소요되는 각종 비용을 지급하고, 자본을 확보하는데 사용하는 현금이 기업 전체에 어떻게 흐르고 있는지를 나타내주는 재무제표가 현금흐름표이다.

현금흐름표에서는 재무상태표와 손익계산서에서 알 수 없는 것을 파악할 수 있는데, 바로 현금의 유입과 유출을 알 수 있게 해준다. 특히, 영업활동으로 인한 현금흐름이 부족한 경우에 손익계산서 상에서 영업이익이 많다 하더라도 자산을 매각하거나, 자금을 차입하여 회사를 운영해야 하는 경우가 생길 수 있다. 따라서 기업의 재무제표는 재무상태표, 손익계산서 및 현금흐름표의 항목들을 비교하여 기업의 재무상태를 분석할 수 있어야 한다.

표 10-15 현금흐름표 예시

회사명 : K기업 단위 : 천원

구분	실적		예측		
	2012	2013	2014	2015	2016
Ⅰ.영업활동으로 인한 현금흐름	45,000	54,500	64,950	76,455	89,090
매출로부터의 유입액	600,000	660,000	726,000	798,600	878,460
매입에 대한 유출액	(440,000)	(484,000)	(532,400)	(585,640)	(644,204)
영업비의 지급	(65,000)	(71,500)	(78,650)	(86,515)	(95,167)
이자지급	(30,000)	(30,000)	(30,000)	(30,000)	(30,000)
법인세 지급	(20,000)	(20,000)	(20,000)	(20,000)	(20,000)
Ⅱ.투자활동으로 인한 현금흐름	(80,000)	(88,000)	(96,800)	(106,480)	(117,128)
Ⅲ.재무활동으로 인한 현금흐름	55,000	60,500	66,550	73,205	80,526
Ⅳ.현금의 증가	20,000	22,000	24,200	26,620	29,282
Ⅴ.기초의 현금	40,000	44,000	48,400	53,240	58,564
Ⅵ기말의 현금	60,000	66,000	72,600	79,860	87,846

영업활동으로 인한 현금흐름은 기업의 주된 수익창출 활동으로서 일반적으로 제품의 생산 및 재화와 용역의 판매와 관련한 활동을 의미한다. 따라서 영업활동으로 인한 현금흐름은 일반적으로 제품의 생산 및 재화와 용역의 판매와 관련한 활동을 의미한다. 따라서 영업활동으로 인한 현금흐름은 일반적으로 당기순이익의 결정에 영향을 미치는 거래로부터 주로 발생하며, 재무상태표의 유동자산이나 유동부채와 관련성을 많이 가지고 있다. 투자활동으로 인한 현금흐름은 현금을 대여하고 이를 회수하는 활동과 투자자산, 유형자산 및 무형자산 등의 주로 비유동자산의 취득과 처분 활동을 의미한다. 재무활동으로 인한 현금흐름은 현금의 차입 및 상환활동, 신주발생이나 배당금의 지급활동과 같이 부채와 자본의 증감에 관련된 활동을 의미한다. 특별히 현금흐름표가 재무제표에서 중시되는 것은 기업의 흑자도산과 연관이 있기 때문이다. 예를 들어, 2억원의 이익을 내고 있는 회사라고 해도 가지고 있는 돈 전부를 사업장 부지 매수에 투입해 버리면 회사에 현금은 없어지며 그 후의 지불이 불가능해 도산하게 된다. 이처럼 흑자도산이라는 말은 기업에 이익이 발생했음에도 불구하고 유동성의 부족으로 부도가 발생하여 도산하는 경우를 말한다. 한편, 적자를 내는 회사라도 거래처가 지불 기한을 연장해 주거나 은행에서의 차입금을 늘릴 수 있다면 도산하지 않고 버틸 수 있다. 이처럼 현금의 유무가 도산하느냐 마느냐의 중요한 여부가 되므로 현금흐름표가 대단히 중요시되고 있다.

표 10-16 현금 흐름표를 구성하고 있는 주요 항목

구분	내용
영업활동으로 인한 현금흐름	– 영업활동으로 인한 현금 유입액 : 상품 및 제품의 판매로 인한 현금유입, 이자수익과 배당금수익, 투자활동과 재무활동에 속하지 않는 거래에서 발생한 기타의 현금유입 – 영업활동으로 인한 현금 유출액 : 원재료, 상품 및 제품 등의 매입에 따른 현금유출, 판매비 및 관리비와 종업원 등에 대한 현금유출, 법인세 납부 및 이자비용의 지급, 기타 투자활동과 재무활동에 속하지 않는 거래에서 발생한 현금유출
투자활동으로 인한 현금흐름	– 투자활동으로 인한 현금 유입액 : 미수금 및 장단기 대여금의 회수, 장기금융상품 또는 장기투자증권의 처분, 유무형자산의 처분 등 – 투자활동으로 인한 현금 유출액 : 장단기 대여금의 대여, 장기금융상품 또는 장기투자증권의 취득, 유무형자산의 취득 등
재무활동으로 인한 현금흐름	– 재무활동으로 인한 현금 유입액 : 장단기차입금의 차입, 사채의 발행, 유상증자, 자기주식의 처분 등 – 재무활동으로 인한 현금 유출액 : 장단기차입금의 상환, 사채의 상환, 유상감자, 자기수식의 취득 및 현금배당의 지급 등

6) 재무제표의 분석 및 활용

지금까지 재무상태표, 손익계산서 및 현금흐름표의 각 항목에 대한 특징과 이것이 의미하는 바를 살펴보았다. 이제는 이들 항목들 간의 관계를 비교하여 산출하는 재무비율을 분석하는 것을 알아보고자 한다. 재무비율 분석은 재무제표를 구성하고 있는 항목을 가지고 계산하고 이를 해당하는 산업의 평균 비율과 비교하여 기업의 재무 상태를 평가하고 미래를 예측하기도 한다.

표 10-17 재무비율의 종류와 주요 측정지표

구분	주요 측정지표	비율 계산식
수익성 비율	매출액 순이익율	순이익/ 매출액
	매출 이익율	(매출액–매출원가) / 매출액
	총자산 순이익율	순이익 / 총자산
	자기자본 순이익율	순이익 / 자기자본
활동성 비율	매출채권 회전율	매출액 / 매출채권
	재고자산 회전율	매출액 / 재고자산
	총자산 회전율	매출액 / 총자산
유동성 비율	유동비율	유동자산 / 유동부채
	당좌비율	당좌자산 / 유동부채
	현금포지션 비율	(현금+시장성유가증권) / 유동부채
안정성 비율	부채비율	부채 / 자기자본
	자기자본비율	자기자본 / 총자산
	이자보상비율	이자외법인세차감전순이익 / 이자비용
성장성 비율	총자산 증가율	(기말총자산–기초총자산) / 기초총자산
	매출액 증가율	(당기매출액–전기매출액) / 전기매출액
	자기자본 증가율	(당기자기자본–전기자기자본) / 전기자기자본

앞서 예시로 들었던 K기업의 재무상태표, 손익계산서의 항목을 활용하여 재무비율 분석의 예를 살펴보자. 다른 재무비율 분석 지표들 가운데 창업 기업이 주요하게 살펴보아야 할 수익성 비율, 유동성 비율, 안정성 비율이며 이 분석을 통해 초기 창업 기업인 K기업의 현재 기업 상태를 확인할 수 있다.

표 10-14 재무비율 분석 예시

회사명 : K기업

비율 분석	실적		예측		
	2012	2013	2014	2015	2016
수익성 비율					
총자산순이익율	8.0%	8.4%	8.7%	9.0%	9.3%
자기자본순이익율	13.3%	13.9%	14.5%	15.0%	15.4%
매출액순이익율	5.1%	5.3%	5.5%	5.7%	5.9%
유동성 비율					
유동비율	1.35	1.35	1.35	1.35	1.35
당좌비율	0.84	0.84	0.84	0.84	0.84
안정성 비율					
부채비율	66.7%	66.7%	66.7%	66.7%	66.7%
자기자본비율	60.0%	60.0%	60.0%	60.0%	60.0%

수익성 비율은 기업 활동의 최종적인 성과를 나타내는 비율이므로 재무제표의 내·외부 사용자들이 가장 많이 사용하고 있으며 비율이 높게 나타날수록 좋은 것이라고 할 수 있다. 위 표에서 제시된 K기업의 경우, 창업 첫 해인 2012년 총자산순이익율이 8.0%, 자기자본이익율이 13.3%, 매출액순이익율이 5.1%로 전반적인 수익성 비율이 좋다고 볼 수 있다. 초기 창업 기업의 경우, 일반 기업에 비해 수익성 비율이 당연히 낮을 수 밖에 없지만 예시된 K기업의 수익성 비율은 5%~13%로 비교적 양호한 수준이라고 할 수 있다.

유동성 비율은 창업 기업이 단기에 상환해야 하는 부채에 대한 상환 능력을 평가하는 지표로 유동비율과 당좌비율로 나타낼 수 있다. 특히, 당좌비율은 유동자산 중에서도 더 현금화하기 쉬운 자산(현금, 유가증권, 예금, 외상매출금)들의 비율을 의미하기 때문에 기업의 단기간 채무상환 능력을 판단하는 중요한 지표로 사용된다. 대부분의 산업에서 유동비율이 1에 가깝게 나타나는 것은 들어올 현금으로 부채를 간신히 갚을 수 있다는 것이다. 반면에 유동비율이 너무 높게 나타나는 것은 어느 기업이 투자를 하거나 혹은 주주에게 돌려주는 대신 현금을 보유하고 있다는 뜻이라고 할 수 있다. K기업의 경우 유동비율 1.35로 나타나고 있으며, 현금화하기 쉬운 당좌비율은 0.84로 나타나고 있다.

안정성 비율은 기업의 장기 지급능력을 평가하는 지표로써 부채비율과 자기자본비율로 나타낼 수 있다. 보통 부채비율은 100% 이하, 자기자본비율은 50% 이상이면 건전한 기업 상태라 할 수 있는데, K기업의 경우 부채비율이 40% 자기자본비율이 60%로 나타났으므로, 창업 초기 기업의 입장에서 매우 건전한 상태라 할 수 있다. K기업에서는 구체적으로 수치를 계산하지는 않았지만, 이자보상비율은 기업이 얼마나 쉽게 이자를 갚을 것인가를 보여주는 지표로 이 비율이 1에 근접해 있다면 나쁜 신호로 기업 이익의 대부분이 이자상환으로 나간다는 의미이다. 반대로 높은 이자보상비율은 일반적으로 기업이 더 많은 부채를 조달할 수 있는 신호이거나 혹은 적어도 기업이 상환을 잘 할 수 있다는 의미이다.

7) 손익분기점(BEP) 분석

창업가라면 초기 투자한 비용을 회수하는 시점이 언제인지가 궁금할 것이다. 이 시점을 손익분기점이라고 하는데 매출액과 그 매출액을 실현하기 위해 지출된 총비용이 일치하는 시점의 매출액을 의미한다.

그림 10-6 손익분기점(Bep) 그래프

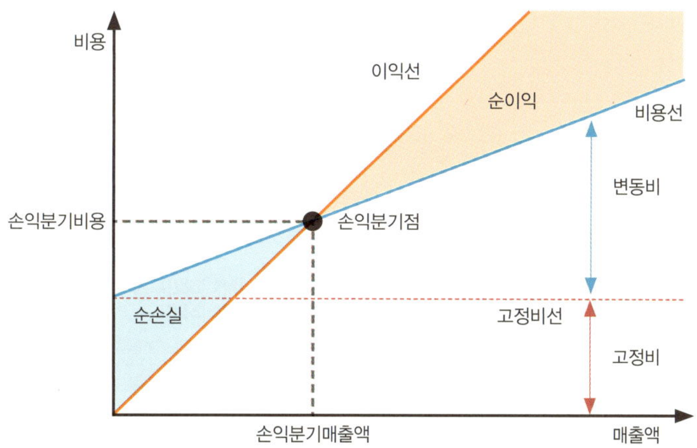

출처 : 이코노와이드, 손익분기점 분석 방법, 2016

손익분기점 분석을 위해서는 기업 매출의 변동에 관계없이 일정하게 발생하는 고정비와 기업 매출의 변동에 비례하여 발생하는 변동비를 구분해야 한다. 고정비는 임대료, 감가상각비, 이자비용, 정규직 인건비와 같이 매출과 상관없이 고정적으로 발생하는 비용이다. 반면, 변동비는 매출액과 변동하여 발생하는 비용으로 원재료비, 포장 및 운반비 등이 대표적이다. 상당수의 비용들은 고정비와 변동비가 혼재되어 있어 실제로 정확하게 분류하기는 어렵다. 이 부분이 손익분기점 분석의 한계이기도 하다. 이러한 어려움에도 불구하고 창업가들은 보다 안정적인 경영 계획의 수립을 위해 최대한 정교하게 손익분기점 분석을 수행하여야 한다. 손익분기점은 다음과 같은 공식에 의해 계산된다.

손익분기점 매출액 = 고정비 / 1-(변동비율)

여기에서 변동비율은 하나의 제품에서 변동비가 차지하는 비중을 의미하며, 변동비를 가격으로 나누어 계산한다. 예를 들어, 자장면 가격은 5,000원이고 고정비는 200만원이고, 하나의 제품의 생산을 위해 투입되는 변동비는 2,000원이라고 가정할 경우, 손익분기점 매출액은 3,333,333원이 된다.

3,333,333 = 2,000,000 / 1-(2,000 / 5,000)

그렇다면 손익분기점을 달성하기 위해서는 월 몇 개를 팔아야 할까? 대략 667개(3,333,333/5,000원)를 팔아야 한다. 자장면 집에서 월 667개를 팔면 이익은 '0' 이지만 667개를 팔지 못하면 손실을 보게 된다. 사업하는 사람들이 종종 '이번 달에는 반드시 얼마를 벌겠다' 와 같은 목표를 세운다. 위에서 제시한 공식을 활용하면 목표 매출액을 계산할 수 있게 된다. 예를 들어, 이번 달에 200만원을 벌기로 목표를 세웠다면 다음의 공식을 활용할 수 있다. 즉, 6,666,667원의 매출을 달성해야 하고, 이를 위해서는 대략 1,333개의 자장면을 팔아야 한다.

손익분기점 매출액 = (고정비+목표이익) / 1-(변동비율)

6,666,667 = (2,000,000+2,000,000) / 1-(2,000/5,000)

10.7 매출과 비용의 추정

1) 매출 추정

창업 기업이 사업에 대한 경제성 분석을 진행할 때 가장 어려운 부분이 매출을 추정하는 것인데, 이는 기존 기업과 달리 창업 기업은 미래의 매출을 추정할만한 과거의 실적이 존재하지 않기 때문이다. 더욱이 기존의 제품과 차별화되는 신제품의 경우에는 더더욱 매출을 추정하기가 더욱 어렵다. 그렇기 때문에 매출 추정에 대한 정답은 없지만 시장환경분석, 비즈니스 모델 및 마케팅 전략을 철저하게 수립하여 사업과 관련된 이해관계자들도 납득할만한 추정치를 제시할 수 있어야 한다. 매출은 price(가격)×quantity(수량)으로 계산하면 되는데, 가격은 마케팅 전략 수립에서 결정된 가격을 가져오면 되지만, 몇 개가 팔릴 것인가에 대한 부분은 예측하기가 어렵다. 판매 수량을 추정하기 위해서 전체 시장 규모와 시장 점유율을 추정하고 신규 진입을 고려한 보정계수(일반적으로 추정된 매출액의 70%~90% 적용)를 사용하여 추정하는 것이 일반적이다.

(1) 기존 시장에 진입하는 경우의 판매수량 예측 1

창업가가 생산하고자 하는 제품과 유사한 효용을 제공하는 제품을 생산하는 기업들을 벤치마킹 할 수 있다면 판매 수량 추정은 상대적으로 수월할 수 있다. 그러나 이 경우에도 제품 및 서비스의 특징에 따라 벤치마킹이 어려운 경우가 발생할 수 있다. 시장의 경쟁 업체가 제공하는 제품의 효용과 가격, 그리고 판매 수량을 근거로 활용하면서 자사 제품이 가진 경쟁력을 기반으로 판매 수량을 예측하되, 보수적으로 접근하여 추정되는 매출액의 70%~80% 정도로 산정한다.

생각해 보기 **매출액 추청 01**

우리 기업과 유사한 아이템으로 사업을 하는 기업이 3개 기업이 있다. A기업은 100개를 판매하고, B기업과 C기업은 50개를 판매하고 있다. A기업에 비해서는 디자인이 차별화되어 있고, B와 C기업에 비해서는 일부 가격 경쟁력이 있다고 판단된다. 이 경우 몇 개로 매출을 추정하는 것이 투자자들을 설득할 수 있을 것인가 생각해 보자. 정답이 있는 것은 아니며, 시장환경 분석, 비즈니스 모델 및 마케팅 전략에 근거하여 투자자들을 설득할 수 있는 논리적 근거가 중요하다.

(2) 기존 시장에 진입하는 경우의 판매수량 예측 2

전체 시장 규모를 예측하고 시장 점유율을 추정하여 매출액을 추정할 수 있다. 시장 규모는 해당 아이템이 속한 협회 및 정부기관 사이트를 방문해서 자료를 확인해 볼 수 있다. 문제는 시장 점유율을 예측하는 것인데, 가능한 시장 세분화를 통해 목표 시장을 정확히 정의하고 가격 경쟁력과 차별화 전략을 통해 논리적으로 설명되어야 한다. 마찬가지로 보수적으로 접근하여 추정되는 매출액의 70%~80% 정도로 산정한다.

생각해 보기 **매출액 추정 02**

창업가 A씨는 기존의 제품에 하나의 차별화된 기능을 추가하여 창업을 하고자 한다. 전체 시장규모는 10억 원이고, 경쟁사는 10개 정도의 기업이 있다. 1개 기업이 40%의 점유율을 갖고 있고, 나머지 9개 기업이 대동소이하게 시장 점유율을 나타내고 있다. 이 경우 몇 개로 매출을 추정하는 것이 투자자들을 설득할 수 있을 것인가 생각해 보자. 정답이 있는 것은 아니며, 시장환경 분석, 비즈니스 모델 및 마케팅 전략에 근거하여 투자자들을 설득할 수 있는 논리적 근거가 중요하다.

(3) 신규 시장에 진출하는 경우

신규 시장에 진출하는 경우에는 벤치마킹 할 경쟁사도 없고, 시장 규모도 파악이 어렵기 때문에 매출을 추정하기는 더욱 어렵다. 설문 조사를 통해 우리 기업이 제공하는 제품의 정확한 효용과 가격을 명시하고 제품을 구매하겠는가에 대한 의사를 파악해 보는 것도 매출 추정에 도움이 될 수 있다. 이 부분은 상당히 전문적인 스킬이 요구되는 분야이기 때문에 세밀한 작업이 필요하며, 가능하다면 전문기관에 의뢰하는 것도 하나의 방법이 될 수 있다. 마찬가지로 우리 기업의 주장이 설득력을 얻기 위해서는 목표 시장을 최대한 세분화하는 것이 필요하다.

생각해 보기 **매출액 추정 03**

우리 기업은 기존이 제품과 전혀 다른 신제품을 개발하여 창업을 하고자 한다. 전문기관에 의뢰한 결과, 목표고객(서울, 30대 남성, 미결혼자, 자동차 보유, 연소득 5000만 원 이상)을 대상으로 설문조사를 한 결과 응답자의 10%가 적극 구매로, 15%가 구매의사가 있다고 응답하였다. 이 경우, 몇 개로 매출을 추정하는 것이 투자자들을 설득할 수 있을 것인가 생각해 보자. 정답이 있는 것은 아니며, 시장환경 분석, 비즈니스 모델 및 마케팅 전략에 근거하여 투자자들을 설득할 수 있는 논리적 근거가 중요하다.

2) 비용 추정

매출 추정의 어려움에 비하면 비용 추정은 상대적으로 용이하다. 비용 추정은 반드시 사업계획서의 내용을 바탕으로 추정되어야 한다. 예를 들어, 매출원가는 생산전략에 따라, 인건비는 인사 · 조직 전략에 따라, 광고비는 마케팅 전략에 따라, 감가상각비는 투자계획 등에 근거하여 구체적인 수치로 도출되어야 한다.

(1) 매출원가

매출원가는 매출을 발생시키기 위해 제품 생산에 직접적으로 투입되는 원재료 또는 상품 가격과 부대비용을 의미한다. 매출원가는 변동비의 성격을 갖고 있기 때문에 기업 매출액의 일정 비율로 나타낼 수 있다. 예를 들어, 첫해년도 매출이 1억이고 매출원가가 6,000만원이라면 매출원가는 60%로, 2차년도 매출이 1억2천만 원으로 추정되면 매출원가는 1억2천만 원×60%인 7,200만원으로 산출할 수 있다.

(2) 인건비

제조업의 경우, 제품 생산에 투입되는 인력에 대한 급여는 매출원가에서 산정되지만, 상품을 판매하거나 서비스를 제공하는 등의 업종은 인건비가 판매비와관리비 항목에서 산정되어진다. 또한, 세부적으로 각종 수당, 복리후생비, 퇴직급여충당금 등 다양한 항목이 존재하지만 인건비 항목으로 묶어서 산정하는 것이 편리하다. 인건비는 사업계획서의 인사 · 조직 전략에 의해 계산되며 2차년도 이후의 인건비는 해당 업종의 과거 3개년 평균 임금 상승률을 고려하여 산정하는 것이 일반적이다. 여기서 많은 창업가들이 실수하는 부분이 본인의 인건비를 비용으로 인식하지 않는 실수를 범하는데, 본인의 인건비도 반드시 포함하여 산정해야 창업 프로젝트의 경제성에 대한 정확한 분석을 진행할 수 있게 된다.

(3) 기타비용

기타비용으로 주요하게 고려해야 하는 것이 지급 임차료, 지급 이자, 감가상각비 등이다. 사업장 임차에 따라 지급되는 임차료도 정교한 계산이 필요하며, 2차년도 이후에는 상승분을 고려하는 것이 필요하다. 지급 이자는 자금 조달 원천 중 부채금액에 차입비용(이자율)을 곱해서 계산한다. 예를 들어, 5,000만원을 은행에서 3%로 대출한 경우는 150만원이 해당연도의 이자비용이 된다.

감가상각비는 자산으로 기재되는 항목에 대해 현재 나간 현금의 유출에 상관없이, 앞으로 해당 재화의 사용 기간 동안 그 비용을 나누어 산정하는 것을 말한다. 감가상각비는 회계 기준에 따라 내용연수라는 것이 있어 그 기간 동안 회사가 선택한 방식에 따라 감가상각 하지만, 창업기업은 추정손익계산서 작성기간 동안 일정 금액을 배분해도 무방하다. 예를 들어, 1억 원짜리 기계를 구입하고 기계의 내용연수가 5년 이라고 가정할 경우, 매년 2,000만원씩 감가상각비를 책정하면 된다. 한가지 주의할 점은, 감가상각비는 손익계산서를 작성할 때는 비용으로 인식하지만, 실제로 비용이 지출되는 것이 아니기 때문에 현금흐름표를 작성할 때에는 다시 그만큼의 비용을 더해 주어야 정확한 현금흐름을 계산할 수 있게 된다.

3) 추정 손익계산서

추정 손익계산서란, 창업을 시작하는 경우 예상되는 미래의 손익계산서를 작성하는 것이다. 사업계획서를 통해 매출과 비용에 대한 추정이 이뤄졌다면, 추정 손익계산서의 작성은 상대적으로 쉬운 일이다. 다음의 예를 통해 주어진 자료를 바탕으로 추정 손익계산서를 작성해 보는 연습을 해보자.

창업 프로젝트 X

당신은 컬러 인쇄가 가능한 저가형 3D 프린터를 개발하여 창업을 계획 중에 있다.

- ◆ 가격은 경쟁사 제품을 고려하여 200만원으로 책정하였고, 생산 후 1차년도 판매량은 1,000대로 예상되며, 전문가들은 3D 프린터 시장은 매년 10%만큼 성장할 것으로 예상한다.
- ◆ 3D 프린터의 생산에 필요한 매출원가는 판매 가격의 55% 수준으로 예상하고 있다.
- ◆ 3D 프린터의 생산을 위해서 창업 1차년도에는 10명의 직원을 채용할 예정이며, 평균 인건비는 4,000만원으로 예상된다. 인력계획에 따라 3차년도에 신규 인력을 2명 추가 채용할 예정이며, 임금은 매년 5%만큼 인상될 것으로 예상된다.
- ◆ 임대료를 월 400만원으로 예상되며, 매년 3%정도 인상될 것으로 예상된다.
- ◆ 제품의 인지도 제고를 위하여 창업 첫해년도에는 매출액의 10%를 광고비로 지출할 예정이며, 이후에는 5% 수준을 유지하려고 한다.
- ◆ 제품의 성능 개선을 위해 매년 매출액의 3%를 연구개발비로 투자할 예정이다.
- ◆ 관리비는 매달 150만원이 발생할 것으로 예상되며, 매년 5%만큼 상승할 것으로 예상된다.
- ◆ 감가상각비는 내용연수에 따라 동일한 금액으로 책정하려고 한다.
- ◆ 기타 비용은 매출액의 3%로 책정할 예정이다.
- ◆ 제품의 생산을 위한 기계 등의 장비구입 및 시설투자에 2억원의 자금이 필요하며, 초기 운영자금으로 5,000만원이 필요하고, 운영자금은 사업 종료시점에 전액 회수될 것으로 가정한다. 기계의 내용연수는 5년이며, 잔존가치는 없다고 가정한다.
- ◆ 2억5천만 원 중 1억5천만 원은 기술신용보증기금을 통해 연 3%로 차입할 예정이고, 1억 원은 지인 및 친척들에게 주식 발행을 통해 조달할 예정이다.

표 10-15 추정 손익계산서 작성 양식

구분	1차년도	2차년도	3차년도	4차년도	5차년도
매출액					
매출원가					
매출총이익					
인건비					
지급 임대료					
광고선전비					
연구개발비					
관리비					
감가상각비					
기타비용					
영업이익					
이자비용					
세전이익					
세금					
당기순이익					

위의 빈칸을 다 채웠다면 다음의 정답과 비교해 보기로 하자. 창업 프로젝트에 대한 매출과 각종 비용을 추정하여 산출하는 것은 무척 어려운 일이다. 그렇지만, 사업에 대해 끊임없이 고민하고, 시장에 대한 분석이 정교하게 이뤄졌다면 사업에 대한 경제성 분석은 그 만큼 쉬워질 것이고, 성공에 한걸음 더 다가서는 계기가 될 수 있을 것이다. 매출 및 비용의 추정을 통한 추정손익계산서 작성에서 가장 중요한 것은 앞서 언급한 바와 같이 시장 환경 분석, 비즈니스 모델 및 마케팅 전략에 근거하여 예비 투자자들에게 자료를 제시했을 때 이들로부터 얼만큼의 동의를 이끌어 낼 수 있느냐 하는 것이라는 점을 반드시 기억하고 있어야 한다.

표 10-16 창업 프로젝트 X의 추정손익계산서

구분	1차년도	2차년도	3차년도	4차년도	5차년도
매출액	2,000,000	2,200,000	2,420,000	2,662,000	2,928,200
매출원가	1,100,000	1,210,000	1,331,000	1,464,100	1,610,510
매출총이익	900,000	990,000	1,089,000	1,197,900	1,317,690
인건비	400,000	420,000	529,200	555,660	583,440
지급 임대료	48,000	49,440	50,920	52,450	54,020
광고선전비	200,000	110,000	121,000	133,100	146,410
연구개발비	60,000	66,000	72,600	79,860	87,850
관리비	18,000	18,900	19,850	20,840	21,880
감가상각비	40,000	40,000	40,000	40,000	40,000
기타비용	60,000	66,000	72,600	79,860	87,850
영업이익	74,000	219,660	182,830	236,130	296,240
이자비용	4,500	4,500	4,500	4,500	4,500
세전이익	69,500	215,160	178,330	231,630	291,740
세금	6,950	23,030	15,670	26,330	38,350
당기순이익	62,550	192,130	162,670	205,310	253,390

활동하기

5달러 프로젝트 실행하기

'스탠퍼드대학교 5달러 프로젝트'는 스탠퍼드대 티나 실리그 교수가 강연 중 14개 팀에 5달러가 든 봉투를 나눠주고 개봉 후 2시간 이내에 최대한 수익을 올릴만한 아이디어를 내라'는 미션을 주면서 화제를 모았던 대학생 벤처 프로그램 사례이다. 4인 1조로 팀을 편성하여 5달러를 가지고 투자자들을 설득할 수 있는 아이템을 제안해 보자. 제안하는 아이템은 반드시 경제적 가치와 더불어 사회적 가치도 함께 가지고 있어야 한다.

◆ 기본사항

팀명	
팀장/팀원	
연락처	
소속	

◆ 사업 아이템 제안내용

핵심 키워드	
간략 설명	

◆ 아이디어 제안배경

제안배경	

◆ 실행 계획안

간략설명	

◆ 기대효과

기대효과 1	
기대효과 2	

학습 정리

◆ 창업 초기 기업들은 안정적인 현금흐름, 자본투자, 장기간의 제품 및 서비스 개발 기간의 문제로 인해 많은 창업자금이 필요하며, 적시에 투자가 이루어져야 창업 기업이 빠르게 안정을 찾을 수 있다.

◆ 창업 기업이 자금을 조달하는 방법에는 개인자본 및 지인을 통한 자본 조달과 정책자금을 통해 조달하는 방법이 있다.

◆ 소셜벤처는 정부의 정책자금뿐만 아니라 기업과 연계한 CSR, CSV 사업들을 통해 창업 초기 시제품이 만들어진 이후에 제품이나 서비스의 판로 개척과 관련된 다양한 지원을 받을 수 있다.

◆ 투자 유치를 위해서는 투자자와의 지속적인 관계 설정(IR)이 중요하며, 투자를 유치하는 방법으로는 비즈니스엔젤, 소셜벤처 엑셀러레이터, 크라우드펀딩, 소셜벤처캐피탈을 활용할 수 있다.

◆ 초기 창업 기업의 재무관리는 기업 경영을 하는데 필요한 자금을 합리적으로 조달하고, 효율적으로 운용하는 의사결정을 하고, 기업 가치를 극대화하는 것을 목적으로 한다.

◆ 재무상태표는 일정 시점에서 기업의 자산, 부채, 자본의 규모를 보여주며, 손익계산서는 일정기간 동안의 이익에 대한 정보를 제공해 주며, 현금흐름표는 기업 전체에서 현금이 어떻게 흐르고 있는지를 보여주는 재무제표이다.

◆ 손익분기점은 매출액과 그 매출액을 실현하기 위해 지출된 총 비용이 일치하는 지점을 말하며, "손익분기점 매출액 = 고정비 / 1-(변동비율)"공식을 활용하여 산출할 수 있다.

◆ 추정손익계산서는 창업을 시작하는 경우 미래의 손익계산서로 사업계획서에 근거한 매출과 비용의 추정치를 산정하여 작성한다.

참고문헌

◆ 고명환(2018.), '창업자-예비창업자 스타트업자금 조달 방법 및 자금 사용법'
◆ 권도균(2015). "권도균의 스타트업 경영 수업"
◆ 고용노동부(2018). "사회적기업 자금조달 길라잡이"
◆ 김진수 외 4인(2015). "기술창업론". 탑북스.
◆ 김진수, 이창영(2014). "기업가정신과 창업론". 문영사.

◆ 류재언(2017). '스타트업 주주간 계약서 10가지 체크리스트'

◆ 박동수, 구언회(2011). "사회적기업 설립과 경영", 영남대학교 출판부.

◆ 캐런 버먼, 조 나이트(2015). "숫자의 진짜 의미를 읽어내는 재무제표 분석법", 이레미디어.

◆ KB 금융지주경영연구소. "크라우드 펀딩 현황 및 파급효과"

10장. 키워드 인덱스용

창업자금	투자유치	비즈니스엔젤	엑셀러레이터
크라우드펀딩	벤처캐피탈리스트	재무관리	손익분기점(BEP)

"마케팅은 가치에 관한 것이다,
우리는 고객이 우리에 대해 어떻게 기억할지를 분명히 정해야한다."

전 애플 CEO, 스티브 잡스(Steve Jobs)

11

소셜벤처 **마케팅**

학습 목표

1. 마케팅의 정의와 필요성을 이해한다.
2. 일반 기업의 전통적인 마케팅과 소셜벤처 마케팅의 차이를 파악한다.
3. 마케팅 전략 수립을 위한 STP, SWOT분석, 3C분석, 마케팅믹스 전략에 대해 이해한다.
4. 소셜벤처만을 위한 마케팅 방법들은 무엇이 있는지 알아본다
5. 소셜벤처만의 효과적인 소통 방법에 대해 알아본다.

시작
하기

트리플래닛 대표
'반려나무' 입양, 들어보셨나요?

"도시에도 딱히 마땅한 미세먼지 대책이 없잖아요?"

11일 서울로7017 만리동 광장에서 만난 김형수(32) 트리플래닛 대표는 나무를 심는 이유에 대해 이같이 말했다. 김 대표에 따르면 나무 심기는 이산화탄소 배출량과 미세먼지를 정화하는 효과가 가장 큰 활동이다. 그는 "숲은 미세먼지의 42%를 저감시키는 효과가 있다"면서 "숲의 가장 큰 가치가 여기에 있다"고 설명했다. 트리플래닛은 2010년 설립 이후 12개국에 190개의 숲을 조성하고, 75만 그루의 나무를 심은 사회혁신 기업이다. 이 회사는 세상 모든 사람이 나무를 심을 수 있는 방법을 만든다는 슬로건을 바탕으로 다양한 숲 조성 사업 모델을 개발해 왔다.

트리플래닛은 지금까지 나무심기 게임을 통한 숲 조성, 스타 이름으로 나무 심기, 반려 나무 입양을 통한 숲 조성, 크라우드 펀딩을 활용한 숲 조성 등 나무를 심기 위한 다양한 활동을 전개해 왔다. 특히 최근 중점을 두고 있는 사업은 '반려 나무' 입양 사업이다. 일반적으로 동물에만 붙던 '반려'라는 단어를 나무에 붙여 새로운 개념을 창조했다. 이 사업은 반려나무를 사람들에게 입양하고, 그 수익금을 숲 조성에 사용하는 방식이다.

김 대표는 "의미있는 건, 올 1월에 반려나무를 출시했는데 벌써 5000명 이상이 입양했다"면서 "(사업 활동은) 시기별로 발전해 왔다"고 설명했다. 사업을 시작하면서 인기를 끌었던 나무 심기 게임의 경우 현재는 서비스를 중단한 상태다.

나무를 심는다는 점 때문에 겉보기에 수익과는 거리가 먼 소셜벤처 기업으로 보이지만, 트리플래닛은 시민들의 후원금을 넘어 이미 많은 대기업들과 후원 파트너로 함께하고 있다. 현재 트리플래닛은 현대차, BMW, 더블에이, 이니스프리, 우리은행 등의 기업들과 파트너십을 맺고 지원을 받고 있다. 최근에는 기업들과 제품을 만들어 수익금을 내는 사업 형태도 계획 중이다. 김 대표는 "(같이) 콜라보레이션를 한 음료를 만들어서 수익금을 숲 조성에 사용한다든가 하는 방법도 구상 중"이라고 말했다.

김 대표는 대학시절 '수목장'에 대한 환경 다큐멘터리를 찍으면서 나무 심기 사업에 대한 관심을 갖게 됐다. '수목장'은 화장(火葬)한 유골을 나무 근처에 묻거나 뿌리는 친환경 장례방식이다. 유럽에선 많이 알려져 있는 장례 방식이다.

그는 “나무가 많이 사라지는 이유는 묘지 때문”이라면서 “(영상을 통해) 사람들에게 인식의 변화를 주는 것을 넘어 행동의 변화도 주고 싶다는 생각이 들어 사업을 시작하게 됐다”고 말했다. 한편 김 대표는 소셜벤처라는 어려운 길을 개척해 나가면서 빠르게 변화하는 사회의 흐름을 따라가야 하는 점이 가장 힘들었다고 털어놨다. 그는 “미세먼지가 이렇게 심각해질 줄은 몰랐다”면서 “처음엔 실외만 생각했었는데, 나중에는 실내까지 나무를 심는 방법을 찾아내야 했다”고 말했다.

빠른 사회 변화에 잘 적응해 온 김 대표의 트리플래닛은 앞으로의 사업이 더욱 확장될 수밖에 없을 것으로 보고 있다. 인류가 개발을 지속하는 한 환경문제는 우리 곁에 계속 존재할 거라는 이유에서다.

김 대표는 “영국에서 하이드 파크를, 독일에서 검은 숲을 만든 사례도 그런 관점일 것”이라면서 “장기적으로 1억 그루의 나무를 심는 것이 목표”라고 말했다.

이어 “더 많은 사람들이 나무를 심게 만들어야 한다는 생각이 있다”면서 “돈이라는 관점보다는 사회적인 임팩트를 내자는 생각이 있다”고 덧붙였다.

그러면서 김 대표는 소셜 벤처 또는 스타트업을 준비하는 청년들에게 의미있는 조언도 내놨다. 그는 “미세먼지 같은 경우 거의 5000만 국민들이 다 느끼고 있다”면서 “문제가 해결되기를 기다리는 게 아니라, 스스로 해결하기 위해 창업을 한 것 같다”고 말했다.

이어 “직접 문제가 해결될 때까지 지속가능하게 해보려고 노력할 경우 훨씬 창업이 더 잘 되지 않을까 생각한다”고 조언했다.

한편 이날 트리플래닛은 서울로 만리동 광장에서 반려나무 등을 전시하고 나무를 심는 행사를 가졌다. 행사에는 구글코리아 직원 19명 등 자원봉사자 20여명이 참여했다. 지금까지 트리플래닛과 함께한 자원봉사자들은 3000~4000명에 달한다. 이들은 ‘트리 피플’이라고 불린다. 봉사자들 중에는 자발적으로 7~8년째 참여하는 사람도 있다.

이 날 김 대표와 자원봉사자들은 철쭉을 식수했다. 김 대표에 따르면 철쭉은 미세먼지를 저감하는 데 효과가 좋은 나무 중 하나다.

출처: 유한킴벌리(2018.9.20.) “게임으로 나무를 심는 숲리더” 소셜벤처 트리플래닛 대표 김형수”
뉴시스(2018.4.12.) “김형수 트리플래닛 대표 ‘반려나무’ 입양, 들어보셨나요?

생각해 보기

01 ‘트리플래닛’이 실행했던 마케팅 활동에 어떤 것들이 있는지 알아보고, 토론해보자.

02 소셜벤처만의 차별화된 마케팅 성공사례를 추가로 찾아보고, 발표 해보자.

11.1 마케팅의 개념

1) 마케팅의 정의와 그 필요성

(1) 마케팅의 정의

'마케팅' 은 일반적으로 회사의 광고 혹은 홍보 활동으로 알려져 있지만, 실제로 마케팅의 정의는 훨씬 광범위하고 심오하다. 마케팅이라는 단어를 그대로 해석하자면, Market(시장)을 만들어가는 행위(Marketing)로 볼 수 있다. 시장을 만든다는 것은, 목표로 하는 고객이 있는 시장을 나누어서 그들 고객을 대상으로 그들에게 가치 있는 재화나 서비스, 즉 제공물을 만들어서 자사만의 차별화된 방법으로 판매하기로 결정하는 것이다. 뒤에서 더 자세히 살펴보겠지만, 많은 소셜벤처가 최초 직면한 현실은 시장을 만들기 전(Marketing), 시장 자체를 창조해야 한다는 사실(Market Creating)이다.

마케팅 정의에 가장 널리 인용되는 미국마케팅학회(American Marketing Association)에서 규정한 마케팅의 정의는 다음과 같다.

'마케팅' 이란 고객, 의뢰인(클라이언트), 협력사, 그리고 넓게는 사회를 대상으로 가치 있는 제공물을 창조하고, 소통하고, 제공하고, 교환하는 활동과 제도, 그리고 과정을 말한다.

Marketing is the activity, set of institutions, and processes for creating, communicating, delivering, and exchanging offerings that have value for customers, clients, partners, and society at large.

위의 마케팅의 정의에서 주의 깊게 살펴볼 두 가지는 다음과 같다. 첫째, 마케팅이란 목표로 정한 고객에게 그들의 니즈(needs)를 충족시킬 수 있는 가치 있는 제품이나 서비스(본 장에서는 '제공물' 이라 정한다)를 창출하고 제공하는 것이다. 즉, 마케팅은 창업가의 아이디어에서 비롯하는 것이 아니라 고객의 니즈에서 시작한다. 둘째, 마케팅은 고객과 지속적으로 소통하는 활동과 과정이다. 일방적 또는 한시적으로 기업의 제공물을 선전하는 것이 아니라 끊임없이 고객의 의견에 귀를 기울이고, 이를 우리의 제공물에 반영하도록 노력하는 과정이 필요하다.

읽어 보기

필요한 것(needs)과 원하는 것(want)의 차이

니즈(needs)는 결핍에서 오는 막연한 불편함을 반영하는 데 반해, 원트(want)는 다소 구체적인 욕구를 말한다. 예를 들어, '배가 고프니 뭔가 맛있는 것으로 배를 채우고 싶다'는 니즈이고, '자장면이 먹고 싶다'라는 구체적인 욕구가 원트이다.

필요(needs)	1. 어떤 기본적인 만족감이 결핍됨을 느끼는 상태
	2. 의식주, 안전, 소속감, 존경 등에 대한 욕구
욕구(want)	1. 기본적 필요를 충족시킬 수 있는 구체적인 것에 대한 바램
	2. 식(食) : 버거킹 와퍼, 의(衣) : 빈폴 셔츠, 안전 : 세콤
수요(demand)	1. 상품을 구입할 능력과 의지에 의해서 뒷받침되는 특정 상품에 대한 욕구
	2. 욕구에 구매력이 뒷받침될 때 수요가 됨

필요에서 특정상표에 대한 바람이 생기면 욕구가 되며, 거기에 구매력이 더해지면 수요가 된다.
마케팅 담당자는 필요를 만드는 것이 아니라 이미 존재하고 있는 필요를 찾아 소비자가 이를 인식하도록 유도하는 역할을 한다.

출처 : 기획과 마케팅을 하는 사람들(http://cafe.naver.com/newplanmarketing/40576)

마케팅의 정의를 통해 이해하게 된 두 가지 중요한 사항을 염두에 두고, 마케팅에 대해 좀 더 알아보기로 하자.

표 11-1 마케팅의 정의

한국마케팅학회(KMA)	미국마케팅학회(AMA)
"마케팅은 조직이나 개인이 자신의 목적을 달성시키는 교환을 창출하고 유지할 수 있도록 시장을 정의하고 관리하는 과정이다."	'마케팅'이란 고객, 의뢰인(클라이언트), 협력사, 그리고 넓게는 사회를 대상으로 가치 있는 제공물을 창조하고, 소통하고, 제공하고, 교환하는 활동과 제도 및 과정을 말한다.
Marketing is the process of defining and managing markets to create and retain exchanges by which organizations or individuals achieve their goals.	Marketing is the activity, set of institutions, and processes for creating, communicating, delivering, and exchanging offerings that have value for customers, clients, partners, and society at large.

출처 : 한국 마케팅학회, 미국 마케팅학회 홈페이지

(2) 기업에게 마케팅이 필요한 이유

'마케팅' 은 고객이 필요로 하는 것, 즉 니즈(needs)를 찾아내어 이를 충족시키는 기업의 핵심 활동이다. 때로 고객이 그 니즈를 명확히 요청할 수도 있고, 앞선 챕터에서 소개되었던 디자인씽킹(Design Thinking)과 같은 접근을 통해 고객도 인지하지 못했지만 고객이 경험하는 숨겨진 니즈를 발굴할 수도 있다.

기업의 제공물은 물질적 가치를 받고 고객에게 이전이 되는데, 이를 '판매' 라고 한다. 과거에는 생산만 잘하면 팔리는 '생산자중심시대(seller' s market) '였기에 마케팅이 큰 의미가 없었고 판매조직만 잘 구축하면 되었다. 반면, 현대사회는 산업이 발달하면서 모든 분야에서 상품과 서비스의 공급이 늘어나고, 심화된 경쟁구도 속에 구매자의 요구가 더 중요한 '소비자중심시대(buyer' s market)' 이다.

이러한 소비자중심시대는 SNS 등을 통해 정보의 공유와 확산의 한계비용이 거의 없는 현시대에 있어 더욱 활성화될 것으로 보인다. 그 대표적인 사례가 크라우드펀딩을 통한 선주문-후생산 흐름이다. 카카오에서 별도 법인으로 독립한 카카오메이커스는 일반 시장에서 대량 유통되지 않아 잊혀지기 쉽지만, 독특한 가치를 제공하는 독립생산자 또는 사회적경제 조직이 마케팅을 하기에 유리한 환경을 제공한다.

이제는 과거의 방식대로 생산자의 판단과 편의에 따라 만들어서 판매해서는 시장에서 도태되기 쉽다. 따라서 고객에게 필요한 것이 무엇인지를 제대로 파악하고 이를 만족시킬 제공물을 생산하여 제공하는 마케팅 역량이 기업 생존과 직결된다고 할 수 있다.

"그렇다면, 소셜벤처에도 마케팅이 필요한가?"

마케팅의 개념과 필요성을 정확하게 이해한다면, 영리 목적 기업뿐만 아니라, 소셜벤처에도 마케팅이 반드시 필요함을 알 수 있다. 왜냐하면, 고객의 니즈를 정확하게 파악하고 그것을 충족시키는데 초점을 두고 조직을 관리하는 것은 조직의 생존과 성장을 위해 꼭 필요한 것이며, 이는 소셜벤처에게도 예외가 될 수 없기 때문이다.

더구나, 일반 기업과 달리 소셜벤처에게 마케팅은 더 큰 창의성과 기업가정신이 요구될 수 있다. 이미 존재하는 시장 내에서 점유율을 넓히는 일반적인 마케팅의 목표와는 달리, 소셜벤처는 사회적으로 존재하지만, 시장의 범주로 간주되지 않았던 현상을 '시장 창조' (Market Creating)부터 시작할 때도 있기 때문이다. 또한, 일반적으로 구매자(customer)가 곧 사용자(user)이자 수혜자(beneficiary)가 되는 경우와 달리, 소셜벤처는 구매자, 사용자, 수혜자가 다 다를 수도 있다. 이럴 때 전통적인 마케팅 방법만을 그대로 활용할 수 없다.

소셜벤처의 창업가들이 하는 가장 큰 착각 중 하나는, 본인들은 세상을 위해 가치 있는 일을 하고 있기 때문에 굳이 알리려 하지 않아도 저절로 사람들이 자사 제품을 알아주고 구매해 줄 것이라고 믿는 것이다. 심지어, 소셜벤처를 운영함에 있어서 '좋은 일을 할 때는 오른손이 하는 일을 왼손이 모르게 하라' 는 격언에 충실하여 사업을 묵묵하게 진행하는 것이 정석이라고 여기는 기업가들도 있다.

그러나 이는 소셜벤처 사업을 큰 위험에 빠뜨릴 수 있는 매우 잘못된 생각이다. 일반 대중은 소셜벤처가 무엇인지, 무슨 일을 하는지 알지 못할 뿐만 아니라, 관심조차 없기 때문이다. 이미 충분한 업력을 쌓아 브랜드 인지도가 높은 글로벌 대기업들도 자사를 알리기 위해 막대한 자원을 꾸준하게 투입하고 있다는 점을 고려한다면, 소셜벤처에서 마케팅 활동은 기업이 추구하는 사업 가치만큼 중요한 일이며, 지속가능한 성장과 가장 밀접한 관계가 있다고 해도 과언이 아닐 것이다.

2) 마케팅의 주요 개념과 전략

(1) 마케팅의 주요 개념들

① 고객가치(Customer Value)

고객은 기업에 비용을 지불하고 그 대가로 재화나 서비스를 누린다. 지불한 비용에 비해 재화 및 서비스의 질이 좋을수록 고객가치가 높은 것이며, 고객은 자연히 상대적으로 고객가치가 높은 제품이나 서비스를 선호하게 된다. 따라서 기업의 마케팅 전략은 고객가치를 높이는데 집중되어야 한다. [그림11-1]에서 'V-P' 는 고객이 인식하는 고객가치로, 이를 극대화하는데 총력을 기울여야한다.

그림 11-1 고객가치

V = 평균적인 소비자가 느끼는 제품의 가치
P = 단위당 판매가격
C = 단위당 생산원가

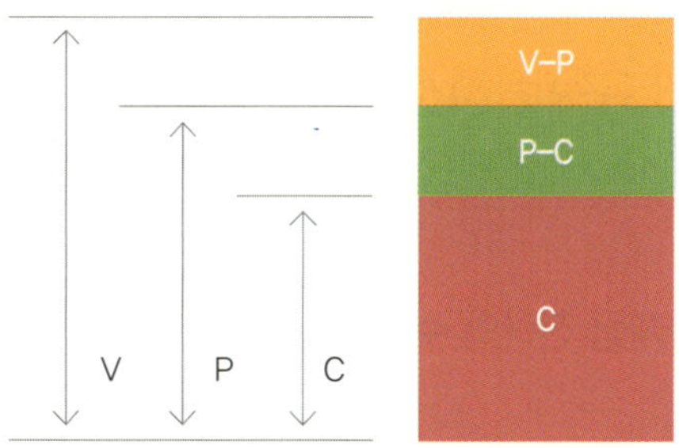

출처 : 찰스 힐(2014), 국제경영

② 고객만족(Customer Satisfaction)

고객은 기업이 제공하는 재화나 서비스에 대해 어느 정도의 기대수준을 가지고 있는데, 고객만족을 위해서는 두 가지 조건이 충족되어야 한다. 첫째, 문제에 대한 해결(solution)이다. 즉, 고객이 비용을 지불하고 구매하는 본연의 목적에 부합해야 한다는 것이다. 식당에 가서 돈을 내고 밥을 사먹는 것은 배고프다는 문제에 대한 해결책이 되어야 한다. 두 번째는 뜻밖의 놀라움(serendipity)이다. 즉, 구매한 재화나 서비스가 고객의 기대수준을 초과할 때, 고객은 만족을 넘어서 감동한다.

흔히 말하는 '가성비가 좋다' 는 표현은 투입한 비용에 비해 가치가 높다는 뜻이다. TV에 나오는 소위 '대박났다' 는 식당의 손님들은 자주 "이 가격에 이렇게 푸짐한 음식이…게다가 맛도 좋다!" 라고 이야기한다. 자신의 문제가 해결될 뿐만 아니라, 기대수준을 뛰어넘는 뜻밖의 놀라움을 경험한 고객은 큰 만족을 준 상품과 기업을 잊지 않고 재구매를 할 뿐 아니라, 다른 사람에게 입소문까지 내주며 기업의 마케팅 활동에 일조하게 된다. 바로 이렇게 '감동한 고객의 자발적인 홍보활동' 을 '구전 마케팅' 이라고 한다. 최근에는 '가심비' 라는 새로운 흐름이 등장했는데, 단순히 비용 대비 가치가 중요한 것이 아니라, 비용 대비 만나게 되는 경험이 더 중요하다는 뜻이다. 많은 브랜드들이 고객 경험을 강조하거나, 제품 중심에서 서비스 중심으로 혁신하는 흐름들은 이러한 고객만족의 초점이 이동하고 있기 때문이다.

③ 관계구축(Customer Relations)

기업은 소비자들과 긍정적이고 장기적인 관계를 구축하여 지속적인 구매가 이루어지도록 해야 한다. 기존고객을 유지하는 비용은 새로운 고객을 유치하는 비용의 1/5에 불과하다는 조사결과에 주목할 필요가 있다. 그러므로 생산자와 소비자 간에 긍정적인 파트너십이 형성되면 그만큼 비용이 감소된다. 이는 뒤에 나오는 소셜벤처의 마케팅과도 매우 밀접한 내용으로, 소셜벤처에게는 일반적으로 '고객 '이라 불리는 자사의 제공물을 직접 구매하는 소비자 고객뿐 아니라, 기부자, 투자자, 행정기관 등의 이해관계자도 고객으로 간주된다. 후자인 고객들과의 관계는 일명 '네트워킹' 이라는 용어로 구분되며, 소셜벤처는 이들 고객과의 관계를 잘 구축하는 것이 소비자 고객과의 관계만큼 중요하다. 이는 뒤에서 살펴볼 소셜벤처의 마케팅의 5단계 '소통(Communication)' 에서 자세히 다루어진다.

(2) 마케팅 전략의 수립

마케팅 전략이란, 마케팅 목표를 달성하기 위해 생각할 수 있는 다양한 마케팅 활동 중 가장 적합한 방법을 찾아 실천하는 일이다. 한마디로, "누구에게, 무엇을, 어떤 방식으로 팔 것인가"

를 결정하는 과정이다.

일반기업과 소셜벤처의 마케팅 전략은 당연히 차이가 있지만, '고객 니즈의 충족' 이라는 기본 원리는 동일하다. 일반 기업에서는 '시장/소비자분석 → STP → 마케팅믹스(4P)' 의 3단계 과정을 마케팅 전략 수립의 과정이라고 한다. 반면, 소셜벤처에서는 '외부 분석 → 내부 분석 → 확장 → 전략선택 → 소통' 의 총 5단계를 통해 마케팅 전략을 수립하는데, 이를 표로 정리하면 다음과 같다.

표 11-2 일반회사 vs. 소셜벤처 마케팅 전략 수립 비교

구분	1단계	2단계	3단계	4단계	5단계
일반기업	시장조사	STP	4P Mix		
	시장/소비자 수요 조사	Segmentation Targeting Positioning	Product Price Promotion Placement		
소셜벤처	외부 분석	내부 분석	확장	전략선택	소통
	고객분석 경쟁사분석 산업분석	가치제안 사회적 영향력	시장의 확장 제품의 확장	마케팅전략 브랜딩	소셜벤처만의 고객소통

11.2 소셜벤처의 마케팅 전략

1) 소셜벤처 마케팅의 특징과 시사점

소셜벤처의 마케팅은 '창업마케팅(Entrepreneurial Marketing)'이라는 용어로 설명되며, 이는 아래와 같이 정의된다.

'리스크 관리, 자원 활용 극대화 및 가치 창출을 위한 혁신적 접근방법을 통하여, 수익을 제공하는 고객들을 확보하고 유지할 기회를 상황에 앞서 주도적으로 확인하고 활용하는 활동'

The proactive identification and exploitation of opportunities for acquiring and retaining profitable customers through innovative approaches to risk management, resource leveraging and value creation (Morris et al.)

상기 창업마케팅의 정의에는, 일반 기업의 마케팅의 정의와 구별되는 두 가지 중요한 문구가 있다.

첫째, '리스크 관리와 자원 활용의 극대화'이다. 신생 소셜벤처는 인적, 물적 자원이 한정되어 있기에 마케팅에 자원을 투입할 여력이 부족하다. 아직 브랜드 파워가 없는 소셜벤처는 마케팅 활동을 통해 시장에 그 존재를 알려야 하는데, 한정된 자원을 다른 곳에서 빼내어 마케팅에 투입하기에는 자칫 과도한 마케팅 비용 증가로 회사가 재정적인 위기에 봉착할 수 있다. 그렇기 때문에 마케팅 전략을 수립할 때 리스크 관리는 반드시 동반되어야 한다.

둘째, '혁신적인 접근 방법'이다. 한정된 자원의 활용을 극대화하기 위해서는 차별화된 혁신적인 방법을 사용해야만 한다. 기억해야할 점은 일반 기업과 대기업들에서도 자원 활용을 극대화하기 위한 매우 조직적이고 효율적인 방법들을 사용하고 있다는 사실이다. 소셜벤처의 사업 영역이 이들 대기업들과 다른 영역이기에 경쟁에서 비켜나 있을 것이라는 안일한 생각은 버려야 한다. 더욱이 소셜벤처는 이익을 추구하는 경제적 활동과 함께, 여기서 만들어지는 이익을 사회의 이익으로 전환시키는 매우 어려운 일을 하는 기업 형태이다. 일상속에서 대기업의 다양하고 혁신적인 재화와 서비스를 경험하고 있는 일반 대중이 '사회적 이익'이라는 생소한 소셜벤처의 가치를 이해하고, 개인의 이익과 직결되지도 않는 소셜벤처의 제공물을 선뜻 구매할 것이라고 기대한다면 이는 큰 오산이다. 소셜벤처는 대기업보다 훨씬 더 혁신적이고, 새롭고, 세련된 방법으로 대중에게 접근해야 목표로 하는 관심을 얻을 수 있다.

2) 소셜벤처의 마케팅 전략 수립

소셜벤처의 마케팅 전략은 총 5단계를 거쳐서 수립되는데, 아래 [표 11-3]를 참조하여 단계별로 살펴보기로 하자.

표 11-3 소셜벤처 마케팅 전략 수립 5단계

단 계		내 용	방 법
1단계	외부 분석 (External Analysis)	– 고객, 경쟁자, 산업분석 – 시장/소비자조사 및 STP 분석	– 시장분석 – STP분석
2단계	내부 분석 (Internal Analysis)	– 가치제안 – 사회적 영향력(Social Impact)	– SWOT분석 – 3C 분석
3단계	확장 (Firm Development)	– 시장의 확장 – 제품의 확장	– 제품/시장 확장 그리드
4단계	전략의 선택 (Strategy Selection)	– 마케팅 믹스 등 전략 수립 – 브랜딩	– 4P Mix
5단계	소통 (Communication)	– 소셜 벤처만의 고객 소통 방법 개발 – 투자자, 후원자, 행정기관 등의 고객에게 투명성과 진정성 전달	– Direct Marketing – Newsletter/각종보고서

(1) 1단계 : 외부 분석(External Analysis)

① 시장조사

소셜벤처 창업가가 마케팅 전략을 수립할 때 우선적으로 해야 할 일은 소셜벤처의 주요 사업분야를 둘러싼 주변의 상황을 진단하고 분석하는 일이다. 즉, 소셜벤처도 목표로 하는 시장과 그 시장 내 고객과 경쟁자에 대해 분명하게 파악해야 한다. 그러나 직관적 판단이 아닌, 신뢰할 수 있는 데이터 분석과 실제 시장조사를 통해서 진행해야 한다. 사업을 시작하기 전에 목표 시장에 대한 체계적 분석을 기반으로 사업을 준비할 경우, 사업의 실패율을 60%까지 낮출 수 있다는 연구결과도 있다. 이러한 시장조사를 바탕으로 경쟁사와는 차별화되며 소비자 욕구를 충족시킬만한, 기업의 핵심 역량을 만들 수 있는 초석을 세우게 되는 것이다. 시장 조사의 방법과 내용에 대해서는 아래 [표 11-4]를 참고하면 된다.

표 11-4 시장/고객/경쟁사 조사

조사분야	조사방법	조사내용
시장	– 방문, 관찰, 문의 – 시장 참여자 면담 – 관련 통계 및 문헌 조사 – 성공/실패 경험 사례 분석	– 시장규모, 성장가능성 – 경쟁, 기회요소 파악 – 이해관계자 파악 – 대체시장 유무 – 시장진입장벽(규제, 법 등)
고객	– 고객 정의 – 현장 및 고객 면담 – 고객 설문	– 인구통계학적, 지역적 특성 – 고객규모, 구매수준/구매량 – 의사결정요인 – 기존시장, 경쟁상품 만족도
경쟁사	– 홍보, 보도자료 확인 – 이용자 면담, 직접 이용 – 세무/경영자료 공시 확인	– 핵심 경쟁사 분석(벤치마킹) : 제품구성, 브랜드 인지도, 핵심역량, 경영 상황, 예상대응 등

출처: 희망제작소 사회적기업 마스터클라스(http://www.makehope.org/wp-content/uploads/old/1104873394.jpg)

② 시장세분화, 목표시장선정, 포지셔닝 (STP분석)

STP분석이란, 마케팅 전략 중 하나로 Segmentation, Targeting, Positioning을 일컫는다. 시장을 세분화하고, 목표시장을 선정하고, 회사의 이미지를 고객에게 어떻게 구축하는가의 문제를 다루는 것이다.

시장세분화(segmentation)는 목표시장을 몇 개로 잘게 구분(segment)하여 각 구분의 니즈에 맞도록 제공물의 다각화를 도모하는 기법이다. 예컨대, '슛포러브'의 비카인드는 남성과 여성 중에서 축구에 상대적으로 관심이 많은 남성을, 남성 중에서도 SNS활용에 익숙하며 해외 축구와 유명인 등에 관심이 많은 10대~20대 남성을 주요 타겟으로 세분화하였다.

시장세분화를 위한 대표적인 기준은 [표 11-5]로 정리할 수 있다.

표 11-5 시장세분화 기준

구분	내용
지리적 세분화	국가, 지방, 도, 도시, 군, 주거지, 기후, 입지조건 등
인구통계학적 세분화	연령, 성별, 직업, 소득, 교육, 종교, 인종 등
사회심리학적 세분화	라이프스타일, 개성, 태도, 유행민감도 등
행동분석적 세분화	추구하는 편익, 사용량, 상표충성도 등

출처 : 네이버 지식백과 NEW 경제용어사전

목표시장의 선정(targeting)은 지향하는 시장을 선택하는 것으로, 자사가 가지고 있는 역량과 장기적 목표를 반영하여 수익성과 성장성을 가지고 있는 시장으로 결정해야 한다.

표 11-6 목표 시장 선정의 3가지 주요 기준

기준 1	– 시장규모가 크고, 성장성이 좋아야 함. – 자사의 강점, 정책/제도를 이용하여 공략할 틈새시장이 존재함
기준 2	– 선택한 시장내 경쟁기업과의 경쟁에서 우위를 점할 수 있어야 함
기준 3	– 해당 기업 및 창업자의 비전과 목표가 시장에서 달성될 수 있어야 함

출처 : 최중석, "실무에서 바로 활용하는 비즈니스 경영전략"

시장 포지셔닝(positioning)은 문자 그대로 해석하면 시장에서 위치를 잡는다는 뜻인데, 이는 물리적인 위치라기보다는 소비자의 인식 구조 내에 브랜드의 이미지를 자리매김하는 것과 관련이 있다. 즉, 소비자로 하여금 자사와 자사 제품을 어떻게 인식하게 할 것인가를 결정하는 것이 시장 포지셔닝이다. 예를 들어, 어떤 브랜드의 이름을 들었을 때 소비자들이 떠올리는 분위기, 가격, 품질, 주소비자층 등이 바로 시장 포지셔닝의 결과물이다. [그림 11-2]를 통해 국내 공유경제 산업의 브랜드 포지셔닝 사례를 살펴보자.

그림 11-2 국내 공유경제 산업의 포지셔닝 맵

출처 : http://www.slideshare.net/crowdri/20130704-23939123

③ 공공 수요 분석

소셜벤처는 경제적인 자립을 위해서 일반 경쟁 시장에서 일반 기업과 유사한 방식으로 마케팅 활동을 진행하는 것이 일반적이다. 그런데, 소셜벤처의 사업 영역이 사회적 문제의 해결이나 공익적 가치의 창출과 관련된 경우가 많으므로 소셜벤처는 다원적 경제 영역에 대응하기 위해 전략적으로 B2G(정부/지자체/공공기관)과 B2B(일반 기업)등의 공공 수요를 분석하는 것이 중요하다. 왜냐하면, 이들 기관들은 일반 소비자와 달리 브랜드 인지도에 구애받지 않고 품질만 보증된다면 소셜벤처의 제공물을 구매할 경향이 크기 때문이다. 따라서 B2G의 영역에서는 소셜벤처의 제품을 구매하는 지자체 등 행정기관의 공공조달이나 민간위탁을, B2B의 영역에서는 일반 기업의 우선구매정책을 목표로 하는 전략을 세우는 것도 바람직하다.

대기업의 사업부를 인수한 것으로도 유명한 소셜벤처인 '함께 일하는 세상(함세상)' 은 공공건물 등을 청소하고 관리하는 서비스를 제공하는 사회적기업으로, 주요 고객은 공공기관이나 지방자치단체이다. 공공 수요를 개척하기 위해 '함세상' 은 지방자치단체의 예산서를 분석한다. 예산서에는 시책 사업의 목록과 담당 부서, 관련 비용 등이 제시되어 있어 공공시장에 대한 정보를 알 수 있다. 이러한 시장 분석을 기반으로 '함세상' 은 차별화된 시장을 지속적으로 개척하고 있다.

읽어 보기

공공 수요 조사 방법

소셜벤처가 공공기관 예산분석 방법론을 통해서 알아볼 내용은 다음과 같다.

◆ 공공기관의 구매담당자(고객)는 누구인가?
◆ 공공기관의 구매담당자(고객)는 어떤 품목을 얼마나 구매할 계획을 갖고 있는가?
◆ 공공기관의 구매담당자는 경쟁자가 아니라 우리의 상품과 서비스를 구매하는가? 과연 그들이 사회적 가치 창출과 사회혁신에 지불할 의사가 있는가?

위의 질문에 답하기 위해서 공공기관의 예산서를 분석하는 방법을 활용해 볼 수 있는데, 정부의 정책 목표는 예산을 반영하여 사업으로 실행되기 때문이다. 따라서 해당사업이 포함된 공공기관의 예산을 분석하면, 그 시장의 잠재수요를 확인하면서 시장진입의 기회를 탐색할 수 있다.

① 수요분석 : 예산서 분석을 통해서 사회적기업가는 어떤 품목(제품 또는 서비스)이 어느 정도(구매량)로 어디에(구매부서) 존재하는지 확인
② 공급분석 : 공공기관의 구매자가 언제(구매 시기), 어떤 방식으로(단순구매, 입찰구매, 민간위탁 등 공공기관이 선택하는 구매시장의 종류) 구매하는지, 또한 기존 공급자가 누구인지(경쟁업체) 확인하면서 시장 진입가능성 탐색
③ 액션플랜 수립 : 수요분석과 공급분석의 결과를 바탕으로 공공시장에 대한 타깃(target)을 설정하고, 여러 마케팅 기법을 활용하여 실제 수행할 판로개척 방안 수립.

출처 : 김성기 외(2015), "사회적경제기업을 위한 공공시장 마케팅".

(2) 2단계 : 내부 분석(Internal Analysis)

① 소셜벤처의 가치제안

소셜벤처는 고객에게 어떤 가치를 제안하기 위해 존재하는가? 서두에서 인용한 스티브잡스의 말처럼 마케팅은 가치에 관한 것이다. 고객이 자사에 대해 어떻게 기억하길 바라는지를 분명히 정해야 마케팅의 목표가 분명해진다. '우리의 우리다움이 무엇인가'의 답을 찾기 위해서는 내부 구성원과 이해관계자가 모두 진실된 커뮤니케이션을 통해서 조직이 추구하는 가치와 비전이 무엇인지에 대한 이해와 동의가 필수적이다.

성공적인 소셜벤처 마케팅을 위해 가장 중요한 것은 "당신 조직이 하는 일은 무엇이며, 어떤 가치가 있는가?"라는 질문을 받았을 때 구성원 모두가 간결하고 정확한 답을 제시할 수 있어야 한다는 점이다. 진정성 있는 '명분'은 부족한 자원과 어려운 상황을 극복해야 하는 소셜벤처에게 가장 큰 브랜드 파워이자, 조직을 움직이게 하는 힘이기 때문이다.

과거 마케팅이 대중매체를 통한 규모화(scale-up) 접근을 했다면, 지금은 온오프라인 관계망을 통한 범주화(scope-down) 접근이 더욱 유효하다. 언론방송 매체의 광고 시장이 쇠퇴하고, 기업의 대중매체에 대한 광고비 지출이 줄어드는 맥락에서 소셜벤처의 마케팅은 '우리다움'을 기반으로 한 더욱 선명한 가치제안으로 귀결될 수 있다.

② 사회적 영향력 분석(Social Impact Analysis)

사회적 영향력은, 앞서 "당신 조직이 하는 일은 무엇이며, 어떤 가치가 있는가?"라는 질문에 이어서, "그렇다면 그러한 가치가 사회에 어떤 영향력을 미칠 것인가"에 대해서도 답을 정립하는 것이다. 가령, 설립 목적이 장애인 인적 자원 낭비를 경감시키는데 있다면, 조직이 시도하는 혁신적 방법과 예상되는 결과가 경제적으로는 매출액 000만원, 사회적으로는 장애인 고용 000명, 장애인 자립 시설 예산 절감 000만 원 등의 방식으로 어느 정도 영향력을 끼칠 수 있을지를 미리 고려하고 있는 것이 중요하다. 이를 위해서는 자사에 대한 철저한 분석이 우선되어야 하는데, SWOT분석과 3C분석이 주로 사용된다.

읽어 보기

SWOT 분석 / 3C 분석

SWOT분석 : SWOT분석은 강점(Strength), 약점(Weakness), 기회(Opportunity), 위협(Threat)이라는 4개의 축을 통해 자사를 분석하는 방법이다. 한편, 4가지를 분석한 다음 연결해서 각 요소를 조합하여 분석하는 과정이 더 중요하다.

3C 분석 : 3C분석 프레임은 한 기업의 미시적 경영 환경의 세 가지 요소인 고객(Customer), 경쟁사(Competitor), 그리고 자사(Company)를 살펴보는 방법이다.

이 두 가지 분석 방법을 사용하면, 자사의 제공물에 니즈를 가지고 있는 고객(잠재고객 포함)에 대해 이해하며, 시장 내 경쟁구도와 경쟁사의 특징을 파악하고, 외부/내부 환경 속 자사의 상대적인 강점과 약점, 기회와 위협요소 등을 알 수 있게 된다. 그리고 결론적으로 자사의 핵심역량과 고객에게 제공하는 가치제안을 정립할 수 있다.

		외부환경	
		Opportunity 외부의 기회요인	Threat 외부의 위협요인
내부환경	Strength 내부의 강점요인	SO 강점을 살리고, 기회들을 활용하기 위해 할 일	ST 위협에 대해 강점을 살려서 회피/극복하기 위해 할 일
	Weakness 내부의 약점요인	WO 약점으로 인해 기회를 잃지 않기 위해 보완/개선할 일	WT 예상되는 최악의 상황을 회피하기 위해 할 일

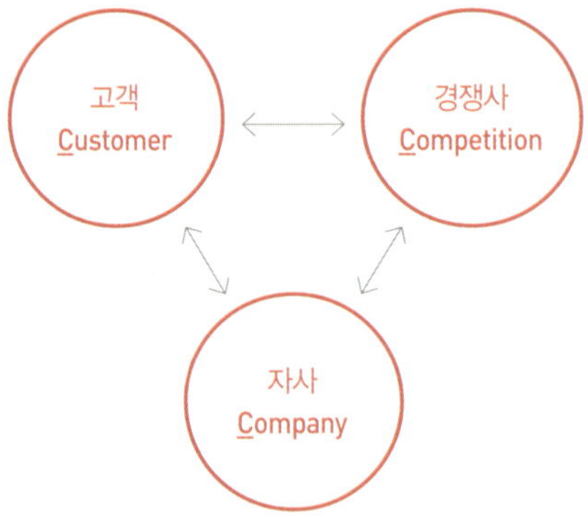

이 두 분석을 통해 파악한 사항들을 토대로, 자사가 가지고 있는 역량은 어떻게 더 발전시킬 것이며, 가지고 있지 않은 역량은 어떻게 확보하여 기업의 역량으로 활용할 것인지를 계획해야 한다.

출처: 나가타 도요시, "100가지 프레임워크로 배우는 최강의 업무기술".

(3) 3단계 : 확장 (Firm Development)

소셜벤처에게 있어서 확장이란 일반 기업과 마찬가지로 크게 두 가지 종류로 나누어질 수 있다. 첫째는 시장의 확장이며, 둘째는 제품의 확장이다. 시장의 확장은 핵심 사업을 유지하면서 새로운 고객을 계속해서 확보하는 과정이며, 제품의 확장은 자사의 제공물의 범위(scope)를 확대하는 것을 의미한다. 이 둘은 상호보완적으로 결합되는데 이를 4가지 가설과 방향으로 비교분석한 것이 [그림 11-3]의 제품/시장 확장 그리드(격자망)이다.

그림 11-3 제품/시장 확장 그리드

출처 : https://en.wikipedia.org/wiki/Ansoff_Matrix

상기 제품/시장 확장 그리드를 전 세계적으로 가장 활발하게 성인 대상 문맹 퇴치 캠페인을 펼치고 있는 'Proliteracy' 의 실제 사례에 대입해서 설명하면 다음과 같다.

① 시장침투전략

시장침투전략은 기존에 나와 있는 제품으로 기존 시장에 침투하여 현재의 시장에서 점유율을 높이는 전략을 말한다. 미국의 Ruth Colving 여사는 1962년에 본인이 살고 있는 시라큐스(Syracuse) 지역에 성인 문맹자가 11,000명이나 있다는 사실을 발견하고, 자원봉사자 조직을 결성하여 지역단체와 힘을 합쳐서 시라큐스 지역의 성인문맹퇴치를 목표로 'Literacy Volunteers of America' 를 설립하여 지역 문맹 퇴치 운동을 펼치기 시작하였다.

② 시장개발전략

이는 기존에 있는 제품으로 새로운 시장과 새로운 고객층에게 접근하는 전략을 말하는 것이다. 'Literacy Volunteers of America' 는 시라큐스 지역의 성인 문맹 퇴치가 성공적으로 진행되자, 미국 전역으로 이를 확대하였다. 또한, 2002년에 남미, 아시아, 아프리카 등지에서 활동하는 'Laubach Literacy International' 과 합병하여 'Proliteracy' 라는 이름으로 회사 명칭을 변경하고 문맹퇴치 프로그램을 전 세계로 확대하기로 하였다. 시장개발전략으로서 특별히 주목해야 할 접근으로는 오픈 이노베이션(open innovation)이 있는데, 소셜벤처가 가진 혁신적인 관점과 아이디어를 바탕으로, 이미 기술과 인프라를 보유한 대기업이 공동R&D를 진행할 수 있다. 최근 AIA 생명은 'AIA 오픈 이노베이션' 프로그램을 런칭하고, 소셜벤처 '위허들링' 등 7개 소셜벤처와 함께 새로운 시장개발을 시작한바 있다.

③ 제품개발전략

기존 시장에서 신제품을 투입해 성장을 도모하는 전략으로 기존제품의 보완재나 추가 기능 탑재 제품의 판매도 포함하는 전략을 말한다. 'Proliteracy' 는 기존의 성인 남성 위주의 문맹퇴치 프로그램을 응용하여, 성인 여성의 문맹 퇴치를 위한 'Women in Literacy International' 으로 사업을 확장하였다.

④ 다각화전략

신제품으로 새로운 시장에 침투하는 다각화는 수평적 다각화, 수직적 다각화, 집중적 다각화, 복합적 다각화의 4 가지 방법으로 구성되어 있으며, 'High Risk, High Return' 의 전략이다. 'Proliteracy' 는 성인 남녀 문맹 퇴치 프로그램을 제공하는 사업을 확대 · 발전시켜서 청소년이상 성인의 문맹 퇴치를 위한 교재와 교구재를 개발하여 이를 정부기관과 연관 단체에 판매하는 'New Readers Press' 를 사업에 새롭게 포함시켰다. 현재 'Proliteracy' 의 운영 예산의 60%는 'New Readers Press' 에서 조달되고 있기 때문에 이 다각화는 성공한 전략이었다.

(4) 4단계 : 전략의 선택 (Strategy Selection)

① 소셜벤처의 마케팅 믹스

전통적인 마케팅에서와 마찬가지로 소셜벤처도 경쟁우위를 유지하기 위해서 4P의 마케팅믹스를 활용한다.

즉, 소셜벤처도 고객의 관점에서 매력적이고 확실한 품질의 제품을 생산하고(product), 지속가능한 성장을 위해 원가기반의 시장가격을 채택하되, 구매력이 다른 소비자층에게 각기 차별화된 가격 정책을 현명하게 활용해야 한다(price). 또한, 영리기업과의 경쟁을 위해 유통에 대한 이해도를 높이고 소셜벤처만의 유통경로를 확보하여 안정적인 판로구축에 노력해야 할 것이다(placement). 소셜벤처의 특징인 사회적 미션을 브랜드로 잘 활용하여 확실하고 구체적인 문구로 전파해야 한다(promotion). 특히, 소셜벤처만의 특별한 방식을 활용하여 고객과의 소통에 힘써야 한다. 여기에 소셜벤처의 특성에 따라 하나를 더 추가할 수 있다면 바로 구성원(people)이다. 소셜벤처는 기본적으로 '우리다움' 즉, 철학을 기반으로 왜 존재하는지에 대한 기반을 두고 있기에 이러한 철학을 구현하는 내부 구성원(임직원)은 외부 고객에게 실제 철학이 구현되는지를 경험할 수 있는 '진실의 순간'이 될 수 있다. 친환경 제품을 생산한다는 어떤 소셜벤처가 내부 구성원의 공정한 대우나 합리적인 문화를 지켜가지 않을 때, 무엇보다 소셜벤처의 마케팅은 진정성있게 받아들여질 수 없다.

이를 표로 정리하면 다음과 같다.

표 11-7 소셜벤처의 마케팅 믹스 전략

Product	– 의미 : 고객을 이해하여, 그들의 니즈를 충족시켜주는 우리의 제공물 – '제공물의 품질은 구매의 기준' – 그 어떤 사회적 명분도 만족스런 품질을 대신할 수 없다
Price	– 의미 : 고객과 우리에게 적합한 제공물의 가격을 결정하는 것 – 경제적 자립이 우선 순위 – 스마트한 가격 차별화 정책 시행
Placement	– 의미 : 고객이 우리의 제공물을 어디에서 구할 수 있는지 결정하는 것 – 영리기업과의 경쟁에 대비하여 유통에 대한 이해를 통해 판로 구축 – 소셜벤처 전문 포털 등의 유통채널 전략적 활용
Promotion	– 의미 : 고객에게 우리가 누구이며 무엇을 제공하는지 알려주는 것 – 사회적 미션 메시지를 구체적/홍보용(Concrete/Promotional)문구로 전파 – 소셜벤처만의 특별한 소통방식 채택

출처 : Arthur Brooks, Social Entrepreneurship(2008) 재구성

제공물 (Product)

소셜벤처라고 해서 일반 기업에 비해서 다소 뒤떨어지는 품질과 디자인이 용납될 것이라고 착각해서는 안 된다. 소셜벤처 창업가는 앞서 설명한 3C분석을 통해서 자사의 핵심성공요소(Key Success Factors)를 정리하여, 경쟁사의 성공한 제공물이 지닌 성공요소를 명확하게 벤치마킹하고 이를 자사의 제공물에 반영해야 한다. 착한 소비를 지향하는 착한 소비자도 많이 있지만, 이들 역시 제공물의 품질이 뒷받침되지 않으면 결국은 외면한다는 사실을 잊지 말아야 한다.

1장에서 학습한 사례로 빈다파 벤카다스와미(G.Venkataswamy) 박사가 인도의 가난한 사람들의 '피할 수 있는 실명을 막겠다'는 사명으로 출발한 아라빈드 안과 병원은 부자와 가난한 자 모두에게 사랑받는 소셜벤처 병원이다. 이 병원의 성공 요인은 유효한 사회적 명분은 물론, 진

료, 수술방식의 대량화 및 표준화로 비용을 최소화하는 '맥도날드식 경영방식'을 실현하는 효율적인 시스템을 통해 '저렴한 비용에 질 높은 의료서비스 제공'이라는 품질상의 확고한 경쟁우위 때문으로 분석된다.

읽어 보기

"비타민을 사는 순간, 당신은 '기부 천사'가 됩니다"

비타민엔젤스, 판매한 비타민 개수만큼 NGO와 복지시설에 전달

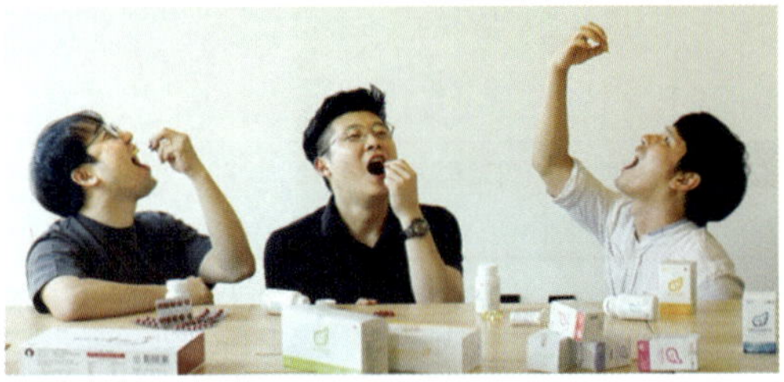

(사진왼쪽부터 송민규 CSR 리더, 김바울 대표이사, 김용준 실장)

'BUY ONE, GIVE ONE' 고객이 비타민 하나 사면 하나를 기부하는 비타민엔젤스가 5년 동안 기부한 비타민은 19만 개가 넘는다.

기부 안 하고 기부하는 방법이 있다? 비타민을 사면 된다! 다소 황당한 방법이지만 '비타민엔젤스'가 있어 가능하다. 판매한 비타민 개수만큼 기부하는 비타민엔젤스는 고객의 소비를 기부로 바꾸는 사회적기업이다. 건강은 평등해야 한다는 생각에서 출발했다. 판매한 만큼 기부하면 이익이 남을까 싶은데 기부하는 비타민 수는 해마다 늘고 있다. 서울시 예비사회적기업 인증도 받았다.

꾸준히 더 많은 비타민을 기부하려면 더 많은 비타민을 팔아야 함은 당연한 일. "기부되는지 모르고 사는 고객이 더 많습니다."

김바울(33) 대표는 비타민엔젤스의 매출 경쟁력은 기부가 아닌 다른 데 있다고 말했다. "기부를 내세우면 자칫 품질은 떨어질 것이란 선입견을 줄 수 있어요. 감정에 호소하기보다 제품으로 승부하는 전략입니다." 그도 그럴 것이 시중에서 파는 다른 제품들과 비타민엔젤스 제품의 가격은 대동소이하다. 그런데 내가 비타민을 사면 같은 비타민이 기부된다니, 고객 입장에서는 원가를 낮추기 위해 성분 함량을 줄였을 것이란 편견을 가질 수도 있을 터. 이 때문에 비타민엔젤스는 품질을 높이는 데 총력을 기울였다. "어떤 균을 사용하는지가 관건인 유산균은 LGG와 BB-12 단 두 개의 균만을 사용하고, 루테인은 순도가 가장 높은 원료를 씁니다. 조금 비싸더라도 엄선된 성분만 정량 넣어 만드는 게 비타민엔젤스의 경쟁력이죠." 그 결과 직접 제품 효과를 본 사람들의 입소문을 타며 매출이 늘었다고 김 대표는 덧붙였다. 비타민엔젤스 기부사업이 유명해지면서 대량 주문하는 기업 고객도 늘었다. 총 19만 4630개. 판매한 만큼 기부하는 비타민엔젤스가 2013년 7월부터 올해 8월까지 5년간 기부한 비타민 수다. 27억2642만4400원에 상당하는 비용이다. 빈부격차가 영양불평등으로 이어지지 않도록, 건강권만큼은 평등해야 한다는 목표가 비타민엔젤스를 지탱하는 사회적 가치다. 소비를 기부로 바꿔 더 쉬운 나눔의 방법을 제시한다는 점은 사회적기업의 모범 사례로도 꼽힌다.

출처 : 한겨레(2018.8.16.). "비타민을 사는 순간, 당신은 '기부 천사'가 됩니다" 재구성

가격전략 (Price)

소셜벤처는 일반 기업과 달리 이익의 극대화가 목적이 아니기 때문에 가격 정책을 어떻게 결정할 것인가가 매우 어려운 경영상의 이슈가 된다. 그런데 사회적 가치가 아무리 중요하다고 할지라도, 반드시 지켜져야 할 원칙은 소셜벤처도 기업이기에, 기업으로서의 경제적인 자립이 그 어떤 것보다 중요한 것임을 잊지 말아야한다는 점이다. 따라서 가격정책은 시장가격과 소비자 요청 가격을 충분히 감안하되, 생산 원가를 바탕으로 책정하여야 할 것이다.

그러나 가격차등화(Sliding Scale of Price) 전략을 사용하여 구매 수준이 각기 다른 소비자를 대상으로 스마트한 가격 정책을 시행하여 사회적 약자를 보호해야 한다. 이 방법은 구매력이 높은 일부 고객에게는 높은 가격을 부과하여 많은 이익을 도모하고, 다른 이들에게는 구매력에 따라 단계별로 가격을 낮춰서 부과하는 것으로, 일반 영리기업에서도 흔히 쓰이는 가격 정책이다.

예를 들어, 예술분야의 소셜벤처들이 자주 사용하는 '자발적인 가격 차별화' 정책은 입장료를 저렴한 가격으로 제시하여 많은 사람들이 방문하도록 한 후, 입장객들에게 자사의 미션과 가치, 기여할 수 있는 방법 등을 추가적으로 설명하여 입장객 중에 경제적으로 여유 있는 사람들이 자발적으로 기부금을 내도록 유도하는 것으로 매우 유용한 방법 중 하나이다.

유통전략 (Placement)

유통은 우리의 제공물을 필요로 하는 고객과 효과적으로 만날 수 있도록 하는 과정이다. 소셜벤처의 창업가들은 사회적 가치를 위해 좋은 일을 하고 있다는 명분만으로 고객이 찾아올 것이라는 기대를 버리고, 영리기업과의 경쟁을 염두에 두어야 한다. 또한, 판로 확보를 위해서는 유통 채널에 대한 이해는 물론이고, 자사만의 혁신적인 방법을 연구해야 한다.

소셜벤처에게는 소셜벤처만을 위한 전문 유통 채널을 적극 활용하는 전략도 유용하다. 예를 들어, 성남지역에는 '행복한 가치가게' 라는 SK주식회사 C&C가 성남시와 손을 잡고 오픈한 소셜벤처 기업의 공동판매장이 있다. 이러한 형태의 유통 채널은 소셜벤처들에게 판로확보 및 접근성을 향상시켜 소비자들이 더 많은 관심을 갖도록 하고 구매를 촉진시켜 소셜벤처의 성장을 돕는다. 또한, 한국사회적기업진흥원과 같은 관계 기관과 각 지자체 등에서 소셜벤처 전문 온라인 판매사이트(ex. 함께누리몰)와 오프라인 공동판매장 및 공공구매 지원센터 등을 설립, 운영하고 있기 때문에 이를 적극적으로 활용하는 것이 필요하다. 무엇보다 중요한 것은 소셜벤처들끼리 서로의 단점을 보완할 수 있는 협력하는 네트워크를 만들어서 지속가능한 성장의 뼈대를 공동으로 만드는 것이다.

읽어 보기

CSV 결합형 앱으로 소셜벤처
판로 지원 나서는 삼성카드

삼성카드는 자사 회원들을 대상으로 한 폐쇄형 쇼핑몰 및 어플리케이션(앱) 등을 활용해 소셜벤처 등 사회적경제기업의 판로를 지원하고 협업하겠다는 계획이다.

(상담카드 CSV LAb;에서 설명하는 삼성카드 이재용 프로)

'상담카드 CSV Lab' 프로그램에서 삼성카드 사회봉사단 이재용 프로는 "라이프 스테이지별 서비스를 제공하는 삼성카드 사업에 파트너로서 사회적경제기업과 함께하고 싶다"며 "이를 통해 사회적경제기업들이 성장하는 계기가 되면 좋겠다"고 밝혔다.이날 자리에서 삼성카드측이 소개한 자사 사업은 2015년 출시해 30만명이 가입된 3세 이하 아동을 위한 임신, 출산, 육아를 주제로 한 앱 '베이비스토리', 40만명이 다운로드한 부모와 아이 간의 대화와 교감을 목적으로 한 앱 '키즈곰곰', 반려동물 문제 해결에 초점을 둔 앱 '아지냥이', 중장년 커뮤니티 서비스를 제공하는 앱 '인생락서' 등 총 4개다.

앱 명	앱 컨셉	제휴 방안(예시)
베이비스토리	– 영아 임신 · 출산 · 육아 스토리 앱 – 육아 타임캡슐, 베이비키트 제공 및 이벤드 등 – 2015년 출시, 30만명 가입(월 평균 10만명 방문)	– 20만명과 직접적인 커뮤니케이션 가능, 공감스토리 내 배너를 통한 네이티브 광고(순 방문자 2만명) – 베이비키트 통한 샘플링 마케팅(임산부 대상 월 4천개 발송, 9개 제휴사)
키즈곰곰	– 유아 육아 · 교육 맞춤 앱 – 부모와 아이 간 교감을 목적으로 한 서비스 제공(아이 그림 작품집 제작, 아이 창의교육 공유 등) – 40만명 다운로드, 누적회원 23만명	– 소셜벤처 '째깍악어' 돌봄교사 파견 시 키즈곰곰 교구재 활용하는 협업(6월 부터)
아지냥이	– 반려동물, 유기견 문제 해결 앱 – 건강 · 정서문제 해결 기능 지원, 수의사 상담 서비스 등(6월부터 유기동물 구조 캠페인) – 다운로드 횟수 40만건(2017년 9월 출시)	– 소셜벤처 '노아도그'와 제휴로 유기동물 영상 제작 · 확산 캠페인(입양 시 입양키트 제공) – 굿즈 제작 예정
인생樂서	– 중장년 커뮤니티 서비스 앱 – 글쓰기를 통한 중장년 중심의 커뮤니티 및 가족 간 소통의 장(회원 10만명)	– 공연 뮤지컬 연계 – 서울시50플러스재단과 공동캠페인(1천개 스토리 무료 자서전 제작사업) – 중장년 대상 팟캐스트(모모콘, 50편 제작해 45만 조회)

삼성카드측에 따르면, 소셜벤처 '째깍악어'의 경우 '키즈곰곰' 앱과 함께 교구재 활용 협업사업을 다음 달부터 진행하며, '인생樂서' 앱은 서울시50플러스재단과 함께 천개 스토리 무료 자서전사업 캠페인을 진행한다. 삼성카드 쇼핑몰 관계자는 "170만명 회원을 보유한 쇼핑몰에 경쟁력 있는 사회적경제기업들의 제품이 입점되면 판로 확대를 돕고, 앞서 소개한 앱을 통해 마케팅 지원을 할 계획이다"고 소셜벤처들의 적극적인 관심을 호소했다.

출처 : 한국사회적기업진흥원(2018.5.25.) "금융기관 · 대기업의 '소셜벤처 자금조달 · 판로개척 지원' 쏟아진다" 재구성

홍보전략 (Promotion)

마케팅 과정의 핵심은 고객의 의견에 귀를 기울이는 것과 이를 잘 반영하여 그들의 니즈를 만족시키는 방안을 자사가 보유하고 있음을 고객에게 알리는 것이다. 따라서 어떤 가치를 고객에게 전달할 것인지, 그리고 고객으로 하여금 어떤 행동을 해주기를 원하는지를 담은 구체적인 홍보용 메시지를 만들어서 고객에게 전달하고, 이에 대한 피드백을 경청할 수 있는 구조를 만들어서 충분한 소통이 이루어지도록 최선의 노력을 기울여야 한다. 일방적인 주장을 고객에게 전달하는 것은 절대적으로 지양해야한다.

전통적으로 사용되는 고객과의 소통방식은 브로셔, DM, 특별 행사, 미디어 광고 및 홍보 활동 등이 있는데, 이러한 전통적인 방식의 마케팅 캠페인은 원하는 효과를 내기 위해 많은 예산이 소요된다는 단점이 있다.

현대 모바일 시대에서는 앞서 서두에서 살펴본 '숏포러브'의 사례와 같이 SNS등을 활용한 비전통적인 게릴라 방식의 마케팅이 적은 예산으로도 큰 효과를 기대할 수 있기에, 소셜벤처를 위한 고객 중심 마케팅의 새로운 대안으로 부각되고 있다. 대표적인 게릴라 마케팅 방식의 대표적인 3가지 종류를 소개하면 다음과 같다.

◆ 구전마케팅 (Word-of-mouth marketing)

사람들이 대화하는 과정에서 자연스럽게 자사의 제품과 서비스의 효과, 구매 이유와 목적에 대해 이야기할 만한 계기와 소재를 주어서 사람들의 입에 오르내리면서 인식되고 유포되도록 하는 마케팅. '입소문 마케팅'으로도 불린다.

◆ 버즈마케팅 (Buzz marketing)

유명인이나 영향력 있는 사람, 혹은 유명 TV쇼나 뉴스 등에 노출시켜 사람들에게 전달하는 방식으로 브랜드 인지도를 높이는 마케팅으로, '숏포러브'는 유명인을 섭외하여 큰 효과를 거두었다. 한 배우가 팬들에게 생일선물 대신 기부를 해달라고 한 이야기가 온라인 기사로 전해지면서 생일모금 캠페인이 실시간 검색어 1위에 오르게 된 것과 이 때문에 다른 유명 연예인들과 지역 시장의 참여까지 이끌어내면서 인지도를 비약적으로 끌어 올렸다.

◆ 바이럴마케팅 (Viral marketing)

SNS 혹은 블로그 등의 여러 가지 매체를 통해서 상품이나 광고를 본 네티즌들이 '공유하기' 등을 통해 서로 정보 및 의견을 전달하면서 자연스럽게 인터넷상에서 화제를 불러일으키도록 하는 마케팅. 컴퓨터 바이러스처럼 확산된다고 해서 바이럴(viral) 마케팅 혹은 바이러스(virus) 마케팅이라고 부른다.

그림 11-4 구전마케팅 · 버즈마케팅 · 바이럴마케팅

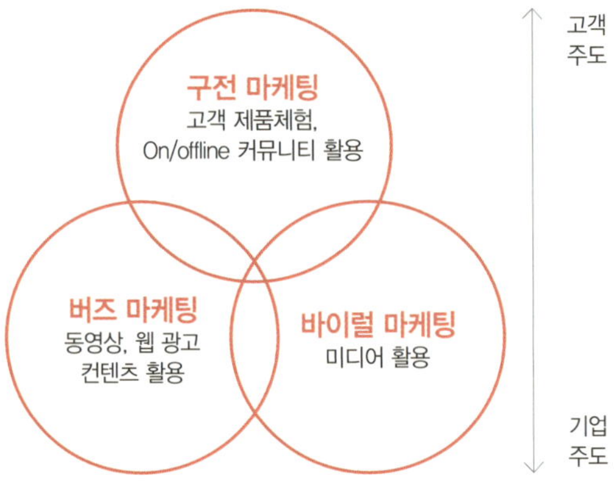

출처: Mr.WOM(www.mrwom.com)

구성원 전략 (People)

멋진 제품과 서비스를 기대했던 곳에서 많은 고객들이 실망하게 되는 현장은 의외로 제품과 서비스가 아닌, 경험에서 비롯된다. 퉁명하게 결재하는 종업원, 전화와 이메일을 보냈을 때 느껴지는 분위기, 미팅에서 감지되는 진정성 등은 결국 어떤 회사든지 왜 사업을 하는지를 보여주는 '진실의 순간' 이 되게 된다. 특히, 소셜벤처의 구성원(임직원)은 고객이 제품과 서비스를 경험하기 이전에 누구보다 먼저 소셜벤처의 철학과 진정성을 경험하고 '구매' (근무)하는 최초의 고개이라 할 수 있다. '내부고객' 의 만족도가 떨어지고, '내부고객' 이 소셜벤처에 가지는 진정성의 결여를 방치하게 될 경우, 소셜벤처는 큰 타격을 입게 된다. 따라서, 구성원들이 가장 먼저 자사의 고객이 될 수 있도록 고민해야 하는데, 이 부분에 대해서는 다음 챕터 '소셜벤처 성장하기' 에서 보다 자세히 다룰 예정이다.

② 소셜벤처의 브랜딩

미국마케팅학회(AMA)에 따르면, 브랜드란 기업이 자사의 제공물을 다른 경쟁사의 제공물과 차별화하기 위해 사용하는 이름이나, 용어, 디자인, 상징, 또는 기타 다른 요소들을 말한다. 현대 기업의 브랜드 가치는 곧 기업의 가치를 나타내는 기준이 되는데, 그 이유는 산업화로 인해 회사들마다의 제공물의 질적인 차이가 거의 없어졌기 때문이다. 이제 소비문화는 '기능적 소비' 에서 '기호적 소비' 로 변하고 있다. 즉, 제품의 기능보다는 브랜드의 이미지와 상징성, 그리고 스토리가 더 중요시되고 있다. 또한, 특정인의 사회적 지위와 심리, 인격 등이 어떤 브랜드의 제품을 구매하는지를 통해 판단되기도 한다.

소셜벤처 창업가는 브랜드 자산의 구축은 어느 정도 규모가 되는 기업에만 해당되는 일이라고 생각할 수 있다. 하지만 동네 마트도 '만원이상 배달되는 가장 저렴하고 친절한 마트' 라는

한 줄의 문구로 브랜드 자산을 만들어 갈 수 있기 때문에 소셜벤처 역시 비록 작은 규모이지만, 시작하는 단계에서부터 브랜드 자산을 만들어 가는데 노력해야 한다. '마케팅은 세일즈를 필요 없게 하고, 브랜딩은 마케팅을 필요 없게 한다' 는 말처럼 브랜드 자산이 마케팅에 큰 힘이 되기 때문이다.

그림 11-5 한양대학교 사회혁신 브랜딩 예시

출처: MYSC

(5) 5단계 : 소통 (Communication)

앞서 마케팅의 정의 부분에서 마케팅은 고객과의 소통의 과정이라고 하였다. 그런데, 소셜벤처에게는 자사의 제공물을 구매하는 일반 소비자 고객 뿐 아니라, B2G, B2B의 전략적 측면에서 기부자, 투자자, 행정기관, 연구기관, 일반기업 등 다양한 외부 이해관계자 고객과도 효과적인 소통을 유지하는 것이 매우 중요하다. 왜냐하면, 일반적으로 브랜드파워와 자금력이 부족한 소셜벤처에게 일반 고객보다는 이들이 자사의 제공물을 구입할 뿐 아니라, 판로를 열어주거나 자금을 조달하는데 더 큰 도움을 줄 수 있기 때문이다. 이들과의 협력적 관계를 형성하는 것을 '네트워크 구축' 이라고도 표현한다.

마케팅전략의 유통(placement)과 관련하여 앞서 언급된 성남시에 오픈한 '행복한 가치가게' 는 성남시와 SK그룹이라는 이해관계자와의 네트워크를 구축하고 있는 소셜벤처에게는 직접적으로 판로구축, 간접적으로는 고객과의 접점에서 새로운 니즈 파악 등과 같이 매우 유용한 마케팅 기회로 사용되지만, 이러한 네트워크가 없는 소셜벤처에게는 아예 모르고 지나칠 수 있는 정보가 되는 것이다.

소통의 최우선으로 고려 요소는 투명성과 진정성의 확보다. 네트워크는 단시간에 형성되는 것이 아니라, 이해관계자 당사자 간의 인간적인 신뢰가 쌓여가면서 상호간 협력할 수 있는 분야가 확대되는 것이다. 그렇기 때문에 소셜벤처가 가지고 있는 사회적 명분이 진정성이 있다는 것과, 사업이 투명한 자금집행과 의사결정 과정을 통해 진행되고 있음을 보여주어서 신뢰를 쌓아야 한다.

비카인드의 경우, 소아암환자를 위한 모금에 집중하게 된 것은 한국백혈병소아암협회에서 분기별로 비카인드가 도움을 주던 환아 6명에 대한 리포트를 제공했기 때문이라고 밝혔다. 여러 기부처 중 유일하게 기부자의 마음을 배려하여 정성스런 리포트를 보내준 한국백혈병소아암협회의 마케팅 활동에 있어 진정성과 투명성이 뒷받침된 소통이 큰 힘을 발휘한 것이다.

이렇듯, 소셜벤처는 여러 가지 커뮤니케이션 방식을 통해 이해관계자들 고객과의 소통에도 노력해야 한다. 정기적으로는 월간 뉴스레터와 연간보고서(annual report), 분기보고서(quarterly report)등을 자세하게 작성하여 송부하고, 비정기적으로는 이사회, 신제품출시, 직원채용 등의 주요 이벤트가 있을 때마다 추진배경, 결과, 향후 계획 등을 상세하게 문서로 작성하여 공유해야 한다. 필요에 따라서는 대면하여 직접 설명해야한다. 또한, 페이스북, 블로그, 인스타그램, 트위터, 팟캐스트 등의 SNS를 활용하여 정보의 차별화 없이 상시적인 소통이 가능하게 하는 것도 중요하다.

생각해 보기

01 기존 마케팅의 방식에서 더 이상 유효하지 않거나 효과적이지 않게 된 배경이나 사회문화적 변화는 무엇일까요?

02 '맛집'을 찾아가거나, 방문하고 싶은 여행지를 선택할 때 많은 사람들은 광고선전을 참고하기 보다는 지인이나 친구, 또는 SNS를 통해 질문하며 무엇을 선택할지 고민하게 됩니다. 대중매체 접근이 아닌 관계 기반의 접근이 더욱 효과적인 이 시대에 마케팅은 어떻게 진화해야 할까요?

03 통상적으로 변화하는 마케팅의 접근에서도 일반기업과 소셜벤처의 마케팅에서 변하지 않을 공통점은 무엇이며, 달라야 하는(변해야 하는) 마케팅의 특성은 무엇이 있을까요?

04 소셜벤처의 '내부 고객'(구성원)과의 만남과 이야기를 듣고서 더욱 호감과 신뢰가 갔었던 사례 또는 그 반대의 사례가 있었다면 경험을 공유해주세요.

05 소셜벤처 마케팅 사례로서 가장 성공적 또는 효과적이었다고 생각되는 사례를 나누고 그 성공요인이 무엇이었는지 토론해봅시다.

활동
하기

SWOT 분석 / 3C 분석 / STP분석 / 4P전략 / 브랜딩

◆ SWOT 분석

Strength (강점)	Weakness (약점)
경쟁기업과 비교해서 자사의 강점	경쟁기업과 비교해서 자사의 약점
Opportunity (기회)	**Threat (위협)**
외부환경에서 유리한 기회 요인	외부환경에서 불리한 위협 요인

SO (강점과 기회)	WO (약점과 기회)
강점을 살리고, 기회를 활용하기 위해 할 일	약점으로 인해 기회를 잃지 않기 위해 보완/개선해야 할 일
ST (강점 및 위협)	**WT (약점 및 위협)**
위협에 대해 강점을 살려서 회피하기 위해 할 일	예상되는 최악의 상황을 피하기 위해 할 일

◆ 3C 분석 (고객 Customer, 경쟁사 Competitor, 자사 Company)

구분	질문	분석
고객	–우리의 현재와 미래의 고객은 누구인가? –고객은 어떤 니즈를 가지고 있는가? –무엇이 구매를 결정하는가? –시장은 어떻게 구성되어 있는가? –시장규모 및 장래성은?	
경쟁사	– 우리의 경쟁사는 누구인가? – 경쟁사의 강점과 약점은? – 경쟁사는 업계를 어떻게 보고 있는가? – 고객은 경쟁사를 어떻게 생각하는가? – 새로운 위협의 잠재적인 경쟁사가 있는가?	
자사	– 우리는 무엇을 목표로 하는가? – 우리의 강점과 약점은 무엇인가? – 충분한 비즈니스 자원을 보유하고 있는가? – 사업을 추진하는데 적합한 조직인가?	

사업 아이템의 시장 분석

◆ STP분석 (Segmentation, Targeting, Positioning)

Segmentation	Targeting	Positioning

소비자 분석 (수요 계층)

국내외 시장분석을 통해 예상되는 시장 규모, 수요 분석, 시장 진입 가능성, 목표 고객 등을 자세히 서술

4P 전략

Product	Price
차별화 수단으로 제공물의 특징 제품생애주기 고려	가격책정이유 및 시장 진입 가능성 주요 경쟁자와의 가격 비교

Placement	Promotion
제공물의 판매를 촉진하기 위해 동원할 수 있는 유통경로 열거	매체광고, DM, 메일, 텔레마케팅, 카탈로그, 판촉, 인쇄물, 홍보대행사, 게릴라마케팅 등 계획

PeoPle
내부 고객인 구성원이 철학과 가치를 내재화하도록 도울 수 있는 절차와 문화

브랜딩

자사 혹은 자사의 대표적인 제공물의 광고 문구를 5단어 내외로 표현하기

학습 정리

◆ 마케팅은 기업이 고객과의 소통을 통해 고객의 니즈를 파악하고 이를 충족시켜줄 수 있는 제품이나 서비스를 창출하고 제공하는 활동이자 과정이다.

◆ 소셜벤처의 마케팅 전략은 외부분석–내부분석–확장–전략의 선택–소통의 5단계 과정을 통해 수립된다.

◆ STP분석은 전체 시장을 일정한 기준에 따라 나누고(segmentation), 우리에게 적합한 시장을 목표로 하여(targeting), 고객의 마음속에 어떤 이미지로 자리매김할지(positioning)를 결정하는 전략이다. 소셜벤처는 착한소비를 추구하는 착한 일반소비자, 그리고 공공구매나 우선구매정책을 시행하는 공공기관이나 일반기업을 목표로 설정한다.

◆ SWOT분석과 3C분석은 자사의 전략적 목표를 결정하기 위해 기업 혹은 제공물의 강점, 약점, 기회, 위협을 분석하고, 이를 고객분석, 경쟁사 분석과 병행하여 고객의 니즈를 충족시키기 위해 우리에게 필요한 역량을 파악하여 자사의 사회적 영향력을 미리 설정하는데 그 목적이 있다

◆ 4P믹스는 STP분석을 통해 선정한 목표 시장에서 실질적인 마케팅 활동을 수행하고 기대하는 성과를 달성할 수 있도록 제품전략(product), 가격전략(price), 유통전략(placement), 홍보전략(promotion)을 적절히 배합하여 전략을 도출하는 마케팅 이론이다.

◆ 소셜벤처는 한정된 자원으로 유용한 효과를 거둘 수 있도록 구전 마케팅, 버즈 마케팅, 바이럴 마케팅 등의 게릴라 마케팅을 적극 활용해야 한다.

◆ 강력한 브랜드 인지도를 보유하고 있을 때 마케팅 활동의 결과가 더 효과적이기 때문에, 소셜벤처는 사업 초기부터 브랜드 자산을 구축하려는 노력을 기울여야 한다.

◆ 소셜벤처는 자사의 제공물을 구입하는 고객뿐 아니라, 기부자, 공공기관, 일반기업의 이해관계자들도 중요한 고객이므로 이들과의 원활한 소통에 힘써야 한다.

참고문헌

◆ 김민주(2011). “성공하는 경제법칙 101”. 위즈덤하우스.
◆ 김성기 외(2015), “사회적경제기업을 위한 공공시장 마케팅”, 아르케.
◆ 김성기, 김현정 외 (2014), “사회적기업 창업 길라잡이“, 에딧더월드/MYSC
◆ 김진수 외(2015). “기술창업론”. 탑북스.

- 나가타 도요시(2011). "100가지 프레임워크로 배우는 최강의 업무기술". 스펙트럼북스.
- 박철 외(2013). "SNS를 활용한 사회적기업의 마케팅 전략: 래그랜느 사례를 중심으로". 고려대학교 대학원
- 빌올렛(2014). "MIT 스타트업 바이블". 비즈니스 북스.
- 사회적기업진흥원(2013). "소셜벤처사례집"
- 신철호 외(2004). "Brand Building". 산업정책연구원.
- 서용구(2006). "시장에서 승리하는 마케팅 기술", 시대의 창.
- 알 리스, 로라 리스(2005). "브랜드 창조의 법칙". 넥서스 BIZ.
- 임창희(2015). "조직론 이해". 학현사.
- 찰스 힐(2014). "글로벌시대의 국제경영". 맥그로힐.
- 최중석(2012). "실무에서 바로 활용하는 비즈니스 경영전략". 두남.
- 호리 기미토시(2015). "비즈니스 프레임워크 69". 위키미디어.
- 한국능률협회컨설팅(2008). "고객중심형 기업으로 가는 길", 한국능률협회컨설팅.
- 한국사회적기업진흥원(2018) "금융기관 · 대기업의 '소셜벤처 자금조달 · 판로개척 지원' 쏟아진다"
- Arthur Brooks(2008). "Social Entrepreneurship: A Modern Approach to Social Value Creation", 2008, Prentice Hall
- Growing Social Ventures, The Young Foundation, Policy Paper
- William D. Bygrave & Andrew Zacharakis(2014). "Entrepreneurship", third Edition. John Wiley & Sons, Inc.
- Michael Morris, et al,(Fall, 2002) "Entrepreneurial Marketing: a construct for integrating emerging entrepreneurship and marketing perspectives, Journal of Marketing theory and practice
- 기획과 마케팅을 하는 사람들(http://cafe.naver.com/newplanmarketing/40576)
- 네이버지식백과 STP분석 (http://terms.naver.com/entry.nhn?docId=783686&cid=42111&categoryId=42111)
- 미국 마케팅학회 홈페이지(https://www.ama.org/AboutAMA/Pages/Definition-of-Marketing.aspx)
- 이명현의 경영스쿨 http://www.emh.co.kr/content.pl?what_is_marketing
- 한국 마케팅학회 홈페이지(http://www.kma.re.kr)
- 제품시장 확장 그리드, 위키피디아 (https://en.wikipedia.org/wiki/Ansoff_Matrix)
- 희망제작소 사회적기업 마스터클라스(http://www.makehope.org/wp-content/uploads/old/1104873394.jpg)
- 포지셔닝 맵(http://cfile228.uf.daum.net/image/2706643F514083DE1727AB)
- Mr.WOM 홈페이지(http://www.mrwom.com)
- Proliteracy 홈페이지(https://en.wikipedia.org/wiki/ProLiteracy_Worldwide)
- MYSC 홈페이지(http://www.mysc.co.kr) 및 블로그(blog.naver.com/blogmysc)

11장. 키워드 인덱스용

마케팅의 정의	마케팅의 주요 개념	EM 마케팅	공공 수요 분석
마케팅 전략 수립	제품시장확장그리드	마케팅 믹스	게릴라 마케팅

SOCIAL
VENTURE

SOCIAL
VENTURE

PART 04

소셜벤처 성장하기

제12장 | 소셜벤처 창업의 지속가능성장

"우리는 내일을 위한 교훈을 얻기 위해서 오늘의 위험을 감수해야 한다.
우리는 시작 단계에 있으며 우리가 시도한 많은 것들이 실패할 지라도
계속 듣고 배우고 발전해 나가야 한다."

facebook 창립자, 마크 저커버그(Mark Elliot Zuckerberg)

12

소셜벤처 창업의 **지속가능성장**

학습 목표

1. 기업의 성장은 어떤 단계로 이루어지는지 살펴본다.
2. 성장을 위해 필요한 4가지 원동력이 무엇인지 이해한다.
3. 소셜벤처 성공의 위협 요인에 대해 알아본다.
4. 조직 역량과 리더십에 대해 이해한다.
5. 네트워크의 중요성과 전략에 대해 이해한다.
6. 현금흐름을 포함한 자원의 활용에 대해 알아본다.

시작
하기

소셜벤처 마리몬드
매출 100억 목전, 비결은?

마리몬드(대표 윤홍조)의 라이프스타일 브랜드 마리몬드가 파격적인 성장세로 소셜벤처의 성공 모델로 자리 잡았다. 마리몬드는 브랜드가 알려진 2015년 이후 매년 200% 이상 성장하며 지난해 매출 97억 원을 달성했다. 상품에 담긴 의미만큼이나 디자인을 중시하고 공공성과 고객과의 신뢰를 우선시한 게 가장 큰 성장 요인이다.

마리몬드는 패턴을 개발하는 데 많은 공을 들인다. '인간의 존귀함을 이야기한다'는 기업 모토 아래 위안부 할머니의 삶을 재조명하기 위한 '꽃 프로젝트'를 진행하는데, 위안부 할머니의 삶에 대한 정보를 정대협 등 비정부기구(NGO)에서 최대한 수집해 한 달 넘게 연구한다.

이 연구를 바탕으로 할머니에게 적합한 꽃을 선정해 꽃 패턴을 개발하면 그 패턴을 팔찌, 목걸이, 핸드폰 케이스, 옷, 가방 등의 상품에 입혀 위안부 할머니의 삶과 의미를 전한다. 이제껏 복숭아꽃, 용담, 자목련, 붉은 동백, 흰동백 패턴 등을 개발했는데 2015년 봄, 가수 수지의 마리몬드 핸드폰 케이스에 그려진 백목련 패턴이 특히 화제가 됐다. 고객들은 스스로 디자인이 예쁘고 메시지도 있는 마리몬드 상품을 SNS에 올리고 이는 자연스레 상품 홍보로도 연결된다.

꽃 할머니들의 삶이 패턴의 모델인 만큼 다른 연예인 모델은 쓰지 않는다. 순수하게 꽃 할머니를 기억하고 재조명하려는 의도에서다. 대신 상품의 질과 소통에 세심하게 신경 쓰고 매출과 영업 이익, 캠페인 수익금을 누구나 볼 수 있게 홈페이지에 올려 고객의 신뢰를 산다. 마리몬드 관계자는 "제품에 대한 문의는 사소한 것 하나라도 모두 댓글로 일일이 답변하며 작은 컴플레인이라도 즉각 대응하고자 노력하고 있다"고 말했다.

이외에도 여러 기업과 미니 선풍기, 샴푸, 세제, 티슈 등 여러 상품 제작에 마리몬드의 꽃 패턴을 콜래보레이션 해 상품 수익금을 일부 기부한다. 오는 6월 30일에는 부산에서 강성태 공신닷컴 대표와 무료 토크 콘서트를 개최하는 등 여러 방면에서 선한 영향력을 주기 위해 노력하고 있다. 윤홍조 대표는 대학생 시절 봉사활동으로 방문한 위안부 할머니들의 복지시설 '나눔의 집'에서 할머니들을 처음 만났다. 할머니들과 꾸준히 교류하면서 2012년 10월 마리몬드를 설립했다. 마리몬드는 현재까지 영업이익의 50%와 캠페인 순수익금 총 17억 3403만원을 한국정신대문제대책협의회, 나비기금 등 위안부 피해자 관련 단체에 기부했다. 지난 6월 8일부터는 위안부 할머니와 더불어 학대 피해 아동 지원을 새롭게 시작했다.

출처 : fashionbiz(2018.6.26.) "소셜벤처 마리몬드 매출 100억 목전, 비결은?"

생각해 보기

01 소셜벤처의 지속가능 성장을 위한 방안에 대해 토론 해 보자.

02 소셜벤처 관점에서, 사회문제를 해결하기 위한 다양한 방법에 대해 토론 해 보자.

12.1 기업의 성장과 실패

법인격을 갖춘 소셜벤처는 시간이 흐름에 따라 새로운 맥락과 환경을 맞이하게 된다. 창업 초기에는 제품 또는 서비스가 특정한 니즈를 효과적으로 해결하거나, 시장에서 반응하는 가치를 창출해야 하는 부분에 맞추어 전력질주를 하게 된다. 이를 통해 창업자의 가설이 검증이 되면, 그때부터 소셜벤처는 사업(business)만이 아닌 경영(management)이라는 새로운 도전에 직면하게 된다.

소셜벤처의 맥락에서 가장 영향력이 많은 대표의 관점에서 이를 해석해보면, 대표의 역할 조차 바뀔 수 있다는 뜻이다. 통상 창업가(founder), 기업가형 경영자(entrepreneurial CEO), 관리형 경영자(managerial CEO) 등으로 대표의 역할이 구분될 수 있다. 소셜벤처 창업가는 그 누구보다도 사회에서 발견된 니즈를 비즈니스의 기회로 해석할 수 있었던 혁신을 가능하게 했다.

하지만, 이러한 역량은 그 혁신을 지속가능하게 해야 하는 다른 니즈에 대해서는 효과적이지 않을 수 있다. 이럴 때는 부족한 자원과 환경에도 불구하고 기회 요소의 확대를 통해 가치 창출에 도전하는 기업가형 경영자가 필요하게 된다. 물론, 어떤 창업가가 기업가형 경영자의 역할을 수행하는데 어려움이 없기도 하다. 기회 요소의 확대를 통한 가치창출이 지속되게 되면, 법인은 이를 보다 효율적으로 반복할 수 있도록 관리해야 하는 니즈가 가장 높아지게 된다. 정해진 목표를 위해 정해진 시간과 가장 효율적으로 파악된 방법을 그대로 재현하여 산출물을 만들어야 하는 맥락에서는 관리형 경영자의 역량이 필요하게 된다. 많은 경우 창업가나 기업가형 경영자는 관리형 경영자가 요구하는 역량에 관심이 없거나 갖추지 못했을 확률이 높다. 이럴 때 기업의 위기는 찾아오게 된다.

다음에는 소셜벤처 창업의 지속가능성장과 관련된 견해를 살펴보며, 이와 관련된 딜레마, 그리고 지속가능성과 관련된 중요한 측정지표로서 BIA(B Impact Assessment) 및 비콥(B Corp)에 대해서 알아보자.

1) 신생 기업의 경험

흔히 '죽음의 계곡'(death valley)이라고 불리는 단계는 초기 자본금이 바닥이 나고, 초기 합류했던 인원들이 불확실함을 견뎌내지 못하고 이탈하며, 새로운 고객 개발이 더디면서 운영자금이 확보되지 못하는 초기 단계의 어려움을 의미한다. 이러한 단계를 거쳐 5년 이상 생존한 신생 창업 기업(스타트업)의 생존율은 2018년 통계청 기준으로 27.3%에 그치고 있다.

'죽음의 계곡'을 통과한 기업들은 과연 안전할까? 모든 기업은 지속적인 성장을 경험할수록 새로운 도전을 경험하게 된다. 인기가 많아 주문이 급속히 늘어날 때, 공장 증설을 결정하는 순간부터, 급속한 고객 유입으로 인해 빠른 속도로 신규 채용을 진행할 때, 예측하지 못했던 지정학적 변화와 재난재해 등이 닥쳤을 때도 기업의 지속가능성은 새로운 전기를 맞이할 수 있다.

한때 인기가 너무 많아 품절이 되었던 꼬꼬면이나 허니버터칩은 기업에게 '증설의 저주'로 불린다. 순식간에 등장한, 높은 시장의 요구를 매번 외면할 수도 없었던 해당 제조사들은 결국 거대한 투자를 통해 제조공장을 증설했지만, 현재 두 제품은 더이상 과거처럼 인기있게 팔리고 있지 않고 있다. 단기간의 호평이 장기적으로는 기업에게 고정비의 증가로만 이어질 수 있다.

죽음의 계곡 외에도 '악마의 강' 또는 '다윈의 바다'와 같은 단계별 경쟁과 도전 과제가 존재한다. 이번 챕터에서는 소셜벤처의 관점에서 지속가능성장을 저해하는 실패 요인들은 무엇이며 이를 방지할 수 있는 전략들이 무엇인지 살펴보자.

그림 12-1 기업의 성장 단계별 장애물

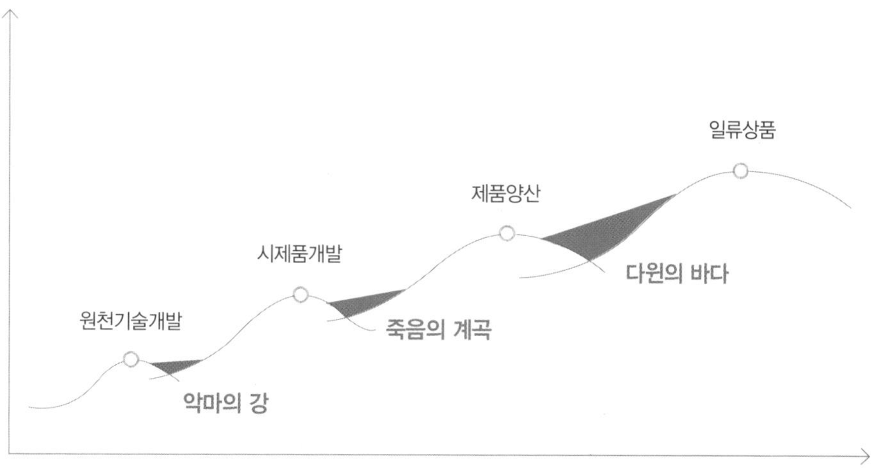

출처: 김길해(2013.04.25), "기술 사업화 단계별 장애 유형"

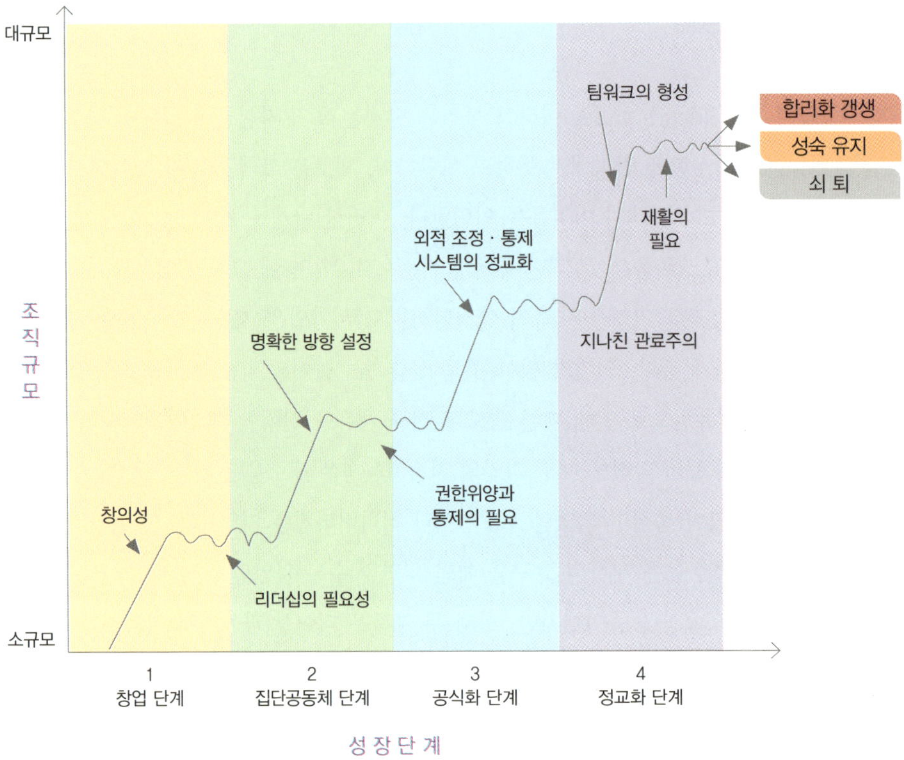

출처: 임창희(2015). 조직론이해. 학현사

2) 신생 기업의 실패

톨스토이가 쓴 〈안나카테리나〉의 첫 문장은 다음과 같이 시작한다.

"행복한 가정은 모두 비슷한 이유로 행복하지만, 불행한 가정은 저마다의 이유로 불행하다."

신생 기업의 실패 역시 그런 관점에서 이해해볼 수 있다. 신생 기업의 지속가능성장과 관련된 유익한 접근을 살펴보기에 앞서, 어떠한 이유들로 신생 기업들이 실패하는지 우선 다음을 참고해보자.

(1) 신생 기업 실패의 원인

기업이 흥하고 망하는 것은 마치 모든 생명체가 태어나고 죽는 것처럼 자연스러운 일이라고 볼 수도 있다. 그러나 이는 막대한 물적, 인적 자원과 시간을 투입하여 사활을 걸었던 창업가에게는 무척이나 매정한 소리로 들릴 것이다. 기업의 실패 이유는 무엇이었을까? 여러 가지 이유가 있지만, 신생 기업 실패의 대표적인 이유는 다음과 같다.

① 기회 활용의 실패

사업 기회를 제대로 만들지 못하여 시장의 니즈를 충족시키지 못하는 것은 가장 흔한 경우에 해당한다. 이는 시장이 원하는 것이 아니라 창업가가 원하는 것을 시장에 제시한 것으로 사업 기회를 제대로 만들지 못하는 데에는 크게 두 가지 경우가 있다. 첫째, 초기에 사업 기회 설정이 잘못된 경우다. 마케팅의 기본 원칙인 내 · 외부 분석이 제대로 이루어지지 않은 탓에 시장조사에 실패했고, 이로 인해 제공물이 목표 고객에게 강력하게 어필할 만한 차별성을 갖추지 못한 것이라고 볼 수 있다. 둘째는 새로운 기회 창출에 실패한 경우다. 사업 초기에는 충분한 차별성을 가지고 있었지만, 끊임없이 변하는 소비자의 니즈와 강력한 경쟁자의 출현에 적절히 대응하지 못해 새로운 기회를 만들어내지 못한 것이 실패의 원인이다.

② 조직 구조와 문화의 환경에의 부적응

사업 조직의 구조와 문화가 환경 변화에 적응하는데 실패하면 기업은 실패한다. 이러한 실패 요인 역시 두 가지로 나누어 볼 수 있는데 첫 번째는, 경직화된 조직 구조로 인한 전략의 실패다. 조직의 권력이 창업자(최고경영진) 혹은 특정 부서에 편중되면 조직 전체의 전략이 흔들린다.

예를 들어, 영업부의 권한이 막대하면, 기술 투자나 자금 회전에 문제가 생겨서 조직이 어려워졌을 때에 조직 간 원활한 소통이 되지 않아 의사결정에서 치명적 실수를 범할 수 있다. 두 번째는 조직이 타성(inertia)에 빠지는 경우다. 초기에 큰 어려움 없이 성공을 맛보게 되면, 주변 환경이 변하더라도 좀처럼 과거의 습관을 바꾸려 하지 않는다. 이 경우 조직 문화의 획일화/관료화로 인해 조직은 점차 쇠퇴하게 된다.

조직 관리의 권위자인 밀러(D.Miller) 박사는 '이카루스 패러독스' 라는 개념을 제시하면서 기업은 연속된 성공을 경계해야 한다고 주장하였다. 이는 연속된 성공이 사고를 고착화시켜서 약간의 환경 변화만 있어도 적응하지 못하고 곧바로 흔들리는 단세포 조직처럼 변하는 것을 경계해야 한다는 의미이다.

③ 리더십 실패

리더로 인한 실패는 사업을 시작한 창업가에게는 도전적인 '기업가적 역량' 뿐 아니라 체계적인 '관리자적 역량' 도 필요로 한다는 점을 간과한데서 비롯된다. 대부분의 경우, 창업가 자신이 시작 단계에서부터 모든 일의 결정에 관여하면서 개인적인 성격이나 관점, 경험에 따라 조직의 전략을 좌지우지하는 경향을 보인다. 그러다보니 창업가의 관심 사항이 항상 최우선 경영 과제가 된다. 예를 들어, 영업 출신의 창업가가 자금이나 기술을 등한시한다거나, 엔지니어 출신의 창업가가 마케팅에 무관심한다거나 하는 경우다.

창업가는 본인의 관심사뿐 아니라, 조직 전체의 효율적인 운영을 위해 관리자적 역량을 발휘해야 하는데 이것이 부족할 때 조직의 위기가 찾아온다. 결국 창업가의 과거 경험과 성격, 가치관과 능력, 그리고 리더십 스타일과 인격이 조직 흥망에 직접적인 영향을 미친다고 할 수 있다. 〈창업자의 딜레마〉라는 책에서는 이를 "기업을 운영하는 것이 하나의 전쟁이라면, 사상자는 대부분 아군의 폭격이나 스스로 자초한 부상에 따른 결과다"라고 말한다. 신생 기업이 생존에 실패한 비율이 높은 이유는 대부분 창업자를 포함한 리더십과 경영진의 내부 문제가 크게 기여한다는 점이다. 외면적으로는 시장에서의 실패, 고객으로부터의 외면이라 불리는 실패 요인들도 많은 경우 창업자의 고집이나 시장의 피드백을 수용하지 않으려는 완고함 등이 복합적으로 작용한 것으로 이해될 수 있기 때문이다.

읽어 보기

스타트업이 실패하는 이유는

스타트업 생존율은 그다지 높지 않다. 통계에 따르면 국내 창업 기업이 3년 뒤에 살아남을 확률은 10%도 채 되지 않는다고 조사되었다. 살아남은 10%의 기업 중에서도 소수만이 투자유치에 성공해서 지속적인 경영이 가능한 것도 사실이다. 2010년부터 시작된 창업 열풍이 현재도 지속되고 있지만 성공 기업의 비율은 극소수에 불과하다.

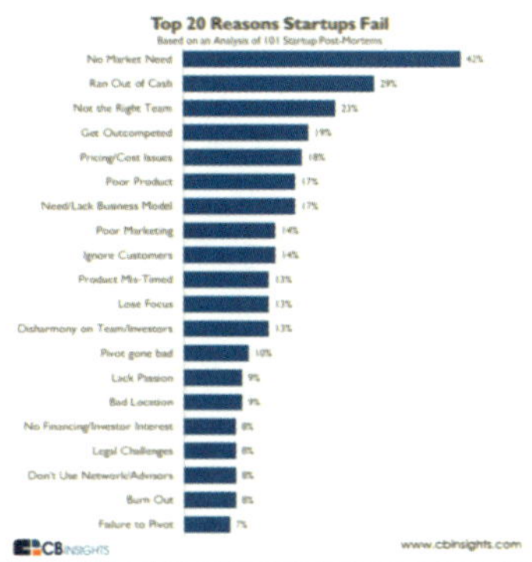

실패하는 스타트업의 원인은 무엇일까? 아직까지 국내에서 구체적으로 실패 사례만을 조사한 적은 없다. 그렇기 때문에 국내 스타트업 창업 환경에 기준이 되는 실리콘밸리의 사례를 통해 실패 원인을 분석할 필요가 있다. 미국은 유명한 시장조사 기관(market research firm)인 'CB인사이트(CBinsight)'에서 최근 실패한 135개의 스타트업을 분석했다. 그리고 135개 기업 각각의 경영자에게 왜 실패했는지에 대한 이유를 들을 수 있었다.

수요가 없는 시장이 1위인 것은 전형적인 기술창업 실패에서 나오는 원인이다. 개발자 또는 기술자가 생각하는 제품의 기술 수준과 고객이 받아들이는 제품의 기술 수준의 갭(Gap) 차이가 생겨 실제 수요로 이어지지 않을 수 있다. 얼리어답터에서 일반 소비자로 확산되는 과정에서 죽음의 계곡(Dead Valley)을 넘지 못하면 스타트업은 실패하게 된다.

결국 스타트업은 개발 초기 시장조사가 매우 중요하며 타깃 고객을 세밀하게 정하되 지속적인 피봇(Pivot) 능력이 뒷받침돼야 한다는 것을 시사한다.

출처 : 더퍼스트미디어(2018.09.11.), "스타트업이 실패하는 이유는"

2) 소셜벤처의 위협 요인

소셜벤처 역시 일반 신생기업과 마찬가지로, 여러 가지 위협 요인에 노출되어 있으며, 설립 목적을 달성하지 못하고 문을 닫는 경우가 많이 있다. 소셜벤처를 위협하는 요인은 앞서 살펴본 신생기업의 실패 원인과 유사한데, 특별히 소셜벤처에서 찾아볼 수 있는 요인을 추려보면 다음과 같다.

(1) 대체제의 등장

자사가 제공하는 제품 및 서비스와 유사한 제품 및 서비스를 보유한 소셜벤처 간의 경쟁에서 밀릴 경우, 소셜벤처는 활동을 멈출 수밖에 없다. 구호단체의 예를 보면, 대중적으로 알려진 단체는 예전에는 국제 적십자사가 유일하였지만, 지금은 유니세프, 세이브더칠드런, 월드뱅크, 굿네이버스 등 많은 단체가 유사한 구호 활동을 전개하고 있다. 이 단체들은 조직의 목적을 달성하는데 필요한 자금을 조달하기 위해 자신들만의 장점과 활동 내용을 여러 가지 수단을 통해 홍보하고 기업들과의 연계를 통해 후원금과 기부금을 모집하지 않으면 안 되는 처지이다.

또한, 기존 기업들이 소셜벤처로부터의 학습을 통해 자회사 성격의 소셜벤처를 설립하는 것도 위협 요인이 될 수 있다. 자사의 청소 등 건물관리 용역을 외부에 맡겼다가 자회사 사회적기업으로 설립한다던지, 장애인의무고용제와 연계한 장애인연계고용을 하던 기업이 자회사형 표준사업장을 만드는 경우가 이러한 대체제의 등장으로 해석할 수 있다.

(2) 사회경제적 · 인구통계적인 큰 변화/ 공공 정책상의 변화

사회경제적, 인구통계적인 변화가 생기면 당연히 소셜벤처가 설립 초기 지향했던 목표가 달라지면서 방향을 잃을 수 있다. 가령, 농촌지역의 아이들이 대도시의 아이들에 비해 교육적으로 불리한 여건에 있음을 사회 문제로 여겨서 이를 해결하는 것을 사업의 목표로 삼은 소셜벤처는 국가적으로 출산율이 점차 낮아지고 특히, 농촌지역에는 아이들이 아예 없는 경우가 생겨서 미션을 수행할 대상이 사라지면서 설립 목표를 상실하게 된다. 또한 정책의 변화로 인해 정부의 지원이 감소하거나 끊길 수도 있고, 규제가 신설되는 등의 이유로 사업 환경이 악화될 수 있다. 또는, 과거에는 존재하지 않았던 새로운 제도나 규제의 등장이 소셜벤처에게는 위협이 될 수 있다. 고용노동부의 인증 사회적기업은 그동안 허가제로 운용되며, 인증된 사회적기업에게는 일정 비율이 인건비 지원, R&D 자금 지원 등의 혜택이 있어왔다. 최근 이를 등록제로 완화하여 더 많은 기업들이 '사회적기업'이 되도록 장려하는 정부 정책변화가 발표되었는데, 이는 한편으로는 사회적기업 생태계를 확산하는 효과가 있지만, 기존 소수에게 집중되었던 각종 지원금 등이 축소되는 변화를 유발하기도 한다.

(3) 소셜벤처의 사회적 영향력 감소

위에 열거한 여러 가지 위협 요인들과 반대로, 소셜벤처가 추구하는 목적이 성공적으로 달성되면 존재 목적과 사회적 영향력이 감소하면서 조직이 방향을 상실하여 위기를 맞을 수 있다. 미국의 'March of Dimes'는 루즈벨트 대통령의 제창으로 소아마비 퇴치를 위해 1938년에 창립되었다. 정부기금과 기부금등을 백신 개발에 투자한 결과, Jonas Salk박사가 개발한 IPV백신 등의 도움으로 소아마비는 전 세계적으로 퇴치되었다(2005년 세계보건기구선언). March of Dimes는 조직의 존재 목적이 사라져서 위기에 봉착했으나 사명을 March of Dimes Foundation으로 바꾸고, 기형아 출산, 조산 방지 등의 사회적 미션을 수행하는 것으로 방향을 전환하여 위기를 모면하였다.

(4) 비즈니스 모델의 오류

소셜벤처를 위협하는 가장 큰 요인 중 하나는 비즈니스 모델의 오류에서 기인한다. 소셜벤처는 비즈니스 모델을 수립할 때 사회적 미션의 수행이 자사의 영리 추구보다 중요하다는 스스로 세운 전제로 인해 가격정책을 원가보다 더 낮게 책정하고 정부 지원금이나 후원금 등으로 부족분을 메우려는 경향이 있다. 이는 단기적으로는 수혜자들에게 도움이 되겠지만, 결과적으로는 소셜벤처의 경제적 자립도를 악화시켜서 나중에는 아예 사회적 미션을 수행할 수 없는 결과를 초래할 수 있다. 이러한 오류를 방지하기 위해서는 기민하게 시장 상황과 변화에 맞추어 비즈니스모델의 전환을 적극 모색해야 한다. 과거 두손컴퍼니는 노숙인 일자리 창출이라는 관점에서 '캐릭터 옷걸이' 등 작은 일거리 중심의 접근을 했지만, 현재는 온라인 구매의 활성화로 급격하게 성장하고 있는 물류배송 시장(풀필먼트)으로 전환하여 투자를 유치하고 지속적으로 성장하고 있다.

읽어 보기

'대통령 구두' 만든 착한 기업 왜 망했을까?

문재인 대통령이 5년째 신는 구두가 세상의 주목을 받았다. 브랜드는 '아지오'. 이탈리아어로 '편하다'라는 의미다. 청각장애인을 고용한 사회적기업 '구두를 만드는 풍경'에서 만든 신발이었다. 생소한 브랜드인 "아지오 신발을 사고 싶다"는 사람이 많았지만, 구두 회사는 이미 2013년 폐업한 상태였다. '구두가 있는 풍경'은 2010년 당시 경기도 파주복지관장이던 유석영(56)씨가 만든 회사다. '눈썰

미와 손재주가 좋은 청각장애인에게 안정적인 일자리를 마련해주자' 는 게 설립 목적이었다. 설립 취지에 공감한 유시민 작가, 성우 배한성씨 등이 모델료로 '구두 한 켤레' 를 받고 광고 모델로 나섰다. '아지오' 는 대형 인터넷 쇼핑몰에까지 진출하는 등 주목을 받았다.

좋은 설립 취지와 유명 인사들의 지원 사격 속에서도 회사가 3년 만에 문 닫은 이유는 뭘까. 현재 경기도장애인판매시설 원장직을 맡고 있는 유석영씨는 "단지 뜻이 좋다고 해서 사업에 뛰어들면 실패할 수 밖에 없다" 며 사회적기업을 이끌던 당시의 애로사항을 털어놨다. 사회적기업도 기업이다. 어떤 기업도 이익을 내지 못하면 연명 할 수 없다. 그의 실패기는 아무리 목적이 좋아도 그것만으론 생존하고 나아가 번영할 수는 없다는 것을 보여 준다.

1. 감성만 갖고 접근하면 안된다. 사회적기업이라도 냉정한 현실감각을 갖춰야한다는 걸 깨달았다. 물건을 지속적으로 팔려면 품질을 높이고 시장에서 신뢰를 쌓아야 했다. "아무리 사회적기업이라도 소비자들에게 '뜻이 좋은 기업이니 부족한 부분은 양해해달라' 고 요구하는 걸로는 살아남기 힘들다" 고 말했다.

2. 기본 자금과 투자처를 확보하라. 설립 자본금은 1억원 남짓이었다. 유 원장이 사비를 털고 한국장애인개발원 지원사업에 응모해 1억1000만원 가량을 받았다. 초반 연매출이 1억원 밖에 안돼 여윳돈이 없었다. 투자 받는 것도 쉽지 않았다. 금융회사는 이윤이 많이 남지 않는 일에 선뜻 돈을 빌려주지 않았다. 사정이 어려워질 때는 지인의 급전을 빌렸다.

3. 그 외는 핵심 기술은 가지고 시작하는 것과 가장 적합한 판매 플랫폼을 찾는 것, 소비자의 인식도 변화시켜야 한다. 는 것을 제시하였다.

본 사례는 사회적기업이 수행하는 사업모델과 경제적부분에 대한 고려가, 사회적기업의 생존과 성장에 중요하다는 점을 시사한다.

출처 : 조선닷컴 (2017.6.5.), '대통령 구두' 만든 착한 기업 왜 망했을까? 재구성
(편집자주– 2018년 현재 아지오는 사회적협동조합 '구두 만드는 풍경' 을 통해 다시 시작되었다)

읽어 보기

두손컴퍼니(피봇(Pivot) 사례)

"종이옷걸이 사업을 3년 했는데 한계가 있었어요. B2B(기업 간 거래)로 주문을 받다보니, 일거리가 들쑥날쑥했습니다. 물량이 많을 때는 한 달에 노숙인분들이 100명가량 옷걸이 제작에 참여했지만, 없을 땐 또 하나도 없었어요. '얼마' 를 버는지도 중요하지만, 꾸준한 일거리도 중요하거든요. 간간이 버는 돈으로 술을 드시거나, 경마장에 가기도 했고…. 삶의 질을 변화시키는 데는 임팩트가 없었습니다."(박찬재 두손컴퍼니 대표)

2012년부터 연예인 옷걸이, 디즈니 캐릭터 옷걸이 등으로 주목받은 소셜벤처 두손컴퍼니는 주요 사업 분야를 '제조업' 에서 '물류업' 으로 바꿨다. 기업 홍보 문구나 홍보 모델 등을 새긴 옷걸이 판을 기업 · 단체로부터

주문받아 쉼터의 노숙인들에게 제작을 맡긴 게 기존 사업 모델이었다. 하지만 이 같은 B2B 방식으로는 노숙인을 안정적으로 채용할 수도 없었다. 두손컴퍼니의 미션인 '일자리로 빈곤문제를 해결하는 것' 또한 실현이 어려워 보였다. 그러다 우연히 시작한 게 소셜벤처 '마리몬드'의 물류 대행 사업이었다. 박 대표는 "물류업은 거래가 일어나면 수작업이 무조건 발생하게 된다"면서 "옷걸이 회사가 아닌 일자리를 만드는 회사로서 적합한 모델이라고 생각했다"고 말했다.

지난해에는 텀블벅, 와디즈 등 크라우드펀딩 업체와 협약을 맺고 물류사업을 대행, 사업과 일자리 규모도 늘려나갔다. 18평짜리 창고에서 시작한 사업은 2년 만에 495㎡(150평) 규모 2곳, 231㎡(70평) 물류센터 1곳으로 확장됐다. 현재 두손컴퍼니에서는 23명의 노숙인을 정규직으로 고용하고 있다. 지난해 매출은 약 15억원, 두손물류센터를 이용하는 고객사는 50여 개가 넘는다.

"2년가량 3000종이 넘는 제품의 물류를 담당하다보니, 정보가 어마어마하게 누적됐어요. '어떤 색상이 어떤 유통 채널에서 잘 팔린다' 등 고객사별로 맞춤화된 정보를 도출할 수 있죠. 작년 말에 '창고대방출'이라는 쇼핑몰을 시범 버전으로 만들어봤는데, 한 고객사가 6개월에 걸쳐 판매했던 물량을 두 달 만에 다 팔았어요. 올해도 물류 스타트업으로서 혁신적인 모델들을 만들어낼 겁니다."

출처 : 더나은미래(2017.3.30.) '1세대 소셜벤처, 제2의 도약!

12.2 소셜벤처의 지속가능성장 딜레마

소셜벤처가 통상 직면하는 여러 딜레마의 종류를 살펴보며 이러한 딜레마에 어떻게 대응하고 준비해야 하는지 살펴보도록 하자. 소셜벤처의 대표를 비롯해 구성원들은 이러한 딜레마가 발생하기 이전부터 딜레마에 대한 팀의 선택과 그에 따르는 영향이 무엇인지를 충분히 논의해야한다. 그렇지 않고 딜레마에 직면하게 될 경우, 시간적인 제약과 상황적 요소로 특정한 방향을 선택하게 되고 그 선택의 결과가 무엇인지를 충분히 숙지하지 못한 상황에서 지속가능성장의 위기를 경험할 수 있다.

1) 첫 번째 딜레마: "왕이냐 부자냐"

임팩트투자자가 소셜벤처에 투자를 검토할 때 중요하게 살펴보게 되는 질문이 있다. 바로 '창업자로서 대표는 고유의 철학과 가치를 스스로 지키고 보존하는 것이 더 중요한가? 아니면 다른 사람들이 이러한 철학과 가치를 더욱 확산하는 것이 더 중요한가?' 전자는 창업자가 소셜벤처에 대한 지배권을 강화하는 것이 중요함을 의미하며, 통상 절대지분을 확보해야 하기에 외부 투자 받는 것을 선호하지 않는다. 외부 투자는 지분 희석과 더불어 외부의 의견과 개입이 들어올 명분이 될 수 있기 때문이다. 작은 범위 내에서라도 지배권을 확보하고 행사하는 것에 더 가치를 둔다.

반면, 후자는 지배권은 놓더라도 자신이 생각하는 철학과 가치가 투영된 제품이나 서비스가 더 많은 사용자나 지역에 확대되는 것을 선호한다. 이를 위해서는 추가 투자가 필요하며 필연적으로 지분 희석이 동반된다. 또한, 더욱 효과적인 경영을 위해 창업가가 아닌 전문경영인과 역할 조정을 해야 할 때도 있는데, 이를 통해 절대적인 지배권이나 통제력은 약해질 수 있다. 다만, 이러한 확산이 성공할 경우 지분회수를 통하든 가치의 확산에서는 성공했다고 볼 수 있다.

소셜벤처 역시 일반 신생 창업 기업과 같이 이러한 딜레마에서 자유롭지 못하다. 오히려 소셜벤처는 이러한 딜레마에서 더 깊은 고민을 하게 될 확률이 높은데, 소셜벤처의 특성상 내가 시작한 철학과 가치에 대한 애착 내지는 자신만이 이러한 문제를 해결하고 가치를 창출할 수 있는 적임자라고 생각할 확률이 높기 때문이다.

딜레마는 소셜벤처에게 어떤 방향으로 갈 건지를 결정하지 않는다면, 시간이 갈수록 더욱 많은 어려움이 있음을 의미한다. 실제로 1세대 소셜벤처의 경우 창업자가 이도저도 아닌 태도를 취해 성장도 늦춰지고, 철학의 고도화 역시 성공하지 못한 사례를 종종 접할 수 있다.

2) 두 번째 딜레마: "창업자냐 CEO인가?"

두 번째 딜레마는 첫 번째 딜레마의 연속선 상 이기도 하다. 앞서 언급하였듯이 초기 신생 기업이 가지게 되는 대부분의 문제는 창업자 등 리더로 부터 시작되거나 더욱 악화될 확률이 높다. 특히 창업자가 자신의 전문분야가 기술 또는 영업 등 특정 분야의 관점에서 창업을 한 경우, 스스로를 경영자의 역량을 가진 것으로 오해하며 회사가 성장하는데 반드시 필요한 경영 역량이 아닌, 자신이 친숙하고 편한 핵심역량의 고도화를 통해 여러 경영상의 문제를 해결하고자 할 때 초기 신생 기업은 막대한 대가를 지불하게 된다.

창업자가 필요한 단계를 넘어선 소셜벤처에게 왜 새로운 CEO가 필요할까? 이는 초기 신생 기업이 '임시조직' 이라는 스타트업으로서 요구되는 역량이 매우 핵심적인 몇가지 부분에 국한되기 때문이다. 이때는 소셜벤처 내에 재무 담당자, 노무 담당자, 인사 담당자 등 기업으로서 꼭 필요한 필수 요소들을 확보할 여력이 없이 제품과 서비스 개발만을 중심으로 진행되는 시기다. 이때의 성공 경험을 통해 소셜벤처는 '죽음의 계곡' 을 무사히 통과하게 되지만, 그 이후의 단계에서도 '죽음의 계곡' 을 통과하는데 긴요하게 활용되었던 역량을 더욱 열심히 하는 것은 잘못된 접근이 된다.

반복적인 제조 또는 준비 과정과 품질관리를 통해 더욱 많은 고객이 만족하는 가치를 일정한 수준으로 지속하기 위해서는 기업의 전 가치사슬(value chain)의 유기적인 통합과 정렬, 그리고 관리가 필요하게 된다. 창업자가 자신이 가진 핵심역량이 이를 감당하기 어렵다고 느낀다면, 해당 분야에 전문성을 갖춘 CEO를 초빙하거나 팀 내에서 역할 전환을 고려해야 한다. 이때 물론, 소셜벤처에서 활동할 수 있는 CEO 후보군이 무척 좁다는 점과 소셜벤처의 특성상 내부에 CEO로서의 역량을 보유할 인원이 존재하는 것은 무척 드문 일 일 수 있어 소셜벤처에게는 더욱 힘든 딜레마가 될 수도 있다.

3) 세 번째 딜레마: "창업팀 유지냐 경력직 채용이냐?"

'죽음의 계곡' 을 빠르게 통과하고 스스로 매출을 일으키며 성장의 흐름을 타게 되는 소셜벤처가 겪는 또다른 딜레마는 증가한 과업을 수행하기 위해 새롭게 채용하는 인원 중에서 얼마나 경력직 채용을 할 것인가와 연관되어 있다. 일견 경력직 채용이 소셜벤처 지속가능성장과 어떤 관련이 있는지 이해하기 어렵지만, 이는 모든 초기 신생 기업이 겪는 보편적인 현상이다.

최초 팀이 시작될 때, 5명 정도의 서로 친밀하고 비슷한 역량의 인원으로 구성된다. 사업이 확장되면서 점차 새로운 충원이 시작될 때, 신입직원을 뽑아 기존 창업팀의 역할을 지원하고 창업팀이 그 다음 단계 관리자로 성장하도록 할 것인가 또는 경력직원을 뽑아 기존 창업팀을 더욱 효과적으로 관리하게 할 것인가 선택해야 한다.

전자의 선택은 함께 팀을 시작한 창업팀의 유지에 방점을 찍은 것이지만, 이로 인해 여전히 숙련된 역량이 부족해 창업팀은 지속적으로 요구되는 품질고도화에 실패해 시장에서 외면당할 수도 있다. 반면, 후자는 경력직의 빠른 참여를 통해 새롭게 요구되는 기술을 확보하고 관리 역량을 갖추게 되지만 최초 참여한 창업팀의 역할 변경 및 불만족으로 인적 구성원이 큰 폭으로 변할 수 있는 요인이 되다. 실제 많은 소셜벤처는 창업 초기 3년 전후로 대다수의 인원이 바뀌게 되는데, 자신이 맡았던 역할이 더 이상 유효하지 않거나 자신보다 고생하지 않았던 경력직이 더 중요한 역할을 맡아 경험하게 되는 위화감으로 퇴사를 선택한다.

12.3 소셜벤처의 지속가능성장 관리

소셜벤처의 지속가능성장은 하나의 전략을 택하거나 하나의 선택만으로 이루어지지 않는다. 오랜 시간 동안 옳은 의사결정과 옳은 목표를 가지고 꾸준히 행할 때 지속가능성장이라는 목표에 한걸음 다가서게 된다. 그렇다면 오랫동안 꾸준히 목표로서 생각해볼 수 있는 지속가능성장이란 어떤 모습일까?

여기에서는 마지막으로 BIA(B Impact Assessment)로 불리는 세계적인 지속가능 비즈니스의 기준들을 살펴보며 소셜벤처 지속가능성장에서 주목해야할 것들이 무엇인지 살펴보도록 하자

1) 기업의 패러다임 변화

(1) 인적자원 관리

기업 환경이 변화하면서 기업은 과거와 동일한 관행과 방식으로 비즈니스를 영위하는 것이 더 이상 어렵게 되었다. 젊은 층에게 인기가 많았던 모 피자 브랜드의 경우, 경영진의 갑질 문화 등이 폭로되면서 브랜드 신뢰가 추락했고 매출이 감소하는 등 어려움을 겪었다. 최근에는 아예 상장 철회가 되어 투자자와 주주들에게도 큰 손해를 끼치게 되었다.

이러한 변화 속에서 기업의 지속가능성장이란 단지 재무적 이익의 지속적 확보만을 의미하지 않게 되었고, 기업을 둘러싼 다양한 이해관계자(고객, 임직원, 협력업체, 사회, 정부, 지역사회 등) 모두에게 기여하고 공유가치를 창출하는 기업의 책임이 요구되고 있다. 이러한 경영의 변화를 지속가능경영이라고 통칭한다.

지속가능경영의 배경에는 시장을 둘러싼 인구학적 변화가 있다. 과거의 주 소비계층이었던 베이비부머 세대를 대신해서 소위 밀레니얼 세대라고 하는 젊은 층이 확대되면서 이들의 소비 참여는 새로운 양상을 띄고 있다.

실제로 2018년 영국에서 한국의 '전경련' 역할을 하는 Britain' s Confederation of British Industry의 자체 조사에 따르면 18~34세 응답자의 3분의 2가 '기업은 사회의 유익을 우선순위로 삼아야 한다' 고 답변했다. 또한, 이는 HSBC은행의 리서치 결과와도 같은 결을 가지는데,

이에 따르면 35세 이하 글로벌 기업가 4명 중 1명은 '단순히 돈을 버는 것보다 사회적 변화에 기여하는 것에 더 동기부여가 된다' 고 답했다. 이는 55세 이상 글로벌 기업가의 10명 중 1명만이 그렇게 답한 것과 비교가 되는 대목이다.

2018년 연초, 세계 최대의 헤지펀드인 블랙록(BlackRock)의 CEO는 연례 주주서한에서 처음으로 '재무적 성과만을 내서는 기업이 더 이상 지속가능할 수 없다. 사회에 어떤 긍정적인 기여를 할 것이지도 명확해야 한다' 고 언급할만큼, 전 세계 기업은 2008년 금융위기 이후 새로운 패러다임의 전환으로 나아가고 있다.

(2) 지속가능경영의 지표

어떤 기업이 그럼 지속가능경영을 잘하고 있는지 어떻게 객관적으로 알 수 있을까? 지속가능경영에 대해 잘 알려진 지표로는 다우존스 지속가능성 지수(DJSI)가 있다. 전 세계 산업군별로 가장 대표적인 기업을 중심으로 환경, 사회, 거버넌스 등 비재무적 분야 성과까지 측정하여 지속가능경영의 수준을 평가하고 있다. 공적 기금의 투자자들은 기업의 비재무적 성과를 바탕으로 투자 결정을 내리기 때문에, 각 기업들에게 비재무적 성과를 측정하고 개선하는 것은 전략적으로도 중요한 결정일 수 있다.

DJSI가 산업별 대표 기업에게만 적용되고, 그 기준이 모든 기업에게 공개되지 않아 구체적인 변화 관리의 도구로 쓰기에는 적절하지 않다. 따라서, 기업의 규모와 상관없이 모든 기업이 자신의 지속가능경영의 객관적 기준으로 활용할 적절한 체계로 BIA(B Impact Assessment, B 임팩트평가)를 소개하고자 한다.

BIA는 2006년부터 개발되어 현재까지 전 세계적으로 활발하게 활용되는 임팩트 평가체계다. 미국의 비영리기관 B Lab에서 시작된 BIA의 B는 유익(benefit)을 뜻하며, 기업이 이익(profit) 외에 만드는 모든 긍정적 영향을 포함한다. bimpactassessment.net에 기업이 무료로 등록해서 평가를 시작할 수 있는 BIA는 1차 자가측정(self-assessment)과 제3자 검증(thrid-party verification) 등으로 진행된다.

참고로 최대 200점 만점인 BIA가 80점 이상인 모든 영리기업은 3년간 유효한 비콥(B Corp) 인증을 신청할 수 있다. 현재 50개국 이상, 약 2,400개가 넘는 비콥이 존재한다. 세계 최대의 식품 그룹 다농(Danone)을 비롯해, 북미 2위의 아웃도어 의류기업 파타고니아(Patagonia), 남미 최대의 화장품 상장회사 나투라(Natura) 등이 비콥이며 스타트업 중에서는 1조원이 넘는 기업가치를 평가받는 와비파커(Warby Parker), 세계 최대의 온라인 청원 플랫폼 Change.org 등이 있다. 국내에서는 카쉐어링 국내 1위 쏘카(Socar), 세계 최초의 점자 시계와 태블릿을 만들어 유명해진 닷(Dot), 인증 사회적기업인 제너널바이오(General Bio) 등 12개 기업이 있다.

BIA의 결과에 대해서는 한국 정부기관에서도 그 객관성을 인정해서 폭넓게 활용되고 있다. 정부의 펀드 중 하나인 성장금융은 임팩트투자 대상 기업으로 '비콥'을 주요한 기준 중 하나로 선정했고, 중소벤처기업부는 소셜벤처 판별의 기준 중 하나로 '비콥'을 공식적으로 활용하기 시작했다. 또한 한국국제협력단(KOICA)은 혁신적 기술프로그램(CTS)에 참여하는 중소기업 및 소셜벤처가 BIA 측정 또는 비콥 전환을 하도록 의무화하고 있다.

2) BIA 5가지 구성 요소

BIA는 거버넌스, 기업구성원, 커뮤니티, 환경, 임팩트 비즈니스 모델 등 5개 분야로 구성된다. 기업의 산업군, 규모 등에 따라 BIA의 질문 세트가 달라지게 되며, 모든 기업이 모든 분야에 의미있는 성과를 내는 것은 아니기에 분야별 과락은 존재하지 않는다. 각 구성요소의 구체적인 설명은 아래와 같다.

그림 12-2 BIA의 5가지 구성요소

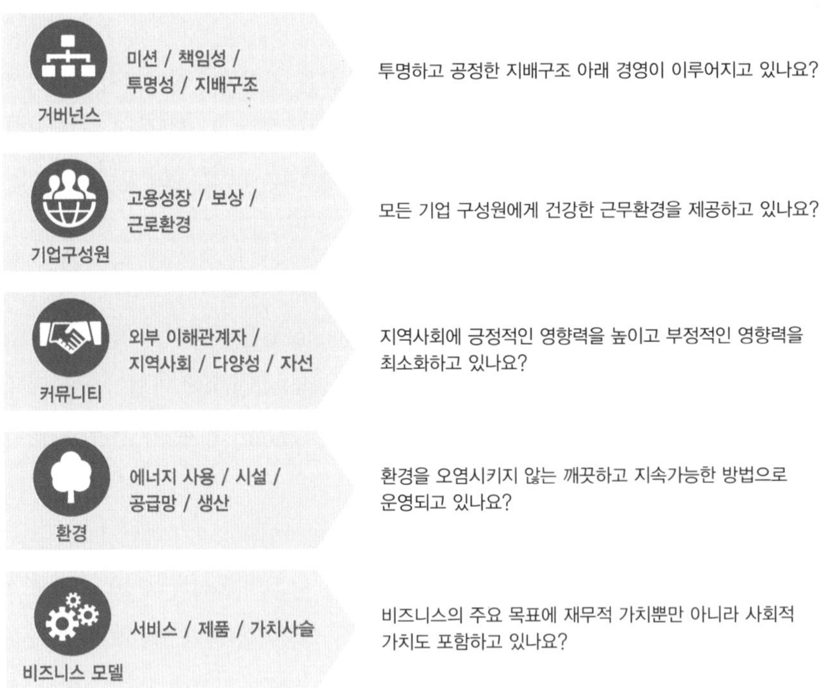

출처: 비콥 리플렛(B Lab Korea)

(1) 거버넌스

거버넌스 부문은 기업의 목표가 지속가능함을 보여주는 좋은 비즈니스에 대해 다루며, 기업의 핵심 미션, 이해관계자들의 참여, 경영 지배구조와 전반적인 투명성 등에 초점을 맞추고 있다. 해당 부분의 첫 번째 질문은 다음과 같다.

[영향력 수준]

당신의 기업을 가장 잘 설명하는 보기를 고르시오.

□ 사회 · 환경적으로 긍정적인 영향을 지향하나 회사의 특정 목표까지는 아니다.

□ 사회 · 환경적 영향력은 자주 고려되는 부분이지만, 높은 우선순위는 아니다.

□ 사업의 특정 분야에서 미칠 사회 · 환경적 영향력을 고려하지만 이는 가끔 있는 일이다.

□ 기업의 성공과 수익성에 중요하다고 여기기 때문에 의사결정에 있어 사회 · 환경적 영향력을 지속적으로 고려한다.

□ 사회 · 환경적 영향력을 가장 중요한 성공의 척도로 여기며 수익성을 동반하지 않더라도 우선순위화 한다.

이 외에도 '기업 미션의 특징', '지배구조 특징', '재무구조의 투명성', '임팩트 보고' 등의 구체적인 질문들이 포함되어 있다.

(2) 기업구성원

기업구성원 부문은 급여, 수익, 교육훈련 등과 관련하여 기업이 구성원들에게 어떠한 혜택을 주는지에 대해 검토한다. 나아가 경영진-직원 간 커뮤니케이션, 직업유연성, 기업문화, 건강안전 관리 등 전반적 작업환경을 평가하는데 중점을 둔다. 예를 들면 다음과 같은 질문을 할 수 있다.

[고-저임금 비율]

가장 높은 급여를 받는 직원의 급여는 가장 낮은 급여를 받는 정규직원 급여와 비교하여 몇 배의 차이를 보이는가? (보너스도 포함)

□ 20배 이상 □ 16~20배 □ 11~15배 □ 6~10배 □ 1~5배

이 외에도 '기업 구성원 평가 프로세스', '직원 만족도', '직원의 지분 소유 비율', '유연근무제 옵션', '직무 역량 훈련 기회 제공' 등이 포함되어 있다.

읽어 보기

권한위임 · 공감 · 역량계발로 직원의 열정 되살려

창업의 역설' 을 성공적으로 극복한 사례가 포스코 사내벤처 1호인 마이다스아이티다. 포스코건설에서 외산 설계소프트웨어의 국산화에 성공한 이형우 대표가 2000년 설립했다. 창업 후 3년까지는 기존 사업 중심으로 성장해 직원 80명, 연매출 100억원을 달성했다. 그러나 이후 점차 신제품 개발 능력은 떨어지고 종업원의 이직률은 높아지기 시작했다. 직원들은 가부장적 · 권위적 조직, 일방형 소통문화, 착취적 인력관리에 불만을 가지기 시작했다.

창업자 이형우 대표는 직원의 적극적인 몰입이 없는 사업중심 기업만으로는 혁신이 한계가 있음을 인식하고 이후 10년에 걸쳐 사람중심 경영을 도입했다. 그의 핵심 역할은 구성원들에게 열정을 불러 일으키는 것이다. 이를 위해 경영의 목적을 인재의 육성이라고 정의하고 끊임없이 '사람이 답이다' 를 기업 문화로 정착시키고자 노력했다. 첫째, 권한위양을 통해 직원들의 업무 수행 과정에서 자주성과 자발성을 높였다. 그 결과 직원의 업무 몰입도가 높아지고, 주도 의식과 창의성이 생긴다. 둘째, 기업과 직원의 공감을 통해 협력 의식을 강화했다. 기업 경영의 목표와 철학을 '종업원의 행복' 에 두고 재무와 회사 정보를 적극적으로 공유했다. 직원들의 공감도가 높아질수록 열정을 한 방향으로 모을 수 있었다. 셋째, 역량계발이다. 직원의 역량 없이 기업은 성과를 만들 수 없다. 마이다스아이티는 직원들의 역량을 계발하고, 발휘할 수 있도록 인프라를 구축했다. 곧 마이다스아이티는 글로벌 1000억원 매출을 눈앞에 두고 있다.

기업 성과는 공감에 의한 협력, 권한위임에 의한 주인의식, 역량계발을 통한 능력발휘의 합이 된다는 것이다. 사람중심 기업가정신으로 지속가능한 성과를 만들어나가는 새로운 기업생태계가 우리나라에 자리 잡기를 기대해 본다.

출처: 중앙일보(2017.12.10.). '권한위임 · 공감 · 역량계발로 직원의 열정 되살려야' 재구성.
https://news.joins.com/article/22190078

(3) 커뮤니티

커뮤니티 부문은 지역사회에 미치는 기업의 영향력을 평가한다. 해당 부문은 기업의 공급처와의 관계와 다양성, 지역사회와의 연계 등을 평가하고, 지역사회 서비스와 자선기부에 관련한 기업의 실천 그리고 정책을 평가한다. 나아가 상품과 서비스가 건강, 교육, 경제적 기회, 예술의 접근가능성 등과 같은 사회적 이슈를 포함하는지, 목표지향적 기업의 자본흐름을 증가하는 데 기여하는지를 파악한다. 특징적인 질문 중 하나를 소개하면 다음과 같다.

[사회 · 환경적 기준 옹호]

당신의 기업은 지난 2년간 정책입안자, 경쟁기업을 포함한 여러 이해관계자들과 더 많은 사회 · 환경적 기준을 채택하거나, 자원봉사에 참여하기 위하여 함께 일한 경험이 있는가?

□ 예, 우리 기업은 유기명 청원서에 서명을 한 적이 있다.

□ 예, 우리 기업은 해당 옹호 활동을 위한 지원인력 또는 재정적 지원을 제공했다.

□ 예, 우리 기업은 산업의 새로운 표준/기준을 직접 제안하고 시도했거나, 자문 또는 전문적인 역량을 지원했다.

□ 예, 우리 기업은 다른 산업 분야와 협동하여 일한 경험이 있다.

□ 예, 우리 기업의 노력은 특정한 제도적 변화 또는 규제의 변화를 가져왔다.

이 외에도 '비영리 참여 지분', '기업시민 프로그램', '만성실업군 채용', '직원 감소률' 등이 포함되어 있다.

(4) 환경

환경 부문은 시설, 자재, 자원, 에너지 사용, 에너지 방출과 관련된 기업의 환경적 성과를 판단한다. 가능한 기업의 운송, 유통경로와 공급망의 환경적 영향력까지 고려하도록 고안되었다. 또한, 기업의 제품과 서비스가 재생가능 에너지의 활용을 촉진하거나 자원을 아끼고 폐기물을 줄이고, 환경을 보존하고, 유해물질과 오염을 방지하며, 환경문제를 해결하기 위해 교육, 측정, 노력을 하고 있는지 여부를 파악한다. 특징적인 질문 중 하나를 소개하면 다음과 같다.

[환경관리 시스템]

당신의 기업은 다음의 환경관리 시스템을 보유하고 있는가? 해당하는 항목을 모두 선택하라.

□ 환경에 대한 조직의 헌신을 나타내는 기업 미션이 존재한다.

□ 조직의 비즈니스 활동으로 인한 환경적 영향에 대하여 평가한다.

□ 목표와 대상에 따른 조직 운영의 환경적 관점을 명시한다.

□ 목표를 위하여 배분된 자원으로 환경 프로그램을 고안한다.

□ 실행되는 프로그램을 평가하기 위하여 규정을 준수하고 감사를 실시한다.

이 외에도 '환경친화적 재료', '임대주와 함께 하는 환경 개선 노력', '물 사용량 점검', '에너지 사용량 점검' 등이 포함되어 있다.

(5) 임팩트 비즈니스 모델

임팩트 비즈니스 모델 부문은 사회 · 환경적 영향력을 미션과 경영의 주요한 원칙으로 삼는 기업에 한하여 평가한다. 이러한 부분에 해당되지 않는 기업은 앞서 4개 분야에만 한정되어 평가된다. 특징적인 질문 중 하나를 소개하면 다음과 같다.

[미션 이탈 방지]

당신의 기업은 다음과 같은 사회 · 환경적 목표를 법적으로 보장하여 소유권이 변하더라도 유지할 수 있도록 조치를 취했는가? 해당하는 항목을 모두 표시하라.

- □ 미션 이탈 방지장치로서 이사회의 결의 또는 법적인 구조를 채택했다.
- □ 직원, 커뮤니티, 환경 등 이해관계자의 유익을 고려하기 위하여 기업의 공식 문서에 이를 반영했다.
- □ 기업 미션을 유지하기 위한 특정한 법적 기관이나 운영주체가 있다.
- □ 법인의 성격 또는 거버넌스를 통해 이해관계자의 유익을 보호하도록 하고 있다.

---

3) 기업의 지속가능성장 유익

소셜벤처가 지속가능성장을 관리하는 것은 어떤 유익이 있을까? 향후 재무적 이익이 사회 · 환경적 성과와 불가분의 관계가 될 시대가 보다 선명하게 오고 있기에 이러한 유익을 확인해가면서 장기적인 소셜벤처의 생존과 도약을 관리하길 기대한다.

(1) 최고의 인재 확보와 직원의 동기부여

세계적으로 유수의 MBA 졸업생들은 지속가능경영을 하는 기업 및 소셜벤처에 입사하는 선호가 늘어나고 있다. 이러한 흐름으로 컬럼비아대학교, 예일대학교, 뉴욕대학교 등은 비콥과 같은 사회적 목적을 가진 기업에 취업하는 경우 학자금 대출을 감면해주고 있다. 소셜벤처의 지속가능성장을 보다 분명하게 할수록 기업의 핵심경쟁력인 인재를 확보할 기회가 높아질 수 있다.

(2) 밀레니얼 세대로서의 고객 신뢰 확보

고객은 브랜드 이면에 존재하는 기업의 이야기에 더욱 많은 관심을 가지고 있다. 특정한 장점이나 가격과 같은 요소 외에도 기업이 제품과 서비스를 생산할 때까지 만드는 모든 종류의 긍정적, 부정적 사회 · 환경적 영향이 무엇인지를 알고 싶어한다. 즉, 자신의 소비가 어떠한 영향과 관련되어 있는지에 관심이 있다. 기업이 이러한 소비자의 기대를 명확히 이해한다면, BIA 등을 통해 지속가능성장을 전략적으로 관리해야 한다.

(3) 사랑받는 위대한 기업을 찾는 언론의 주목

많은 언론들은 2008년 금융위기 이후에 시장과 사회에 새로운 자본주의의 모습을 보여주는 감동적인 기업의 사례를 발굴하고 확산하고 있다. 세계에서 가장 이윤을 많이 내는 기업의 리스트를 발표하는 것으로 유명한 Fortune 조차도 최근에는 '세계를 변화시키는 기업' 이라는 제목으로 사회 · 환경적 영향력을 발휘하는 전 세계 기업을 조명하고 있다. 이러한 기준의 변화는 기존 매출액이나 규모 등과 상관없이 작은 소셜벤처라도 얼마든지 세계적인 주목과 대우를 받을 수 있음을 말하고 있다.

(4) 핵심가치 측정을 통한 지속적인 성과 개선

BIA 등을 통해 영향력을 측정한다는 것은 현재 기업이 어떠한 수준인지를 이해할 수 있는 객관적 데이터를 확보한 것과 같다. 주주, 구성원, 외부의 이해관계자들이 모두 공유할 수 있는 기본 평가 내용을 바탕으로, 이후에 어떠한 변화를 어떻게 만들어 가야 할지 통합된 커뮤니케이션과 성과관리가 가능해진다. 이를 통해 업계의 더 나은 동향을 적용하기도 하며, 보다 빠른 속도로 변화하고 있는 산업 규제나 새로운 기준을 능동적으로 적용할 수 있는 경쟁력을 갖출 수 있다.

(5) 기업 철학과 문화의 변함없는 보존

소셜벤처는 특정한 목표를 가지고 설립된다. 창업가와 초기 구성원들이 이룩한 이러한 목표는 시간이 흐르고, 시장이 확대되며, 투자를 유치하면서 새로운 전환점을 맞이하게 되는데, 창업자가 소셜벤처로부터 이탈하는 등 중대한 사건에도 불구하고 소셜벤처의 미션이 지속되도록 하기 위해서는 초기부터 이에 대한 설계가 필요하다. BIA는 이러한 변화를 제도적, 문화적으로 보호하고, 기업이 직면하는 새로운 현실 속에서도 기업의 철학과 문화가 보존될 수 있도록 기반을 제공할 수 있다.

생각해 보기

01 기업의 성장과 실패는 외부요인이 더 많이 작용할까요? 내부요인이 더 많이 성장할까요? 초기 신생 기업의 단계와 어느 정도 안정화가 된 스타트업으로 구분해서 토론해보세요.

02 창업을 잘하는 것, 경영을 잘 하는 것, 사업을 잘하는 것은 각각 어떤 차이가 있고 각각에서 가장 중요하게 요구되는 것은 무엇일까요?

03 창업의 딜레마 3가지를 가지고, 소셜벤처 중에서 관련된 사례가 있는지를 확인해보고 해당 딜레마에 대한 소셜벤처의 접근이 어떠한 효과가 있을지 토론해보세요.

04 BIA와 같이 기업의 지속가능성장을 측정하고 평가하는 접근은 무엇이 있으며 각 접근의 특징은 무엇인지 비교해보세요.

05 전 세계 비콥(B Corp)의 구체적인 사례를 조사해보고, 비콥이 아닌 유사한 산업군이 기업들과 비교해서 다른 점이 있는지 분석해보세요.

활동 하기

BIA 5가지 분야 간이 체크하기

BIA의 5가지 분야에 대한 간이 체크리스트를 보며, 자신이 창업한 혹은 가상으로 창업한 기업을 생각하며 어떠한 선택을 하고 싶은지 연습해보자.

---

① **[구성원]**

당신의 기업이 직원들에게 얼마나 좋은지 간단히 알아보고 싶은가? 그렇다면 지난 한 해 동안의 성과를 평가할 수 있는 아래 15개의 간단 평가 질문에 답해 보라. 아래의 질문에 대한 합계를 내보면 B임팩트 평가의 각 영역에서 어느 정도의 점수를 받을 지 가늠해 볼 수 있다.

아래 내용 중 당신과 당신 기업에 해당사항이 있는 것에 표시하라.

[보상, 혜택, 급여]

□ 직원(시간제 및 임시직 직원 포함)과 독립계약자들에게 생활임금을 지급한다.
□ 동종 업계의 보상 수준에 대한 연구를 검토하여 당신 기업의 임금이 시장 수준 이상, 시장 수준, 시장 수준 이하인지를 알아본다.
□ 가장 높은 급여를 받는 직원의 급여가 가장 낮은 급여를 받는 정규직 직원 급여의 몇 배인지 그 비율을 정한다.
□ 경영진에게 주는 혜택을 직원들에게도 동일하게 제공한다.

□ 401(k) 또는 연금과 같은 퇴직금을 제공한다. 그리고/또는 모든 직원들에게 이익을 배분한다.
□ 퇴직금에 사회책임투자 옵션을 제공한다.
□ 직원들의 전문성 개발 및 훈련을 위한 비용을 제공한다.
□ 해고된 정규직 직원에게 재취업 서비스 그리고/또는 퇴직금을 제공한다.

[주인의식]
□ 직원들에게 주식 매입 선택권, 유사증권을 제공한다. 그리고/또는 기업의 소유권을 정규직 직원들에게 이전할 계획을 가지고 있다.

[근무환경]
□ 건강관리를 위한 프로그램을 갖추고 있다.
□ 직원 안내서를 배부한다.
□ 정기적으로 익명의 직원 만족도, 참여도 설문을 실시한다.
□ 정기적으로 근속, 이직, 다양성 등 직원 지표에 대한 자료를 수집하고 투명하게 한다.
□ 상황에 따라 적절하게 시간제 근무, 탄력 근무 시간제, 재택 근무 옵션을 제공한다.
□ 사업장의 건강과 안전을 모니터링하고 관련 조언을 하는 직원 위원회가 있다.

총점 : ______________

0에서 3 사이의 점수를 얻었다면, 비콥이 되기까지 해야 할 일이 꽤 있을 것이다. 또는, 다른 영역에서의 뛰어난 성과로 점수를 보관할 수도 있다.
4에서 6 사이의 점수를 얻었다면, 다른 영역에서도 비슷하게 좋은 성과를 낸다고 가정했을 때 비콥이 될 수 있는 좋은 후보이다.
7에서 15 사이의 점수를 얻었다면, 이건 대단한 일이다! 비콥이 되기 위해 필요한 점수를 잘 얻을 수 있는 확률이 높다.

---

② [커뮤니티]

당신의 기업이 지역사회에 얼마나 좋은지 간단히 알아보고 싶은가? 그렇다면 지난 한 해 동안의 성과를 평가할 수 있는 아래 15개의 간단 평가 질문에 답해 보라. 아래의 질문에 대한 합계를 내보면 B임팩트 평가의 이 영역에서 어느 정도의 점수를 받을 수 있을지 알 수 있다.

아래 내용 중 당신과 당신 기업에 해당사항이 있는 것에 표시하라.

[일자리 창출]
□ 위기 청소년, 노숙자, 출소자와 같은 만성 실업자들을 위한 일자리를 창출한다.

[다양성]
□ 장애인, 저소득층, 소외계층, 여성, 소수자 그룹을 포함하는 다양한 이사진을 갖고 있다.
□ 다양한 경영팀과 직원층을 갖고 있다.
□ 여성이나 소외계층이 과반수 이상의 소유권을 가진 공급사를 갖고 있다.

[사회참여와 기부]

□ 사회참여의 날을 기획하거나 자원봉사를 실천하는 직원들에게 인센티브를 제공한다.
□ 사회참여나 자원봉사에 참여하는 직원의 비율을 높이고자 하는 목표를 설정한다.
□ 명문화된 지역사회 봉사 정책이 있다.
□ 지역 자선단체를 지원하기 위해 공식적으로 제휴하였다.
□ 직원들이 내는 기부금에 대해 기업에서 매칭 기부금을 낸다.
□ 원퍼센트 포 더 플래닛(1% for the planet)과 같이 기부금을 인정해주는 단체의 회원이다.

[지역사회 기여]

□ 지역의 소수자 그룹 및 여성 소유 기업으로부터 재화와 서비스를 구매한다.
□ 구매처 결정에 있어 공중 무역이나 환경 기준을 고려한다.
□ 지역 독립은행이나 신용협동조합과 금융 거래를 한다.
□ 비콥, 지역사회개발 금융기관, 또는 글로벌 얼라이언스 포 뱅킹 온 밸류스(Global Alliance for Banking on Values)의 회원 금융기관과 금융 거래를 한다.

[공급자, 판매자, 제품]

□ 당신의 공급자들의 사회적, 환경적 성과를 공개한다.

총점 : ________________

0에서 3 사이의 점수를 얻었다면, 비콥이 되기까지 해야 할 일이 꽤 있을 것이다. 또는, 다른 영역에서의 뛰어난 성과로 점수를 보관할 수도 있다.
4에서 6 사이의 점수를 얻었다면, 다른 영역에서도 비슷하게 좋은 성과를 낸다고 가정했을 때 비콥이 될 수 있는 좋은 후보이다.
7에서 15 사이의 점수를 얻었다면, 이건 대단한 일이다! 비콥이 되기 위해 필요한 점수를 잘 얻을 수 있는 확률이 높다.

---

③ [환경]

당신의 기업이 환경에 얼마나 좋은지 간단히 알아보고 싶은가? 그렇다면 지난 한 해 동안의 성과를 평가할 수 있는 아래 14개의 간단 평가 질문에 답해 보라. 아래의 질문에 대한 합계를 내 보면 B임팩트 평가의 환경 영역에서 어느 정도의 점수를 받을 수 있을지 알 수 있다.

아래 내용 중 당신과 당신 기업에 해당사항이 있는 것에 표시하라.

[용지, 사무실, 공장]

□ 기업의 에너지, 물, 폐기물 효율성에 관한 연례 환경 검사를 실시한다.
□ 환경 감사 결과를 대중들에게 투명하게 공개한다.
□ 에너지 효율적인 조명 시스템을 사용한다.
(예 : 자연광, LED, CFL, 사용자 센서(Occupancy Sensor), 주광 절약등, 작업 조명)
□ 에너지 효율적인 사무 장비를 사용한다. (예 : 에너지 스타 설비, 자동 대기 모드, 타이머 기능)
□ 에너지 효율적인 냉난방 장비를 사용한다. (예 : 프로그래밍된 온도조절장치, 타이머, 사용자 센서, 이중창)

□ 물 절약 시스템 (예 : 절수 변기, 절수 수도꼭지와 샤워기) 또는 빗물 이용 시설을 사용한다.
□ 태양열 패널, 태양열 온수기, 풍력 설비, 바이오매스 및 다른 재생에너지 시스템을 보유하고 있다.
□ 기업이 사용하는 재생불가 에너지를 상쇄하기 위해 재생에너지 크레딧(Credit)을 구입한다.
□ 보유 설비의 실내 공기질을 측정하며 향상시킨다.
□ 출퇴근 시 대안적 교통 수단 이용 및 대체 출퇴근을 하는 직원들에게 인센티브를 부여한다.

[에너지, 물, 자재]
□ 기업의 생산품에 대해 전 생이 환경평가(Life Cycle Assessment)를 실시한다.

[배출, 폐기]
□ 온실가스 배출량을 측정하고 기록한다.
완제품을 재활용하는 재생 프로그램을 보유하고 있다.

[운송, 유통, 공급자]
□ 공급자들에게 에너지, 물, 폐기물, 이산화탄소 배출, 재활용, 자재 등을 포함하는 자체 환경평가 또는 환경 감사를 실시할 것을 장려한다.

총점 : ______________

0에서 3 사이의 점수를 얻었다면, 비콥이 되기까지 해야 할 일이 꽤 있을 것이다. 또는, 다른 영역에서의 뛰어난 성과로 점수를 보관할 수도 있다.
4에서 6 사이의 점수를 얻었다면, 다른 영역에서도 비슷하게 좋은 성과를 낸다고 가정했을 때 비콥이 될 수 있는 좋은 후보이다.
7에서 15 사이의 점수를 얻었다면, 이건 대단한 일이다! 비콥이 되기 위해 필요한 점수를 잘 얻을 수 있는 확률이 높다.

---

④ [거버넌스]

당신의 기업이 장기적으로 얼마나 좋은지 간단히 알아보고 싶은가? 그렇다면 지난 한 해 동안의 성과를 평가할 수 있는 아래 12개의 간단 평가 질문에 답해 보라. 아래의 질문에 대한 합계를 내보면 B임팩트 평가의 지배구조 영역에서 어느 정도의 점수를 받을 수 있을지 알 수 있다.

아래 내용 중 당신과 당신 기업에 해당사항이 있는 것에 표시하라.

[미션과 참여]
□ 명문화된 기업 사명 선언서에 사회적 그리고/또는 환경적 책임에 대한 내용을 포함한다.
□ 직원들에게 기업의 사회적 그리고/또는 환경적 미션에 대해 교육시킨다.
□ 기업의 사회적, 환경적 목표치에 비추어 직원과 경영진의 성과를 평가한다.
□ 사회적, 환경적 성과를 보너스 또는 다른 보상과 연계한다.
□ 외부 이해관계자 (예 : 고객, 지역사회 구성원, 공급자, 또는 비영리기관)로부터 기업의 사회적, 환경적 성과에 대한 피드백을 받는다.
□ 최소한 한 명의 독립적인 외부 인사가 포함된 이사회 (또는 다른 관리 조직)를 만들어 정기 미

팅을 갖고, 기업의 사회적, 환경적 성과를 검토하며 경영진의 보상을 감독하도록 한다.

[투명성]

□ 직원들에게 기본적인 재무정보를 공유한다. (예 : 손익계산서 또는 대차대조표)

□ 모든 재무 및 운영 관련 자료를 직원들이 접근할 수 있도록 공개하는 경영 방침을 활용한다.

□ 미션과 관련된 성과를 자세히 설명하는 외부 공개용 연간 보고서를 발간한다.

□ 환경적으로 지속가능한 비즈니스, 공정 무역, 그리고/또는 속한 산업에서 공정한 노동관행을 증진하고자 하는 조직에 속해 있다.

[기업 구조]

□ 기업 구조 내에 미션을 법적으로 제도화한다. (예 : 기업 문서에 이해관계자 고려에 대한 내용을 추가하거나 베네핏기업으로 법인 등록을 함.)

총점 : ________________

0에서 3 사이의 점수를 얻었다면, 비콥이 되기까지 해야 할 일이 꽤 있을 것이다. 또는, 다른 영역에서의 뛰어난 성과로 점수를 보관할 수도 있다.

4에서 6 사이의 점수를 얻었다면, 다른 영역에서도 비슷하게 좋은 성과를 낸다고 가정했을 때 비콥이 될 수 있는 좋은 후보이다.

7에서 15 사이의 점수를 얻었다면, 이건 대단한 일이다! 비콥이 되기 위해 필요한 점수를 잘 얻을 수 있는 확률이 높다.

---

⑤ [임팩트 비즈니스 모델]

이번의 간단한 평가는 기업의 핵심 비즈니스모델을 살펴본다. 사회적, 환경적 문제 해결을 위해 특별히 혁신적인 방법을 사용하는 기업은 이 평가에서 좋은 점수를 받을 수 있을 것이다.

아래 내용 중 당신과 당신 기업에 해당사항이 있는 것에 표시하라.

□ 다음 중 하나 이상을 제공한다 : 의료 서비스 또는 건강에 좋은 제품, 교육, 예술 또는 문화 유산 지원, 사회경제적 역량 강화, 기존에는 이용 불가능했던 기반시설을 통한 시장 접근, 또는 모듬, 자금, 역량 강화를 통한 미션 중심의 기관 지원

□ 다음 중 하나 이상을 통해 환경에 긍정적인 영향을 끼친다 : 재생 또는 청정 에너지, 물 효율성, 쓰레기 감소, 토지 또는 야생 생태계 보호, 독성 화학물질과 위험 물질 감소, 오염 방지와 정화 방법, 환경 문제 해결을 위한 측정, 연구, 또는 정보 제공, 환경적 미션에 연계된 자금 그리고/또는 대출 제공

□ 기업 지분의 최소 40퍼센트는 직원들이 소유하고 있다. (예 : 직원 협동조합)

□ 생산을 담당하는 공급사 기업들이 주인인 생산자 협동조합과 거래한다.
(예 : 농부 또는 장인 협동조합)

□ 공정 임금 지불을 인증받은 공급사와 거래하여 공급망을 통한 빈곤 해소에 집중한다. 소규모

공급사 (예 ; 개인, 현동조합, 50인 미만의 직원을 가진 기업)에 기술지원 그리고/또는 역량 강화 기회를 제공한다. 또는 공급사에게 미래 구매와 대금 지급을 보장하기 위한 계약서를 사용한다.

□ 소규모 프랜차이즈 또는 소규모 유통 모델을 사용한다. 소규모 프렌차이즈는 대체로 10인 미만의 직원을 가지고 있으며, 독립적인 소유주에 의해 운영되고, 모회사를 위해 독점적으로 제품을 분배한다. 소규모 유통 모델은 개별 판매자 또는 유통업자의 네트워크에 의존하는 판매 및 수익 모델로, 특정 제품이 이들 판매자 및 유통업자의 총 수입 중 최소한 50퍼센트를 차지한다.

□ 연간 수익의 최소 20퍼센트 또는 매출의 2퍼센트를 자선단체나 비영리 재단에 기부한다. 또는 지분의 최소 20퍼센트를 비영리기관이 갖고 있다.

□ 전체 직원의 10퍼센트 이상을 만성적으로 실직상태인 집단 (예 : 저소득층 또는 출소자들)에서 채용하는 것을 목표로 삼고 이를 달성한다. 그리고/또는 이들을 폭넓게 훈련하고 투자한다.

□ 지역사회를 재건하기 위한 목적으로 설립되었다.

□ 기업 운영 전반에 걸쳐 환경을 고려한 생산 활동을 하고 있다. (예 : 에너지 효율성을 높이기 위한 시설 설치, 운송 및 유통 관행의 변화, 또는 에너지, 쓰레기, 이산화탄소 배출을 모니터링하고, 기록하며, 줄이는 것)

총점 : ______________

0에서 3 사이의 점수를 얻었다면, 비콥이 되기까지 해야 할 일이 꽤 있을 것이다. 또는, 다른 영역에서의 뛰어난 성과로 점수를 보관할 수도 있다.
4에서 6 사이의 점수를 얻었다면, 다른 영역에서도 비슷하게 좋은 성과를 낸다고 가정했을 때 비콥이 될 수 있는 좋은 후보이다.
7에서 15 사이의 점수를 얻었다면, 이건 대단한 일이다! 비콥이 되기 위해 필요한 점수를 잘 얻을 수 있는 확률이 높다.

당신의 기업이 수천 개의 다른 기업과 견주었을 때 어떤 위치에 있을지를 살펴보고 더 많은 성공 사례 가이드와 자료를 얻고 싶다면 (www.bimpactassessment.net)에서 확인할 수 있다.
평가는 무료이고 개별 기업의 자료는 비공개이니 걱정하지 마시라.

학습 정리

◆ 기업은 성장기와 변혁기의 순환을 통해 단계별로 성장한다. 기업은 성장기에 창의성, 명확한 업무지시, 시스템의 정교화, 협동 및 팀워크 등의 기능으로 성장하지만, 각 성장기마다 뒤따르는 변혁기에 나타나는 리더십, 관료주의 등 경영상의 문제점을 잘 해결하는 것이 중요하다.

◆ 소셜벤처의 성장 역시 외부 요인의 변화 등 지속가능성장으로 가기 위해서는 사전에 검토해야할 요인들이 있다.

◆ 특히 창업 단계를 넘어서며 보다 조직화된 기업으로 발전하는 단계에서는 세가지 종류의 딜레마를 경험하게 되며, 해당 딜레마에 창업가와 구성원들이 명확하게 토의하고 방향을 정할수록 이후에 경험하게 되는 어려움들을 보다 지혜롭게 헤쳐나갈 수 있게 된다.

◆ B 임팩트 평가(BIA)는 5가지 분야를 통해 기업의 지속가능성장에서 주목해야 할 부분을 명확하게 제시한다. 이러한 분야를 소셜벤처가 처음부터 관리함으로서 향후 지속적으로 개선될 부분을 알 수 있고, 이러한 개선을 통해 보다 경쟁력 있는 지속가능성장의 기회를 얻을 수 있다.

◆ 소셜벤처의 지속가능성장에는 가치 지향적인 소비를 하는 밀레니얼 세대의 등장 등 여러 외적 요인이 영향을 미치고 있으며, 이러한 변화가 긍정적인 요소가 되도록 소셜벤처 역시 지속적인 측정과 평가가 필요하다.

참고문헌

◆ 금재현(2012). “디자이너 브랜딩을 이해하다”. 웹스미디어.
◆ 김길해(2013). “기술 이전 실무 사례 소개”. 한국기술교육대학교.
◆ 김민주(2011). “성공하는 경제법칙 101”. 위즈덤하우스.
◆ 김성남(2014). “최고 직장’ 구글이 부럽다고? CEO의 의사결정이 곧 조직문화다”. DBR 165.
◆ 김진수 외(2015). “기술창업론”. 탑북스.
◆ 라이언 허니맨(2014). “유니레버는 왜 비콥이 되려 할까?”. MYSC.
◆ 비랩(2017). “비콥 진단 질문세트”. 비랩코리아
◆ 이해진(2015.05.11). “[청년도전]⑩민진(2012). “조직관리론”. 대영문화사.
◆ 에릭 리스 지음, 이창수 옮김(2012). “린스타트업”. 인사이트
◆ 빌올렛(2014). “MIT 스타트업 바이블”. 비즈니스 북스.
◆ 유보라(2015). “사회적기업을 위한 브랜드 전략”. 사회적기업진흥원.

◆ 통계청(2015.12.23).「2014년 기준 기업생멸 행정통계」결과
◆ Lynda A.S.,Nina,G., David R. & James S(2005). "Assessing your organization's potential for value innovation". Research Technology Management.
◆ William D. Bygrave, & Andrew Zacharakis(2010). "The Protable MBA in Entrepreneurship, Fourth Edition". John Wiley & Sons, Inc.
◆ Philip Dover & Udo Dierk(2010). "Sustaining Innovation in the Global Corporation: The Role of Managers, Entrepreneurs and Leaders". Bobson College working paper.
◆ William D. Bygrave & Andrew Zacharakis(2014). "Entrepreneurship, third Edition". John Wiley & Sons, Inc.
◆ D.Miller(1990). "The Icarus Paradox". Harper Business.
◆ BCG매트릭스, 위키피디아(https://ko.wikipedia.org)
◆ http://blog.makehope.org/smallbiz/1081?category=0
◆ http://blog.naver.com/PostView.nhn?blogId=se365company&logNo=220403385141
◆ https://hbr.org/1996/11/what-is-strategy
◆ http://www.worldweb.co.kr/articles/articles_view.html?idno=15734

12장. 키워드 인덱스용

지속가능성장	성장의 원동력	BIA	리더십
임팩트	조직문화	창업의 딜레마	비콥

INDEX

ㄱ

ㄴ

ㄷ

ㄹ

ㅁ

ㅂ

ㅅ

ㅇ

ㅈ

ㅊ

ㅋ

ㅌ

ㅍ

ㅎ

저자약력

김진수

[경력 / 학력]

현) – 중앙대 경영경제대학 경영학부 교수 – (재)서울창조경제혁신센터 이사장 – 중앙대 창의인재교육센터장
– (사)한국창업교육협의회 회장 – 정부기관 창업정책 자문/평가위원 – (주)SK CSV사업 자문위원
– 사회복지법인 상영재단 사외이사

전) – 중앙대 창업대학원 사업단장/창업보육센터장 역임 – (사)한국창업보육협회 수석부회장 역임
– 한국데이타베이스학회장, 한국창업학회 부회장 역임 – 기획재정부 공기업 경영평가위원 역임

연세대 상경대학 졸 / 텍사스주립대학 경영학석사 / 루이지애나주립대학(LSU) 경영학박사

[주요저서]

기술창업론, 기업가정신과 창업론, 기술창업보육론, 창의적 디자인 사고와 비즈모델, (고교용) 진로와 기업가정신, 생활과 창의성, 비즈니스 모델과 사업계획서 외 다수

이창영

[경력 / 학력]

현) – 동국대학교 청년기업가센터 창업전담교수

전) – (주)클린유 대표이사 – (사)한국창업경영연구원 팀장 – (주)올에듀 이사
– (주)이앤씨플랜 팀장 – (주)한국창업컨설팅연구원 팀장 – (주)E&B 컨설팅 선임연구원

[주요저서]

기업가정신과 창업론, 창의적 디자인 사고와 비즈모델 (고교용) 진로와 기업가 정신 외 다수

김재호

[경력 / 학력]

현) – 청운대학교 사회서비스대학 창업경영학과 교수/학과장
– 청운대학교 창업교육센터장

[주요저서]

(고교용) 진로와 기업가정신, 사업계획서 작성 매뉴얼

서경준

[경력 / 학력]

현) – 사단법인 피피엘(People and Peace Link) 사무국장 – 소셜벤처 ㈜모어댄 이사

전) – 사회복지법인 열매나눔재단 사무국장 – 경기도광역자활센터 사회적기업지원팀
– 경기광명지역자활센터 자활근로사업팀장

김정태

[경력 / 학력]

현) – 사회혁신 컨설팅–임팩트투자 MYSC 대표이사 – UNDP 비즈니스 분야 글로벌 자문위원
– 국무총리실 개발협력위원회 평가소위원회 위원 – 한국벤처기업협회 특별부회장
– 산업통상자원부 한국디자인진흥원 디자인혁신위원 – 외교부 한국국제협력단 일자리위원

전) – Dell 소셜이노베이션 펠로우 – 아시아재단 글로벌 펠로우

헐트국제경영대학원 사회적기업석사 / 고려대학교 국제대학원 국제학석사 / 고려대학교 문학사(역사전공)

[주요저서]

어떻게 하면 소셜 이노베이터가 될 수 있나요?, 스토리가 스펙을 이긴다, 적정기술이란 무엇인가(공저), 저성장 시대의 CSR(공저) 등 13권

비상하라 소셜벤처의 꿈

소셜벤처 창업하기 [제2판]

2016년 3월 15일 1판 1쇄 발행
2019년 6월 20일 2판 1쇄 발행

저자와의
협의하에
인지생략

저 자: 김진수 · 이창영 · 김재호 · 서경준 · 김정태
발행인: 송 준
발행처: 홍릉과학출판사
주 소: 01093 서울시 강북구 인수봉로 50길 10
등 록: 1976년 10월 21일 제5-66호

전 화: 02-999-2274~5, 903-7037
팩 스: 02-905-6729
e-mail: hongpub@hongpub.co.kr
http://www.hongpub.co.kr
ISBN: 979-11-5600-677-0(93320)

정 가: 23,000원